Peter V. Zima, Jahrgang 1946, ist Professor für Vergleichende Literaturwissenschaft an der Universität Klagenfurt.

Die Deutsche Bibliothek – CIP-Einheitsaufnahme

Zima, Peter V.:
Literarische Ästhetik : Methoden und Modelle der Literaturwissenschaft / Peter V. Zima. – 2., überarb. Aufl. – Tübingen : Francke, 1995
(UTB für Wissenschaft : Uni-Taschenbücher ; 1590)
ISBN 3-8252-1590-3 (UTB)
ISBN 3-7720-1765-7 (Francke)
NE: UTB für Wissenschaft / Uni-Taschenbücher

1. Auflage 1991
2., überarbeitete Auflage 1995

Dischingerweg 5 · D-72070 Tübingen
ISBN 3-7720-1765-7

Gedruckt auf chlorfrei gebleichtem und säurefreiem Werkdruckpapier.

Einbandgestaltung: Alfred Krugmann, Stuttgart
Druck und Bindung: Presse-Druck, Augsburg
Printed in Germany

ISBN 3-8252-1590-3 (UTB-Bestellnummer)

Uni-Taschenbücher 1590

UTB
FÜR WISSEN
SCHAFT

Eine Arbeitsgemeinschaft der Verlage

Wilhelm Fink Verlag München
Gustav Fischer Verlag Jena und Stuttgart
Francke Verlag Tübingen und Basel
Paul Haupt Verlag Bern · Stuttgart · Wien
Hüthig Verlagsgemeinschaft
Decker & Müller GmbH Heidelberg
Leske Verlag + Budrich GmbH Opladen
J. C. B. Mohr (Paul Siebeck) Tübingen
Quelle & Meyer Heidelberg · Wiesbaden
Ernst Reinhardt Verlag München und Basel
Schäffer-Poeschel Verlag · Stuttgart
Ferdinand Schöningh Verlag Paderborn · München · Wien · Zürich
Eugen Ulmer Verlag Stuttgart
Vandenhoeck & Ruprecht in Göttingen und Zürich

Peter V. Zima

Literarische Ästhet

Methoden und Modelle der Literaturwissensch

Francke Verlag Tübingen und Basel

Inhaltsverzeichnis

Vorwort zur zweiten Auflage

Die spontane Frage "Wozu Theorie?", die seit Jahren die literaturwissenschaftliche Diskussion begleitet und manche Theoretiker in Verlegenheit bringt, ist nicht für die Literaturwissenschaft spezifisch. Auch in der Soziologie und der Politikwissenschaft werden sporadisch Stimmen laut, die das Theoretisieren als überflüssigen Luxus abqualifizieren. Sie sind allesamt Symptome einer arbeitsteiligen Entwicklung, die die philosophische Herkunft literaturwissenschaftlicher, linguistischer oder soziologischer Theorien in Vergessenheit geraten und den Nexus von Theorie und Empirie zerfallen läßt.

Denn eine Theorie, deren Fragestellungen und Begriffe dem historisch-philosophischen Kontext, aus dem sie hervorging, entfremdet werden, wirkt abstrakt, und ihre konkrete Anwendung fällt schwer. Georg Lukács' Typusbegriff und Roland Barthes' leidenschaftliches Plädoyer für das offene Zusammenspiel der Signifikanten werden nur halb verstanden, solange das "Typische" nicht als ein Aspekt der Hegelschen Totalität erkannt und Barthes' Semiologie nicht als eine Erneuerung von Nietzsches "fröhlicher Wissenschaft" gelesen wird. Abstrakt und unerquicklich bleibt schließlich die Anwendung von Greimas' Isotopiebegriff, solange nicht klar ist, daß er eine rationalistisch-hegelianische Textauffassung voraussetzt, die auf Hierarchisierung und Monosemierung aus ist.

Theorie wird lebendig, sobald klar wird, daß sie ein Versuch ist, Fragen, die sich einem jeden aufdrängen, der sich mit Literatur, Kultur und Gesellschaft befaßt, partiell zu beantworten. Allerdings können solche Fragen nur dann *als theoretische Fragen* gestellt werden, wenn der historische, philosophische und ästhetische Kontext der Theorien vergegenwärtigt wird.

Eine Vergegenwärtigung dieser Art bereitet Mühe. Das Zustandekommen einer zweiten Auflage der *Literarischen Ästhetik* zeigt indessen, daß viele diese Mühe für lohnend halten. Der Autor hat in allen Kapiteln versucht, ihnen die Lektüre durch Korrekturen, klärende Zusätze und Erläuterungen zu erleichtern. Auch die Bibliographie wurde an einigen Stellen ergänzt.

Vorwort zur zweiten Auflage

Vorwort zur ersten Auflage

Angesichts der Fülle von Publikationen zur literaturwissenschaftlichen Methodologie drängt sich die Frage auf, ob es notwendig sei, eine weitere Einführung vorzulegen, deren Untertitel den Verdacht erregt, daß die Methodendiskussionen der 60er, 70er und 80er Jahre abermals aufgearbeitet werden sollen. Auf diese zweifellos berechtigte Frage antwortet – stellvertretend für den Gesamttext – der Titel *Literarische Ästhetik*: Es geht nicht nur darum, moderne Theorien und Methoden der Literaturwissenschaft darzustellen und aufeinander zu beziehen, sondern auch darum, *ihre philosophischen und ästhetischen Grundlagen zu rekonstruieren.*

Dieser Rekonstruktionsversuch erfüllt eine *erklärende* und eine *kritische* Funktion: Wer in den 70er oder 80er Jahren an einer europäischen Universität eine "Einführung in die Allgemeine Literaturwissenschaft" angeboten hat, der wird festgestellt haben, daß es sehr schwierig, möglicherweise für alle Beteiligten auch unbefriedigend ist, Schlüsselbegriffe wie "Erwartungshorizont", "Isotopie", "Unbestimmtheitsstelle" oder "Weltanschauung" auf abstrakte Art, d.h. unabhängig vom politischen, philosophischen und ästhetischen Kontext zu erklären. Weshalb betont Barthes die Vieldeutigkeit des literarischen Signifikanten, während Greimas den Isotopie-Begriff verwendet, um den Text auf eine Bedeutung festzulegen? Was hat Jauß' (Mannheims) Begriff des "Erwartungshorizonts" mit Gadamers Hermeneutik und Mannheims Wissenssoziologie zu tun? – Solche Fragen werden nicht von jemandem aufgeworfen, der die Komplexität des Faches ins Endlose zu steigern beabsichtigt, sondern von einer kritischen Hörerschaft oder Leserschaft, die erfahren möchte, weshalb Barthes Nietzsche, Jauß hingegen immer wieder Gadamer und Mannheim zitiert. Daher lautet eine der Hauptthesen dieses Buches: *Literaturwissenschaftliche Ansätze und ihre Terminologien sind nur dann konkret zu verstehen, wenn der philosophische, ästhetische und gesellschaftliche Kontext rekonstruiert wird, in dem sie entstanden sind.*

Es versteht sich von selbst, daß hier nur Ansätze erörtert werden, die ästhetische Komponenten aufweisen, und daß literaturwissenschaftliche Methoden wie die empirische Literatursoziologie, deren Vertreter ausdrücklich auf ästhetische Wertung verzichten (A. Silbermann, H.N.

Fügen), unberücksichtigt bleiben. Dies bedeutet jedoch nicht, daß solche Methoden "wertfrei" sind und keine ästhetischen bzw. ideologischen Positionen artikulieren; sie sind aber in dem hier entworfenen Zusammenhang weniger interessant.

Rekonstruktion ist zugleich Reflexion im hermeneutischen Sinne und konkreter: im Sinne der Kritischen Theorie. Denn nur in einem Zusammenhang, in dem die sozialen, philosophischen und ästhetischen Bedingungen reflektiert werden, in denen eine bestimmte literaturwissenschaftliche Terminologie entstanden ist, zergeht die ideologische Illusion, ein bestimmter theoretischer Diskurs sei als natürlich und selbstverständlich – als der einzig mögliche – zu akzeptieren.

Denn gerade in einer Gesellschaft, deren medien- und marktkonforme Diskurse bestimmte Denkweisen als selbstverständlich und natürlich einüben – von "schlank ist schön" und einer "vollwirtschaftlich organisierten Küchenarbeitsweise" bis zum *dernier cri* der "Postmoderne" – tut Reflexion not: nachdenken über die diskursiven Verfahren der Werbung und der Ideologie; nachdenken über die diskursiven Verfahren oder die philosophischen und ästhetischen Entstehungszusammenhänge der Wissenschaften und Pseudowissenschaften. Nur kritische Reflexion kann den Verblendungszusammenhang durchbrechen, der u.a. dadurch zustande kommt, daß Individuen in bestimmte Sprachstrukturen hineinwachsen und im Rahmen dieser Strukturen zu unmündigen Subjekten (*sub-iectum*: das Unterworfene) sozialisiert werden. Das vorliegende Buch möchte nicht nur einen Beitrag zur kritischen Reflexion leisten, sondern vor allem im letzten Kapitel auch erklären, wie Reflexion als sprachlicher (diskursiver) Prozeß aufzufassen sei.

Das Buch ist nicht nur chronologisch aufgebaut (vom New Criticism und dem russischen Formalismus zur Dekonstruktion), sondern folgt auch einer immanenten philosophischen Logik, die u.a. erklärt, weshalb der anglo-amerikanische New Criticism im ersten Kapitel im Zusammenhang mit Croces Philosophie behandelt wird und weshalb Bachtin (Kap. 3) als "Junghegelianer" zum geistigen Nachbarn Benjamins und Adornos wird, während der Prager Strukturalismus, dessen Vertreter – ebenso wie Adorno und Gadamer – zwischen Kant und Hegel oszillieren, den Übergang vom vierten zum sechsten Kapitel bildet. Im siebenten und achten Kapitel wird der Gegensatz zwischen Kants autonomer und Hegels heteronomer Position allmählich vom Spannungsverhältnis zwischen Hegel und Nietzsche abgelöst. (Zweifellos wäre auch eine "kryptische" Lektüre dieses Buches denkbar, die die Peripetien der junghegelianischen Philosophien – Vischers, Stirners, Rosenkranz' – in der zeitgenössischen Ästhetik und Literaturwissenschaft verfolgt.)

Die Struktur des Gesamttextes ist auch aus dessen dialogischem Charakter ableitbar: Formal betrachtet mag es auf den ersten Blick sinnvoller erscheinen, den New Criticism und den russischen Formalismus in einem Kapitel oder in zwei benachbarten Kapiteln unterzubringen. Aus dialogischer Sicht erscheint eine solche "lineare" Darstellung nicht sinnvoll; denn es kann unschwer gezeigt werden, daß Bachtins, Benjamins und Adornos "junghegelianische" Ästhetiken unmittelbar (Bachtin) und mittelbar (Benjamin, Adorno) aus der Kollision zwischen hegelianischen (marxistischen) und kantianischen (formalistischen) Grundsätzen hervorgegangen sind. Dies ist der Grund, weshalb hier Bachtins dialogische Literaturwissenschaft aus der Diskussion zwischen Marxisten und Formalisten hervorgeht; weshalb das achte Kapitel, das Derridas Position zwischen Hegel und Nietzsche zu bestimmen sucht, dem siebenten angeschlossen wird, in dem Barthes' nietzscheanische Ästhetik mit Greimas' Rationalismus und Hegelianismus der Tiefenstruktur zusammenstößt. In allen Fällen ging es mir darum, heterogene theoretische und ästhetische Positionen dialogisch aufeinander zu beziehen, miteinander zu verknüpfen.

Außer der Reflexion und dem Dialog erfüllt hier auch das Modell, von dem Adorno sagt, es "treffe das Spezifische", eine wichtige methodologische Funktion: Eine pauschale Darstellung *des* Marxismus, *des* Strukturalismus oder *der* Semiotik ist sinnlos, weil sie der Abstraktion verfällt und "das Grauenhafte des bloß Schematischen" evoziert, das Kafka in seinen Tagebüchern (Mai 1914) kritisiert. Dies ist der Grund, weshalb sich meine Darstellungen nicht nur auf die Theorien *einzelner Autoren* konzentrieren, sondern oft auch "Modellanalysen" enthalten (etwa Benjamins Baudelaire-Studien oder Barthes' *S/Z*), die die theoretische Argumentation veranschaulichen sollen.

Angesichts der Materialfülle und der Heterogenität der Literaturwissenschaft hielt ich es für sinnvoll, die einzelnen Kapitel von kompetenten Kolleginnen und Kollegen kritisch lesen zu lassen. Ihnen allen – Květoslav Chvatík, Werner Delanoy, Klaus Haberkamm, Franz Kuna, Ursula Link-Heer, Jürgen Link, Michael Metzeltin, J.J.A. Mooy, Rainer Moritz, Rudolf Neuhäuser, Ulrich Schulz-Buschhaus, Veronica Smith und Johann Strutz – möchte ich an dieser Stelle herzlich danken. Frau Brigitte Pappler und Frau Sonja Strauß danke ich für das sorgfältige Tippen des Manuskripts und die gründliche Korrektur.

Einleitung

1. Ästhetik und Literaturwissenschaft

Das Hauptanliegen dieses Buches kann in wenigen Worten zusammengefaßt werden: In den meisten zeitgenössischen Darstellungen der Literaturwissenschaft und ihrer Methoden werden die ästhetischen Grundlagen dieser Wissenschaft vernachlässigt, so daß häufig der Eindruck entsteht, als sei der Literatur- oder Kunstbegriff gegeben oder unproblematisch. Im Gegenzug zu dieser Entwicklung, die dazu führt, daß Literaturtheorien aus ihrem philosophischen und ästhetischen Zusammenhang herausgelöst werden, wird hier die These aufgestellt, daß die wichtigsten Gegensätze innerhalb der modernen Literaturwissenschaft als Auseinandersetzungen um die Hegelsche und die hegelianische Ästhetik aufzufassen sind.

Diese These ist nur dann akzeptabel, wenn die Bezeichnung "hegelianische Ästhetik" so weit gefaßt wird, daß sie auf alle Theorien angewandt werden kann, die literarische Werke als Kunstwerke auf den Begriff bringen, sie mit einer bestimmten Begrifflichkeit identifizieren. Im Verlauf dieser Darstellung wird sich zeigen, daß solche Theorien nicht nur von Hegel und seinen Nachfolgern, sondern auch im Marxismus und in der Semiotik entwickelt wurden. Mit einer "hegelianischen Theorie" ist also nicht nur eine Theorie gemeint, deren Autor sich ausdrücklich auf Hegel beruft, sondern jede Theorie, die versucht, das (literarische) Kunstwerk mit einem begrifflichen Äquivalent (Weltanschauung, Ideologie) zu identifizieren.

Es wäre grundsätzlich möglich, vom Gegensatz zwischen Hegels und Kants Ästhetik auszugehen und die hier aufgestellte These entsprechend umzuformulieren: Die Gegensätze innerhalb der modernen Literaturwissenschaft würden dann nicht so sehr als Auseinandersetzungen um die Hegelsche Ästhetik erscheinen, sondern eher als Zusammenstöße zwischen kantianischen und hegelianischen Positionen. Diese Variante der These ist in einigen Fällen sicherlich anwendbar: etwa auf Diltheys, Mukařovskýs und Adornos Kritik der Hegelschen oder der hegelianischen Kunsttheorie. Als Grundlage meiner Darstellung wäre sie allerdings eine unzulässige Vereinfachung, weil gerade die radikalsten Kritiker der hegelianischen Position – von Nietzsche bis Derrida – alles andere als Kantianer sind. Ihre Kritik an Hegel geht von anderen, von nicht-kantianischen Prämissen aus. Dennoch wird im folgenden der Gegensatz zwischen Kant und Hegel eine zentrale Rolle spielen, weil er zwei extreme Positionen zum Ausdruck bringt, zwischen denen die moderne Literaturwissenschaft oszilliert. Dieses Oszillieren als noch nicht überwundenes methodologisches Dilemma zu beschreiben ist eine der Hauptaufgaben dieses Buches: Es gilt, zwischen Begriff und Form, Signifikat und Signifikant, Inhaltsebene und Ausdrucksebene (im Sinne von Hjelmslev, siehe weiter unten) zu vermitteln und zu zeigen, daß Vieldeutigkeit oder Polysemie nicht Beliebigkeit bedeutet und daß Offenheit und Geschlossenheit (Eco) einander nicht ausschließen, sondern dialektisch aufeinander zu beziehen sind.

Es geht hier also nicht darum, dem Anachronismus das Wort zu reden und die zerfallene philosophische Ästhetik als umfassende Theorie der schönen Künste zu restaurieren, sondern darum, die wichtigsten Probleme der Literaturwissenschaft im ästhetischen und philosophischen Kontext zu erklären. Daß es einer solchen Klärung an der Basis bedarf, zeigen ältere und neue, bekannte und weniger bekannte Einführungen in die Literaturwissenschaft, deren Autoren es versäumen, auf die ästhetischen Grundlagen und den historischen Ursprung der von ihnen behandelten Literaturbegriffe einzugehen, und den Lesern häufig suggerieren, der von ihnen implizit eingeführte Literatur- und Kunstbegriff sei der einzig mögliche, der "natürliche".

In ihrem bekannten Buch *Theory of Literature* (1949), das noch immer als Einführung in die Materie verwendet wird, erwecken René Wellek und Austin Warren den Eindruck, als gäbe es nicht konkurrierende ästhetische Theorien, sondern eine homogene und unproblematische ästhetische Terminologie: "In unsere semantische Analyse können wir darum einige Begriffe der Ästhetik wieder einführen: 'interesseloses Wohlgefallen', 'ästhetische Distanz', 'Rahmen'." ("Into our semantic analysis we thus can reintroduce some of the common conceptions of aesthetics: 'disinterested contemplation', 'aesthetic distance', 'framing'.")[1]

Unreflektiert werden hier kantianische Begriffe eingeführt, die zwar eine brauchbare Grundlage für die Autonomieästhetik der beiden Autoren abgeben, weil sie den von ihnen kritisierten "fallacies", den Reduk-

1 R. Wellek, A. Warren, *Theorie der Literatur*, Frankfurt/Main, Athenäum-Fischer, 1972, S. 23. (*Theory of Literature*, 1949, Harmondsworth, Penguin, 1968, S. 25.)

tionen literarischer Texte auf soziale und psychische Faktoren oder auf begriffliche Strukturen, entgegenwirken, die jedoch zugleich die Tatsache verschleiern, daß es konkurrierende ästhetische Modelle gibt. In hegelianischen Modellen beispielsweise erscheint das Kunstwerk nicht als "Zweckmäßigkeit ohne Zweck" oder als keinem "Begriff adäquates" Gebilde (Kant), sondern als auflösbar im begrifflichen Denken; es erscheint nicht aus der Sicht eines vom "interesselosen Wohlgefallen" (Kant) beseelten *Betrachters*, sondern in historischer Perspektive: als eindeutiger Ausdruck eines historischen Bewußtseins. Anders gesagt: Wellek und Warren setzen – trotz ihrer kritischen Bemerkungen zu Hegel, Schelling und Marx[2] – eine bestimmte Ästhetik (die kantianische) voraus und versäumen es, den eigenen ästhetischen Standort in einem dialogischen Kontext zu problematisieren.

Auf ganz andere Art entledigen sich die beiden Autoren Jochen Schulte-Sasse und Renate Werner der ästhetischen Problematik in ihrer *Einführung in die Literaturwissenschaft* (1977): Sie versuchen, die Literaturwissenschaft semiotisch und soziologisch zu begründen: "Den Gegenstand der Literaturwissenschaft fassen wir dabei vorläufig als solche Zeichensysteme zweiter Ordnung. Wir wollen diesen Gegenstandsbereich nicht durch qualitative Überlegungen einengen, sondern von der tatsächlich stattfindenden Kommunikation mittels solcher Zeichensysteme ausgehen."[3] In dieser zweifellos brauchbaren sozio-semiotischen Definition des Objektbereichs bleibt jedoch unberücksichtigt, daß auch die semiotische Theorie von Algirdas Julien Greimas, deren Terminologie die Autoren verwenden, eine auch von Greimas und seinen Schülern nie explizierte Ästhetik enthält, die eher logozentrisch auf die Monosemierung des literarischen Textes abhebt. (Siehe Kap. 7.)

Diese Herauslösung der Literaturwissenschaft aus dem ästhetischen Kontext ist zweifellos auf die Tatsache zurückzuführen, daß die Sozialwissenschaften (Soziologie, Semiotik) sich aufgrund des arbeitsteiligen Prinzips verselbständigt und von Philosophie und Ästhetik entfernt haben. Nun ist aber die literarische Semiotik eines A.J. Greimas, eines Roland Barthes oder eines Umberto Eco nicht unabhängig von der philosophischen (ästhetischen) Problematik zu verstehen: ebensowenig wie die Soziologie eines Max Weber oder eines Alfred Schütz, die nicht

---

2 Siehe: R. Wellek, A. Warren, *Theorie der Literatur*, op. cit., S. 115-118, S. 122-125, S. 312.

3 J. Schulte-Sasse, R. Werner, *Einführung in die Literaturwissenschaft*, München, Fink, 1977, S. 22.

von ihren hermeneutischen (Rickert, Windelband) und phänomenologischen (Husserl) Grundlagen ablösbar sind. Über diese Tatsache setzen sich allzu dezisionistisch Helmut Hauptmeier und Siegfried J. Schmidt hinweg, wenn sie in ihrer *Einführung in die empirische Literaturwissenschaft* (1985) den Bereich der Disziplin auf eine empirische Kommunikationstheorie einengen und dabei nicht nur philosophische und ästhetische Aspekte, sondern alle konkurrierenden Theorien (Semiotik, Soziologie, Phänomenologie) monologisch ausgrenzen.[4]

Daß sich die Unterschlagung der ästhetischen Problematik auf theoretischer Ebene rächen kann, zeigt schließlich Jean-Yves Tadiés *La Critique littéraire au XXe siècle* (1987): ein Buch, das zwar als Einführung gedacht war, durch seine Inkohärenz jedoch eher Verwirrung stiftet. Wenn z.B. Tadiés Darstellung der literatursoziologischen Ansätze zu einem Konglomerat widersprüchlicher Aussagen verkommt, so deshalb, weil die ästhetischen Komponenten, die diese Ansätze (Lukács', Goldmanns, Adornos) voneinander unterscheiden und trennen, schlicht übergangen werden.[5]

Als philosophisch fundierter Entwurf ist Terry Eagletons *Einführung in die Literaturtheorie* (1983, dt. 1988) in jeder Hinsicht ergiebiger und homogener, da der Autor die Beziehungen zwischen Husserls Phänomenologie und Gadamers Hermeneutik zum Ausgangspunkt nimmt (Kap. 2). Um so erstaunlicher ist sein Verzicht auf eine Analyse der ästhetischen Prämissen moderner Literaturtheorien, die er noch in *Criticism and Ideology* (1976) mit den "aesthetic ideologies" (Kap. 2) verknüpfte: In der *Einführung* wird Kant nur einmal erwähnt, Hegel und Nietzsche überhaupt nicht.[6]

Mein Vorschlag, die literaturwissenschaftliche Problematik auf ästhetischer Grundlage zu rekonstruieren, sollte daher als ein Versuch aufgefaßt werden, eine Kohärenz wiederherzustellen, die zerfallen ist. Diese Art von Rekonstruktion hat nichts mit Restauration zu tun; wohl aber mit Reflexion: Es geht nicht darum, die Literaturwissenschaft einer alten oder neuen Ästhetik einzuverleiben, sondern darum, den ästhetischen Ursprung und Hintergrund ihrer Fragestellungen zu *reflektieren.*

4 H. Hauptmeier, S.J. Schmidt, *Einführung in die empirische Literaturwissenschaft*, Braunschweig, Vieweg, 1985, S. 3-6.

5 Siehe: J.-Y. Tadié, *La Critique littéraire au XXe siècle*, Paris, Belfond, 1987, Kap. 6.

6 T. Eagleton, *Einführung in die Literaturtheorie*, Stuttgart, Metzler, 1988.

2. Inhaltsebene und Ausdrucksebene

Die Problematik der modernen Literaturwissenschaft ist nur im Zusammenhang mit der Entwicklung der Sozialwissenschaften (Soziologie, Psychologie, Sprachwissenschaft) zu verstehen, die – vor allem in den 60er und 70er Jahren – die literaturwissenschaftliche Methodendiskussion nachhaltig geprägt haben. Anachronistisch und sinnlos wäre daher jeder Versuch, die Probleme zeitgenössischer Literaturtheorien ausschließlich im Rahmen der philosophischen Ästhetik darstellen zu wollen, deren Terminologie der sozialwissenschaftlichen Arbeitsteilung in den Fachsprachen nicht Rechnung trägt.

Es gilt allerdings auch, die durch Arbeitsteilung bedingte Einseitigkeit zu vermeiden, die darin besteht, daß der Diskurs der Fachsprache (der Soziologie, der Linguistik) von der philosophischen Reflexion abgekoppelt wird. Es kommt vielmehr darauf an, philosophische und ästhetische Aussagen fachsprachlich zu präzisieren, zu verdeutlichen, und umgekehrt, fachsprachliche Theoreme philosophisch-kritisch zu reflektieren.

Dieses wissenschaftsphilosophische Vorhaben ist kein unzeitgemäßes oder gar unerreichbares Ideal, sondern verbindet so heterogene theoretische Ansätze miteinander wie den Prager Strukturalismus Jan Mukařovskýs, den Kritischen Rationalismus Karl R. Poppers oder Hans Alberts und die Kritische Theorie Theodor W. Adornos, Max Horkheimers und Jürgen Habermas'.[7] Im folgenden soll daher versucht werden, die ästhetische Frage nach demVerhältnis von "Form" und "Inhalt" mit Hilfe einer semiotischen und linguistischen Terminologie (Hjelmslevs, Martinets) neu zu stellen. Zugleich soll aber die ästhetische und philosophische Bedeutung der neuen Fragestellung reflektiert werden.

7 Zum Problem der philosophischen Grundlegung der Wissenschaften siehe: J. Mukařovský, "Strukturalismus v estetice a ve vědě o literatuře" ("Der Strukturalismus in Ästhetik und Literaturwissenschaft") in: ders., *Kapitoly z české poetiky Bd. 1*, Prag, Melantrich, 1941, S. 13: "Die wissenschaftliche Lehre, die von dieser ununterbrochenen Wechselwirkung zwischen Wissenschaft und Philosophie ausgeht und auf ihr gründet, ist der Strukturalismus." – Für eine philosophische Wissenschaft im Sinne der kritischen Rationalisten plädiert z.B. K.R. Popper, in: "Wie ich die Philosophie sehe", in: ders., *Auf der Suche nach einer besseren Welt. Vorträge und Aufsätze aus dreißig Jahren*, München, Piper, 1984, S. 207: "So wie ich die Philosophie sehe, sollte sie niemals – und kann sie auch nicht – von den Einzelwissenschaften getrennt werden." – Für philosophische Reflexion setzen sich im Anschluß an Adorno und Horkheimer Jürgen Habermas und Rüdiger Bubner ein: J. Habermas, *Erkenntnis und Interesse* (1968), Frankfurt, Suhrkamp, 1973, S. 262-300 und R. Bubner, *Dialektik und Wissenschaft*, Frankfurt, Suhrkamp, 1973, S. 106.

Seit Ferdinand de Saussures *Cours de linguistique générale* (1916) betont die Sprachwissenschaft den willkürlichen oder relativ willkürlichen Charakter des sprachlichen Zeichens. Die Beziehung zwischen Signifikant und Signifikat, zwischen der phonetischen und der semantischen Ebene ist willkürlich und hängt von einer sich wandelnden gesellschaftlichen Konvention ab: "Le lien unissant le signifiant au signifié est arbitraire (...)"; "das Band, welches das Bezeichnete mit der Bezeichnung verknüpft, ist beliebig (...)"[8], heißt es wörtlich in Saussures *Cours.* Dadurch unterscheidet sich das sprachliche Zeichen vom Symbol, das nie ganz willkürlich, sondern stets mit einem bestimmten "Inhalt" erfüllt ist: Während die Signifikanten *Haus, maison, casa, kuća* im Hinblick auf das ihnen gemeinsame Signifikat indifferent sind, kann die Waage als Symbol für Gerechtigkeit nicht durch irgendeinen anderen Gegenstand – etwa durch einen Wagen – ersetzt werden.[9]

Einen Schritt weiter geht der dänische Linguist Louis Hjelmslev, wenn er im Anschluß an Saussure einen autonomen Bereich der Signifikanten mit einem ebenso autonomen Bereich der Signifikate verknüpft: Während Hjelmslevs *Ausdrucksebene* Saussures Signifikanten entspricht, ohne mit ihnen identisch zu sein, entspricht seine Bezeichnung *Inhaltsebene* den Signifikaten. Anders ausgedrückt: Die Ausdrucksebene Hjelmslevs ist dem Saussureschen Signifikanten in der Gesamtheit seiner Erscheinungsformen analog und steht in ständiger Wechselbeziehung zur Inhaltsebene. Die Verknüpfung der beiden Ebenen in der sprachlichen Kommunikation ermöglicht den semiotischen Prozeß, die *Semiosis.*

Diese grundsätzliche Unterscheidung zwischen einer Ausdsrucks- und einer Inhaltsebene wird durch die Einführung der beiden Begriffe *Form* und *Substanz* weiter nuanciert: Es handelt sich *nicht* um Synonyme von "Ausdruck" und "Inhalt"; vielmehr weist *jede* der beiden Ebenen einen Form- und einen Substanzausdruck auf. Ganz zu Recht stellen daher Greimas und Courtés fest, daß Hjelmslev "auf jeder der beiden sprachlichen Ebenen eine autonome Form und eine autonome Substanz unterscheidet: Die Verknüpfung von Ausdrucksform und Inhaltsform ist es – und nicht die von zwei Substanzen –, die seiner

8 F. de Saussure, *Cours de linguistique générale*, Paris, Payot, 1972, S. 100; *Grundfragen der Allgemeinen Sprachwissenschaft*, Berlin, De Gruyter, 1967 (2. Aufl.), S. 79.

9 Siehe: F. de Saussure, *Cours de linguistique générale*, op. cit., S. 101.

Ansicht nach die semiotische Form ausmacht."[10] Anders gesagt: Auch die phonetische Ebene der Signifikanten (die Ausdrucksebene) hat Substanz, während die semantische Ebene der Signifikate (die Inhaltsebene) ohne Formen und Formierungsprozesse nicht denkbar ist. (Die Ausdrucksebene ist somit Gegenstand der Phonologie und der Phonetik, während die Inhaltsebene Gegenstand der Semantik und der Syntax ist.)

In diesem Zusammenhang ist es wichtig, darauf hinzuweisen, daß es bei Hjelmslev keine ungeformte Substanz gibt: Sowohl auf der Ausdrucks- als auch auf der Inhaltsebene sind Substanzen nur als geformte denkbar.[11] Die ungeformte "Wirklichkeit", die auf der Ausdrucksebene von phonetischen und auf der Inhaltsebene von semantisch-syntaktischen Formen zu Substanzen gemacht wird, nennt Hjelmslev *Sinn* (dän. "mening", engl. "purport") und umschreibt sie als "amorphe Masse"[12] auf der Inhaltsebene und als "phonetische Sinnzonen" ("meningszone")[13] auf der Ausdrucksebene.

Wichtig ist hier der Gedanke, daß auf beiden Ebenen bestimmte *Eigengesetzlichkeiten* herrschen, die von Sprache zu Sprache verschieden sind und die für die stets *spezifische* Formung der phonetischen und semantischen ("gedanklichen") Masse verantwortlich sind. Diese Eigengesetzlichkeiten dürfen nicht übergangen werden; die Gesetzmäßigkeiten der einen Ebene sind nicht auf die der anderen zu reduzieren. Einer der Kerngedanken von Hjelmslevs Semiotik ist somit die *Autonomie* der beiden Ebenen.

Um das bisher Gesagte ein wenig zu konkretisieren, möchte ich die Formierungsprozesse im inhaltlichen und im phonetischen Bereich anhand von Beispielen veranschaulichen. Die besonderen phonetischen Gesetzmäßigkeiten treten dann klar in Erscheinung, wenn der Name *Berlin* im Englischen, Deutschen, Dänischen und Japanischen verschieden ausgesprochen wird (Hjelmslevs Beispiel) oder wenn unser französischsprachiger Gesprächspartner darauf besteht, daß der Name des Psychoanalytikers Freud als *Fröd* und der des Soziologen Durkheim als *Dürk-em* auszusprechen ist. Ein anderer Aspekt dieser Problematik

10 A.J. Greimas, J. Courtés, *Sémiotique. Dictionnaire raisonné de la théorie du langage*, Paris, Hachette, 1979, S. 66.

11 Siehe: L. Hjelmslev, *Prolegomena zu einer Sprachtheorie*, München, Hueber, 1974, S. 56: "Der Sinn (mening) ist jedesmal Substanz für eine neue Form und hat keine mögliche Existenz außer der, Substanz für die eine oder andere Form zu sein."

12 Ibid., S. 55.

13 Ibid., S. 59.

wird sichtbar, wenn jemand die "phonetische Masse" einer Fremdsprache in Übereinstimmung mit den Gesetzmäßigkeiten seiner Muttersprache formt: Man sagt dann, daß er einen "Akzent hat". Wichtig ist hier die Überlegung, daß die Phonetik einer natürlichen Sprache ein Systemganzes bildet und daß die Aussprache eines bestimmten Wortes sowie ein besonderer Akzent nicht Zufallserscheinungen, sondern systembedingt sind.

Auf der Inhaltsebene (im semantisch-syntaktischen Bereich) treten solche Eigengesetzlichkeiten zutage, sobald klar wird, daß ein und derselbe "Gedanke" (Hjelmslev, S. 55) mit Hilfe von sehr verschiedenen Formen artikuliert werden muß. Das deutsche "ich weiß nicht" nimmt in anderen Sprachen andere Formen an: Das französische "je ne sais pas" weist eine andere Reihenfolge auf und enthält die für das Französische charakteristische doppelte Verneinung; auch der englische Satz "I do not know" weicht vom deutschen ab durch eine andere Wortstellung und durch die Verwendung des Hilfsverbs "do"; das lateinische Ein-Wort-Syntagma "nescio" stimmt formal mit den slawischen Formen "ne znam" (serbokroatisch) und "nevím" (tschechisch) überein und unterscheidet sich von den germanischen und französischen Konstruktionen durch die Präfigierung der Negation. (Mit Recht weist Hjelmslev darauf hin, daß auch innerhalb eines und desselben Sprachsystems verschiedene Formen möglich sind; im vorliegenden Fall z.B.: "je l'ignore" oder das elisabethanische "I know not".)[14]

Allen diesen Beispielen liegt der bereits erwähnte Gedanke zugrunde, daß das Zusammenwirken von Inhaltsebene und Ausdrucksebene für die sprachliche Kommunikation zwar unentbehrlich ist, daß die Vorgänge auf diesen Ebenen jedoch besonderen Gesetzmäßigkeiten gehorchen: daß Inhalt und Ausdruck, Signifikat und Signifikant autonome Bereiche sind.

Diesen Gedanken bestätigt in einem anderen Zusammenhang der zeitgenössische französische Linguist André Martinet, wenn er seine bekannte These über die "doppelte Artikulation der Sprache" ("la double articulation du langage") erläutert und die Autonomie der Signifikanten-Ebene beschreibt. Seine Frage lautet, "wie sie (die Sprache) ihre eigenen Werte begründet und wie sie den Phonemen, also Einheiten ohne Signifikate, die Bildung ihrer Signifikanten anvertraut und

14 Ibid., S. 54-55.

diese dadurch der Sinngebung entzieht."[15] Komplementär dazu heißt es an einer anderen Stelle: "Aus der zweiten sprachlichen Artikulation hervorgegangen, erscheinen die Phoneme somit als die Garanten der willkürlichen Beschaffenheit des Zeichens."[16] Die Signifikanten sind also von den Signifikaten relativ unabhängig; und diese Überlegung gilt nicht nur für die Signifikanten als einzelne phonetische Einheiten, sondern für die Gesamtheit der Signifikanten als Ausdrucksebene im Sinne von Hjelmslev.

Welche Bedeutung haben diese Ausführungen nun für die Ästhetik-Diskussion? Vor allem die Erkenntnis, daß die beiden Ebenen autonom sind, weil sie spezifischen Gesetzmäßigkeiten gehorchen, hat weitreichende Folgen im Bereich der Literatur- und Kunsttheorie. Sie stellt sich allen Versuchen in den Weg, den Ausdruck auf den Inhalt, den Signifikanten auf das Signifikat und das "Wie" auf das "Was" zu reduzieren. Sie zieht die jahrtausendealte Platonische und hegelianische These in Zweifel, daß sich in jeder Erscheinung ein Wesen, in jeder Form eine Idee manifestiert. Sie erschwert die Reduktion des vieldeutigen Signifikanten auf ein Signifikat, des vieldeutigen Kunstwerks auf ein begriffliches System, eine Weltanschauung oder eine Ideologie.

Sie stellt einen gewissen *Dualismus* zwischen Ausdruck und Inhalt her, den man mit Vorbehalt als "kantianisch" bezeichnen könnte. Daß sowohl bei Hjelmslev als auch bei Martinet eine dualistische, also nicht-reduktionistische Denkart den Ausgangspunkt bildet, ist John Lyons aufgefallen, der im ersten Band seiner *Semantics* schreibt: "Dualität. Was Hockett als Dualität (...) bezeichnet, wird in der Literatur auch mit Hilfe von Termini wie 'double articulation' (cf. Martinet, 1949) umschrieben; und es wird allgemein als eines der Universalcharakteristika der Sprache anerkannt. Einige Gelehrte (vor allem Hjelmslev, 1953) schlugen sogar vor, es sollte aus a priori Gründen zu einer wesentlichen und definierenden Eigenschaft der Sprache erhoben werden."[17]

Freilich geht es in dieser Passage nicht um die philosophische und erkenntnistheoretische Dualität im Sinne von Kant. Es kann allerdings mit einigem Recht behauptet werden, daß der philosophische Dualismus, der besagt, daß das Objekt mit der Begrifflichkeit des Subjekts nie

15 A. Martinet, *La Linguistique synchronique. Etudes et recherches*, Paris, PUF, 1968, S. 27.
16 Ibid., S. 28.
17 J. Lyons, *Semantics* Bd. 1, Cambridge, Cambridge Univ. Press, 1977, S. 71.

identisch ist, von den Thesen der modernen Sprachwissenschaft in jeder Hinsicht gestärkt wird: Das vieldeutige literarische Werk geht in der begrifflichen Definition nicht auf, weil die einzelnen Signifikanten mit verschiedenen Signifikaten und die Ausdrucksebene in ihrer Gesamtheit mit verschiedenen, auch unvereinbaren begrifflichen Systemen verknüpft werden können. Mit anderen Worten: Das Kunstwerk bedeutet stets von neuem und entzieht sich dadurch der Definition. – Dies behaupten zumindest Vertreter von Theorien, die implizit oder explizit von Kants Ästhetik ausgehen und die bewußt, unbewußt, wohl auch halbbewußt, die Ergebnisse der Sprachwissenschaft aufgenommen haben.

Die Überlegung, daß die Dualitätsthese der Sprachwissenschaftler den Dualismus der Ästhetiker und Literaturwissenschaftler stärkt, reicht natürlich als Erklärung der Kritik an der hegelianischen Ästhetik im 20. Jahrhundert nicht aus. Diese Kritik hat auch gesellschaftliche, politische und philosophische Gründe, auf die ich in nahezu allen Kapiteln eingehen will. Dennoch hat die Dualitätsthese nachhaltig auf die ästhetische Diskussion eingewirkt: Das zeigt nicht nur die ästhetisierende Sprachphilosophie Derridas, sondern auch die Semiotik eines Roland Barthes oder eines Umberto Eco. Sie zeigen, daß die ästhetischen Probleme der Literaturwissenschaft und der Kunst allgemein nicht mehr jenseits der Sozialwissenschaften erörtert werden können; sie bestätigen allerdings auch, daß semiotische und sprachwissenschaftliche Theorien ästhetische Dimensionen aufweisen, die nicht immer wahrgenommen werden.

3. Literarische Ästhetik

Bisher war recht undifferenziert von "Literatur" und "Kunst" die Rede. Dies ist nicht nur für skeptische Leser unbefriedigend, die erfahren möchten, wie sich Literatur von anderen Kunstformen unterscheidet, sondern auch für Semiotiker und andere Sozialwissenschaftler, die sich dessen bewußt sind, daß jede Kunstform nur als spezifisches Zeichensystem zu untersuchen ist. Mit Recht wendet sich der französische Kunstsoziologe Pierre Francastel gegen Versuche, die bildenden Künste mit einer sprachwissenschaftlichen Terminologie (Metaphorik) anzugehen und so zu tun, als wären sie den sprachlichen Kunstwerken irgendwie analog. Über unsere Epoche, die immer wieder semiotische, soziologische oder psychoanalytische Begriffe zu Modeerscheinungen macht, schreibt er: "Aber sie lehnt es strikt ab, den Gedanken zu akzeptieren, daß das künstlerische Zeichen anderer Art ist als das sprachliche, das geschriebene oder gesprochene."[18]

Der spezifische Charakter musikalischer, künstlerischer und literarischer Zeichen ist der Grund, weshalb hier die ästhetische Diskussion auf den sprachlichen, den literarischen Bereich eingegrenzt wird. Zwar sind häufig die semiotischen (semiologischen) Terminologien Saussures und Hjelmslevs auf die bildenden Künste, die Werbung und andere nichtsprachliche Erscheinungen angewandt worden[19]; ihre Anwendung hatte jedoch eher metaphorischen Charakter und führte nicht zu konkreten Ergebnissen.

Daß die Anwendung sprachwissenschaftlich fundierter semiotischer Theorien (Hjelmslevs, Greimas') auf die Musik oder die bildenden Künste nicht zielführend ist, zeigt die Überlegung, daß sich ein sprachliches Lexem auf phonetischer Ebene aus Phonemen, auf semantischer Ebene aus Semen zusammensetzt. Nun sind aber Töne keine Phoneme im linguistischen Sinne; sie sind auch nicht *als* Phoneme darstellbar: ebensowenig wie die vom Maler dargestellten Gesten oder Formen (etwa bei Piet Mondriaan) in Seme zerlegt werden können. Um zu erkennen, daß auf bestimmten Gemälden helle Farbtöne Hoffnung, Freude, Glück oder Jugend und dunkle Farbtöne Hoffnungslosigkeit, Trauer, Unglück oder Tod "konnotieren", bedarf es keiner avancierten Semiotik.

Dies bedeutet nicht, daß es eine Semiotik der bildenden Künste, des Films oder der Musik nicht geben kann. In Anlehnung an die amerikanische Semiotik von Charles S. Peirce und Charles Morris hat im deutschen Sprachbereich vor allem Max Bense eine solche Kunstsemiotik entwickelt.[20] In Frankreich hat Christian Metz wesentlich zur Entfaltung einer Filmsemiotik beigetragen.[21] Gerade Benses Ansatz zeigt aber, wie schwierig es ist, eine Terminologie zu entwik-

---

18 P. Francastel, *Etudes de sociologie de l'art*, Paris, Denoël-Gonthier, 1979, S. 12.

19 Siehe z.B. R. Barthes: *Mythologies*, Paris, Seuil, 1957: In einem Abschnitt mit dem Titel "Le Mythe aujourd'hui" versucht Barthes, Hjelmslevs Semiotik (vor allem den Konnotationsbegriff) auch auf nichtverbale Kommunikationsformen – etwa auf Bilder als Mythen – anzuwenden. Die Ergebnisse lassen allerdings vermuten, daß sie auch ohne semiotische Hilfsmittel zu haben wären.

20 Siehe: M. Bense, *Aesthetica*, Stuttgart, Agis, 1965.

21 Siehe: Ch. Metz, *Semiologie des Films*, München, Fink, 1968 und ders. *Essais sur la signification au cinéma,* 2 Bde., Paris, Klincksieck, 1972.

keln, die sowohl auf sprachliche als auch auf nichtsprachliche Kunstwerke anwendbar ist.[22] Denn es genügt nicht, von der Annahme auszugehen, daß ein literarischer Text ein Zeichen oder ein Zeichensystem ist, weil der Zeichenbegriff nicht geeignet ist, die Wechselbeziehung zwischen phonetischen, semantischen, syntaktischen und narrativen Ebenen zu erklären. Wird aber ein semiotisches Modell entwickelt, das – wie Greimas' strukturale Semiotik – diese Ebenen aufeinander bezieht, dann ist es aufgrund seines spezifisch sprachlichen Charakters für die Analyse von Gemälden, Radierungen oder musikalischen Kompositionen völlig ungeeignet: der Malerei fehlen Phonetik, Syntax und Erzählstruktur im Sinne der Sprachwissenschaft und der Narrativik; ihre Semantik ist nicht die des Wortes, so daß der Semiotiker, der mit sprachwissenschaftlichen Modellen an sie herangeht, gezwungen ist, nichtverbale Zeichen in verbale zu übersetzen, und Gefahr läuft, sich in eine vage Metaphorik zu verstricken. Nur auf metaphorischer Ebene ist es möglich, von einer "musikalischen Syntax" zu sprechen, da die zeitliche Abfolge musikalischer Kompositionen mit der phrastischen und transphrastischen (diskursiven) Syntax der Sprache recht wenig zu tun hat.

Dies sind die Gründe, weshalb im folgenden die ästhetische Problematik auf den *literarischen Bereich* eingegrenzt und der Ausdruck "literarische Ästhetik" verwendet wird. Dieser Ausdruck trägt dem sich durchsetzenden arbeitsteiligen Prinzip Rechnung sowie der Schwierigkeit, angesichts der sozialwissenschaftlichen Arbeitsteilung eine umfassende Theorie aller Kunstgattungen zu entwickeln.

Gemieden wird die von Aristoteles stammende Bezeichnung "Poetik", da die hier behandelte Problematik weit über den Bereich der "poetischen Sprache" hinausgeht: etwa wenn es im 1. Kapitel gilt, die Beziehungen zwischen Ästhetik und Erkenntnistheorie darzustellen oder die Bedeutung der Musik für Adornos und Barthes' Kunsttheorien zu berücksichtigen. Der Entwurf einer umfassenden oder vergleichenden Theorie der Künste wird in diesem Buch jedoch nicht angestrebt.

Daß in der gegenwärtigen Situation eine solche Theorie unmöglich ist, mußte implizit sogar der vom Totalitätsprinzip beseelte Hegel-

---

22 Was Bense als "numerische", "statistische" oder "materiale Analyse" bezeichnet, fällt hinter die Leistungen der zeitgenössischen Textsemiotik und Textlinguistik zurück, weil die "statistisch-materiale" Betrachtung eher lexikologischen Charakter hat und den semantischen und narrativen Strukturen nicht Rechnung trägt. Siehe M. Bense, *Die Realität der Literatur*, Köln, Kiepenheuer und Witsch, 1971, S. 117.

Schüler Georg Lukács zugeben: Wer seine große Ästhetik kennt, weiß, daß es sich im Gegensatz zu den ästhetischen Systemen der Vergangenheit um eine vorwiegend *literarische* Ästhetik handelt, die dem arbeitsteiligen Prinzip gehorcht, ohne sich wie Adorno oder Bense explizit mit ihm auseinanderzusetzen.[23] Im Unterschied zu Adorno, der zumindest von zwei Kunstformen (der Literatur und der Musik) ausgeht, orientiert sich Lukács in seinen Argumentationen ausschließlich am literarischen Modell und neigt deshalb dazu, die Zeichensysteme der Musik oder der bildenden Künste auf das der Sprachkunst zu reduzieren. Es ist wohl kein Zufall, daß er in einem Kapitel über die moderne Musik weder auf Schönbergs Dodekaphonie noch auf Alban Berg eingeht (auch der Name Eisler wird nicht genannt), sondern nur auf Thomas Manns Adrian Leverkühn. Ihm, dem fiktiven Komponisten, stellt er Bartóks "volksnahe" Kunst gegenüber: "Hier", schreibt er, "wird der Gegensatz Bartóks zur modernen Leverkühnschen Art künstlerisch faßbar, zusammen mit dem Appell an Volk und Natur, der seinem Schaffen zugrunde liegt."[24]

Fragwürdige Vergleiche dieser Art werden vermieden, wenn der Theoretiker bewußt für ein bestimmtes Zeichensystem (hier das literarische, sprachliche) und die ihm entsprechenden sozialwissenschaftlichen Theorien optiert: Soziologie, Semiotik, Psychologie etc. Deshalb wurde im vorigen Abschnitt eines der Hauptthemen dieses Buches auf semiotischer Ebene formuliert: Konkret geht es um die Frage, *welche Bedeutung die sprachliche Autonomie von Ausdrucksebene und Inhaltsebene für die zeitgenössische ästhetische und literaturwissenschaftliche Diskussion hat.*

Zugleich läßt diese Fragestellung jedoch erkennen, daß Literaturwissenschaft nicht empiristisch und positivistisch auf eine Fachwissenschaft ("empirische Literaturwissenschaft", "Kommunikationstheorie") eingeengt werden soll: Der Ausdruck "literarische Ästhetik" deutet zwar an, daß der Autor die sozialwissenschaftliche Arbeitsteilung und die Fachsprache ernst nimmt; er läßt aber auch erkennen, daß er nicht gewillt ist, auf philosophische, d.h. ästhetische Reflexion zu

23 Siehe Th.W. Adorno, *Ästhetische Theorie*, Frankfurt, Suhrkamp, 1970, S. 250, 258 und M. Bense, *Aesthetica*, op.cit., S. 317: Während Adorno versucht, die verdinglichenden Folgen der Arbeitsteilung im ästhetischen Bereich zu überwinden, akzeptiert Bense das arbeitsteilige Prinzip und plädiert für eine "fachwissenschaftliche, nicht nur philosophisch fundierte Ästhetik".

24 G. Lukács, *Ästhetik* Bd. 3, Neuwied, Darmstadt und Berlin, Luchterhand, 1972, S. 137.

verzichten. In diesem Zusammenhang ist die komplementäre Frage zu verstehen, die das zweite Hauptthema des Buches bildet: *Welche Rolle spielt die Sprachproblematik in der Kritik an Hegels Ästhetik, die die Inhaltsebene privilegiert?*

Die Verflechtung dieser beiden Fragen, die roten Fäden gleich die Argumentation durchziehen werden, soll die Darstellung einer Vielzahl von heterogenen Ansätzen (Marxismus, Formalismus, Dekonstruktion) ermöglichen. Es geht hier also *nicht* um eine globale Analyse aller literaturwissenschaftlichen Methoden, die nur Verwirrung stiften würde, sondern um die Projektion heterogener Theorien auf eine gemeinsame Problematik, die in den beiden Kernfragen zum Ausdruck kommt.

So ist es beispielsweise zu erklären, daß der russische Formalismus zunächst im Zusammenhang mit dem Marxismus, anschließend im Kapitel über Bachtin und später als Vorläufer des Prager Strukturalismus behandelt wird: Es geht nicht um den Formalismus als solchen, sondern um die Einstellung der Formalisten zur Sprachproblematik und um ihre Auseinandersetzungen mit Marxismus und Hegelianismus. Theoretische Auseinandersetzung, Kritik und Polemik stehen im Mittelpunkt, und daraus ergibt sich der dialogische Charakter dieses Buches, das mit dem Entwurf einer kritisch-dialogischen Literaturwissenschaft endet.

I. Ästhetik und Dialektik: Zwischen Kant und Hegel

Ein wesentlicher Aspekt der Hegelschen Ästhetik ist ihre Heteronomie, die in Hegels Versuch zum Ausdruck kommt, die Kunst als sekundäre Erscheinung aus dem begrifflichen Denken der Philosophie abzuleiten. Dieser Versuch wurde später von europäischen und sowjetischen Marxisten wiederholt, jedoch stets von neuem von russischen Formalisten, Prager Strukturalisten, Vertretern des anglo-amerikanischen New Criticism und sogar von den Begründern der Kritischen Theorie, die in mancher Hinsicht Hegelianer geblieben waren, in Frage gestellt.

Die Polemiken der Formalisten gegen den ästhetischen Hegelianismus wurden nach dem Zweiten Weltkrieg von Anhängern der französischen Semiotik, der Konstanzer Rezeptionsästhetik und der Dekonstruktion vor dem Hintergrund eines wachsenden Agnostizismus fortgesetzt und führten dazu, daß die Frage nach der Bedeutung eines literarischen Textes oder eines Kunstwerkes mit ratlosem Schulterzucken oder gar mit Irritation beantwortet wurde. Viele haben sich an den Gedanken gewöhnt, daß Kunstwerke vieldeutige Gebilde sind und daß ihre Bedeutungen bestenfalls im Verlauf der Rezeption – als nur mögliche Interpretationen oder "Konkretisationen" – dingfest gemacht werden können. In einer Zeit, in der sich vielerorts die Dekonstruktion (nach Soziologie und Semiotik) als kommerzialisierte Mode auf institutioneller Ebene durchgesetzt hat, wird die Frage nach der Bedeutung oder der Weltanschauung eines Kunstwerks häufig als Ausdruck von Naivität gewertet. Das Wissen um Vieldeutigkeit, Bedeutungswandel und Funktionswandel der Kunstwerke wird zu einem der Gemeinplätze der Literaturwissenschaft, von denen eine beruhigende Wirkung ausgeht.

Das Problem, das in seiner Radikalität gerade Jacques Derrida aufgezeigt hat, besteht jedoch darin, daß auch philosophische und wissenschaftliche Texte vieldeutig sind: daß auch sie einen Bedeutungswandel durchmachen. Da auch die Kommentare von Rezipienten und Interpretationen vieldeutig sein können (man denke an Heideggers Hölderlin-Analysen), scheint alles in Fluß zu geraten, so daß die Frage des Sozialwissenschaftlers oder Historikers nach Bedeutung und Funktion einer Verfassung oder der amerikanischen "Declaration of Independence" gegenstandslos zu werden droht. Lassen nicht viele juristische Texte divergierende Auslegungen zu? Konkurrieren nicht zahlreiche Plato-, Kant-, Hegel- und Marx-Interpretationen miteinander? Werden die Begriffe von Parsons' funktionalistischer Soziologie nicht stets von neuem gedeutet? Wurden mit Hilfe von Marx' Schriften nicht Anarchie *und* staatlicher Totalitarismus gerechtfertigt?

Angesichts solcher Fragen kann sich der Wissenschaftler, der seine Wissenschaft nicht einem dekonstruierenden Essayismus opfern will, bei Begriffen wie "Vieldeutigkeit" und "Bedeutungswandel" nicht beruhigen. Er möchte wissen, weshalb auch Kommentare zu vieldeutigen literarischen Texten – zu Trakls Gedichten, Sartres *La Nausée* oder Kafkas *Der Prozeß* – einander in wesentlichen Punkten bestätigen und weshalb ein Autor wie Kafka von bestimmten politischen Gruppierungen als dekadent abgelehnt, von anderen hingegen als Realist, Gesellschaftskritiker oder Prophet gefeiert wird. Wenn die punktuelle Übereinstimmung heterogener Interpretationen und die politischen Reaktionen auf Kunst und Literatur nicht als rätselhafte Zufälle schlicht übergangen werden sollen, dann stellt sich die Frage nach der Grundstruktur der Texte, auf die sich alle divergierenden Interpretationen und politischen Reaktionen beziehen.

Diese Frage, die sowohl die Inhalts- als auch die Ausdrucksebene betrifft – sowie das Zusammenspiel von beiden –, scheint allen dekonstruktionistischen Versuchen, das Problem der Bedeutung als theoretischen Anachronismus zu verabschieden, im Wege zu stehen. Es handelt sich um ein Problem, das in abgewandelter, vorsemiotischer Form auch die Begründer der philosophischen Ästhetik (Baumgarten, Kant, Hegel) beschäftigt: Werden im Schönen bestimmte Bedeutungen artikuliert? Und: Können diese Bedeutungen vom philosophischen Diskurs auf den Begriff gebracht, begrifflich definiert werden?

Während Kant diese beiden wesentlichen Fragen verneint und dadurch eine Ästhetik der künstlerischen Autonomie entwirft, meint Hegel, sie bejahen zu können. Sein Plädoyer für eine Auflösung künstlerischer Formen im begrifflichen Denken begründet eine heteronome Ästhetik, deren Kritik in allen Auseinandersetzungen um die marxistische Kunsttheorie in den Vordergrund tritt. Sowohl die russischen Formalisten als auch die Prager Strukturalisten, die New Critics und die Vertreter der deutschen Rezeptionsästhetik machen sich Kants zentrales Argument zu eigen, daß Kunstwerke im begrifflichen Diskurs nicht aufgehen: Sie lehnen die Hegelsche und hegelianische Heteronomie ab.

Um ihre Ablehnung und Kritik konkret, d.h. im historisch-philosophischen Kontext darstellen zu können, will ich im folgenden in aller Knappheit Kants und Hegels Positionen rekonstruieren und den Zerfall der Hegelschen Position bei den Junghegelianern nachzeichnen. Aus ihm gehen agnostische Ästhetiken hervor, die den Anspruch des begrifflich-systematischen Denkens zurückweisen und dazu neigen, die Ausdrucksebene von der Inhaltsebene abzulösen. Ihr Agnostizismus bereitet nicht nur die Rückkehr zu Kant (etwa in Croces Ästhetik) vor, sondern antizipiert zugleich die extreme Skepsis zeitgenössischer Ansätze, deren Vertreter Begriffe wie "Wahrheitsgehalt", "Sinn" und "Bedeutung" als metaphysisch verabschieden.

1. Von Baumgarten zu Kant: Begriff und Begriffslosigkeit der Kunst

Als Schüler Wolffs und Philosoph der Aufklärung entwickelte Alexander Gottlieb Baumgarten (1714-1762) eine ästhetische Theorie, die in ihrem Frühstadium auf der Prämisse gründet, daß die Ästhetik eine "niedere Logik" ist: eine Logik der sinnlichen Wahrnehmung, die der Philosoph der Aufklärung der begrifflichen Logik unterordnet. Es geht ihm darum, eine Wissenschaft zu entwerfen, die der "Verbesserung sinnlicher Erkenntnis"[1] dient.

Man würde allerdings unzulässig vereinfachen, wollte man auch das Spätwerk Baumgartens, vor allem die *Aesthetica* (1750), mit dieser Prämisse identifizieren. Dies versucht beispielsweise Alfred Bäumler, wenn er bemerkt: "Die Ästhetik ist die praktisch gewordene Logik, d.h. die Logik der Erfahrung, die Logik der unteren Vermögen."[2] Solchen Ansichten hält Albert Riemann entgegen, daß es in der *Aesthetica* nicht mehr primär – wie im Frühwerk – um die "rationale Durchdringung des

1 A.G. Baumgarten, zit. nach: H.G. Peters, *Die Ästhetik Alexander Gottlieb Baumgartens und ihre Beziehungen zum Ethischen*, Berlin, Junker und Dünnhaupt, 1934, S. 35.

2 A. Bäumler, *Kants Kritik der Urteilskraft, Bd. 1: Das Irrationalitätsproblem in der Ästhetik und Logik des 18. Jahrhunderts*, Halle, 1923, S. 191. (Zitiert nach: H.G. Peters, op.cit., S. 33.) Siehe auch: A. Nivelle, *Les Théories esthétiques en Allemagne. De Baumgarten à Kant*, Paris, Société d'Edition "Les Belles Lettres", 1955, S. 11-13.

Irrationalen" geht, "*weil die Forderung der Vollkommenheit der sensitiven Erkenntnis hier verknüpft ist mit dem Begriffe des Schönen*, der zwar in den *Meditationes* noch keine Rolle spielt, der aber schon im Begriffe des Poetischen in ihnen angelegt ist".[3] Das Schöne erscheint somit als ein Aspekt der Wirklichkeit, der dem begrifflichen Denken nicht ohne weiteres subsumierbar ist. Wie so manche andere philosophische Theorie ist die Ästhetik Baumgartens nicht auf eine Position festzulegen.

Trotz dieser Akzentverschiebung, die Riemann wohl zu Recht betont, kann die *Aesthetica* durchaus noch als ein Text der rationalistischen Tradition gelesen werden, zumal der erste Absatz der "Prolegomena" lautet: "Aesthetica (theoria liberalium artium, gnoseologia inferior, ars pulcre cogitandi, ars analogi rationis,) est scientia cognitionis sensitivae."[4] ("Die Ästhetik (Theorie der schönen Künste, niedere Erkenntnislehre, die Kunst des schönen Räsonierens, die Kunst der analogisierenden Vernunft) ist die Wissenschaft des sinnlichen Erkennens.")[5]

Obwohl Baumgarten sich in seinen späteren Ausführungen die in Klammern zitierte aufklärerische Definition der Ästhetik als "niederer Erkenntnislehre" nicht zu eigen macht, hält er an der These seiner Frühschriften fest, daß das Schöne der begrifflichen Erkenntnis zugänglich ist und zum Gegenstand eines wissenschaftlichen Diskurses gemacht werden kann, da es ja selbst Mittel der *cognitio sensitiva*, der *sinnlichen Erkenntnis*, ist.

In diesem entscheidenden Punkt weicht Immanuel Kant (1724-1804), der Baumgartens Begriffe des "Zwecks" und des "Schönen" weiterentwickelt, von Baumgarten ab. In einem Abschnitt der *Kritik der reinen Vernunft* (1781, 1787), der die Überschrift "Die transzendentale Ästhetik" trägt, bezweifelt Kant, daß das Schöne – er meint vor allem das Naturschöne – jemals zum Gegenstand einer "Wissenschaft" werden kann: "Die Deutschen sind die einzigen, welche sich jetzt des Worts *Ästhetik* bedienen, um dadurch das zu bezeichnen, was andere Kritik

---

3 A. Riemann, "Die Ästhetik A.G. Baumgartens unter besonderer Berücksichtigung der *Meditationes philosophicae de nonnullis ad Poema pertinentibus* nebst einer Übersetzung dieser Schrift", Erlangen, Bausteine zur Geschichte der deutschen Literatur, Bd. 23, 1928, S. 34.

4 A.G. Baumgarten, *Aesthetica*, Hildesheim/New York, Georg Olms, 1970, S. 1. Siehe auch S. 7, wo die "cognitio sensitiva" definiert und auf die "Schönheit" bezogen wird.

5 Meine Übersetzung.

des Geschmacks heißen. Es liegt hier eine verfehlte Hoffnung zum Grunde, die der vortreffliche Analyst Baumgarten faßte, die kritische Beurteilung des Schönen unter Vernunftprinzipien zu bringen, und die Regeln derselben zur Wissenschaft zu erheben. Denn gedachte Regeln, oder Kriterien, sind ihren *vornehmsten* Quellen nach bloß empirisch, und können also niemals zu *bestimmten* Gesetzen a priori dienen, wonach sich unser Geschmacksurteil richten müßte, vielmehr macht das letztere den eigentlichen Probierstein der Richtigkeit der ersteren aus."[6]

Kant geht also nicht von der begrifflichen Erkenntnis des Schönen aus, sondern vom Problem des Geschmacksurteils, dem auf den ersten Blick eine Antinomie zugrunde liegt: Ästhetische Werturteile weisen widersprüchliche Aspekte auf, weil sie einerseits mit dem partikularen Geschmack verquickt sind, andererseits jedoch Allgemeingültigkeit beanspruchen. *De gustibus non est disputandum* ist zwar ein Gemeinplatz des Alltags, der von fast allen anerkannt wird; fast alle sind sich aber in ihrer Bewunderung von Cervantes' *Don Quijote* oder von Beethovens *Neunter Symphonie* einig. Aus dieser Tatsache ergibt sich für Kant die vielzitierte "Antinomie des ästhetischen Urteils".

Während die These besagt, daß ästhetische Geschmacksurteile nicht auf Begriffen gründen, da sie sonst beweisbar oder widerlegbar wären, lautet die Antithese, daß Geschmacksurteile sehr wohl auf Begriffen gründen, da es andernfalls weder Widersprüche noch Übereinstimmungen zwischen ihnen geben könnte: Es wäre nicht einmal möglich, Geschmacksurteile aufeinander zu beziehen.

Bekanntlich löst Kant diese Antinomie auf, indem er in der *Kritik der Urteilskraft* (1790) die These aufstellt, daß die Begrifflichkeit des Geschmacksurteils eine unbestimmte Begrifflichkeit ist, weil das Schöne nicht mit bestimmten, definierbaren Begriffen zu identifizieren ist: "Nun fällt aber aller Widerspruch weg, wenn ich sage: das Geschmacksurteil gründet sich auf einem Begriffe (...), aus dem aber nichts in Ansehung des Objekts erkannt und bewiesen werden kann, weil er an sich unbestimmbar und zur Erkenntnis untauglich ist; es bekommt aber durch eben denselben doch zugleich Gültigkeit für jedermann (...)."[7] Die Antinomie kann also als Scheinwiderspruch

---

6 I. Kant, *Kritik der reinen Vernunft* (Hrsg. W. Weischedel), Frankfurt, Suhrkamp, Werke Bd. 3, 1968, S. 70.

7 I. Kant, *Kritik der Urteilskraft*, (Hrsg. W. Weischedel), Frankfurt, Suhrkamp, Werke Bd. 10, 1968, S. 281.

aufgelöst werden, weil These und Antithese koexistieren können: Das ästhetische Urteil kann zwar nicht die Form einer spezifischen Begrifflichkeit (einer Definition) annehmen; es erhebt aber den Anspruch auf Allgemeingültigkeit und nimmt dadurch begrifflichen Charakter an.

Kant ist weit vom frühen Baumgarten entfernt, wenn er gleich zu Beginn seiner *Kritik der Urteilskraft* einen Gegensatz zwischen logischer und ästhetischer Erkenntnis postuliert: "Das Geschmacksurteil ist also kein Erkenntnisurteil, mithin nicht logisch, sondern ästhetisch, worunter man dasjenige versteht, dessen Bestimmungsgrund *nicht anders als subjektiv* sein kann."[8] Die Ästhetik kann deshalb keine "niedere Form der Logik" sein, weil ihr Gegenstand sich von dem der Logik qualitativ unterscheidet: Er liegt jenseits der begrifflichen Erkenntnis und ist schon aus diesem Grunde gegen den didaktischen Utilitarismus der Aufklärung (etwa Gottscheds) als *Zweckmäßigkeit ohne Zweck* aufzufassen und als Gegenstand eines *interesselosen Wohlgefallens* zu bestimmen.[9]

Das Spannungsverhältnis zwischen begrifflicher und nichtbegrifflicher Darstellung wird von Kant an einer anderen Stelle verdeutlicht, wo er zwischen *ästhetischen Ideen* und *Vernunftideen* unterscheidet und zeigt, daß die einen nicht in die Sprache der anderen übersetzbar sind: "(...) Unter einer ästhetischen Idee aber verstehe ich diejenige Vorstellung der Einbildungskraft, die viel zu denken veranlaßt, ohne daß ihr doch irgendein Gedanke, d.i. *Begriff*, adäquat sein kann, die folglich keine Sprache völlig erreicht und verständlich machen kann."[10] Sie ist, sagt Kant, das Gegenstück zu einer Vernunftidee, die als Begriff durch keine Anschauung oder Vorstellung der Einbildungskraft zu ersetzen ist. Ein Farbenspiel kann nicht durch einen Begriff oder eine logische Formel wiedergegeben werden; eine logische Formel oder eine Ablei-

---

8 Ibid., S. 115.

9 Siehe: R. Wiehl, "Prozesse und Kontraste" in: *Kant oder Hegel? – Über Formen der Begründung in der Philosophie* (Hrsg. D. Henrich), Stuttgart, Klett-Cotta, 1983, S. 562: "Es ist gut, sich hier zu erinnern, daß Kants Lehre von der reflektierenden Urteilskraft die Möglichkeit einer Wissenschaft vom Schönen ausdrücklich verneint (...)." – Siehe auch: A. Model, *Metaphysik und reflektierende Urteilskraft bei Kant. Untersuchungen zur Transformierung des leibnizschen Monadenbegriffs in der "Kritik der Urteilskraft"*, Frankfurt, Athenäum, 1987, S. 249, wo der Autor den Gegensatz zwischen Kants Ästhetik und der des Rationalismus hervorhebt: "Kants Beharren auf dem Sinnlichen als einem notwendigen, unverzichtbaren Bestandteil des Schönen kompromittiert zuallererst den Rationalismus der Leibniz-Wolffischen Schule und deren unpräzisen Begriff von Sinnlichkeit (...)."

10 I. Kant, *Kritik der Urteilskraft*, op. cit., S. 249-250.

tung aus der Integralrechnung ist wiederum nicht mit Hilfe von Farben oder Klängen darstellbar.

Die ästhetische Darstellung geht laut Kant über die logisch-begriffliche hinaus, weil sie nicht eindeutig etwas bezeichnet, *denotiert*, sondern zahlreiche miteinander "verwandte Vorstellungen" evoziert, "die mehr denken lassen, als man in einem durch Worte bestimmten Begriff ausdrücken kann (…)".[11] Der zeitgenössische Semiotiker würde sagen, daß die künstlerische Darstellung eher *konnotativen* als denotativen Charakter hat (s. Kap. 7) und daß Kants dualistische Erklärung der Tatsache Rechnung trägt, daß im ästhetischen Bereich die Ausdrucksebene nicht auf die Inhaltsebene reduziert werden kann.

Kantianische Skepsis einer Kunsttheorie oder Kunstwissenschaft gegenüber, die Kunstwerke mit begrifflichen Äquivalenten identifiziert und die Kunst insgesamt als "niedere Erkenntnisform oder Logik" zu einer *ancilla philosophiae* degradiert, ist nicht unabhängig von Kants Erkenntnistheorie zu verstehen. Auf sie, die alljährlich zum Gegenstand zahlreicher Abhandlungen wird, kann ich hier nicht ausführlich eingehen. Es erscheint mir jedoch notwendig, darauf hinzuweisen, daß Kants – wie ich meine durchaus gerechtfertigter – Agnostizismus im ästhetischen Bereich aus der systematischen Skepsis seiner Erkenntnistheorie ableitbar ist.

Es ist ganz zu Recht immer wieder betont worden, daß Kant insofern von der Autonomie des Objekts, der "empirischen Wirklichkeit"[12], ausgeht, als er sich weigert, die Gegenstände des menschlichen Denkens mit diesem zu identifizieren. Das subjektive Denken ist begrenzt, da es die Gegenstände nur als *seine* Gegenstände, d.h. als Erscheinungen, nicht jedoch als "Dinge an sich" (als "Noumena" im Sinne von Plato) erkennen kann.

Sogar *Raum* und *Zeit* als a priori gegebene formale Bedingungen des Erkennens und als Grundlagen der transzendentalen Subjektivität können nicht in die Wirklichkeit hineinprojiziert werden; auch sie wohnen den Objekten nicht inne, sondern sind Universalbedingungen subjektiver Erkenntnis. Dazu heißt es in der *Kritik der reinen Vernunft*, die als ein großangelegter Versuch gelesen werden könnte, die *Grenzen* menschlichen Denkens abzustecken: "Dagegen *bestreiten* wir der Zeit

11 Ibid., S. 251.

12 Siehe: P. Laska, "Kant and Hegel on Practical Reason", in: *Hegel and the History of Philosophy* (Proceedings of the 1972 Hegel Society of America Conference), Hrsg. J.J. O'Malley, K.W. Algozin, F.G. Weiss, Den Haag, Nijhoff, 1974, S. 140.

allen Anspruch auf absolute Realität, da sie nämlich, auch ohne auf die Form unserer sinnlichen Anschauung Rücksicht zu nehmen, schlechthin den Dingen als Bedingung oder Eigenschaft anhinge. Solche Eigenschaften, die den Dingen an sich zukommen, können uns durch die Sinne auch niemals gegeben werden. Hierin besteht also die *transzendentale Idealität* der Zeit (...)."[13]

Diese Überlegungen sind in dem hier entworfenen Kontext deshalb wichtig, weil Hegel – wie sich zeigen wird – versucht, die Kantische Begrenzung der Erkenntnis sowie den Dualismus zwischen Subjekt und Objekt aufzuheben. Im Gegensatz zu Kant ist Hegel, wie John E. Smith zu Recht bemerkt, ein "Realist", weil er von der Annahme ausgeht, daß subjektives Denken und objektive Beschaffenheit übereinstimmen: "Was wir erkennen, das sind die Dinge selbst, ihre Eigenschaften, Einheiten und Beziehungen."[14]

Im ästhetischen Bereich hat dieser Gegensatz weitreichende Folgen: Denn in Übereinstimmung mit seiner Erkenntnistheorie und seiner Kritik an Kant[15] muß Hegel von dem Gedanken ausgehen, daß auch Kunstgegenstände als solche, in ihrer objektiven Beschaffenheit, erkennbar, erfaßbar sind. Das Kantische Paradoxon, daß die Kunst "es sagt und doch nicht sagt" (Adorno), daß Kunstwerke zum Nachdenken reizen, ohne im Gedanken aufzugehen, ohne begrifflich eindeutig bestimmbar zu sein, wird bei Hegel aufgelöst: Erkennen und Wirklichkeit, Denken und Sein, Subjekt und Objekt verschmelzen zu einer Einheit, werden identisch.

Die Vorherrschaft des Begriffs hat schließlich zur Folge, daß das Schöne bei Hegel mit dem menschlichen Artefakt, dem Kunstwerk, identifiziert wird. Während Kant Schönheit noch weitgehend mit dem Naturschönen verknüpfte, wird dieses bei Hegel zu einer unselbständigen, weil aus der Kunst (d.h. der menschlichen Arbeit) ableitbaren Erscheinung. Auch darin kommt die Herrschaft des Subjekts über das Objekt, des Begriffs über die Natur zum Ausdruck.

---

13 I. Kant, *Kritik der reinen Vernunft*, op.cit., S. 82.

14 J.E. Smith, "Hegel's Critique of Kant", in: *Hegel and the History of Philosophy*, op.cit., S. 118.

15 Siehe: G.W.F. Hegel, *Vorlesungen über die Ästhetik* Bd. 1, Frankfurt, Suhrkamp, 1970, S. 84: "(...) Aber auch hier bleibt er wieder beim Gegensatz des Subjektiven und der Objektivität stehen (...)."

2. Dialektik und Ästhetik bei Hegel: Die Herrschaft des Begriffs

Zusammen mit dem "Ding an sich" wird bei Georg Wilhelm Friedrich Hegel (1770-1831) der Kantische Hiatus zwischen Subjekt und Objekt historisch-dialektisch aufgehoben.[16] Die dialektische, die begriffliche Logik wird von ihm in die Wirklichkeit selbst, d.h. ins Objekt hineinprojiziert. Der dialektische Widerspruch, von dem er sowohl in der *Phänomenologie des Geistes* (1807) als auch in der *Wissenschaft der Logik* (1812-1816) ausgeht, ist nicht nur ein Charakteristikum des Denkens, sondern wohnt der Wirklichkeit selbst inne: Die Welt *als solche* ist widersprüchlich, so daß der dialektische Widerspruch nicht nur zum Motor des Denkens, sondern der gesamten historischen Entwicklung wird.

Zu Recht bemerkt Vittorio Hösle im Zusammenhang mit dem Subjekt-Objekt-Verhältnis und dem Widerspruchsproblem: "Aber Hegel vertritt darüber hinaus die sicher ungewöhnliche Auffassung, daß nicht nur Theorien, sondern daß sich auch logische Kategorien und reale Gegenstände der natürlichen und geistigen Welt widersprechen, *ja daß sich (fast) alles, was ist, widerspricht.*"[17] Der Widerspruch existiert also nicht nur (wie bei Kant) in der Welt der subjektiven Erkenntnis, sondern ist im Objekt selbst angelegt und wird zu einer Eigenschaft des Realen.

Wenn nun Hegel von der Annahme ausgeht, daß das Denken in der Wirklichkeit selbst zum Ausdruck kommt und daß die historische Entwicklung als Selbstverwirklichung der Idee aufzufassen ist, dann muß er auch annehmen, daß seine philosophisch-systematische Aufhebung der Widersprüche einer realen Bewältigung der historischen und sozialen Antinomien gleichkommt. Anders ausgedrückt: Die systematische Darstellung der Wirklichkeit durch das hegelianische Subjekt ist mit dieser Wirklichkeit identisch. Später wird deutlich, wie sich dieses "Identitätsdenken" (Adorno, Horkheimer), das Marx als einer der ersten Hegel zum Vorwurf machte[18], auf die ästhetische Theorie auswirkt.

---

16 Siehe: G.W.F. Hegel, op.cit., S. 89, wo Hegel Schiller lobt, weil dieser versucht habe, zwischen künstlerischer Erscheinung und begrifflicher Wahrheit zu vermitteln.

17 V. Hösle, *Hegels System. Der Idealismus der Subjektivität und das Problem der Intersubjektivität* Bd. 1: *Systementwicklung und Logik*, Hamburg, Felix Meiner, 1987, S. 162-163.

18 Siehe: K. Marx, "Kritik der Hegelschen Staatsphilosophie", in: ders., *Die Frühschriften* (Hrsg. S. Landshut), Stuttgart, Kröner, 1971, S. 71-72.

Vorerst möchte ich in aller Knappheit auf Hegels Dialektik und Erkenntnislehre eingehen, um zu zeigen, wie aus der Bewältigung oder Aufhebung des dialektischen Widerspruchs ein geschlossenes historisches System hervorgeht, an dessen Ende die absolute Idee steht. Denn dieses System, das nichts außerhalb seiner selbst beläßt[19], bildet nicht nur die Grundlage der mit sich selbst identischen Subjektivität, sondern liegt auch Hegels Ästhetik zugrunde, in der das Kunstwerk auf den Begriff gebracht und mit dem Geist identifiziert wird.

Sofern sie über den Widerspruch hinausgeht, ihn in der Synthese aufhebt, kann Hegels Dialektik als positiv bezeichnet werden: Sie verharrt nicht in der Negativität der Antinomie, sondern verwendet diese für die Konstruktion des begrifflichen Systems. Denn der Widerspruch löst sich nicht im abstrakten Nichts auf; seine Terme heben sich nicht gegenseitig in einer extremen Ambivalenz oder gar Indifferenz auf, sondern negieren einander in ganz bestimmten Aspekten. Hegel spricht deshalb von einer *bestimmten Negation*, die einen *Inhalt* hat. Von ihr heißt es in der *Wissenschaft der Logik*: "Sie ist ein neuer Begriff, aber der höhere, reichere Begriff als der vorhergehende; denn sie ist um dessen Negation oder Entgegengesetztes reicher geworden, enthält ihn also, aber auch mehr als ihn, und ist die Einheit seiner und seines Entgegengesetzten. – In diesem Wege hat sich das System der Begriffe überhaupt zu bilden – und in unaufhaltsamem, reinem, von außen nichts hereinnehmendem Gange sich zu vollenden."[20] In dieser Passage wird auch dem Nichthegelianer klar, daß es sich nicht um eine propositionale, sondern um eine Begriffslogik handelt; daß also Hegels Dialektik nicht vom Standpunkt der formalen Logik, die den dialektischen Widerspruch nicht kennt, kritisiert oder gar widerlegt werden kann. Dies haben im Gegensatz zu Bertrand Russell[21] die beiden französischen Autoren Dominique Dubarle und André Doz deutlich erkannt.[22]

---

19 Siehe: G.W.F. Hegel, *Wissenschaft der Logik* Bd. 1, Frankfurt, Suhrkamp, 1969, S. 42-43.

20 Ibid., S. 49.

21 Siehe: B. Russell, "Hegel", in: ders., *History of Western Philosophy*, London, Allen & Unwin, 1946, S. 714.

22 Siehe: D. Dubarle, A. Doz, *Logique et dialectique*, Paris, Larousse, 1972, S. 82: "Ceci permet, semble-t-il, de comprendre qu'il n'y a point opposition entre la reconnaissance d'un caractère libre au Concept lui-même, à son développement dialectique ainsi qu'aux résultats de celui-ci, et l'affirmation d'une possibilité de logique mathématique à son propos."

Analog zum begrifflichen Widerspruch wird der Gegensatz zwischen Subjekt und Objekt, den Kant sorgfältig bewahrt[23], in stets neuen Synthesen aufgehoben, bis das totale, absolute Wissen erreicht ist und das Wesen erscheint. Wie sehr das absolute Wissen als mit sich selbst identisches Subjekt mit der Kategorie der Totalität zusammenhängt, wird in der bekannten Passage aus der *Phänomenologie des Geistes* verdeutlicht, in der Hegel *Totalität, Wahrheit* und *Absolutes* miteinander verknüpft: "Das Wahre ist das Ganze. Das Ganze aber ist nur das durch seine Entwicklung sich vollendende Wesen. Es ist von dem Absoluten zu sagen, daß es wesentlich *Resultat*, daß es erst am *Ende* das ist, was es in Wahrheit ist; und hierin eben besteht seine Natur, Wirkliches, Subjekt oder Sichselbstwerden zu sein."[24] Das Absolute oder die Wahrheit erscheint also erst als Abschluß des logischen, phänomenologischen oder historischen Prozesses, an dessen Ende auch das System vollendet ist (s.o.).

In einem Kommentar zur *Phänomenologie des Geistes* faßt Hegel den Werdegang des Bewußtseins (der Subjektivität) und des Systems in einem Satz zusammen: "In der *Phänomenologie des Geistes* habe ich das Bewußtsein in seiner Fortbewegung von dem ersten unmittelbaren Gegensatz seiner und des Gegenstandes bis zum absoluten Wissen dargestellt."[25]

Hier zeigt sich, daß der Grundwiderspruch, nämlich der Gegensatz zwischen Subjekt und Objekt, zwischen Bewußtsein und Sein, durch eine immer vollkommener werdende Erkenntnis überwunden werden soll, die in der absoluten Idee gipfelt. Über sie schreibt Hegel am Ende der *Wissenschaft der Logik*, ihr allein komme Wirklichkeit zu, sie allein sei "*Sein*, unvergängliches *Leben, sich wissende Wahrheit* und (...) *alle Wahrheit*".[26] Aus diesem Kontext geht hervor, daß die absolute Idee durch die systematische Selbstreflexion des historischen Subjekts zustande kommt, das sich schließlich mit der Wirklichkeit identifiziert und versöhnt, nachdem es alle Antinomien und Entfremdungen hinter sich gelassen hat.[27]

---

23 Siehe: I. Kant, *Kritik der reinen Vernunft*, op.cit., S. 83-84.

24 G.W.F. Hegel, *Phänomenologie des Geistes*, Frankfurt, Suhrkamp, 1970, S. 24.

25 G.W.F. Hegel, *Wissenschaft der Logik* Bd. 1, op.cit., S. 42.

26 Ibid., Bd. 2, S. 549.

27 Zum Problem der Antinomie bei Hegel siehe: Th. Kesselring, *Die Produktivität der Antinomie. Hegels Dialektik im Lichte der genetischen Erkenntnistheorie und der formalen Logik*, Frankfurt, Suhrkamp, 1984, S. 127. Mit Recht bemerkt Kesselring zur Hegelschen Antinomie: "Die neu entstehende gehört einer höheren Stufe an als

Daß die absolute Idee primär philosophischen Charakter hat und sowohl Kunst als auch Religion als niedere Erkenntnisarten in sich aufnimmt, wird einige Zeilen später klar: "(...) Die Philosophie hat mit Kunst und Religion denselben Inhalt und denselben Zweck, aber sie ist die höchste Weise, die absolute Idee zu erfassen, weil ihre Weise, die höchste, der Begriff ist."[28] Dieses logozentrische Werturteil läßt die Haupttendenz der Hegelschen Philosophie und Ästhetik erkennen: Immer wieder soll nachgewiesen werden, daß das begrifflich-systematische Denken der Philosophie Religion und Kunst in sich aufgenommen und aufgehoben hat.

So ist es zu erklären, daß Hegel in seinen *Vorlesungen über die Ästhetik* (1835) drei historische Entwicklungsstadien der Kunst unterscheidet: das symbolische, das griechisch-klassische und das christlich-romantische, von denen das dritte und höchste Stadium eine Annäherung der Kunst an die Philosophie, an das begriffliche Denken ankündigt. Ich möchte in einem ersten Schritt Hegels Darstellung dieser drei Stadien kommentieren, um anschließend auf seine Beschreibung des Verhältnisses von Philosophie und Kunst (von Philosophie und Literatur) einzugehen. Es wird sich zeigen, daß der Logozentrismus nicht nur den allgemeinen und spezifischen Definitionen des Kunstwerks, sondern auch dem historischen Schema zugrunde liegt, das im Gegensatz zur Kantschen Philosophie die Selbständigkeit der *Natur* und des *Naturschönen* negiert: Schönheit ist nur als geistige denkbar.

Die "symbolische Kunstform", die von Hegel vorwiegend mit der Architektur der indischen, persischen und ägyptischen Antike identifiziert wird ("Ägypten ist das Land des Symbols")[29], ist unvollkommen, weil in ihr Bild und Bedeutung noch auseinanderklaffen. Die Ornamente der indischen, persischen und ägyptischen Bauwerke drücken nicht eindeutig Gedanken aus, und ihre Vieldeutigkeit, Rätselhaftigkeit wird von Hegel als Mangel, als "Stummheit" des Geistes gedeutet. Von den Kunstwerken der alten Ägypter, deren Welt noch stärker als die der Inder vom großen Bauwerk beherrscht wird, heißt es: "Ihre Werke aber bleiben geheimnisvoll und stumm, klanglos und unbewegt, weil hier der Geist selber noch sein eigenes inneres Leben nicht wahrhaft gefun-

die aufgelöste." (Schon dieser zeitlich-kumulative Charakter der dialektischen Antinomie unterscheidet sie grundsätzlich vom logischen Widerspruch, der nicht aufzulösen ist und auch keine "höheren" Widersprüche zeitigt.)

28 G.W.F. Hegel, *Wissenschaft der Logik* Bd. 2, op.cit., S. 549.

29 G.W.F. Hegel, *Vorlesungen über die Ästhetik* Bd. 1, op.cit., S. 456.

den hat und noch die klare und helle Sprache des Geistes nicht zu reden versteht."[30]

Die Frage, ob die Einschätzung der ägyptischen Baukunst als "geheimnisvoll" nicht auf Hegels mangelnde historische und archäologische Kenntnisse zurückzuführen sei, soll hier nicht erörtert werden. Für meine Argumentation ist entscheidend, daß Hegel Kunstwerke, die nicht eindeutig Ideen ausdrücken und deshalb nicht auf Begriffe festlegbar sind, für *unvollkommen* hält. So ist es zu erklären, daß die symbolische Kunstform lediglich als *Vorkunst*[31] eingestuft wird, die an ihrem Grundwiderspruch, am Auseinandertreten von Inhalt und Form, von Begriff und Bild, zugrunde geht und in der klassischen Kunst der Griechen aufgehoben wird.

Die Bedeutung der klassischen, der griechischen Kunst, in deren Mittelpunkt laut Hegel die Skulptur steht, ist in der Kongruenz von Erscheinung und Begriff zu suchen: "Klar nämlich ist das klassische Ideal dadurch, daß es den wahren Inhalt der Kunst, d.i. die substantielle Subjektivität erfaßt und damit eben auch die wahre Gestalt findet, die an sich selbst nichts anderes ausspricht als jenen echten Inhalt, so daß also der Sinn, die Bedeutung keine andere ist als diejenige, welche in der äußeren Gestalt wirklich liegt, indem sich beide Seiten vollendet entsprechen; während im Symbolischen, im Gleichnis usf. das Bild immer noch etwas anderes vorstellt als nur die Bedeutung, für welche es das Bild abgibt."[32]

Diese wichtige Passage drückt nicht nur die Bewunderung und die Vorurteile der deutschen Klassiker der griechischen Antike gegenüber, sondern auch die klassizistische Definition des Kunstwerks als einer harmonischen und eindeutig bestimmbaren (monosemen) Totalität aus. Die Definition ist in zweierlei Hinsicht wichtig: Einerseits läßt sie den Abstand zu Kants Ästhetik erkennen, der Hegel vorwirft, sie habe "Sinnlichkeit" und "Begriff" auseinanderfallen lassen[33]; sie antizipiert andererseits die marxistischen Ästhetiken des 20. Jahrhunderts, von denen sich viele (nicht alle), wie Martin Jay richtig gesehen hat[34], an Hegels Kategorie der Totalität und an seinem Eindeutigkeits- oder

30 Ibid., S. 457.
31 Ibid., S. 408.
32 Ibid., S. 401.
33 Ibid., S. 83-87.
34 Siehe: M. Jay, *Marxism and Totality. The Adventures of a Concept from Lukács to Habermas*, Berkeley-Los Angeles, University of California Press, 1984, S. 53-60 und S. 81-127.

Monosemiepostulat orientieren. Im 2. Kapitel wird sich zeigen, daß im Marxismus und vor allem im sozialistischen Realismus dieses Postulat eine politisch-didaktische Funktion erfüllt.

Zweideutig sind Hegels Darstellungen des dritten und letzten Entwicklungsstadiums der Kunst, das er als "romantisch" bezeichnet. Diese Bezeichnung entspricht nicht der europäischen Romantik als literarisch-künstlerischer Periode (etwa im Sinne der Literaturgeschichte), sondern bezieht sich auf die Kunst des gesamten christlichen Zeitalters: des "Mittelalters" und der "Neuzeit", der feudalen und der bürgerlichen Ära. In dieser Kunstform zerfällt zwar die klassische Einheit von geistigem Inhalt und materieller Form, die laut Hegel am klarsten in der griechischen Skulptur zum Ausdruck kommt; aber ihre Nähe zum wissenschaftlichen Geist der Philosophie, zum begrifflichen Denken, gestattet es ihm, im Zusammenhang mit der "Romantik" von einer "Erhebung des Geistes *zu sich*"[35] zu sprechen.

Diese "Erhebung" als Vergeistigung der Kunst wird nicht nur durch ein Auseinandertreten von Inhalt und Form, sondern auch von Innerlichkeit und Äußerlichkeit erkauft: "Das äußerlich Erscheinende vermag die Innerlichkeit nicht mehr auszudrücken (...)."[36] Insofern geht die romantische Kunstform aus dem Zerfall des klassischen Ideals hervor, in dem "der Geist die empirische Erscheinung (...) durchdrang".[37] Zugleich steht sie jedoch aufgrund ihrer Vergeistigung auf einer höheren historischen Entwicklungsstufe als die symbolische oder die klassische Kunst.

An dieser Stelle tritt nicht nur der teleologische Charakter des Hegelschen Diskurses zutage[38], sondern es zeigt sich auch, daß der eigentliche historische Auftrag der Kunst darin besteht, sich dem Geist, dem begrifflichen Denken, zu nähern, um schließlich in ihm aufzugehen. Hegel formuliert diesen Gedanken sehr klar: "Dadurch erhalten wir als Endpunkt des Romantischen überhaupt die Zufälligkeit des Äußeren wie des Inneren und ein Auseinanderfallen dieser Seiten, durch welches die Kunst selbst sich aufhebt und die Notwendigkeit für das Bewußtsein zeigt, sich höhere Formen, als die Kunst sie zu bieten imstande ist, für

35 G.W.F. Hegel, *Vorlesungen über die Ästhetik* Bd. 2, op. cit., S. 128.
36 Ibid., S. 140.
37 Ibid.
38 Zur Teleologie des Hegelschen Diskurses siehe: E. Bloch, "Hegel und die Gewalt des Systems" in: ders., *Über Methode und System bei Hegel*, Frankfurt, Suhrkamp, 1970, S. 82-83.

das Erfassen des Wahren zu erwerben."[39] Damit ist die Unterordnung der Kunst unter das begriffliche Denken vollzogen, und die bekannte These vom Ende der Kunst erscheint plausibel.

Diese Unterordnung tritt am deutlichsten in Hegels Abhandlungen über die Literatur in Erscheinung, in denen die Lyrik als wichtigste Gattung der romantischen Ära eine zentrale Stellung einnimmt: "Das Lyrische ist für die romantische Kunst gleichsam der elementarische Grundzug (…)."[40] Gerade in der Dichtung löst sich nach Hegel die Kunst in der wissenschaftlichen Prosa auf, denn die Poesie wird in den *Vorlesungen* "als diejenige besondere Kunst" definiert, "an welcher zugleich die Kunst selbst sich aufzulösen beginnt und für das philosophische Erkennen ihren Übergangspunkt zur religiösen Vorstellung als solcher sowie zur Prosa des wissenschaftlichen Denkens erhält."[41]

Selbst wenn man an dieser Stelle Dissens anmeldet, so sollte man dafür sorgen, daß die Kritik nicht auf Mißverständnissen gründet. Hegel hat natürlich recht, wenn er behauptet, das sprachliche Medium verbinde die Dichtung mit der Philosophie (der "wissenschaftlichen Prosa") und unterscheide sie qualitativ von der Baukunst, der Skulptur, der Malerei und der Musik. Fragwürdig sind freilich seine gesamte Periodisierung sowie sein Versuch, einer jeden Epoche eine herrschende Kunstform (Baukunst, Skulptur, Dichtung) zuzuordnen. Ebenso fragwürdig scheint mir seine These zu sein, die Poesie weise über sich hinaus: auf die Sprache der Wissenschaft oder Philosophie. Mit Recht bemerkt in diesem Zusammenhang Karlheinz Well, "Kunst (werde) damit bestimmt als Vorform von wissenschaftlich-philosophischer Reflexion, in die sie sich endlich auflösen wird".[42]

Hegels These ist nur dann zu verteidigen, wenn man sich über die Autonomie der *Ausdrucksebene* (im Sinne von Hjelmslev) hinwegsetzt und die gesamte Problematik der Dichtung auf die Inhaltsebene, auf die Ebene der Signifikate, reduziert. Daß Hegel gerade dies tut, beweist eindeutig die folgende Passage aus den *Vorlesungen*: "Deshalb bleibt es auch für das eigentlich Poetische gleichgültig, ob ein Dichtwerk gelesen oder angehört wird, und es kann auch ohne wesentliche Verkümmerung

---

39 G.W.F. Hegel, *Vorlesungen über die Ästhetik* Bd. 2, op.cit., S. 142.
40 Ibid., S. 141.
41 Ibid., Bd. 3, S. 234.
42 K. Well, *Die "schöne Seele" und ihre "sittliche Wirklichkeit". Überlegungen zum Verhältnis von Kunst und Staat bei Hegel*, Frankfurt-Bern-New York, Peter Lang, 1986, S. 123.

seines Wertes in andere Sprachen übersetzt, aus gebundener in ungebundene Rede übertragen und somit in ganz andere Verhältnisse des Tönens gebracht werden."[43]

Auch dieser Satz, der die meisten zeitgenössischen Literaturwissenschaftler vor den Kopf stoßen würde, sollte im Kontext gelesen werden: Hegel unterscheidet die Dichtung von der Musik, der Skulptur und der Malerei und behauptet, daß dort, wo das sinnliche Material (Ton, Marmor, Farbe) durch Geistiges, durch Sprachliches ersetzt wird, die Kunst in begriffliches Denken übergeht.

Hier zeigt sich, daß jeder Diskurs nur so klug ist wie die Definitionen und Klassifikationen, von denen er ausgeht: Vom Standpunkt des zeitgenössischen Literaturwissenschaftlers, der sich auf den sprachlichen Bereich spezialisiert hat und sich nur in Ausnahmefällen auch mit anderen Kunstformen befaßt, erscheint gerade der Unterschied zwischen der poetischen und der kommunikativen (oder wissenschaftlichen) Sprache als bedeutsam. Er wird Hegel vorwerfen, daß er die Eigengesetzlichkeit der Ausdrucksebene außer acht läßt und die Wechselbeziehung zwischen Signifikanten und Signifikaten, die für die Vieldeutigkeit literarischer Texte verantwortlich ist, nicht versteht. Wie könnte er sonst behaupten, daß Gedichte keine Einbußen erleiden, wenn sie in andere Sprachen übersetzt oder in andere Diskurse übertragen werden? Am Ende dieses Kapitels wird sich zeigen, daß Benedetto Croce die Antithese aufstellt und behauptet, daß Gedichte überhaupt nicht übersetzt werden können: Nur den Ausdruck "Nachdichtung" läßt er gelten.

Der Gegensatz zwischen den beiden extremen Positionen Croces und Hegels läßt bereits vermuten, daß das ästhetische und literaturwissenschaftliche Pendel unablässig zwischen dem Pol der Inhaltsebene und dem Pol der Ausdruckebene, zwischen begrifflicher Eindeutigkeit und der Vieldeutigkeit der Signifikanten schwingt. Deshalb schien es mir in diesem Abschnitt wichtig, auf Hegels umstrittene These einzugehen, derzufolge in der Dichtung – anders als in der Musik – der Klang sekundär ist und das Wort "zum bloß äußeren Zeichen der Mitteilung herabsink(t)", d.h. "aus einem Selbstzwecke zu einem für sich selbständigkeitslosen Mittel geistiger Äußerung"[44] wird.

Diesen Ansichten widersprechen nicht nur Friedrich Schlegel, Croce und Nietzsche, sondern auch die russischen Formalisten, die Prager

43 G.W.F. Hegel, *Vorlesungen über die Ästhetik* Bd. 3, op.cit., S. 229-230.
44 Ibid., S. 228.

Strukturalisten und zeitgenössische Vertreter der Dekonstruktion, die Schlegels Romantik und Nietzsches Destruktion der Metaphysik mit anderen Mitteln fortsetzen (s. Kap. 8). Unzählige Male stießen sie in Diskussionen mit Marxisten, Vertretern der Kritischen Theorie und Semiotikern zusammen, die die Vieldeutigkeit (Polysemie) literarischer Texte für einen ideologischen Mangel (Lukács, Kofler), für eine Teilwahrheit (Adorno) oder für oberflächlichen Schein (Greimas) halten. Zur Zeit scheint das Pendel wieder zum Pol der Ausdrucksebene, zur Vieldeutigkeit hin auszuschlagen. Es kommt nicht darauf an, ihm zu folgen, sondern seine Bewegung zu erklären.

3. Der Zerfall der Hegelschen Ästhetik bei den Junghegelianern

Die Erklärung der Pendelschwingung kann sich – soweit sie überhaupt möglich ist – nicht auf den ästhetischen Bereich beschränken. Sie kann nur in einem sozio-historischen und erkenntnistheoretischen Zusammenhang anvisiert werden, in dem die politischen Faktoren zutage treten, die nicht nur den Zerfall der Hegelschen Ästhetik, sondern des gesamten von Hegel konstruierten Systems bedingt haben. Da diese Faktoren von Autoren wie Ewald Volhard, Karl Löwith, Sidney Hook und Wolfgang Eßbach ausführlich untersucht wurden, will ich mich darauf beschränken, die soziohistorischen Befunde dieser Autoren auf das Hauptthema dieses Kapitels (und dieses Buches) zu beziehen: auf den Nexus von Ausdrucksebene und Inhaltsebene. Es soll gezeigt werden, daß die Aufwertung der Ausdrucksebene bei den Junghegelianern, vor allem bei Friedrich Theodor Vischer (1807-1887), auf politische Probleme, den Zerfall des bürgerlich-christlichen Wertsystems und den sich daraus ergebenden philosophischen Agnostizismus zurückzuführen ist.

Das den Nachhegelianern F.Th. Vischer, Arnold Ruge, Karl Rosenkranz u.a. gemeinsame Problem ist wohl die Unmöglichkeit des Hegelschen Systems in einer Zeit der Krise, in der die moralischen, politischen, religiösen und ästhetischen Werte, auf denen dieses System gründete, allmählich fragwürdig werden. Sein Zerfall, der noch bei Ernst Bloch und in der Kritischen Theorie nachwirkt, läßt gegenläufige Strömungen und rivalisierende Gruppen entstehen, von denen eine jede auf ihre Art Partei ergreift und gegen die anderen polemisiert. Ganz zu Recht hebt in diesem Zusammenhang Sidney Hook die Bedeutung der Parteilichkeit für die 40er und 50er Jahre des 19. Jahrhunderts hervor und spricht von den "sectarian tendencies in the Young-Hegelians".[45]

Anders als Hegel konnten seine Nachfolger die politischen und kulturellen Widersprüche, die in ihrer Unversöhnlichkeit in den Revolutionen des Jahres 1848 ausbrachen, nicht mehr durch philosophische Spekulationen überwinden. Vielmehr traten diese Widersprüche innerhalb der hegelianischen Bewegung selbst zutage und spalteten sie (etwas schematisch ausgedrückt) in Links- und Rechtshegelianer. Nicht die alle Widersprüche integrierende Sittlichkeit des Staates im Sinne von Hegel war der Leitgedanke der Linken (Ruge, Stirner, Feuerbach, Marx), sondern die Parteilichkeit als Gesellschaftskritik, Religionskritik und Staatskritik. Der (preußische) Staat erschien ihr nicht länger als eine Inkarnation der absoluten Idee, sondern als Ausdruck partikularer Interessen.

"Er wußte", schreibt Sidney Hook über Ruges Verhältnis zum preußischen Staat, "daß es ein klerikaler, romantischer Staat war, der auf der feudalen Klasse gründete".[46] Dieser Gedanke wird weitgehend von Karl Löwith bestätigt: "Hegel – meint Ruge – konnte sich in seinem Verhältnis zum Staat noch 'abstrakt' unter Absehen vom wirklichen Staat, einseitig, auf seiten der Theorie, d.h. seiner Staats*philosophie*, behaupten, weil der wirkliche preußische Polizeistaat die Prinzipien seiner Philosophie anerkannt und nicht, wie im Fall von Kant, angefeindet hat."[47]

Die Kritik der wirklichen Staatsmacht als Ausdruck partikularer Klasseninteressen wird zu einem der Hauptthemen der junghegelianischen Bewegung, aus der Marxens Kritik der Politischen Ökonomie hervorging. Die kritische und oppositionelle Einstellung dieser – innerlich zerstrittenen – Gruppe erklärt Eßbach in seiner umfangreichen und

45 S. Hook, *From Hegel to Marx: Studies in the Intellectual Development of Karl Marx*, Ann Arbor, The University of Michigan Press, 1962, S. 147.

46 Ibid., S. 152.

47 K. Löwith, "Philosophische Theorie und geschichtliche Praxis in der Philosophie der Linkshegelianer", in: K. Löwith (Hrsg.), *Die Hegelsche Linke*, Stuttgart-Bad Cannstatt, F. Frommann, 1962, S. 29.
Löwith bezieht die Spaltung der Hegelianer in eine "linke" und eine "rechte" Bewegung auf die Ambivalenz von Hegels System: "Die Spaltung der Hegelschen Schule in Rechts- und Linkshegelianer war sachlich ermöglicht durch die grundsätzliche Zweideutigkeit von Hegels dialektischen 'Aufhebungen', die ebenso konservativ wie revolutionär ausgelegt werden konnten." (Op. cit., S. 14.)

gründlichen soziologischen Untersuchung über die Junghegelianer auf institutioneller Ebene, wenn er bemerkt, "daß die Spaltung der Hegelschule überwiegend zwischen denen verläuft, die keine akademische Laufbahn einschlagen können, und denen, die sich an der Universität durchsetzen. Die Entlassung der Philosophie aus dem Staatsdienst und die Spaltung der Schule greifen ineinander".[48]

Eßbachs institutionelle und Löwiths politologische Erklärungen treffen sicherlich zu; sie sind allerdings vor dem Hintergrund der eingangs erwähnten gesellschaftlichen und kulturellen Krise zu verstehen, die Karl Löwith in einer lapidaren Feststellung global skizziert: "Hegels Versöhnung der Vernunft mit dem Glauben und des Christentums mit dem Staat im Elemente der Philosophie war um 1840 zu Ende gekommen."[49]

Trotz dieser Differenzen, die sie voneinander trennen, weisen Max Stirners anarchische Polemik gegen den Staat[50], Ludwig Feuerbachs Religionskritik[51] und Marxens Kritik des Kapitalismus einen gemeinsamen Nenner auf: die Ablehnung der Hegelschen Synthese von Staat, Religion und Philosophie. Der Zerfall dieser philosophisch-politischen Verbindung schlägt sich nicht nur auf gesellschaftlicher Ebene in Parteilichkeit und Parteienstreit nieder, sondern macht sich auch auf erkenntnistheoretischer und ästhetischer Ebene bemerkbar, wo die systematische Dialektik Hegels (s.o.) von der offenen Antinomie abgelöst und die Herrschaft des Begriffs über die Kunst in Frage gestellt wird.

Einerseits fehlt es in den 30er und 40er Jahren nicht an Versuchen, Hegels System gegen politisch und philosophisch motivierte Polemiken zu verteidigen: Das zeigt u.a. die im Jahre 1834 veröffentlichte Streitschrift des Hegelianers Karl Rosenkranz, die beweisen soll, daß Hegels Dialektik die Aristotelische Logik nicht ausschließt, sondern berücksichtigt und "aufhebt", und daß das System des Meisters die

---

48 W. Eßbach, *Die Junghegelianer. Soziologie einer Intellektuellengruppe*, München, Fink, 1988, S. 136.

49 K. Löwith, *Von Hegel zu Nietzsche. Der revolutioinäre Bruch im Denken des neunzehnten Jahrhunderts*, Hamburg, Felix Meiner, 1986 (9. Aufl.), S. 63.

50 Siehe: M. Stirner, *Der Einzige und sein Eigentum*, Stuttgart, Frommann-Holzboog Verlag, 1972 sowie: ders., "Einiges Vorläufige vom Liebesstaat", in: ders., *Kleinere Schriften und seine Entgegnungen auf die Kritik seines Werkes "Der Einzige und sein Eigentum"*, Stuttgart, Frommann-Holzboog, 1976, S. 269-277.

51 Siehe: L. Feuerbach, *Vorlesungen über das Wesen der Religion*, in: *Gesammelte Werke* Band 6, Berlin, Akademie-Verlag, 1967, wo die Todesstrafe als Menschenopfer mit Staat und Religion verknüpft wird (S. 370) und wo die absolutistische Monarchie als partikulare Willkürherrschaft erscheint (S. 398).

christliche Religion nicht unterwandert (wie der Hegel-Kritiker Carl Friedrich Bachmann behauptet), sondern ergänzt und bestätigt.[52] Andererseits mehren sich die junghegelianischen Abweichungen von Hegels Dialektik, und die ihnen gemeinsame Tendenz ist der Zweifel an der Möglichkeit, den Gegensatz in der Synthese, in der bestimmten Negation, aufzuheben und systematisch zu entfalten.

Dieser Zweifel am System bringt schließlich eine negative Dialektik hervor, die bei der Einheit der Gegensätze ohne Synthese verharrt und dadurch zwei wesentliche Elemente der Hegelschen Philosophie preisgibt: die These, daß die Wahrheit aus der Aufhebung der Gegensätze hervorgeht, und die komplementäre These von der Identität zwischen Subjekt und Objekt, zwischen Denken und Sein. Indem die Junghegelianer diese beiden Thesen in Frage stellen, antizipieren sie die Problematik des späten 19. und des frühen 20. Jahrhunderts: die Problematik der Moderne.

Über F.Th. Vischer, der sich – ähnlich wie Rosenkranz – als Erbe Hegels verstand und der hier als bedeutendster Ästhetiker der junghegelianischen Bewegung im Mittelpunkt der Betrachtung steht, schreibt Ewald Volhard: "Vischer hatte den Grundstein des Hegelschen Systems herausgebrochen: die Überzeugung von der Identität der dialektischen Bewegung des Geistes und der Weltbewegung, sodaß seine Ästhetik in ihren metaphysischen Teilen im Leeren hängt." Etwas weiter fügt er hinzu: "Im Negativen aber, in der Erkenntnis, daß es eine objektive und absolute Wahrheit als enträtselbaren Sinn des Lebens nicht gibt, – dessen noch Hegel versichert war, – ahnt Vischer die Problematik einer neuen Zeit voraus."[53]

Liest man Vischers Werk in dieser Perspektive, so stellt sich an entscheidenden Stellen heraus, daß die Zersetzung des Wahrheitsbegriffs mit der Unmöglichkeit der Aufhebung, der bestimmten Negation und der Synthese zusammenhängt. Vischers Denken stellt sich häufig als eine offene, negative Dialektik dar, die über die Einheit der Gegen-

52 Siehe: K. Rosenkranz, *Hegel. Sendschreiben an den Hofrath und Professor der Philosophie, Herrn Dr. Carl Friedrich Bachmann in Jena*, Königsberg, August Wilhelm Unzer, 1834, S. 36-37.

53 E. Volhard, *Zwischen Hegel und Nietzsche. Der Ästhetiker Friedrich Theodor Vischer*, Frankfurt, Vittorio Klostermann, 1932, S. 155. (Siehe auch S. 147, wo es von Vischer heißt: "Nicht der Besitz der Wahrheit, sondern das ewige Suchen nach ihr wird ihm wieder, wie im späten Aufklärungszeitalter, das Kennzeichen philosophischen Denkens.")

sätze nicht hinausgelangt, weil die Aufhebung als bestimmte Negation nicht mehr denkbar ist.

Es ist wohl kein Zufall, daß er gerade in seiner Abhandlung über das Symbol und das symbolische Erkennen, in dem Bild und Begriff ineinandergreifen, eine Dialektik entwickelt, die bei der offenen Antinomie als radikaler Ambivalenz stehen bleibt. Täuschung und Wahrheit gehen ineinander über, ihre vielfältigen Verbindungen sind nicht zu entwirren. Über den Erkenntnismangel, der dem symbolischen Erkennen innewohnt, schreibt er: "Die Täuschung darin ist Wahrheit in höherem Sinn als die Wahrheit, worüber wir uns täuschen. (...) Hinter der Täuschung liegt und gibt ihr Recht die Wahrheit aller Wahrheiten, daß das Weltall, Natur und Geist in der Wurzel *eines* sein muß. – Also ein Widerspruch: symbolisch und doch in dem Sinn nicht symbolisch, daß die Täuschung über das bloß Symbolische im Verfahren die Wahrheit idealer Berechtigung hat, und dieser Widerspruch lebt, besteht."[54] Er ist unaufhebbar, und die Wahrheit als bestimmte Verneinung oder Synthese ist nicht mehr zu haben.

Vischers Skepsis der begrifflichen Wahrheit gegenüber macht sich auch – und vielleicht vor allem – im ästhetischen Bereich bemerkbar, wo die Schwächung des Begriffs (des Signifikats) und der gesamten Inhaltsebene von einer Aufwertung der Signifikanten und der Ausdrucksebene begleitet wird. Obwohl Vischer immer wieder gegen die Formalisten der Herbart-Schule polemisiert, die die Ethik der Ästhetik subsumierte[55], und Kants Definition des Schönen als Begriffs- und Interesselosigkeit von einem hegelianischen Standpunkt aus kritisiert[56], wendet er sich vor allem in seinem Spätwerk (etwa in *Kritik meiner Ästhetik*, 1887) gegen eine Unterordnung der Kunst unter das begriffliche Denken.

Vom Schönen heißt es beispielsweise in *Kritik meiner Ästhetik*, "das allgemein Wahre ist in ihm für die Anschauung da, ohne vorher in Begriffsform gedacht zu sein".[57] Freilich wird hier das Schöne in Übereinstimmung mit Hegel nicht als begriffslose Form, sondern als Ausdrucksform des Wahren aufgefaßt; es ist allerdings nicht mehr wie

54 F.Th. Vischer, "Das Symbol" in: ders., *Kritische Gänge* Bd. 4 (Hrsg. R. Vischer), München, Meyer & Jessen, 1922, S. 434.

55 Siehe: F.Th. Vischer, *Das Schöne und die Kunst. Zur Einführung in die Ästhetik*, Stuttgart, Verlag der J.G. Cottaschen Buchhandlung, 1898 (2. Aufl.), S. 56-57.

56 Siehe: F.Th. Vischer, "Kritik meiner Ästhetik", in: ders., *Kritische Gänge* Bd. 4, op.cit., S. 313.

57 Ibid., S. 287.

bei Hegel durch Begriffe aufzulösen.[58] Von dieser Aufwertung der Ausdrucksebene zeugen auch die im Jahre 1898 erschienenen Vorträge über *Das Schöne und die Kunst*, in denen auf sehr unhegelianische Art das "theoretische Interesse" aus dem ästhetischen Bereich verbannt wird: "Ausgeschlossen ist auch das *theoretische* Interesse, der Trieb unseres Geistes zur Erkenntnis der Wahrheit. Wenn wir uns betrachtend zum Schönen wenden, so wollen wir es nicht erst begreifen müssen."[59] Vischer entfernt sich an dieser Stelle nicht nur von Hegel, sondern auch von seiner in vieler Hinsicht hegelianischen *Ästhetik* (1847-1858).

Wie sehr er sich in seinen Vorträgen durch die Aufwertung der Ausdrucksebene der Kantschen Position nähert (ohne es zuzugeben), zeigt eine andere Passage, in der er sich mit dem Verhältnis von "Form" und "Inhalt" befaßt: "Der Gehalt (...) ist bei einem guten Kunstwerk am allerwenigsten in Worten auszudrücken; er liegt eben ganz in der Form. Er steckt nicht dahinter, sondern er ist in der Form aufgegangen. Wir brauchen daher bei keinem schönen Gegenstand eine wissenschaftliche Analyse; wir wollen einfach Genuß."[60] Vergleicht man diese Thesen mit den ihnen entsprechenden Aussagen in Hegels *Vorlesungen über die Ästhetik*, so springt der Gegensatz in die Augen. Einer der bekanntesten Sätze aus Hegels "Einleitung" lautet: "So gehört auch das Kunstwerk, in welchem der Gedanke sich selbst entäußert, zum Bereich des begreifenden Denkens, und der Geist, indem er es der wissenschaftlichen Betrachtung unterwirft, befriedigt darin nur das Bedürfnis seiner eigensten Natur."[61]

Daß Vischers Entwicklung zur begrifflichen Skepsis und seine Abweichungen von Hegel nicht Zufälle, sondern für die junghegelianische Bewegung kennzeichnend sind, zeigen einige Bemerkungen Max Stirners zum Verhältnis von Kunst und Religion. Auch Stirner kann sich mit der Hegelschen Unterordnung der Kunst unter die Philosophie und die Religion nicht mehr abfinden und versucht, sie wenigstens der Religion gegenüber aufzuwerten: "(...) So ist die Kunst die Schöpferin der Religion und darf in einem philosophischen System, wie das Hegels ist, ihren Platz nicht *hinter* der Religion einnehmen."[62] Auch hier zeigt sich, daß aus dem Zerfall des begrifflichen Systems die Kunst "ge-

58 Ibid., S. 288.
59 F.Th. Vischer, *Das Schöne und die Kunst*, op.cit., S. 43.
60 Ibid., S. 77.
61 G.W.F. Hegel, *Vorlesungen über die Ästhetik* Bd. 1, op.cit., S. 28.
62 M. Stirner, "Kunst und Religion", in: ders., *Kleinere Schriften* ..., op.cit., S. 264.

stärkt" oder "rehabilitiert" hervorgeht: wie die *Natur*, die Hegel im Gegensatz zu Kant dem Geist unterordnete und aus diesem abzuleiten suchte. Bei Vischer wird sie zusammen mit demTraum und dem naturwüchsigen Zufall in ihre Rechte eingesetzt. (Siehe Kap. 3.)

Zugleich mit Kunst und Natur werden die Antinomie, die Dissonanz und der ästhetische Zufall aufgewertet, die sich ebenfalls der Vereinnahmung durch die begriffliche Totalität entziehen. So stellt beispielsweise Vischer sowohl in seiner *Ästhetik* als auch in anderen Schriften neben dem Erhabenen das *Komische* in den Mittelpunkt seiner Betrachtungen. Hegel hingegen betrachtet das Komische lediglich als ein Zerfallsprodukt, das aus dem Niedergang der klassischen Kunstform hervorgeht. "Allein das Komische", entgegnet Vischer, "ist ebenfalls eine Macht, die überall hervortritt, wo überhaupt das Schöne existiert."[63] Indem er das Komische immer wieder mit dem Erhabenen und Ernsten verknüpft, deckt er – zumindest implizit – die Ambivalenz des letzteren, die ihm innewohnende Antinomie, auf: Zu jedem Zeitpunkt kann der Ernst des Erhabenen in Komik umschlagen.

Daß das Komische – in der Komödie, in der Satire oder der Parodie – von Widerspruch und Ambivalenz lebt und deshalb nicht der Idee als harmonischer Totalität subsumiert werden kann, fällt Volhard auf, wenn er zeigt, daß Vischers Theorie des Erhabenen in der hegelianischen Ästhetik aufgeht, nicht jedoch seine Analysen des Komischen: "Besteht das Erhabene nach Vischer in einem Überwiegen der Idee über das Bild, so das Komische umgekehrt im Überwiegen des Bildes über die Idee, des indefinibel Individuellen über das Gattungsmäßige."[64] Diese Beziehung zwischen dem Komischen und dem nichtbegrifflichen Bild ist außerordentlich wichtig, weil sie den Nexus zwischen erkenntnistheoretischer Skepsis und der Aufwertung des vieldeutigen "Bildes", d.h. der Ausdrucksebene, veranschaulicht.

Vischers Entdeckung des Komischen hat auch einen politischen Aspekt, der diesen Junghegelianer mit den ästhetischen Theorien der Moderne und des 20. Jahrhunderts verbindet: eine demokratische Tendenz, die seine Ästhetik vom Aristokratismus des Hegelschen Systems unterscheidet, das nur das Vollkommene als harmonische Totalität gelten läßt und das Komische mit dessen volkstümlichen und demokratischen Konnotationen ausgrenzt, denn: "Demokratisch, nicht bloß in

63 F.Th. Vischer, "Plan zu einer neuen Gliederung der Ästhetik", in: ders., *Kritische Gänge* Bd. 4, op.cit., S. 163.
64 E. Volhard, *Zwischen Hegel und Nietzsche*, op.cit., S. 193.

diesem bestimmten, sondern im weitesten Sinne, ist alles Komische."[65] Wer diesen Satz aus dem ersten Band von Vischers *Ästhetik* liest, sowie den komplementären Vorwurf, Hegel "werde ungerecht gegen den Humor"[66], der gleich am Anfang dieses Werkes erhoben wird, kann nicht umhin, an Michail Bachtins Theorie zu denken, die hier im 3. Kapitel als Hegel-Kritik interpretiert wird, weil in ihr das Komische und Groteske sowie das Karnevalslachen des frühen Romans (Cervantes', Rabelais') als demokratische Alternativen zum Ernst des Feudaladels erscheinen.

Der Begriff des Grotesken deutet bereits an, daß in einer von der Antinomie und der Ambivalenz beherrschten Welt das Komische und das Häßliche zusammengehören. Symptomatisch für den Zerfall des Hegelschen Systems ist nicht nur die Tatsache, daß extreme Erscheinungen wie Komik und Häßlichkeit, die nicht ohne weiteres in Hegels harmonische Totalität zu integrieren sind, von den Nachfolgern thematisiert werden, sondern auch der Umstand, daß jeder Nachfolger sich auf ein besonderes Zerfallsprodukt spezialisiert: Während Vischer sein Augenmerk vor allem auf das Komische und Zufällige (s. weiter unten) richtet, rückt sein Zeitgenosse Karl Rosenkranz (1805-1879), einer der bedeutendsten Hegel-Schüler und Autor der politisch-philosophischen Komödie *Das Centrum der Speculation* (1840), das Häßliche in den Mittelpunkt seiner Betrachtungen.

Noch stärker als Vischer, gegen den er in seiner *Ästhetik des Häßlichen* (1853) immer wieder unterschwellig polemisiert, läßt Rosenkranz, der eher der Hegelschen "Rechten" zuzurechnen ist, den unversöhnten Widerspruch als extreme Ambivalenz in Erscheinung treten. Zeitweise scheint sich in seiner Argumentation das Häßliche zu verselbständigen und in einer ambivalent gewordenen Kunst mit dem Schönen zu konkurrieren: "Wir müssen also die uneingeschränkte Geltung des Satzes, daß das Häßliche in der Kunst um des Schönen willen da sei, verwerfen"[67], folgert Rosenkranz in einem ersten Schritt.

Als Hegelianer versucht er freilich, das Häßliche als Pendant des Schönen in der Totalität der Kunstidee aufzuheben. In ihrer Gesamtheit erfordere die Idee der Kunst die Zusammenführung der Extreme: "Aus

65 F.Th. Vischer, *Ästhetik oder Wissenschaft des Schönen. Erster Teil: Die Metaphysik des Schönen*, Reutlingen und Leipzig, Carl Mäcken's Verlag, 1846, S. 511.
66 Ibid., S. 40.
67 K. Rosenkranz, *Ästhetik des Häßlichen*, Darmstadt, Wissenschaftliche Buchgesellschaft, 1973, S. 37.

diesem Grunde also, die Erscheinung der Idee in ihrer Totalität zu schildern, kann die Kunst die Bildung des Häßlichen nicht umgehen."[68] In der "Totalität der Weltanschauung" erfülle das Häßliche allerdings eine nur sekundäre, untergeordnete Funktion; nur in Verbindung mit dem Schönen sei es sinnvoll.[69]

Rosenkranz versucht, diese Argumentation plausibel zu machen, indem er sich auf die Rezeption beruft: An Kunstwerken, die ausschließlich das Häßliche ausdrücken, könne sich niemand wirklich erfreuen. Mephisto sei nur als häßliches Pendant zum schönen Christus darstellbar; nicht als selbständige Erscheinung: "Für Zwecke der Belehrung isoliren wir natürlich auch das Häßliche, aber ein Künstler, der dasselbe noch so porträtartig treu wiedergäbe, würde niemals glauben, damit ein Kunstwerk geschaffen zu haben."[70] Sowohl der Kunstproduzent als auch der Kunstrezipient lehnen also die Verselbständigung des Häßlichen ab.

Abgesehen davon, daß zahlreiche Gemälde Goyas sehr wohl das Häßliche isolieren, ohne als minderwertig eingestuft zu werden, tritt bei Rosenkranz selbst ein Widerspruch im Bereich der Rezeption zutage. Obwohl er einerseits behauptet, niemand könne am isolierten Häßlichen seine Freude haben, kann er sich andererseits ein "physisch und moralisch verderbtes Zeitalter" vorstellen, dem die harmonische Schönheit nichts mehr sagt: "Ein solches Zeitalter liebt die gemischten Empfindungen, die einen Widerspruch zum Inhalt haben. Um die abgestumpften Nerven aufzukitzeln, wird das Unerhörteste, Disparateste und Widrigste zusammengebracht. Die Zerrissenheit der Geister weidet sich an dem Häßlichen, weil es für sie gleichsam das Ideal ihrer negativen Zustände wird."[71] Die Frage ist natürlich, ob diese Beschreibung nicht auf das Zeitalter der Nachhegelianer zutrifft: auf die vor ihren Augen anbrechende Moderne.

In diesem Zusammenhang kann es nicht als Zufall erscheinen, daß der Hegelianer Vischer Hegels Periodisierung der Kunstzeitalter in Frage stellt und der christlich-romantischen Ära eine moderne folgen läßt. Seinen Entwurf versucht er in seinem "Plan zu einer neuen Gliederung der Ästhetik" (1843) "mit Berufung auf die große Krisis, welche

68 Ibid., S. 39.
69 Ibid., S. 40.
70 Ibid., S. 41.
71 Ibid., S. 52.

die moderne Zeit vom Mittelalter trennt"[72], plausibel zu machen. Nirgendwo tritt der Abstand zwischen Hegel und Junghegelianer klarer in Erscheinung: Die triadische Einteilung des Diskurses, die Vischer zu retten sucht, indem er die Selbständigkeit der "orientalischen Phantasie" negiert und sie dem antiken Ideal subsumiert, ist eher ein Akt der Pietät dem Hegelschen Erbe gegenüber und kann nicht über die Tatsache hinwegtäuschen, daß der junghegelianische Diskurs das geschlossene System gesprengt hat: "Hier ist keine andere Lösung, als hoffnungsvoll in die Zukunft schauen"[73], schreibt Vischer, der Nichthegelianer, der Denker der Moderne.

Wer von Zukunft spricht, spricht zugleich von Offenheit, Kontingenz und Zufall, den Erich Köhler zu Recht mit dem "Ende der Providenz", der "entfremdeten Kausalität und der Kontingenz" sowie der "Absurdität" in Beziehung setzt.[74] Dieser Zufall als moderne, systematisch-historischer Notwendigkeit widersprechende Erscheinung spielt nicht nur in Vischers Leben eine entscheidende Rolle[75], sondern auch in seiner Ästhetik, wo das zufällige Ereignis zu einem Charakteristikum des Komischen (bei Rosenkranz des Häßlichen) wird, das laut Vischer "überhaupt keine Absicht (hat), zu keinem positiven Resultat führen (will)."[76] Es ist deshalb gar nicht sicher, daß er in seinen Analysen des Komischen, das durch seine absurden Zufälle und seine Kontingenz die historischen Notwendigkeiten des Hegelschen Systems negiert, "ganz auf Hegelschem Boden"[77] steht. Realistischer scheint mir Vischers Einschätzung seines Verhältnisses zu Hegel zu sein, wenn er über die Komik schreibt, "sie (sei) die in die Sprache des Zwerchfells übersetzte negative Seite der Hegelschen Methode".[78] Aber ist diese Methode, die eine Inkarnation des Weltgeistes sein will, in die "Sprache des Zwerch-

---

72 F.Th. Vischer, "Plan zu einer neuen Gliederung der Ästhetik", in: ders., *Kritische Gänge* Bd. 4, op.cit., S. 175.

73 Ibid.

74 Siehe: E. Köhler, *Der literarische Zufall, das Mögliche und die Notwendigkeit*, München, Fink, 1973.

75 Siehe: E. Volhard, *Zwischen Hegel und Nietzsche*, op.cit., S. 202.

76 F.Th. Vischer, "Über das Erhabene und Komische" in: ders., *Kritische Gänge* Bd. 4, op.cit., S. 108.

77 Ibid., S. 129. Daß Vischer keineswegs "ganz auf Hegelschem Boden" steht, zeigt auch sein Aufsatz "Noch ein Wort darüber, warum ich von der jetzigen Poesie nichts halte", in: ders., *Kritische Gänge* Bd. 2, op.cit., S. 141. An dieser Stelle stellt er die *Kritik* als Hauptcharakteristikum der modernen Zeit in den Vordergrund.

78 F.Th. Vischer, "Über das Erhabene und das Komische", in: ders., *Kritische Gänge* Bd. 4, op.cit., S. 129.

fells" zu übersetzen? Ist der Versuch einer solchen Übersetzung nicht an sich schon ambivalent, antinomisch im Sinne der Moderne?

Modern ist jedenfalls der vom komischen Zufall beherrschte satirische Roman Vischers *Auch Einer* (1879), der von der Ambivalenz als *Einheit der Gegensätze ohne Synthese* strukturiert wird: "Vischers Bestreben war stets, das kontradiktorische Entweder-Oder durch das noch viel mehr kontradiktorische Sowohl-Als-auch zu ersetzen. Dies Verfahren allein ist bei der Interpretation des *Auch Einer* anwendbar."[79] Der Ästhet *und* Romancier Vischer zeigt einerseits, daß die Ambivalenz als unauflösbare Antinomie das Hegelsche System gesprengt und das Vertrauen in die Herrschaft des Begriffs erschüttert hat; er zeigt andererseits in Theorie und Praxis (ähnlich wie Rosenkranz in seiner Komödie), daß dieser für die neue Zeit charakteristische Vertrauensschwund zu einer Aufwertung der Kunst und der Künstlergestalt führt. Nirgendwo ist sie stärker zu spüren als bei Nietzsche: dem Künstlerphilosophen und Denker der Ambivalenz.

4. Nietzsche: Ambivalenz und Ausdrucksebene

Sicherlich kann Friedrich Nietzsche (1844-1900) nicht als Junghegelianer gedeutet werden: nicht nur weil dies seinem Selbstverständnis widerspricht, sondern auch deshalb, weil er als Hegel-Schüler oder Hegel-Epigone nicht zu verstehen ist. Dennoch hat Wolfgang Eßbach recht, wenn er – nach Volhard und Löwith – die geistige Verwandtschaft zwischen Nietzsche und den Junghegelianern betont. Über Max Stirner, dessen Buch *Der Einzige und sein Eigentum* (1845) ein Jahr nach Nietzsches Geburt erschien, schreibt er: "Er hat vor Nietzsche einen Typ radikaler Vernunftkritik entfaltet, der Anschlüsse nach verschiedenen Richtungen ermöglichte. Seine Konzeption des 'Einzigen' hat nicht nur Nietzsche beeinflußt, sondern auch den europäischen Existentialismus und die moderne Sprachphilosophie."[80] Daß Nietzsches radikale Kritik des Christentums und der christlichen Moral nur im Zusammenhang mit den junghegelianischen Polemiken konkret zu verstehen ist, zeigt auch die umfangreiche Studie von Karl Löwith, der einen wesentlichen Aspekt der Verwandtschaft zwischen Nietzsche

79 E. Volhard, *Zwischen Hegel und Nietzsche*, op.cit., S. 197.
80 W. Eßbach, *Die Junghegelianer*, op.cit., S. 54.

und den Hegel-Schülern hervortreten läßt, wenn er schreibt: "In der Kritik des Christentums begegnet er (Nietzsche) sich mit B. Bauer, dessen Religionskritik aus der Religionsphilosophie von Hegel entsprang."[81] Zu Recht fügt er an anderer Stelle hinzu, daß "der Weg, der über die Junghegelianer von Hegel zu Nietzsche führt, (...) sich am deutlichsten mit Bezug auf die Idee vom Tode Gottes bezeichnen (läßt)."[82]

Sofern die Junghegelianer die moderne Ära antizipieren, sind sie – wie Eßbach richtig gesehen hat[83] – als Vorläufer Nietzsches zu verstehen: nicht nur im religionskritischen und ästhetischen, sondern auch im erkenntnistheoretischen Bereich, in dem eine jede ästhetische Theorie verwurzelt ist. Im folgenden will ich weder auf Nietzsches Religionskritik noch auf seine Gesellschaftstheorie eingehen, sondern das bisherige Argumentationsmuster beibehalten und den Nexus zwischen Erkenntnistheorie und Ästhetik näher untersuchen.

Nietzsches radikale Religionskritik sowie sein Versuch einer "Umwertung aller Werte" führen nicht nur zu einem globalen Zweifel an der traditionellen Metaphysik, in der Wahrheit und Lüge, Gutes und Böses, Schönes und Häßliches einander ausschließen, sondern auch dazu, daß die Einheit der Gegensätze nicht mehr, wie noch bei Hegel, in Aufhebung und systematische Synthese mündet. Wie schon die Dialektik der Junghegelianer ist auch die Dialektik Nietzsches *negativ.* Auch auf sie ist Volhards Bemerkung zu Vischers Roman anwendbar, dieser führe das extrem "kontradiktorische Sowohl-Als-auch" ein.

Nietzsche ist durchaus Hegelianer, wenn er mit Heraklit das *Werden* gegen die statischen Metaphysiken (Platons, Kants) verteidigt[84] und wenn er die *Einheit der Gegensätze* gegen den metaphysischen Dualismus (wahr/falsch, gut/böse etc.) ausspielt. Doch sein Werden gipfelt nicht im Absoluten, und seine Dialektik bringt keine Synthese, kein System hervor, sondern wirkt destruktiv. Ihr Charakteristikum ist die radikale Ambivalenz, die durch keine bestimmte Negation, durch keine systematische Aufhebung zu bändigen ist.

Wie sehr diese Dialektik mit der Kritik der christlichen und vom Christentum inspirierten Metaphysiken liiert ist, zeigt bereits das "Erste

81 K. Löwith, *Von Hegel zu Nietzsche*, op.cit., S. 192-193.
82 Ibid., S. 205.
83 Siehe: W. Eßbach, op.cit., S. 59.
84 Siehe: F. Nietzsche, *Götzen-Dämmerung*, in: ders., *Werke* Bd. 4, (Hrsg. K. Schlechta), München, Hanser, 1980, S. 957.

Hauptstück" von *Jenseits von Gut und Böse*, das die "Vorurteile der Philosophen" bloßstellt. Zunächst wird der Zweifel am metaphysischen Dualismus laut: "Der Grundglaube der Metaphysiker ist *der Glaube an die Gegensätze der Werte*."[85] Was folgt, ist jedoch keine Aufhebung der Gegensätze im Sinne von Hegel, sondern ihre Zusammenführung in einer extremen Ambivalenz, die in Indifferenz als "Wesensgleichheit" umschlagen kann: "Es wäre sogar noch möglich, daß *was* den Wert jener guten und verehrten Dinge ausmacht, gerade darin bestünde, mit jenen schlimmen, scheinbar entgegengesetzten Dingen auf verfängliche Weise verwandt, verknüpft, verhäkelt, vielleicht gar wesensgleich zu sein."[86]

Hier werden nicht nur Wertgegensätze in Frage gestellt, sondern die "guten und verehrten Dinge", allen voran die Wahrheit, werden restlos diskreditiert, zumal Nietzsche die Frage aufwirft, ob dem "Schein", dem "Willen zur Täuschung" und dem "Eigennutz" nicht ein "grundsätzlicherer Wert" zukomme als der "Wahrheit", der "Wahrhaftigkeit" und der "Selbstlosigkeit".

Angesichts einer solchen Umwertung kann die Hegelsche Dialektik, die verschiedene Wahrheitsgrade kennt, keine Gültigkeit mehr beanspruchen, denn wenn der Wahrheitsbegriff als solcher radikal angezweifelt wird, dann wird auch Hegels bestimmte Negation sinnlos, denn: "Sie ist ein neuer Begriff, aber der höhere, reichere Begriff als der vorhergehende (...)." (s.o.) Wo über die "Wesensgleichheit" von Wahrheit und Schein spekuliert wird, dort werden auch der "höhere Begriff" und die dialektische Begriffsbildung hinfällig.

Konsequent verzichtet Nietzsche auf den Wahrheitsbegriff der klassischen deutschen Philosophie und tauscht ihn gegen den Schein ein: "Die 'scheinbare' Welt ist die einzige: die 'wahre Welt' ist nur *hinzugelogen*..."[87] Die extreme Ambivalenz beherrscht auch seinen sprachlichen Duktus. Immer wieder erscheint am Ende seiner Ausführungen *A* als das Gegenteil von *A:* Wahrheit als Lüge, Sein als Schein, Moral als Unmoral, Güte als Boshaftigkeit. Darin antizipiert er die Romane der Jahrhundertwende und der ersten Hälfte des 20. Jahrhunderts, die Romane Gides, Svevos, Prousts, Musils und Kafkas, in denen die Gegen-

85 F. Nietzsche, *Jenseits von Gut und Böse*, in: ders., *Werke* Bd. 4, op.cit., S. 568.
86 Ibid.
87 F. Nietzsche, *Götzen-Dämmerung*, op.cit., S. 958. Siehe auch: F. Nietzsche, *Menschliches, Allzumenschliches*, in: ders., *Werke* Bd. 2, op.cit., S. 873: "Die Vernunft der Welt".

sätze zwar immer wieder miteinander verknüpft, niemals jedoch in einer "höheren Wahrheit" zur Synthese gebracht werden.[88]

Um den Vergleich mit dieser Romanliteratur ein wenig zu konkretisieren, sei hier eine Aufzeichnung Svevos zitiert, in der die Ambivalenz von Wahrheit und Wahrheitsliebe thematisiert wird: "Natürlich sind Wahrheit und Unwahrheit vertauschbar; aber indem man eine Behauptung liebt, die man als wahr bezeichnet, kann man beteuern, die Wahrheit zu lieben, und sich dabei täuschen."[89] Frappierend ist die Nähe zu Nietzsche nicht nur deshalb, weil Wahrheit und Täuschung jenseits aller metaphysischen Dualismen miteinander verquickt werden, sondern auch deshalb, weil im ersten Teil des Satzes die Möglichkeit der Vertauschbarkeit, der Indifferenz ("Wesensgleichheit", Nietzsche), anvisiert wird. Ähnliche Vergleiche sind zwischen Musil und Nietzsche angestellt worden.[90]

Welche Folgen hat diese radikale Skepsis, diese nachhegelianische, negative Dialektik ohne bestimmte Verneinung, für die Kunsttheorie? Nach dem bisher Gesagten kann die Antwort recht knapp ausfallen: Sie bewirkt eine Aufwertung der Kunst als Schein, genauer, d.h. auf den literarischen Text bezogen, eine Aufwertung der Ausdrucksebene der Inhaltsebene gegenüber. Auch in dieser Hinsicht ist Nietzsche ein Geistesverwandter der Junghegelianer, die begannen, Hegels Logozentrismus in der Ästhetik anzuzweifeln.

Nietzsche radikalisiert ihre Argumentation, indem er – lange vor Derrida und Lacan – die Herrschaft des Begriffs durch ein Zusammenspiel vieldeutiger Signifikanten ersetzt. Grundlage menschlichen Denkens ist nicht länger der Hegelsche Geist als begriffliche Instanz, sondern ein "Trieb zur Metaphernbildung", von dem Nietzsche in seinem wichtigen Text "Über Wahrheit und Lüge im außermoralischen Sinn" spricht. Da ich die folgende Passage für meine Darstellung für wesentlich halte, zitiere ich sie *in extenso*: "Jener Trieb zur Metaphernbildung, jener Fundamentaltrieb des Menschen, den man keinen Augenblick wegrechnen kann, weil man damit den Menschen selbst wegrechnen würde, ist dadurch, daß aus seinen verflüchtigten Erzeugnis-

---

88 Siehe: Vf., *Roman und Ideologie. Zur Sozialgeschichte des modernen Romans*, München, Fink, 1986; darin vor allem den 1. Teil: "Ambivalenz und Kritik".

89 I. Svevo, *Racconti, Saggi, Pagine sparse* (*Opere* III), Milano, Dall'Oglio, 1968, S. 586.

90 Siehe: Ch. Dresler-Brumme, *Nietzsches Philosophie in Musils Roman "Der Mann ohne Eigenschaften". Eine vergleichende Betrachtung als Beitrag zum Verständnis*, Frankfurt, Athenäum, 1987, S. 91.

sen, den Begriffen, eine reguläre und starre neue Welt als eine Zwingburg für ihn gebaut wird, in Wahrheit nicht bezwungen und kaum gebändigt. Er sucht sich ein neues Bereich seines Wirkens und ein anderes Flußbett und findet es im *Mythus* und überhaupt in der *Kunst*."[91]

Diese Aufwertung von Metapher, Mythus und Kunst führt in der *Fröhlichen Wissenschaft* zu einer Umkehrung des Hegelschen Verhältnisses zwischen Kunst und begrifflicher Wahrheit. Kunst wird dort als der "*gute*(n) Wille(n) zum Scheine"[92] definiert. Daß Hegel hier auf den Kopf gestellt wird, zeigt kontrastiv ein Satz aus den *Vorlesungen über die Ästhetik*: "Den Schein und die Täuschung dieser schlechten, vergänglichen Welt nimmt die Kunst von jenem wahrhaften Gehalt der Erscheinungen fort und gibt ihnen eine höhere, geistgeborene Wirklichkeit."[93] Es ist sicherlich kein Zufall, daß Nietzsche das Wort "Erscheinung" lieber meidet; es könnte ein "Wesen" hinter den Erscheinungen evozieren, und gegen dieses Wesen, das die Philosophen seit Plato suchen, polemisiert er unablässig, denn: "Schein ist für mich das Wirkende und Lebende selber (…)."[94] Kunst bringt dieses "Wirkende" und "Lebende" zum Ausdruck: jenseits aller Wahrheits- und Wesenssuche.

Zugleich mit dem Wahrheitsgehalt der Kunst wird ihr moralischer Gehalt dem Schein, dem rein Dinghaften und Natürlichen, geopfert. In einer Passage des Nachlasses aus den 80er Jahren tritt der für Nietzsches Philosophie wesentliche Nexus zwischen Kunst, Kulturkritik, Natur und dem Übermenschen klar zutage: "*Mit der Kunst gegen die Vermoralisierung kämpfen.* – Kunst als Freiheit vor der moralischen Verengung und Winkel-Optik; oder als Spott über sie. Die Flucht in die Natur, wo ihre *Schönheit* mit der *Furchtbarkeit* sich paart. Konzeption des großen Menschen."[95] Angesichts dieser programmatischen Bemer-

---

91 F. Nietzsche, "Über Wahrheit und Lüge im außermoralischen Sinn", in: ders., *Werke* Bd. V, op.cit., S. 319.

92 F. Nietzsche, *Die fröhliche Wissenschaft*, in: ders., *Werke* Bd. 3, op.cit., S. 113. Siehe auch: J.M. Werner, *Erkenntnis und Wahrheit. Nietzsches Destruktion der Erkenntnistheorie als Konsequenz des Verlustes verbindlicher Wahrheit*, Frankfurt-Bern-New York, Peter Lang, 1986, S. 29: "Daß Nietzsche sich als Antipoden Hegels versteht, verweist auf die spekulative Kraft seiner Philosophie, daß er sie aber nicht als ein Ganzes zu denken versucht, das durch Vermittlung und Vermitteln-Können sich begreift, macht deutlich, daß er den Standpunkt des ungeschichtlichen, abstrakten Bewußtseins nicht verlassen will."

93 G.W.F. Hegel, *Vorlesungen über die Ästhetik* Bd. 1, op.cit., S. 22.

94 F. Nietzsche, *Die fröhliche Wissenschaft*, op.cit., S. 73.

95 F. Nietzsche, *Aus dem Nachlaß der Achtzigerjahre*, in: ders., *Werke* Bd. 6, op.cit., S. 625.

kungen, die den militanten Ästhetizismus von George bis D'Annunzio antizipieren, wirkt Ralph-Rainer Wuthenows Behauptung, Nietzsches Künstler sei "in einem wissenschaftlichen Zeitalter" eine "anachronistische Erscheinung und deshalb die Kunst auch kein Heilmittel mehr"[96], nicht überzeugend. Es ist eher so, daß Nietzsche mit Hilfe der Kunst und der Ästhetisierung der philosophischen Schreibweise gegen Moral und Metaphysik kämpfen möchte.

Recht hat Wuthenow, wenn er Nietzsche als einen Vorläufer des Ästhetizismus interpretiert[97]; darin wird er wenige Jahre später von Karl Heinz Bohrer bestätigt, der die Bedeutung des "Scheins" für den Ästhetizismus hervorhebt: "Der 'Schein' (...) expandiert dabei zum aggressiven Symbol der als 'Ästhetizismus' bekannten Bewegung."[98] Auch die Vertreter dieser Bewegung gehen eher vom "Trieb zur Metaphernbildung" aus als von einer metaphysisch oder ethisch motivierten Wahrheitssuche. Dabei betonen sie – wie etwa Mallarmé[99] – den vieldeutigen Signifikanten und werten das allgemein-abstrakte und daher vertauschbare Signifikat ab.

Ihre Kritik am vertauschbaren Begriff[100] wird von Nietzsche vorweggenommen, wenn er gegen die abstrakte Begrifflichkeit und für das Besondere, einmalige und Unvertauschbare plädiert: "Jeder Begriff entsteht durch Gleichsetzen des Nichtgleichen. (...) Das Übersehen des Individuellen und Wirklichen gibt uns den Begriff (...)."[101] Wer aber das Individuelle und Wirkliche wahrnimmt, der wird die Wahrheit in schillernde Figuren zerlegen, von denen keine einzige auf den Begriff zu bringen ist: "Was also ist Wahrheit? Ein bewegliches Heer von Metaphern, Metonymien, Anthropomorphismen (...)."[102]

---

96 R.-R. Wuthenow, *Muse, Maske, Meduse. Europäischer Ästhetizismus*, Frankfurt, Suhrkamp, 1978, S. 38.

97 Ibid., S. 36, 112.

98 K.H. Bohrer, *Plötzlichkeit. Zum Augenblick des ästhetischen Scheins*, Suhrkamp. 1981, S. 138.

99 S. Mallarmé, *Vers et prose* (préface par H. Mondor), Paris, UGE, 1961, S. 169: "Le vers qui de plusieurs vocables refait un mot total, neuf, étranger à la langue et comme incantatoire, achève cet isolement de la parole (...)."

100 Siehe: H. Friedrich, *Die Struktur der modernen Lyrik*, Hamburg, Rowohlt, 1956, S. 113: "Mallarmé führt jenen Prozeß weiter, der seit der Wende zum 19. Jahrhundert die Dichtung in den Widerstand gegen die kommerzialisierte Öffentlichkeit und gegen die wissenschaftliche Austreibung des Weltgeheimnisses geführt hat."

101 F. Nietzsche, "Über Wahrheit und Lüge im außermoralischen Sinn", op.cit., S. 313.

102 Ibid., S. 314.

Wo das "Gleichsetzen des Nichtgleichen" als illegitim erscheint und die Wahrheit als eine auf vieldeutigen Figuren gründende Illusion entlarvt wird, dort kommt es zu einer drastischen Schwächung des Signifikats dem Signifikanten gegenüber. Die gesamte Inhaltsebene wird zu einem Derivat der Ausdrucksebene, auf der es weder eine "Wahrheit" noch eine begriffliche Identität gibt, sondern nur Verschiebungen und Bewegungen zwischen vieldeutigen Figuren, zwischen Signifikanten, die auf kein Signifikat festzulegen sind, und deren polymorpher Charakter selbst den Gegensatz (Dualismus) zwischen Signifikant und Signifikat als dubios erscheinen läßt. Es wird sich zeigen (Kap. 8), daß Jacques Derrida Nietzsches Kritik am "Gleichsetzen des Nichtgleichen" zu einem Ausgangspunkt der Dekonstruktion macht.

Immer wieder spielt Nietzsche die Vieldeutigkeit der Wirklichkeit und der Sprache gegen die Wahrheitsfindung und die begriffliche Definition aus. Vom Dasein, das die Mathematiker nach rationalistischer Manier vermessen möchten, sagt er: "Man soll es vor allem nicht seines *vieldeutigen* Charakters entkleiden wollen (...)."[103] Dabei ist für ihn die "Verwobenheit von Musik und Sprache"[104], von der Steffen Stelzer im Zusammenhang mit Nietzsches Jugendschrift *Die Geburt der Tragödie aus dem Geiste der Musik* (1872) spricht, ausschlaggebend. Indem die Musik sich als vieldeutige *phoné* der wissenschaftlichen Definition entzieht, weist sie den Weg, den Dichtung, Philosophie als "fröhliche Wissenschaft" und philosophische Dichtung einschlagen sollten: den Weg der kühnen Metaphorik. Denn: "Wie absurd wäre eine (...) 'wissenschaftliche' Abschätzung der Musik! Was hätte man von ihr begriffen, verstanden, erkannt!"[105]

In diesem Kontext ist Nietzsches eigene ästhetisierende, künstlerische Schreibweise zu verstehen: Wie die begriffslose Musik möchte sie sich dem Zugriff der wissenschaftlichen Definition und der Wissenschaft insgesamt entziehen. Ihre Flucht in den Ausdrucksbereich (Hjelmslev), in die Welt der Signifikanten, hat in nahezu allen Texten Nietzsches Spuren hinterlassen: in Form von Analogien, Figuren (Metonymien, Metaphern) und Aphorismen; in Form von Rhythmik.[106]

---

103 F. Nietzsche, *Die fröhliche Wissenschaft*, op.cit., S. 249.

104 S. Stelzer, *Der Zug der Zeit. Nietzsches Versuch der Philosophie*, Meisenheim am Glan, Verlag Anton Hain, 1979, S. 5.

105 F. Nietzsche, *Die fröhliche Wissenschaft*, op.cit., S. 249.

106 Die verschiedenen Aspekte von Nietzsches Rhetorik untersucht J. Goth in seiner Arbeit *Nietzsche und die Rhetorik*, Tübingen, Niemeyer, 1970 und kommt zu dem Ergebnis, daß Nietzsches positiver Rhetorik-Begriff dem der Antike verwandt ist.

Nietzsches Wahrheit ist nicht die begriffliche der Wissenschaft oder der systematischen Philosophie, sondern die ästhetische der Dichtung. Dies hat Karl Löwith klar erkannt, als er schrieb: "Im Kampf zwischen 'Weisheit und Wissenschaft' erinnert sich Nietzsche wieder der ursprünglichen Einheit von Wahrheit und Dichtung in der lehrhaften Sprache des philosophischen Weisheitsspruchs. Diese Einheit hat seine Modernität jedoch nur in der zweideutigen Form eines Systems von ausgedachten Metaphern zustande gebracht, in denen sich künstliches Wortspiel und geistreicher Witz mit dem Ernst und Pathos des Ganzen vermengen."[107] Das bisher Gesagte sollte zeigen, daß das "Wortspiel" bei Nietzsche alles andere als sekundär oder gar aufgepfropft ist, sondern daß es die Grundtendenz seines Denkens ausdrückt: die Ästhetisierung der Sprache jenseits von traditioneller Metaphysik und Ethik. Diese Ästhetisierung wird – semiotisch ausgedrückt – durch eine Akzentverschiebung von der Inhaltsebene zur Ausdrucksebene, von begrifflicher Eindeutigkeit ("Wahrheit") zur Vieldeutigkeit der Signifikanten bewirkt.

Kein anderer Text faßt diesen Prozeß so anschaulich zusammen wie Nietzsches bekannte Verse aus den *Dionysos-Dithyramben*, deren privativer Charakter ("verbannt", "nur") von der Einsicht des Subjekts zeugt, daß die überlieferten Werte und Wahrheiten unglaubwürdig geworden sind:

daß ich verbannt sei
von aller Wahrheit!
Nur Narr! *Nur* Dichter! ...

5. Epilog: Von Croce zum New Criticism

Eine ausführliche Darstellung der Ästhetik Benedetto Croces (1866-1952) würde sicherlich den Rahmen dieses Kapitels, dessen Hauptproblem die hegelianische Heteronomie ist, sprengen. Noch vermessener wäre an dieser Stelle der Versuch, die Beziehung zwischen Logik, Geschichtsphilosophie und Ästhetik bei Croce untersuchen zu wollen, zumal Croce diese Beziehung in seiner großen *Estetica come scienza dell' espressione e linguistica generale* (1902) ganz anders definiert als

107 K. Löwith, *Nietzsche*, in: ders., *Sämtliche Schriften* Bd. 6, Stuttgart, Metzler, 1987, S. 120.

in späteren Schriften zur Geschichtsphilosophie.[108] Deshalb will ich mich hier auf einige wesentliche Punkte beschränken, in denen der "Hegelianer" Croce *als Kunsttheoretiker* von Hegel abweicht.

Einige generelle Bemerkungen zu Croces Hegelianismus sind allerdings aus Kohärenzgründen unerläßlich. In seiner für diesen Kontext besonders wichtigen Schrift *Lebendiges und Totes in Hegels Philosophie* (1907), die im selben Zeitraum entstand wie die *Estetica*, stellt der Autor unmißverständlich fest: "Ich bin Hegelianer und glaube, daß man es sein muß (...)."[109] Seine Philosophie wird in den meisten Nachschlagewerken zu der Hegels in Beziehung gesetzt; nicht zu Unrecht, denn in vieler Hinsicht setzt Croce die hegelianische Tradition fort.

Einerseits nimmt er in der hier genannten Schrift Hegels System gegen Angriffe rechter und linker Hegelianer (Michelets, Rosenkranz', Engels') in Schutz, andererseits unternimmt er einen großangelegten Versuch, ein eigenes System zu entwerfen, in dem die Selbständigkeit der Natur negiert und die uneingeschränkte Realität des Geistes postuliert wird: "Jeden Tag wird es klarer, daß die Natur ihrem Begriff nach ein praktisches Erzeugnis (Hilfsmittel) des Menschen ist (...)."[110] Trotz seiner Kritik an Hegels Dialektik[111] betrachtet er die Wirklichkeit aus dialektischer Sicht und ist – ganz im Gegensatz zu Nietzsche – von der Einheit der Gegensätze in der Synthese überzeugt: "Die Gegensätze sind Gegensätze unter sich, sind aber nicht Gegensätze gegen die Einheit, da die wahre und konkrete Einheit nichts anderes ist als Einheit oder Synthese der Gegensätze."[112] Wie Hegel huldigt er in Übereinstimmung mit dem liberalen Bürgertum, dem er als Vorsitzender der Liberalen Partei, als Senator und Unterrichtsminister diente, einem recht zuversichtlichen Historismus, den Antonio Gramsci ausführlich kritisiert[113]: Die Wirklichkeit ist Geschichte und die historische Entwicklung verläuft vom Guten zum Besseren.

---

108 Siehe: B. Croce, *Il concetto della storia. Antologia a cura di Alfredo Parente*, Bari, Laterza, 1966, darin vor allem den Kommentar Parentes zu Croces späteren Schriften: "Qui ormai il Croce svela già a chiarissime note il carattere sinteticologico (sintesi d'intuizione e concetto), e non più ingenuamente intuitivo e narrativo della storia." (S. 39)

109 B. Croce, *Lebendiges und Totes in Hegels Philosophie* (Übers. K. Blücher), Heidelberg, Carl Winter's Universitätsbuchhandlung, 1909, S. 174.

110 Ibid., S. 172.

111 Ibid., S. 98-101.

112 Ibid., S. 16.

113 Siehe: A. Gramsci, "Die Philosophie von Benedetto Croce", in: ders., *Philosophie der Praxis. Eine Auswahl*, Frankfurt, Fischer, 1967, S. 248-249.

Angesichts dieser hegelianischen Grundsätze ist es recht erstaunlich, daß der italienische Philosoph in seiner *Estetica* im entscheidenden Punkt von Hegel abweicht, indem er die künstlerische Intuition zur Grundlage des menschlichen Erkennens macht. Dabei kommt es zu einer Umkehrung der Hegelschen Argumentation: Nicht das historische Ziel der geistigen Entwicklung, das begriffliche oder "wissenschaftliche" Denken, ist maßgebend, sondern der Ursprung dieses Denkens: die lyrische Dichtung, die Poesie. Hegel, sagt Croce, habe den logischen Begriff "intuitiv" aufgefaßt, "um zu bezeichnen (...), daß die Philosophie aus dem Schoße der göttlichen Poesie entspringen muß, matre pulchra, filia pulchrior".[114] Diese Hegel-Interpretation ist sicherlich anfechtbar und wäre von den meisten Hegelianern (von so verschiedenen Geistern wie Rosenkranz und Marx) abgelehnt worden.

Unmittelbar nach dem lateinischen Zitat – "matre pulchra, filia pulchrior" – stellt sich heraus, daß es sich bei Croce, wenn nicht um eine nietzscheanische, so doch um eine lebensphilosophische Deutung der Hegelschen Philosophie handelt: "Derart in Beziehung und Freundschaft zu der Poesie gesetzt, tritt die Philosophie in jenen Zustand ein, den man zur Zeit nach der Mode der Nietzsche'schen Ausdrucksweise 'dionysisch' zu nennen pflegt, und welcher derart ist, schüchterne Denker zu erschrecken (...)."[115] Trotz der ironischen Distanz zu Nietzsche wird hier Hegel ästhetisiert und in einem lebensphilosophischen Kontext gedeutet, in dem seine Philosophie "Abstraktionen zerbricht und dieses Leben mit dem Gedanken lebt"[116]: in einem Kontext, in dem die lyrische Intuition als Erkenntnis des Individuellen und Einmaligen zur eigentlichen Triebfeder des Denkens wird.

Angesichts dieser Umdeutung der Hegelschen Philosophie nimmt es nicht wunder, daß Croce eine der zentralen Kategorien dieser Philosophie fallenläßt, wenn er in seiner abschließenden Kritik an Hegels "Panlogismus" und an "jede(r) spekulative(n) Konstruktion des Individuellen und des Empirischen" von der "Selbständigkeit der verschiedenen Formen des Geistes" spricht[117] und sich vornimmt, den eigentlichen Gedanken Hegels aus seiner falschen "Hülle" herauszuschälen. Indem Croce aber die "Selbständigkeit der verschiedenen Formen des Geistes"

114 B. Croce, *Lebendiges und Totes in Hegels Philosophie*, op.cit., S. 23.
115 Ibid.
116 Ibid., S. 24.
117 Ibid., S. 164.

postuliert, bricht er einen der Eckpfeiler der Hegelschen (und der materialistischen) Dialektik heraus: die Kategorie der *Vermittlung*.

Das dialektische Denken stellt Erscheinungen wie das Recht, das Schulsystem, die Familie oder die Kunst nicht als selbständige Größen dar, sondern als menschliche Konstrukte, deren wirtschaftliche, gesellschaftliche und historische Funktionen ihnen nicht äußerlich sind: Sie gehen in die Struktur, in die Organisationsform selbst ein. So ist das römische Recht nicht unabhängig von der römischen Marktgesellschaft, das Drama der griechischen Antike nicht unabhängig von der Organisation der attischen Polis (Hegel) und das literarische Gattungssystem des französischen 17. Jahrhunderts nicht unabhängig von der absoluten Monarchie zu verstehen: Wirtschaftliche, politische und ästhetische Faktoren greifen ineinander (nicht erst bei Marx und den Marxisten, sondern schon bei Hegel).

Indem Croce auf diesen (auch für mich wesentlichen) Gedanken der Dialektik verzichtet, verläßt er das dialektische Denken selbst und redet einem kantianischen Dualismus das Wort. Es ist sicherlich kein Zufall, daß er gerade diejenigen unter Hegels Erben lobt, die "ihren vorsichtigen und kritischen Geist" dadurch kund taten, "daß sie Hegel in gewisser Art auf seine Kantschen Grundlagen zurückführten".[118] Dieses Programm einer Rückkehr zu Kant verwirklicht Croce auf vorbildliche Art in seiner *Estetica*, deren Plädoyer für die Autonomie der Kunst ihre Einwirkung auf den anglo-amerikanischen New Criticism erklärt.

Schon der Titel von Croces *Estetica come scienza dell'espressione e linguistica generale* (Ästhetik als Wissenschaft des Ausdrucks und allgemeine Sprachwissenschaft) läßt vermuten, daß der Autor sich eine Aufwertung der Ausdrucksebene vorgenommen hat – obwohl das Wort "espressione", das Croce auf alle Kunstformen anwendet, natürlich recht wenig mit Hjelmslevs "Ausdrucksebene" zu tun hat. Tatsächlich stellt sich vor allem im dritten Kapitel, das die Beziehung zwischen Kunst und Philosophie zum Gegenstand hat, heraus, daß die ästhetische Intuition zur Grundlage der Erkenntnis gemacht wird. Croce geht noch einen Schritt weiter – und weit über Kants Autonomieästhetik hinaus –, wenn er behauptet, daß Kunst und Wissenschaft auf ästhetischer Ebene miteinander kommunizieren und daß "jedes wissenschaftliche Werk zugleich Kunstwerk"[119] sei.

118 Ibid., S. 169.
119 B. Croce, *Estetica come scienza dell'espressione e linguistica generale*, Bari, Laterza, 1973 (12. Aufl.), S. 29.

Der kantianische Dualismus kommt jedoch voll zum Tragen, und Croce widerspricht sich (s.o.), wenn er schreibt: "Die logische oder wissenschaftliche Form schließt als solche die ästhetische Form aus. Wer sich anschickt, wissenschaftlich zu denken, der hat bereits aufgehört, ästhetisch zu betrachten (...)."[120] Etwas weiter drückt er klar seine Ablehnung der begrifflichen Vereinnahmung der Kunst aus: "Der Irrtum beginnt dort, wo man versucht, vom Begriff den Ausdruck (l'espressione) abzuleiten (...)."[121] Er spricht in diesem Zusammenhang von einem "intellektualistischen Irrtum" ("errore intellettualistico"), der in mancher Hinsicht die Kritik der begrifflichen und wissenschaftlichen Heteronomie im New Criticism – vor allem bei Ransom – antizipiert.

Wie radikal, einseitig und unhegelianisch eine solche Überbetonung der Ausdrucksebene ist, zeigen die Anwendungen dieser Ästhetik auf die Literatur. Wer "Vermittlung" im dialektischen Sinne durch "Selbständigkeit" ersetzt, der muß davon ausgehen, daß literarische Texte nicht im historischen, sozialen und kulturellen Kontext, sondern nur immanent zu verstehen sind. Konsequent lehnt Croce jede Art von Gattungstheorie ab, bezeichnet den Gattungsbegriff als "leere Phantasie"[122] und plädiert für eine rigoros werkimmanente Analyse, die sich auf das einzelne Werk konzentriert und jede spekulative Verknüpfung mit einem Oberbegriff (einem Gattungs- oder Epochenbegriff) strikt ablehnt. Es gibt nur den einzelnen Roman – etwa *Don Quijote* – nicht die Romangattung. Parallel zu dieser These stellt Croce (in *Estetica*, nicht jedoch in seinen späteren Werken)[123] die Behauptung auf, daß auch historische Erkenntnis nur Erkenntnis des Individuellen und der Geschichtsbegriff daher dem Kunstbegriff subsumierbar sei.

Daß dieser Partikularismus, der dem Vermittlungsbegriff Hegels diametral entgegengesetzt ist, weitreichende methodologische Folgen hat, zeigt das 9. Kapitel der *Estetica*, wo der Autor die Möglichkeit literarischer Übersetzungen in Frage stellt. Er spricht dort von der "Unmöglichkeit der Übersetzung" ("l'impossibilità delle traduzioni") und fügt hinzu: "Tatsächlich mindert oder zerstört jede Übersetzung die Qualität oder läßt eine neue Ausdrucksform ("nuova espressione") entstehen (...)."[124] Die "gute" Übersetzung ist nach Croce eine Nachdichtung mit "Originalwert" ("valore originale").

120 Ibid., S. 41.
121 Ibid.
122 Ibid., S. 43.
123 Siehe: B. Croce, *Il concetto della storia*, op.cit., S. 163-167.
124 B. Croce, *Estetica*, op.cit., S. 76.

Angesichts dieser drastischen Aufwertung der Ausdrucksebene, die auch die Ästhetik des späten Croce von der Hegels trennt, nimmt es nicht wunder, daß der Autor der *Estetica* schließlich Ästhetik und Linguistik identifiziert: "*Sprachphilosophie und Kunstphilosophie sind ein- und dasselbe.*"[125] Es ist hier nicht der Ort, diese sonderbare Gleichung, die sich über den nichtsprachlichen Charakter der Musik und der bildenden Künste hinwegsetzt, anzuzweifeln; auch die Ineinssetzung von "Linguistik" ("Linguistica generale"), "Sprachphilosophie" ("Filosofia del linguaggio") und "philosophischer Linguistik" ("Linguistica filosofica")[126], die jedem heutigen Sprachwissenschaftler ein Dorn im Auge sein muß, soll nicht weiter kommentiert werden. Wichtig ist hier lediglich die extreme Position der *Estetica*, die eine Verselbständigung der Signifikanten und eine Abwertung der Inhaltsebene (des Begriffs) ermöglicht. Sie erklärt, weshalb der Autor der *Ästhetik* diese als "Wissenschaft des Ausdrucks" und als "allgemeine Linguistik" definiert.

Wie sehr Croces extremer Autonomismus sowie sein Verzicht auf den dialektischen Begriff der Vermittlung seiner eigenen literaturkritischen Praxis, vor allem seinen moralischen Urteilen über "dekadente" Autoren wie Pirandello und Fogazzaro, widersprechen, zeigt Johannes Thomas. Mit Recht weist er darauf hin, daß die *Estetica* für derlei heteronome Urteile ("Pessimismus", "Dekadenz") keine Grundlage abgibt. Wer die Autonomie der Ausdrucksebene betont und den literarischen Text – in Übereinstimmung mit dem Ästhetizismus – aus dem sozialen und historischen Kontext herauslöst, der kann die ästhetische Stufe nicht mit der moralisch-politischen, die intuitive nicht mit der begrifflichen *vermitteln*: "Wenn nun gelten soll, daß die einzelnen Stufen unverbunden und in sich autonom nebeneinander stehen oder schweben, dann müßte Croce schon genauer erläutern, wie er sich den Übergang vom intuitiv Erfahrenen in den begrifflichen Bereich denkt, und mit welchem Recht, bzw. aufgrund welcher Argumente er den ästhetischen Geschmacksurteilen moralische Überzeugungen zugrunde legt."[127] Der Verzicht auf den dialektischen Begriff der Vermittlung kann nur (nicht-dialektische) Widersprüche zeitigen.

---

125 Ibid., S. 156.

126 Ibid.

127 J. Thomas, "Zur idealistischen 'decadentismo'-Kritik. Croces 'industria del vuoto' und nachphilosophische Wahrheiten bei Pirandello und anderen Dekadenten", in: *Aufstieg und Krise der Vernunft. Festschrift für Hans Hinterhäuser* (Hrsg. M. Rössner, B. Wagner), Wien-Köln-Graz, Böhlau, 1984, S. 402.

Mag sein, daß der Hegel-Schüler Croce sich dessen bewußt war, denn in seinem Spätwerk schränkte er die Radikalität seines Autonomiebegriffs wieder ein durch einen ethisch fundierten Historismus, in den in seiner "kleinen Ästhetik" – *Aesthetica in nuce* (1946) – auch der ästhetische Bereich integriert wird.[128] Doch auch – und vielleicht gerade – in diesem Büchlein, in dem "Sprachphilosophie" und Ästhetik noch immer eine Einheit bilden[129], zeigt sich, daß der Ästhetiker Croce Kant schon immer näher stand als Hegel: "Aber was er (Kant) verband, bleibt für immer verbunden", schreibt er über den Nexus von Autonomiebegriff und Kunstbegriff und fährt fort: "Nach der *Kritik der Urteilskraft* ist die Rückkehr zu hedonistischen und utilitaristischen Erklärungen der Kunst und der Schönheit natürlich möglich, und solche Erklärungen sind auch vorgelegt worden: jedoch nur aus Unkenntnis und Unverständnis der Kantischen Ausführungen."[130] Einige Zeilen weiter wird Hegels Versuch, die Dichtung dem begrifflichen Denken der Philosophie unterzuordnen, abermals abgelehnt.

Dieser Argumentation folgt der anglo-amerikanische New Criticism, dessen ästhetische Grundlagen von den Begründern zwar nie systematisch dargestellt wurden, die aber in jeder Hinsicht als kantianisch und croceanisch zu bezeichnen sind. Zum Abschluß möchte ich hier deshalb zeigen, daß die Einwände der New Critics gegen die ästhetische Heteronomie (gegen die sogenannten "fallacies") aus Kants und Croces Philosophie stammen, aus einer Philosophie, von der Ulrich Schulz-Buschhaus schreibt: "Worum es Croce geht, ist folglich die ontologische Bewahrung der Dichtung vor allen kompromittierenden Verhältnissen, vorzüglich vor dem in Italien besonders peinlichen Kontakt mit der Gesellschaft und – was ja auf dasselbe hinauskommt – mit der Geschichte."[131]

Es ist nicht einfach, vielleicht auch nicht legitim, den New Criticism, der nie eine Bewegung im Sinne des russischen Formalismus oder der Tel-Quel-Gruppe war, auf eine homogene Ästhetik festzulegen: zumal

---

128 Siehe: B. Croce, *Aesthetica in nuce*, Bari, Laterza, 1985 (10. Aufl.), S. 18: "(...) Fondamento di ogni poesia è la coscienza morale."

129 Ibid., S. 46: "(...) La filosofia del linguaggio fa tutt'uno con la filosofia della poesia e dell'arte (...)."

130 Ibid., S. 66.

131 U. Schulz-Buschhaus, "Benedetto Croce und die Krise der Literaturgeschichte", in: B. Cerquiglini, H.U. Gumbrecht (Hrsg.), *Der Diskurs der Literatur- und Sprachhistorie*, Frankfurt, Suhrkamp, 1983, S. 287. – Schulz-Buschhaus weist auch auf Croces Bedeutung für die New Critics hin: S. 292.

die Vertreter dieser literaturwissenschaftlichen Richtung einander häufig widersprechen und auch widersprüchliche Aussagen über Kant, Hegel oder Croce machen.[132] In ihrer Einschätzung von Croces Ästhetik sind sich jedenfalls I.A. Richards, der den Literaturbegriff der New Critics mitgeprägt hat, und J.E. Spingarn, der die Bezeichnung "New Criticism" als erster verwendete, keineswegs einig: Während Richards sich immer wieder von Croce distanziert und ihm – etwa in *Principles of Literary Criticism* (1924) – vorwirft, Schlüsselbegriffe wie "Kunst", "Intuition", "Ausdruck", "Einbildungskraft" etc. als Synonyme zu verwenden[133], stellt Spingarn in seinem Vortrag "The New Criticism" (1910) die gesamte Literaturwissenschaft (Literaturkritik) aus der Sicht Croces dar, die er sich auch in anderen Arbeiten, etwa in der Einleitung zu seiner Anthologie *Critical Essays of the Seventeenth Century* (1908), zu eigen macht.[134] (Allerdings kann Spingarn nicht mit dem eigentlichen New Criticism identifiziert werden; seine Arbeiten zeigen jedoch, wie stark Croces Einfluß in den USA der Jahrhundertwende war.)

Trotz Richards' Kritik kann behauptet werden, daß sich die wesentlichen Theoreme der New Critics aus Kants und Croces Ästhetiken ableiten lassen. Nicht nur die Lektüre von Spingarns Schriften läßt den Einfluß dieser beiden Philosophen erkennen, sondern auch die Grundtendenz der Arbeiten von William K. Wimsatt, John Crowe Ransom und Cleanth Brooks, die drei Hauptcharakteristika aufweist: 1. Betonung der Ausdrucksebene und der Mehrdeutigkeit – auch in William Empsons *Seven Types of Ambiguity* (1930); 2. Plädoyer für eine werkimmanente Darstellung und 3. die These, daß Kunstwerke einmalige, unverwechselbare, d.h. individuelle Erscheinungen sind. Die beiden letzten Punkte setzen den ersten voraus: Wo die Ebene der Signifikanten in den Mittelpunkt gerückt wird, ist eine begriffliche, d.h. heteronome Reduktion des Textes auf etwas Andersartiges unmöglich.

132 Während W.K. Wimsatt in *The Verbal Icon*, New York, The Noonday Press, 1958, S. 244, Croces Position als "extrem" bezeichnet ("And Croce's idealism is indeed one plausible though extreme terminus of the cognitive tendency in criticism..."), schreibt er in einem später erschienenen Aufsatz: "(...) that the critic who wishes to retain his humanism and his identity as a literary critic will have to persevere in his allegiance to the party of Coleridge and Croce." (W.K. Wimsatt. "Battering the Object: The Ontological Approach", in: *Contemporary Criticism*, London, Edward Arnold, 1970, S. 81.)

133 Siehe: I.A. Richards, *Principles of Literary Criticism*, London-Henley, Routledge and Kegan Paul, 1976, S. 201.

134 Siehe: J.E. Spingarn (Hrsg.), *Critical Essays of the Seventeenth Century* Bd. 1, Oxford, University Press, 1908, S. XXXVIII.

Der dritte Punkt wird von Wimsatt in *The Verbal Icon* (1958) explizit zu den ästhetischen Positionen Kants und Croces in Beziehung gesetzt: "Die hoch veranschlagte Individualität des Gedichts verdanken wir Kants ästhetischem Urteil 'ohne Begriff' sowie der ihm entsprechenden Intuition als Ausdruck bei Croce."[135] Dieses Beharren auf der Einmaligkeit und Unverwechselbarkeit des literarischen Textes, der – ähnlich wie bei Croce – häufig mit dem lyrischen Gedicht identifiziert wird, erklärt den Antagonismus zwischen den New Critics und den von Aristoteles beeinflußten Chicago Critics (Ronald S. Crane, Richard McKeon u.a.), die nicht so sehr die Einmaligkeit, sondern die allgemeinen Gattungsmerkmale des Textes hervorheben.[136]

Die werkimmanente Methode, die die New Critics mit Wolfgang Kayser (*Das sprachliche Kunstwerk*, 1948) und der französischen "critique universitaire" ("explication de texte") verbindet, hängt eng mit der von Wimsatt postulierten "Individualität" des Kunstwerks zusammen: Das Einmalige, Unverwechselbare kann nur als etwas *sui generis* untersucht werden; es ist nicht aus heteronomen Erscheinungen ableitbar. Dies meint Richards, wenn er feststellt: "Jedes Gedicht ist jedoch ein genau begrenzter Erfahrungsbereich, ein Bereich, der mehr oder weniger leicht zerfällt, wenn Fremdkörper eindringen."[137] Dieses werkimmanente Theorem wird immer wieder von Richards' Schülern, etwa von William Empson in *Seven Types of Ambiguity* und von Cleanth Brooks in *The Well Wrought Urn* (1949), wo ein "reading of the poem itself"[138] gefordert wird, bestätigt. Es ist ein *close reading*, das über den Rahmen des fiktionalen Textes nicht hinausgeht.

Die werkimmanente Methode und das Postulat der dichterischen Einmaligkeit und Autonomie gründen beide auf der These, daß der Literaturwissenschaftler es primär mit der Ausdrucksebene zu tun hat. Ich sage primär, weil die New Critics keineswegs leugnen, daß literarische Texte metaphysische, ethische und religiöse Komponenten aufweisen: nur sind diese Komponenten sekundär. Diese Rangordnung macht sich immer dann bemerkbar, wenn Vertreter des New Criticism

---

135 W.K. Wimsatt (zusammen mit M.C. Beardsley), *The Verbal Icon. Studies in the Meaning of Poetry*, New York, The Noonday Press, 1958, S. 222.

136 Siehe: ibid., S. 53: "The attempt to criticize poetry by 'species' goes along with the Chicago interest in objects or things."

137 I.A. Richards, *Principles of Literary Criticism*, op.cit., S. 59.

138 C. Brooks, *The Well Wrought Urn. Studies in the Structure of Poetry*, San Diego-New York-London, Harcourt Brace Jovanovitch Publishers, 1949, S. 266.

betonen, daß die entscheidende Frage nicht lautet, *was* in der Literatur kommuniziert wird und *warum*, sondern *wie* kommuniziert wird.

Die Hervorhebung des "Wie" und der Ausdrucksebene verbindet alle New Critics miteinander: Cleanth Brooks und Robert Penn Warren sprechen von der Dichtung als einer "Art des Sagens" ("Poetry as a Way of saying") und grenzen Literatur gegen Wissenschaft ab, die ihrer Ansicht nach darauf abzielt, "Behauptungen von absoluter Genauigkeit" ("statements of absolute precision")[139] aufzustellen. Ihre Ansicht wird von John Crowe Ransom bestätigt, der die Dichtung jenseits des begrifflichen Denkens und der Wissenschaft ansiedelt: "Ich bin der Ansicht, daß Dichtung auf revolutionäre Art mit der Konvention der logischen Rede bricht (...)."[140] Im Anschluß an den Semiotiker Charles W. Morris definiert er das sprachliche Kunstwerk als "ikonisches Zeichen" ("iconic sign")[141] und fügt hinzu: "Das Ikon ist ein Partikulares. Das Partikulare ist undefinierbar, das heißt, es geht über die Definition hinaus."[142] Diesen Aussagen Ransoms, die aus seinem Standardwerk *The New Criticism* (1941) stammen, liegt der kantianische Gedanke zugrunde, daß das Gedicht oder der literarische Text als Ausdruck und Zusammenspiel vieldeutiger Signifikanten nicht mit Hilfe wissenschaftlicher Begriffe aufzulösen ist.

Auf dieser These gründen alle Untersuchungen in Brooks' *The Well Wrought Urn.* Im Gegensatz zu Hegel, der behauptet, Dichtung könne ohne Verlust in andere Sprachen übersetzt oder begrifflich paraphrasiert werden, kommt Brooks zu dem Ergebnis, daß "das Gedicht das *einzige* Medium ist, welches das besondere 'Was' mitteilt, das mitgeteilt wird."[143] In Übereinstimmung mit Croce beurteilt Brooks die literarische Übersetzung mit großer Skepsis ("the finer aspects of poetry elude translation")[144] und spricht sich klar gegen alle philosophisch oder religiös, christlich oder marxistisch motivierten Versuche aus, Dichtung aus heteronomen Prinzipien abzuleiten oder auf sie zu reduzieren.[145]

---

139 C. Brooks, R.P. Warren, *Understanding Poetry*, New York, Holt, Rinehart and Winston (1938), 1976, S. 6.

140 J.C. Ransom, *The New Criticism*, Norfolk (Conn.), New Directions, 1941, S. 280.

141 Ibid., S. 287.

142 Ibid., S. 291.

143 C. Brooks, *The Well Wrought Urn*, op.cit., S. 74.

144 Ibid., S. 236.

145 Ibid., S. 239 und S. 246.

In diesem Kontext sind die von den New Critics immer wieder aufgedeckten drei *fallacies* zu verstehen: die *genetic*, die *intentional* und die *affective* fallacy. Strenggenommen sind es ihrer nur zwei, weil die *intentional fallacy* dem Oberbegriff *genetic fallacy* untergeordnet werden kann: Es geht darum, daß der literarische Text nicht mit dem gesellschaftlichen Kontext, aus dem er hervorging ("genetic"), oder mit der "Absicht" (Biographie) des Autors verwechselt wird: "The Intentional Fallacy is a confusion between the poem and its origins, a special case of what is known to philosophers as the Genetic Fallacy."[146] Die *affective fallacy* verwechselt den Text mit dessen Rezeption, mit den psychologisch analysierbaren Reaktionen der Leser: "The Affective Fallacy is a confusion between the poem and its *results* (...)."[147]

Wie sehr diese Kritik der *fallacies* kantianischen und vor allem croceanischen Ursprungs ist, zeigt das vierbändige Werk *Literary Criticism. A Short History* (1957), dessen Autoren Wimsatt und Brooks der Ästhetik Croces ein ganzes Kapitel widmen. Nach einer klaren Absage an die materialistischen Varianten der hegelianischen Ästhetik (Kap. 21: "The Real and the Social: Art as Propaganda") zeigt die Auseinandersetzung mit Croce im 23. Kapitel ("Expressionism: Benedetto Croce"), wie stark Croces Einfluß im New Criticism war. Dieser Einfluß erklärt sich zum einen aus der Tatsache, daß die *Estetica* (1902) recht bald von Douglas Ainslie ins Englische übersetzt und im Jahre 1907 unter dem Titel *Aesthetic as a Science of Expression and General Linguistic* veröffentlicht wurde. Zur Verstärkung seines Einflusses trug wesentlich Croces Ästhetik-Artikel ("Aesthetic") in der *Encyclopaedia Britannica* bei, zumal aufgrund dieses Artikels der Ästhetik-Begriff in der englischsprachigen Welt mit seinem Ansatz identifiziert oder zumindest assoziiert wurde.

Vor diesem Hintergrund ist Brooks' und Wimsatts Kapitel zu lesen: Die Autoren berufen sich nicht nur auf den italienischen Philosophen, wenn es darum geht, die "affektiven Kunsttheorien" ("affective art theories") als "fallacies" abzulehnen[148], sondern auch in ihrer Kritik des "Intentionalismus" ("intentional fallacy"), der didaktisch ausgerichteten Literaturwissenschaft ("didactic criticism") und des Biographismus.[149] Obwohl

146 W.K. Wimsatt (M.C. Beardsley), *The Verbal Icon*, op.cit., S. 21.

147 Ibid.

148 W.K. Wimsatt, C. Brooks, *Romantic Criticism (Literary Criticism* Bd. 3), London, Routledge and Kegan Paul, 1957, S. 508.

149 Ibid., S. 517.

sie Croces intuitive und impressionistische Vorgehensweise tadeln und ihrerseits für eine Gesamtbetrachtung des literarischen Textes plädieren ("literary works as integrated objects")[150], stimmen sie mit dem neapolitanischen Ästhetiker in einem springenden Punkt überein, der zugleich den ideologischen Nexus zwischen der *Estetica* und dem New Criticism bildet: in der Bejahung des sozialen und politischen Individualismus und in der Befürwortung einer individualistischen Methode in den Sozial- und Kulturwissenschaften, einer Methode, die sich auf das einzelne Werk konzentriert.

Die Autoren teilen Croces Ansicht, daß das individuelle Werk nicht in abstrakten Gattungs- oder Epochenbegriffen aufzulösen ist: "Aber der unantastbaren allgemeinen Regel setzt Croce das unantastbare Individuelle gegenüber – das Individuelle, das nicht von der begrifflichen Abstraktion erfaßt werden darf, wenn es seine ästhetische Geltung bewahren soll."[151] Anders als Robert Weimann glaube ich daher, daß nicht der Konservatismus einiger amerikanischer New Critics sowie die "ideologischen Strömungen der imperialistischen Epoche"[152] den Entstehungszusammenhang dieser Literaturwissenschaft bilden, sondern die von der imperialen Politik verursachte Krise des Liberalismus und des liberalen Individualismus. Aus dieser Krise gingen sowohl in der Literaturwissenschaft als auch in der Soziologie kritische Diskurse hervor, die für die individuelle Autonomie, die Autonomie der Kunst und eine Demokratisierung der Gesellschaft im liberalen Sinne plädierten. Die Essays der New Critics sind parallel zu den soziologischen Schriften der liberalen Individualisten Leonard T. Hobhouse und J.A. Hobson zu lesen.[153] Der liberale Individualismus dieser Autoren und der New Critics verbindet sie mit Kant und Croce – und trennt sie von Hegel und Marx.

---

150 Ibid., S. 518.

151 Ibid., S. 512.

152 R. Weimann, *Literaturgeschichte und Mythologie. Methodologische und historische Studien*, Frankfurt, Suhrkamp. 1977, S. 64.
Siehe auch R. Weimann, *"New Criticism" und die Entwicklung der bürgerlichen Literaturwissenschaft*, München, Beck, 1962, S. 132-133.

153 Siehe: S. Collini, *Liberalism and Sociology. L.T. Hobhouse and the Political Argument in England 1880-1914*, Cambridge, University Press, 1983.

II. Vom Marxismus zum Formalismus

Wie im vorigen Kapitel sollen auch hier heterogene Standpunkte zusammengeführt, dialogisch aufeinander bezogen werden. Denn ich meine, daß die ästhetischen Theorien Bachtins, Benjamins und Adornos, die in den folgenden Kapiteln besprochen werden, vor dem Hintergrund der formalistisch-marxistischen Auseinandersetzungen noch am ehesten zu verstehen sind: Vor allem Adorno und Bachtin können als "junghegelianische" Kritiker der Hegelschen Heteronomie gelesen werden, die sie allerdings nicht – wie die russischen Formalisten – einseitig verwerfen, um jenseits von psychischen und sozialen Determinanten eine autonome Entfaltung der Kunst zu schildern. Beide versuchen, zwischen "autonomen" und "heteronomen" Positionen dialektisch zu vermitteln.

Michail Bachtins, Pavel Medvedevs und Valentin Vološinovs Untersuchungen, die z.T. aus den 20er Jahren stammen, lassen vermuten, daß es vielleicht schon in der frühen Sowjetunion, in der sehr lebhafte Diskussionen zwischen Marxisten und Formalisten stattfanden, sowohl im formalistischen als auch im marxistischen Lager zu bedeutenden Vermittlungsversuchen und Synthesen gekommen wäre, wenn der nach Lenins Tod (1924) erstarkende Stalinismus die theoretische Diskussion nicht aus politischen Gründen abgewürgt hätte. Die politischen Eingriffe in die formalistisch-marxistische Debatte sollten jedoch nicht als Übergriffe einer totalitär werdenden Staatsmacht schlicht zur Kenntnis genommen oder bedauert werden. Denn sie zeigen, daß Theorie ebensowenig über den gesellschaftlichen Konflikten schwebt wie die Kunst und daß "Autonomie" und "Heteronomie", "Kantianismus" und "Hegelianismus", "Ausdrucksebene" und "Inhaltsebene" politische Komponenten aufweisen, über die sich der Literaturwissenschaftler nicht hinwegsetzen sollte.

Es nimmt nicht wunder, daß die Marxisten als Erben Hegels diese Komponenten stärker betonten als die Formalisten, die gegen den Biographismus und Psychologismus der damaligen russischen Literaturkritiker aufbegehrten, sowie gegen die Metaphysik des Symbolismus. Im Gegensatz zu den hegelianischen Marxisten, die immer wieder den begrifflichen Charakter literarischer Werke hervorhoben, richteten die Formalisten ihr Augenmerk auf die *Ausdrucksebene*, die auch von den mit ihnen verbündeten Futuristen zum eigentlichen Anliegen der Literaturtheorie und der literarischen Avantgarde gemacht wurde.

Anders als ihre marxistischen Kontrahenten, die vorwiegend, nicht jedoch ausschließlich, nach dem *Was* und dem *Warum* der Texte fragten (*Warum* ist ein literarisches Werk in einem bestimmten historischen Kontext entstanden, und *was* drückt es aus?), gingen Formalisten wie Viktor Šklovskij und Boris Ejchenbaum der für sie wesentlichen Frage nach, *wie* Cervantes' *Don Quijote* oder Gogols *Der Mantel* "gemacht sind": "Wie Gogols *Mantel* gemacht ist" ("Kak sdjelana *Šinel'* Gogol'ja") lautet der symptomatische Titel von Ejchenbaums Aufsatz. Es ist eines der wichtigsten Anliegen dieses Kapitels zu zeigen, daß die marxistische und die formalistische Frage einander nicht ausschließen, weil es nicht nur sinnvoll, sondern auch notwendig ist, nach dem *Warum* des *Wie* zu fragen und die Veränderungen auf der Ausdrucksebene nicht nur zu *beschreiben*, sondern auch soziologisch zu *erklären*.

Parallel zur Beziehung zwischen Inhaltsebene und Ausdrucksebene ist die Beziehung zwischen dem Hegelianismus der Marxisten und dem "Kantianismus" der Formalisten zu sehen. Die Bezeichnung "Kantianismus" setze ich hier in Anführungszeichen, weil die Ästhetik der Formalisten nicht ohne weiteres als kantianisch zu bezeichnen ist, wie Hansen-Löve richtig gesehen hat.[1] Dennoch weist sie kantianische Aspekte auf, die nur kontrastiv, d.h. im Rahmen einer Gegenüberstellung von Formalismus und hegelianischem Marxismus, in Erscheinung treten: Nicht nur der Formbegriff verbindet – trotz Bachtins vehementer Dementis – die Formalisten mit Kant[2], sondern auch ihre These über die

1 Siehe: A.A. Hansen-Löve, *Der russische Formalismus*, Wien, Verlag der österreichischen Akademie der Wissenschaften, 1978, S. 191: "Die einzige diskussionswürdige Parallelität zwischen FI (der ersten Phase des Formalismus, P.V.Z.) und kantianischer Ästhetik liegt in der Definition des Form-Begriffs selbst (...)."

2 Bachtin mag recht haben, wenn er historische Zusammenhänge zwischen dem Formalismus und Kants Ästhetik leugnet: "Es ist keineswegs überflüssig anzumerken, daß die sogenannte formale Methode mit der formalen Ästhetik (Kant, Herbart und anderer – im Gegensatz zur Inhalts-Ästhetik Schellings, Hegels und anderer) weder historisch noch systematisch in irgendeinem Zusammenhang steht, auch nicht auf ihrem Entwicklungsweg liegt; in der allgemein ästhetischen Schicht ist sie als eine der Spielarten – und es ist hinzuzufügen: als eine vereinfachte und primitive – der von uns angeführten Material-Ästhetik zu bestimmen, deren Geschichte die Geschichte der Kunstwissenschaften in ihrem Kampf um die Unabhängigkeit von der systematischen Philosophie ist." (M.M. Bachtin, *Die Ästhetik des Wortes*, Frankfurt, Suhrkamp, 1979, S. 100.) Nicht zu leugnen ist – unabhängig von allen Spekulationen über Einflüsse – der typologisch-systematische Zusammenhang, den auch V. Erlich in seiner bekannten Studie *Russischer Formalismus*, Frankfurt, Suhrkamp, 1973, S. 182 und S. 234 erkannt hat.

Begriffslosigkeit des Kunstwerks sowie ihre Aufwertung des Rezipienten, des Betrachters und Lesers, der in den hegelianischen Ästhetiken idealistischer und materialistischer Prägung stets eine untergeordnete Rolle gespielt hat. (Dies bedeutet jedoch keineswegs, daß im frühen oder späten Formalismus die literarische *Produktion* sekundär ist.)

Abschließend noch eine Bemerkung zum Aufbau dieses Kapitels: Historisch betrachtet wäre es sicherlich sinnvoller gewesen, russische Marxisten wie Lev Trockij oder Anatolij Lunačarskij, die sich in den 20er Jahren unmittelbar mit den Formalisten auseinandersetzten, ins Zentrum dieser Diskussion zu rücken. Es geht hier jedoch nicht um eine historische Aufarbeitung der Debatte, sondern um den zugleich ästhetischen und methodologischen Vergleich zweier gegensätzlicher Positionen, von denen die marxistische umfassender, genauer und zeitgemäßer von Autoren wie Georg Lukács und Lucien Goldmann vertreten wird als von Trockij oder Lunačarskij, die weder eine philosophische Ästhetik noch eine literaturwissenschaftliche Methode ausgearbeitet haben. Auch Georgij Plechanovs Determinismus ist eher dazu angetan, den marxistischen Standpunkt zu diskreditieren, als ihn plausibel zu machen. Dies ist der Grund, weshalb ich hier nach einer kurzen Darstellung der Marxschen Kunstauffassung ausführlicher auf die hegelianischen Marxisten Lukács und Goldmann eingehe; die russischen Marxisten kommen am Ende, in meiner Kritik der formalen Methode, zu Wort.

1. Der Literatur- und Kunstbegriff bei Marx und Engels

Die These, Karl Marx (1818-1883) sei in allen Phasen seiner Entwicklung als materialistischer Hegelianer oder zumindest als ein kritischer Schüler Hegels zu verstehen, ist umstritten: Während Marxisten wie Henri Lefebvre, Lucien Goldmann und Georg Lukács von der Annahme ausgehen, daß Marxens materialistische Kritik an Hegel[3] nie zu einer völligen Abwendung von Hegels historischer Dialektik führte, stehen Louis Althusser und seine Schüler (Michel Pêcheux, Pierre Macherey) auf dem Standpunkt, daß es in Marxens Entwicklung spätestens um 1857 zu einem radikalen Bruch mit den spekulativen Philoso-

3 Siehe: K. Marx, "Kritik der Hegelschen Staatsphilosophie", in: ders., *Die Frühschriften. Von 1837 bis zum Manifest der kommunistischen Partei 1848*, Stuttgart, Kröner, 1971.

phien Kants, Fichtes und Hegels kam. Althusser geht noch einen Schritt weiter und behauptet, Marx sei außer in den *Philosophisch-Ökonomischen Manuskripten* von 1844 nie wirklich Hegelianer gewesen. *Das Kapital* betrachtet er als Grundlage einer völlig neuen Geschichtswissenschaft, die als exakte, von metaphysischer Spekulation gereinigte Wissenschaft mit der Galileischen Physik zu vergleichen sei.[4]

Es ist nicht meine Absicht, hier näher auf diese Diskussionen über Marxens Hegelianismus einzugehen; es ist aber wichtig, sie zu erwähnen, damit nicht der Eindruck entsteht, Marx könne nicht anders als im Zusammenhang mit Hegels Philosophie rezipiert werden. Eine "hegelianische" Deutung seiner Werke ist indessen keineswegs absurd, sondern scheint mir angemessener zu sein als die szientistische der Althusserianer, mit der ich mich an anderer Stelle ausführlich befaßt habe.[5]

Schon in seiner Dissertation über die vorsokratischen Materialisten Demokrit und Epikur zeigt Marx, daß er mit Hegels Schriften vertraut ist und daß er wesentliche Ansichten Hegels teilt: "Hegel hat (...) das Allgemeine der genannten Systeme (Demokrits, Epikurs, P.V.Z.) im Ganzen richtig bestimmt (...)."[6] Wenige Jahre später folgt allerdings die materialistische Kritik der Hegelschen Rechts- und Staatsphilosophie, in der Marx u.a. bemerkt: "Hegel ist nicht zu tadeln, weil er das Wesen des modernen Staats schildert, wie es ist, sondern weil er das, was ist, für das *Wesen des Staats* ausgibt. Daß das Vernünftige wirklich ist, bewegt sich eben im *Widerspruch* der *unvernünftigen Wirklichkeit* (...)."[7] Hegels idealistische Apologie des (preußischen) Staates gründet auf seiner Annahme, daß gesellschaftliche Widersprüche nur Scheinwidersprüche sind und auf ideeller Ebene, d.h. mit den Mitteln der Philosophie, überwunden werden können. Auf dieses Problem kommt Marx noch einmal in seinem Nachwort zur zweiten Auflage des *Kapitals* (1873) zu sprechen, wo in einer bekannten und vielzitierten Passage seine Einstellung zu Hegel klare Konturen annimmt. Er wirft einigen seiner Zeitgenossen vor, daß sie Hegel als "toten Hund" behandeln und

---

4 Siehe: L. Althusser, *Lénine et la philosophie*, Paris, Maspero, 1972, S. 53.

5 Siehe: Vf., *Ideologie und Theorie. Eine Diskurskritik*, Tübingen, Francke, 1989, Kap. 5.

6 K. Marx, *Differenz der demokritischen und epikureischen Naturphilosophie*, in: ders., *Werke, Artikel, literarische Versuche bis März 1843*, in: K. Marx, F. Engels Gesamtausgabe (MEGA), Ostberlin, Dietz Verlag, 1975, S. 13.

7 K. Marx, "Kritik der Hegelschen Staatsphilosophie", in: ders., *Die Frühschriften*, op.cit., S. 74.

fährt fort: "Ich bekannte mich daher offen als Schüler jenes großen Denkers, und kokettierte sogar hier und da im Kapitel über die Werttheorie mit der ihm eigentümlichen Ausdrucksweise. Die Mystifikation, welche die Dialektik in Hegels Händen erleidet,[8] verhindert in keiner Weise, daß er ihre allgemeinen Bewegungsformen zuerst in umfassender und bewußter Weise dargestellt hat. Sie steht bei ihm auf dem Kopf. Man muß sie umstülpen, um den rationellen Kern in der mystischen Hülle zu entdecken."[9] Der Autor des *Kapitals* kokettiert nicht nur im Kapitel über die Werttheorie mit Hegels Denkweise und Sprachduktus.[10]

Angesichts dieser engen Beziehung zwischen Hegel und dem Junghegelianer Marx, der F.Th. Vischers *Ästhetik* (6. Bd.: 1857) rezensieren sollte[11], ist der Hegelianismus der Marxschen Kunstbetrachtung nichts Außergewöhnliches. In ihr werden drei wesentliche Komponenten der *Vorlesungen über die Ästhetik* weiterentwickelt: die *historische* Perspektive, die Hervorhebung des *Produktions*zusammenhangs und die Definition des Kunstwerks als *sinnlicher* Erscheinung der Idee. Es versteht sich von selbst, daß in dem von Marx entworfenen materialistischen Kontext, der auf besonders prägnante Art in den "Thesen über Feuerbach" zum Ausdruck kommt, alle drei Komponenten eine neue Bedeutung annehmen.

Die ersten beiden treten in Marxens "Einleitung" zu den *Grundrissen* (1857) in den Vordergrund, wo es um die Produktionsbedingungen der Kunst sowie um die ungleiche Entwicklung von Kunst (Kultur), Gesellschaft und Wirtschaft geht: "Die griechische Kunst setzt die griechische Mythologie voraus, d.h. die Natur und die gesellschaftlichen Formen selbst schon in einer unbewußt künstlerischen Weise verarbeitet durch

8 In der 2. Aufl. steht noch "untergeht" statt "erleidet".

9 K. Marx, *Das Kapital I. Der Produktionsprozeß des Kapitals*, Frankfurt-Berlin-Wien, Ullstein, 1969, S. 12.

10 Siehe auch: ibid., S. 273, wo Hegels Theorem des Umschlagens von Quantität in Qualität zitiert wird: "Hier, wie in der Naturwissenschaft bewährt sich die Richtigkeit des von Hegel in seiner *Logik* entdeckten Gesetzes, daß bloß quantitative Veränderungen auf einem gewissen Punkt in qualitative Unterschiede umschlagen." (Mir ist unverständlich, wie sich Althusser und seine Schüler über solche Passagen hinwegsetzen können...)

11 Siehe: M. A. Rose, *Marx's lost Aesthetic. Karl Marx and the Visual Arts*, Cambridge, Cambridge Univ. Press, 1984, S. 86: "The *Aesthetics* of Vischer which Marx was to review in 1857 was, moreover, a neo-Hegelian work in which some of the Idealist ideas refunctioned by Marx in his *Grundrisse* Introduction had been discussed."

die Volksphantasie."[12] In der Frage, die Marx im Anschluß an diese Erklärung stellt, nämlich ob "Achilles mit Schießpulver und Blei"[13] möglich sei, zeichnet sich seine materialistische Umdeutung von Hegels Produktionsbegriff ab: Es geht nicht mehr um die Selbstentfaltung der Idee, sondern um die Frage, welche kulturellen ("geistigen") Formen unter konkreten wirtschaftlichen, technischen und gesellschaftlichen Bedingungen *entstehen.*

Neben der historischen Perspektive ist hier also die genetische oder produktionsästhetische Frage nach dem Entstehungszusammenhang entscheidend: etwa die Frage, *warum* das Epos (z.B. das *Rolandslied*) in feudalen, die klassizistische französische Tragödie (z.B. Racines) in absolutistischen Verhältnissen entstanden ist. Eine andere für Marx und die Marxisten charakteristische Frage lautet: *Warum*, unter welchen gesellschaftlichen Bedingungen ist die europäische Avantgarde um die Jahrhundertwende in Italien (Marinetti) und Frankreich (Breton) entstanden?

Margaret A. Rose hat jedenfalls recht, wenn sie über den methodologischen Aspekt des Marxschen Ansatzes schreibt: "Vor allem hat Marx die Aufmerksamkeit vom Kunstobjekt selbst gelöst und auf dessen Produktionsprozeß gelenkt (...)."[14] Unbeantwortet bleibt bei ihm allerdings die später berühmt gewordene und von Vertretern der "Rezeptionsästhetik" aufgegriffene Frage aus der "Einleitung", weshalb Kunstgebilde der griechischen Antike, die unter archaischen Bedingungen entstanden sind, Angehörigen von Industriegesellschaften immer "noch Kunstgenuß gewähren".[15] (Diese Frage, an die H.R. Jauß anknüpft, um seine rezeptionsästhetische Argumentation zu stützen[16], gründet allerdings auf der nicht hinterfragten Annahme, daß sie in der modernen Industriegesellschaft immer noch als "unerreichbare Ideale" gelten und mit Begeisterung rezipiert werden. Indessen ist jedem klar, daß die Begeisterung für Homers *Ilias* aus dem 19. Jahrhundert nicht in das Jahrhundert der Popkultur herübergerettet werden konnte und daß die Vertreter avantgardistischer Bewegungen von Marinetti bis Warhol

12 K. Marx, *Grundrisse der Kritik der Politischen Ökonomie* (Rohentwurf 1857-1858), Ostberlin, Dietz, 1974, S. 31.
13 Ibid.
14 M.A. Rose, *Marx's lost Aesthetic*, op.cit., S. 82.
15 K. Marx, *Grundrisse*, op. cit., S. 31.
16 Siehe: H.R. Jauß, *Literaturgeschichte als Provokation*, Frankfurt, Suhrkamp, 1970, S. 159.

weit davon entfernt waren, klassische Kunstwerke als unerreichbare Ideale zu genießen oder gar zu verehren.)

Marxens Hegelianismus tritt auch dort zutage, wo er von literarischen Texten eine "sinnliche" Darstellung begrifflich faßbarer, erkennbarer Zusammenhänge fordert. So wirft er beispielsweise im Verlauf der sogenannten "Sickingen-Debatte" Ferdinand Lassalle vor, dieser habe die Protagonisten seines Dramas *Franz von Sickingen* (1859) zu Sprachrohren seiner eigenen Gesellschaftstheorie gemacht, statt sie als konkret-sinnliche Gestalten in Szene zu setzen, deren Charaktere und Handlungen für sich sprechen und dadurch den Gesamtzusammenhang erhellen: "Du hättest dann von selbst mehr *shakespearisieren* müssen, während ich Dir das *Schillern*, das Verwandeln von Individuen in bloße Sprachröhren des Zeitgeistes, als bedeutendsten Fehler anrechne."[17] Vom Helden des Dramas, von Franz von Sickingen, sagt Marx, er sei "viel zu abstrakt".

Diese Art von schlechter Abstraktion lehnte schon Hegel ab, als er in den *Vorlesungen* schrieb: "Für das Kunstinteresse aber wie für die Kunstproduktion fordern wir im allgemeinen mehr eine Lebendigkeit, in welcher das Allgemeine nicht als Gesetz und Maxime vorhanden sei, sondern als mit dem Gemüte und der Empfindung identisch wirke, wie auch in der Phantasie das Allgemeine und Vernünftige als mit einer konkreten sinnlichen Erscheinung in Einheit gebracht enthalten ist."[18] Entscheidend ist also – bei Hegel wie bei Marx – die *Einheit* zwischen allgemeiner, vernünftiger Maxime und sinnlicher Erscheinung.

Auf das Vernünftige, das Begriffliche, hat keiner der Hegelianer verzichtet, auch Friedrich Engels (1820-1895) nicht, der in einem Brief an Minna Kautsky (26.11.1885), in dem er ihren Roman *Die Alten und die Neuen* kommentiert, die gelungene Synthese von Bild und Begriff, sinnlicher Erscheinung und vernünftigem Allgemeinem, lobt: "Auf beiden Gebieten finde ich auch die gewohnte scharfe Individualisierung der Charaktere; jeder ist ein Typus, aber auch zugleich ein bestimmter Einzelmensch, ein 'Dieser', wie der alte Hegel sich ausdrückt, und so muß es sein."[19] An dieser Stelle wird deutlich, daß die Theorie des *Typischen*, des sinnlich-konkreten Allgemeinen, die Georg Lukács spä-

17 K. Marx, F. Engels, *Über Kunst und Literatur* (2 Bde.), Ostberlin, Dietz, 1967, Bd. 1, S. 181.

18 G.W.F. Hegel, *Vorlesungen über die Ästhetik*, Frankfurt, Suhrkamp, 1970, Bd. 1, S. 25.

19 K. Marx, F. Engels, *Über Kunst und Literatur*, op.cit., Bd. 2, S. 322.

ter systematisch entwickelt (s. Abschn. 2), von Hegel stammt und daß sie nicht – wie es bisher häufig geschah – unabhängig von den *Vorlesungen* erörtert werden sollte.

Ähnlich wie Engels äußert sich auch Marx: nicht nur in seiner Kritik an Lassalles Drama, sondern auch in seiner Polemik gegen Franz Zychlins (alias Szeligas) Interpretation von Eugène Sues *Les Mystères de Paris* (1842), über deren moralisierende Abstraktheit er sich lustig macht. Gerade die Person des Pariser Notars Jacques Ferrand, die Sue als konkreten Typus darstellt (und dadurch die Vereinigung der französischen Notare und die Zensur gegen sich aufbringt), wird vom Moralisten Zychlin-Szeliga völlig verkannt, weil er mit der Bezeichnung "Notar" auf abstrakte Art "Religion, Moral, Rechtschaffenheit und Frömmigkeit" verbindet. Marx jedoch weist auf die gesellschaftliche Funktion dieser Romanfigur hin: "Die Stellung, welche der *Notar* in dem Roman Eugen Sues behauptet, hängt genau mit seiner offiziellen Stellung zusammen."[20]

Als Ideologiekritik, als Kritik eines abstrakten Idealismus mag Marxens Polemik noch so bestechend sein; sie läßt jedoch zugleich die wichtigste Schwachstelle der materialistisch-hegelianischen Literaturauffassung erkennen: die Neigung, literarische Texte zunächst in begriffliche Aussagen zu übersetzen, um sie dann auf ihre denotative, dokumentarische Funktion zu reduzieren. – "Marx", bemerkt S.S. Prawer, "richtet sein Augenmerk nicht so sehr auf Form und Struktur, sondern viel eher auf die Charakterdarstellungen des Roman- oder Dramenschriftstellers."[21] Diese Einschätzung wird von Peter Demetz in *Marx, Engels und die Dichter* bestätigt.[22] Demetz geht in seiner Kritik weiter als Prawer und wirft Marx dessen Ökonomismus vor: "Zwischen den Felsen ökonomischer Notwendigkeit und dem schattenhaften Chaos des intellektuellen Überbaues erscheint der Geist des Menschen zu einer passiven Apparatur erniedrigt."[23]

Obwohl ich nicht meine, daß dieser (z.T. ideologisch motivierte) Ökonomismus-Vorwurf wirklich ins Schwarze trifft, da Marx ja immer wieder auf die ungleiche Entwicklung von Wirtschaft und Kultur zu

20 Ibid., S. 82.

21 S.S. Prawer, *Karl Marx and World Literature*, Oxford, Clarendon Press, 1976, S. 96. – Siehe auch S. 97, wo Prawer die Bedeutung des Typus-Begriffes bei Marx hervorhebt: "Above all: the critic must ask himself whether a given fictional character is at once individual and representative."

22 P. Demetz, *Marx, Engels und die Dichter*, Stuttgart, DVA, 1959, S. 107.

23 Ibid., S. 102.

sprechen kommt, glaube ich, daß die Reduktion des literarischen Textes auf dessen begriffliche Komponenten und auf dessen denotative, referentielle Funktion die entscheidende, stets von neuem kritisierte Schwäche der materialistisch-hegelianischen Ästhetik ist. Man braucht nur Marxens oder Engels' Kommentare zu Balzacs *Comédie humaine* zu lesen, um zu verstehen, was gemeint ist: "In seinem letzten Roman, den *Paysans*, stellt Balzac, überhaupt ausgezeichnet durch tiefe Auffassung der realen Verhältnisse, treffend dar, wie der kleine Bauer, um das Wohlwollen seines Wucherers zu bewahren, diesem allerlei Arbeiten umsonst leistet und ihm damit nichts zu schenken glaubt, weil seine eigne Arbeit ihm selbst keine bare Auslage kostet."[24]

Es wäre sicherlich unfair, diese Passage, die aus dem dritten Band des *Kapitals* stammt, von ihrem ursprünglichen Kontext zu isolieren und Marx vorzuwerfen, er sei einer referentiellen "fallacy" aufgesessen. Natürlich war es Marx um die Analyse des Kapitals und nicht um eine Neubestimmung der Romangattung zu tun. Seine Argumentationen zeigen indessen, daß es von der begrifflichen zur referentiellen Reduktion des literarischen Werkes nur ein Schritt ist und daß beide Reduktionen von Hegels Ästhetik, in der Kunstwerke auf sinnliche Art Ideen ausdrücken und historische Zustände widerspiegeln, antizipiert werden.

Die Frage, die sowohl M. Lifschitz als auch S.S. Prawer beschäftigt: ob Marx die *Vorlesungen* (1835) wirklich gelesen hat, ist nicht entscheidend; entscheidend scheint mir Prawers Bemerkung zu sein, daß Marx – wie so viele seiner Zeitgenossen – Terminologie und Argumentation dieses Werkes recht gut kannte.[25] Davon zeugen die folgenden Verse, mit denen er sich – wenn auch auf ironische Art – zu Hegels Ästhetik bekennt:

> Verzeiht uns Epigrammendingen,
> Wenn wir fatale Weisen singen,
> Wir haben uns nach Hegel einstudiert,
> Und sein' Ästhetik noch nicht – abgeführt.[26]

---

24 K. Marx, *Das Kapital III*, op.cit., S. 38.
25 Siehe: S.S. Prawer, *Karl Marx and World Literature*, op.cit., S. 22.
26 K. Marx, in: S.S. Prawer, op.cit., S. 22.

2. Georg Lukács' Theorie der Widerspiegelung

Von Georg Lukács (1885-1971) kann behauptet werden, er habe Hegels Ästhetik nicht nur "nicht abgeführt", sondern mit materialistischen Mitteln sowohl im terminologischen als auch im methodologischen Bereich weiterentwickelt. Henri Arvon mag zwar recht haben, wenn er diese Ästhetik als eine "Propädeutik zur marxistischen Ästhetik" ("propédeutique à l'esthétique marxiste")[27] auffaßt; seine Erklärung dieses Zusammenhangs, die auf der Überlegung gründet, daß schon Hegels Ästhetik die "Entwicklung der menschlichen Gesellschaften" einbezieht, ist allerdings recht schwach: Denn der Hegelianismus eines Lukács ist nicht schlicht aus Hegels Interesse für die historische Entwicklung der Gesellschaften abzuleiten, sondern aus der Tatsache, daß Marx und seine Schüler Grundbegriffe der Hegelschen Philosophie übernommen und auf den ästhetischen Bereich angewandt haben. Ihr Hegelianismus, der einen bald latenten, bald offenen Gegensatz zu Kant einschließt, weist eine politische Dimension auf, die am klarsten in den Auseinandersetzungen mit dem Formalismus (s. Abschn. 5) in Erscheinung tritt. Bevor ich Lukács' Theorie der Widerspiegelung und ihre Terminologie näher untersuche, will ich daher kurz auf seinen Hegelianismus und seine Kant-Kritik eingehen. Es wird sich zeigen, daß die Kant-Kritik den Hegelianismus in jeder Hinsicht bestätigt und ergänzt.

Lukács' wichtigstes Jugendwerk, *Die Theorie des Romans* (1920), zeugt von einem durch Kant- und Kierkegaard-Lektüren vermittelten, skeptischen Hegelianismus, der den Bruch zwischen Subjekt und Objekt, Bewußtsein und Sein zum Hauptthema werden läßt. Lukács selbst charakterisiert diese unvollendete Studie als "das erste geisteswissenschaftliche Werk, in dem die Ergebnisse der Hegelschen Philosophie konkret angewendet wurden".[28] Die Anwendung mutet allerdings eher begrifflich-abstrakt als konkret an, weil der Autor die wichtigsten Romantypen mit Bewußtseinsformen oder Weltanschauungen identifiziert und sich über die Vieldeutigkeit eines Romans wie Cervantes' *Don Quijote* hinwegsetzt. Sein Streben nach umfassender, totaler Bedeutungszuordnung im Sinne von Hegel verstellt ihm den Ausblick auf den historischen Bedeutungswandel der Texte.

Auch in den Vorarbeiten zu seiner ersten marxistischen Buchveröffentlichung *Geschichte und Klassenbewußtsein* (1923) definiert Lukács

27 H. Arvon, *L'Esthétique marxiste*, Paris, PUF, 1970, S. 9.
28 G. Lukács, *Die Theorie des Romans*, Neuwied-Berlin, Luchterhand, 1971, S. 9.

die für sein Gesamtwerk zentrale Kategorie der Totalität in Übereinstimmung mit Hegel. Dabei wird die Beziehung zwischen dem Ganzen und den Teilen, die auch für Lukács' Schüler Lucien Goldmann wesentlich ist, in den Mittelpunkt der Betrachtung gestellt: "Hieraus wird der folgende Fundamentalsatz der dialektischen Methode, die Theorie des Hegelschen konkreten Begriffs, verständlich. Kurz gesagt bedeutet sie, daß das Ganze den Teilen gegenüber den Vorrang hat, daß man *aus dem Ganzen die Teile und nicht aus den Teilen das Ganze* zu deuten habe."[29] Den Logozentrismus dieser Aussagen schwächt Goldmann später in *Le Dieu caché* mit dem Hinweis ab, daß "die Teile und das Ganze einander wechselseitig erhellen sollen".[30]

Lukács selbst hat später den Hegelianismus von *Geschichte und Klassenbewußtsein* selbstkritisch relativiert.[31] Jeder, der seinen philosophischen Werdegang kennt, weiß indessen, daß Hegel – nach Marx – sein liebster Bürge war: auch in einer Zeit, als die Parteidisziplin, der Lukács immer wieder Konzessionen machte, hegelianisch-idealistische Abweichungen erheblich erschwerte. In dieser Zeit – in den späten 30er Jahren – entstand seine umfangreiche Arbeit *Der junge Hegel*, die von einem ungebrochenen Hegelianismus des Autors zeugt.

Dieser Hegelianismus hat u.a. zur Folge (und dies ist hier der springende Punkt), daß Lukács in regelmäßigen Abständen Hegel gegen Kant ausspielt, vor allem wenn es darum geht, den erkenntnistheoretischen und ethischen Dualismus Kants zu überwinden: "Zweitens bekämpft Hegel hier wie überall das Kant-Fichtesche schroffe Einander-Gegenüberstellen von Innerem und Äußerem in der Moral, das Gegenüberstellen von Legalität und Moralität."[32] Im Gegensatz zu Kants Ethik, die aufgrund ihres Dualismus "den wirklichen lebendigen Menschen zerstückelt, vergewaltigt, tyrannisiert", ist nach Hegel der lebendige Mensch "der Mensch in einer konkreten Gesellschaft, und seine menschliche Totalität und Lebendigkeit kann nur im Zusammenhang mit dieser Gesellschaft zum Ausdruck kommen".[33] Es wird sich zeigen,

29 G. Lukács, "Was ist orthodoxer Marxismus?" (1. Fassung), in: ders., *Taktik und Ethik*, Budapest, 1919, Raubdruck, S. 65.

30 L. Goldmann, *Le Dieu caché*, Paris, Gallimard, 1955, S. 15.

31 Siehe: G. Lukács, *Geschichte und Klassenbewußtsein*, Darmstadt-Neuwied, Luchterhand, 1968, S. 25: "Das Proletariat als identisches Subjekt-Objekt der wirklichen Menschheitsgeschichte ist also keine materialistische Verwirklichung, die die idealistischen Gedankenkonstruktionen überwindet, sondern weit eher ein Überhegeln Hegels (...)."

32 G. Lukács, *Der junge Hegel* Bd. 2, Frankfurt, Suhrkamp, 1973, S. 460.

33 Ibid., S. 461.

daß die hegelianische Kritik an Kants Dualismus in abgewandelter Form nicht nur von Vertretern des sozialistischen Realismus, sondern auch von Lucien Goldmann (s. unten) aufgegriffen und weiterentwickelt wird.

Für meinen Argumentationszusammenhang ist entscheidend, daß diese Kritik auch Lukács' große *Ästhetik* (*Die Eigenart des Ästhetischen*, 1963) durchzieht und dort im Rahmen des globalen Gegensatzes zwischen Kant und Hegel (Nietzsche und Hegel), dem in meiner Darstellung eine strukturierende Funktion zukommt, gelesen werden sollte. In Übereinstimmung mit Hegels *Vorlesungen* kritisiert Lukács nicht nur den Subjekt-Objekt-Dualismus (s. Kap. 1), sondern auch die "Begriffslosigkeit" des ästhetischen Urteils bei Kant. Er sieht die "Eigenart der Kantschen Philosophie" darin, "daß sie (...) – mit der Konzeption 'ohne Begriff' – aus der Ästhetik jede Ratio austreibt (...)".[34] Für ihn ist entscheidend, daß das ästhetische Urteil im Sinne von Kant kein unzerlegbares Urphänomen ist, sondern vom Begriff abgeleitet werden kann: "Wir haben z.B. gesehen, daß Kant im ästhetischen Urteil das 'Urphänomen' des ästhetischen Verhaltens erblickt, wo es doch bei unbefangener Betrachtung evident sein muß, daß solche Urteile nur ein Begrifflichmachen der ursprünglich ästhetischen Erlebnisse sind."[35] Gegen eine solche Reduktion auf den Begriff hat Kant sich stets gewehrt, "denn Schönheit ist kein Begriff vom Objekt, und das Geschmacksurteil ist kein Erkenntnisurteil".[36]

Lukács selbst geht nun – wie alle Hegelianer – von der historizistischen These aus, daß Kunst und Wissenschaft auf verschiedene Arten die sich wandelnde Wirklichkeit *widerspiegeln*. Anders jedoch als die Wissenschaft, die – wie schon bei Hegel und Marx – mit Hilfe von Begriffen die konkrete Totalität darstellt, richtet sich Kunst nicht primär an die Ratio, sondern an die sinnliche Wahrnehmung, indem sie die Wirklichkeit auf anthropomorphe Art wiedergibt – und nicht mittels abstrakter Maximen. Lukács spricht in diesem Zusammenhang von der *anthropomorphisierenden* Tendenz der Kunst und der *desanthropomorphisierenden* Tendenz der Wissenschaft.

Aus historischer Sicht scheint sich die Kluft zwischen Wissenschaft und Kunst zu vertiefen, weil die Abstraktion der Wissenschaft im

---

34 G. Lukács, *Ästhetik*, Neuwied und Berlin, Luchterhand, 1972, Bd. 2, S. 138.
35 Ibid., S. 142-143.
36 I. Kant, *Kritik der Urteilskraft*, Frankfurt, Suhrkamp, Werkausgabe Bd. 10, 1977, S. 221.

Zusammenhang mit Arbeitsteilung, Quantifizierung und Formalisierung zunimmt und von der Kunstproduktion nicht nachvollzogen werden kann. Anders als Hegel, der diesen Gegensatz durch die Auflösung der Kunst in der Wissenschaft aufhebt, erblickt Lukács in der anthropomorphen Gestalt des Kunstwerks gerade dessen humanistische Funktion: In einer fragmentierten, von Arbeitsteilung und Quantifizierung geprägten Gesellschaft soll das Kunstwerk zum Hüter des "ganzen Menschen" werden, der schon in der idealistischen *Heidelberger Ästhetik* (1916-1918) des jungen Lukács im Mittelpunkt stand.[37] "In diesem Selbstbewußtsein der Menschheit", schreibt Lukács Jahrzehnte später, "ist der tiefe Humanismus des Ästhetischen mitenthalten."[38] Die Kunst erscheint hier also als Hüterin der menschlichen Totalität, die seit der Renaissance von der wirtschaftlichen Arbeitsteilung unablässig in Frage gestellt wird. Es fragt sich natürlich, ob in der Kunst etwas bewahrt werden kann, was in Wirtschaft und Gesellschaft längst zerfallen ist.

Ostdeutschen Autoren wie Dieter Schlenstedt ist daher recht zu geben, wenn sie Lukács dessen nie wirklich überwundenen Idealismus und eine Apologie des "schönen Scheins" vorwerfen. Realisten wie Brecht können – laut Schlenstedt – Lukács' Vorschlägen nicht folgen: "Der Wirklichkeit des entmenschten Menschen, des verwüsteten Innenlebens, der Hetze des Lebens, das die Menschen 'tatsächlich verkrüppelt, einseitig macht, entleert', wollte er (Brecht, P.V.Z.) nicht mit dem schönen Schein begegnen."[39] Auf die bekannten Kontroversen zwischen Brecht und Lukács[40] will ich hier nicht eingehen, da sie nicht unmittelbar meine Thematik berühren.

Entscheidend ist die Tatsache, daß Lukács im Anschluß an Hegel Kunst und Literatur als sinnliche, d.h. die Sinne ansprechende Erkenntnismodi definiert und sie im Rahmen des Gegensatzes *Anthropomorphisierung/Desanthropomorphisierung* von der Wissenschaft unterscheidet. Die griechischen Termini sollten nicht darüber hinwegtäu-

37 Siehe: G. Lukács, *Heidelberger Ästhetik (1916-1918)*, hrsg. von G. Markus und F. Benseler, *Werke* Bd. 17, Neuwied-Berlin, Luchterhand, 1974, S. 99-100: "Der neue Mensch, der als normatives Subjekt der Ästhetik, als Genie beziehungsweise reiner Rezeptive am Ende dieses Ganges erreicht wird, kann im Gegensatz zum 'ganzen Menschen' der Erlebniswirklichkeit als 'der Mensch ganz' (...) bezeichnet werden."

38 G. Lukács, *Ästhetik*, op.cit., Bd. 1, S. 198.

39 D. Schlenstedt, "Problemfeld Widerspiegelung", in: D. Schlenstedt (Hrsg.), *Literarische Widerspiegelung. Geschichtliche und theoretische Dimensionen eines Problems*, Ostberlin-Weimar, Aufbau, 1981, S. 72.

40 Siehe: H.-J. Schmitt, *Die Expressionismus-Debatte*, Frankfurt, Suhrkamp, 1973, S. 302-336.

schen, daß hier die tradierte und recht banale Ansicht geäußert wird, der Künstler habe es mit Charakteren, Handlungen, Gesten, Dialogen usw., die Wissenschaft hingegen mit Begriffen zu tun. Es ist sicherlich kein Zufall, daß diese Ansicht vor allem in der Avantgarde (von der experimentellen Dichtung und der abstrakten Malerei bis zur Zwölftontechnik) schon immer umstritten war: Wie wenn der Unterschied zwischen dem fiktionalen und dem wissenschaftlichen Text vor allem darin bestünde, daß Fiktion auf der Ausdrucksebene mit Signifikanten experimentiert, während die – stets übersetzbare – Wissenschaft die Inhaltsebene erforscht? Während ich Lukács' Definition der Wissenschaft (in *diesem* Zusammenhang, versteht sich) zustimmen kann, zweifle ich an der Brauchbarkeit seiner Definition der Literatur, weil die These über deren anthropomorphen Charakter das Spezifische einer Schreibweise vernachlässigt, die sich auf der Ausdrucksebene bewegt und nicht auf die *Formen der Inhaltsebene* zu reduzieren ist. (Siehe Einleitung.)

Lukács' gesamte Ästhetik zeigt allerdings, daß er immer dann eine solche Reduktion inszeniert, wenn er – wie Hegel – zu entscheiden versucht, ob ein Kunstwerk "die Wirklichkeit" adäquat, d.h. realistisch widerspiegelt, mimt. Wie schon Hegel und Marx geht er von der These aus, daß Kunst Wirklichkeit mit sinnlichen Mitteln darstellt und daher primär eine mimetische Funktion erfüllt: Deshalb spricht er von der "unlösbaren Zusammengehörigkeit der evokativen Mimesis mit dem künstlerischen Realismus".[41]

Die Begriffe "Mimesis" und "Realismus" implizieren – ebenso wie der verwandte Begriff "Widerspiegelung" oder "realistische Widerspiegelung" – die Übersetzbarkeit der Kunstwerke in begriffliche Sprachen. Denn wenn ich erfahren will, ob ein Roman oder ein Gedicht die Wirklichkeit adäquat darstellt oder realistisch widerspiegelt, brauche ich die begriffliche Übersetzung des fiktionalen Textes, die – wie das bekannte Lackmuspapier des Chemikers – darüber entscheidet, ob ein Text realistisch ist oder nicht. Steht eine solche Übersetzung nicht zur Verfügung, dann werden auch Begriffe wie "realistisch" und "Widerspiegelung" hinfällig.

Dies ist der Grund, weshalb nicht nur Lukács, sondern auch sein Schüler Leo Kofler und die Vertreter des sozialistischen Realismus gegen vieldeutige Texte des Ästhetizismus und der Avantgarde allergisch sind, die sich dem Zugriff des begrifflichen Diskurses entziehen. Ein Vers von Mallarmé oder das Ende von Paul Celans Gedicht *Faden-*

41 G. Lukács, *Ästhetik*, op.cit., Bd. 2, S. 34.

sonnen "Es sind noch Lieder zu singen jenseits der Menschen" ist, wenn ein *tour de force* vermieden werden soll, nicht auf ein begriffliches Analogon festzulegen. Ein solches braucht Lukács jedoch, wenn er entscheiden will, ob ein Gedicht realistisch ist oder ob es überhaupt die Wirklichkeit widerspiegelt. Das Analogon wird in jedem Fall das des Interpreten (Lukács', Koflers, des sozialistischen Realisten) sein, der seinen Diskurs implizit oder explizit mit der Wirklichkeit *identifiziert* und dadurch die Kantsche Differenzierung von Subjekt und Objekt einem hegelianischen Identitätsdenken opfert. (Siehe Kap. 1.)

Daß Lukács ein solches begriffliches Analogon des Kunstwerks vorschwebt, zeigt seine Theorie des Typischen, die die Grundlage seines ästhetischen Realismus (als künstlerischer Mimesis) bildet. Es ist die Aufgabe des Künstlers, des Schriftstellers, typische Charaktere, Handlungen und Situationen darzustellen, in denen das Einzelne auf sinnfällige Art mit dem Allgemeinen (mit der "allgemeinen Maxime", Hegel) verschmilzt und das *Besondere* erscheinen läßt: "Denn nur indem das Detail einen symptomatischen, auf das Wesen weisenden, eine Wesenhaftigkeit offenbarenden Charakter erhält, erhebt sich der Gegenstand, als vernünftig organisierte, in vernünftigen Beziehungen befindliche Totalität der Details ins Besondere, ins Typische."[42]

Diese Passage ist selbst symptomatisch, weil sie zeigt, daß es Lukács – in völliger Übereinstimmung mit Hegel – um das Wesen "hinter" der Erscheinung zu tun ist. Die kognitive Aufgabe der Kunst ist es, hinter den zufallsbedingten Erscheinungen des Alltags das Wesen zu suchen und darzustellen. Was Philosophie und Wissenschaft mit Hilfe von Begriffen leisten, das leistet Kunst mit Hilfe anthropomorpher Verfahren, die auf *Typisierung* ausgerichtet sind: "Die künstlerische Widerspiegelung der Wirklichkeit geht von denselben Gegensätzen aus wie jede andere Widerspiegelung der Wirklichkeit"[43], schreibt Lukács in seinem Aufsatz über "Kunst und objektive Wahrheit". Die künstlerische Synthese läßt Erscheinung und Wesen, Zufall und Notwendigkeit, Unmittelbarkeit und Begriff zu einer sinnlich wahrnehmbaren Totalität verschmelzen, die den Rezipienten als "Menschen ganz" anspricht: "Das Allgemeine erscheint als Eigenschaft des Einzelnen und des Besonderen, das Wesen wird sichtbar und erlebbar in der Erscheinung, das Gesetz zeigt sich als spezifisch bewegende Ursache des speziell

42 Ibid., Bd. 4, S. 169.

43 G. Lukács, "Kunst und objektive Wahrheit", in: ders., *Probleme des Realismus* Bd. 1, *Werke* Bd. 4, Neuwied-Berlin, Luchterhand, 1971, S. 616.

dargestellten Einzelfalles."[44] Es folgt der weiter oben bereits zitierte Satz aus Engels' Brief an Minna Kautsky, der klar erkennen läßt, wie sehr Marx, Engels und Lukács – trotz Materialismus und Hegel-Kritik – im ästhetischen Bereich Hegelianer geblieben sind.

Die Ansicht, realistische Literatur solle mit Hilfe von typischen Gestalten, Situationen und Handlungen die Wahrheit über die Wirklichkeit ausdrücken, gipfelt in der Forderung nach der harmonischen Totalität des klassischen Kunstwerks, in dem Dichtung und Wahrheit in Einklang gebracht werden: "Daraus folgt, daß jedes Kunstwerk einen geschlossenen, in sich abgerundeten, in sich vollendeten Zusammenhang bieten muß (...)."[45]

Daraus folgt auch, daß literarische Werke, die nicht "in sich abgerundet" sind und keine typischen Elemente enthalten, die Wirklichkeit nicht "richtig" widerspiegeln und das Prädikat "realistisch" nicht verdienen. Zu ihnen gehören nicht nur die Romane Zolas, die nicht unter die Oberfläche der Empirie und der zufälligen Erscheinung dringen, sondern auch die Werke Kafkas, Prousts, Musils, der Expressionisten[46] oder der europäischen Avantgarden, die in Lukács' und Koflers präskriptiver Ästhetik allesamt dem Verdikt des "Naturalismus", d.h. der "abstrakten Widerspiegelung", verfallen.[47] Besonders charakteristisch für dieses ästhetische Werturteil ist Lukács' manichäische Abhandlung "Franz Kafka oder Thomas Mann?", die Thomas Mann als "kritischen Realisten" teleologisch für den Sozialismus reklamiert.[48] (Siehe meine Kritik in Kap. 9.)

Außer Thomas Mann werden von Lukács Schriftsteller wie Goethe, Balzac, Walter Scott und Tolstoi kanonisiert und zu Modellen einer präskriptiven Ästhetik gemacht. Anders als Marx und Engels, die Balzac referentiell lasen, indem sie seine Texte unmittelbar auf soziohistorische Begebenheiten bezogen, versucht Lukács zu zeigen, daß

---

44 Ibid.

45 Ibid.

46 Siehe: H.-J. Schmitt (Hrsg.) *Die Expressionismusdebatte*, op.cit., S. 209-212.

47 Siehe: L. Kofler, *Abstrakte Kunst und absurde Literatur*, Wien, Europa-Verlag, 1970, S. 26, wo der Autor in einem Kommentar zum Werk des Schweizer Malers Erwin Stählin, das "im letzten undeutbar" sei, die abstrakte Malerei dennoch des Nihilismus zeiht.

48 Siehe: G. Lukács, "Franz Kafka oder Thomas Mann?", in: ders., *Probleme des Realismus* Bd. 1, op.cit., S. 550: "Gerade darum kann der bürgerliche Schriftsteller sein eigenes Dilemma: Franz Kafka oder Thomas Mann?, artistisch interessante Dekadenz oder lebenswahrer kritischer Realismus? heute leichter positiv beantworten, als es ihm noch gestern möglich war."

Balzac in seinen Romanen durch typisierende Darstellungen von Situationen und Gestalten die Wirklichkeit transparent macht, die Wahrheit über sie ausspricht: Ähnlich wie Adrian Leverkühn in Thomas Manns Roman *Doktor Faustus*, ist Lucien de Rubempré in Balzacs *Illusions perdues* die typische Gestalt einer Zeit, für die – wie Lukács sagt – "das Zur-Ware-Werden der Literatur" charakteristisch ist: "Mit großer Feinfühligkeit und Kühnheit gestaltet Balzac hier den neuen, spezifisch-bürgerlichen Typus des Dichters: den Dichter als Äolsharfe für die verschiedenen Winde und Stürme der Gesellschaft, ein haltloses und richtungsloses, überempfindliches Nervenbündel; einen Typus des Dichters, der in dieser Periode nur vereinzelt auftaucht, der aber für die spätere Entwicklung der bürgerlichen Dichtung (von Verlaine bis Rilke) außerordentlich typisch wird (...)."[49]

Außer der Definition des Typischen in diesem Roman ist für Lukács wesentlich, daß er *Illusions perdues* auf eine begriffliche Aussage festlegen kann: "das Zur-Ware-Werden der Literatur", das in den Protagonisten des Romans (David Séchard, Lucien de Rubempré) konkret zum Ausdruck kommt. Die Frage ist allerdings, ob der vieldeutige Text nicht mehr ausdrückt als Lukács' Konzept...

Daß die begriffliche Reduktion eng mit einem klassizistischen Plädoyer für die narrative Syntax zusammenhängt, zeigt Lukács' bekannter Aufsatz "Erzählen oder beschreiben?", in dem die Realisten Balzac, Scott und Tolstoi gegen den Naturalisten Zola ausgespielt werden. Im Gegensatz zu Zola, der nicht über die zufallsbedingte Erscheinung, über das zufällig Vereinzelte hinausgeht, weil er es lediglich beschreibend reproduziert, integrieren Balzac und Tolstoi das scheinbar Zufällige in den Gesamtzusammenhang einer Erzählung, die den Zufall in der gesellschaftlichen und historischen Notwendigkeit aufhebt: "Kein Schriftsteller kann etwas Lebendiges gestalten, wenn er das Zufällige vollständig vermeidet. Andererseits muß er in der Gestaltung über das brutal und nackt Zufällige hinausgehen, das Zufällige in die Notwendigkeit aufheben."[50] Unüberhörbar ist der hegelianische Sprachduktus dieser Passage: Die Erzählung als System und "Logos"[51], als narratives Syntagma, macht den begrifflichen Raster des Romans aus. Wo sie fehlt

---

49 G. Lukács, "Balzac und der französische Realismus", in: ders., *Probleme des Realismus* Bd. 3, op.cit., S. 477.

50 G. Lukács, "Erzählen oder beschreiben?", in: ders., *Probleme des Realismus* Bd. 1, op.cit., S. 199.

51 Hier kann eine Verbindung zwischen Hegels Logozentrismus und dem einer zeitgenössischen Narrativik aufgezeigt werden, die sich vorwiegend an Tiefenstrukturen

– etwa bei Kafka, Musil oder Joyce –, dort kann von richtiger, realistischer Widerspiegelung nicht die Rede sein.

Lukács' Bemerkungen über den Zufall zeigen, daß er Hegel viel nähersteht als dem Junghegelianer Vischer, der den nichtintegrierbaren, den ungezähmten und absurden Zufall zum Hauptthema seines Romans *Auch Einer* gemacht hat. Der Hegelianer Lukács hingegen läßt auch als Ontologe nur die "Rolle des Zufalls innerhalb der Notwendigkeit"[52] gelten. Nur wer seinem Hegelianismus Rechnung trägt und diesen nicht wie Nicolas Tertulian durch eine Annäherung an Kant abschwächt[53], wird Lukács' Auseinandersetzungen mit Anna Seghers[54], der Avantgarde und Bertolt Brecht verstehen. Denn Brecht und einigen Vertretern der Avantgarde ist das Bestreben gemeinsam, eine materialistische Ästhetik jenseits von Hegel zu entwerfen.

3. Exkurs zum sozialistischen Realismus

Einerseits konnte sich Georg Lukács nie mit der literarischen Praxis des sozialistischen Realismus versöhnen, weil diese unmittelbar Thesen oder Maximen verkündet und den Protagonisten in ein Sprachrohr der Ideologie verwandelt.[55] Andererseits haben ostdeutsche Vertreter des sozialistischen Realismus und der marxistisch-leninistischen Ästhetik Lukács' ästhetische Theorie – wie bereits angedeutet – kritisch rezipiert und sich eher mit Brecht und Anna Seghers als mit dem Budapester Philosophen identifiziert. Deshalb erscheint die Frage legitim, weshalb gerade an dieser Stelle ein Exkurs zum sozialistischen Realismus eingeschoben wird, der zudem Lukács von seinem Pariser Schüler Lucien Goldmann trennt.

Der Exkurs ist mit dem Argument zu rechtfertigen, daß der sozialistische Realismus, der in der ehemaligen Sowjetunion, der Tschechoslowakei, der DDR und anderen osteuropäischen Ländern eher eine Ideo-

orientiert. Dazu siehe: T.A. van Dijk, J. Ihwe e.a., "Prolegomena zu einer Theorie des Narrativen", in: J. Ihwe (Hrsg.) *Literaturwissenschaft und Linguistik* Bd. 2, Frankfurt, Fischer-Athenäum, 1973, S. 51 und S. 55.

52 G. Lukács, *Ontologie-Marx*, Darmstadt-Neuwied, Luchterhand, 1972, S. 108.

53 Siehe: N. Tertulian, *Georges Lukács. Etapes de sa pensée esthétique*, Paris, Le Sycomore, 1980, S. 207: "(...) Lukács ne s'éloigne donc guère des exemples limites choisis par Kant pour asseoir l'autonomie radicale du Beau."

54 Siehe: K. Batt, "Erlebnis des Umbruchs und harmonische Gestalt. Der Dialog zwischen Anna Seghers und Georg Lukács", in: H.-J. Schmitt (Hrsg.), *Der Streit mit Georg Lukács*, Frankfurt, Suhrkamp, 1978, S. 35.

logie als eine Theorie war[56], vor allem in der DDR nachhaltig von Lukács' klassizistischer Ästhetik geprägt wurde. Dies, sagt im Jahre 1975 Hans-Jürgen Schmitt, sei "ein Grund, warum man trotz Lukács' Verdammung nach 1956 in der DDR über seine Literaturkonzeption noch nicht hinausgekommen ist und seine Termini selbst von seinen Gegnern nach wie vor verwendet werden".[57]

Diese paradoxe Affinität als Haßliebe kann noch am ehesten im ideologiekritischen Kontext erklärt werden: Das stalinistische Bürgertum, das nach 1917 aus den politischen Erdrutschen in Osteuropa hervorging, kann sich auf Dauer weder mit der Ästhetik der Proletkult-Bewegung[58] noch mit den Sprachexperimenten der Futuristen, noch mit den Verfremdungseffekten des Epischen Theaters identifizieren. Seine Sympathie gilt dem hegelianischen Klassizismus, dem 'klassischen Erbe', dem auch Lukács das Wort redet; nicht der "junghegelianischen" Kritik, die Nietzsche, Kierkegaard, Adorno und Bachtin auf die Spitze treiben.

Daß Lukács' hegelianische Terminologie (vor allem der Gegensatz zwischen Erscheinung und Wesen) auch in den Parteidiskurs eindringt, zeigt der folgende Kommentar von Peter Nell in der *Neuen Deutschen Literatur* aus dem Jahre 1953: "Denn, so sagt Malenkow, 'nach marxistisch-leninistischer Auffassung bedeutet das Typische keineswegs irgendeinen statistischen Durchschnitt', und er unterstreicht noch einmal: 'Typisch ist, was dem Wesen der gegebenen sozialen und historischen Erscheinung entspricht und nicht einfach das am häufigsten Verbreitete, das oft Wiederkehrende, Gewöhnliche'."[59] Dies ist zweifellos auch

---

55 Siehe u.a.: G. Fehn, "Georg Lukács: Erkenntnistheorie und Kunst", in: J. Matzner (Hrsg.), *Lehrstück Lukács*, Frankfurt, Suhrkamp, 1974, S. 237.

56 Zur Differenzierung von Ideologie und Theorie siehe: Vf., *Ideologie und Theorie. Eine Diskurskritik*, op.cit.

57 H.-J. Schmitt, "Die Realismuskonzeptionen in den kulturpolitischen Debatten der dreißiger Jahre. Zur Theorie der sozialistischen Literatur", in: H.-J. Schmitt (Hrsg.), *Einführung in Theorie, Geschichte und Funktion der DDR-Literatur*, Stuttgart, Metzler, 1975, S. 7.

58 Siehe Lenins Kritik an der Ästhetik der Proletkult-Bewegung, V.I. Lenin, "Über proletarische Kultur: Resolutionsentwurf", in: H.Ch. Buch (Hrsg.), *Parteilichkeit der Literatur oder Parteiliteratur?*, Reinbek, Rowohlt, 1972, S. 106: "Der Marxismus hat seine weltgeschichtliche Bedeutung als Ideologie des revolutionären Proletariats dadurch erlangt, daß er die wertvollsten Errungenschaften des bürgerlichen Zeitalters keineswegs ablehnte (...)." (Welcher französische "citoyen" des Jahres 1789 wäre auf den Gedanken gekommen, so vom Adel zu sprechen?)

59 P. Nell, "Über den Begriff des Typischen", in: E. Schubbe (Hrsg.), *Dokumente zur Kunst-, Literatur- und Kulturpolitik der SED*, Stuttgart, Seewald, 1972, S. 276.

Lukács' Auffassung, und es kann ohne Übertreibung gesagt werden, daß der sozialistische Realismus sich ohne Lukács terminologisch anders entwickelt hätte.

Man würde allerdings unzulässig vereinfachen, wollte man den sozialistischen Realismus, der hauptsächlich in der DDR weiterentwickelt wurde (in anderen osteuropäischen Ländern, etwa in Polen und Ungarn, hatten sich die meisten Intellektuellen von ihm in den 70er Jahren abgewandt), als ein Derivat von Lukács' Ästhetik behandeln. So stellt beispielsweise D. Schlenstedt in dem umfangreichen Werk über *Literarische Widerspiegelung* (1981) mitten in seiner gründlichen Analyse der Widerspiegelungstheorien unmißverständlich fest: "Die Synthese realistischer Kunst wird nicht mehr im Typischen, sondern in der realistischen Funktion gesehen. Dabei wurde die Bindung von Realismus an stiltypologische, formästhetische Kriterien aufgegeben, beibehalten aber wurde der mit Realismus verknüpfte Wert einer Kunst, die Realität erkennbar macht und im Menschheitsprozeß produktive Wirkungen erlangen kann."[60]

Man mag es begrüßen, daß Vertreter sozialistisch-realistischer Ansätze die für den Hegelianismus charakteristische produktionsästhetische Perspektive durch funktionale und leserorientierte Analysen ergänzen. Dem aufmerksamen Leser der zitierten Passage wird jedoch nicht entgehen, daß weiterhin die *kognitive* Funktion der Literatur hervorgehoben wird: Fiktion soll "Realität erkennbar" machen. Wer aber *definiert* Realität? Welcher Diskurs, welches Aussagesubjekt ist für die Definition von "Wirklichkeit" verantwortlich? (Denn an dieser *Definition* und nicht an "Wirklichkeit" als vieldeutigem Zeichen soll Literatur gemessen werden.) Wer entscheidet darüber, welche Wirkungen im "Menschheitsprozeß" (was immer das auch sein mag) "produktiv" sind?

Auch jenseits der Typustheorie taucht hier also das zentrale Problem einer jeden hegelianischen Ästhetik auf: die implizite oder explizite Forderung nach Übersetzbarkeit von Fiktion in begriffliche Rede. "Aus dem Was ergibt sich das Wie"[61], behaupten unbeirrt die Autoren des voluminösen Bandes *Zur Theorie des sozialistischen Realismus* (1974). Konsequent fordern sie von der Literatur, sie solle (semiotisch ausgedrückt) auf Polysemie verzichten und die Ausdrucksebene der Inhalts-

60 D. Schlenstedt, "Problemfeld Widerspiegelung", op.cit., S. 117.

61 *Zur Theorie des sozialistischen Realismus* (Autorenkollektiv), Berlin, Dietz, 1974, S. 380.

ebene unterordnen. Diese logozentrische Unterordnung führt – wie schon bei Lukács und Kofler – dazu, daß die polyphone und polyseme avantgardistische Kunst der "bürgerlichen Moderne" in Bausch und Bogen verurteilt wird: "Mit Möglichkeiten und Varianten von Möglichkeiten zu 'spielen' ist gebräuchliche Praxis der bürgerlichen Moderne. Offen zu lassen, ob eine Möglichkeit zur Realität wird oder werden kann, was sich 'wirklich' ereignet oder nicht ereignet hat, entspricht einem ästhetisch-ideologischen Konzept des Zweifels an der Erkennbarkeit von Realität, deren beziehungslose Bruchstücke oft genug in der 'modernen Kunst' vorgeführt werden."[62]

Diese präskriptive Ästhetik, deren repressive Aspekte ich in einem älteren Aufsatz mit dem Titel "Der Mythos der Monosemie" (1975)[63] ausführlich kommentiert habe, tritt auch im Bereich der literarischen Rezeption recht autoritär auf. In ihren Auseinandersetzungen mit der Konstanzer Rezeptionsästhetik und der westeuropäischen Semiotik nehmen die Autoren des von Manfred Naumann edierten Sammelbandes *Gesellschaft. Literatur. Lesen* (1973) die Ansichten aus *Zur Theorie des sozialistischen Realismus* vorweg, wenn sie gegen die "Unbestimmtheit" (im Sinne von Ingarden und Iser) polemisieren: "Modernistische Versuche, Texte zu produzieren, die sich auf verschiedene Weise der Sinnfindung verweigern, zeigen nur, daß auf diesem vom Irrationalismus begleiteten Wege Literatur als Medium gesellschaftlicher Bewußtseinsbildung nicht entstehen kann."[64] Solche Versuche sind geradezu gemeingefährlich, denn vom parteilichen, vom sozialistischen Schriftsteller wird erwartet, daß er nicht mit Möglichkeiten und Zweideutigkeiten spielt, sondern den Lesern die "Wahrheit" vermittelt. Von der Einstellung des "revolutionären Schriftstellers" zur Lektüre heißt es gleich im ersten Kapitel: "(...) Er will, daß sie ihn zur *richtigen* Wahrnehmung der Dinge nötigt."[65] Wer aber *definiert* die richtige Wahrnehmung der Dinge und die richtige Deutung des polysemen Textes?

Konsequent wird dessen Polysemie von den Autoren in Frage gestellt. Sie gehen von einer recht einfachen "Methode der *Kopplung von Bild und Urteil*"[66] aus und argumentieren gegen das Theorem der

---

62 Ibid., S. 495.

63 Siehe: Vf., "Der Mythos der Monosemie", in: H.-J. Schmitt (Hrsg.), *Einführung in Theorie, Geschichte und Funktion der DDR-Literatur*, op.cit., S. 98-105.

64 M. Naumann (Hrsg.), *Gesellschaft. Literatur. Lesen. Literaturrezeption in theoretischer Sicht*, Ostberlin-Weimar, Aufbau, 1973, S. 368.

65 Ibid., S. 74.

66 Ibid., S. 372

fiktionalen Polysemie mit der Behauptung, daß die Zeichen literarischer Texte "als Zeichen für bestimmte Begriffsinhalte fungieren, daß ihnen durch und für Menschen eine gegenständlich bezogene Bedeutung zugeordnet ist".[67] Man braucht kein fanatischer Anhänger der Dekonstruktion zu sein, um den hier postulierten Eindeutigkeitsnexus zwischen Signifikant und Signifikat anzuzweifeln: Können die Signifikanten in Brechts Gedicht *Der Rauch*, das Dieter Schlenstedt interpretiert, tatsächlich auf korrespondierende Signifikate festgelegt werden?[68] *Lebt* nicht die gesamte Literatur von Goethe bis Brecht von den graduellen Verschiebungen zwischen Signifikanten und Signifikaten, die im Laufe der Jahre immer zahlreicher werden und Gegenstand der Semasiologie sind?[69] Es kommt hinzu, daß die Redewendung "durch und für Menschen" die Vermutung bestätigt, daß in der sozialistisch-realistischen Kommunikationstheorie das Monosemiepostulat eine vorwiegend ideologische Funktion erfüllt: Es soll die politisch akzeptable, die systemkonforme Rezeption gewährleisten.

In ihren Arbeiten über den sozialistischen Realismus in der ehemaligen Sowjetunion zeigt Régine Robin, daß auch er sich die Forderung nach Eindeutigkeit zu eigen macht. Sie spricht im Zusammenhang mit dem positiven Helden dieser Literatur von "univocation and ideological clarity"[70] und erläutert an anderer Stelle die *kognitive* Funktion ihrer Texte: "Vor allem im Erziehungsroman stellt sich diese Klarheit ein, wenn der Held durch Handlung wahres Wissen erlangt."[71]

Damit kehre ich zum Anfang dieser kurzen Darstellung zurück: Die Theorie des sozialistischen Realismus – so wie sie von sowjetischen und vor allem ostdeutschen Marxisten entwickelt wurde – enthält wertvolle Einsichten, auf die ich im Zusammenhang mit der Kritik der Konstanzer Rezeptionstheorien näher eingehen will (s. Kap. 6); sie zeigt jedoch, daß sich der künstlerische und theoretische Impuls nicht wirklich durchsetzen kann, solange er von ideologischen Faktoren gelähmt wird: von Rücksichten auf die fluktuierende Kulturpolitik der

---

67 Ibid., S. 337.

68 Siehe: D. Schlenstedt, "Beispiel einer Rezeptionsvorgabe: Brechts Gedicht 'Der Rauch'", in: M. Naumann (Hrsg.), *Gesellschaft. Literatur. Lesen*, op.cit., S. 364-365.

69 Siehe: "Semasiologie", in: W. Nöth, *Handbuch der Semiotik*, Stuttgart, Metzler, 1985, S. 20.

70 R. Robin, "The Figures of Socialist Realism: The Fictional Constraints of the 'Positive Hero'", in: *Sociocriticism*, Oktober, 1986, S. 111.

71 Ibid., S. 91.

SED und der KPdSU[72], auf das "Erbe", auf Lenin (der im Gegensatz zu Trockij von Ästhetik wenig verstand), auf die Bitterfelder Experimente und noch einiges mehr... Es ist jedoch wahrscheinlich, daß nach dem Zerfall des repressiven Staatsapparats neue theoretische Impulse von den ostdeutschen *Marxisten* ausgehen werden – und nicht nur von ihnen.

4. Lucien Goldmanns genetischer Strukturalismus

In zwei wesentlichen Punkten bricht Lucien Goldmanns (1913-1970) Theorie, die ich schon vor Jahren als "hegelianische Ästhetik" kritisiert habe[73], mit Hegel und Lukács: Sie lehnt es einerseits ab, klassizistische Kriterien (Harmonie, abgerundete Komposition) zur Grundlage ihrer Kritik zu machen, und akzeptiert uneingeschränkt die literarische Avantgarde: Genet, Gombrowicz, Robbe-Grillet; sie will andererseits keine präskriptive Ästhetik sein und wird von Goldmann in Übereinstimmung mit dem arbeitsteiligen Trend als Literatursoziologie/sociologie de la littérature (Gegenstand) und als genetischer Strukturalismus (Methode) definiert.

Auch diese komplementären Definitionen zeugen von der in der Einleitung thematisierten Krise der Ästhetik. Stärker als Lukács war sich Goldmann der Tatsache bewußt, daß der von ihm und Lukács anvisierte Objektbereich auf Literatur und Philosophie zusammengeschrumpft war, so daß die Bezeichnung "Ästhetik" nicht mehr gerechtfertigt werden konnte. Die Auseinandersetzungen mit den Sozialwissenschaften der 50er und 60er Jahre, mit der Soziologie, der genetischen Psychologie Jean Piagets und der französischen Semiotik[74], trugen entscheidend dazu bei, daß dieser geschrumpfte Objektbereich nicht nur mit den Mitteln der spekulativen Philosophie, sondern auch mit dem damals zur Verfügung stehenden wissenschaftlichen Instrumentarium angegangen wurde.

Für den Übergang von Lukács zu Goldmann scheint im Rückblick nicht so sehr die von Goldmann und seinen Schülern immer wieder

---

72 Eine Übersicht über die Peripetien dieser Politik vermittelt der von E. Schubbe herausgegebene Band *Dokumente zur Kunst-, Literatur- und Kulturpolitik der SED*, op.cit.

73 Siehe: Vf., "Lucien Goldmanns hegelianische Ästhetik", in: Vf., *Kritik der Literatursoziologie*, Frankfurt, Suhrkamp, 1978.

74 Siehe: L. Goldmann, *Recherches dialectiques*, Paris, Gallimard, 1959 und ders., *Marxisme et sciences humaines*, Paris, Gallimard, 1970.

betonte Wiederentdeckung des "jungen Lukács" wesentlich zu sein[75], sondern der Umstand, daß Gegenstand und Methode nicht mehr auf ästhetischer, sondern auf sozialwissenschaftlicher Ebene definiert wurden. Daß Goldmanns Entwicklung keine Zufallserscheinung ist, sondern im Zusammenhang mit dem arbeitsteiligen Zerfall der Ästhetik verstanden werden sollte, zeigen Jan Mukařovskýs semiotisch fundierte Ästhetik der Zwischenkriegszeit (s. Kap. 6), Max Benses "numerische Ästhetik", die sich an der amerikanischen Semiotik und der Mathematik orientiert, sowie die literarische Ästhetik Wolfgang Isers, der ein phänomenologisch-semiotisches Konzept zugrunde liegt. Charakteristisch für den gesamten Trend ist Benses Absage an die philosophisch-metaphysische Ästhetik der Vergangenheit in *Aesthetica* (1965): "Wir haben also nicht nur eine moderne Kunst, sondern auch eine moderne Ästhetik, und der Ausdruck 'modern' soll bedeuten, daß es sich um eine fachwissenschaftliche, nicht nur philosophisch fundierte Ästhetik handelt (...)."[76] – "Aber wie die Physik so stellt auch die *Ästhetik eine technische Wissenschaft* dar"[77], heißt es an anderer Stelle in Benses Buch, das mit Hegel bricht und der Hegelschen Ästhetik eine Galileische (mathematisch, fachwissenschaftlich fundierte) gegenüberstellt.[78] Bei Bense entspricht zwar noch der Gegenstand dem der traditionellen Ästhetik (bildende Künste, Musik, Literatur), die Methode hingegen nicht mehr: In diesem Punkt überschneidet sie sich trotz ihrer analytischen und szientistischen Ausrichtung mit der marxistischen Theorie Goldmanns.

Letztere ist freilich – und dies ist das scheinbar paradoxe Hauptargument dieses Buches – nicht unabhängig von ihren ästhetischen Grundlagen, Werturteilen und Kriterien zu verstehen: ebensowenig wie die Semiologie Jan Mukařovskýs oder die Semiotik eines Greimas, dessen Leser spontan annehmen könnten, es handle sich tatsächlich um eine rein technische Wissenschaft... Denn schon die Bezeichnung "genetischer Strukturalismus" drückt aus, worum es im wesentlichen geht: um eine Produktionsästhetik, die primär der hegelianisch-marxistischen Frage nachgeht, *warum*, unter welchen historischen Bedingungen ein literarischer Text entstanden ist und *was* er ausdrückt.

---

75 Siehe: L. Goldmann, "Introduction aux premiers écrits de Lukács", in: G. Lukács, *La théorie du roman*, Paris, Gonthier, 1963.

76 M. Bense, *Aesthetica*, Stuttgart, Agis, 1965, S. 317.

77 Ibid., S. 262.

78 Ibid., S. 317.

Selbstverständlich hatte Goldmann, als er diese Bezeichnung prägte, in erster Linie eine Abgrenzung gegen die von Saussures synchroner Linguistik beeinflußten strukturalen Ansätze der 60er Jahre (Lévi-Strauss, Foucault, Althusser) im Sinn. Im Gegensatz zu ihnen wollte er zeigen, daß Struktur und Prozeß (Genese) nicht zu trennen sind und daß für die Entstehung neuer Strukturen soziale Gruppen oder Kollektivsubjekte verantwortlich sind, deren Existenz von Foucault und vor allem Althusser in den Bereich der metaphysischen und ideologischen Spekulation relegiert wurde. Im Gegensatz zu diesen Autoren hält Goldmann unbeirrt am Begriff des Kollektiv*subjekts* fest: "Der genetische Strukturalismus geht von der Hypothese aus, daß *jedes* menschliche Verhalten ein Versuch ist, auf eine besondere Situation eine *sinnvolle* Antwort zu geben, und daß dieses Verhalten dem Gleichgewicht zwischen dem Subjekt der Handlung und dem Objekt, auf das sie sich bezieht, d.h. der umgebenden Welt, zustrebt."[79]

Diese Passage, die an Goldmanns Kommentare zu Jean Piaget erinnert, könnte die Vermutung aufkommen lassen, daß wir es hier lediglich mit einer Anwendung moderner sozialwissenschaftlicher Methoden in der Literaturwissenschaft zu tun haben. Wer sich allerdings die Mühe macht, Goldmanns Arbeiten systematisch zu lesen, der entdeckt bald, daß sein Sinnbegriff eng mit Hegels und Lukács' Kategorie der *Totalität* zusammenhängt. Die historische, der gesellschaftlichen Entwicklung immanente Totalität verteidigt er bereits in seiner Dissertation gegen die "abstrakte Allgemeinheit" Immanuel Kants. Seine Kant-Kritik erinnert an die Georg Lukács' in *Der junge Hegel.*

Obwohl Kant versucht, die konkrete Totalität zu denken, scheitert er an seinem Dualismus, an dem von ihm nie überwundenen Gegensatz zwischen Wirklichkeit und Begriff. Die historische Totalität als Immanenz des Gedankens hat seit Heraklit kein Philosoph ins Auge gefaßt. "Erst Hegel wird es von neuem tun und damit den entscheidenden Schritt zur dialektischen Methode vollführen. – Kant aber schrak noch davor zurück. Er erkannte, daß eine konsequente Totalitätsbetrachtung zur Immanenz und diese vom Pantheismus Spinozas zum veränderlichen Gott, zur Dialektik führt, und eben darum lehnte er sie ab."[80]

---

79 L. Goldmann, "Die strukturalistisch-genetische Methode in der Literaturgeschichte", in: ders., *Soziologie des Romans*, Frankfurt, Suhrkamp, 1984, S. 235.

80 L. Goldmann, *Mensch, Gemeinschaft und Welt in der Philosophie Immanuel Kants*, Zürich, Europa-Verlag, 1945, S. 60.

Diese dialektische Kritik an Kant läßt nicht nur den Hegelschen Ursprung von Goldmanns Totalitätsbegriff erkennen, der durch die Ausrichtung des genetischen Strukturalismus auf Lukács' *Geschichte und Klassenbewußtsein* in einem materialistischen Kontext weiter hegelianisiert wird[81], sondern läßt auch vermuten, daß in Goldmanns Literaturtheorie dieser Schlüsselbegriff der Monosemierung der Texte dienen wird. Tatsächlich stellt sich heraus, daß die beiden anderen Begriffe, *Bedeutungsstruktur (structure significative)* und *Weltanschauung (vision du monde)*, die in Goldmanns Theorie von der Kategorie der Totalität abzuleiten sind, die begriffliche Definition der Texte ermöglichen sollen.

Wie schon bei Hegel und Lukács unterscheiden sich literarische von theoretischen (wissenschaftlichen) Texten nicht durch die Verlagerung der Produktion in den Ausdrucksbereich, sondern durch die sinnliche und anthropomorphe Darstellungsweise. Daher wird kein unüberbrückbarer Hiatus zwischen begrifflichen und fiktionalen Texten sichtbar; daher kann auch jedem literarischen Text ein begriffliches Äquivalent zugeordnet werden: "Sowohl ein begriffliches System als auch ein literarisches Werk, welches eine Welt von Menschen und Dingen darstellt, besitzt eine innere Kohärenz und bildet daher eine Totalität, deren Einzelteile sich gegenseitig erklären und nur von der Gesamtstruktur her verstehen lassen."[82] Am Ende dieser Darstellung will ich zeigen, daß Goldmann im Ernst glaubt, solche Aussagen seien auch auf avantgardistische Texte anwendbar.

Seine Interpretationsmethode, die er optimal in seinem Buch über die tragische Weltanschauung bei Pascal und Racine exemplifiziert (*Le Dieu caché*, 1955), ist eine recht einfache Hermeneutik, in der es primär darum geht, einzelne Textelemente zunächst immanent zu *verstehen*, um sie dann in immer größeren Zusammenhängen *erklären* zu können: "Der Sinn eines Elements hängt vom kohärenten Ganzen des gesamten Werkes ab."[83] Die einzelnen Schritte seiner Analyse stellt Goldmann anschaulich in einem Kommentar zu *Le Dieu caché* dar: "Es gibt auch einen grundlegenden Unterschied zwischen Verstehen und Erklären. Wenn ich eine *Pensée* von Pascal erklären will, muß ich sämtliche andere *Pensées* mit einbeziehen. Wenn ich alle *Pensées* untersuche,

---

81 Siehe: L. Goldmann, "Conscience réelle et conscience possible, conscience adéquate et fausse conscience", in: ders., *Marxisme et sciences humaines*, op.cit., S. 126.

82 L. Goldmann, *Kultur in der Mediengesellschaft*, Frankfurt, Fischer, 1973, S. 103.

83 L. Goldmann, *Der verborgene Gott*, Neuwied-Darmstadt, Luchterhand, 1973, S. 30.

verstehe ich sie auch. Es gilt jedoch, ihr Entstehen zu erklären, und dazu muß ich den Jansenismus mit einbeziehen; und den Jansenismus wiederum kann ich nur verstehen, wenn ich den Amtsadel mit einbeziehe, usf."[84]

Diese Passage führt mitten in die Problematik von Goldmanns Hauptwerk *Le Dieu caché.* In dieser Arbeit geht es – wie von Goldmann selbst bereits angedeutet – darum, die tragische Bedeutungsstruktur von Pascals *Pensées* und Racines Tragödien verstehend zu beschreiben und in einem zugleich gesellschaftlichen und historischen Kontext zu erklären. Den gesellschaftlichen Kontext bildet die *jansenistische Weltanschauung des Beamtenadels (noblesse de robe)*, den historischen die absolutistische Monarchie Ludwigs XIV, in der der Beamtenadel seiner politischen Funktion in den Provinzparlamenten beraubt und an den Rand der Gesellschaft gedrängt wird. Er reagiert – als Kollektivsubjekt (s.o.) – auf diese Niederlage, indem er das gesamte politische Geschehen im Zeichen der Sünde interpretiert und sich extremen Formen der jansenistischen Theologie zuwendet.

Goldmann geht nun von der Annahme aus, daß sich wesentliche Elemente dieser Theologie, die von den Jansenisten im Kloster von Port Royal weiterentwickelt wird, in Pascals *Pensées* und Racines Tragödien niederschlagen, und er versucht, die Peripetien des Jansenismus in diesen Texten nachzuzeichnen. Dabei fällt dem *Homologie*-Begriff eine zentrale Rolle zu: Insofern als der Jansenismus für den Beamtenadel als Kollektivsubjekt eine wichtige Funktion erfüllt und der gesellschaftlichen Lage dieser Gruppe homolog ist, kann auch von einer funktionalen Homologie – also keiner einfachen Analogie, wie Charles Bouazis meint[85] – zwischen Racines Tragödien und dem Jansenismus (und indirekt der "noblesse de robe") die Rede sein.

Um den Rahmen dieses Kapitels nicht zu sprengen, will ich hier nicht auf Einzelheiten dieser Homologie, die ich an anderer Stelle ausführlich besprochen habe[86], eingehen. Entscheidend ist, daß Goldmann meint, die Wendepunkte des Jansenismus, der sich zwischen zwei Extremen, zwischen dem politischen Kompromiß und der radikalen Ablehnung

84 L. Goldmann, *Kultur in der Mediengesellschaft*, op.cit., S. 103.

85 Siehe: Ch. Bouazis, "La Théorie des structures d'œuvres: Problèmes de l'analyse du système et de la causalité sociologique", in: R. Escarpit (Hrsg.), *Le Littéraire et le social*, Paris, Flammarion, 1970, S. 84, wo von einem "simple parallélisme des structures" die Rede ist.

86 Siehe: Vf., "Lucien Goldmanns hegelianische Ästhetik", op.cit. sowie Vf., *Goldmann. Dialectique de l'immanence*, Paris, Ed. Universitaires, 1973, S. 52.

der absolutistischen Institutionen bewegt, in Racines Tragödien wiederfinden zu können: Während Tragödien wie *Andromaque, Britannicus* und *Bérénice* die radikale Ablehnung ausdrücken, spricht aus *Bajazet, Mithridate* und *Iphigénie* die Kompromißbereitschaft. In *Esther* und *Athalie* vollzieht sich schließlich ein Übergang zum immanenten Bewußtsein, das die Tragik, die "innerweltliche Ablehnung", wie Goldmann sagt, der diese beiden Stücke als "drames sacrés" bezeichnet, überwindet.

Auch die beiden "drames sacrés" meint er eindeutig auf eine theologische (philosophische) Position festlegen zu können: "Insofern sie sich dennoch, wie wir annehmen, der jansenistischen Bewegung anschließen, drücken sie die Ideologie und die Hoffnung der arnaldischen Zentristen aus (...)."[87] Hier zeigt sich, daß die Überwindung des dualistischen, des tragischen Bewußtseins durch Dialektik und Immanenz, die schon in Goldmanns Deutung der Kantschen Philosophie wichtig war, auch das *telos* seiner Racine-Interpretation ist.

Im Hinblick auf diese diskursive Teleologie sind auch seine Malraux- und Goethe-Interpretationen zu lesen, die immer wieder der Frage nachgehen, ob es dem Autor (seinen Protagonisten) gelingt, die individualistische Vereinsamung oder die tragische Zerrissenheit, die Goldmann als "vordialektisch" bezeichnet, zu überwinden und sich der historischen Immanenz, der Dialektik, der Revolution und dem Ziel der *menschlichen Gemeinschaft* zuzuwenden. Während die Werke Pascals und Racines die tragische Weltanschauung, den Bruch zwischen Mensch und Welt, artikulieren, wird Goethes *Faust* als Buch der Tat, der Praxis, auf die dialektische Weltanschauung festgelegt: "Das Thema des Dramas ist der Übergang Fausts vom mutigen und kritischen Wissenschaftler zum Menschen, der den wahren Sinn des Lebens entdeckt, und diesen Sinn verknüpfte Goethe, der Dichter der dialektischen Weltanschauung, mit der Tat."[88]

Wichtig ist, daß hier – wie schon bei Hegel und Lukács – die literarischen Texte ohne Rücksicht auf ihre Mehrdeutigkeit einem historischen Diskurs (einer "Erzählung" als "récit") einverleibt werden. Ihre Bedeutung entsteht in einem begrifflichen Drei-Phasen-Schema, in dem das individualistische und rationalistische Bewußtsein (der Aufklärung) durch das tragische Bewußtsein (Kants, Pascals) und dieses

---

87 L. Goldmann, *Der verborgene Gott*, op.cit., S. 581.

88 L. Goldmann, *Structures mentales et création culturelle*, Paris, Anthropos, 1970, S. 15.

durch das dialektische Bewußtsein (Hegels, Goethes, Marxens, Lukács') überwunden, aufgehoben wird. Auch die Romane Malraux' und die Dramen Sartres werden im Rahmen dieses Schemas gedeutet und – wie schon bei Hegel – der Herrschaft des monosemierenden Begriffs unterworfen.

Zwei Fragen bleiben unbeantwortet: Weshalb Goethe nicht statt des *Faust* eine Abhandlung über Dialektik schrieb, und weshalb Racines Dramen immer von neuem inszeniert werden (etwa von Planchon) und auch Individuen und ganze Gruppen ansprechen, die von der jansenistischen Theologie noch nie etwas gehört haben. Sicherlich ist der Produktionszusammenhang von Literatur ebenso wichtig wie der Kontext der Rezeption; seine Analyse darf jedoch nicht dazu führen, daß polyseme Texte auf eindeutige Aussagen (Weltanschauungen, Ideologien) festgelegt werden und daß der Hegelianer über einen avantgardistischen Autor wie Beckett, der sich bewußt allen Monosemierungsversuchen entzieht, sagt: "(...) Voraussichtlich wird es mir gelingen nachzuweisen, daß dieses Werk, wenn es ein großes Werk ist, die Widersprüche, Schwierigkeiten und Brüche dennoch in eine globale Weltanschauung integriert, die auf ein System reduziert werden kann (qui peut être réduite en système)."[89]

Der Hegelianismus dieser Passage liegt offen zutage: Das große ist das klassischeWerk (das "klassische Ideal"), das alle Brüche in eine harmonische Totalität integriert, die ein begriffliches Äquivalent kennt, welches der hegelianische Diskurs bereithält. Es zeigt sich auch, daß Goldmanns ästhetische Kriterien sich nicht so radikal von denen des *alten* Lukács unterscheiden, wie von manchen Goldmann-Schülern angenommen wird[90]: Wie, wenn sich herausstellt, daß Becketts Texte beim besten Willen nicht in Begriffe zu übertragen sind? Sind sie dann minderwertig, unrealistisch oder gar dekadent? Lukács' Begriff des Typischen und Goldmanns Begriffe der Weltanschauung und der Bedeutungsstruktur sind nur verschiedene Aspekte einer und derselben hegelianischen Kategorie: der Totalität.

---

89 L. Goldmann, Th.W. Adorno, "Deuxième colloque international sur la Sociologie de la Littérature, Royaumont. Discussion extraite des actes du colloque", in: *Revue de l'Institut de Sociologie* (Brüssel), Nr. 3/4, 1973, S. 540.

90 Siehe: S. Naïr, M. Lowy, *Goldmann ou la dialectique de la totalité*, Paris, Seghers, 1973, S. 17 und S. 91.

5. Formalismus, Futurismus und Ausdrucksebene

Jeder Versuch, die Position der russischen Formalisten aus Kants *Kritik der Urteilskraft* abzuleiten, so wie ich einige zentrale Theoreme Marxens, Lukács' und Goldmanns aus Hegels Ästhetik abgeleitet habe, ist vorab zum Scheitern verurteilt, weil die formalistischen Theorien eng mit der Praxis der futuristischen Avantgarde und bis zu einem gewissen Grad der LEF-Bewegung (Levyj front iskusstv/Linke Kunstfront) liiert sind. Beide Gruppen lehnen die dem "interesselosen Wohlgefallen" zugrundeliegende kontemplative Einstellung zur Kunst ab. Nirgendwo tritt das kulturrevolutionäre und sprachrevolutionäre Engagement der russischen Futuristen klarer zutage als bei Nikolaj Gorlov, der in einem polemischen Artikel über den Futurismus schreibt: "Die Futuristen, die die alte Lebensart haßten, haßten auch die alte Sprache."[91] Daß die ästhetische Ausrichtung der Formalisten den bei Kant verpönten Utilitarismus (Nutzen und Engagement der Kunst) nicht ausschließt, ist Hansen-Löve aufgefallen: "Aus der Sicht des Formalismus (v.a. Šklovskijs) erscheint die Utilitarisierung der Kunst im *Lef*-Programm als primärer V-Akt (Verfremdungsakt, P.V.Z.) der Dekanonisierung herrschender ästhetischer Normen und Kommunikationsformen, als 'Arbeit an einem neuen Weltempfinden' (...)."[92] Die Avantgarde, so könnte man folgern, kann nicht kantianisch sein, weil sie durch ihr ästhetisch-politisches Engagement "Interesselosigkeit" und Kontemplation ausschließt.

Nun ist aber der Formalismus weder mit der LEF-Bewegung noch mit dem Futurismus, von dem er stark beeinflußt wurde, identisch. Es kommt hinzu, daß seine Theorien, die einander teilweise widersprechen, zwei Aspekte aufweisen, die als kantianisch zu bezeichnen sind und die Formalisten von ihren marxistischen Kontrahenten trennen: 1. die These, daß Kunst und Literatur spezifische, autonome Bereiche sind, die eine autonome Kunst- und Literaturwissenschaft erfordern; 2. die komplementäre These, die alle Formalisten unermüdlich verteidigen, daß literarische Texte "begriffslos" sind, daß sie nicht begrifflichen Äquivalenten zugeordnet werden können. Dies ist der Grund, weshalb, wie Hansen-Löve erkannt hat, Kants Form-Begriff mit dem der frühen Formalisten vergleichbar ist: "Dieser im Sinne Kants als

---

91 N. Gorlov, "Qu'est-ce que le futurisme?" in: G. Conio (Hrsg.), *Le Formalisme et le futurisme russes devant le marxisme*, Lausanne, Ed. l'Age d'Homme, 1975, S. 170.

92 A.A. Hansen-Löve, *Der russische Formalismus*, op.cit., S. 490.

ausschließlich 'ästhetische Kategorie' verstandene Form-Begriff steht dem des frühen Formalismus eben deshalb so nahe, weil er in Opposition gesetzt ist zum Inhalt und zur individuellen Identifikation der Einfühlung."[92] In Übereinstimmung mit der *Kritik der Urteilskraft* betonen die Formalisten die Bedeutung der Ausdrucksebene und die Unmöglichkeit, literarische Diskurse auf eine *bestimmte* Begrifflichkeit festzulegen.

Schon die Bezeichnung OPOJAZ (Opščestvo Izučennija Poetičeskovo Jazyka/Gesellschaft zur Erforschung der poetischen Sprache), für die sich im Jahre 1916 die Petersburger Gruppe der Formalisten entschied, deutet darauf hin, daß sie, ähnlich wie die New Critics[93], dazu neigten, den Objektbereich der Literaturwissenschaft mit dem lyrischen Text zu identifizieren. Lyrik war ihnen eine Art *pars pro toto*, eine Synekdoche für Literatur. Darin folgten sie den Futuristen, auf deren Sprachexperimente ich im Zusammenhang mit Alexej Kručonych noch zu sprechen komme.

Freilich gilt diese erste skizzenhafte Charakteristik nicht für den gesamten Formalismus in allen seinen Ausprägungen und Phasen, sondern eher für die Strömung, die Peter Steiner treffend als "mechanistischen Formalismus" bezeichnet, und deren Hauptvertreter Viktor Šklovskij (1893-1984) ist. Steiner weist mit Recht darauf hin, daß die beiden anderen Varianten des Formalismus, die "morphologische" und die "systemische", nicht minder wichtig sind.[95] Während die vorwiegend von Jurij Tynjanov (1894-1943) entwickelte systemische Richtung die Literatur als historisches System auffaßt, versuchen Vertreter der morphologischen Variante wie Vladimir Propp (1895-1970) und Viktor Žirmunskij (1891-1971), der später als Marxist wesentliche Beiträge zur Komparatistik lieferte[96], in Anlehnung an Goethe und Cuvier eine strukturale Methode zu entwickeln, deren systematische Anwendung Propp in seiner *Morphologie des Märchens* (1928) erprobt. Dieses Buch ist nicht nur deshalb wichtig, weil es die französische

93 Ibid., S. 78.

94 Einen systematischen Vergleich zwischen Formalismus und dem New Criticism stellt Ewa Thompson an: *Russian Formalism and Anglo-American New Criticism*, Den Haag, Mouton, 1971.

95 Siehe: P. Steiner, *Russian Formalism. A Metapoetics*, Ithaca-New York, Cornell Univ. Press, 1984.

96 Siehe u.a., V. Žirmunskij, "Über das Fach Vergleichende Literaturwissenschaft", in: G.R. Kaiser (Hrsg.), *Vergleichende Literaturforschung in den sozialistischen Ländern 1963-1979*, Stuttgart, Metzler, 1980.

Semiotik (vor allem die der Greimas-Gruppe) nachhaltig beeinflußt hat (s. Kap. 7), sondern auch deshalb, weil es als Suche nach Handlungsstrukturen und vor allem Tiefenstrukturen Kants Theorem der "Begriffslosigkeit" eindeutig widerspricht.

Hier zeigt sich, daß der Formalismus ebensowenig wie der New Criticism eine homogene theoretische Richtung war, obwohl seine Terminologie einheitlicher war und er eher den Charakter einer Schule oder Bewegung hatte. Denn es ist kein Zufall, daß Žirmunskij als Vertreter der morphologischen Richtung zum Marxismus überwechselte und daß Propp eine Richtung der Semiotik beeinflußte, die eher mit dem Hegelianismus als mit dem Kantianismus verwandt ist, zumal sie die Invarianten der Gattung und nicht den Text in seiner Einmaligkeit, Unverwechselbarkeit anvisiert. (Siehe Kap. 7.)

Eine Differenzierung in diachroner Perspektive führt Hansen-Löve durch, wenn er zeigt, daß der Formalismus in seiner ersten Phase vor allem die *Literarizität (literaturnost')* der Texte in einer paradigmatischen Perspektive untersucht, sich in der zweiten Phase auf "die syntagmatische Struktur des Kunstwerkes, auf seine konkreten Kompositionsregeln, auf das System von Verfahren bzw. Funktionen"[97] konzentriert und sich schließlich in der dritten Phase literaturhistorischen und soziologischen Problemen zuwendet. Diese Darstellung überschneidet sich insofern mit der Steiners, als sie einen Trend zur Systematisierung und ein wachsendes Interesse der Formalisten an historischen und soziologischen Fragen erkennen läßt. Dieses Interesse zeigt, daß der Gegensatz zwischen Formalisten und Marxisten, der am Ende dieses Kapitels zur Sprache kommt, nicht verabsolutiert werden sollte und daß ein fruchtbarer Dialog möglich gewesen wäre, wenn die repressive Kulturpolitik der leninistischen Partei ihn nicht vereitelt hätte.

Gegensätze gibt es dennoch, und ich meine nach wie vor, daß es hilfreich ist, sie im Rahmen des umfassenden Antagonismus zwischen Kant und Hegel, zwischen Ausdrucksebene und Inhaltsebene zu betrachten. Daß die Ausdrucksebene einseitig der Inhaltsebene gegenüber aufgewertet werden sollte, zeigt Šklovskijs programmatische Feststellung: "*Eine neue Form entsteht nicht, um einen neuen Inhalt auszudrücken, sondern um eine alte Form abzulösen, die ihren Charakter als künstlerische Form bereits verloren hat.*"[98] Um den Kontrast zu verstärken, sei hier an die Behauptung der sozialistischen Realisten aus dem

97 A.A. Hansen-Löve, *Der russische Formalismus*, op.cit., S. 227.

98 V. Šklovskij, "Der Zusammenhang zwischen den Verfahren der Sujetfügung und den

dritten Abschnitt erinnert: "Aus dem Was ergibt sich das Wie". Im Zusammenhang mit Šklovskijs These deutet sie darauf hin, daß die Methode nicht unabhängig von ihren ästhetischen Grundlagen zu verstehen ist.

Es ist klar, daß Šklovskijs Formbegriff kein Synonym für "Ausdrucksebene" ist, sondern sich mit diesem wesentlich genaueren semiotischen Terminus nur überschneidet. Es kann jedoch gezeigt werden, daß es den Formalisten, vor allem in der ersten Phase ihrer Entwicklung (im "mechanischen" Formalismus, würde Steiner sagen), primär um die Ebene der Signifikanten zu tun war, und zwar sowohl im Bereich der Lyrik als auch im Bereich der Prosa.

Die transmentale Sprache (*zaum*) der futuristischen Dichter zielte darauf ab, die Signifikanten so zu zerlegen oder zu manipulieren, daß es unmöglich wurde, sie auf irgendwelche Signifikate zu beziehen. Alexej Kručonychs transmentale Experimente bewirken eine Verselbständigung der Signifikanten und lösen sie dadurch aus der "kollektiven Konvention" (Saussure) heraus: "Indem Kručonych die Lilie – euy – nennt, zerrüttet er die organische Einheit der Sprache; er tötet die Sprache selbst als sozialen Ordnungsfaktor."[99] "Was ist ein phonisches Bild?" – fragt an anderer Stelle der Futurist Nikolaj Gorlov und erklärt: "Es ist eine Kombination von Klangelementen des Wortes, die unabhängig vom semantischen Inhalt auf unsere Psyche einwirken."[100] Spätestens hier wird klar, daß es im Futurismus tatsächlich um eine Abkoppelung der Ausdrucksebene von der Inhaltsebene ging: um eine Ablösung der Phoneme von den Semen.

Wie in europäischen Avantgarde-Bewegungen (im italienischen Futurismus, im Dadaismus) werden die Wörter zu Wörter-Dingen, zu unabhängigen Signifikanten: "Nach Malevič sind die 'Bewegungen, Laute und Zeichen' dieser gegenstandslosen Sprache weder vom Standpunkt der Vernunft noch dem der konventionellen Schönheit abhängig, sondern es sind 'Wort-Dinge' (*slova-vešči*), die nur für sich stehen."[101] Vor allem der futuristisch-formalistische Ausdruck *zvuk-zaum* (Klang-*Zaum*), dem die Wortverbindung *sem-zaum* (semantischer *Zaum*) entspricht, deutet auf eine Verselbständigung der phonetischen Einheiten.

---

allgemeinen Stilverfahren", in: J. Striedter, *Russischer Formalismus*, München, Fink, 1969, S. 51.

99 N. Gorlov, "Qu'est-ce que le futurisme?", in: G. Conio (Hrsg.), *Le Formalisme et le futurisme russes devant le marxisme*, op.cit., S. 177.

100 Ibid., S. 171.

101 A.A. Hansen-Löve, *Der russische Formalismus*, op.cit., S. 101.

In bezug auf die transmentale Sprache waren sich die Formalisten (vor allem Šklovskij, Tynjanov und Ejchenbaum) mit den Futuristen einig. Davon zeugt u.a. Boris Ejchenbaums (1886-1959) Aufsatz über "Die Theorie der formalen Methode" (1925), in dem es darum geht, "das poetische Wort aus den Fesseln philosophischer und religiöser Tendenzen zu befreien".[102] Der Autor beruft sich auf die sprachliche "Revolution" der Futuristen Chlebnikov, Kručonych und Majakovskij; zugleich polemisiert er gegen die Kunstmetaphysik der Symbolisten, die auf eine Vereinnahmung der Dichtung durch Philosophie und Religion hinausläuft. Sein Plädoyer für den Futurismus wird drei Jahre später von Tynjanov wieder aufgenommen, wenn dieser die von Chlebnikov bewirkte "neue Sehweise" lobt und die Sprachexperimente des Dichters der "sprachlosen" Malerei annähert: "In diesem Sinne steht Chlebnikovs Poesie, obwohl sich die heutige Poesie stillschweigend von ihr nährt, dieser vielleicht weniger nahe als etwa der heutigen Malerei".[103] Der Musik und der Malerei wird die Literatur eher angenähert als dem begrifflichen Denken der Philosophie.

Vor allem Ejchenbaums Arbeiten über den *skaz* (das gesprochene Wort) in der Literatur zeugen davon, daß die Ausrichtung auf die Ausdrucksebene nicht nur im lyrischen Bereich, sondern auch in Analysen von Prosatexten von Bedeutung ist. In seinen bekannten Aufsätzen über Gogols Novellen hebt Ejchenbaum die Bedeutung des gesprochenen Wortes für die Textkonstruktion hervor; er zeigt, daß die Figuren nicht mit Hilfe von Kommentaren oder Erklärungen, sondern durch Sprach- und Klanggesten charakterisiert werden. In Gogols Novelle *Der Mantel* faßt der Name der Hauptperson Akakij Akakijevič auf phonetischer Ebene – gleichsam synekdochisch – den Charakter zusammen: Akakij ist ein kleiner, unbeholfener und eingeschüchterter Beamter, dessen holprige Ausdrucksweise mehr über ihn aussagt als umständliche Erzählerkommentare.

Aus Ejchenbaums Analyse geht hervor, daß nicht nur Lyrik, sondern auch Prosa eine Art Mimesis der Sprache ist, die nicht auf die Begrifflichkeit logischer Rede reduziert werden kann: "All das zusammen deutet darauf hin, daß die Grundlage des Gogol'-Textes der *skaz* ist, daß sich sein Text aus lebendigen Redevorstellungen und Sprechemotionen fügt. Mehr noch: ein solcher *skaz* will nicht bloß erzählen, nicht nur

---

102 B. Ejchenbaum, "Theorie der formalen Methode", in: *Kursbuch* Nr. 10, 1967, S. 10.

103 J. Tynjanov, "Velimir Chlebnikov", in: ders., *Die literarischen Kunstmittel und die Evolution in der Literatur*, Frankfurt, Suhrkamp, 1967, S. 64.

sprechen, sondern mimisch und artikulatorisch Worte reproduzieren, und Sätze werden nicht nur nach dem Prinzip logischer Rede ausgewählt und aneinandergekettet, sondern mehr nach dem Prinzip ausdrucksvoller Rede, in der der Artikulation, der Mimik, den lautlichen Gesten usw. eine besondere Rolle zufällt."[104] Methodologisch interessant ist hier die Redewendung "nicht nur ... sondern mehr", die durchblicken läßt, daß die Logik auch eine strukturierende Funktion erfüllt: Es fragt sich nur welche ... In den Kapiteln über Semiotik und Dekonstruktion werde ich diese Frage im Zusammenhang mit der zeitgenössischen Diskussion wieder aufgreifen.

Die Frage nach dem *Wie*, nach der Ausdrucksebene im weiteren Sinne, wohnt fast allen Schlüsselbegriffen des Formalismus inne. Die beiden Begriffe *Innovation* und *Verfremdung*, die im Mittelpunkt von Šklovskijs Arbeiten über Cervantes' *Don Quijote* und Laurence Sternes *Tristram Shandy* stehen, zeigen, daß die Aufmerksamkeit des Formalisten nicht dem "Logos" der Erzählung, dem begrifflich definierbaren Gerüst, gilt, sondern der Art, wie erzählt wird, wie – etwa Laurence Sterne – das traditionelle Erzählen parodiert, verfremdet. Nicht die *Fabel* als Tiefenstruktur ist wichtig, sondern die Art, wie sie aufbereitet wird: die *Sujetfügung*. – Bei Sterne, sagt Šklovskij, "wird das Bewußtwerden der Form mit Hilfe ihrer Auflösung zum Inhalt des Romans".[105] Es ist natürlich legitim zu fragen, ob die Formalisten ihre Theorie nicht – ähnlich wie die Marxisten – auf einem literarischen Kanon gegründet haben, der sich in ihrem Fall nicht aus klassisch-realistischen, sondern aus parodistischen, innovativen und "avantgardistischen" Texten zusammensetzt. Denn jeder theoretische Diskurs neigt dazu, sich mit Hilfe von Selektionen und Klassifikationen selbst am besten zu illustrieren.

Die Hartnäckigkeit, mit der sich die Formalisten weigern, "Inhalte" zu thematisieren, mit der sie versuchen, die Form selbst zum Inhalt zu machen, läßt ihr zentrales ästhetisches Ideologem zutage treten: die *Autonomie* der Kunst. Mit Recht spricht Steiner von "the Formalist belief in the autonomy of literature".[106] Es ist durchaus möglich, daß diese Autonomieästhetik teilweise den revolutionären Anliegen der

---

104 B. Ejchenbaum, "Wie Gogols *Mantel* gemacht ist", in: J. Striedter (Hrsg.), *Russischer Formalismus*, op.cit., S. 129.

105 V. Šklovskij, "Der parodistische Roman. Sternes *Tristram Shandy*", in: J. Striedter, *Russischer Formalismus*, op.cit., S. 251.

106 P. Steiner, *Russian Formalism*, op.cit., S. 132.

Futuristen zuwiderläuft; es ist sogar möglich, daß sie mit einigen Programmpunkten des Formalismus kollidiert: etwa mit Šklovskijs Forderung, Literatur müsse ein "neues Sehen" ermöglichen und ein "neues Empfinden des Lebens wiederherstellen".[107] Sind das nicht schon Zielsetzungen einer engagierten Literatur, die ein Jenseits des ästhetischen Wirkungsbereichs anpeilt?

Unvereinbar ist die autonome Kunstauffassung jedenfalls mit der Heteronomie der Marxisten, die drei komplementäre Vorwürfe an die formalistische Adresse richten: 1. Die Formalisten vernachlässigen den Inhalt (das "Was") der literarischen Werke; 2. sie versäumen es, die genetische Frage nach dem "Warum" zu stellen, und 3. sie isolieren die literarische Evolution von der Gesamtheit der historischen Prozesse. Im folgenden will ich auf diese drei Punkte der Reihe nach eingehen und den formalistisch-marxistischen Dialog in aller Knappheit (sofern er für ästhetische und methodologische Fragen wichtig ist) wiedergeben.

Den ersten Punkt thematisiert Lev Trockij (1879-1940) in *Literatur und Revolution* (1924) und karikiert dabei die formale Methode, wenn er behauptet, ihr eigentlicher Gegenstand sei "die Analyse (...) der etymologischen und syntaktischen Eigenschaften poetischer Werke (...), das Zählen sich wiederholender Vokale und Konsonanten, Silben, Epitheta".[108] Solche Detailarbeit ist legitim, sagt er, unter der Voraussetzung, daß sie nicht zum Selbstzweck wird, sondern in einer umfassenden (sprich marxistischen) Literaturwissenschaft aufgeht. Demgegenüber beharrt Ejchenbaum auf dem spezifischen und autonomen Gegenstand von Literatur und Literaturwissenschaft. In seinem Artikel "Zur Frage der Formalisten" (1924) betont er "die spezifische Form von sprachlichen Werken" und spricht im Zusammenhang mit der formalen Methode vom "Bestreben nach einer *Spezifizierung* der Literaturwissenschaft".[109]

Zweifellos stimmt das Spezifische der Literatur weitgehend mit der Ausdrucksebene überein, während das Spezifische der Literaturwissenschaft der Frage nach dem "Wie" entspricht: "Wie Gogols *Mantel* gemacht ist" (Ejchenbaum), "Wie ist der *Don Quijote* gemacht?" (Šklovskij). Victor Erlichs Bemerkungen über die Futuristen und Mal-

---

107 V. Šklovskij, "Kunst als Verfahren", in: J. Striedter (Hrsg.), *Russischer Formalismus*; op.cit., S. 15.

108 L. Trockij, *Literatur und Revolution*, München, DTV, 1968, S. 137.

109 B. Ejchenbaum, "Zur Frage der 'Formalisten' (Überblick und Antwort)", in: H. Günther (Hrsg.), *Marxismus und Formalismus*, Frankfurt-Berlin-Wien, Ullstein, 1976, S. 72 und S. 71.

larmé gelten auch für die Formalisten: "Ferner läßt sich wohl das futuristische Wort vom 'Durchschütteln der Syntax' mittelbar auf Mallarmés unermüdliche Versuche zurückverfolgen, die Regeln der Logik durch solche der poetischen Euphonie zu ersetzen."[110]

Die Marxisten hingegen sind an Euphonie nicht interessiert; im Gegenteil, sie fragen nach dem begrifflichen "Was" der Texte, um anschließend die genetische Frage nach dem "Warum" stellen zu können: Was drücken die Tragödien Racines aus? Die Theologie des extremen Jansenismus. Warum sind sie in der zweiten Hälfte des 17. Jahrhunderts entstanden? Weil der Beamtenadel vom absoluten Königtum marginalisiert wurde und sich dem Jansenismus zuwandte. Ich habe hier Goldmanns Fragestellung stark vereinfacht, um sie besser mit der Trockijs vergleichen zu können. In seiner Kritik des Formalismus behauptet Trockij: "Aber nur der Marxismus ist fähig zu *erklären*, warum und woher in einer gegebenen Epoche eine bestimmte Richtung in der Kunst entstanden ist, d.h. wer und warum das Verlangen nach solchen und nicht nach anderen künstlerischen Formen geäußert hat."[111] Im Gegensatz zu Goldmanns Subjekt, das als "sujet de la création" im Bereich der literarischen Produktion beheimatet ist, ist Trockijs Subjekt ("wer ... das Verlangen ... geäußert hat") zweidimensional, weil es sowohl im Bereich der Produktion als auch im Bereich der Rezeption angesiedelt werden kann.

Indessen trifft Trockijs Behauptung, nur der Marxismus sei fähig, das Auftreten einer neuen Kunstform zu *erklären*, einfach nicht zu. Denn auch die Formalisten haben – nicht ganz ohne Erfolg, wie ich meine – versucht, das Entstehen neuer Formen zu *erklären*. In seinem wichtigen Aufsatz über das literarische Faktum beschreibt Tynjanov die *Evolution der Literatur* in vier Etappen, wobei der Gegensatz zwischen *Automatisierung* (als Verschleiß von Stereotypen) und *Entautomatisierung* (als ästhetische Innovation) zur treibenden Kraft der Evolution wird: "1. In dialektischer Beziehung zum automatisierten Konstruktionsprinzip kündigt sich ein entgegengesetztes Konstruktionsprinzip an; 2. es vollzieht sich seine Anwendung, das Konstruktionsprinzip sucht sich die leichteste Anwendungsmöglichkeit; 3. das Konstruktionsprinzip dehnt sich auf eine größtmögliche Zahl von Erscheinungen aus; 4. es wird automatisiert und ruft entgegengesetzte Konstruktionsprinzipien hervor."[112]

---

110 V. Erlich, *Russischer Formalismus*, op.cit., S. 48.

111 L. Trockij, *Literatur und Revolution*, op.cit., S. 149-150.

112 J. Tynjanov, "Das literarische Faktum", in: J. Striedter (Hrsg.), *Russischer Formalismus*; op.cit., S. 413.

Wichtig ist hier vor allem der Gedanke, den Tynjanov auch in seinem Aufsatz "Über die literarische Evolution" (1927) äußert, daß das einzelne Werk *zunächst*, d.h. bevor es auf entfernte Kontexte wie Religion, Politik oder Wissenschaft bezogen wird, innerhalb der literarischen Reihe zu orten ist: "Das einzelne Werk muß in Korrelation zur literarischen Reihe gestellt werden, bevor man von seiner Intention spricht."[113] Die Frage nach Entstehung und Beschaffenheit des *Don Quijote* kann konkret nur im Zusammenhang mit der literarischen Reihe beantwortet werden, wo er als Parodie des spanischen Ritterromans *erklärt* werden kann: Er sollte nicht unmittelbar (referentiell) auf die Zentralisierung Spaniens unter den *Reyes Católicos* bezogen werden.

Goldmann hätte Racines Tragödien nicht unmittelbar auf Jansenismus und Beamtenadel beziehen sollen; er hätte zunächst versuchen sollen, ihren Stellenwert innerhalb der Evolution des französischen Dramas (der französischen Literatur) zu bestimmen. Wie wichtig die literarische Reihe als Vermittlungsinstanz für die Frage nach dem "Warum" (für die "Erklärung" des Textes) ist, fiel später dem bedeutenden Romanisten und materialistischen Literaturwissenschaftler Erich Köhler in seiner Kritik an Goldmann auf: "Sein genetischer Strukturalismus", schreibt er, "vernachlässigt indessen die Bedeutung der Vermittlung durch die literarische Tradition."[114]

Hier zeigt sich, daß die Marxisten ganz zu Unrecht die Frage nach dem "Warum" monopolisiert haben: Statt gegen die Formalisten zu polemisieren, hätten sie sich überlegen sollen, ob es nicht möglich wäre, ihre genetische Frage, die primär auf den sozialen Kontext abhebt, durch die literarische und die sprachliche Komponente zu konkretisieren. Denn Tynjanov, der konsequent die evolutionstheoretische Frage von der genetischen Frage nach der Beziehung von Literatur und Gesellschaft (Psyche) unterscheidet, hat auch recht, wenn er bemerkt: "Diese Korrelation von literarischen und außerliterarischen Reihen vollzieht sich auf der *sprachlichen* Linie (...)."[115] Dieser für die Literatursoziologie zentrale Gedanke wurde später von Bachtin und Adorno aufgegriffen, deren Theorien in den nächsten beiden Kapiteln zur Sprache kommen. Mich hat er veranlaßt, eine Textsoziologie zu entwickeln,

113 Ibid., S. 457.

114 E. Köhler, "Principes historico-sociologiques et science littéraire", in: TILAS, Universität Straßburg, 1973-1974, S. 7.

115 J. Tynjanov, "Über die literarische Evolution", op.cit., S. 453.

die nicht nur literarische, sondern auch politische und theoretische Diskurse über sprachliche Instanzen mit der Gesellschaft korreliert.[116]

Es ist auch nicht ganz richtig, wenn die Marxisten behaupten, die Formalisten hätten die literarische Reihe von den anderen Reihen isoliert (Punkt 3). Denn Tynjanov weist häufig darauf hin, daß die literarische Evolution parallel zur Entwicklung anderer Reihen – der politischen, der wissenschaftlichen, der religiösen – verläuft.

Recht hat allerdings der Marxist Pavel Medvedev (1891-1938), wenn er Tynjanovs Darstellung der literarischen Evolution als "mechanistisch" bezeichnet und die These aufstellt, daß im Rahmen des Gegensatzes von Automatisierung und Entautomatisierung die Vielfalt literarischer Formen nicht zu erklären ist: "Tatsächlich verlangt das formalistische Gesetz der immanenten Entwicklung der Literatur keineswegs die Erfindung neuer Formen. Das formalistische Schema setzt zu seinem Funktionieren lediglich die Existenz zweier zueinander in Kontrast stehender künstlerischer Richtungen voraus (...). Wenn neue Formen auftreten, dann aus Gründen, die vom Standpunkt der literarischen Entwicklung selbst völlig zufällig sind."[117]

Dies ist insofern richtig, als die Formalisten es versäumen, literarische Formen *als* soziale Fakten zu denken und zu zeigen, wie sich gesellschaftliche Standpunkte und Wertungen *in* Einzeltexten und Gattungen niederschlagen. Wenn Tynjanov die verschiedenen Reihen miteinander korreliert, so bleiben die außerliterarischen Reihen der literarischen Reihe *äußerlich.* Dies meint Medvedev, wenn er bemerkt, "daß der soziale Faktor (bei den Formalisten, P.V.Z.) der Literatur fremd ist".[118] Noch präziser drückt es der Marxist Kurt Konrad (1908-1941) aus, wenn er in seiner Kritik des tschechoslowakischen Strukturalismus schreibt: "Aus der schlechten Totalität folgt, daß der Strukturalismus (gemeint ist der Strukturalismus Mukařovskýs und Jakobsons, P.V.Z.) das Wirken außerliterarischer Kräfte nur als 'Einwirkung von außen' zugesteht, nicht als lebendigen Boden, als Medium, das erst dem literarischen Faktum Leben verleiht."[119]

---

116 Siehe: Vf., *Textsoziologie. Eine kritische Einführung*, Stuttgart, Metzler, 1980.

117 P.N. Medvedev, *Die formale Methode in der Literaturwissenschaft*, Stuttgart, Metzler, 1976, S. 210.

118 P.N. Medvedev, "Das Kunstwerk als außerhalb des Bewußtseins liegendes Faktum", in: H. Günther (Hrsg.), *Marxismus und Formalismus*, op.cit., S. 130.

119 K. Konrad, "Der Streit um Inhalt und Form. Marxistische Bemerkungen zum neuen Formalismus", in: H. Günther (Hrsg.), *Marxismus und Formalismus*, op.cit., S. 140-141.

Unüberhörbar klingt hier Hegels Theorem der dialektischen Vermittlung an: Literatur wird nicht – gleichsam von außen – von Wirtschaft und Gesellschaft beeinflußt, sondern ist durch ökonomische und soziale Strukturen *vermittelt.* Dem Trivialroman wohnt die Vermittlung durch den Tauschwert inne: von den einleitenden Stereotypen bis zum kommerzialisierbaren Happy End; vom Umfang, den der Verlag nach kommerziellen Kriterien festlegt, bis zur leuchtenden Aufmachung.

Während ich diesem Hegelschen Theorem der Marxisten uneingeschränkt zustimme, halte ich eine andere Hegelsche These, die sie stets von neuem gegen die Formalisten ins Feld führen, für falsch: für eine der Hauptquellen der in der formalistisch-marxistischen Diskussion auftretenden Mißverständnisse. Es ist der Gedanke, daß das Spezifische der Literatur ihr sinnlicher, ihr affektiver Charakter sei. Dieser Gedanke tritt in nahezu allen marxistischen Argumentationen auf; ich gebe hier nur eine Passage aus Lunačarskijs Formalismus-Kritik wieder, die besonders typisch ist: "Wie muß die Idee in der Kunst aussehen, um, ohne nur abstrakter Gedanke zu sein, dem ideologischen Bereich zuzugehören? – Es ist evident, daß sie den Charakter des Gefühls tragen muß."[120]

Dieser hegelianische Gedanke *par excellence* (man achte auf die Unterscheidung von Idee und Begriff bzw. Gedanke) ist keineswegs evident; ja er ist sogar außerordentlich fragwürdig, weil er voraussetzt, daß Gefühlsregungen begriffliche Äquivalente haben, und vor allem deshalb, weil er die Ebene ausklammert, auf der sich Literatur gegen die Auflösung im Begrifflichen sperrt: die Ausdrucksebene. Klarer als die unterliegenden und mundtot gemachten Formalisten haben Bachtin, Adorno und die Prager Strukturalisten dieses Problem erkannt.

---

120 A.V. Lunačarskij, "Der Formalismus in der Kunstwissenschaft", in: H. Günther (Hrsg.), *Marxismus und Formalismus*, op.cit., S. 89.

III. Michail Bachtins "junghegelianische" Ästhetik

Der Name Michail Michailovič Bachtins (1895-1975) wird immer wieder und manchmal nicht zu Unrecht mit Namen wie Freud, Brecht oder Joyce verknüpft.[1] Mein Hinweis auf die Junghegelianer könnte deshalb den Verdacht aufkommen lassen, daß hier eine weitere Wahlverwandtschaft postuliert werden soll, die der wachsenden Kette von Analogien ein neues Glied hinzufügt. Es geht hier jedoch um wesentlich mehr als um eine Analogie oder um den Nachweis von Einflüssen.

Die Gesamtproblematik, von der Bachtin ausgeht und in der er schreibt, kann als zugleich nachhegelianisch und junghegelianisch bezeichnet werden: erstens, weil die Auseinandersetzungen zwischen Formalisten und Marxisten, die Bachtin, Medvedev und Vološinov, die drei bekanntesten Mitglieder des Bachtin-Kreises, gut kannten, den Hegelianismus der marxistischen Ästhetik in Frage stellten; zweitens, weil die in den 20er und vor allem 30er Jahren herrschende marxistische Ästhetik (wie sich im vorigen Kapitel gezeigt hat) ein verflachter Hegelianismus war, gegen dessen monologischen Herrschaftsanspruch Bachtin und seine Freunde aufbegehrten; drittens, weil Bachtin nicht nur mit der Philosophie Hegels, sondern auch mit der der Nachhegelianer Vischer, Feuerbach und Rosenkranz vertraut war, und schließlich deshalb, weil Dostoevskij, dessen Romane er zur Grundlage seiner polyphonen Ästhetik machte, von den Junghegelianern (etwa von Max Stirner) beeinflußt worden war.

Es soll freilich nicht behauptet werden, andere Einflüsse und Zusammenhänge seien für das Verständnis von Bachtins Literaturwissenschaft und Ästhetik nebensächlich: Vor allem sein Aufsatz "Zur Methodologie der Literaturwissenschaft" (1940/1974) sowie die Aufzeichnungen aus den Jahren 1970 und 1971 ("Iz zapisej 1970-1971 godov") und "Zur Methodologie der Humanwissenschaft" ("K metodologii gumanitarnych nauk", 1979) zeugen von einer nachhaltigen Beeinflus-

---

1 Siehe: *L'immagine riflessa*, Dezember-Januar 1984, *Saggi su Bachtin*, darin vor allem die Beiträge von T. Eagleton ("Carnevale e satira: Bachtin e Brecht"), G.C. Belletti ("Bachtin-Freud. Motivi di un incontro") und A. Ponzio ("Il rapporto di alterità in Bachtin, Blanchot, Lévinas").

sung durch die deutsche Hermeneutik Wilhelm Diltheys und Heinrich Rickerts.[2] Ihr verdankt Bachtin nicht nur den Begriff der "Einfühlung", sondern auch seine Überzeugung, daß sich die Geistes- oder Sozialwissenschaften durch die Besonderheit ihres Objekts, das zugleich Subjekt ist, qualitativ von den Naturwissenschaften unterscheiden: "Scharfe Trennung von Verstehen und wissenschaftlichem Erkennen"[3], heißt es in den Aufzeichnungen aus den frühen 70er Jahren im Zusammenhang mit den Naturwissenschaften.

Doch dieser hermeneutische Einschlag, der das gesamte Werk Bachtins prägt, widerspricht in keiner Weise dem Versuch, es als junghegelianisches zu deuten. Das hermeneutische Postulat einer Dialektik von Subjekt und Objekt war schon immer Bestandteil der hegelianisch-marxistischen Problematik und verbindet so verschiedene Geister wie Bachtin, Lukács, Goldmann, Adorno und Habermas miteinander. Es kommt hinzu, daß Bachtin in seinen Versuchen, Natur- und Geisteswissenschaften voneinander zu trennen, eher Hegelianer als Schüler Diltheys ist. "Durch alle Schriften Hegels", bemerkt Dilthey polemisch, "zieht sich der vergebliche Streit gegen die Wissenschaften der Natur, des Menschen und der Geschichte."[4] *Diese* Kritik an Hegel hat Bachtin sich nirgends zu eigen gemacht – ebensowenig wie die hegelianischen Marxisten und die Autoren der Kritischen Theorie.

Bachtins Kritik an Hegel und am Hegelianismus richtet sich weder gegen die Subjekt-Objekt-Hermeneutik noch gegen den dialektischen Begriff der Vermittlung (s. weiter unten), sondern verfolgt ganz andere, ich würde sagen junghegelianische, Ziele: Es geht darum, die Synthese als bestimmte Verneinung (s. Kap. 1) durch die unaufhebbare Ambivalenz, das geschlossene System durch den offenen Dialog und das mit sich selbst identische Subjekt des Monologs durch die Vielfalt der Stimmen oder die Polyphonie zu ersetzen. Wie schon bei den Junghegelianern und Nietzsche führt diese Kritik am systematischen Logos nicht nur zur Erkenntnis der Polyphonie, sondern auch zu der komplementären Entdeckung der Polysemie und zur Betonung der Ausdrucksebene

2 Siehe: M.M. Bachtin, "Iz zapisej 1970-1971 godov" ("Aus den Aufzeichnungen der Jahre 1970-1971"), ders., "K metodologii gumanitarnych nauk" ("Zur Methodologie der Humanwissenschaften"), in: ders., *Estetika slovesnogo tvorčestva (Ästhetik der Wortkunst)*, Moskva, Iskusstvo, 1979.

3 M.M. Bachtin, "Iz zapisej 1970-1971 godov", in: ders., *Estetika slovesnogo tvorčestva*, op.cit., S. 349.

4 W. Dilthey, *Die Jugendgeschichte Hegels (Gesammelte Schriften* Bd. 4), Stuttgart-Göttingen, B.G. Teubner-Vandenhoeck & Ruprecht, 1968, S. 220.

der Inhaltsebene gegenüber. Doch anders als bei den Formalisten wird bei Bachtin, Medvedev und Vološinov letztere nicht einseitig abgewertet, sondern dialektisch mit der Ausdrucksebene vermittelt. Dadurch unterscheiden sich die "Junghegelianer" der Bachtin-Gruppe von den dualistisch denkenden Autoren der OPOJAZ-Bewegung, die sie kritisieren.

Ein weiterer Faktor, der Bachtin mit Junghegelianern wie Vischer, Feuerbach und Nietzsche (auch mit Marx) verbindet, ist die Aufwertung der Natur dem Geist gegenüber. Da ich im folgenden näher auf sie eingehen will, mag an dieser Stelle der Hinweis genügen, daß die "Wiederentdeckung" der Natur bei Bachtin (ähnlich wie bei Vischer) die Aufmerksamkeit auf das Unbewußte, die Sexualität, das Groteske, den Traum und den Zufall lenkt.

In dem hier skizzierten Kontext ist Bachtins versteckte Kritik am sozialistischen Realismus, mit der sich Hans Günther ausführlich befaßt[5], zu lesen: Es ist die Kritik eines Junghegelianers an einer repressiven hegelianischen Ideologie. In diesem Kontext ist auch die leidige Frage nach Bachtins Marxismus zu stellen: Seine materialistische Dialektik, die auf Offenheit und Polyphonie aus ist, ist mit dem hegelianischen Systemdenken des offiziellen Sowjetmarxismus der 20er und 30er Jahre nicht vereinbar. Sie ist mit der materialistischen Dialektik Walter Benjamins zu vergleichen, die ebenfalls von der radikalen Ambivalenz, dem demokratischen Impuls, der Systemkritik und dem Traumerlebnis ausgeht (s. Kap. 4). Bachtins Dialektik ist kein politisches Alibi, auch keine beschönigende Zutat, wie Ann Shukman meint, wenn sie zu der strapazierten Frage nach dem Autor von *Marxismus und Sprachphilosophie* (M.M. Bachtin/V.N. Vološinov, *Marksizm i filosofija jazyka*, Leningrad, 1930) Stellung nimmt: "Wenn *Marxismus und Sprachphilosophie* auch nur teilweise Bachtin zugeschrieben werden soll, dann kann man grob geschätzt (at a rough guess) davon ausgehen, daß Vološinov für den Marxismus und Bachtin für die Sprachphilosophie verantwortlich ist."[6] Ein solcher Trennungsversuch ist deshalb ab-

5 Siehe: H. Günther, "Michail Bachtins theoretische Alternative zum sozialistischen Realismus", in: ders., *Die Verstaatlichung der Literatur. Entstehung und Funktionsweise des sozialistisch-realistischen Kanons in der sowjetischen Literatur der 30er Jahre*, Stuttgart, Metzler, 1984.

6 A. Shukman, "Between Marxism and Formalism: The Stylistics of Mikhail Bakhtin", in: *Comparative Criticism: A Yearbook*, 2, Cambridge, Cambridge Univ. Press, 1980, S. 230. – Siehe auch: W.G. Walton, "V.N. Voloshinov: A Marriage of Formalism and Marxism", in: P.V. Zima (Hrsg.), *Semiotics and Dialectics. Ideology and the Text*, Amsterdam, John Benjamins, 1981.

surd, weil nicht nur Vološinov, sondern auch Bachtin – etwa in *Rabelais und seine Welt* (S. 516), – zu zeigen versucht, wie Sprachgebrauch und Sprachwandel mit Klassen- und Gruppeninteressen zusammenhängen.

1. Bachtins Kritik am Formalismus in Linguistik und Literaturwissenschaft

Diese kritischen Bemerkungen führen mitten in die Problematik von Bachtins Kritik an der synchronen Linguistik Saussures und der formalen Methode in der Literaturwissenschaft. Sie ist nur dann konkret zu verstehen, wenn man von dem Gedanken ausgeht, daß Bachtin – ähnlich wie Pavel N. Medvedev (1891-1938) und Valentin N. Vološinov (1895-1930) – den Hegelschen Gedanken der dialektischen *Vermittlung* akzeptiert und den Kantschen Dualismus in allen seinen Varianten ablehnt. Daß Bachtin sich Kants Trennung von Subjekt und Objekt aus der *Kritik der reinen Vernunft* nicht zu eigen macht, zeigt eine Anmerkung in seinem wichtigen Aufsatz "Formen der Zeit und des Chronotops im Roman": "In seiner 'Transzendentalen Ästhetik' (...) definiert Kant Raum und Zeit als unvermeidliche Formen einer jeden Erkenntnis, schon der elementaren Wahrnehmungen und Vorstellungen. Wir akzeptieren Kants Einschätzung der Bedeutung dieser Formen im Erkenntnisprozeß, aber im Gegensatz zu Kant fassen wir sie nicht als 'transzendental' auf, sondern als Formen der Wirklichkeit selbst."[7] Dies ist der springende Punkt: Die transzendentale Betrachtungsweise weicht – wie schon bei Hegel und den Marxisten – einer immanenten, und die subjektiven Erkenntnismodi werden der Wirklichkeit, dem Objekt selbst zugerechnet. Der Kantsche Subjekt-Objekt-Dualismus wird durch die dialektische *Vermittlung* aufgehoben.

In Übereinstimmung mit dieser wesentlichen Abweichung von Kant kritisieren Bachtin und Vološinov den cartesianischen Dualismus der synchronen Linguistik Saussures, deren Vertreter dazu neigen, die Synchronie von der Diachronie, das System von der historischen Entwicklung und die *langue* als Universalsystem von der partikularen *parole* zu trennen. Die historische Dynamik der Sprache, sagen die Autoren von *Marxismus und Sprachphilosophie*, ist nur im Zusammen-

7 M.M. Bachtin, "Formy vremeni i chronotopa v romane", in: ders., *Literaturno-kritičeskie stati (Literaturkritische Aufsätze)*, Moskva, Chudožestvennaja literatura, 1986, S. 122.

hang mit den individuellen und kollektiven Sprachhandlungen (als *actes de parole*) zu verstehen, die im Laufe der Zeit die Bedeutungen von Wörtern und größeren semantischen Einheiten verändern. Zugleich weisen sie darauf hin, daß Kommunikationsteilnehmer nicht aus dem lexikalischen Repertoire einer ideologisch unbelasteten *langue* schöpfen, sondern es jederzeit mit sprachlichem Material zu tun haben, das ideologisch vermittelt ist: "*So entspricht das synchronische System, vom objektiven Standpunkt her betrachtet, keinem einzigen realen Faktor im Prozeß des historischen Werdens.*" Und sie fügen hinzu: "In der Tat, die sprachliche Form tritt dem Sprechenden, wie wir gerade gezeigt haben, nur im Kontext bestimmter Äußerungen, und folglich nur in einem bestimmten ideologischen Kontext gegenüber. Wir sprechen in Wirklichkeit keine Wörter aus und hören keine Wörter, sondern hören Wahrheit oder Lüge, Gutes oder Schlechtes, Angenehmes oder Unangenehmes usw. *Das Wort ist immer mit ideologischem oder aus dem Leben genommenem Inhalt und Bedeutung erfüllt.*"[8] Wichtig sind in dieser Passage die beiden Wörter "Inhalt" und "erfüllt", die als Metaphern für die dialektische "Vermittlung" gelesen werden sollten: Die Ideologie ist der Sprache nicht äußerlich, sondern wirkt in ihr und durch sie; sie ist selbst als sprachliche, als semantisch-narrative Struktur darstellbar.[9]

In der Einleitung deutete ich bereits an, daß Ann Shukmans Versuch, die beiden Autoren Bachtin und Vološinov auseinanderzudividieren, nicht überzeugend ist. In seinem Buch *Rabelais und seine Welt*, für das meines Wissens noch niemand Vološinov signieren ließ, bestätigt und ergänzt Bachtin die Ansichten aus *Marxismus und Sprachphilosophie*, wenn er über die kollektiven Sprachen der französischen Renaissance schreibt: "Diese Sprachen waren Weltanschauungen, und keineswegs abstrakte, sondern konkrete, soziale, von einem Wertsystem geprägt, nicht zu trennen von Lebenspraxis und Klassenkampf."[10] (Die Frage, ob Bachtin oder Vološinov politische Rücksichten nehmen mußten, ob sie meinten, was sie sagten, ist in diesem Fall irrelevant: ebenso wie

8 V.N. Vološinov, *Marxismus und Sprachphilosophie*, Frankfurt-Berlin-Wien, Ullstein, 1975, S. 120, 126.

9 Zu Bachtins Kritik an der formalen Linguistik siehe auch: A. Ponzio, *Segni e contraddizioni. Fra Marx e Bachtin*, Verona, Bertani, 1981 und: S. Stewart, "Bakhtin's Anti-Linguistics", in: *Bakhtin. Essays and Dialogues on his work* (ed. G.S. Morson), Chicago/London, The Univ. of Chicago Press, 1986, S. 44-45.

10 M.M. Bachtin, *Rabelais und seine Welt. Volkskultur als Gegenkultur*, Frankfurt, Suhrkamp, 1987, S. 516.

Lukács' Kritik der eigenen Frühschriften. Den Wissenschaftler interessiert ausschließlich der *Text*, den er in einem bestimmten Argumentationszusammenhang verwendet: nicht die geheimen Ansichten des Autors, die in den meisten Fällen ohnehin nicht zu ergründen sind.)

Bachtins und Vološinovs Versuch, mit Hilfe des Vermittlungsbegriffs sprachliche Strukturen als gesellschaftliche und gesellschaftliche Strukturen als sprachliche zu denken, ist für die Entwicklung der Soziosemiotik und der Textsoziologie besonders wichtig, weil er über den Rahmen des formalistischen Ansatzes hinausgeht: Während die Formalisten versuchten, die Beziehung zwischen Sprache (Literatur) und Gesellschaft als ein Verhältnis wechselseitiger *Beeinflussung* zu denken, antizipieren die Autoren von *Marxismus und Sprachphilosophie* Benjamins und Adornos These über den gesellschaftlichen Charakter der Sprache.

Diese vermittelnde Betrachtungsweise unterscheidet sie wesentlich von einem den Formalisten nahestehenden Theoretiker wie Grigorij Vinokur, der meint, daß "die Linguistik als Wissenschaft von der sozialen Sprache, die vor allem Verbindung, Kommunikation, gegenseitiges Verstehen voraussetzt, das Sprechen mit vollem Recht ignoriert (...)."[11] In Übereinstimmung mit dieser Trennung von *langue* und *parole* trennt er Linguistik und Literaturwissenschaft von der Soziologie und behauptet im Sinne des kantianischen Dualismus: "Natürlich ist das empirisch-konkrete Sprechen, darunter auch das poetische Sprechen, für sich genommen, ein nichtsoziales Faktum."[12] Wichtig ist in diesem Zusammenhang nicht nur die Behauptung als ganze, sondern vor allem die für alle dualistischen (isolierenden) Theorien charakteristische Redewendung "als solche". Bachtin und Vološinov gehen – wie Kristeva richtig gesehen hat – gerade von der Annahme aus, daß das "konkrete" oder das "poetische Sprechen" nicht "für sich" existiert und daher auch nicht "für sich" betrachtet werden kann.[13]

Dieser wesentliche Unterschied zwischen den dualistisch und mechanistisch denkenden Formalisten und den Dialektikern des Bachtin-

---

11 G. Vinokur, "Poetik. Linguistik. Soziologie", in: A. Flaker, V. Žmegač (Hrsg.), *Formalismus, Strukturalismus und Geschichte*, Königstein/Ts., Scriptor, 1974, S. 46.

12 Ibid., S. 50.

13 Siehe: J. Kristeva, "Le Mot le dialogue et le roman", in: dies., *Semeiotikè. Recherches pour une sémanalyse*, Paris, Seuil, 1969, S. 144: "(...) Bakhtine situe le texte dans l'histoire et dans la société, envisagées elles-mêmes comme textes que l'écrivain lit et dans lesquels il s'insère en les récrivant."

Kreises scheint I.R. Titunik entgangen zu sein, wenn er in seinem Nachwort zur englischen Ausgabe von *Marksizm i filosofija jazyka* eine Konvergenz zwischen Bachtins und Tynjanovs soziologischer Betrachtungsweise zu erkennen meint.[14] Obwohl auch ich Tynjanovs Beitrag zur Literatur- und Textsoziologie für besonders wichtig halte und Titunik recht gebe, wenn er die methodologischen Anliegen Bachtins und Tynjanovs vergleicht, so meine ich dennoch, daß die beiden Ansätze nicht auf einen Nenner zu bringen sind, weil Bachtin eher von der Hegelschen Vermittlung und Tynjanov vom Kantschen Dualismus ausgeht. Dieser erklärt, weshalb er und die anderen Formalisten über den Gedanken an eine wechselseitige Beeinflussung der Reihen (der literarischen, politischen, wissenschaftlichen oder wirtschaftlichen) nicht hinausgelangt sind. Demgegenüber sieht Bachtin – wie Gary Saul Morson richtig bemerkt hat – in der Sprache “das subtilste Barometer des sozialen und historischen Wandels”[15] und betrachtet das einzelne literarische Werk als ein sozio-linguistisches Konstrukt und die literarische Entwicklung als einen sozio-linguistischen Vorgang.

Nur in diesem Zusammenhang ist seine Kritik der traditionellen Literaturwissenschaft und Stilistik zu verstehen, die schriftliche und mündliche Äußerungen rein *monologisch* als regelgeleitete Prozesse analysiert, ohne auf den Gedanken zu kommen, daß jede Äußerung (russ. *slovo*) *dialogisch* als Replik und interessengeleitete Reaktion auf andere Äußerungen (*slova*) aufzufassen ist: Wir “hören Wahrheit oder Lüge, Gutes oder Schlechtes, Angenehmes oder Unangenehmes usw.” (s.o.)[16]

---

14 Siehe: I.R. Titunik, “The Formal Method and the Sociological Method (M.M. Baxtin, P.N. Medvedev, V.N. Vološinov) in Russian Theory and Study of Literature”, in: V.N. Vološinov, *Marxism and the Philosophy of Language*, London-New York, Seminar Press, 1973, S. 199.

15 G.S. Morson, “The Heresiarch of META”, in: PTL Nr. 3, 1978, S. 412. Siehe auch: G.S. Morsons neueren Beitrag: “Dialogue, Monologue and the Social: A Reply to Ken Hirschkop”, in: *Bakhtin. Essays and Dialogues on his work*, Hrsg. G.S. Morson, Chicago/London, The Univ. of Chicago Press, 1986, S. 85.

16 Siehe auch: M.M. Bachtin, “Das Problem von Inhalt, Material und Form im Wortkunstschaffen”, in: ders., *Die Ästhetik des Wortes* (Hrsg. R. Grübel), Frankfurt, Suhrkamp, 1979, S. 128: “Die einzelne konkrete Äußerung steht immer in einem wertmäßig-sinnhaften kulturellen Kontext – einem wissenschaftlichen, einem künstlerischen, einem politischen oder einem anderen Kontext – oder im Kontext einer einmaligen Situation des individuellen Lebens; nur in diesen Kontexten hat die einzelne Äußerung Leben und Sinn: sie ist wahr oder falsch, schön oder häßlich, aufrichtig oder unaufrichtig, offen, zynisch, autoritär u.a. – neutrale Äußerungen gibt es nicht und kann es nicht geben (…).”

Der formalen und formalistischen Stilistik wirft Bachtin vor, daß sie diesen dialogischen und durchaus auch polemischen Charakter des Wortes nicht erkannt hat: "Diese Art der Kombination von Sprachen und Stilen zu einer höheren Einheit kennt die traditionelle Stilistik nicht, sie hat keinen Zugang zum besonderen sozialen Dialog der Sprachen im Roman."[17] Mit der "traditionellen Stilistik" ist hier auch die der Formalisten gemeint, die versuchen, dialogische Elemente der Sprache monologisch zu erklären.

So kritisiert Bachtin beispielsweise Boris Ejchenbaums Studien über den literarischen *skaz* (s. Kap. 2), weil dieser dort rein monologisch aufgefaßt und seine dialogische Dimension unterschlagen werde. Mit Ejchenbaum stimmt Bachtin in der Ansicht überein, daß mündliche Rede und sprachliche Mimesis in den Novellen Gogols eine wichtige Funktion erfüllen; er glaubt aber, daß der *skaz* nur dialogisch zu verstehen ist: "Das Problem des skaz hat als erster B.M. Ejchenbaum zur Sprache gebracht. Er versteht den skaz ausschließlich als *Ausrichtung auf die mündliche Form des Erzählens*, als Ausrichtung auf die mündliche Rede und die entsprechenden sprachlichen Besonderheiten (...). Er stellt überhaupt nicht in Rechnung, daß der skaz in der Mehrzahl der Fälle vor allem Ausrichtung auf *fremde Rede* bedeutet und erst von daher, als Folge, auf die mündliche Rede."[18] Das für Bachtin wesentliche Element ist also das fremde Wort, das, was Tzvetan Todorov als *altérité* bezeichnet[19] und was von jeder monologischen Sprachauffassung ausgegrenzt wird.

Bachtins Kritik wurde von den Mitgliedern der OPOJAZ-Bewegung zwar zur Kenntnis genommen, fiel aber nicht auf fruchtbaren Boden. Vor allem Viktor V. Vinogradov (1895-1969), der eine formale Stilistik entwickelte und sich zugleich um einen Brückenschlag zwischen Literatur und Gesellschaft bemühte, versuchte nachzuweisen, daß Bachtins Dialog in Monologe zerlegt werden könnte. Er argumentierte ähnlich wie die Kritiker der Dialektik, die behaupten, die Einheit der Gegensätze sei ein Mißverständnis, das auf analytischem Wege zu beseitigen sei:

---

17 M.M. Bachtin, *Die Ästhetik des Wortes*, op.cit., S. 157.

18 M.M. Bachtin, *Probleme der Poetik Dostoevskijs*, München, Hanser, 1971, S. 213. – Für eine dialogische Auffassung des *skaz* spricht sich auch P.N. Medvedev in *Die formale Methode in der Literaturwissenschaft*, Stuttgart, Metzler, 1976, S. 168 aus: "Auch der skaz ist permanent auf die entsprechende Reaktion des Auditoriums ausgerichtet (...)."

19 Siehe: T. Todorov, "Bakhtine et l'altérité", in: *Poétique* Nr. 40, November, 1979, S. 503, 510. Zum Problem der *Alterität* oder *otherness* siehe auch: M. Holquist, *Bakhtin and his World*, London-New York, Routledge, 1990, S. 18.

Der Gegenstand x sei nicht zugleich y und -y, sondern zum Zeitpunkt t_1 y und zum Zeitpunkt t_2 -y. "Vinogradov", kommentiert Nina Perlina in dem von ihr inszenierten postumen Dialog zwischen Bachtin und Vinogradov, "zeigt, daß sich sogar ein Dialog des Alltags aus einer Reihe monologischer und klar unterscheidbarer Aussagen zusammensetzt".[20]

An dieser Stelle wird noch einmal deutlich, daß die Formalisten im Gegensatz zu den Dialektikern Bachtin, Vološinov und Medvedev vorwiegend analytisch, d.h. kantianisch dachten: Konsequent versuchten sie, den Dialog in monologische Sequenzen zu zerlegen, und setzten sich über das dialektische Verhältnis von Sprache und Gesellschaft, von Literatur und Gesellschaft hinweg: "Für Vinogradov, der hier wirklich als Antipode Bachtins erscheint, ist die poetische Sprache kein ideologisches, sondern ein linguistisches Unternehmen (...)."[21] Wie schon bei Vinokur wird hier die dialektische Vermittlung dem dualistischen Entweder/Oder geopfert. Ich selbst halte gerade Bachtins und Vološinovs Gedanken, daß Gesellschaft und Ideologie *in* die sprachlichen Prozesse eingehen und ihrerseits *als* sprachliche Konstruktionen darstellbar sind, für einen entscheidenden Fortschritt.[22]

Berechtigt scheint mir schließlich auch Bachtins Vorwurf zu sein, die Formalisten hätten eine "Material-Ästhetik" entworfen, ohne sich über die noetischen Grundlagen ihrer Ansätze Gedanken zu machen. Sie haben die ästhetischen und philosophischen Voraussetzungen der formalen Methode nicht *reflektiert*: "Eine der wichtigsten Aufgaben der Ästhetik besteht darin, einen Zugang zu ästhetischen Philosophemen zu schaffen, *eine Theorie der intuitiven Philosophie auf der Grundlage einer Theorie der Kunst* zu errichten. Zur Erfüllung einer solchen Aufgabe ist die Material-Ästhetik am wenigsten geeignet; da sie den Inhalt ignoriert, hat sie nicht einmal Zugang zur künstlerischen Intuition in der Philosophie."[23] Wie Medvedev in seiner Kritik der "formalen

20 N. Perlina, "Michail Bachtin dialoga con Victor Vinogradov: La filosofia dell'espressione poetica della retorica del linguaggio poetico", in: *Bachtin teorico del dialogo* (a cura di Franco Corona), Milano, Franco Angeli, 1986, S. 316.

21 Ibid., S. 314.

22 In diesem Zusammenhang siehe auch P.N. Medvedevs Kritik der formalen Methode in: *Die formale Methode in der Literaturwissenschaft*, op.cit., S. 37: "Dieses Einwirken von Literatur auf Literatur hört aber nicht auf, soziologischen Charakter zu haben. Genauso wie jede andere Ideologie ist die Literatur eine durch und durch soziale Erscheinung." Siehe auch S. 42, wo er in seiner Kritik an P.N. Sakulin bemängelt, dieser begrenze "denn auch die soziologische Methode auf das Gebiet der Analyse kausaler Einwirkungen außerliterarischer Faktoren auf die Literatur".

23 M.M. Bachtin, *Die Ästhetik des Wortes*, op.cit., S. 117.

Methode" wirft auch Bachtin den Formalisten ihren Szientismus vor: ihre Idee, daß eine exakte Wissenschaft von der Kunst ohne philosophische, hermeneutische Reflexion möglich sei.[24]

Er selbst hat zwar in seinem wichtigen Aufsatz über das "Problem von Inhalt, Material und Form im Wortkunstschaffen" und anderen Schriften[25] seine ästhetische Position, die auf der Dialektik von Inhalt und Form gründet, umfassend dargestellt; es kann jedoch kaum behauptet werden, er habe sie im Zusammenhang mit den bestehenden Ästhetiken philosophisch reflektiert. Wie unterscheidet sich Bachtins dialektische Ästhetik von der Hegels? In welcher Hinsicht kann sie der "begriffslosen" Ästhetik Kants und Nietzsches radikaler Ambivalenz angenähert werden? Mit diesen Fragen haben sich auch Bachtins Kommentatoren und Kritiker nicht systematisch befaßt. Sicherlich hat Rainer Grübel recht, wenn er Bachtins Ästhetik durch deren Praxisbezug von Hegels Kunstphilosophie unterscheidet.[26] Aber was macht den globalen Gegensatz zwischen Hegel und Bachtin aus? Auf diese Frage geht – zumindest implizit – Hans Günther ein, wenn er Bachtins Literaturtheorie als Alternative zum sozialistischen Realismus darstellt. Von diesem Gegensatz möchte ich in den folgenden beiden Abschnitten ausgehen, um zu zeigen, daß aus Bachtins Kritik an den hegelianischen Doktrinen des sozialistischen Realismus ein rebellischer, radikal-demokratischer Diskurs hervorgeht, der als "junghegelianisch" (im Sinne von Feuerbach, Stirner und Vischer) zu bezeichnen ist.

2. Bachtins Kritik des Hegelianismus

Sooft man die deutsche, italienische, französische oder englische Sekundärliteratur zu Bachtin zur Hand nimmt, wird man mit den bekannten Schlüsselbegriffen "Karneval", "Dialog", "Monolog" und "Chronotopos" konfrontiert. Nur selten wird nach dem Stellenwert dieser Begriffe in der modernen Ästhetik oder in der zeitgenössischen ästhetischen Diskussion gefragt.

Eine erfreuliche Ausnahme macht Květoslav Chvatík, der in seinem Buch *Mensch und Struktur* (1987) bemerkt, daß der Gegensatz zwi-

24 Siehe: ibid., S. 117.
25 Siehe: ibid., S. 142: "Die Form ist also Ausdruck einer aktiven Wertbeziehung des Schöpfer-Autors und des (die Form mit-schaffenden) Rezipienten zum Inhalt (...)."
26 Siehe: R. Grübel, "Zur Ästhetik des Wortes bei Michail M. Bachtin", in: M.M. Bachtin, *Die Ästhetik des Wortes*, op.cit., S. 25.

schen Monolog und Dialog die Grenzen der Terminologie sprengt, weil er auf unvereinbare ästhetische und philosophische Prämissen verweist: "Wir können deshalb zusammenfassen, daß Bachtins Gegensatz von Monolog und Dialog, von monotonem und polyphonem Prinzip, sich bei weitem nicht nur in der einen oder anderen Romanform und künstlerischen Komposition niederschlägt, sondern ein Gegensatz zwischen zwei verschiedenen Ästhetiken und letzten Endes zwischen zwei unterschiedlichen Philosophien ist."[27] Es fragt sich, zwischen welchen.

Meine These lautet, daß Bachtin in seiner versteckten Kritik der marxistisch-leninistischen Ästhetik vor allem den grob vereinfachten Hegelianismus dieser Doktrin anvisiert, in vieler Hinsicht jedoch Dialektiker und Hegelianer bleibt, so daß eine theoretische Alternative entsteht, die junghegelianische (und folglich auch nietzscheanische und sogar existentialistische) Aspekte aufweist.

Nun könnte jemand, der empirische Überprüfbarkeit für besonders wichtig hält, einwenden, meine Darstellung sei zu spekulativ, da sich Bachtin nie mit der offiziellen marxistischen Ästhetik befaßt hat, zumal die Doktrin des "sozialistischen Realismus" erst auf dem Schriftstellerkongreß des Jahres 1934 von Ždanov und Bucharin formuliert wurde, also fünf Jahre nach der Veröffentlichung von Bachtins Dostoevskij-Buch (1929). Der Einwand zeigt nur, daß die berechtigte Forderung nach empirischer Überprüfung nicht in Empirismus ausarten sollte. So verschiedene Slawisten wie Hans Günther und Renate Lachmann vertreten die Ansicht, daß Bachtins Terminologie und Ästhetik nicht unabhängig vom herrschenden Marxismus-Leninismus und von der politischen Situation der 20er und 30er Jahre zu verstehen sind. Mit Recht weist letztere drauf hin, daß *Ambivalenz* bei Bachtin als kritischer Wert "positiviert" und gegen die Monosemierungstendenzen im sozialistischen Realismus ausgespielt wird. Bachtins Konzept sei "als fundamentale Kritik am Herrschaftsanspruch auf die eine Wahrheit der sich seit Mitte der zwanziger Jahre auf den sozialistischen Realismus hinbewegenden russischen Literatur"[28] zu verstehen.

Noch konkreter geht Hans Günther auf Bachtins polemisches Verhältnis zum sozialistischen Realismus ein, wenn er in *Die Verstaatlichung der Literatur* (1984) zeigt, wie die Grundbegriffe der soziali-

---

27 K. Chvatík, "Bachtins Ästhetik des Wortes und seine Dostoevskij-Interpretation", in: ders., *Mensch und Struktur. Kapitel aus der neostrukturalen Ästhetik und Poetik*, Frankfurt, Suhrkamp, 1987, S. 228.

28 R. Lachmann, "Intertextualität als Sinnkonstitution. Andrej Belyjs *Petersburg* und die 'fremden' Texte", in: *Poetica* Nr. 15, 1983, S. 70.

stisch-realistischen Ästhetik von Bachtins theoretischer Alternative systematisch herausgefordert werden. Neben dem autoritären Ernst, dem Monolog und der von oben verordneten Volkstümlichkeit wird auch der Begriff des Typischen in Frage gestellt: "Bachtins grotesker Realismus impliziert auch eine Auseinandersetzung mit dem für den sozialistischen Realismus charakteristischen Begriff des Typischen, der zu Anfang der 30er Jahre unter Berufung auf den damals gerade veröffentlichten Brief von Friedrich Engels an Minna Kautsky kanonisiert wird."[29] Das Typische als hegelianische Kategorie ist – wie sich im vorigen Kapitel gezeigt hat – nicht unabhängig von der Dialektik zwischen Erscheinung und Wesen, zwischen den Teilen und dem Ganzen, der Totalität, zu verstehen.

Gerade die Totalität als monosemierende Erkenntniskategorie, als geschlossene Einheit, stellt Bachtin mit dem Ambivalenz-Begriff jedoch in Frage: Wie die Junghegelianer, wie Nietzsche geht er von der offenen, durch keine bestimmte Verneinung oder Synthese zu bändigenden Ambivalenz aus. Dadurch zweifelt er Hegels systematische, auf totale Erkenntnis und absolute Idee ausgerichtete Dialektik an und entwickelt eine offene, negative Dialektik, die zwar die Einheit der Gegensätze und die Vermittlung, nicht jedoch die Aufhebung im Positiven kennt. Zugleich mit der Aufhebung wird der Monolog als systematischer, alle Widersprüche integrierender Diskurs destruiert.

Auch im ästhetischen Bereich wirkt sich die extreme Ambivalenz destruktiv aus: Sie sprengt die harmonische Totalität des hegelianischen Klassizismus und ersetzt sie durch die unauflösbare Antinomie, die Dissonanz, die Polyphonie. Wie sehr Bachtins antinomische und polyphone Ästhetik als Revolte gegen die forcierte Klassik des sozialistischen Realismus aufzufassen ist, fiel wiederum Hans Günther auf, der "Stalins Äußerung über die Notwendigkeit der Schaffung einer sowjetischen Klassik vom 17. Januar 1936"[30] erwähnt und an anderer Stelle hinzufügt: "Die Etablierung des sozialistischen Realismus läßt sich als Versuch der Zentralisierung der Kultur und der Unifizierung, d.h. der Einführung einer 'Einheitssprache' im Bereich der Kunst verstehen."[31]

Daß Bachtins Kritik dieser Einheitssprache der Herrschenden zugleich eine Kritik an Hegels dialektischem Wahrheitsbegriff ist, zeigen

29 H. Günther, *Die Verstaatlichung der Literatur*, op.cit., S. 135.
30 Ibid., S. 136.
31 Ibid., S. 138.

seine Kommentare zu Dostoevskij. Während Hegel Dialektik und philosophischen Dialog (mit Spinoza, Hobbes, Hume oder Kant) lediglich als Etappen in einem monologischen Prozeß betrachtet, der sich teleologisch auf das absolute Wissen zubewegt, wird in Bachtins Dostoevskij-Interpretation der Dialog zum Selbstzweck: "Es ist völlig einsichtig, daß sich im Zentrum der künstlerischen Welt Dostoevskijs der Dialog befinden muß und zwar nicht als Mittel, sondern als Selbstzweck."[32]

Wo der offene Dialog zum Selbstzweck wird, dort löst sich auch die Wahrheit als absolutes, monologisches Wissen auf: "Es muß unterstrichen werden, daß in der Welt Dostoevskijs auch die *Zustimmung* ihren *dialogischen* Charakter bewahrt, d.h. daß es nie zu einer *Verschmelzung* der Stimmen und Wahrheiten zu einer *unpersönlichen* Wahrheit kommt, wie es in der monologischen Welt geschieht."[33] Diese ist Hegels Welt, in der Vieldeutigkeit und Vielstimmigkeit als Mängel gelten, in der "die klassische Kunst die begriffsgemäße Darstellung des Ideals, die Vollendung des Reichs der Schönheit"[34] ist.

Bachtins Ästhetik klammert im Gegensatz zur formalistischen die Inhaltsebene zwar nicht aus, sie stellt aber durch die Einführung von Ambivalenz und Polyphonie deren begriffliche Homogenität in Frage. An die Stelle der einen historischen Wahrheit, die bei Hegel das klassische oder romantische (christliche) Kunstwerk ausdrückt, tritt bei Dostoevskij und Bachtin die Vielstimmigkeit des Romans, die keine "unpersönliche", d.h. umfassende, synthetische Wahrheit zuläßt.

In seiner langen Abhandlung über "Das Wort im Roman" macht Bachtin klar, daß die Sprache dieser Gattung nicht nur Hegels homogenen Wahrheitsbegriff, sondern auch seine Vorstellung von einer Identität zwischen Subjekt und Objekt, zwischen Diskurs und Wirklichkeit in Frage stellt. Der Agnostizismus des Romans, der Agnostizismus Bachtins und Dostoevskijs, ersetzt diese Vorstellung durch ein hypothetisches Bewußtsein, das aus der Krise und der Kritik des Hegelschen Systems hervorgeht: "Kurz, die Sprache wird von einer unanfechtbaren und einzigen Verkörperung von Sinn und Wahrheit zu einer von mehreren möglichen Hypothesen des Sinns."[35]

---

32 M.M. Bachtin, *Probleme der Poetik Dostoevskijs*, op.cit., S. 285.

33 Ibid., S. 107.

34 G.W.F. Hegel, *Vorlesungen über die Ästhetik* Bd. 2, Frankfurt, Suhrkamp, 1970, S. 127-128.

35 M.M. Bachtin, "Das Wort im Roman", in: ders., *Die Ästhetik des Wortes*, op.cit., S. 255.

Bachtins sprachliche Skepsis, die in mancher Hinsicht an die der Junghegelianer und Nietzsches erinnert (s. Kap. 1), erklärt seine Kritik an Goethes Evolutionstheorie, die hegelianische Züge aufweist und auf dem Gedanken gründet, die historische Entwicklung sei als ein homogener Ablauf zu verstehen, in den auch die Ungereimtheiten und Widersprüche sinnvoll integriert werden können. In seiner Abhandlung über den Bildungs- oder Erziehungsroman ("Roman vospitanija", 1936-1938), die nur als Fragment erhalten ist, da das satzfertige Manuskript im Krieg verlorenging[36], stellt Bachtin Goethes Versuch dar, die heterogene Wirklichkeit als integrierten Evolutionsprozeß zu denken: "Hinter einer jeden statischen Vielfalt nahm er Zeitunterschiede wahr: Das Verschiedene ordnete sich in seinen Augen nach verschiedenen Graden (Epochen) der Entwicklung, d.h. es nahm zeitlichen Sinn an."[37] Goethes "Chronotopos", sagt Bachtin, ist kein beziehungsloses Nebeneinander gleichzeitiger Erscheinungen, sondern sinnerfüllte, historische Zeit, in der einige Erscheinungen noch der Vergangenheit angehören, während andere bereits in die Zukunft weisen.

Wichtig ist nun, daß Bachtin nach junghegelianischer Manier diesen Historismus Goethes ablehnt und in Dostoevskijs Weigerung, die Vielfalt der Erscheinungen in einen homogenen historischen Diskurs zu integrieren, eine Alternative erblickt. Komplementär zu den Bemerkungen aus "Roman vospitanija" verhält sich die Kritik an Goethe im Dostoevskij-Buch: "Ein Künstler wie Goethe zum Beispiel neigt seinem Wesen nach zu einer evolutionären Reihe. Alle koexistierenden Widersprüche sucht er als verschiedene Etappen einer einzigen Entwicklung aufzufassen, in jeder Erscheinung der Gegenwart eine Folge der Vergangenheit, den Höhepunkt der Zeit oder eine zukunftsweisende Tendenz zu sehen; infolgedessen liegt nichts für ihn auf derselben extensiven Ebene."[38] Im Gegensatz dazu versucht Dostoevskij, "die Etappen in ihrer *Gleichzeitigkeit* zu verstehen, sie dramatisch zu *vergleichen* und einander *gegenüberzustellen* und nicht zu einer evolutionären Reihe aufzulösen".[39]

---

36 Siehe M.M. Bachtin, *Estetika slovesnogo tvorčestva*, op.cit., S. 395: Zu Bachtins Ms. "Roman vospitanija i jego značenie v istorii realizma" ("Der Bildungsroman und seine Bedeutung in der Geschichte des Realismus") heißt es dort: "Das Buch war abgeschlossen und lag dem Verlag vor, konnte aber nicht vor Ausbruch des Krieges erscheinen; im letzten Kriegsjahr ging das Manuskript verloren."

37 M.M. Bachtin, "Roman vospitanja i jego značenie v istorii realizma", in: ders., *Estetika slovesnogo tvorčestva*, op.cit., S. 208.

38 M.M. Bachtin, *Probleme der Poetik Dostoevskijs*, op.cit., S. 34.

39 Ibid., S. 34-35.

Diese Kritik an Goethe, in der Bachtin Dostoevskijs Position einnimmt, weist drei für meinen Argumentationszusammenhang wesentliche Aspekte auf: 1. Ohne Goethes Evolutionstheorie mit Hegels Historismus zu verwechseln, kann man davon ausgehen, daß sein Versuch, die heterogene Wirklichkeit als sinnvollen historischen Prozeß zu denken, auch Hegels Grundintention entspricht; deshalb kann Bachtins Kritik an Goethes Evolutionismus zugleich als eine indirekte Kritik am Hegelschen Chronotopos gelesen werden, der mit dem Dostoevskijs (und Nietzsches) unvereinbar ist. 2. Diese Kritik richtet sich auch (und damit kehre ich zu meinem Ausgangspunkt zurück) gegen den Historismus der Marxisten-Leninisten und der Vertreter des sozialistischen Realismus, die noch heute glauben, daß die historische Entwicklung trotz ihrer Heterogenität und Widersprüchlichkeit auf das *telos* der klassenlosen Gesellschaft ausgerichtet ist. Auch sie integrieren die Ambivalenzen, Dissonanzen und Antinomien in eine monologische Erzählung, die den "Junghegelianern" Bachtin und Dostoevskij fremd ist. 3. Bachtins Kritik ist deshalb modern oder zeitgemäß (manche würden sagen "postmodern"), weil sie Jean-François Lyotards Kritik der "métarécits", der großen metaphysischen Erzählungen, allen voran der Hegelschen, antizipiert.[40] Lange vor Lyotard zweifelt Bachtin die Legitimität solcher Erzählungen an und konfrontiert sie mit Dostoevskijs chaotischer Vielstimmigkeit.

Da bisher die Kritik an Hegel und am sozialistischen Realismus im Mittelpunkt stand, habe ich Bachtins "Junghegelianismus" lediglich postuliert und darauf verzichtet, junghegelianische Einflüsse nachzuweisen oder typologische Analogien im Sinne von Viktor Žirmunskij[41] herzustellen. Im folgenden will ich Versäumtes nachholen und zeigen, daß Bachtin mit den Schriften der Junghegelianer vertraut war, daß seine Annäherung an die junghegelianischen Positionen auch über Dostoevskij zustande kam und daß unabhängig von allen Einflüssen frappierende typologische Ähnlichkeiten zwischen ihm und den Junghegelianern nachgewiesen werden können.

---

40 Siehe: J.-F. Lyotard, *La Condition postmoderne*, Paris, Minuit, 1979, Kap. 6-8.

41 Siehe: V. Žirmunskij, "Über das Fach Vergleichende Literaturwissenschaft", in: G.R. Kaiser (Hrsg.), *Vergleichende Literaturforschung in den sozialistischen Ländern*, Stuttgart, Metzler, 1980, S. 83-84.

3. Bachtins "junghegelianische" Ästhetik

Die Erfahrungen der Vergleichenden Literaturwissenschaft zeigen, daß Arbeiten, die schlicht Kontakte nachweisen, oftmals nur triviale Erkenntnisse zeitigen, weil die Tatsache, daß X Y kannte, noch nichts über die Bedeutung von Y für X aussagt. Bekanntschaften oder Einflüsse werden erst dann bedeutsam, wenn eine globale typologische Übereinstimmung zwischen Autoren oder Autorengruppen aufgezeigt werden kann. In solchen Fällen sind persönliche Kontakte und Einflüsse nicht nur zufallsbedingt, sondern im Rahmen einer sprachlichen, ideologischen und kulturellen Affinität zu erklären.

Ein bekanntes Beispiel ist die Einwirkung der Psychoanalyse auf die Romane der Jahrhundertwende (Svevo, Musil, Hesse) und auf den französischen Surrealismus: In beiden Fällen wurde das psychoanalytische Vokabular z.T. ironisch oder parodistisch rezipiert, weil die Romanciers und die Surrealisten es mit ähnlichen Problemen zu tun hatten wie Freud und seine Schüler: mit dem "Unbehagen in der Kultur", dem Irrationalen, dem Unbewußten, dem Traum und der Subjektproblematik.

Ähnliches läßt sich vom Verhältnis zwischen den Junghegelianern und Bachtin sagen: Bachtin kannte nicht nur die Schriften F.Th. Vischers, Max Stirners, Sören Kierkegaards und Friedrich Nietzsches, sondern schrieb in einer sprachlichen und gesellschaftlichen Situation, in der die Problematik und die Kritik dieser Autoren hochaktuell waren. Im ersten Kapitel hat sich gezeigt, daß Vischer Hegels Ästhetik in einer demokratischen Perspektive kritisierte, in der die Aufwertung der Natur, des Humors und der Komik eine wichtige Rolle spielte. Es ist sicherlich kein Zufall, daß Bachtin in seinem Rabelais-Buch diese Kritik weiterführt und Vischers Verknüpfung des Grotesken mit der Lachkultur des Volkes bestätigt: "Die bestimmende Rolle des Lachprinzips in der Groteske kennt er (Hegel) nicht, und er betrachtet die Groteske ohne jede Beziehung zum Komischen. F.Th. Vischer weicht in dieser Frage von Hegel ab. Das Wesen und die befreiende Kraft der Groteske liegen nach seiner Auffassung im Lachen, im Komischen." Und Bachtin zitiert Vischers *Ästhetik* (Bd. 3/4, 1857, S. 1438), wenn er über die Groteske sagt: "Sie ist 'jenes Gegenbild des Mythischen in der Handlung, die wesentlich wunderbar komisch (...), also grotesk ist'."[42]

---

42 M.M. Bachtin, *Rabelais und seine Welt*, op.cit., S. 95.

In der deutschen Übersetzung (Suhrkamp, 1987) fehlt leider der nächste Satz, der zeigt, wie wichtig Vischers Ästhetik für Bachtin war: "Diesen Definitionen fehlt es nicht an Tiefe", lautet Bachtins Kommentar zu Vischers Begriffsbestimmung des Grotesken. ("Eti opredeljenija Fischera ne lišeny izvĕstnoj glubiny.")[43]

Die Kommentare Bachtins zu Hegels und Vischers Einstellung dem Grotesken und der Lachkultur gegenüber sind deshalb wichtig, weil sie die Stoßrichtung von Bachtins Argumentation erkennen lassen. Es ist die gleiche Richtung, die auch die Hegel-Kritiken der Junghegelianer Vischer, Feuerbach und Ruge einschlagen, wenn sie gegen den Herrschaftsanspruch, den Aristokratismus und den Ernst des Hegelschen Monologs den Humor und das Lachen (Vischer), den Materialismus und die geschlechtliche Liebe (Feuerbach) sowie die Parteilichkeit der Politik (Ruge) ins Feld führen. Diese Affinitäten, die nur im Gesamtzusammenhang zutage treten, sind entscheidend und nicht die Tatsache, daß Bachtin noch an anderen Stellen Vischer, Kierkegaard oder Nietzsche erwähnt.[44]

Die Bedeutung Nietzsches für Bachtin sollte nicht wegen der eher abweisenden Kommentare des russischen Autors[45] unterschätzt oder gar übersehen werden. In seiner Einleitung zu *Die Ästhetik des Wortes* geht Rainer Grübel völlig zu Recht auf die Verwandtschaft zwischen den beiden Denkern ein und thematisiert vor allem die Ähnlichkeit zwischen dem Mythos der "ewigen Wiederkehr" und Bachtins Vorstellung von der "Wiedergeburt" im Karneval: "Das für die Ästhetik des Grotesken im Bachtinschen Verstande unabdingbare *Moment der Wiedergeburt* (...) gemahnt an das Prinzip der 'ewigen Wiederkehr' bei Nietzsche (...)."[46] Mit Recht weist er in diesem Zusammenhang auf die Ambivalenz des Grotesken bei Bachtin hin: "Als ästhetische Kategorie ist das Groteske durchaus nicht der Widerpart des Schönen, sondern die Aufhebung der Antithetik von Schönem und Häßlichem ins ambivalente Häßlich-Schöne."[47]

---

43 M.M. Bachtin, *Tvorčestvo Fransua Rable i narodnaja kultura srednevekov'ja i renesansa*, Moskva, Chudožestvennaja Literatura, 1965, S. 52.

44 Siehe: M.M. Bachtin, *Estetika slovesnogo tvorčestva*, op.cit., S. 56 (Vischer), S. 20 (Kierkegaard), S. 140, S. 345 (Nietzsche).

45 Siehe: z.B. M.M. Bachtin, *Literaturno-kritičeskie stat'i*, op.cit., S. 41, wo Nietzsches Denken als "halbwissenschaftlich" ("polunaučnoe") bezeichnet wird.

46 R. Grübel, "Zur Ästhetik des Wortes bei Michail Bachtin", in: M.M. Bachtin, *Die Ästhetik des Wortes*, op.cit., S. 59.

47 Ibid.

Im Zusammenhang mit der Ästhetik des Grotesken zeigt sich hier, daß die extreme, unaufhebbare Ambivalenz Bachtin mit Nietzsche und den Nachhegelianern (Vischer, Rosenkranz) verbindet. Wie sie geht er von der dialektischen Einheit der Gegensätze aus, glaubt jedoch nicht mehr an die Möglichkeit der Hegelschen Aufhebung und der aus ihr hervorgehenden Systemkonstruktion. Diese wird zusammen mit der Subjekt-Objekt-Identität, dem Monolog und Hegels Wahrheitsbegriff als ein Relikt des Klassizismus verabschiedet.

Mit Nietzsche und den Junghegelianern verbindet Bachtin schließlich die Entdeckung des Irrationalen, des Dionysischen, das nicht mehr wie bei Hegel als bedrohliche Naturgewalt gebändigt oder verleugnet, sondern als befreiendes Prinzip gefeiert wird; das in der Groteske (vor allem in der Rabelais') Bewußtes und Unbewußtes, Wachen und Traum miteinander verschmelzen läßt. Rabelais' gesamter Chronotopos ist im Zusammenhang mit dieser dionysisch-onirischen Synthese zu verstehen, die die Vorstellung von einem phallischen Kirchturm hervorbringt, der eine Frau schwängert: "Der schwängernde Kirchturm hat, wie alle Motive dieser Art, topographische Bedeutung, der *aufstrebende*, in den Himmel ragende Turm wird zum *Phallus* (zum *Unterleib*), der Schatten *fällt auf die Erde* (nach *unten*) und *befruchtet* die Frau (den *Unterleib*)."[48]

In diesem junghegelianischen Kontext, in dem – wie sich im ersten Kapitel gezeigt hat – auch der Traum und der Zufall wichtige Funktionen erfüllen, wird klar, weshalb Freuds Psychoanalyse, die nach Katarina Clark und Michael Holquist in den frühen 20er Jahren "in der Luft hing"[49], Bachtin und vor allem Vološinov beeinflussen konnte. Man versteht auch, weshalb Bachtin in seinen Aufzeichnungen zum "Textproblem" im Zusammenhang mit dem Freudschen Unbewußten vor allem auf die "Fehlleistungen" ("ogovorki i opiski")[50] eingeht. Aus "junghegelianischer" Sicht erscheint gerade das Triviale, Zufällige, Widersprüchliche und Absurde bedeutsam.

Doch der "Junghegelianismus" Bachtins sollte nicht auf das Problem der unmittelbaren Einflüsse (Vischers, Kierkegaards, Nietzsches) beschränkt werden. Er ist auch im Zusammenhang mit der Wahlverwandtschaft zwischen Bachtin und Dostoevskij, dem Hauptvertreter des poly-

48 M.M. Bachtin, *Rabelais und seine Welt*, op.cit., S. 354.

49 K. Clark, M. Holquist, *Mikhail Bakhtin*, Cambridge (Mass.)/London, Harvard Univ. Press, 1984, S. 171-185.

50 M.M. Bachtin, *Estetika slovesnogo tvorčestva*, op.cit., S. 101.

phonen Romans und der ästhetischen Polyphonie, zu betrachten. Dostoevskij (1821-1881) war nicht nur Zeitgenosse der Junghegelianer, die alle um die Jahrhundertwende zur Welt kamen, sondern lernte über den russischen Hegelianer Visarion Grigorjevič Belinskij (1811-1848) auch die Arbeiten von Ludwig Feuerbach, David Strauß und Max Stirner kennen. Die Bedeutung Stirners hebt Bachtin selbst in seinem Dostoevskij-Buch hervor: "So waren z.B. die Ideen Max Stirners aus dem Traktat *Der Einzige und sein Eigentum* und die Ideen Napoleons des III., die dieser in dem Buch *Histoire de Jules César* (1865) entwickelte, Prototypen für die Ideen Raskol'nikovs (...)."[51] Hier zeigt sich, daß Dostoevskij, der bis zu seiner endgültigen Bekehrung zum Christentum unter dem Einfluß von Belinskijs atheistischem (Jung-) Hegelianismus stand, in einer sprachlichen und gesellschaftlichen Situation schrieb, die ohne Übertreibung als "junghegelianisch" zu bezeichnen ist.

Besonders aufschlußreich ist in diesem Zusammenhang Rudolf Neuhäusers Studie über *Das Frühwerk Dostoevskijs* (1979), die vor allem Feuerbachs und Stirners Einflüsse auf den russischen Romancier thematisiert: "Ein Autor, der von Belinskij besonders geschätzt wurde und auch auf Dostoevskij eingewirkt haben dürfte, ist der Philosoph Ludwig Feuerbach (...)."[52] Auch Dostoevskijs Religionsauffassung setzt Neuhäuser mit der der Tübinger Junghegelianer in Beziehung: "Wir finden bei Dostoevskij dieselbe freie Religiosität, die weder an Dogmen und Rituale, noch an kirchliche Autorität gebunden ist, wie bei den französischen Frühsozialisten und den deutschen liberalen Theologen der 'Tübinger Schule' D. Strauss und Feuerbach."[53] An anderen Stellen seiner Studie unterstreicht Neuhäuser die Bedeutung Stirners für Belinskij, Dostoevskij und die damalige russische Intelligenz allgemein.[54]

Hier schließt sich der historisch-hermeneutische Zirkel: Bachtins Revolte gegen den hegelianischen Marxismus-Leninismus der 20er und 30er Jahre weckte sein Interesse für die kritischen Schriften der Junghegelianer Vischer (Groteske), Feuerbach (Materialismus), Stirner (Anarchie) und Nietzsche (das Dionysische) und machte ihn zu einem beredten Anwalt von Dostoevskijs polyphoner Ästhetik: "In keinem der Romane wird diese Vielfalt der Töne und Stile auf einen Nenner

51 M.M. Bachtin, *Probleme der Poetik Dostoevskijs*, op.cit., S. 101.
52 R. Neuhäuser, *Das Frühwerk Dostoevskijs. Literarische Tradition und gesellschaftlicher Anspruch*, Heidelberg, Carl Winter, 1979, S. 28.
53 Ibid., S. 141.
54 Ibid., S. 98.

gebracht. Nirgends gibt es ein dominierendes Wort, sei es nun das des Autors oder das des Haupthelden. Die Einheit des Stils gibt es in diesem monologischen Sinne in den Romanen Dostoevskijs nicht."[55]

Entscheidend ist hier nicht so sehr diese *Interpretation* von Dostoevskijs Roman, die natürlich in Frage gestellt werden kann[56], sondern die Tatsache, daß sie zur Grundlage von Bachtins Ästhetik wird, daß sie sich angesichts der repressiven Politik des sozialistischen Realismus in ein Politikum verwandelt und zum Ausgangspunkt einer polyphonen Romantheorie wird, die mit der Ästhetik Bachtins fast koextensiv ist. Auf diese "Romanästhetik" möchte ich nun kurz eingehen, um zu zeigen, daß sie – wie die meisten Ästhetiken – präskriptiven Charakter hat, da sie alle monologischen Texte (auch ganze Gattungen) ideologiekritisch abwertet. Dadurch unterscheidet sie sich wesentlich von der Ästhetik Lukács', die in der *Theorie des Romans* monologisch nach Einheit und Totalität strebt. Bachtins polyphone Romanpoetik, könnte als unterschwellige Polemik gegen Lukács' Hegelianismus, mit dem der russische Autor gründlich vertraut war, gelesen werden.

Zugleich läßt sie erkennen, daß es so etwas wie eine "objektive" oder "wissenschaftliche" Ästhetik in absehbarer Zeit nicht geben wird: Denn sie gründet auf dem kritischen Werturteil, daß nur der polyphone Text, der gegen den monologischen Ernst der herrschenden Kultur oder Ideologie aufbegehrt, zukunftsweisend, "fortschrittlich" ist. Der Romancier Rabelais wird als ein Vertreter der Renaissance dargestellt, der sich gegen die feudale Hierarchie auflehnt, und mit dem Epitheton "fortschrittlich" geschmückt: "In den Konflikten seiner Zeit nahm Rabelais die *fortschrittlichsten Positionen* ein."[57] Hier spricht der Hegelianer und Marxist, nicht der Goethe-Kritiker und Dostoevskij-Schüler Bachtin, der die Möglichkeit der historischen Erzählung anzweifelt. (Wie bei anderen Junghegelianern treten auch bei Bachtin Widersprüche zwischen Hegelianismus und Hegel-Kritik auf. Auf einen ähnlichen Widerspruch bei Marx hat Habermas hingewiesen: Marx redet bisweilen einem naturwissenschaftlichen Szientismus das Wort, der mit seinem hegelianischen Historismus unvereinbar ist.)[58]

Bei Bachtin ist der Roman – *per definitionem* – fortschrittlich, herrschaftsfeindlich und polyphon. Die Romangattung als ganze wird von

---

55 M.M. Bachtin, *Probleme der Poetik Dostoevskijs*, op.cit., S. 283.

56 Siehe R. Neuhäuser, *Das Frühwerk Dostoevskijs*, op.cit., S. 164.

57 M.M. Bachtin, *Rabelais und seine Welt*, op.cit., S. 497.

58 Siehe: J. Habermas, *Erkenntnis und Interesse*, Frankfurt, Suhrkamp, 1973 (2. Aufl.), S. 85.

ihm ihrem Ursprung nach der demokratisch-kritischen Subkultur des Volkes zugerechnet, die er dem monologischen Ernst der herrschenden Kulturen des Mittelalters und der Neuzeit gegenüberstellt. Diese Subkultur ist seit der Antike mit der karnevalistischen Tradition verquickt, die den herrschenden Dualismus und den Monolog durch die Einheit der Gegensätze und das Karnevalslachen, durch Groteske und Polyphonie in Frage stellt. Karnevalistische Elemente dringen unmittelbar oder über die menippeische Satire[59] und eine bestimmte literarische Tradition (Cervantes, Rabelais, Gogol) in den Romantext ein.

Über den Karneval als kritische Subkultur des Volkes und als Herausforderung der feudalen Herrschaft heißt es in Bachtins Rabelais-Buch: "Der Karneval (ich wiederhole, im weitesten Sinne des Wortes) befreite von der Macht der offiziellen Weltanschauung, erlaubte, die Welt auf seine Art zu sehen: ohne Angst und Andacht, sehr kritisch, aber positiv und ohne Nihilismus, denn er erschloß das reiche materielle Prinzip der Welt, das Werden und den Wechsel, die Unüberwindlichkeit und den ewigen Triumph des Neuen, die Unsterblichkeit des Volkes."[60]

Wie die Karnevalskultur ist die menippeische Satire der Antike demokratisch, kritisch und polemisch. Sie steht im Gegensatz zu den offiziellen Gattungen des Epos und der Tragödie und stellt deren dualistischen und monologischen Ernst in Frage, denn sie "ist voll scharfer Kontraste und widersprüchlicher Verbindungen".[61] Ihre Ambivalenzen und Antinomien sind denen des Karnevals homolog und werden im Laufe der Jahrhunderte zu Bestandteilen einer literarischen Strömung, deren Hauptmerkmale (Ambivalenz, Groteske, Polyphonie) am prägnantesten in der Romangattung zum Ausdruck kommen.

Obwohl Bachtin immer wieder die Ambivalenz als Einheit der Gegensätze betont, ist seine Gattungstheorie letztlich dualistisch: Analog zur menippeischen Satire, die den tragischen Ernst in Frage stellt, fordert im Spätmittelalter und in der Neuzeit der Roman die monologisch-ernsten Gattungen, vor allem das Epos und die Lyrik, heraus. Der Antagonismus zwischen Herrschenden und Beherrschten, zwischen aristokratischem Monolog und demokratischer Polyphonie läßt in Bachtins Ästhetik auch die Welt der Gattungen in zwei Hälften zerfal-

59 *Menippeische Satire:* Antike Form der Satire, die Dichtung und Prosa kombiniert und nach dem altgriechischen Dichter Menippos von Gadara benannt wurde. In ihren dialogischen Texten werden Glaubenssätze, Doktrinen und philosophische Thesen lächerlich gemacht.

60 M.M. Bachtin, *Rabelais und seine Welt*, op.cit., S. 316.

61 M.M. Bachtin, *Probleme der Poetik Dostoevskijs*, op.cit., S. 132.

len. Während Epos, Tragödie und Lyrik der herrschenden Kultur angehören, entwickelt sich der Roman am Rande der Gesellschaft, im Bereich der "subalternen Kultur"[62], würde Antonio Gramsci sagen: "Während sich die Hauptvarianten der poetischen Gattungen in der Bahn der vereinheitlichenden und zentralisierenden Kräfte des verbal-ideologischen Lebens herausbildeten, entstanden der Roman und die ihm verwandten Gattungen der künstlerischen Prosa historisch im Rahmen der dezentralisierenden, zentrifugalen Kräfte."[63]

Der Roman ist nicht nur eine kritische und demokratische, sondern zugleich eine avantgardistische Gattung. Wie für seine Zeitgenossen, die Formalisten und Futuristen, sind auch für Bachtin die avantgardistischen, zukunftsweisenden Züge der Literatur entscheidend. Sie werden in dem wichtigen Aufsatz über "Epos und Roman" ("Epos i roman") hervorgehoben: "In vieler Hinsicht antizipierte der Roman und antizipiert noch heute die Entwicklung der gesamten Literatur."[64] Freilich trifft diese Aussage nur für bestimmte Romane zu: für die kritischen und polyphonen Texte, die im Brennpunkt von Bachtins Betrachtungen stehen.

Hier zeigt sich, daß *sein* Roman nicht einfach eine Gattung ist, sondern synekdochisch eine avantgardistische Ästhetik zusammenfaßt, die sich gegen die monologische Ästhetik Hegels (des sozialistischen Realismus) und gegen alle monologischen Ästhetiken der Vergangenheit, Gegenwart und Zukunft richtet. Daß das Wort "Roman" bei Bachtin ein Weltbild und eine Ästhetik beinhaltet, ist Michail Gasparov aufgefallen: "'Roman' und 'Epos' sind ihm nicht Begriffe für Gattungen, sondern für bestimmte Entwicklungsstadien literarischer Formen: Bachtin könnte formulieren, daß jede Gattung als Roman beginnt und als Epos endet. Wenn man in seinen Arbeiten das Wort 'Roman' durch 'Anti-Roman' ersetzt (...), dann wird der Sinn seiner Thesen erheblich klarer und plausibler."[65] Diese kritisch-avantgardistische Deutung von Bachtins Romanbegriff, die erklärt, weshalb er mit den "monologischen" Romanen Tolstojs (und auch Balzacs)[66] wenig anfangen kann, wird von Pavel Medvedev bestätigt, wenn dieser in seiner kritischen

62 Siehe: A. Gramsci, "Intellektuelle, Literatur, Journalismus", in: ders., *Philosophie der Praxis. Eine Auswahl*, Frankfurt, Fischer, 1967.

63 M.M. Bachtin, *Die Ästhetik des Wortes*, op.cit., S. 166.

64 M.M. Bachtin, "Epos i roman", in: ders., *Literaturno-kritičeskie stati*, op.cit., S. 396.

65 M. Gasparov, "Michail Bachtins Stellung in der russischen Kultur des 20. Jahrhunderts", in: *Dialogizität* (Hrsg. R. Lachmann), München, Fink, 1982, S. 258.

66 M.M. Bachtin, *Probleme der Poetik Dostoevskijs*, op.cit., S. 41.

Analyse der "formalen Methode" im Zusammenhang mit Šklovskijs Kommentar zum *Don Quijote* über den Roman schreibt: "Hier ist der wirkliche Schauplatz des Kampfes um die neue Gattung. Der Roman befindet sich noch im Stadium seiner Entstehung. Aber ein neues Sehen und Verstehen der Wirklichkeit greift bereits Platz, und, gleichzeitig damit, eine neue Konzeption der Gattung."[67] Hier wird deutlich, daß der Roman von Bachtin und Medvedev primär als Antiroman aufgefaßt wird: denn der *Don Quijote* war – literaturgeschichtlich gesehen – eine parodistische Negation des etablierten Ritterromans.

Eine der fundamentalen Schwächen dieser Romanästhetik scheint mir darin zu bestehen, daß sie sich über den *ambivalenten Charakter* des modernen Romans hinwegsetzt: Dieser ist nicht nur kritischer Antiroman (Dostoevskij, Joyce, Svevo, Musil), sondern auch – und quantiativ gesehen vor allem – eine ideologisierte und kommerzialisierte Textsorte und integraler Bestandteil der "Kulturindustrie" (Adorno, Horkheimer). Bachtin deutet hin und wieder an, daß der Karneval eng mit dem Marktleben und den Marktgesetzen liiert ist.[68] Er hätte bedenken sollen, daß die aus dem Karnevalsgeschehen hervorgehenden Gattungen nicht nur die demokratische Kritik, sondern auch die destruktive Wirkung der Marktgesetze und der Vermittlung durch den Tauschwert in sich aufnehmen.[69] Daraus erklärt sich die strukturelle Aporie des modernen Romans: Während die kritischen, avantgardistischen Texte gegen die kommerzialisierten und ideologischen Schemata aufbegehren und dadurch die narrative Grundstruktur des Romans in Frage stellen (Musil, Kafka, Joyce, Butor), praktizieren die Erfolgsautoren (Johannes Mario Simmel, Utta Danella, Ian Fleming) den ideologischen Monolog, der hohe Umsatzraten garantiert und die traditionelle Romanform am "Leben" erhält.[70] Wie Walter Benjamin achtete Bachtin zu sehr auf die befreiende Polyphonie des Marktes und unterschätzte – in Rußland lebend – die destruktive Wirkung des Tauschwerts.

Die politische *Kritik*, auf die es Bachtin (wie Benjamin) ankam, ist nicht von der *Krise* der Kultur und des individuellen Subjekts zu trennen. Diese Krise führt seit der junghegelianischen Kritik an Hegel (bei Nietzsche, in den Romanen der Jahrhundertwende, in der Psycho-

---

67 P.N. Medvedev, *Die formale Methode in der Literaturwissenschaft*, op.cit., S. 179.
68 Siehe z.B. M.M. Bachtin, *Rabelais und seine Welt*, op.cit., S. 191, S. 195.
69 Siehe meinen Kommentar zu Bachtin in: Vf., *Kritik der Literatursoziologie*, Frankfurt, Suhrkamp, 1978, S. 244-248.
70 Zu Ian Flemings Romantechnik siehe: U. Eco, "Erzählstrukturen bei Ian Fleming", in: P.V. Zima (Hrsg.), *Textsemiotik als Ideologiekritik*, Frankfurt, Suhrkamp, 1977.

analyse und im Surrealismus) zur Entdeckung der Natur und der nichtsozialen Komponenten des Subjekts. Dieses Problem hat Valentin Vološinov klar erkannt, als er angesichts der Kulturkrise seiner Zeit bemerkte: "Die Perioden der Krise und Dekadenz, die von tiefen Mutationen der wirtschaftlichen und politischen Beziehungen begleitet werden, kennen diesen Sieg des 'Tiermenschen' über den 'sozialen Menschen'."[71] Es zeigt sich hier, daß die – durchaus reelle – Befreiung durch den demokratischen Markt in eine neue Unterjochung durch die Naturwüchsigkeit der Marktgesetze ausmünden kann.

Damit kehre ich zur "junghegelianischen" Problematik zurück, denn auch die Junghegelianer stießen in ihrer demokratischen, materialistischen und anarchistischen Kritik an Hegel auf die *Natur*, das *Unbewußte* und den *Traum*. Die folgenden Gegensätze bilden nicht nur den semantischen Raster des Bachtinschen, sondern auch des junghegelianischen Diskurses: *Herrschaft/Demokratie* (Karneval); *Ernst/Lachen*; *Dualismus/Ambivalenz*; *Monolog/Dialog* (Polyphonie); *Geschlossenheit/Offenheit*; *Kultur/Natur; Bewußtes/Unbewußtes*; *Logos/Traum*; *Identität/Verdoppelung* (des Subjekts); *Notwendigkeit/Zufall* etc. – Mir kommt es hier auf die "Charakteristik", nicht auf eine vollständige Darstellung dieser Struktur an.

Daß auch die Junghegelianer (im Gegensatz zu Hegel) im Rahmen dieser diskursiven Grundstruktur dachten, zeigt eine Passage aus Vischers Abhandlung über den Traum, die auf besonders prägnante Art die Problematik der Krise, der "Übergangszeit" (wie Rosenkranz sagt: s. Kap. 1) zusammenfaßt. Vischers Aufwertung der Natur führt zur Entdeckung des Zufalls und des Traumes: "Er (Hegel) meint, in seiner Weltvernunft die Natur mit dem Begriff beisammen zu haben, aber er hat ihre scheinbar absolute Spaltung, ihre Diremtion, er hat aus der Idee das 'Anderssein' nicht erklärt; daher, weil das Anderssein unerklärt daneben liegen bleibt, fallen sie doch auseinander und ist die Wesensfülle in seiner Vorstellung von der Weltvernunft nur seine ehrliche Vorstellung. Ist also die Natur nicht wirklich abgeleitet, so ist es auch der mit ihr gegebene Zufall nicht, und hieraus folgt zugleich, daß Hegel vom Zufall in der Naturseite des Geistes, also auch vom Traume, geringschätzig wie von allem Zufälligen, nur flüchtig und beiläufig redet."[72]

---

71 V.N. Vološinov, in: T. Todorov, *Mikhaïl Bakhtine. Le principe dialogique-suivi de Ecrits du Cercle de Bakhtine*, Paris, Seuil, 1981, S. 297.

72 F.Th. Vischer, "Der Traum. Eine Studie zu der Schrift: Die Traumphantasie von Dr. Johann Volkelt", in: ders., *Kritische Gänge* Bd. 4, München, Meyer & Jessen, 1922, S. 482.

Diese Passage ist nicht nur deshalb wichtig, weil sie Hegels Subjekt-Objekt-Identität in Frage stellt ("mit dem Begriff beisammen zu haben"), und den semantischen Raster des junghegelianischen Diskurses in komprimierter Form artikuliert, sondern auch deshalb, weil sie etwas über Ursprung und Struktur von Bachtins Denken aussagt. Diese Struktur ist antihegelianisch und junghegelianisch zugleich und in einem Satz zusammenzufassen: Die Natur als Objekt geht nicht im subjektiven Logos auf.

In Diskursen, in denen sich diese kritische Erkenntnis durchsetzt (bei Vischer, Bachtin, Benjamin, Sartre e.a.), macht sich auch die für die ganze Moderne symptomatische Krise bemerkbar: Die Natur sprengt die Schranken der systematischen Erkenntnis und läßt das Unbewußte, die onirische Assoziation und den absurden Zufall zutage treten. Zugleich ertönt das Gelächter, das den Zusammenbruch der begrifflichen Herrschaft, des monologischen Ernstes und der Zensur durch das Überich begleitet. Es ist ein befreiendes Lachen, das dem Geist einen eher bescheidenen Platz zuweist, weil es ihn daran erinnert, daß auch er – zumindest teilweise – dem Naturbereich angehört und der natürlichen Kontingenz nicht entgeht. Nirgendwo ist diese Kontingenz so augenfällig wie in der Fehlleistung, die Freuds durchaus seriösen Redner sagen läßt, etwas sei "zum Vorschwein gekommen".[73]

Für die Moderne, die aus der Selbstkritik des hegelianischen Logos hervorgeht, ist diese Krise deshalb charakteristisch, weil sie zwei komplementäre Aspekte aufweist, die für die europäische Philosophie und Literatur seit 1850 immer wichtiger werden: Natur als Befreiung des Subjekts und Natur als Gefahr. Während die "Junghegelianer" Nietzsche, Vischer und Feuerbach einige Romanciers des 20. Jahrhunderts (Pío Baroja, Hermann Hesse, Marcel Proust) und die avantgardistischen Bewegungen ankündigen, die in der Natur und im Unbewußten befreiende Prinzipien entdecken, kündigt Kierkegaards Kritik an Hegel philosophische und literarische Richtungen an, die in der natürlichen Kontingenz eine Bedrohung des Subjekts erblicken. Nicht nur Kafka stellt die Natur als Gefahr dar, die das Subjekt von "innen" und von "außen" bedroht[74]; auch der junge Sartre faßt die Kontingenz und den naturbedingten Zufall als Gefahren für die individuelle Autonomie

73 Siehe: S. Freud, *Psychopathologie des Alltagslebens*, Frankfurt, Fischer, 1954, S. 55.

74 Siehe z.B. Kafkas Erzählung "Der Landarzt" sowie die scharfsinnige Interpretation von W. Falk in *Leid und Verwandlung. Rilke, Kafka, Trakl und der Epochenstil des Impressionismus und Expressionismus*, Salzburg, Otto Müller, 1961, S. 138.

(Freiheit) auf. Der Erzähler seines Erstlingsromans *La Nausée* (1938) setzt alles daran, sie zu bannen und dem Gesetz der ästhetischen Notwendigkeit unterzuordnen.[75]

Im Zusammenhang mit diesen beiden Entwicklungstendenzen der Moderne ist Bachtins Position nicht einseitig als "natürlich" oder "naturfeindlich" zu definieren. Obwohl er eindeutig für die unterdrückte Natur, das Unbewußte und das Karnevalslachen Partei ergreift, ist er weit davon entfernt, einem seichten Irrationalismus das Wort zu reden. Einerseits verknüpft er in seiner Dostoevskij-Interpretation den Traum mit dem Lachen und der Utopie: "Im 'Traum' selbst wird das utopische Thema eines irdischen Paradieses, das der 'lächerliche Mensch' auf einem fernen, unbekannten Stern mit eigenen Augen sieht und erlebt, ausführlich entwickelt."[76] Andererseits plädiert er für eine "systematisch-philosophische Ästhetik"[77] und spricht sich in seinem Aufsatz "Zur Methodologie der Literaturwissenschaft" für eine "dialogische Erkenntnis" aus, die sich vom "monologischen Erkennen" der Naturwissenschaften unterscheidet: "Die dialogische Erkenntnis ist eine *Begegnung*."[78] Anders als Nietzsche, der die theoretische Erkenntnis ästhetisiert, indem er sie der Kunst unterwirft (s. Kap. 1), setzt sich Bachtin also für eine hermeneutische Theorie ein, die vom Irrationalismus ebenso weit entfernt ist wie vom Monolog der Naturwissenschaften.

Daß Bachtin in Übereinstimmung mit Freud und einigen Romanciers der Jahrhundertwende versuchte, das prekäre Gleichgewicht zwischen dem Irrationalismus und der Ratio zu erhalten, ist auch Tzvetan Todorov aufgefallen. Mit Recht weist er darauf hin, daß Bachtin an einer Auflösung der Subjektivität im Unbewußten und in der Polyphonie nicht interessiert ist: "Bachtin wirft hier Dostoevskij vor, er habe die umfassende Exotopie, die Stabilität und die Zuverlässigkeit des Autorenbewußtseins, die dem Leser stets die Wahrheitsfindung ermöglichte, in Frage gestellt."[79] Tatsächlich spricht Bachtin von "der Präsenz des Autors und seiner *letzten Sinninstanz*"[80] und zeigt, daß ihm die Auflösung des Subjekts, des Sinnes und der Wahrheit ebenso fremd war wie Freud, wie den Romanautoren Musil, Proust oder Hesse. Während

75 Siehe: Vf., *Der gleichgültige Held. Textsoziologische Untersuchungen zu Sartre, Moravia und Camus*, Stuttgart, Metzler, 1983, Kap. 2: "Der *Ekel* oder die Krise des Romans".
76 M.M. Bachtin, *Probleme der Poetik Dostoevskijs*, op.cit., S. 172.
77 M.M. Bachtin, *Die Ästhetik des Wortes*, op.cit., S. 110.
78 Ibid., S. 352.
79 T. Todorov, *Mikhaïl Bakhtine. Le principe dialogique*, op.cit., S. 156.
80 M.M. Bachtin, *Die Ästhetik des Wortes*, op.cit., S. 205.

Hesse versuchte, das "Ich" durch ein Gleichgewicht zwischen Bewußtem und Unbewußtem zu retten[81], strebten Proust und Musil ein ähnliches Gleichgewicht zwischen "intelligence" und "instinct artistique", zwischen "Ratio" und "Mystik" an.[82]

Ein anderer Theoretiker, den ich ebenfalls der junghegelianischen Tradition zurechne, versuchte auch, im Spannungsverhältnis zwischen Rationalem und Nichtrationalem, zwischen Logos und Natur eine Theorie zu konstruieren, die dem Objekt nicht Gewalt antat: Theodor W. Adorno, dessen *Ästhetische Theorie* im Mittelpunkt des nächsten Kapitels stehen wird. Wie bei Bachtin, so bewirkt auch bei Adorno die Kritik an Hegels systematischem Logozentrismus eine Annäherung an die Kantsche Position. Auf diese Annäherung möchte ich abschließend im Zusammenhang mit Bachtins Ästhetik eingehen, deren Hervorhebung der Ausdrucksebene durch radikale Kritik an der Naturbeherrschung und am Logozentrismus sie der Kritischen Theorie Adornos, Benjamins und Horkheimers vergleichbar macht.

4. Ausdrucksebene und Inhaltsebene

Bachtins Kritik der "formalen Methode" hat bereits gezeigt, daß seine Ästhetik nicht einseitig die Inhaltsebene gegen die Ausdrucksebene ausspielt oder umgekehrt. Sie erkennt die Autonomie beider Ebenen an und kann als ein Versuch aufgefaßt werden, Ausdruck und Inhalt dialektisch aufeinander zu beziehen. Ihre Aufwertung der Ausdrucksebene ist – anders als bei den Formalisten – nicht auf eine Ausblendung der Inhalts- und Wahrheitsproblematik zurückzuführen, sondern zeugt im Gegenteil von einer intensiven Auseinandersetzung mit der Begrifflichkeit der Kunst. Diese wird bei Bachtin – wie schon bei Kant und später bei Adorno – zwar nicht geleugnet, jedoch drastisch eingeschränkt.

Die Sprache als solche erscheint Bachtin – ähnlich wie später den Anthropologen Sapir und Whorf[83] – als ein autonomes System, das

81 Siehe: H. Hesse, *Eigensinn*, Frankfurt, Suhrkamp, 1972, S. 138: "Ich verlange von mir Zurückgehen hinter die Gegensatzpaare, Annehmen des Chaos. Dies ist dasselbe, was die Psychoanalyse verlangt, woher ich es ja zum Teil auch habe (...). Und erst von da aus, von diesem Nullpunkt aus sollen wir wieder versuchen fürs praktische Leben Werttafeln aufzustellen, Ja und Nein, Gut und Böse zu trennen, Gebote und Verbote aufzustellen."

82 Siehe: Vf., *L'Ambivalence romanesque. Proust, Kafka, Musil*, Frankfurt-Bern- Paris, Peter Lang, 1988 (2. Aufl.), Kap. 6: "L'Aporie d'une écriture narcissique".

83 Siehe: E. Sapir, in: B.L. Whorf, "The Relation of Habitual Thought and Behaviour to

nicht ohne weiteres auf begrifflichem Wege in andere Systeme zu übersetzen ist: "Eine zweite Sprache ist eine zweite Weltanschauung oder eine andere Kultur, und dies in einer konkreten und *nie völlig übersetzbaren* Form."[84] Dem Adverb "völlig" kommt hier besondere Bedeutung zu: Jede Übersetzung, auch die Übersetzung nicht-literarischer Texte, hat es letztlich mit einem nicht-übersetzbaren Residuum zu tun, das kulturspezifisch und daher nicht in allgemeingültigen Begriffen aufzulösen ist.

Wo an der sprachlichen Übersetzung im allgemeinen gezweifelt wird, dort werden noch größere Bedenken laut, wenn es um die literarische Übersetzung geht oder um die Möglichkeit, aus literarischen Texten begriffliche Wahrheiten herauszudestillieren. Inhaltlichkeit oder Begrifflichkeit des literarischen Textes leugnet Bachtin keineswegs, er bestreitet allerdings die Möglichkeit, einen solchen Text auf einen eindeutigen Begriff, auf ein theoretisches Urteil festzulegen.

Der ästhetische Erkenntnisprozeß ist nicht mit einer begrifflich faßbaren Wahrheit abzuschließen: "Es wäre völlig falsch", schreibt Bachtin in seinen Kommentaren zum "Problem des Inhalts", "sich den Inhalt als ein gnoseologisches, theoretisches Ganzes, als einen Gedanken, als Idee vorzustellen."[85] Diese unterschwellige Kritik an Hegels und Lukács' logozentrischer Ästhetik nimmt eine Seite weiter eine kantianische Wendung, wenn Bachtin erklärt: "Das gnoseologische Moment beleuchtet gleichsam das ästhetische Objekt von innen, wie ein nüchterner Strom Wassers dem Wein ethischer Spannung und künstlerischer Vervollkommnung beigemengt wird, doch verdichtet es sich keineswegs immer bis zum Rang eines bestimmten Urteils; alles wird erkannt, doch bei weitem nicht alles wird im adäquaten Begriff identifiziert."[86] Diese Darstellung erinnert an Adornos These aus der *Ästhetischen Theorie*, "daß keine Kunst wesentlich urteilt und wo sie es tut, aus ihrem Begriff ausbricht".[87]

Ähnlich wie Adorno weist Bachtin immer wieder darauf hin, daß die Begriffslosigkeit der Kunst nicht als "Inhaltslosigkeit" oder gar "Sinnlosigkeit" aufgefaßt werden sollte, denn "Freiheit von der Bestimmtheit

---

Language", in: ders., *Language, Thought and Reality*, Cambridge (Mass.), The M.I.T. Press, 1956, S. 134: "The fact of the matter is that the 'real world' is to a large extent unconsciously built up on the language habits of the group."

84 M.M. Bachtin, *Rabelais und seine Welt*, op.cit., S. 518.

85 M.M. Bachtin, *Die Ästhetik des Wortes*, op.cit., S. 122.

86 Ibid., S. 123.

87 Th.W. Adorno, *Ästhetische Theorie*, Frankfurt, Suhrkamp, 1970, S. 91.

des Begriffs kommt nicht dem Freisein von Inhalt gleich, Ungegenständlichkeit ist nicht Inhaltslosigkeit (...)".[88] Bachtins literaturwissenschaftliche Arbeiten zeigen, daß ihm Polyphonie und Polysemie als solche zu Wahrheitsmomenten werden: Beide opponieren der monologischen und ideologischen Reduktion des Textes auf ein Dogma. Die Offenheit des Textes selbst, die den herrschenden Kulturen vom Feudalismus bis zum Stalinismus Widerstand leistet, wird zu einem negativen Wahrheitsgehalt: zur Freiheit des Autors und des Lesers, jenseits des herrschenden Monologs zu schreiben und zu denken.

Offenheit und Polyphonie sind keine Mängel wie bei Hegel, sondern werden von einem Autor wie Dostoevskij intendiert. Von der Welt Dostoevskijs heißt es bei Bachtin: "Nur ist es müßig, in ihr *systematisch-monologische*, wenn auch dialektische, *philosophsiche* Geschlossenheit zu suchen, und nicht deshalb, weil sie dem Autor nicht gelungen wäre, sondern weil sie gar nicht seinen Intentionen entsprach."[89] Auch dieser Satz kann als eine versteckte Polemik gegen den Hegelianismus der Marxisten-Leninisten und der Vertreter des sozialistischen Realismus gelesen werden.

Die von Hegel ebenfalls bemängelte Polysemie ist als ein Aspekt der Polyphonie aufzufassen. Die einander widersprechenden *Stimmen* der Protagonisten machen jeden Versuch zunichte, Dostoevskijs Helden eindeutig zu definieren: "Die Möglichkeit zur Ausflucht macht den Helden auch für sich selbst zweideutig und unfaßbar."[90] Während die Polyphonie den Monolog scheitern läßt, entzieht die Polysemie den Text der eindeutigen Definition. Beide stellen die Hegelsche und hegelianische These in Frage, derzufolge literarische Werke ohne Verlust in andere Sprachen sowie in die begriffliche Sprache der Philosophie übersetzt werden können.

Polyphonie und Polysemie sind allerdings nicht unproblematisch: nicht nur weil sie, wie Hendrik van Gorp in seiner Kritik an Bachtin bemerkt, vom Leser nicht immer wahrgenommen werden[91], sondern auch deshalb, weil in einer von Ambivalenz und Polyphonie geprägten sprachlichen Situation, in der das Wort "zur Kampfarena zweier Stim-

---

88 M.M. Bachtin, *Die Ästhetik des Wortes*, op.cit., S. 103.

89 M.M. Bachtin, *Probleme der Poetik Dostoevskijs*, op.cit., S. 38.

90 Ibid., S. 264.

91 Siehe: H. van Gorp, "Polyfonie in de roman. Bakhtin vs. Westerse narratologie", in: *Dialogeren met Bakhtin. De uitdaging van het vreemde woord* (Hrsg. H. van Gorp), *ALW-Cahier* Nr. 4, Leuven/Louvain, 1986, S. 48-49.

men"[92] wird, die "letzte Sinninstanz des Werkes"[93], von der Bachtin spricht, erschüttert wird. In dieser Situation können Begriffe wie "Sinn" und "Wahrheit" selbst der Polyphonie und Indifferenz zum Opfer fallen.

Julia Kristeva akzeptiert – zumindest implizit – diese Indifferenz, wenn sie in ihrem Vorwort zur französischen Ausgabe des Dostoevskij-Buches bemerkt, "der *Autor* (sei) nicht die oberste Instanz, die für die Wahrheit dieses Gegeneinanders von Diskursen bürge"[94], und hinzufügt, daß das zersplitterte Subjekt "das ideologische Prinzip der Identität auflöst" ("il dissout le principe idéologique d'identité").[95] Doch wie sind diese Aussagen mit Bachtins Bemerkungen zur "letzten Sinninstanz des Werkes" und "des Autors" (s.o.) zu vereinbaren?

Indem Kristeva nur die alles auflösende karnevalistische und polyphone Kritik Bachtins gelten läßt, übersieht sie, daß Bachtin gleichzeitig an bestimmten *Wahrheiten* – wie Demokratie, Volkskultur, Dialog und Hermeneutik – festhält und die Indifferenz des Marktes, des Tauschwerts, der in letzter Instanz die Demokratisierung und Karnevalisierung der Gesellschaft ermöglicht, nicht restlos akzeptiert. Sie übersieht Bachtins eigene Ambivalenz, die zugleich seine Aporie ist. Aporetisch wird seine Theorie an dem Punkt, an dem deutlich wird, daß die Marktgesetze, die die demokratische Befreiung vom feudalen und stalinistischen Monolog ermöglichen, kulturelle *Werte* wie Kritik, Dialog (Interesse für den anderen) und Demokratie (Freiheit des Einzelnen und des Kollektivs) der Indifferenz des Tauschwerts überantworten.

Nicht nur Bachtins Ansatz leidet an dieser Aporie: Im nächsten Kapitel wird sich zeigen, daß auch die Kritische Theorie ihr nicht entgeht und daß Adorno Walter Benjamins Entwürfe einer demokratischen, proletarischen Kultur als Konzessionen an die Marktgesetze der Kulturindustrie kritisiert.

---

92 M.M. Bachtin, *Probleme der Poetik Dostoevskijs*, op.cit., S. 216.

93 M.M. Bachtin, *Die Ästhetik des Wortes*, op.cit., S. 295.

94 J. Kristeva, "Une Poétique ruinée", in: M. Bakhtine, *La Poétique de Dostoïevski*, Paris, Seuil, 1970, S. 15.

95 Ibid., S. 18.

IV. Die Ästhetik der Kritischen Theorie: Von Benjamin zu Adorno

Es soll nicht versucht werden, die Theoreme zweier Autoren, die oft divergierende Ansichten vertraten, auf einen Nenner zu bringen. Von einer "Ästhetik der Kritischen Theorie" kann nur insofern die Rede sein, als Theodor W. Adorno (1903-1969) Walter Benjamins (1892-1940) philosophischen und ästhetischen Studien wesentliche Anregungen verdankt, die in gemeinsam verwendeten Begriffen wie "Wahrheitsgehalt", "Konstellation" und "Mimesis" zum Ausdruck kommen.

Die letzten beiden Begriffe verweisen auf eine gesellschaftliche und sprachliche Situation, in der Hegels historischer Logozentrismus unglaubwürdig geworden war, so daß die "mimetische Angleichung an das Objekt" und die "Konstellation der Begriffe" (s. weiter unten) als Alternativen zur Herrschaft des Begriffs und des identifizierenden Denkens erschienen. Als Kritiker dieses Denkens sowie eines hegelianischen Marxismus, der das historische Kontinuum einseitig als Fortschritt definiert, können Benjamin und Adorno im Zusammenhang mit den Junghegelianern gelesen werden, die in ihrer Kritik des systematischen Identitätsdenkens die Skepsis Kants wiederentdecken und Partei für das von Hegel identifizierte, im Begriff aufgelöste Objekt ergreifen.

Vor allem Adornos Ästhetik wird hier im Spannungsfeld zwischen dem Kantschen und dem Hegelschen Pol, zwischen Ausdrucksebene und Inhaltsebene dargestellt. Sofern sie bewußter als die anderen hier kommentierten Ansätze zwischen diesen beiden Polen oszilliert und immer wieder zwischen Kants autonomer und Hegels heteronomer Betrachtungsweise dialektisch zu vermitteln sucht, bildet sie den Mittelpunkt dieses Buches, dessen zentrales Thema die Wechselbeziehung von Kantianismus und Hegelianismus, von Ausdrucksebene und Inhaltsebene ist. Es wird sich zeigen, daß die Rezeptionstheorien und die semiotischen Ansätze den von Adorno postulierten dialektischen Nexus lösen und die Einheit von Ausdrucksebene und Inhaltsebene, von "Form" und "Wahrheitsgehalt" preisgeben. Adornos "Junghegelianismus" besteht u.a. darin, daß er an Hegels Gedanken des "ideellen Gehalts", des "Wahrheitsgehalts" festhält, ohne das Kunstwerk (den literarischen Text) auf den Begriff zu bringen.

Vor allem die späte, materialistische Ästhetik Walter Benjamins läßt andere Aspekte der junghegelianischen Problematik zutage treten. Ausgehend von einer Dialektik, die die Hegelsche Aufhebung als systembildende Synthese ablehnt, wendet sich Benjamin vom klassizistischen Kunstbegriff Hegels ab: Wie die "Dialektik im Stillstand" (Benjamin), die die Einheit der Gegensätze ohne Synthese denkt, faßt seine Ästhetik das Kunstwerk als eine in sich widersprüchliche Einheit auf, die nicht homogener Ausdruck einer Idee ist, sondern von den gesellschaftlichen Antagonismen und den historischen Brüchen Zeugnis ablegt, aus denen sie selbst hervorgeht.

Nicht die harmonische Totalität sucht Benjamin im literarischen Text, sondern die sprachlichen Brechungen und das gesellschaftliche Konfliktpotential, das in den Dissonanzen der Werke zum Ausdruck kommt. In dieser Hinsicht ist seine materialistische Theorie der Michail Bachtins verwandt, die im vorigen Kapitel als eine "junghegelianische" Ästhetik des vielstimmigen, offenen Werkes beschrieben wurde. Ähnlich wie Bachtin wendet sich Benjamin vom Klassizismus des Bildungsbürgertums ab und versucht, eine Beziehung zwischen kritischer Literatur und demokratischer (proletarischer) Gegenkultur herzustellen. Davon zeugen nicht nur Schriften wie "Programm eines proletarischen Kindertheaters"[1], sondern auch seine Essays über Brecht[2] und seine Theorie einer reproduzierbaren Kunst für breite Bevölkerungsschichten, die geeignet wäre, die individuelle, private Rezeption des Bildungsbürgers abzulösen.

Mit Bachtin verbindet Benjamin außerdem eine offene, negative Dialektik, die zwar die radikale Ambivalenz als Einheit der Gegensätze kennt, nicht jedoch die Aufhebung und die historische Synthese, die Hegels systematische "Erzählung", seinen historischen "récit", ermöglicht. Es wird sich zeigen, daß Benjamin – ähnlich wie Bachtin – von der Zweideutigkeit und der Heterogenität des historischen "Chronotopos" überzeugt ist und aufgrund dieser Überzeugung den Fortschrittsglauben hegelianischer Marxisten und marxistischer Hegelianer kritisiert.

Insgesamt weist der "Junghegelianismus" Benjamins und Adornos folgende wesentliche Aspekte auf: 1. Kritik des Hegelschen System-

1 Siehe: W. Benjamin, "Programm eines proletarischen Kindertheaters", in: ders., *Gesammelte Schriften* Bd. II.2, Frankfurt, Suhrkamp, 1977.

2 Siehe: W. Benjamin, "Was ist das epische Theater?", in: ders., *Gesammelte Schriften* Bd. II.2, op.cit., S. 519-539.

und Identitätsdenkens; 2. Plädoyer für eine offene, negative Dialektik ohne Aufhebung; 3. Verharren in der radikalen Ambivalenz, in der systemsprengenden Einheit der Gegensätze; 4. Aufwertung der Natur, des Naturschönen und des Objekts (in Übereinstimmung mit F. Th. Vischer); 5. Annäherung an die erkenntnistheoretische und ästhetische Position Kants; 6. Aufwertung der Ausdrucksebene im literarischen Text. – Da fast alle diese Aspekte in Adornos Theorie stärker ausgeprägt sind als bei Benjamin, wird diese hier ausführlicher behandelt, zumal die *Negative Dialektik* (1966) und die *Ästhetische Theorie* (1970) trotz des unabgeschlossenen Charakters der letzteren eher ein philosophisch-ästhetisches Gesamtbild ergeben als Benjamins in literarischen Essays und im "Passagen-Werk" verstreute Kommentare zur Dialektik und Ästhetik.

Da Benjamins Ästhetik hier im "junghegelianischen" Kontext eine Art Brückenfunktion zwischen Bachtin und Adorno erfüllt, will ich mich auf die materialistische Phase des Autors konzentrieren und auf seine metaphysischen und theologischen Betrachtungen nur dann eingehen, wenn sie für das Verständnis seiner materialistischen Dialektik unentbehrlich sind. Es versteht sich von selbst, daß eine solche Darstellung (Benjamin als "Junghegelianer" zwischen Bachtin und Adorno) dazu angetan ist, den Autor anders erscheinen zu lassen als Betrachtungen, die das Trauerspiel-Buch oder den Aufsatz über Goethes *Wahlverwandtschaften* in den Mittelpunkt stellen. Insofern hat Saussure recht mit seiner Behauptung, in der Wissenschaft "mache der Standpunkt den Gegenstand".

1. Walter Benjamins "Dialektik im Stillstand"

Ein wesentliches Charakteristikum Hegelscher und hegelianischer Dialektik ist ihre historische Dynamik: Aus den Widersprüchen der Gegenwart geht ein höheres historisches Stadium hervor, in dem die Gegensätze solange in einer Synthese aufgehoben werden, bis neue Widersprüche ausbrechen. So herrscht trotz aller Brüche und Verwerfungen eine historische Kontinuität, die durch die Begriffe der Aufhebung und der Synthese gewährleistet wird.

Von diesem dialektischen Historismus Hegels wendet sich Benjamin in einem seiner wichtigsten Texte, den "Geschichtsphilosophischen Thesen", ab. Er stellt dort eine "Dialektik im Stillstand" dar, die zwar ihr Erkenntnispotential aus der Verknüpfung der Gegensätze, aus der Zusammenführung der Extreme bezieht, die synthetisierende Aufhebung jedoch nicht anerkennt. In einer Kritik am Historismus und am "Kontinuum der Geschichte" heißt es: "Zum Denken gehört nicht nur die Bewegung der Gedanken, sondern ebenso ihre Stillstellung. Wo das Denken in einer von Spannungen gesättigten Konstellation plötzlich einhält, da erteilt es derselben einen Chok, durch den es sich als Monade kristallisiert. Der historische Materialist geht an einen geschichtlichen Gegenstand einzig und allein heran, wo er ihm als Monade entgegentritt. In dieser Struktur erkennt er das Zeichen einer messianischen Stillstellung des Geschehens, anders gesagt, einer revolutionären Chance im Kampf für die unterdrückte Vergangenheit."[3]

In dieser Passage geht es also nicht um eine Aufhebung im Höheren wie bei Hegel, sondern um eine Stillegung des Geschehens, die die schockartige Erkenntnis einer historischen "Konstellation" ermöglicht. Diese kritische Erkenntnis hat nicht die höheren Zukunftsstadien zum Gegenstand, sondern die angehäuften Leiden der "unterdrückten Vergangenheit". Anders gesagt: Der revolutionäre Gedanke Benjamins orientiert sich nicht an der besseren Zukunft, sondern am Eingedenken vergangener Unterdrückung, die in einer besonderen, von Widersprüchen geprägten Konstellation, die er als "Jetztzeit"[4] bezeichnet, zutage tritt. Von einer "messianischen Stillegung des Geschehens" ist hier in einem nach- und junghegelianischen Kontext die Rede, in dem die historische Zuversicht Hegels, sein Glaube an eine Befreiung des Menschen durch den historischen Prozeß, geschwunden ist.

Wie schon bei den Jungehegelianern hängt die Erschütterung dieses Glaubens an den Weltgeist mit der Krise der bürgerlichen Kultur, spezifisch mit der Krise des deutschen Liberalismus der Zwischenkriegszeit, zusammen. Auf sie spielt Jürgen Habermas an, wenn er in seinem Aufsatz über Benjamin erklärt: "Diese Konstellation der bürgerlichen Kultur war keineswegs stabil; sie währte, wie der Liberalismus selber, sozusagen nur einen Moment und verfiel dann der Dialektik der Aufklärung (oder vielmehr dem Kapitalismus als deren unwiderstehlichem Vehikel)."[5] In früheren Arbeiten über die Kritische Theorie

3 W. Benjamin, "Über den Begriff der Geschichte", in: ders., *Gesammelte Schriften* Bd. I.2, op.cit., S. 702-703.

4 Ibid., S. 703.

5 J. Habermas, "Bewußtmachende oder rettende Kritik – Die Aktualität Walter Benjamins", in: ders., *Kultur und Kritik. Verstreute Aufsätze*, Frankfurt, Suhrkamp, 1973, S. 318-319.

habe ich bereits darauf hingewiesen, daß die Peripetien der offenen Dialektik Benjamins und der negativen Dialektik Adornos mit den Krisen des liberalen Individualismus nach dem Ersten Weltkrieg verquickt sind.[6] Wie einige Junghegelianer regredieren die Anhänger der Kritischen Theorie in die Enklave einer negativen Kritik, die zusammen mit Hegels Aufhebung die historische Perspektive (als historische Immanenz) preisgibt.

Die Negativität dieser Dialektik tritt in einem anderen Text Walter Benjamins hervor, in dem er explizit den Hegelschen Begriff der Synthese (d.h. der Aufhebung) anzweifelt: "Jedoch wird außer dem Begriff der Synthesis auch der einer gewissen Nicht-Synthesis zweier Begriffe in einem anderen systematisch höchst wichtig werden, da außer der Synthesis noch eine andere Relation zwischen Thesis und Antithesis möglich ist."[7]

Um was für eine Relation handelt es sich? Benjamin meint die *coincidentia oppositorum* ohne Aufhebung, die Einheit der Gegensätze als extreme Ambivalenz, in der zwei widersprüchliche Aspekte einer- und derselben Erscheinung zutage treten. Schon in seinem Buch über den *Ursprung des deutschen Trauerspiels* (1928), wo er dem systematischen Vorgehen der empirischen Wissenschaften eine Absage erteilt, fordert Benjamin vom Begriff, er solle die "Idee" in ihren Extremen, d.h. als widersprüchliche Einheit, darstellen: "Die Darstellung einer Idee kann unter keinen Umständen als geglückt betrachtet werden, solange virtuell der Kreis der in ihr möglichen Extreme nicht abgeschritten ist."[8] Die Wahrheit ist demnach nicht im Begriff selbst zu suchen, der nur Mittel ist, sondern in der Idee, die der Autor des Trauerspiel-Buches im Anschluß an Platons *Timaios* definiert. Weit davon entfernt, ein Oberbegriff im Sinne des Rationalismus zu sein, eine Verallgemeinerung des Besonderen, bildet sie die Einheit zweier extremer Einzelerscheinungen: In ihr soll "das Einmalig-Extreme"[9] gerettet werden.

---

6 Siehe: Vf., *L'Ecole de Francfort. Dialectique de la particularité*, Paris, Editions Universitaires, 1974, Kap. 1 und *Textsoziologie. Eine kritische Einführung*, Stuttgart, Metzler, 1980, Kap. 6.

7 W. Benjamin, "Über das Programm der kommenden Philosophie", in: ders., *Gesammelte Schriften* Bd. II.1, op.cit., S. 20.

8 W. Benjamin, *Ursprung des deutschen Trauerspiels*, in: ders., *Gesammelte Schriften* Bd. I.1, op.cit., S. 227.

9 Ibid., S. 215.

Obwohl Benjamins "Idee" im Gegensatz zu der Hegels ahistorisch und statisch ist, enthält sie den hegelianischen Anspruch auf totale, dialektische Erkenntnis. Daher hat Hans Heinz Holz recht, wenn er bemerkt: "Insofern die Idee grundsätzlich auf Totalität zielt, also die Einstimmung der unendlichen Vielfalt auf eine zentral gegliederte Ganzheit vornimmt, nennt Benjamin sie eine *Monade*."[10] Jede Idee, sagt Benjamin, enthält "das Bild der Welt".

Das Wort Bild konnotiert den statischen Charakter der Idee und von Benjamins Dialektik insgesamt, die als ein Ensemble von Momentaufnahmen aufzufassen ist: "Das dialektische Bild ist ein aufblitzendes."[11] In ihm vereinigen sich die Extreme und lassen die Ambivalenz der Erscheinungen erkennen, die zu einem zentralen Thema von Benjamins Passagen-Arbeit wird. Mit Recht bemerkt Torsten Meiffert, "daß das Phänomen der Zweideutigkeit für das Passagen-Werk eine zentrale Rolle spielt".[12] Im folgenden möchte ich zeigen, wie in diesem Werk Dialektik, Ambivalenz und Tauschwert (Warenfetischismus) zusammenhängen und wie Benjamin in einem materialistischen Kontext die im Trauerspiel-Buch entworfene Dialektik als Theorie der extremen Ambivalenz weiterentwickelt.

In "Paris, die Hauptstadt des XIX. Jahrhunderts" kommt die dialektische Idee der Kunst dadurch zustande, daß zwei extreme, einander entgegengesetzte Kunstformen, das *l'art pour l'art* und die Kunst als Ware, miteinander verknüpft werden. In Benjamins Darstellung erscheint die Ambivalenz des Kunstphänomens, das weder reine Kunst noch Ware, sondern beides zugleich ist: "Die Nonkonformisten rebellieren gegen die Auslieferung der Kunst an den Markt. Sie scharen sich um das Banner des 'l'art pour l'art'. Dieser Parole entspringt die Konzeption des Gesamtkunstwerks, das versucht, die Kunst gegen die Entwicklung der Technik abzudichten. Die Weihe, mit der es sich zelebriert, ist das Pendant der Zerstreuung, die die Ware verklärt."[13] Nur durch ein "Abschreiten der Extreme" kommt diese dialektische – und durchaus materialistische – Idee der modernen Kunst zustande.

10 H.H. Holz, "Prismatisches Denken", in: *Über Walter Benjamin*, Frankfurt, Suhrkamp, 1968, S. 93.

11 W. Benjamin, "Zentralpark", in: ders., *Gesammelte Schriften* Bd. I.2, op.cit., S. 682.

12 T. Meiffert, *Die enteignete Erfahrung. Zu Walter Benjamins Konzept einer "Dialektik im Stillstand"*, Bielefeld, Aisthesis Verlag, 1986, S. 139.

13 W. Benjamin, "Paris, die Hauptstadt des XIX. Jahrhunderts", in: ders., *Gesammelte Schriften* Bd. V.1, op.cit., S. 56.

Wie Zweideutigkeit, Dialektik und Marktgesetz zusammenhängen, erläutert Benjamin selbst in dem hier zitierten Text aus dem Passagen-Werk: "Zweideutigkeit ist die bildliche Erscheinung der Dialektik, das Gesetz der Dialektik im Stillstand. Dieser Stillstand ist Utopie und das dialektische Bild also Traumbild. Ein solches Bild stellt die Ware schlechthin: als Fetisch."[14] Bekannte Motive des junghegelianischen Denkens durchziehen diese Passage: Zweideutigkeit oder Ambivalenz, eine Dialektik ohne Aufhebung, Materialismus und Traum.

Der Ausdruck "Dialektik im Stillstand", den ich als Leitmotiv dieses Abschnitts gewählt habe, verweist auf das eingangs angeschnittene Problem des historischen Diskurses. Es gehört wohl zu den Paradoxien von Benjamins Philosophie, daß dieser Diskurs, der bei Hegel alle Ambivalenzen und Antinomien integrieren sollte, schließlich selbst der extremen Ambivalenz zum Opfer fällt. Denn Geschichte erscheint in Benjamins Aufzeichnungen als ein zweideutiger Prozeß, in dem Fortschritt und Katastrophe Hand in Hand gehen: "Der Begriff des Fortschritts ist in der Idee der Katastrophe zu fundieren."[15]

Dieser Satz ist dialektisch und antihegelianisch zugleich, weil aus dem Widerspruch zwischen Fortschritt und Katastrophe keine Synthese auf höherer Ebene hervorgeht. Auch in den "Geschichtsphilosophischen Thesen" stellt Benjamin den historischen Prozeß als zweigleisige Bewegung dar, wenn er dem vulgärmarxistischen Begriff der Arbeit seine unkritische Einstellung zur Naturbeherrschung vorwirft und ihn schließlich mit dem der Faschisten verknüpft: "Er will nur die Fortschritte der Naturbeherrschung, nicht die Rückschritte der Gesellschaft wahrhaben. Er weist schon die technokratischen Züge auf, die später im Faschismus begegnen werden."[16] Wie bei Nietzsche und Kierkegaard wird hier gezeigt, daß die scheinbar guten Dinge mit den schlimmen "verknüpft, verhäkelt" sind (Nietzsche) und daß sich aus dieser dialektischen Einheit der Gegensätze keine Synthese auf höherer Ebene bildet. Zu Recht spricht Bernd Witte von Benjamins "Kierkegaardscher Wende"[17] zur Subjektivität, doch es handelt sich nicht nur um eine Wende zur Subjektivität, sondern auch und vielleicht vor allem um eine

14 Ibid., S. 55.

15 W. Benjamin, "Zentralpark", in: ders., *Gesammelte Schriften* Bd. I.2, op.cit., S. 683.

16 W. Benjamin, "Über den Begriff der Geschichte", in: ders., *Gesammelte Schriften* Bd. I.2, op.cit., S. 699.

17 B. Witte, *Walter Benjamin – Der Intellektuelle als Kritiker. Untersuchungen zu seinem Frühwerk*, Stuttgart, Metzler, 1976, S. 58-64.

Abkehr von Hegels systematischer Dialektik, die den Junghegelianer Kierkegaard mit dem Erben der Junghegelianer Benjamin verbindet.

Zum junghegelianischen Erbe von Benjamins Philosophie gehört neben der Kritik an der hegelianischen und vulgärmarxistischen Naturbeherrschung die Aufwertung der Natur und des Objekts. Daß sich diese Aufwertung des Objekts bei Benjamin, der die Dinge beredt machen möchte und von einer "Sprache der Dinge"[18] spricht, implizit gegen Hegels Reduktion des Gegenstandes auf den Begriff richtet, ist schon Rolf Tiedemann aufgefallen: "Anders als Hegel, der Begriff und Ding als an sich identische auseinander entfaltet, besteht Benjamin auf der Dignität der Phänomene: allein 'durch ihre Vermittlerrolle' fallen für ihn die Begriffe in den Prozeß der Wahrheit (...)."[19] Wahre Erkenntnis ist "intentionslos"[20] (herrschaftsfrei) und beläßt dem Gegenstand dessen Besonderheit.

In diesem Zusammenhang nimmt es nicht wunder, daß sich Benjamin – ähnlich wie vor ihm F.Th. Vischer – Kants Position nähert, um das Verhältnis von Subjekt und Objekt jenseits des Identitätsdenkens neu zu definieren. In dem wichtigen Essay "Über das Programm der kommenden Philosophie" geht es u.a. darum, durch eine Annäherung an Kant dem identifizierenden Logos zu entgehen und subjektive Erfahrung der Objektwelt zu ermöglichen: "Damit ist die Hauptforderung an die gegenwärtige Philosophie aufgestellt und zugleich ihre Erfüllbarkeit behauptet: unter der Typik des Kantischen Denkens die erkenntnistheoretische Fundierung eines höheren Erfahrungsbegriffes vorzunehmen."[21] Der Bruch zwischen Subjekt und Objekt, von dem eine jede

---

18 Siehe: R. Kager, *Herrschaft und Versöhnung. Einführung in das Denken Theodor W. Adornos*, Frankfurt-New York, Campus, 1988. Über die These, "daß die Dinge ihre eigene Sprache besitzen", schreibt Kager: "Diese These wurde von Benjamin in einigen Aufsätzen entwickelt, die zunächst um die Überlegung kreisen, daß die Sprache nicht nur eine Darstellungsfunktion – was sie auf die Symbolik der Begrifflichkeit reduzierte –, sondern auch eine Ausdrucksfunktion besitze, die auch heute noch als Rest des mimetischen Vermögens anklinge: in der Körpersprache, im Tanz." (S. 205)

19 R. Tiedemann, *Studien zur Philosophie Walter Benjamins*, Frankfurt, Suhrkamp, 1973, S. 38.

20 Für einen herrschaftsfreien, "intentionslosen" Wahrheitsbegriff spricht sich Benjamin aus, wenn er in einem idealistischen Kontext bemerkt: "Diese Sprache der intentionslosen Wahrheit (d.i. die Sache selbst) hat Autorität." An anderer Stelle erklärt er: "Im Wort liegt 'Wahrheit'(,) im Begriff intentio oder allenfalls Erkenntnis, Wahrheit keinesfalls." ("Zur Sprachphilosophie und Erkenntniskritik", in: *Gesammelte Schriften* Bd. VI, op.cit., S. 50 und S. 15.)

21 W. Benjamin, "Über das Programm der kommenden Philosophie", in: ders., *Gesammelte Schriften* Bd. II.1, op.cit., S. 160.

dialektische Philosophie ausgeht, soll nicht identifizierend getilgt, sondern mit Hilfe der Idee als Konstellation oder Konfiguration überbrückt werden. Diesen Vorgang stellt Marleen Stoessel anschaulich dar: "Der *Bruch* zwischen Subjekt und Objekt, Mensch und Natur, dem sich Geschichte verdankt (...), geht mimetisch-methodologisch in Sprache und Darstellung ein: in die Idee der Wahrheit als *monadologische* Konstellation ihrer Elemente, in die Sprachform des Denkbilds als *allegorische Intention.*"[22]

Die Kritik an Hegels identifizierendem Logos und die Annäherung an Kants Agnostizismus bringen nicht nur eine Aufwertung der Natur und des Objekts mit sich, sondern auch eine Akzentverschiebung von der Inhalts- zur Ausdrucksebene, vom vertauschbaren Signifikat zum einmaligen, vieldeutigen Signifikanten. Ein Denken in "Konstellationen", "Konfigurationen", "Denkbildern" und "Allegorien", das (wie sich zeigen wird) Adorno nachhaltig beeinflußt hat, ist wohl das wichtigste Ergebnis dieser neuen kritisch-theoretischen Akzentsetzung.

Daß die Ausrichtung des kritischen Diskurses auf die Ausdrucksebene unmittelbar aus Benjamins Auseinandersetzung mit Humboldts und Hegels sprachtheoretischem Logozentrismus hervorgeht, zeigen einige Bemerkungen aus seinen fragmentarischen Aufzeichnungen "Zur Sprachphilosophie und Erkenntniskritik": "Humboldt übersieht selbstverständlich überall die magische Seite der Sprache. (...) Ihn beschäftigt an ihr nur das Objektiv-Geistige im Hegelschen Sinne."[23] Es ist sicherlich kein Zufall, daß Benjamin versucht, seinen Gedanken an eine "magische Seite der Sprache" durch Hinweise auf Mallarmé plausibel zu machen.[24] Denn kein anderer Dichter hat so kompromißlos gegen die Vertauschbarkeit des Wortes in der Alltagssprache, im "universel reportage"[25], gekämpft.

Die magische Seite der Sprache, die bei Benjamin eine "Sprache der intentionslosen Wahrheit"[26] ermöglichen soll, ist jenseits des vertauschbaren Begriffs anzusiedeln, in einem Bereich zwischen Inhalts- und

---

22 M. Stoessel, *Aura. Das vergessene Menschliche. Zur Sprache und Erfahrung bei Walter Benjamin*, München, Hanser, 1983, S. 107.

23 W. Benjamin, "Zur Sprachphilosophie und Erkenntniskritik", in: ders., *Gesammelte Schriften* Bd. VI, op.cit., S. 26.

24 Siehe: op.cit., S. 26-27.

25 Siehe: S. Mallarmé, *Vers et prose*, Paris, 10/18, 1961, S. 168-169: "(...) L'Emploi élémentaire du discours dessert l'universel *reportage* dont, la littérature exceptée, participe tout entre les genres d'écrits contemporains."

26 Siehe: W. Benjamin, "Zur Sprachphilosophie und Erkenntniskritik", in: ders., *Gesammelte Schriften* Bd. VI, op.cit., S. 50.

Ausdrucksebene: im Denkbild, in der Konfiguration, in der Allegorie und im *Namen*, dessen einmaliger, unvertauschbarer Charakter Benjamins Sprachtheorie mit Prousts "poésie des *noms*" verbindet. In diesem Zusammenhang ist auch Benjamins Aufsatz über "Die Aufgabe des Übersetzers" zu lesen, in dem er für eine Übertragung der Wörter auf der Ausdrucksebene plädiert; für eine Übersetzung, die "die Art des Meinens" zum Gegenstand hat: "In 'Brot' und 'pain' ist das Gemeinte zwar dasselbe, die Art, es zu meinen, dagegen nicht. In der Art des Meinens nämlich liegt es, daß beide Worte dem Deutschen und Franzosen je etwas Verschiedenes bedeuten, daß sie für beide nicht vertauschbar sind, ja sich letzten Endes auszuschließen streben (...)."[27]

Diese Sprach- und Übersetzungstheorie orientiert sich an sprachlicher *Mimesis* als *Onomatopoese*, und Benjamin stellt indirekt Saussures rationalistisches Theorem vom "willkürlichen Charakter des Zeichens" ("l'arbitraire du signe") in Frage, wenn er in einem für ihn besonders wichtigen Fragment "Über das mimetische Vermögen" erklärt: "Wenn nun die Sprache, wie es auf der Hand liegt, nicht ein verabredetes System von Zeichen ist, so wird man immer wieder auf den Gedanken zurückgreifen müssen, wie sie in ihrer primitivsten Form als onomatopoetische Erklärungsweise auftreten."[28] Zugleich mit "l'arbitraire du signe" wird hier indirekt auch Saussures These angezweifelt, die Sprache sei eine gesellschaftliche Konvention ("habitude collective"). Die seit Hobbes in der rationalistischen Tradition gültige Ansicht, daß der Mensch mit Hilfe der Sprache (der Benennung) Natur und Objektwelt beherrscht, wird hier als Ideologem zurückgewiesen.

Als Alternative stellt sich Benjamin eine Sprachtheorie vor, in der die Sprache des Menschen an den Dingen teilhat; deshalb nimmt die nichtrationalistische, onomatopoetische Auffassung des sprachlichen Zeichens für ihn besondere Bedeutung an. Das Wort hat am Gegenstand teil, wie der von Benjamin geschilderte Urmensch an ihm teilhat. Die Kunst des Steinzeitmenschen versucht Benjamin, aus einer somatischen Mimesis, einer körperlichen Angleichung an das Objekt, zu erklären: "So sollte man sich fragen, ob die früheste Mimesis der Objekte in der tänzerischen und bildnerischen Darstellung nicht weitgehend auf der Mimesis der Verrichtungen beruht, in denen der primitive

---

27 W. Benjamin, "Die Aufgabe des Übersetzers", in: ders., *Gesammelte Schriften* Bd. IV.1, op.cit., S. 14.

28 W. Benjamin, "Über das mimetische Vermögen", in: ders., *Gesammelte Schriften* Bd. II.1, op.cit., S. 212.

Mensch zu diesen Objekten in Beziehung trat. Vielleicht zeichnet der Mensch der Steinzeit das Elentier nur darum so unvergleichlich, weil die Hand, die den Stift führte, sich noch des Bogens erinnerte, mit dem sie das Tier erlegt hat."[29] Mimesis bedeutet hier also nicht – wie etwa bei Lukács – Nachahmung der Wirklichkeit oder Widerspiegelung, sondern Angleichung an das Objekt; deshalb spricht Benjamin von einer "Lehre vom Ähnlichen".

Um Mißverständnisse auszuschließen, sei zum Abschluß darauf hingewiesen, daß weder Benjamin noch Adorno eine Auflösung der Theorie in der vorrationalen Mimesis oder eine Verschmelzung des theoretischen Diskurses mit dem poetischen anstrebten. Die "magische Seite der Sprache", von der Benjamin spricht, ist von der "semiotischen" (der mitteilenden und begrifflichen) nicht zu trennen. Er selbst weist darauf hin, wenn er betont: "Diese, wenn man so will, magische Seite der Sprache wie der Schrift läuft aber nicht beziehungslos neben der anderen, der semiotischen, einher. Alles Mimetische der Sprache ist vielmehr eine fundierte Intention, die überhaupt nur an etwas Fremdem, eben dem Semiotischen, Mitteilenden der Sprache als ihrem Fundus in Erscheinung treten kann."[30]

Diese Passage ist deshalb wichtig, weil sie klar erkennen läßt, daß Benjamin und Adorno trotz ihrer Versuche, den theoretischen Diskurs auf die Ausdrucksebene der Sprache auszurichten, nicht von irrationalistischen Ansätzen à la Paul Feyerabend[31] zu vereinnahmen sind, die Theorie und Wissenschaft in der Kunst aufgehen lassen. Hans Heinz Holz hat zwar recht, wenn er Benjamins Denken "auf der Grenzscheide von Literatur und Philosophie"[32] ansiedelt; dieser Ausdruck sollte aber so verstanden werden, daß Benjamin versucht, zwischen Logos und Mimesis, zwischen Philosophie und Literatur dialektisch zu vermitteln; er sollte nicht das gängige Vorurteil stärken, demzufolge Benjamin und Adorno eine Ästhetisierung der Theorie oder gar deren Auflösung in Literatur, Kunst und Mimesis anstreben.

29 W. Benjamin, "Zur Ästhetik", in: ders., *Gesammelte Schriften* Bd. VI, op.cit., S. 127.

30 W. Benjamin, "Lehre vom Ähnlichen", in: ders., *Gesammelte Schriften* Bd. II.1, op.cit., S. 208.

31 Siehe z.B.: Paul Feyerabend, *Wissenschaft als Kunst*, Frankfurt, Suhrkamp. 1984, S. 76-78.

32 H.H. Holz, "Prismatisches Denken", in: *Über Walter Benjamin*, op.cit., S. 74.

2. Eine Ästhetik des "Schocks"

Das Schockerlebnis, das in Benjamins Ästhetik zentral ist, ist der dialektischen Verknüpfung der Gegensätze und dem "Aufblitzen der Idee" homolog: "Wo das Denken in einer von Spannungen gesättigten Konstellation plötzlich einhält, da erteilt es derselben einen Chok." (s.o.) Analog zur kritischen Philosophie inszeniert kritische Literatur – etwa die Baudelaires, Brechts oder der Surrealisten – Schockerlebnisse, die den Leser wachrütteln und die harmonische Totalität des klassischen oder den homogenen Stil des romantischen Kunstwerks zerstören. Wie Bachtin stellt Benjamin die von Hegel gepriesene klassische Harmonie in Frage, indem er die Ambivalenz, die Antinomie und die Heterogenität des Kunstwerks in Erscheinung treten läßt. Der Dialektik im Stillstand, der Dialektik ohne Aufhebung und System entspricht eine antinomische Ästhetik, die sich wie die Kunsttheorien der Junghegelianer an der Ambivalenz, der Antinomie und dem Schockerlebnis orientiert.

Rabelais' unerwartete Verknüpfung von Lob und Tadel, von Ehrung und Beleidigung, die Bachtin in einem karnevalistischen Kontext kommentiert, ist mit Benjamins "Schock" verwandt, der ebenfalls von der Zusammenführung zweier unvereinbarer Werte in der extremen Ambivalenz bewirkt wird. Sie gehört dem Repertoire der Avantgarde an, die darauf aus ist, die harmonische Totalität der Klassik durch Dissonanzen zu sprengen.

In seinen Kommentaren zur Lyrik Baudelaires erklärt Benjamin den Schock als ein Erlebnis der "karnevalistischen" (Bachtin) Kollision unvereinbarer Werte, der unerwarteten, da von Ideologien verdeckten Vereinigung der Gegensätze: "Die *Fleurs du mal* sind das erste Buch, das Worte nicht allein prosaischer Provenienz, sondern städtischer in der Lyrik verwertet hat."[33] Benjamin zitiert Wörter wie "quinquet", "wagon" und "omnibus". Die jähe *coincidentia oppositorum* soll Baudelaires Sprachduktus erklären: "Wenn der Sprachgeist von Baudelaire irgendwo dingfest zu machen ist, so in dieser brüsken Koinzidenz", schreibt er in seinem Essay "Die Moderne".[34]

Die enge Beziehung zwischen "Koinzidenz", "Schock" und "Karneval" wird in "Über einige Motive bei Baudelaire" verdeutlicht. Dort

33 W. Benjamin, "Das Paris des Second Empire bei Baudelaire", in: ders., *Gesammelte Schriften* Bd. I.2, op.cit., S. 603.

34 Ibid.

werden die karnevalistischen Aspekte des Schockerlebnisses sichtbar sowie die Beziehung zwischen Benjamins und Bachtins Theoremen, die sich an der offenen, unaufhebbaren Antinomie orientieren und deren Verwandtschaft noch am ehesten im junghegelianischen Kontext zu verstehen ist. Über Poes und Ensors Einstellung zu den Massen bemerkt Benjamin: "Später ist James Ensor nicht müde geworden, Disziplin und Wildheit in ihr (der Großstadtmenge) zu konfrontieren. Er baut mit Vorliebe Militärverbände in seine karnevalesken Banden ein. Beide vertragen sich miteinander vorbildlich. Nämlich als Vorbild der totalitären Staaten, in denen die Polizei mit den Plünderern geht."[35]

Im Unterschied zu Bachtin, dessen Interpretationen sich zu sehr an der traditionellen Institution des Karnevals oder an der literarischen Karnevalstradition orientieren und die Modernität Poes, Ensors oder Baudelaires nicht erklären können, stellt Benjamin eine Beziehung zwischen dem karnevalistischen Schockerlebnis und den Marktgesetzen her. Die Fähigkeit, die Gegenstände ihrem ursprünglichen Zusammenhang zu entfremden, ist für eine moderne Dichtung charakteristisch, die darauf abzielt, durch Schockwirkung die kontemplative, auratische Distanz zwischen Kunstwerk und Rezipient zu eliminieren und gegensätzliche Qualitäten miteinander zu verknüpfen.

Die Schockwirkung, die von Baudelaires Gedichten ausgeht, kommt dadurch zustande, daß zusammengeführt wird, was die offizielle Kultur mit Hilfe ihrer Tabus getrennt hat. Indem Baudelaire die kulturellen und ideologischen Tabus zertrümmert, deckt er den Warencharakter der modernen Kultur auf.

Bei ihm verschmelzen Religion und Prostitution, das Heilige und das Profane, Christentum und Heidentum, Wahrheit und Aberglaube in einer karnevalisierten Sprache:

> Analyse des contre-religions, exemple: la prostitution sacrée.
> Qu'est-ce que la prostitution sacrée?
> Excitation nerveuse.
> Mysticité du paganisme.
> Le mysticisme, trait d'union entre le paganisme et le christianisme.
> Le paganisme et le christianisme se prouvent réciproquement.
> La révolution et le culte de la Raison prouvent l'idée du sacrifice.
> La superstition est le réservoir de toutes les vérités.[36]

35 Ibid., S. 629.

36 Ch. Baudelaire, "Mon cœur mis à nu", in: ders., *Œuvres Complètes* Bd. I, Paris, Gallimard, Bibl. de la Pléiade, 1975, S. 678.

Baudelaire faßt den Schock wörtlich auf, wenn er die Schockerlebnisse des Flaneurs in der Großstadtmenge beschreibt. Der Flaneur, sagt Benjamin in seinen Baudelaire-Kommentaren, "ist ein Preisgegebener der Menge"; aber diese Menge ist nicht die einsame Masse Riesmans oder die revoltierende Masse Ortegas; es ist die anonyme, vom Markt zusammengewürfelte Menge der Kunden, von denen ein jeder seine Ware sucht. Der Flaneur selbst verwandelt sich in eine Ware und macht ähnliche Metamorphosen durch wie die zur Ware gewordene Kunst: "Der Flaneur ist ein Preisgegebener der Menge. Damit teilt er die Situation der Ware."[37]

An dieser Stelle formuliert Benjamin einen Gedanken, der bei Bachtin implizit bleibt: daß es eine enge Beziehung zwischen der anonymen Menge und dem Markt gibt, und parallel dazu eine Beziehung zwischen der karnevalistischen Ambivalenz (etwa den "cris de Paris", die Rabelais in seine Texte aufnimmt) und der Vermittlung durch den Tauschwert.

Ähnlich wie Bachtin wandelt er die Ambivalenz als Krisenprinzip in ein kritisches Instrument um, mit dessen Hilfe er in seinen Kommentaren kulturelle Werte zusammenführt, deren Trennung die herrschenden Ideologien vorschreiben. Er zeigt beispielsweise, daß die Kommerzialisierung der Literatur die Doktrin des *l'art pour l'art* ergänzt (s.o.). Damit antizipiert er einige kritische Argumente aus Sartres "L'Engagement de Mallarmé".[38] Mehr noch als dem späteren Sartre geht es Benjamin darum, den gesellschaftlichen Kontext in seine Überlegungen einzubeziehen. Der Kontext der Moderne aber ist der des Marktes und des Tauschwerts; nur im Zusammenhang mit diesen sind Ambivalenz und *coincidentia oppositorum* zu erklären.

Sie bilden den Ausgangspunkt von Benjamins und Bachtins Kritik an der auratischen, traditionellen und monologischen Kunstform, die vom religiösen Kultzusammenhang und vom Ritual nicht zu trennen ist. Benjamins Kritik der *Aura* und der auratischen Kunst geht von dem karnevalistischen Gedanken aus, daß es in der modernen Gesellschaft unmöglich ist, die Distanz zu erhalten, die die kulturellen Werte voneinander trennt und ihre Einmaligkeit (Unvergleichbarkeit) garantiert.

37 W. Benjamin, "Das Paris des Second Empire bei Baudelaire", in: ders., *Gesammelte Schriften* Bd. I.2, op.cit., S. 557.

38 Siehe: J.-P. Sartre, "L'Engagement de Mallarmé", in: *Obliques Sartre*, 1979, S. 177.

Einmaligkeit und *Distanz* sind bekanntlich die zwei wesentlichen Komponenten der Aura: "Diese letztere definieren wir als einmalige Erscheinung einer Ferne, so nah sie sein mag."[39]

Man sollte die von Benjamin vorgeschlagene räumliche Definition der Aura, die sich primär auf die bildenden Künste zu beziehen scheint, nicht wörtlich nehmen, sondern sie metaphorisch lesen: Einmaligkeit und Distanz sind nicht *nur* räumlich aufzufassen, sondern auch (und im literarischen Bereich vor allem) *semantisch* und *ideologisch.*

In der Marktgesellschaft, in der die Kunst heteronomen Gesetzen ausgeliefert ist, werden Einmaligkeit und auratische Distanz vor allem durch die Verknüpfung der Kunst mit ihrem Anderen, mit ihrem Negat, zerstört. Die Übertragung des literarischen Textes in andere Medien etwa kommt der Reduktion auf ein heteronomes Prinzip gleich. Die Verfilmung der Novelle *Tod in Venedig* verwandelt diese in ein kommerzialisierbares Klischee und destruiert die Distanz, die einen Text Thomas Manns von den Mythen der Kulturindustrie trennt. "Die Entschälung des Gegenstandes aus seiner Hülle, die Zertrümmerung der Aura, ist die Signatur einer Wahrnehmung, deren *Sinn für das Gleichartige in der Welt* so gewachsen ist, daß sie es mittels der Reproduktion auch dem Einmaligen abgewinnt."[40]

In der karnevalisierten Wahrnehmung, in der (wie Bachtin zeigte) Lob und Tadel, Leben und Tod, König und Narr schließlich miteinander verschmelzen, bildet der Tauschwert den gemeinsamen Nenner aller Qualitäten. Er beschleunigt die Verknüpfung und Verwandlung unvereinbarer Werte und setzt sich über die Distanz, die Einmaligkeit und die vom Monolog verbürgte qualitative Differenz hinweg. Er ist dafür verantwortlich, daß alle Qualitäten kommensurabel werden: in bezug auf die Quantität, die den Tauschvorgang ermöglicht.

Bei Benjamin und Bachtin werden der Schock und das Lachen zu befreienden, kritischen Elementen, und die Ambivalenz als *coincidentia oppositorum* wird zum *movens* des dialektischen und dialogischen Diskurses. Parallel zu Bachtin, der die karnevalistische Ambivalenz gegen den monologischen Ernst der herrschenden Kultur ausspielt, erblickt Benjamin im *Ausstellungswert*, der aus der technischen Reproduzierbarkeit der Kunstwerke und der Angleichung der Werte hervor-

39 W. Benjamin, "Das Kunstwerk im Zeitalter seiner technischen Reproduzierbarkeit", in: ders., *Gesammelte Schriften* Bd. I.2, op.cit., S. 479.

40 Ibid., S. 479-480.

geht, eine Alternative zum *Kultwert*, zum *auratischen Wert*, der von der absoluten Differenz und der Distanz der Werte nicht zu trennen ist.

Als erster wies wohl Adorno auf die enge Beziehung zwischen Ausstellungswert und Marktgesetz hin: "Der 'Ausstellungswert', der da den auratischen 'Kultwert' ersetzen soll, ist eine imago des Tauschprozesses. Diesem ist Kunst, die dem Ausstellungswert nachhängt, zu Willen, ähnlich wie die Kategorien des sozialistischen Realismus dem Status quo der Kulturindustrie sich anbequemen."[41]

Der Ausstellungswert, den Benjamin als Bestandteil einer demokratischen Ästhetik darstellt, als ein Mittel, dessen sich die moderne Kunst bedienen sollte, um sich bei den Massen Gehör zu verschaffen, erscheint aus Adornos Sicht als ein Produkt des Marktes. In seinen Baudelaire-Kommentaren muß Benjamin diese "List des Tauschwerts" erkannt haben, als er schloß: "Das Einverständnis mit dieser Zertrümmerung (der Aura im Schockerlebnis, P.V.Z.) ist ihn teuer zu stehen gekommen."[42]

Trotz einer gewissen Nostalgie, mit der Benjamin vor allem in seinen Bemerkungen zu Prousts "mémoire involontaire" das Aura-Phänomen betrachtet (einer Nostalgie, die Autoren wie Lienhard Wawrzyn nicht wahrhaben wollen)[43], könnte von seiner Komplizenschaft mit dem Ausstellungswert die Rede sein. Erwartet er nicht vom Film und von der Fotografie, daß sie die letzten auratischen Elemente im ästhetischen Bereich zerstören? Schreibt er nicht über Atget: "Er reinigt die Atmosphäre, ja bereinigt sie: er leitet die Befreiung des Objekts von der Aura ein, die das unbezweifelbarste Verdienst der jüngsten Photographenschule ist."[44]

Dieses Verdienst spricht er bekanntlich auch den französischen Surrealisten zu, deren Textmontagen und Collagen die karnevalistische Ambivalenz ins Semantische projizieren. Die Synthese von Text und Fotografie (etwa in Bretons *Nadja*) macht das surrealistische Werk für die kontemplative Rezeption durch das Bürgertum ungeeignet: "Nadja ist ein Exponent dieser Massen und dessen, was sie revolutionär inspi-

---

41 Th.W. Adorno, *Ästhetische Theorie, Gesammelte Schriften* Bd. 7, Frankfurt, Suhrkamp, 1970, S. 73.

42 W. Benjamin, "Über einige Motive bei Baudelaire", in: ders., *Gesammelte Schriften* Bd. I.2, op.cit., S. 653.

43 Siehe: L. Wawrzyn, *Walter Benjamins Kunsttheorie. Kritik einer Rezeption*, Darmstadt-Neuwied, Luchterhand, 1973, S. 34.

44 W. Benjamin, "Kleine Geschichte der Photographie", in: ders., *Gesammelte Schriften* Bd. II.1, op.cit., S. 378.

riert."[45] Nicht die Integration des Surrealismus in die museale Kunst ist hier wichtig; auch nicht seine Ausbeutung durch die Werbung: sondern Benjamins Überzeugung, daß die Fotografie, die surrealistische Avantgarde und Brechts episches Theater mit seinen Unterbrechungen der Handlung und seinen Verfremdungseffekten[46] die Ära einer neuen, nichtauratischen Kunst ankündigen, die das Kollektivbewußtsein ansprechen und als Katalysator im revolutionären Prozeß wirken würde.

An dieser Stelle treten Affinitäten und Widersprüche zwischen Benjamins und Adornos ästhetischen Positionen in Erscheinung; zugleich kristallisiert sich die globale Aporie heraus, die Benjamins Ästhetik zugrunde liegt: Einerseits wendet er sich als "Junghegelianer", als Gegner der Aufhebung und der Synthese, gegen eine klassizistische Ästhetik hegelianischer Provenienz, die nur das vollendete, eindeutig bestimmbare Kunstwerk gelten läßt. – Darin stimmt er mit Adorno überein. Andererseits versucht er, die moderne Kunst der Avantgarde mit Hilfe des Ausstellungswerts zu legitimieren, der "den Sinn für das Gleichartige" stärkt, den Trend zur ästhetischen *Wertindifferenz* beschleunigt und eine Konzession an die Kulturindustrie ist. – Darin weicht er von Adorno ab.

In dem hier skizzierten Zusammenhang wird deutlich, daß Benjamins und Adornos Ästhetiken innerhalb der literarischen Evolution und Kanonbildung zwei heterogene Modelle anvisieren, die zumindest teilweise die Meinungsverschiedenheiten erklären, die sporadisch zwischen den beiden Autoren ausbrachen. Während der messianische Materialist Benjamin sich auf den Standpunkt der französischen und deutschen Avantgarde stellt und die autonome Kunstform zusammen mit der kontemplativen Rezeption durch den Bildungsbürger radikal in Frage stellt, verteidigt Adorno trotz seiner Sympathie für die Surrealisten und Beckett den autonomen Kunstbegriff Prousts, Valérys, Mallarmés und Georges. Im folgenden wird sich allerdings zeigen, daß er sich im Gegensatz zu den New Critics oder den russischen Formalisten nicht einseitig auf die Kantsche Position zurückzieht, sondern wie keiner vor oder nach ihm zwischen Hegels Begrifflichkeit (Wahrheitsgehalt) und Kants Begriffslosigkeit (Sinn-Negation) dialektisch zu vermitteln sucht.

45 W. Benjamin, "Der Surrealismus", in: ders., *Gesammelte Schriften* Bd. II.1, op.cit., S. 301.

46 Siehe: W. Benjamin, "Was ist das epische Theater?", in: ders., *Gesammelte Schriften* Bd. II.2, op.cit., S. 524: "Für das epische Theater steht daher die Unterbrechung der Handlung im Vordergrund."

3. Negative Dialektik: Ratio und Mimesis

Daß Adornos Philosophie als ständige Pendelschwingung zwischen dem Pol des Kantschen Agnostizismus und dem Pol der Hegelschen Totalitätserkenntnis zu beschreiben ist, fiel in der Vergangenheit Autoren wie Martin Zenck (1977), Rüdiger Bubner (1979), Josef Früchtl (1986) und Reinhard Kager (1988) auf.[47] In den folgenden Abschnitten wird keine systematische Darstellung von Adornos Kant- und Hegelkritik angestrebt, die zum Gegenstand einer umfangreichen Arbeit werden könnte; vielmehr kommt es drauf an zu zeigen, wie Adorno, von "junghegelianischen" Prämissen ausgehend, das Hegelsche Identitätsdenken aufzubrechen sucht und wie er sich als *Erbe Hegels* wesentliche Gedanken der Kantschen Philosophie aneignet.

Dabei spielt sein Verhältnis zu den Junghegelianern, zu Kierkegaard und Nietzsche eine wichtige Rolle. In der seit einigen Jahren ausufernden Sekundärliteratur scheint dieses Verhältnis noch nicht gebührend berücksichtigt worden zu sein (es sei denn, daß ich die Übersicht verloren und Wesentliches übersehen habe); in dem hier entworfenen Zusammenhang nimmt es jedoch eine besondere Bedeutung an. Schließlich könnte gezeigt werden, daß trotz der grundsätzlichen Unvereinbarkeit ihrer beiden philosophischen Standpunkte Adornos und Croces Kunstbegriffe Ähnlichkeiten aufweisen, die aus der Kritik an Hegels ästhetischem Logozentrismus ableitbar sind: Sowohl Adorno als auch Croce erscheint das Kunstwerk als etwas Einmaliges, das in keiner Abstraktion aufgeht.

Rüdiger Bubner erinnert mit Recht daran, daß die gesamte erkenntnistheoretische Problematik der Kritischen Theorie in dem eingangs erwähnten Oszillieren zwischen Kants und Hegels Standpunkten besteht und junghegelianischen Ursprungs ist: "Das allgemeine Programm der kritischen Theorie bewegt sich innerhalb einer Spannung,

47 Adornos Position zwischen Kant und Hegel stellt z.B. M. Zenck in *Kunst als begriffslose Erkenntnis*, München, Fink, 1977, S. 97-98 dar: "Wenn man will, so ist Adornos 'Ästhetische Theorie' ein konsequent gegen Hegel gerichteter Kant." Noch konkreter stellt R. Kager Adornos Rekurs auf Kant in *Herrschaft und Versöhnung. Einführung in das Denken Theodor W. Adornos*, Frankfurt-New York, Campus, 1988, S. 212 dar: "Gegen die Emphase der Hegelschen Ästhetik auf die inhaltliche Seite des Kunstwerks restituiert Adorno also die Bedeutung ihrer formalen Komponenten, die in Kants 'Kritik der Urteilskraft' noch wesentlich deren Bestimmung ausmachten, freilich mit der Einschränkung, daß ihm Kunstwerke im Gegensatz zur Kantischen Rezeptionsästhetik keineswegs nur als Wohlgefallen erregende Genußmittel erscheinen."

deren Extreme durch Kants Lehre vom Ding an sich und Hegels absoluten Begriff gekennzeichnet sind, während das Feld der Austragung jener Spannung von Marx und den Junghegelianern bereitet ist."[48] Ähnlich beurteilen Werckmeister, Zenck und Früchtl die Ausgangsposition Adornos.[49]

Diese soll im folgenden als eine dialektische und ästhetische Auseinandersetzung mit Hegel und Kant und als Vermittlungsversuch zwischen Inhaltsebene und Ausdrucksebene dargestellt werden. Obwohl ich mir keinen systematischen Vergleich zwischen Adornos ästhetischer Theorie und neueren semiotischen Ansätzen vornehmen kann, sollte – gleichsam am Rande der Betrachtung – klarwerden, wie Adorno die semiotische Problematik antizipiert, die ebenfalls im Spannungsverhältnis von Inhaltsebene und Ausdrucksebene anzusiedeln ist, die allerdings von einigen Semiotikern (von Bense bis Barthes) recht einseitig, reduktionistisch behandelt wurde.

Adornos Arbeit über Sören Kierkegaard, die Ende der 20er Jahre entstand, im Jahre 1931 von der Frankfurter Universität als Habilitationsschrift angenommen wurde und im Jahre 1933 erschien, läßt die Bedeutung der junghegelianischen Kritik für den jungen Philosophen erkennen. Er nimmt sich vor, Kierkegaards mißglückte Kritik des Hegelschen Identitätsdenkens wieder aufzugreifen und zu vollenden: "Kierkegaard hat nicht das Hegelsche Identitätssystem 'überwunden'; Hegel ist bei ihm nach innen geschlagen, und Kierkegaard erreicht die Realität am ehesten, wo er an Hegels historischer Dialektik festhält."[50] In der Ablehnung des Systems und des Identitätsdenkens weiß sich Adorno mit dem Junghegelianer Kierkegaard einig; er lehnt jedoch dessen "Verinnerlichung" der Dialektik und der Geschichte durch die Vorstellung einer "inneren Geschichte" der *Person*, des Individuums,

48 R. Bubner, "Kann Theorie ästhetisch werden?", in: *Materialien zur ästhetischen Theorie. Th.W. Adornos Konstruktion der Moderne* (Hrsg. B. Lindner und W.M. Lüdke), Frankfurt, Suhrkamp, 1979, S. 119-120.

49 Siehe: O.K. Werckmeister, "Das Kunstwerk als Negation. Zur geschichtlichen Bestimmung der Kunsttheorie Theodor W. Adornos", in: ders., *Ende der Ästhetik*, Frankfurt, Fischer, 1971, S. 29; siehe auch: J. Früchtl., *Mimesis. Konstellation eines Zentralbegriffs bei Adorno*, Würzburg, Königshausen und Neumann, 1986, S. 244: "Da Adorno sich der Kritik an der schematisch subsumierenden Urteilskraft anschließt, nähert er sich einer Vermittlung, wie Hegel sie konzipiert hat, bleibt aber doch so weit Kantianer, wie er sie wiederum an die reflektierende Urteilskraft zurückbindet."

50 Th.W. Adorno, *Kierkegaard. Konstruktion des Ästhetischen*, in: ders., *Gesammelte Schriften* Bd. 2, op.cit., S. 49.

ab. Er hält an wesentlichen Komponenten von Kierkegaards Hegel-Kritik fest und versucht zugleich, diese Kritik vom idealistischen und individualistischen Gehäuse der Innerlichkeit zu befreien und auf eine materialistische Ebene zu projizieren.[51]

Daher scheint mir Irving Wohlfarths Frage, "ob Adorno nicht selber eine materialistische Reinkarnation des Kierkegaardschen Subjekts ist"[52], nicht unberechtigt zu sein. Isoliert betrachtet läuft sie jedoch auf eine unzulässige Reduktion des Zusammenhangs hinaus, denn Adorno ist kein "materialistischer Kierkegaard", sondern jemand, der sich vornimmt, die gesamte junghegelianische (d.h. auch die Kierkegaardsche) Hegelkritik zu Ende zu führen.

Aus dieser Kritik geht eine negative Dialektik hervor, die die Hegelsche Aufhebung als systembildendes positives Prinzip ausschließt: "Solche Dialektik ist negativ. Ihre Idee nennt die Differenz von Hegel. Bei diesem koinzidierten Identität und Positivität; der Einschluß alles Nichtidentischen und Objektiven in die zum absoluten Geist erweiterte und erhöhte Subjektivität sollte die Versöhnung leisten."[53] Hegels Kerngedanke, daß die Entfremdung in der modernen Gesellschaft als Bruch zwischen Subjekt und Objekt durch totales, absolutes Wissen zu überwinden sei, wird hier mit Marx, Feuerbach und Ruge in einem materialistischen Kontext kritisiert. Hegels absolutes Wissen, seine Vorstellung von einem allwissenden Subjekt, das die Welt als eigene Selbstentäußerung (als eigenes Produkt) erkennt, ist Ideologie: Apologie der unversöhnten wirtschaftlichen und politischen Verhältnisse, die den individuellen Subjekten ihre Freiheit vorenthalten.

Daß Adorno eher als radikaler, materialistischer "Junghegelianer" denn als "Marxist" zu verstehen ist, zeigt seine Kritik an einigen hegelianischen Schlüsselbegriffen des marxistischen Diskurses, die diesen zu dem machen, was er ist. Gesellschaftliche Totalität und Geschichte, mit denen sich Marx und Engels hegelianisch identifizieren, statt sie als Herrschafts- und Verblendungszusammenhänge zu erkennen, werden in der *Negativen Dialektik* (1966) im Namen der Nichtidentität und der Negativität in Frage gestellt: "Es ging um die Vergottung der Geschichte, auch bei den atheistischen Hegelianern Marx und Engels. Der Primat der Ökonomie soll mit historischer Stringenz das

51 Siehe: ibid., S. 60-69.

52 I. Wohlfarth, "Dialektischer Spleen. Zur Ortsbestimmung der Adornoschen Ästhetik", in: *Materialien zur ästhetischen Theorie*, op.cit., S. 318.

53 Th.W. Adorno, *Negative Dialektik, Gesammelte Schriften* Bd. 6, op.cit., S. 145.

glückliche Ende als ihr immanent begründen (...)."[54] Nicht nur der Ökonomismus wird hier zurückgewiesen, sondern auch die hegelianische Teleologie und die revolutionäre Immanenz: der Gedanke, daß bestehende Widersprüche über den *status quo* auf das *telos* der klassenlosen Gesellschaft hinausweisen.

Als Alternative konzipiert Adorno eine negative, offene Dialektik, die nicht nur die Nichtidentität und die Zurückweisung der Immanenz (Geschichte als Selbstbefreiung des menschlichen Subjekts) kennzeichnen, sondern auch die Auflösung des marxistischen Nexus von Theorie und Praxis. Wie diese Auflösung mit dem kritischen Postulat der Nichtidentität zusammenhängt, wird in der *Negativen Dialektik* in einem junghegelianischen (linkshegelianischen) Kontext klar. Nichtidentität ist keine "unerhebliche Nuance" oder gar Abweichung des Linkshegelianismus, sondern Ausgangspunkt einer radikalen Kritik an Hegel und dem marxistischen Hegelianismus: "Karl Korsch zuerst, dann Funktionäre des Diamat haben eingewandt, die Wendung zur Nichtidentität sei, ihres immanent-kritischen und theoretischen Charakters wegen, eine unerhebliche Nuance des Neohegelianismus oder der geschichtlich überholten Hegelschen Linken (...)."[55] Gegen diesen Versuch, Nichtidentität auf ein "rein theoretisches Problem" zu reduzieren, wendet Adorno ein: "Die Forderung der Einheit von Praxis und Theorie hat unaufhaltsam diese zur Dienerin erniedrigt; das an ihr beseitigt, was sie in jener Einheit hätte leisten sollen."[56]

Festzuhalten ist an dem Gedanken, daß Adornos Hegelkritik in eine radikale Kritik am hegelianischen Marxismus ausmündet, der Begriffe wie "Identität" (zwischen Subjekt und Objekt), "Totalität" (der wahre Zusammenhang) und "Immanenz" (des kritisch-revolutionären Gedankens) zum Opfer fallen. Nur vor diesem Hintergrund ist die hegelianisch-marxistische Kritik Lukács' und Goldmanns an Adorno zu verstehen[57], die ihr Pendant in einer hegelianischen Ästhetik hat, welche den literarischen Text mit dem Begriff identifizeirt. (Siehe Kap. 2.)

In diesem Kontext wird auch Adornos junghegelianische Aktualisierung der Kantschen Philosophie verständlich, die im ästhetischen Bereich von F.Th. Vischer antizipiert wurde, den Adorno in der *Ästheti-*

---

54 Ibid., S. 315.
55 Ibid., S. 146.
56 Ibid.
57 Siehe: z.B. L. Goldmann, "La Mort d'Adorno", in: *La Quinzaine littéraire* 1.-15. Sept. 1969.

schen Theorie (1970) mehrmals erwähnt. (Siehe weiter unten.) Schon in den Aufsätzen über Hegel, die in den späten 50er und frühen 60er Jahren entstanden sind und von denen der Autor selbst sagt, "Absicht des Ganzen (sei) die Vorbereitung eines veränderten Begriffs von Dialektik" (1963)[58], wird Kants Agnostizismus, sein Denken in "Schranken" und "Brüchen", gegen den Herrschaftsanspruch und den Logozentrismus von Hegels Identitätsphilosophie ausgespielt. Von Hegel, der die Überwindung des Kantschen Dualismus anstrebte, heißt es dort: "Ihm stieß nicht auf, daß die Kantischen Brüche eben jenes Moment der Nichtidentität verzeichnen, das zu Hegels eigener Fassung der Identitätsphilosophie unabdingbar hinzugehört."[59] Obwohl er es immer wieder zur Sprache bringt, setzt sich Hegel schließlich über das Besondere und Nichtidentische hinweg; dadurch wird sein eigenes System partikular wie jede Form der Herrschaft.

Angesichts dieser identifizierenden Herrschaft des Begriffs, die in Hegels System die Naturbeherrschung und die Herrschaftsverhältnisse in der unversöhnten Wirklichkeit reproduziert, wendet sich Adorno in der *Negativen Dialektik* Kants Vernunftskritik zu, die die Ansprüche des Subjekts, die objektive Wirklichkeit als solche zu erkennen, in die Schranken weist. Kants "Schranke", seine Einschränkung des subjektiven Erkenntnisanspruchs (s. Kap. 1), ist insofern für Adornos negative Dialektik konstitutiv, als sie es ihr gestattet, Hegels These von der Subjekt-Objekt-Identität grundsätzlich in Frage zu stellen; auf die Gefahr hin, daß das Totalitätsprinzip verletzt wird, daß das Subjekt mit einem ihm fremden Residuum konfrontiert bleibt und daß Dialektik undialektisch wird: "Ohne Identitätsthese ist Dialektik nicht das Ganze; dann aber auch keine Kardinalsünde, sie in einem dialektischen Schritt zu verlassen. Es liegt in der Bestimmung negativer Dialektik, daß sie sich nicht bei sich beruhigt, als wäre sie total; das ist ihre Gestalt von Hoffnung. Kant hat in der Lehre vom transzendenten Ding an sich jenseits der Identifikationsmechanismen davon etwas aufgezeichnet."[60]

Freilich sollten Adornos Rekurse auf Kant als einen Philosophen der Nichtidentität nicht seine Kantkritik verdecken, die durchaus dialektisch im Sinne von Hegel ist: Adorno stellt grundsätzlich Kants Denken in Dichotomien in Frage, insbesondere den Form-Inhalt-Dualismus, der allen Versuchen, die Entwicklung der Formen zu erklären, im Wege

---

58 Th.W. Adorno, *Drei Studien zu Hegel*, *Gesammelte Schriften* Bd. 5, op.cit., S. 250.
59 Ibid., S. 250.
60 Th.W. Adorno, *Negative Dialektik*, op.cit., S. 398.

steht.[61] Nicht diese Kantkritik ist hier jedoch wesentlich, sondern Kants Zurückweisung des Identitätspostulats, sein Beharren auf der Subjektivität der Erkenntiskategorien. Beide sind für Adornos Ästhetik wichtig, die sich – wie sich zeigen wird – mit Kant gegen Hegels Reduktion der Natur auf das Kunstschöne und gegen seine begriffliche Vereinnahmung des Kunstwerks (des Kunst-Objekts) wendet.

Adornos Plädoyer für das Besondere und Nichtidentische im Rahmen einer negativen Dialektik mündet in den wahrscheinlich aporetischen Versuch, eine mimetische Theorie im Sinne von Benjamin zu konzipieren (s.o.), eine Theorie, die den Gegenstand nicht begrifflich vereinnahmt, ihn nicht dem Begriff unterwirft: Statt dessen versucht sie, sich in ihn zu versenken, sich ihm anzugleichen. Wie Benjamin faßt Adorno Mimesis zunächst somatisch auf: als körperliche Mimikry, als körperliche Angleichung an den Gegenstand. Wird der Begriff auf den sprachlichen Bereich ausgedehnt, so kann im Zusammenhang mit der Onomatopoese von einer sprachlichen Angleichung an das Objekt die Rede sein.

In Adornos und Horkheimers *Dialektik der Aufklärung* (1947) soll gezeigt werden, wie sich das europäische Denken im Laufe der Jahrhunderte immer mehr von der in magischen Riten archaischer Gesellschaften verwurzelten Mimesis entfernt hat. Ihren Höhepunkt erreicht diese Entwicklung in der Aufklärung, deren Rationalismus alles Denken der technischen Verfügbarkeit und Manipulierbarkeit subsumiert: "Die Aufklärung verhält sich zu den Dingen wie der Diktator zu den Menschen. Er kennt sie, insofern er sie manipulieren kann. Der Mann der Wissenschaft kennt die Dinge, insofern er sie machen kann. Dadurch wird ihr An sich Für ihn."[62]

Diese Darstellung einer technizistischen und utilitaristischen Vernunft, die Horkheimer als "instrumentell"[63] (weil manipulierend) bezeichnet, verhält sich in jeder Hinsicht komplementär zu Adornos und Horkheimers Kritik an Hegel: Trotz aller Unterschiede ordnet auch der Rationalismus der Aufklärung das Objekt dem Subjekt unter und entwickelt ein begriffliches Instrumentarium, nicht um die Natur besser zu verstehen, sondern um sie beherrschen, ausbeuten zu können. In diesem

61 Siehe: ibid., S. 378-379.

62 M. Horkheimer, Th.W. Adorno, *Dialektik der Aufklärung*, *Gesammelte Schriften* Bd. 3, op.cit., S. 25.

63 Siehe: M. Horkheimer, *Zur Kritik der instrumentellen Vernunft*, Frankfurt, Athenäum-Fischer, 1974, S. 163, wo Kants Kritik an Rationalismus und Empirismus bestätigt wird.

Prozeß fällt auch das menschliche Subjekt der Naturbeherrschung zum Opfer, weil es sich selbst als Teil der Natur asketisch verleugnen muß.[64]

Adornos und Horkheimers Kritik ist kein Regreß in den Irrationalismus magischer Mimesis[65], sondern eine *mimetische Vernunft*, die sich in der modernen Gesellschaft nur noch in der Kunst erhalten hat. Theorie hat sich nach künstlerischer Mimesis zu richten, denn, so schreibt Adorno in der *Ästhetischen Theorie*: "In den Kunstwerken ist der Geist nicht länger der alte Feind der Natur. Er sänftigt sich zum Versöhnenden."[66] Solche Versöhnung geht jedoch nicht auf Kosten des Geistes, des begrifflichen Denkens, und Adorno, der von einer "Dialektik zwischen Rationalität und Mimesis"[67] spricht, beschreibt das Oszillieren der Kunst zwischen magischer Mimesis und verdinglichter Rationalität: "Die Aporie der Kunst, zwischen der Regression auf buchstäbliche Magie, oder der Zession des mimetischen Impulses an dinghafte Rationalität, schreibt ihr das Bewegungsgesetz vor; nicht ist sie wegzuräumen."[68] Auch die Theorie hat nach Adorno an dieser Aporie teil; auch sie soll den mimetischen Impuls bewahren, ohne auf den begrifflichen Diskurs zu verzichten, ohne sich dem Irrationalen auszuliefern. Doch was bedeutet genau Mimesis im theoretischen Kontext, und wie kann sie in den begrifflichen Diskurs aufgenommen werden?

Die erste Frage ist nicht leicht zu beantworten, zumal Autoren wie W.M. Lüdke meinen, daß ein "nichtbegrifflicher" Begriff wie Mimesis nicht zu definieren sei.[69] Allzu sehr vereinfacht Kager, wenn er das Mimetische als "die gefühlsmäßige Erfassung der Realität"[70] zu definieren sucht. Denn Adornos Mimesisbegriff hat nichts mit Intuition oder Einfühlung im Sinne von Dilthey zu tun. Sinnvoller erscheint

---

64 Siehe: ibid., S. 94: "Die totale Transformation wirklich jedes Seinsbereichs in ein Gebiet von Mitteln führt zur Liquidation des Subjekts, das sich ihrer bedienen soll."

65 Insofern ist U. Müller recht zu geben, wenn er in seinem Buch *Erkenntniskritik und negative Metaphysik bei Adorno*, Frankfurt, Athenäum, 1988, S. 192 schreibt: "Bei der theoretischen Rehabilitierung des Mimetischen geht es also weder um die ornamentale Ausgestaltung diskursiver Redeweisen, noch um eine Aufweichung terminologischer Klarheit."

66 Th.W. Adorno, *Ästhetische Theorie*, op.cit., S. 202.

67 Ibid., S. 86.

68 Ibid., S. 87.

69 Siehe: W.M. Lüdke, *Anmerkungen zu einer "Logik des Zerfalls": Adorno – Beckett*, Frankfurt, Suhrkamp, 1981, S. 68: "Was nun die Leistung der Mimesis ausmacht, stellt sich zugleich als Schwierigkeit ihrer adäquaten Beschreibung dar: denn das Besondere, Nichtidentische ist ja eben das, was sich festen Bestimmungen, Begriffen – der Identifikation – entzieht."

70 R. Kager, *Herrschaft und Versöhnung*, op.cit., S. 198.

Günter Figals Versuch, eine Analogie zwischen "Rationalität und Realitätsprinzip einerseits und Mimesis und Lustprinzip andererseits"[71] herzustellen und Adornos Terminus in den psychoanalytischen Kontext zu projizieren. Die in der *Ästhetischen Theorie* vorgeschlagene negative Definition, in der von einer "nichtbegriffliche(n) Affinität des subjektiv Hervorgebrachten zu seinem Anderen"[72] die Rede ist, kommt der Sache wohl am nächsten. Es geht um eine Annäherung an das Objekt, die diesem seine Besonderheit durch Aufnahme nichtbegrifflicher Elemente in den begrifflichen Diskurs beläßt.

Adorno versuchte, dieses Ziel zu erreichen, indem er den theoretischen Diskurs nach ästhetischen Kriterien beurteilte, die das Nichtbegriffliche, Mimetische enthielten. Schon in seinen frühen Aufsätzen zur Sprachphilosophie, etwa in den "Thesen über die Sprache des Philosophen" (die laut Tiedemann Anfang der 30er Jahre entstanden sind), fragt er nach der "*ästhetischen* Dignität der Worte"[73], die als letzte Chance der modernen Philosophie erscheint, sich herrschaftsfrei dem Objekt zu nähern. Komplementär zur ästhetischen Kritik der Sprache verhält sich beim frühen Adorno die von Benjamin stammende Bezeichnung "Konfiguration". Das überlieferte Vokabular der Philosophie soll nicht preisgegeben werden; nur die Art, wie es im Diskurs verwendet wird, ist durch eine "konfigurative" Anordnung der Worte zu ändern. Dem Philosophen bleibt keine Hoffnung "als die, die Worte so um die neue Wahrheit zu stellen, daß deren bloße Konfiguration die neue Wahrheit ergibt".[74] Konfiguratives Denken wird noch am ehesten der Sache gerecht: "(...) Es bedeutet konfigurative Sprache ein Drittes als dialektisch verschränkte und explikativ unauflösliche Einheit von Begriff und Sache."[75]

Später hat Adorno immer wieder nach Sprachformen gesucht, die es dem Subjekt gestatten würden, sich dem Objekt in dessen Besonderheit und Unverwechselbarkeit zu nähern. Im ersten Band der *Noten zur Literatur* erscheint der Essay als eine ästhetische Sprachform, die geeignet ist, den mimetischen Impuls zu bewahren und aufgrund seiner

71 G. Figal, *Theodor W. Adorno. Das Naturschöne als spekulative Gedankenfigur. Zur Interpretation der "Ästhetischen Theorie" im Kontext philosophischer Ästhetik*, Bonn, Bouvier, 1977, S. 61.

72 Th.W. Adorno, *Ästhetische Theorie*, op.cit., S. 86-87.

73 Th.W. Adorno, "Thesen über die Sprache des Philosophen", in: ders., *Gesammelte Schriften* Bd. 1 (*Philosophische Frühschriften*), op.cit., S. 370.

74 Ibid., S. 369.

75 Ibid.

Offenheit, Unabgeschlossenheit das Einmalige, Singuläre zutage treten zu lassen: "Er trägt dem Bewußtsein der Nichtidentität Rechnung, ohne es auch nur auszusprechen; radikal im Nichtradikalismus, in der Enthaltung von aller Reduktion auf ein Prinzip, im Akzentuieren des Partiellen gegenüber der Totale, im Stückhaften."[76] Die Essays der *Noten zur Literatur* sind allesamt Versuche, besondere Aspekte von Prousts Werk, von Hölderlins Lyrik oder Becketts Theater hervortreten zu lassen, ohne die Texte dieser Dichter zu definieren, auf den Begriff zu bringen.

Der Autor der *Negativen Dialektik* entwickelt später ein "Denken in Modellen", das ähnlich wie der Essay, nur mit anderen sprachlichen Mitteln, die Darstellung des Besonderen ermöglichen soll. Adornos philosophischer Versuch, "über den Begriff durch den Begriff hinauszugelangen"[77] und eine theoretische "Verbindlichkeit ohne System"[78] zu erreichen, geht vom Modell aus: "Das Modell trifft das Spezifische und mehr als das Spezifische, ohne es in seinen allgemeineren Oberbegriff zu verflüchtigen. Philosophisch denken ist soviel wie in Modellen denken; negative Dialektik ein Ensemble von Modellanalysen."[79]

Doch auch die Modellanalyse ist noch zu sehr der Abstraktion des Logos verpflichtet und befriedigt Adorno nicht auf Dauer. In einem Briefkommentar zur postum veröffentlichten *Ästhetischen Theorie* erklärt er, weshalb er das "Denken in Modellen" nicht weiterentwickelt, sondern nach einer (letzten) Alternative sucht. Über die Darstellungsschwierigkeiten, die sein letztes Werk mit sich bringt, schreibt er: "Sie bestehen (...) darin, daß die einem Buch fast unabdingbare Folge des Erst-Nachher sich mit der Sache als so unverträglich erweist, daß deswegen eine Disposition im traditionellen Sinn, wie ich sie bis jetzt noch verfolgt habe (auch in der *Negativen Dialektik* verfolgte), sich als undurchführbar erweist. Das Buch muß gleichsam konzentrisch in gleichgewichtigen, parataktischen Teilen geschrieben werden, die um einen Mittelpunkt angeordnet sind, den sie durch ihre Konstellation ausdrücken."[80] Diese Passage ist deshalb wesentlich, weil sie sowohl Diskontinuität als auch Kontinuität in Adornos Denken erkennen läßt: Seine theoretische Anwendung der Parataxis, die von seiner Hölderlin-

---

76 Th.W. Adorno, "Der Essay als Form", in: ders., *Noten zur Literatur* I, *Gesammelte Schriften* Bd. 11, op.cit., S. 17.

77 Th.W. Adorno, *Negative Dialektik*, op.cit., S. 27.

78 Ibid., S. 39.

79 Ibid.

80 Th.W. Adorno, *Ästhetische Theorie*, op.cit., S. 541.

Interpretation vorbereitet wird und mit seiner Abkehr von der Modellanalyse einhergeht, ist in mancher Hinsicht eine Rückkehr zur "Konfiguration" der frühen 30er Jahre, die auch Benjamin als Alternative zur begrifflichen Herrschaft ins Auge faßte.

Bei keinem der beiden Denker kann von einer Apologie des Irrationalismus die Rede sein, auch nicht von Versuchen, Theorie in Kunst aufgehen zu lassen. Insofern ist Martin Zenck recht zu geben, wenn er zum Verhältnis von Rationalität und Mimesis bei Adorno bemerkt: "Mimesis und Rationalität, Erkenntnis durch ästhetischen Ausdruck wie die begriffliche Erkenntnis bilden keine Dichotomien."[81] Im Gegenteil, es geht darum, das Irrationale eines auf Naturbeherrschung gründenden Logozentrismus mit Hilfe des mimetisch-ästhetischen Impulses aufzulösen. Der Autor der *Ästhetischen Theorie* faßt dieses Vorhaben in einem Satz zusammen: "Ratio ohne Mimesis negiert sich selbst."[82]

4. Negative Ästhetik: Zwischen Begriffslosigkeit und Wahrheitsgehalt

In dieser Darstellung geht es nicht um die Frage, ob Parataxis als diskursives Verfahren für die Lösung moderner Theorieprobleme in Frage kommt. An anderer Stelle habe ich mich ausführlich mit dieser Frage befaßt und dort im Anschluß an Dubiel und Habermas die Brauchbarkeit der Parataxis für die Sozialwissenschaften angezweifelt.[83] In dem hier entworfenen Zusammenhang geht es mir vor allem darum zu zeigen, wie Essayismus, Denken in Modellen und Parataxis im philosophisch-ästhetischen Spannungsfeld zwischen Kants Agnostizismus und Hegels Logozentrismus als Alternativen zum Identitätsdenken entwickelt werden.

Wie die *Negative Dialektik* ist auch die *Ästhetische Theorie* als "junghegelianische" Kritik in diesem Spannungsfeld entstanden; denn sie treibt die Paradoxien auf die Spitze, die sich schon in Vischers Ästhetik ankündigen und die in der ambivalenten Erkenntnis zusam-

81 M. Zenck, *Kunst als begriffslose Erkenntnis. Zum Kunstbegriff der ästhetischen Theorie Theodor W. Adornos*, op.cit., S. 107.

82 Th.W. Adorno, *Ästhetische Theorie*, op.cit., S. 489.

83 Siehe: Vf., *Ideologie und Theorie. Eine Diskurskritik*, Tübingen, Francke, 1989, Kap. VI. – Siehe auch das letzte Kapitel dieses Buches.

menzufassen sind, daß die Wahrheit, die ein Kunstwerk ausdrückt, nicht begrifflich zu fassen ist: “Die Paradoxie, daß Kunst es sagt und doch nicht sagt, hat zum Grunde, daß jenes Mimetische, durch welches sie es sagt, als Opakes und Besonderes dem Sagen zugleich opponiert.”[84] In dem hier konstruierten philosophischen Kontext kann es kaum als Zufall erscheinen, daß Adorno sich auch auf den Junghegelianer F.Th. Vischer beruft, um seine These zu stützen, daß Kunstwerke nicht auf Begriffe zu reduzieren sind: “Der Gehalt ist nicht in die Idee auflöslich sondern Extrapolation des Unauflöslichen; von den akademischen Ästhetikern dürfte Friedrich Theodor Vischer allein das gespürt haben.”[85] Die Tatsache, daß Adorno an einer anderen Stelle der *Ästhetischen Theorie* Vischer einen Mangel an Dialektik vorwirft und suggeriert, er sei “Hegels schon nicht mehr sicher”[86], bestätigt lediglich die junghegelianische Verwandtschaft der beiden Autoren, die beide jenseits von Hegels System die Natur, den Zufall, den Traum und die Ambiguität der Kunstwerke entdecken.

Anders als Hegel, dem Kunst “sinnliches Scheinen der Idee” war und der meinte, vor allem die Wortkunst im Begriff eindeutig identifizieren zu können, faßt Adorno, ähnlich wie Benjamin, literarische Texte als vieldeutige und in sich widersprüchliche Gebilde auf, die weder auf Ideen (Hegel) noch auf Weltanschauungen (Goldmann), noch auf Ideologien (Lukács) festzulegen sind. Seine Kritik an Hegel in der *Ästhetischen Theorie* erklärt seine Kontroversen mit Marxisten wie Goldmann, die Literatur ausschließlich auf der Inhaltsebene, auf der Ebene der Signifikate, lasen[87], sowie seine Aversion gegen den sozialistischen Realismus.[88]

Konkret wirft Adorno Hegel vor, er habe sich über die Vieldeutigkeit der Kunstwerke hinweggesetzt, die die Kantsche Ästhetik – zumindest implizit – gelten ließ: “Bei Hegel war der Geist in der Kunst, als eine Stufe seiner Erscheinungsweisen, aus dem System deduzibel und gleichsam in jeder Kunstgattung, potentiell in jedem Kunstwerk, ein-

84 Th.W. Adorno, *Ästhetische Theorie*, op.cit., S. 305.
85 Ibid., S. 194.
86 Ibid., S. 153.
87 Siehe: L. Goldmann, Th.W. Adorno, “Discussion extraite des actes du colloque” (Deuxième colloque international sur la Sociologie de la Littérature, Royaumont), in: *Revue de l’Institut de Sociologie* Nr. 3/4, 1973, S. 540-541.
88 Siehe: Th.W. Adorno, *Ästhetische Theorie*, S. 85: “Absehbar wird der Prospekt einer Absage an die Kunst um der Kunst willen. Er deutet sich an in denjenigen ihrer Gebilde, die verstummen oder verschwinden. Auch sozial sind sie richtiges Bewußtsein: lieber keine Kunst mehr als sozialistischer Realismus.”

deutig, auf Kosten des ästhetischen Attributs der Vieldeutigkeit."[89] Adorno, der Hegel dessen "intolerance of ambiguity", dessen "Unduldsamkeit gegen das Ambivalente, nicht säuberlich Subsumierbare"[90] vorhält, entwickelt wesentliche Gedanken Bachtins weiter und antizipiert die semiotische und rezeptionsästhetische Kritik an der hegelianisch-marxistischen Ästhetik, deren Allergie gegen Vieldeutigkeit und Widersprüchlichkeit er selbst in Brechts Epischem Theater zu finden meint: "Sein didaktischer Gestus jedoch ist intolerant gegen die Mehrdeutigkeit, an der Denken sich entzündet: er ist autoritär."[91]

Widersprüchlich und heterogen ist Kunst auch deshalb, weil sie das Häßliche nicht einem klassizistischen Schönheitsideal subsumiert, sondern in der Dissonanz gelten läßt. Es ist kein Zufall, wenn Adorno in diesem Kontext zustimmend die *Ästhetik des Häßlichen* des Hegelianers Karl Rosenkranz (s. Kap. 1) zitiert. Anders als der Hegel-Schüler kann der Philosoph der Moderne allerdings nicht mehr an den abgeleiteten, "dienenden" Charakter des Häßlichen glauben: "Das Gewicht dieses Elements wuchs in der Moderne derart an, daß daraus eine neue Qualität entsprang."[92] Als Alternative zu Hegels Klassizismus kristallisiert sich im junghegelianischen Denken eine Ästhetik des Heterogenen, der Dissonanz heraus.

Wie sieht diese Alternative in Adornos literaturkritischer Praxis aus? Wie ist es möglich, literarische Texte zu interpretieren, zu analysieren, ohne sie auf eindeutig bestimmbare begriffliche Strukturen festzulegen? In seinen Kommentaren zu Georges Lyrik zeigt er, wie ambivalent Georges Werk ist, wie abwegig jeder Versuch wäre, es auf eine sinnvolle, harmonische Totalität festzulegen, die er in der *Ästhetischen Theorie* kritisiert: "(...) Im Inneren alles dessen, was an Kunst mit Fug harmonisch kann genannt werden, überlebt das Disparate und einander Widersprechende."[93]

Georges Dichtung erscheint als eine widersprüchliche Einheit, als prekäres Gleichgewicht zwischen Ideologie und Kritik. In dem Maße, wie der Dichter ideologische Stereotypen in seinen Text aufnimmt, um

89 Ibid., S. 140.
90 Ibid., S. 176.
91 Ibid., S. 360.
92 Ibid., S. 74.
93 Ibid., S. 167. Siehe auch S. 263: "Kunstwerke synthetisieren unvereinbare, unidentische, aneinander sich reibende Momente; sie wahrhaft suchen die Identität des Identischen und des Nichtidentischen prozessual, weil noch ihre Einheit Moment ist, und nicht die Zauberformel fürs Ganze."

"Reinheit" oder "Adel" zu evozieren, macht er der elitären Ideologie des "Kreises" und dem eigenen Narzißmus Zugeständnisse, die sich fatal auf seinen Stil auswirken. In seinem in den *Noten zur Literatur IV* erschienenen Essay über George zitiert Adorno die folgenden Verse, um zu veranschaulichen, was er unter ideologischem Stil versteht:

Du schlank und rein wie ein flamme
Du wie der morgen zart und licht
Du blühend reis vom edlen stamme
Du wie ein quell geheim und schlicht...

Diesen Versen, die nach Adorno den "Sturz in die Ideologie" nicht überleben, stehen in Georges Werk andere Verse gegenüber, die aufgrund ihrer Schlichtheit und Vieldeutigkeit von der ideologischen Rhetorik nicht zu vereinnahmen sind. Adorno zitiert ein anderes Gedicht Georges, dessen Negativität mit seinem kritischen "Wahrheitsgehalt" zusammenfällt:

Ihr tratet zu dem herde
Wo alle glut verstarb.
Licht war nur an der erde
Vom monde leichenfarb.

Ihr tauchtet in die aschen
Die bleichen finger ein.
Mit suchen tasten haschen-
Wird es noch einmal schein!

Seht was mit trostgebärde
Der mond auch rät:
Tretet weg vom herde.
Es ist worden spät.

Trotz seiner Negation eines unmittelbaren Sinnes, sagt Adorno, deutet dieses Gedicht eine historische Situation an. Es drückt "das Gefühl eines Weltalters"[94] aus, ohne daß man es auf ein bestimmtes historisches Ereignis beziehen könnte. Zugleich meidet es die Allegorie, der eine eindeutige Aussage oder Idee zugrunde liegt. Demnach wären die besten Texte Georges die hermetischen Gedichte, deren Vieldeutigkeit sich gegen begriffliche Reduktionen sperrt. Insgesamt ist Georges Ly-

94 Th.W. Adorno, "George", in: ders., *Noten zur Literatur IV, Gesammelte Schriften* Bd. 11, op.cit., S. 529.

rik antinomisch und ambivalent, weil in ihr Kultur und Barbarei auf engstem Raum zusammenwirken und einander wechselseitig bedingen: "In jedem Augenblick wird die Georgesche Kultur mit Barbarei erkauft."[95]

Wie schon bei den Junghegelianern, vor allem bei Vischer, führen die Entdeckung der Ambivalenz und die Kritik am Logozentrismus zur Aufwertung der Natur, des Zufalls und der vieldeutigen Ausdrucksebene. Wie vor ihm Vischer setzt Adorno das Naturschöne in seine Rechte ein und nimmt es in seine Definition der Kunst auf, die nicht als Nachahmung der Natur, sondern als "Nachahmung des Naturschönen"[96], nicht als "Imitation eines Wirklichen, sondern Vorwegnahme eines Ansichseins, das noch gar nicht ist"[97], beschrieben wird.

Nur weil sie aus einer Symbiose von Mimesis und Ratio hervorgeht, vermag Kunst, trotz der ihr innewohnenden Naturbeherrschung, das Naturschöne nachzuahmen und ein "Ansichsein der Natur", eine von Herrschaft befreite Natur vorwegzunehmen. Durch diesen zugleich ästhetischen und utopischen Gedanken an eine von Herrschaft befreite Natur, deren Bild von der Kunst antizipiert wird, nähert sich Adorno – wie Norbert W. Bolz richtig gesehen hat[98] – dem Junghegelianer Nietzsche: Auch dieser hat die Versöhnung von Mensch und Natur in den ästhetischen Bereich projiziert.

Aus diesem Bereich kann das Zufällige nicht ausgeblendet werden, solange die Natur nicht – wie bei Hegel – dem Begriff und der Notwendigkeit subsumiert wird. Adornos Bemerkungen über den (natürlichen, naturwüchsigen) Zufall erinnern an Vischers Kritik an Hegel (s. Kap. 3), etwa wenn er in der *Ästhetischen Theorie* polemisch gegen Hegel einwendet: "Kein Kunstwerk verdient seinen Namen, welches das seinem eigenen Gesetz gegenüber Zufällige von sich weghielte."[99] Das Zufällige ist weder in der Notwendigkeit des Begriffs noch im Begriff der Notwendigkeit aufzulösen.

---

95 Th.W. Adorno, "George und Hofmannsthal", in: ders., *Prismen. Kulturkritik und Gesellschaft, Gesammelte Schriften* Bd. 10-1, op.cit., S. 202.

96 Th.W. Adorno, *Ästhetische Theorie*, op.cit., S. 111.

97 Ibid., S. 121.

98 Siehe: N.W. Bolz, "Nietzsches Spur in der Ästhetischen Theorie", in: *Materialien zur ästhetischen Theorie. Th.W. Adornos Konstruktion der Moderne*, op.cit., S. 376: "Gemeinsam ist ihnen die Konzeption einer Dialektik der Aufklärung, die sich im Verhältnis von Mythos und Genius ästhetisch konkretisiert", heißt es von Adorno und Nietzsche.

99 Th.W. Adorno, *Ästhetische Theorie*, op.cit., S. 329.

Wo die Herrschaft des Begriffs so radikal in Frage gestellt wird wie bei Adorno, dort nähert sich der theoretische Diskurs Kants Agnostizismus und verschiebt den Akzent der Argumentation auf die Ausdrucksebene. Wie schon in der *Negativen Dialektik* beruft sich Adorno auch in der *Ästhetischen Theorie* auf Kant, um dem hegelianischen (marxistischen) Versuch entgegenzuwirken, Kunstwerke eindeutig auf begriffliche "Äquivalente" festzulegen und einer heteronomen Ästhetik das Wort zu reden. Sein Oszillieren zwischen dem Kantschen und dem Hegelschen Pol findet seinen prägnantesten Ausdruck in der These über den "Doppelcharakter der Kunst": Kunstwerke sind sowohl autonom als auch *faits sociaux*, gesellschaftliche Fakten.

Allerdings nehmen bei Adorno "Autonomie" und *fait social* ganz andere Bedeutungen an als bei Kant und in der positivistischen Soziologie Durkheims und seiner Schüler (Mauss, Fauconnet). Sie bilden einen dialektischen Gegensatz, in dem Autonomie selbst zum gesellschaftlichen und historischen Faktum wird. In der *Ästhetischen Theorie* ist vom Doppelcharakter der Kunst "als einem freilich noch in seiner Autonomie sozial determinierten Autonomen und einem Sozialen"[100] die Rede. So ist es zu erklären, daß Adorno Kants idealistischen Autonomiebegriff ablehnt, weil dieser von den sozialen und historischen Bedingungen der Kunstentwicklung abstrahiert.

Bei Adorno haben wir es mit einer negativen, kritischen, ja militanten Autonomie zu tun, die auf der Formebene den Antagonismus zwischen moderner Kunst und verdinglichter Gesellschaft festschreibt. Kunst ist nicht länger autonom, weil sie zum Gegenstand eines "interesselosen Wohlgefallens" wird, sondern weil sie die bestehenden Verhältnisse negativ darstellt und dadurch negiert. Kafkas Schriften, sagt Adorno, wäre Kants Interesselosigkeit "grob inadäquat": "Nachgerade erniedrigte sie Kunst zu dem, was Hegel verspottet, zum angenehmen oder nützlichen Spielwerk der Horazischen Ars Poetica."[101] Der Schriftsteller Kafka läßt sich jedoch weder von der Idee des *delectare* noch von der des *prodesse* leiten, sondern negiert das Glücksverlangen des Lesers durch Schock und Ekel. "Um des Glücks willen wird dem Glück abgesagt. So überlebt Begehren in der Kunst."[102]

Dies ist der Grund, weshalb Kunstwerke auch nicht im Rahmen der Freudschen Heteronomie als Versuche, den Triebverzicht zu sublimie-

---

100 Ibid., S. 312.
101 Ibid., S. 26.
102 Ibid.

ren, zu erklären sind. Auch Freud setzt sich über ihre Negativität hinweg, durch welche sie der Integration in die bestehende Ordnung widerstehen. Unverhofft treffen sich bei Adorno Kants Autonomieästhetik und Freuds heteronome Kunsttheorie in einem wesentlichen Punkt: in ihrer Absage an einen kritischen (negativen) Kunstbegriff, der sowohl idealistische Interesselosigkeit als auch materialistische Sublimierung als Integration des Subjekts ausschließt.[103]

An dieser Stelle, vor allem im Gegensatz zwischen Adornos und Kants Autonomiebegriff, tritt ein Problem in Erscheinung, auf das ich im letzten Abschnitt dieses Kapitels zurückkommen werde: der historische Charakter einer jeden Ästhetik und Literaturtheorie. Ähnlich wie die Formalisten, die die futuristische Avantgarde theoretisch begleiteten, ähnlich wie Bachtin, der das Werk Dostoevskijs in den Mittelpunkt seiner Betrachtungen stellte, interpretiert Adorno den Autonomiebegriff im Hinblick auf *moderne* Autoren wie Kafka, Beckett und Celan um. Nur in diesem historischen Kontext ist ein anderer Aspekt seiner Autonomieästhetik, die "Begriffslosigkeit" der Kunst, zu verstehen. Diese weist drei komplementäre Komponenten auf, die auf Kants "begriffslose Erkenntnis" und auf die Eigengesetzlichkeit der Ausdrucksebene im Sinne von Hjelmslev und Martinet zu beziehen sind: sprachliche Mimesis, Vieldeutigkeit ("Rätselcharakter") und Nichtkommunikation.

Zu Recht hebt Kant die formalen Aspekte der Kunst hervor, weil gerade sie für deren Wahrheits*gehalt* verantwortlich sind: "Doch der Kantische Nachdruck auf seinen (des Kunstwerks, P.V.Z.) formalen Konstituentien, durch die es als Kunst überhaupt erst wird, tut dem Wahrheitsgehalt der Kunst mehr Ehre an als Hegel, der ihn von sich aus meint, aber nicht aus der Kunst selbst entwickelt."[104] Weshalb das Formgesetz gerade für den Wahrheitsgehalt, d.h. die kritische Dimension des Kunstwerks wesentlich ist, wird an einer anderen Stelle der *Ästhetischen Theorie* deutlich, die parallel zu den Bemerkungen über Kant gelesen werden sollte: "Der Formbegriff markiert die schroffe Antithese der Kunst zum empirischen Leben, in welchem ihr Daseinsrecht ungewiß ward. Kunst hat soviel Chance wie die Form, und nicht mehr."[105]

---

103 Siehe: Ibid., S. 19-20.
104 Ibid., S. 526-527.
105 Ibid., S. 213.

Durch ihre formalen Verfahren, die zwischen der Inhalts- und der Ausdrucksebene vermitteln und die von Hjelmslev und Martinet thematisierte Autonomie der Signifikanten ausschöpfen, entziehen sich literarische Texte der ideologischen und kommerziellen Sinngebung. Adorno beschreibt einen semiotischen Prozeß, wenn er auf den Bedeutungswandel der Copula "ist" bei Trakl eingeht, wenn er zeigt, wie das Gedicht die lexikalischen Einheiten der kommunikativen Sprache verwandelt, verfremdet: "Noch die bei Trakl omnipräsente Copula 'ist' entfremdet im Kunstwerk sich ihrem begrifflichen Sinn: sie drückt kein Existentialurteil aus, sondern dessen verblaßtes, qualitativ bis zur Negation verändertes Nachbild; daß etwas sei, ist darin weniger und mehr, führt mit sich, daß es nicht sei."[106]

Fast die ganze *Ästhetische Theorie* könnte anhand dieser Passage entfaltet werden: denn sie bringt – zumindest andeutungsweise – den nichtbegrifflichen, mimetischen Gestus der literarischen Texte, ihren Rätselcharakter und ihren Bruch mit der gesellschaftlichen Kommunikation zur Sprache. Durch eine Verlagerung der Verfahren von der Inhaltsebene auf die Ausdrucksebene werden die Signifikanten den Signifikaten gegenüber gestärkt, die begrifflichen Elemente treten in den Hintergrund, und der Text wird zu einem Rätsel, das sich der von Kommerz und Ideologie mißbrauchten Kommunikation entzieht.

Adorno, der nicht nur an die Wortkunst, sondern an alle Kunstformen denkt, beschreibt den Bruch mit der Kommunikation als Verwandlung der kommunikativen Sprache in eine mimetische: "Die neue Kunst bemüht sich um die Verwandlung der kommunikativen Sprache in eine mimetische."[107] Obwohl der hier verwendete Mimesisbegriff nicht auf "Onomatopoese" oder "Ebene der Signifikanten" einzuengen ist, umfaßt er beide, weil er das Nichtbegriffliche bezeichnet: das, was auf der Inhaltsebene (Hjelmslev) nicht zu definieren und zu beschreiben ist.

Nichtkommunikation und Mimesis hängen eng mit dem Rätselcharakter der Kunstwerke zusammen, über den sich Hegelianer idealistischer und materialistischer Provenienz (Lukács, Goldmann) allzu leichtfertig hinwegsetzen: "Alle Kunstwerke, und Kunst insgesamt, sind Rätsel; das hat von altersher die Theorie der Kunst irritiert. Daß Kunstwerke etwas sagen und mit dem gleichen Atemzug es verbergen, nennt den Rätselcharakter unterm Aspekt der Sprache."[108] Literarische

106 Ibid., S. 187.
107 Ibid., S. 171.
108 Ibid., S. 182.

Texte sind zwar nicht ohne weiteres mit musikalischen Kompositionen zu vergleichen, an denen sich Adornos Ästhetik häufig orientiert[109], sie haben jedoch durch die Eigengesetzlichkeit der Ausdrucksebene an der *phoné* teil, die *a priori* an keine semantische Einheit gebunden ist. Als solche sind die Signifikanten der Sprache ebenso ungebunden wie die Töne der Musik: Das Phonem *ja* ist im Deutschen und Niederländischen eine Bejahung, im Spanischen bedeutet es *schon (ya)* und im Kroatischen und Schwedischen *(ja, jag) ich.* Es fragt sich natürlich, ob derlei Analogien zwischen Musik und Literatur ausreichen, um eine auf beide anwendbare Ästhetik zu begründen; ob Literatursemiotik und Musikwissenschaft nicht eigene Wege gehen sollten. Wichtiger als diese Frage ist hier die Tatsache, auf die einige Autoren bereits hingewiesen haben: daß die Formkonzeption Adornos nicht so sehr aus der Sprach- und Literaturwissenschaft stammt, sondern aus der Musik, die seine Vorstellung von einer "konfigurativen Anordnung", von einer "Konstellation" zu bestätigen scheint: "Diese Formkonzeption Schönbergs", bemerkt Ulrich Müller, "überträgt Adorno nun nicht nur auf seine eigene ästhetische Idealvorstellung, derzufolge alle Momente eines Kunstwerks gleich nah zum Mittelpunkt sein sollen; er nimmt sie zudem als Formmodell auch für philosophische Texte."[110]

Diese Verknüpfung von Sprache, Literatur und Musik hat zwar eine Betonung der Ausdrucksebene der Inhaltsebene gegenüber zur Folge; sie rechtfertigt aber keineswegs den von ostdeutschen Marxisten gegen Adorno erhobenen Vorwurf des Formalismus.[111] Wie ich weiter oben zu zeigen suchte, verbindet Adorno gerade das Formprinzip mit dem *Wahrheitsgehalt*, einem der wichtigsten Schlüsselbegriffe seiner Theorie. Unverbrüchlich hängt er mit dem Rätselcharakter der Werke zusammen, mit ihrem mimetischen (nichtbegrifflichen) Aspekt, ihrer Vieldeutigkeit und ihrer Resistenz gegen ideologische und kommerzialisierte Kommunikation: gegen die von der Kulturindustrie organisierten Kommunikationsprozesse.

---

109 Siehe: H. Scheible, "Geschichte im Stillstand. Zur Ästhetischen Theorie Theodor W. Adornos", in: *Theodor W. Adorno*, Frankfurt, Edition Text und Kritik, 1977, S. 107: "Wie in Hegels Sprachgebrauch der Begriff *Wissenschaft* gleichbedeutend ist mit *Philosophie*, so ist, wo in Adornos ästhetischer Theorie von *Kunst* oder vom *Kunstwerk* die Rede ist, Musik gemeint; sofern nicht ausdrücklich auf eine andere Kunstgattung verwiesen wird."

110 U. Müller, *Erkenntniskritik und Negative Metaphysik bei Adorno. Eine Philosophie der dritten Reflektiertheit*, Frankfurt, Athenäum, 1988, S. 195.

111 Siehe z.B.: C. Träger, "Zur Kritik der bürgerlichen Literaturwissenschaft", in: *Weimarer Beiträge* Nr. 2, 1972.

Daß der Rätselcharakter der Kunst keine unverbindliche Vieldeutigkeit ist, sondern die Frage nach dem Wahrheitsgehalt involviert, wird an entscheidenden Stellen der *Ästhetischen Theorie* klar: "Der Wahrheitsgehalt der Kunstwerke ist die objektive Auflösung des Rätsels eines jeden einzelnen. Indem es die Lösung verlangt, verweist es auf den Wahrheitsgehalt."[112] Obwohl sie die dialektische Beziehung zwischen Rätsel und Wahrheitsgehalt verdeutlicht, ist diese Passage nicht unproblematisch, weil sie nahelegt, daß es eine "objektive Auflösung" der literarischen Vieldeutigkeit (der Polysemie) gibt. Im folgenden möchte ich deshalb zeigen, wie die Auflösung des Rätsels und die Suche nach dem Wahrheitsgehalt bei Adorno konkret aussehen und welche Probleme sie mit sich bringen.

Die Frage nach dem Wahrheitsgehalt stellt sich sowohl im Bereich der Werkstruktur als auch im Bereich der Rezeption. Viele Werke der Literatur und der Musik negieren nicht nur die gesellschaftliche Ordnung, aus der sie hervorgehen, sondern suggerieren durch das, was Adorno im Anschluß an Hegel als *ästhetischen Schein* bezeichnet, daß die von ihnen antizipierte Versöhnung von Subjekt und Objekt, von Gesellschaft und Natur ein Teil der Wirklichkeit sei. Im Gegensatz zu Bloch faßt Adorno jedoch, wie Marc Jimenez richtig bemerkt[113], ästhetische Utopie ausschließlich negativ als "Bilderverbot" auf.

Ästhetischer Schein ist ihm suspekt, weil er sich im Verlauf der Rezeption als Schwachstelle erweist, in die Ideologien eindringen, um sich der Werke zu bemächtigen und sie für ihre Zwecke auszuschlachten. Dadurch geht der Wahrheitsgehalt verloren: Literarische Texte werden zu Ideologemen oder zu Stereotypen der Kulturindustrie. Dies ist der Grund, weshalb Adorno immer wieder zur Musik zurückkehrt, die "vor anderen Künsten durch die Absenz des Scheins, dadurch, daß sie kein Bild macht, privilegiert ist".[114] Die in diesem Sinne reine Komposition ist die Schönbergs: "Seine Musik dementiert den Anspruch, Allgemeines und Besonderes seien versöhnt."[115] Von der Musik allgemein heißt es in der *Philosophie der neuen Musik*: "Mit der Negation von Schein und Spiel tendiert Musik zur Erkenntnis."[116]

112 Th.W. Adorno, *Ästhetische Theorie*, op.cit., S. 193.
113 M. Jimenez, *Vers une esthétique négative. Adorno et la modernité*, Paris, Le Sycomore, 1983, S. 202.
114 Th.W. Adorno, *Philosophie der neuen Musik, Gesammelte Schriften,* Bd. 12, op.cit., S. 45.
115 Ibid.
116 Ibid., S. 46.

Literatur scheint für Ideologien anfälliger zu sein als die reine Musik Schönbergs, und die unter dem Titel *Noten zur Literatur* veröffentlichten Essays könnten allesamt als Versuche gelesen werden, den Wahrheitsgehalt der Texte vor dem Zugriff der Ideologen zu retten. In seinen Kommentaren zur Lyrik Eichendorffs versucht Adorno beispielsweise, den schlesischen Dichter gegen die Vereinnahmung durch konservative Ideologien zu verteidigen, die aus jedem Gedicht eine Apologie der Vergangenheit herauslesen. Wie schon in den George-Kommentaren wendet Adorno auch in seinem Eichendorff-Essay die Ambivalenz des Textes gegen ideologische Monosemierungsversuche: "(...) In seinem Sinne aber lag nicht nur die Restauration der entsunkenen Ordnung, sondern auch der Widerstand gegen die destruktive Tendenz des Bürgerlichen selber. Seine Überlegenheit über alle Reaktionäre, die heute die Hand nach ihm ausstrecken, bewährt sich daran, daß er, wie die große Philosophie seiner Epoche, die Notwendigkeit der Revolution begriff, vor der ihn schauderte (...)."[117] Problematisch ist dieser Kommentar deshalb, weil er die Frage aufkommen läßt, ob Eichendorffs Werk nicht allzusehr vom begrifflichen Diskurs der Kritischen Theorie beansprucht wird, der – wie die kritisierten Ideologien – doch wieder eine nur mögliche Interpretation ist. Von einer "objektiven Auflösung des Rätsels" (s.o.) würde ich lieber nicht sprechen.

Gegen den existentialistischen "Jargon der Eigentlichkeit", eine der herrschenden Ideologien der Nachkriegszeit, verteidigt Adorno den Wahrheitsgehalt von Becketts *Endspiel* und Hölderlins Lyrik. Becketts Theater ist nicht existentialistisch zu deuten, da es durch seine Negativität und Inhumanität zusammen mit den ästhetischen Kategorien der traditionellen dramatischen Dichtung (Held, Ereignis, Katastrophe) die gesamte individualistische Ideologie parodiert, die dem Existentialismus zugrunde liegt: "Parodiert ist der Existentialismus selber; von seinen Invarianten nichts übrig als das Existenzminimum."[118] Der nächste Satz hebt "die Opposition des Dramas gegen (die Heideggersche) Ontologie" hervor. Wiederum drängt sich die Frage auf, ob hier nicht eine nur mögliche, plausible Lesart zum "Wahrheitsgehalt", zur "objektiven Auflösung des Rätsels" gemacht wird.

---

117 Th.W. Adorno, "Zum Gedächtnis Eichendorffs", in: ders., *Noten zur Literatur I, Gesammelte Schriften* Bd. 11, op.cit., S. 74.

118 Th.W. Adorno, "Versuch, das *Endspiel* zu verstehen", in: ders., *Noten zur Literatur II, Gesammelte Schriften* Bd. 11, op.cit., S. 284.

Diese Frage begleitet auch die kritische Lektüre von Adornos "Parataxis"-Essay über Hölderlin, der sich polemisch gegen Heideggers Interpretationen im Rahmen der Seinsphilosophie richtet. Mag sein, daß die ontologischen Extrapolationen Heideggers dem Erkenntnisinteresse einer konservativen, nationalistischen Ideologie dienen, wie Adorno meint. Seine eigenen Kommentare sind indessen alles andere als objektiv, denn sie lassen die semantischen Ebenen in Hölderlins Text hervortreten, die eine kritisch-theoretische Lektüre plausibel erscheinen lassen. Adornos Versuch, in der zweiten Hälfte des Kommentars Hölderlins parataktische (nicht-hypotaktische, nicht-hierarchische) Schreibweise für seinen eigenen kritischen Diskurs fruchtbar zu machen, veranschaulicht eher die Symbiose zwischen einer bestimmten Literatur und der Kritischen Theorie als eine "objektive Auflösung des Rätsels" im Wahrheitsgehalt: "Musikhaft ist die Verwandlung der Sprache in eine Reihung, deren Elemente anders sich verknüpfen als im Urteil."[119] Dieser Satz zeigt, von welchem Erkenntnisinteresse Adornos Diskurs geleitet wird und auf welches *telos* er sich zubewegt: auf die Konfiguration, auf die mimetische, parataktische Anordnung der Theorie, der *Ästhetischen Theorie*.

Die durchaus legitime, ja unvermeidliche Einseitigkeit des Erkenntnisinteresses, das sich hier artikuliert, steht meiner Meinung nach im Widerspruch zu Adornos metaphysischem Anspruch, das "Rätsel" objektiv aufzulösen und die Wahrheit ("Wahrheitsgehalt") über Eichendorffs, Becketts oder Hölderlins Texte auszusprechen. Dies ist der Grund, weshalb ich hier im letzten Kapitel vorschlage, die mimetische Angleichung der Theorie an die Kunst in Essay und Parataxis durch einen Dialog zwischen gleichberechtigten sozialwissenschaftlichen Diskursen zu ersetzen, von denen keiner den gesamten Gegenstand (etwa Hölderlins Lyrik) und die Wahrheit über ihn für sich beansprucht, sondern den offenen Dialog ideologischer und theoretischer Sprachen als Mittel gemeinsamer Objektkonstruktion und Wahrheitsfindung akzeptiert. Es ist mir klar, daß ein solcher Dialog auf sozialwissenschaftlicher Grundlage sowohl den Absolutheitsanspruch der Heideggerschen Ontologie als auch den von Adornos Metaphysik in Frage stellt.[120]

---

119 Th.W. Adorno, "Parataxis. Zur späten Lyrik Hölderlins", in: ders., *Noten zur Literatur III*, *Gesammelte Schriften* Bd. 11, op.cit., S. 471.

120 Siehe: Vf., *Ideologie und Theorie*, op.cit., Kap. VI: "Ideologie als Diskurs. Von Adorno zu Derrida".

5. Bemerkungen zu Hans Robert Jauß' Kritik an Adorno

Adornos Versuch, Theorie durch eine ästhetische Wende, durch Ausrichtung auf Mimesis, Essay, Modell und Parataxis, zu retten, ist im Zusammenhang mit dem Scheitern der marxistischen Praxis in West- und Osteuropa ("auch dort, wo sie gelang", Adorno) zu verstehen. Auf dieses Scheitern verweist der erste Satz der *Negativen Dialektik*: "Philosophie, die einmal überholt schien, erhält sich am Leben, weil der Augenblick ihrer Verwirklichung versäumt ward."[121]

Aus diesem Versäumnis geht ein negatives Denken hervor, welches das Bündnis mit der Praxis aufkündigt, sich beim kritischen Individuum noch am besten aufgehoben wähnt[122] und das kritische, nicht-identische Kunstwerk zum Statthalter des integrierten revolutionären Subjekts macht. In diesem Kontext ist der erste Satz der *Negativen Dialektik* unmittelbar auf Adornos Essay über Valéry "Der Artist als Statthalter" zu beziehen: Durch seine – häufig als inhuman empfundene – Ablehnung von Ideologie und Kulturkommerz wird der Künstler zum Statthalter des Gesamtsubjekts: "Der Künstler, der das Kunstwerk trägt, ist nicht der je Einzelne, der es hervorbringt, sondern durch seine Arbeit, durch passive Aktivität wird er zum Statthalter des gesellschaftlichen Gesamtsubjekts."[123] So ist die revolutionäre Praxis bei Adorno im Ästhetischen aufgehoben.

Diese Aufhebung ist zwar vorläufiger Verzicht auf Praxis, nicht jedoch Entschärfung der Kritik, die in der kompromißlosen Negativität der Kunst und der Kritischen Theorie aufbewahrt ist. Die von Adorno geschätzte Kunst verweigert sich der "sinnlichen Rezeptivität"[124] und wendet sich gegen die Kulturindustrie, die mit ihren Genußmitteln "die Konsumenten zu Opfern psychotechnischer Behandlung macht".[125] Es nimmt nicht wunder, daß eine solche Kunstauffassung Widerspruch hervorruft, zumal es in der Marktgesellschaft schon immer verlockend

---

121 Th.W. Adorno, *Negative Dialektik*, op.cit., S. 15.

122 Siehe: Th.W. Adorno, "Individuum und Organisation", in: ders., *Soziologische Schriften I, Gesammelte Schriften* Bd. 8, op.cit., S. 455: "Gegenüber den kollektiven Mächten, die in der gegenwärtigen Welt den Weltgeist usurpieren, kann das Allgemeine und Vernünftige beim isolierten Einzelnen besser überwintern, als bei den stärkeren Bataillonen, welche die Allgemeinheit der Vernunft gehorsam preisgegeben haben."

123 Th.W. Adorno, "Der Artist als Statthalter", in: ders., *Noten zur Literatur I, Gesammelte Schriften* Bd. 11, op.cit., S. 126.

124 Ibid., S. 123.

125 Ibid., S. 125.

war, das anzupreisen, was sich mit dem Gesetz von Angebot und Nachfrage verträgt. Jauß' Kritik richtet sich nicht so sehr gegen dieses Gesetz, sondern gegen Adornos negativen, "asketischen" Kunstbegriff.

Er hat sicherlich nicht unrecht, wenn er in einem 1980 veröffentlichten und später in *Ästhetische Erfahrung und literarische Hermeneutik* (1982) verarbeiteten Aufsatz Adorno vorhält, dieser habe eine Ästhetik der *modernen* Kunst entwickelt, die auf andere Kunstepochen, etwa das Mittelalter, nicht anwendbar sei: "Geschichte der Kunst ist nicht auf den Generalnenner der Negativität zu bringen (...)." Und: "(...) Die gesellschaftliche Funktion der Kunst ist auf ihren früheren, vorautonomen geschichtlichen Stufen mit dem Kategorienpaar von Negation und Affirmation nicht zulänglich zu erfassen."[126]

Solche Argumente leuchten sofort ein, denn es ist klar, daß etwa Lope de Vegas im *Siglo de Oro* außerordentlich populäres Drama nicht mit Begriffen wie Negation und Nichtkommunikation zu beschreiben ist. Indessen zielen sie daneben, weil sie den Kontext verfehlen, in dem Adornos am Modell der *Moderne* ausgerichtete Ästhetik einen Sinn hat. Diese Ästhetik wollte nie Literaturwissenschaft ("critique universitaire") sein, die sich bemüht, alle denkbaren literarischen Gattungen unter einen philologischen Hut zu bringen. Wie die marxistischen Ästhetiken Lukács' und Goldmanns, wie die ästhetischen Theorien Benjamins, Bachtins und Šklovskijs orientiert sie sich an einer bestimmten literarischen Praxis, um als kritische Theorie der Gesellschaft die bestehenden Verhältnisse in Frage zu stellen. Jauß hingegen hat nie die Absicht bekundet, eine kritische Theorie der Gesellschaft (etwa als kritische Soziologie, Sprach- oder Literaturtheorie) zu entwickeln; deshalb unterscheiden sich seine theoretischen Anliegen grundsätzlich von denen der *Kritiker* Adorno, Benjamin, Bachtin, Šklovskij, Lukács und Goldmann. Das Kunstwerk ist ihm nicht Statthalter einer blockierten revolutionären Praxis, sondern philologischer Gegenstand.

Der Leser seines Aufsatzes hat bisweilen den Eindruck, daß ihm im Gegensatz zu Benjamin und Adorno die Anliegen der Kulturindustrie gar nicht so fremd sind: etwa wenn er sich das kommerzialisierte Schlagwort "Normalverbraucher" zu eigen macht und mit scheinbarer Naivität feststellt: "Die avantgardistische Malerei und Literatur nach dem zweiten Weltkrieg hat zweifellos das Ihrige dazu getan, die Kunst gegen die Üppigkeit der Konsumwelt wieder asketisch und damit für

---

126 H.R. Jauß, *Ästhetische Erfahrung und literarische Hermeneutik*, Frankfurt, Suhrkamp, 1982, S. 47 und S. 49.

den Normalverbraucher ungenießbar zu machen."[127] Jauß bezieht sich auf Autoren wie Beckett, Butor, Robbe-Grillet. Problematisch scheint mir in dieser Argumentation nicht so sehr die von ihm bemängelte Askese der Avantgarde zu sein, sondern der von ihm angelegte Maßstab des Normalverbrauchers: Kritische Literatur kann wie kritische Sozialwissenschaft und kritische Zeitungsprosa ein bestimmtes Sprachniveau nicht unterschreiten. Der Schriftsteller, der Jauß' "Apologie des ästhetischen Genusses"[128] folgt, gleicht dem Soziologen oder Psychologen, der Konzessionen an die diskursiven Verfahren der Ideologie macht (hier das Gute, dort das Böse), oder dem Journalisten, der seine Syntax zurechtstutzt, weil er erfährt, daß der Normalverbraucher die Satzgefüge anspruchsvoller Tageszeitungen nicht mehr zu bewältigen vermag. Vielen bietet nur die *Bild*-"Zeitung" Genuß; Zeitungen wie die *FAZ*, *Le Monde* oder *La Repubblica* werden als ungenießbar zurückgewiesen. Sollen sie sich deshalb an der genießbaren und von breiten Bevölkerungsschichten genossenen Boulevardpresse orientieren? Termini wie "Normalverbraucher" brechen jeder kritischen Theorie die gegen die Kulturindustrie gerichtete Spitze ab.

An dieser Tatsache ändert auch Jauß' Versuch nichts, zwischen ästhetischer Negativität und dem Identifikations-, Katharsis- und Genußbedürfnis der Rezipienten zu vermitteln. Denn es versteht sich von selbst, daß er, der häufig den Ausdruck "ästhetische Distanz" verwendet, nicht einseitig einer affirmativen Literaturtheorie das Wort reden möchte. Indessen sind die von ihm gegen Adorno gewendeten Begriffe so affirmativ-unverbindlich, daß sie problemlos in das Vokabular der Ideologien und der Kulturindustrie integriert werden können: "Insofern läßt die Ästhetik der Negativität, die Adorno als Therapie gegenüber der Kulturindustrie entwickelt, die Frage offen, wie der Abgrund zwischen der bisherigen Praxis und der Kunst als *promesse de bonheur* für die ästhetische Erfahrung überbrückt und der einsam betroffene Betrachter durch die kommunikative Erfahrung der Kunst in eine neue Solidarität des Handelns gebracht werden soll."[129] Was können aber "kommunikative Erfahrung" und "Solidarität des Handelns" in einer gesellschaftlichen und sprachlichen Situation bedeuten, die von kommerzialisierten Medien beherrscht wird?

---

127 Ibid., S. 65.

128 Ibid.

129 H.R. Jauß, "Kleine Apologie der ästhetischen Erfahrung", Konstanz, Universitätsverlag, 1972, S. 20-21.

Hier rächt sich die Abwesenheit einer kritischen Gesellschaftstheorie in Jauß' Werk: Welcher Gesellschaftskritik sollen "ästhetische Distanz" und "kommunikative Erfahrung" konkret dienen? Wem, welchen Individuen oder welchem Kollektiv gilt die von Jauß beschworene "neue Solidarität des Handelns"? Im Gegensatz zu Adorno, der von einer Statthalterfunktion der Kunst sprechen kann, weil er von der Integration des revolutionären Proletariats ausgeht, prägt Jauß mit Ausdrücken wie "Emanzipation"[130], "kommunikative Erfahrung" und "Solidarität des Handelns" lauter Leerformeln, die mit denen der Kulturindustrie im Einklang stehen: ebenso wie die von ihm beschriebenen assoziativen, admirativen, sympathetischen, kathartischen und ironischen Identifikationsmuster[131], die von der Identifikation zwischen Leser und Held ausgehen. Sie beschreiben allesamt den von Louis Althusser und Michel Pêcheux kritisierten Identifikationsvorgang, der das Individuum zu einem ideologischen Subjekt (zum Helden oder Antihelden) macht: "L'idéologie interpelle les individus en sujets."[132] Jauß übersieht, daß schon die narrativen Schemata, in denen Helden und Antihelden interagieren, in jeder Hinsicht ideologisch sind. Dies ist der Grund, weshalb der moderne Roman und die Avantgarde das Erzählen als solches radikal in Frage stellen.[133] Versuche, traditionelle Erzählmuster zu restaurieren, sind als Konzessionen an kommerzialisierbare (weil konsumierbare) Ideologien zu werten.

Erstaunlich ist schließlich ein globaler Vorwurf, den Jauß sowohl an die Adresse Adornos als auch an die der *Tel-Quel*-Gruppe richtet: sie hätten die Wechselbeziehung zwischen ästhetischer Negativität und Affirmation nicht berücksichtigt; sie hätten nicht gesehen, daß auch die unversöhnten, kritischen Werke mit der Zeit in die Tradition integriert und "klassisch" werden: "Klassizität ist das ausgezeichnete Paradigma der Einverleibung von Negativität in Traditionen gesellschaftlicher Affirmation".[134] Erstaunlich ist dieser Vorwurf deshalb, weil fast alle Essays der *Noten zur Literatur* sowie zahlreiche Arbeiten der *Tel-Quel*-

130 H.R. Jauß, *Literaturgeschichte als Provokation*, Frankfurt, Suhrkamp, 1970, S. 207.

131 Siehe: H.R. Jauß, *Ästhetische Erfahrung und literarische Hermeneutik*, op.cit., S. 252.

132 L. Althusser, "Idéologie et appareils idéologiques d'Etat", in: ders., *Positions*, Paris, Editions sociales, 1976, S. 122.

133 Siehe: Vf., *Roman und Ideologie. Zur Sozialgeschichte des modernen Romans*, München, Fink, 1986, Kap. III, X, XI.

134 H.R. Jauß, *Ästhetische Erfahrung und literarische Hermeneutik*, op.cit., S. 48-49.

Gruppe gegen diese "Einverleibung" in Tradition, Ideologie und kommerzialisierte Kultur aufbegehren: Sowohl Adornos Essays über Eichendorff und Hölderlin (s.o.) als auch Kristevas Kommentare zu Mallarmé verfolgen die Absicht, Positionen der Negativität wiederherzustellen, zu stärken. Insofern verfehlt Jauß die Intention der Kritischen Theorie und von *Tel-Quel*, wenn er bemerkt: "Der Theorie der *Tel-Quel*-Gruppe fehlt offensichtlich die Einsicht in den Horizontwandel von ursprünglicher Negativität zu fortschreitender Positivität (...)."[135] Adorno und Kristeva fehlte diese Einsicht keineswegs; sie paarte sich vielmehr mit dem Wissen um die Unentbehrlichkeit einer negativen Ästhetik (Literaturkritik), die Jauß, dem Autor von "Racines und Goethes *Iphigenie*", der von der Notwendigkeit spricht, Goethes *Iphigenie* "von der Hülle des antikisierenden Klassizismus (zu) befreien"[136], gar nicht so fremd sein sollte. Freilich ist eine solche negative Ästhetik ohne eine entsprechend kritische Theorie der Gesellschaft sinnlos; eine solche Theorie scheint aber bei Jauß zu fehlen.

135 Ibid., S. 59.

136 H.R. Jauß, "Racines und Goethes Iphigenie", in: R. Warning (Hrsg.), *Rezeptionsästhetik*, München, Fink, 1975, S. 360.

V. Die literarische Ästhetik des Prager Strukturalismus

Ähnlich wie der russische Formalismus, dessen Bemühungen um eine wissenschaftlich fundierte Literatur- und Kunsttheorie er fortsetzt, ist der Prager Strukturalismus nicht unabhängig von der Entwicklung der tschechischen und slowakischen Avantgarde der Zwischenkriegszeit zu verstehen. Wie der Literaturbegriff der Formalisten, der von den Sprachexperimenten der Futuristen nicht zu trennen ist, ist die Literaturauffassung der Strukturalisten aus dem Umgang mit Poetismus (Karel Teige) und Surrealismus (André Breton, Vítězslav Nezval) hervorgegangen. Davon zeugen u.a. Jan Mukařovskýs Aufsätze über Nezval, "Über die zeitgenössische Poetik" (1929) sowie "Dialektische Widersprüche in der modernen Kunst" (1935), in denen der begrifflich-kommunikative Charakter literarischer Werke in Frage gestellt wird, ebenso wie die klassizistische Auffassung des Kunstwerks als harmonischer Totalität.

Die Nähe des Strukturalismus zur Praxis der Avantgarde erklärt seine Ferne von den Positionen der Hegelschen Inhaltsästhetik sowie seine Verwandtschaft mit den Ästhetiken Adornos und Benjamins, auf die ich bereits in der *Kritik der Literatursoziologie* (1978) hingewiesen habe. Wie diesen beiden Autoren ging es Jan Mukařovský (1891-1975) und Felix Vodička (1909-1974), bis zu einem gewissen Grad auch Roman Jakobson (1896-1982), darum, eine Literatur- und Kunsttheorie zu entwickeln, die die Eigengesetzlichkeit und Autonomie der Werke berücksichtigt, ohne deren gesellschaftliche Genese und Wirkung zu vernachlässigen. Wie Adorno, obwohl in einem anderen theoretischen Kontext, war es den Prager Wissenschaftlern um eine Auffassung der Werke als autonomer Erscheinungen *und* als "faits sociaux" ("faits historiques") zu tun.

Ähnlich wie Adorno strebten sie eine dialektische Vermittlung des Kantschen und des Hegelschen Standpunktes an und faßten eine historische Strukturanalyse ins Auge, die, ausgehend von kantianischen und formalistischen Prämissen, Saussures Linguistik mit Husserls Phänomenologie und Durkheims Soziologie kombiniert. Im folgenden (Abschn. 1) sollten diese Einflüsse näher untersucht und aufeinander bezogen werden. Dabei wird sich zeigen, daß Kants Philosophie über den in der damaligen tschechischen Ästhetik herrschenden Herbartismus (Johann Friedrich Herbart, 1776-1841)[1] auf Mukařovskýs Ästhetik einwirkte und daß eine indirekte Auseinandersetzung mit Hegel durch den Dialog mit tschechischen Marxisten wie Záviš Kalandra und Kurt Konrad herbeigeführt wurde. Mukařovskýs nach dem kommunistischen Staatsstreich vom Februar 1948 erzwungene Bekehrung zum Marxismus-Leninismus hat mit diesem *Dialog* freilich nichts zu tun. Květoslav Chvatík mag jedoch recht haben, wenn er auf seine Art Mukařovskýs Denken zwischen dem Kantschen und dem Hegelschen Pol ansiedelt: "Die Tradition des Herbartschen Formalismus wird hier durch die Hegelsche und Leninsche Dialektik fruchtbringend beeinflußt."[2]

Im Gegensatz zu Adorno, der von der Hegelschen und der materialistischen Dialektik ausgeht und sie in Übereinstimmung mit Kants Agnostizismus in die Schranken weist, gehen Mukařovský und seine Vorgänger von Herbarts Kantianismus aus, den Mukařovský vor allem in der zweiten Hälfte der 30er Jahre im Dialog mit den Marxisten dialektisch korrigiert. In dieser Hinsicht ergänzt er Bachtins und Vološinovs Kritik am Formalismus; es ist sicherlich kein Zufall, daß er gerade in seinem Aufsatz "Zur Soziologie der Dichtersprache" (1935) Vološinov zustimmend zitiert.[3]

Trotz dieser Verwandtschaft mit Adorno, Bachtin und Vološinov, die durch Einflüsse der Bachtin-Gruppe noch verstärkt wird, kann Mukařovskýs Ansatz nicht mehr im Rahmen einer wie auch immer gearteten junghegelianischen Problematik verstanden werden. Wie die russischen Formalisten, wie Roman Jakobson, auf dessen Poetik ich im

1 Zu Herbarts Abneigung gegen den spekulativen Idealismus Hegels und Fichtes sowie zu seinem Kantianismus schreibt W. Asmus in *Herbart in seiner und in unserer Zeit*, Essen, Neue Deutsche Verlagsgesellschaft, 1972, S. 13: "Diesem spekulativen Idealismus gegenüber (...) verstand Herbart sich als Kantianer, der an die realistische Seite der Philosophie Kants, an das 'Ding an sich', an das Gegebensein eines Ansich-Seienden, anknüpfte." – Zu Kants und Herbarts Einfluß auf O. Hostinský bemerkt M. Jůzl in seinem Buch *Otakar Hostinský*; Praha, Melantrich, 1980, S. 109: "(...) Hostinský wollte die Evidenz ästhetischer Urteile, mit der sich Kant und Herbart befaßten, empirisch nachweisen."

2 K. Chvatík, *Strukturalismus und Avantgarde. Aufsätze zur Kunst und Avantgarde*, München, Hanser, 1970, S. 133.

3 Siehe: J. Mukařovský, "Poznámky k sociologii básnického jazyka" ("Bemerkungen zur Soziologie der Dichtersprache"), in: ders., *Kapitoly z české poetiky* I, Praha, Melantrich, 1941, S. 242.

zweiten Teil dieses Kapitels eingehen will, geht er von einem kantianischen Kunstbegriff aus, der die Autonomie des literarischen Textes und des poetischen Sprachgebrauchs behauptet. Es geht primär darum, die Hegelsche Problematik kantianisch umzudeuten und zu nuancieren. Dies geht klar aus Mukařovskýs wichtigem Aufsatz "Ästhetische Funktion, Norm und ästhetischer Wert als soziale Fakten" (1936) hervor: "Die Kunst selbst weist, obwohl sie durch die Dominanz der ästhetischen Funktion und die daraus sich ergebende Autonomie von der Wirklichkeit isoliert und von der unmittelbaren aktiven Beziehung zu den Formen und Tendenzen des gesellschaftlichen Zusammenlebens ausgeschlossen ist (vgl. die bekannte Formel Kants: 'das interesselose Wohlgefallen'), eine Reihe von komplizierten soziologischen Problemen auf."[4]

Kenner des tschechoslowakischen Strukturalismus, die mit den Schriften Bohuslav Havráneks, Vilém Mathesius' oder Jiří Veltruskýs vertraut sind, könnten bereits an dieser Stelle einwenden, meine Darstellung sei zu einseitig auf das Werk Mukařovskýs ausgerichtet. Diese Einseitigkeit ist nicht nur mit der üblichen Floskel zu rechtfertigen, "es könne schließlich nicht alles behandelt werden", sondern mit der auch von Chvatík und Jurij Striedter vorgebrachten These, die semiotische Ästhetik Mukařovskýs nehme in der literatur- und kunstwissenschaftlichen Produktion des Prager linguistischen Zirkels eine zentrale Stellung ein. Von ihr schreibt beispielsweise Striedter: "Sie ist das theoretische Kernstück der ganzen Schule sowohl in entstehungsgeschichtlicher als auch in systematischer Hinsicht, sowohl für das Selbstverständnis als auch für die Rezeption und Beurteilung durch andere."[5] Im Laufe der Darstellung wird sich jedoch zeigen, daß Jakobson und Vodička für die hier erörterte Ästhetik nicht minder bedeutsam, nicht minder charakteristisch sind als Mukařovský: für eine Autonomieästhetik Kantscher Provenienz, die ihre historische und soziologische Dimension sucht.

---

4 J. Mukařovský, "Ästhetische Funktion, Norm und ästhetischer Wert als soziale Fakten", in: ders., *Kapitel aus der Ästhetik*, Frankfurt, Suhrkamp, 1970, S. 31-32.

5 J. Striedter, "Einleitung" zu F. Vodička, *Die Struktur der literarischen Entwicklung*, München, Fink, 1976, S. LX.

1. Der Prager Strukturalismus zwischen Formalismus, Philosophie und Linguistik

Da längst nicht alle Arbeiten Mukařovskýs, Vodičkas und der anderen Mitglieder des Prager Kreises ins Deutsche übertragen wurden, konnten in der Vergangenheit zahlreiche vereinfachende Darstellungen entstehen, denen neben zeitgenössischen Vertretern des tschechoslowakischen Strukturalismus (Chvatík, Sus, Červenka) vor allem Slawisten wie Hans Günther und Jurij Striedter entgegentraten.[6] Zu den populärsten Vereinfachungen gehört wohl die *idée reçue*, der tschechoslowakische Strukturalismus sei nur eine Fortsetzung des Formalismus mit anderen Mitteln und in einem anderen kulturellen und politischen Milieu.

Diese Vorstellung erhält sich deshalb so hartnäckig am Leben, weil sie wie alle Vorurteile und Halbwahrheiten einen wahren Kern enthält und daher schwer zu widerlegen ist. Schon die Tatsache, daß Roman Jakobson, einer der wichtigsten Vertreter der formalen Methode, wesentliche Beiträge zur Entfaltung des Prager Strukturalismus leistete (er kam 1920 als Mitarbeiter der sowjetischen Handelsmission nach Prag und lehrte später als Professor an der Masaryk-Universität in Brünn), lassen den Strukturalismus bei oberflächlicher Betrachtung als eine Fortsetzung des Formalismus erscheinen. Einer solchen Betrachtung entgeht neben der Tatsache, daß Jakobson und Mukařovský sich viel intensiver mit philosophischen und wissenschaftstheoretischen Problemen befaßten als Šklovskij oder Ejchenbaum, die Kontinuität zwischen Mukařovskýs semiologischer Ästhetik und den ästhetischen Theorien Josef Durdíks (1837-1902), Otakar Hostinskýs (1847-1910) und Otakar Zichs (1879-1934), die allesamt an Herbarts Kantianismus anknüpfen.

In einer Diskussion aus dem Jahre 1934, in deren Verlauf der Marxist Záviš Kalandra den Vorwurf des "Formalismus" an die Adresse der Prager Strukturalisten richtete, sprach Mukařovský von der historischen Berechtigung des "Formalismus" und ging dann auf den Unterschied zwischen diesem und dem Strukturalismus ein: "Was die wissenschaftliche Strömung angeht, die vom Prager linguistischen Zirkel vertreten wird, so ist sie – im Bereich der Literaturwissenschaft – sowohl aus lokalen Bedingungen als auch aus Impulsen des Formalis-

6 Siehe: H. Günther, *Struktur als Prozeß. Studien zur Ästhetik und Literaturtheorie des tschechischen Strukturalismus*, München, Fink, 1973, S. 11 und J. Striedter, "Einleitung", op.cit., S. LI.

mus hervorgegangen. *Sie gab sich selbst* die Bezeichnung *Strukturalismus*, da ihr Grundbegriff die Struktur als dynamische Einheit ist."[7] Auf den qualitativen Unterschied zum Formalismus und das innovative Potential des Prager Strukturalismus weist auch Oleg Sus in einigen Publikationen hin, etwa wenn er in "Zwischen 'Formalismus' und Strukturalismus" (1977) Viktor Erlich vorwirft, dieser fasse den Strukturalismus ganz zu Unrecht als einen "Ableger" des Formalismus auf, oder wenn er in einer Studie über die Vorgeschichte des Strukturalismus die Einflüsse des Literaturkritikers F.X. Šalda (1867-1937) und T.G. Masaryks auf die tschechoslowakische Ästhetik und Poetik untersucht.[8] Obwohl Mukařovský und Vodička in Anlehnung an den Poetismus Teiges und den Surrealismus Toyens und Nezvals die avantgardistische Terminologie der Formalisten (Innovation, Verfremdung, Aktualisierung) weiterentwickelten, bildet nicht der Formalismus ihren philosophischen und wissenschaftlichen Ausgangspunkt, sondern die tschechische Ästhetik, die deutsche Philosophie (Kant, Hegel, Husserl) und Saussures Sprachwissenschaft. Die Auseinandersetzung mit der letzteren sowie mit philosophischen und wissenschaftstheoretischen Fragen macht den qualitativen Unterschied zum Formalismus aus.

Auf ihn geht indirekt Jan Mukařovský in "Der Strukturalismus in Ästhetik und Literaturwissenschaft" ein. Seine Darstellung läßt erkennen, daß sich auch der Prager Strukturalismus im philosophischen Bereich zwischen dem Kantschen (Herbartismus) und dem Hegelschen (Marxismus) Pol bewegt. Sie läßt allerdings keine Zweifel am Primat des ersteren aufkommen: "Unter den ästhetischen Vorarbeiten ist an erster Stelle die Herbartsche Ästhetik zu nennen, deren tschechische Vertreter J. Durdík und O. Hostinský den Weg bereiteten, auf dem sich Hostinskýs Schüler O. Zich in seinen letzten Arbeiten der strukturalistischen Auffassung näherte; außerdem wurde diese eigenständige tschechische Entwicklung durch den Kontakt mit dem russischen Formalismus angeregt und methodologisch vertieft; über ihn ist sie jedoch vor allem mit ihrer Auffassung der Struktur als Gesamtheit von Zeichen

7 J. Mukařovský, R. Jakobson, "Formalisme russe, structuralisme tchèque", (Conférences du cercle linguistique de Prague, Nov.-Dez., 1934), in: *Change* Nr. 3, 1969, S. 54.

8 Siehe: O. Sus, "Zwischen 'Formalismus' und Strukturalismus", in: *Die Welt der Slaven*, Jg. XXII,2, N.F. I,2, 1977, S. 402 und ders. "From the Pre-history of Czech Structuralism: F.X. Šalda, T.G. Masaryk, and the Genesis of Symbolist Aesthetics and Poetics in Bohemia", in: P. Steiner, M. Červenka, R. Vroon, *The Structure of the Literary Process. Studies Dedicated to the Memory of Felix Vodička*, Amsterdam, Benjamins, 1982, vor allem S. 574-575.

hinausgelangt; aus der modernen deutschen Ästhetik wirkte B. Christiansen auf die Anfänge des Strukturalismus ein (...).” Mukařovský geht anschließend auf die Bedeutung literarischer und anderer künstlerischer Strömungen für den Strukturalismus ein und fügt hinzu: “Philosophische Voraussetzungen lieferten vor allem die Philosophien Hegels (die dialektische Auffassung der inneren Widersprüche der Struktur und ihrer Entwicklung) und Husserls (die Gestaltung des Zeichens und sein Objektbezug) (...).”[9] Er beschließt seine Darstellung mit Hinweisen auf die Bedeutung der Psychologie Bühlers, der Kunstgeschichte M. Dvořáks und der Linguistik Saussures und seiner Schüler. Im folgenden möchte ich die von Mukařovský skizzierte Vorgeschichte des Prager Strukturalismus kommentieren und dabei vor allem auf die Rolle der tschechischen Ästhetik und der Saussureschen Linguistik sowie auf das Verhältnis von Kant, Hegel und Husserl in den Theorien des linguistischen Zirkels näher eingehen.

Von besonderer Bedeutung ist die ästhetische Theorie Otakar Zichs, des Schülers und Nachfolgers Hostinskýs, der die Ansätze seines Lehrers weiterentwickelte und später als Inhaber des Lehrstuhls für Ästhetik an der Karlsuniversität von Mukařovský abgelöst wurde. Zich ist nicht nur deshalb für den hier entworfenen Zusammenhang wichtig, weil er Mukařovskýs Werk unmittelbar beeinflußte[10], sondern auch deshalb, weil er wohl als erster die Beziehung zwischen *Form* und *Bedeutung* systematisch untersuchte. Drei wesentliche Gedanken aus Zichs Ästhetik, die später nachhaltig auf die Entwicklung des Prager

9 J. Mukařovský, “Strukturalismus v estetice a ve vědě o literatuře” (“Der Strukturalismus in der Ästhetik und in der Literaturwissenschaft”), in: ders., *Kapitoly z české poetiky* Bd. 1, op.cit., S. 27.

10 Siehe: J. Mukařovský, “Otakar Zich”, in: ders., *Studie z estetiky*, Praha, Odeon, 1966, S. 329: “O. Zich, der seine wissenschaftliche Laufbahn im Zeichen der psychologischen Ästhetik begann, erkannte immer deutlicher, daß die objektiven Eigenschaften des Kunstwerks von der individuellen Psychologie unabhängig sind, und verwandelte sich in zunehmendem Maße in einen strukturalistischen Ästhetiker.” (Hier zeigt sich, daß das strukturelle Denken bereits in der tschechischen Ästhetik angelegt war.) Siehe auch: O. Sus’ Vorwort zu: O. Zich, *Estetika dramatického umění*, Würzburg, Jal-Reprint, 1977, S. 1: “Auch später vergaß Mukařovský nie, Zich als einen der wichtigsten Wegbereiter des tschechischen Strukturalismus in der Heimat zu erwähnen.” Eine Kurzdarstellung der Vorgeschichte des Prager Linguistenkreises findet der Leser in: L. Matejka, “Postscript. Prague School Semiotics”, in: *Semiotics of Art. Prague School Contributions* (eds. L. Matejka, I.R. Titunik), Cambridge (Mass.), The MIT Press, 1976 und in: P. Steiner, B. Volek, “Semiotics in Bohemia in the 19th and Early 20th Centuries: Major Trends and Figures”, in: *The Sign. Semiotics Around the World*, Ann Arbor, Michigan Slavic Publications, 1978.

Strukturalismus eingewirkt haben, können hier in aller Knappheit zusammengefaßt werden.

Wie später Mukařovský und Jakobson geht Zich von dem Gedanken aus, daß das Kunstwerk (etwa das musikalische) eine Form *sui generis* ist, die nicht aus etwas anderem – aus einem anderen Zeichensystem, aus der Philosophie oder der Theologie – abgeleitet werden kann. Man sieht, wie hier unabhängig vom russischen Formalismus die These über die Automomie des Kunstwerks vorgebracht und Kants Autonomieästhetik implizit gegen die heteronomen Auffassungen Hegels verteidigt wird.

Trotz dieser Anerkennung der ästhetischen Autonomie hält Zich an dem Gedanken fest, daß die Beziehungen zwischen den verschiedenen Schichten des Kunstwerks – z. B. zwischen den Tonebenen in der Musik – nicht ohne Bedeutung sind. Er geht davon aus, daß ihre Einwirkung auf das Bewußtsein des Hörers oder Lesers das hervorbringt, was der Philosoph und Ästhetiker Johannes Volkelt (1848-1930)[11] als "Bedeutungsvorstellung" bezeichnet hat. Ausgehend von der empirischen Psychologie versucht Zich, Volkelts idealistischen Begriff zu konkretisieren und mit Hilfe von Experimenten im Bereich der Musikrezeption zu zeigen, wie Beziehungen zwischen Klängen von Hörern mit Bedeutungen verknüpft werden. Wichtig ist, daß in Zichs Ansatz die "Bedeutungsvorstellung" keine rein werkimmanente Erscheinung ist, sondern im Laufe der Rezeption zustande kommt. Dabei wird die hegelianische Frage nach der "Idee" oder dem "Inhalt" des Kunstwerks von der kantianischen Frage nach der Einstellung des Rezipienten abgelöst. (Vor allem dieser Gedanke wurde später von Mukařovský und der Konstanzer Rezeptionsästhetik aufgegriffen und weiterentwickelt.)

Der dritte Gedanke kann als strukturalistisch *par excellence* bezeichnet werden. Als einer der ersten war sich Zich der Tatsache bewußt, daß in der Kunstwissenschaft nicht Einzelelemente eines Werks, sondern die Beziehungen zwischen diesen Elementen und deren Funktionen zum eigentlichen Gegenstand der Betrachtung werden. Miloš Jůzl faßt einen wesentlichen Teil des strukturalistischen Programms zusammen, wenn er über Zich schreibt: "Zich war sich dessen bewußt, daß das

11 Siehe: O. Sus, "Die Genese der semantischen Kunstauffassung in der modernen tschechischen Ästhetik", in: *Die Welt der Slaven*, Jg. XVII, Heft 1, 1972, S. 203: "Den Begriff der Bedeutungsvorstellung mußte er (Zich) allerdings bei dem deutschen Ästhetiker Johannes Volkelt holen – bei Hostinský fand er ihn nicht."

Kunstwerk nicht einfach die Summe seiner Teile ist, sondern das Ergebnis einer nuancierten Konstruktion, eines organisierten Systems."[12]

An dieser Stelle wird klar, daß Hegels Begriff der dialektischen Totalität (des Systems von Wechselbeziehungen) über Volkelt, der von Kant, Hegel und Nietzsche beeinflußt worden war, in die tschechische Ästhetik Eingang fand. Insofern ist Mukařovskýs Hinweis auf Hegel in der weiter oben zitierten Passage durchaus ernst zu nehmen, zumal Mukařovský in zahlreichen Diskussionen mit Marxisten wie J.L. Fischer und Z. Kalandra seine Auffassung der Struktur als dialektischer Totalität weiter präzisierte.[13]

Dennoch kann behauptet werden, daß Zichs und Mukařovskýs Ästhetik eine Autonomieästhetik im Sinne von Kant ist, weil sie primär nach der richtigen *Einstellung* dem Kunstwerk, dem literarischen Werk gegenüber fragt und nicht auf hegelianische Art dessen historische Bedeutung erforscht. Květoslav Chvatík, einer der bedeutendsten Vertreter des zeitgenössischen tschechoslowakischen Strukturalismus, erweist sich als Erbe dieser Ästhetik, wenn er Hans-Georg Gadamer dessen heteronome Kunstauffassung vorwirft und zur Besonderheit der ästhetischen Funktion bemerkt: "Trotzdem weist das Ding oder die Handlung, die Träger der ästhetischen Wirkung sind, eine bestimmte funktionale Struktur besonderen Charakters auf, die überwiegend als eine bestimmte absichtliche Anordnung der Form charakterisiert wird. Kant hat dieses Paradox in der Formel der Zweckmäßigkeit ohne Zweck erfaßt."[14]

Es geht also darum, daß im Bereich der *Rezeption* die Besonderheit der ästhetischen Funktion eines literarischen Textes – etwa von Cervantes' *Don Quijote* oder Goethes *Werther* – wahrgenommen wird. Dazu ist die von Mukařovský und den anderen Prager Strukturalisten geforderte *ästhetische Einstellung* vonnöten, ohne die der *Werther*-Roman auch als eine Apologie des Selbstmordes mißverstanden werden könnte. Der Begriff der *Einstellung,* der aus Edmund Husserls Phänomenologie stammt, ergänzt und konkretisiert die kantianische

12 M. Jůzl, "Místo Otakara Zicha v evropské estetice" ("Otakar Zichs Stellung in der europäischen Ästhetik"), in: ders., *Vědecký odkaz Otakara Zicha*, Brno, Česká Hudební Společnost, 1981, S. 30.

13 Siehe: J. Mukařovský, R. Jakobson, "Formalisme russe, structuralisme tchèque", op.cit., S. 54. Siehe auch: K. Chvatík, *Tschechoslowakischer Strukturalismus. Theorie und Geschichte*, München, Fink, 1981, S. 48-58.

14 K. Chvatík, *Tschechoslowakischer Strukturalismus*, op.cit., S. 136.

Autonomieästhetik, in deren Mittelpunkt die Frage nach der richtigen Einstellung des Beobachters, des Lesers steht (*interesseloses Wohlgefallen, Gefallen ohne Begriff*). Obwohl Husserls Phänomenologie keineswegs als kantianisch zu bezeichnen ist, verstärkt ihr Begriff der *Einstellung* die kantianische Tendenz im Prager Strukturalismus: Er trägt wesentlich zur Stärkung der Beobachter- oder Rezipientenperspektive bei und richtet das Augenmerk auf die "Form" oder die Ausdrucksebene. Mit Recht bemerkt Elmar Holenstein: "Der Begriff 'Einstellung' verrät die Herkunft des methodologischen Rüstzeugs, mit dem Jakobson an die Aufklärung der Sprache herangeht. 'Einstellung' (auch 'Apperzeption') ist ein Begriff, der im Zentrum der phänomenologischen Philosophie steht."[15] Doch worauf richtet sich primär die Apperzeption? Holenstein ergänzt: "Was nach Jakobson und den russischen Formalisten die Poesie von der Prosa der Alltagssprache abhebt, ist 'die Einstellung auf den Ausdruck'."[16] Wie schon bei Kant geht die Wahl der Beobachter- oder Rezipientenperspektive einher mit einer Ausrichtung der Theorie auf die Ausdrucksebene, auf die "Form".

Es zeigt sich hier, daß der implizite Kantianismus der russischen Formalisten, der im zweiten Kapitel zur Sprache kam, von den Prager Strukturalisten expliziert und phänomenologisch vervollständigt wird: Er bildet den gemeinsamen philosophischen Nenner der beiden theoretischen Strömungen. Er erklärt jenseits aller persönlichen Kontakte, die durch Jakobsons Emigration zustande kamen, weshalb die Strukturalisten die theoretischen Bemühungen der Formalisten fortsetzen konnten. Diese philosophisch-ästhetische Gemeinsamkeit hat Mukařovský und Vodička jedoch nicht daran gehindert, dialektisch über den Formalismus hinauszugehen. In seinem Kommentar zur tschechischen Übersetzung (1934) von Viktor Šklovskijs *Theorie der Prosa* stellt Mukařovský programmatisch fest: "Eine bedingungslose Betonung des 'Inhalts' mußte auf eine radikale Antithese stoßen, die die 'Form' betonte, damit eine Synthese der beiden, nämlich der Strukturalismus, herbeigeführt werden konnte." Etwas weiter fügt er hinzu: "Wir sind uns dessen bewußt, daß die These 'Alles in einem Werk ist Form' durch die Antithese 'Alles in einem Werk ist Inhalt' ausgeglichen werden könnte, ja sollte (...)."[17]

---

15 E. Holenstein, *Linguistik, Semiotik, Hermeneutik*, Frankfurt, Suhrkamp, 1976, S. 60.
16 Ibid., S. 59.
17 J. Mukařovský, "K českému překladu Šklovského teorie prózy" ("Zur tschechischen Übersetzung von Šklovskijs *Theorie der Prosa*"), in: ders., *Kapitoly z české poetiky* I, op.cit., S. 325.

Im folgenden wird sich allerdings zeigen, daß die Strukturalisten – unter ihnen vor allem Jakobson – sich stärker für die Ausdrucksebene als für die Inhaltsebene engagierten. Dabei machten sie noch intensiver und systematischer als die russischen Formalisten die Sprachwissenschaft Ferdinand de Saussures für ihre Ästhetik fruchtbar.

Zwei Theoreme aus Saussures Linguistik waren für sie wesentlich: der Gedanke, daß die Beziehungen zwischen Signifikanten und Signifikaten willkürlich sind und ausschließlich durch gesellschaftliche Konventionen zustande kommen; der komplementäre Gedanke, daß die Sprache ein konventionelles System von Ähnlichkeiten, Gegensätzen und Unterschieden ist, in dem jedem Element eine bestimmte Funktion zufällt.

Der erste Gedanke schlägt sich in Jakobsons und Mukařovskýs Literaturtheorie nieder: einer Literaturtheorie, die auf der Überlegung gründet, daß Literatur neue Konventionen ins Leben ruft, wobei das sprachliche Zeichen auf eine neue, oft unkonventionelle und innovative Art verwendet wird, so daß der Nexus zwischen Signifikant und Signifikat anders gestaltet wird als in der kommunikativen Rede.

Der zweite Gedanke wurde vor allem von Mukařovský in dessen Definition des Strukturbegriffs weiterentwickelt (s. unten). Seiner Ansicht nach soll nicht nur das Sprachsystem als funktionale Einheit aufgefaßt werden, sondern auch das Kunstwerk. Man sieht, daß hier ein Versuch gemacht wird, Hegels dialektischen Totalitätsbegriff mit Saussures funktionalistischem Systembegriff zu kombinieren. Daher hat Chvatík recht, wenn er behauptet, "der funktionale Gesichtspunkt (sei) für die Prager Schule grundlegend", und zugleich den historischen Charakter des tschechischen Strukturalismus hervorhebt, durch den sich dieser von Saussures vorwiegend synchroner Betrachtung unterscheidet: "Aber auch der Gesichtspunkt der Entwicklung der sprachlichen Erscheinungen wird nicht vernachlässigt; in dieser Einheit der Synchronie und Diachronie besteht der grundlegende Unterschied zwischen der Prager Schule und den Genfer Schülern de Saussures."[18]

Für die literaturästhetische Problematik, die hier zentral ist, ist die Aufnahme von Saussures Linguistik in das theoretische Repertoire des Strukturalismus deshalb von Bedeutung, weil sie dort – ähnlich wie Husserls Begriff der "Einstellung" – die kantianische Tendenz verstärkt: die Ausrichtung des Rezipienten auf den "Ausdruck", auf die

18 K. Chvatík, *Tschechoslowakischer Strukturalismus*, op.cit., S. 14-15.

Ausdrucksebene. Im Zusammenhang mit Jakobsons und Mukařovskýs Poetik soll im folgenden diese Ausrichtung näher erläutert werden.

2. Autonomieästhetik: Jakobson, Mukařovský und die Thesen von 1929

Die Thesen des Prager Linguistenkreises, die im Jahre 1929 dem internationalen Slawistenkongreß in französischer Sprache vorgelegt wurden, haben nicht nur eine große historische Bedeutung für die Entwicklung des Strukturalismus und der Linguistik, sondern können zugleich als Ausgangspunkt einer Ästhetik und Poetik aufgefaßt werden, die sich an der Ausdrucksebene (der Ebene der Signifikanten) orientiert und die Besonderheit des dichterischen (literarischen) Zeichens betont.

Da ein ausführlicher Kommentar der Thesen, die einen vorwiegend linguistischen Charakter haben, den Rahmen dieser Darstellung sprengen würde, will ich mich auf zwei Grundgedanken beschränken: Der erste betrifft den sprachwissenschaftlichen Strukturalismus allgemein; der zweite bezieht sich auf den besonderen Charakter der poetischen Sprache.

Die Vertreter der Prager Linguistik (R. Jakobson, N. Trubetzkoj, B. Havránek) waren weitgehend mit Saussures These einverstanden, daß die Sprache als ein Zusammenwirken von Funktionen, d.h. als System, aufzufassen ist. Doch dieses Einverständnis mit Saussure lief keineswegs auf eine mechanische Übernahme von dessen synchroner Linguistik hinaus, denn die Prager Wissenschaftler faßten das Sprachsystem in diachroner Perspektive als historische Einheit auf und schufen dadurch die Grundlagen eines "genetischen Strukturalismus", den lange vor Lucien Goldmann[19] und wohl unabhängig von Jean Piaget auch der tschechische Marxist Josef Ludvík Fischer, ein Zeitgenosse Jakobsons und Mukařovskýs, in seiner "dialektischen Strukturologie" ins Auge faßte.[20] Historisch und strukturalistisch zugleich ist die erste These, in der es heißt: "Andererseits kann die synchrone Beschreibung die Idee der Evolution auch nicht ganz ausschließen, denn auch in einem Bereich, der in synchroner Perspektive untersucht wird, existiert das Bewußtsein des vergangenen Stadiums neben dem Bewußtsein des

19 Siehe: L. Goldmann, "Die strukturalistisch-genetische Methode in der Literaturgeschichte", in: ders., *Soziologie des Romans*, Frankfurt, Suhrkamp, 1984.

20 Siehe: K. Chvatík, *Tschechoslowakischer Strukturalismus*, op.cit., S. 48-58.

gegenwärtigen und des künftigen Stadiums."[21] Dieser Gedanke an eine historische Ungleichzeitigkeit des Gleichzeitigen verbindet die Strukturalisten nicht nur mit Hegel und Marx, sondern auch mit Bachtin und Vološinov, die sich ähnlich zur Dynamik des Sprachsystems geäußert haben.[22]

Kantianisch hingegen ist der zweite Grundgedanke, der in der 3. These zum Ausdruck kommt und den Gegensatz zwischen der kommunikativen und der poetischen Sprache zum Gegenstand hat: "*Aus der Theorie, die behauptet, daß die poetische Sprache dazu neigt, den autonomen Aspekt des Zeichens zu betonen, folgt, daß alle Ebenen des Zeichensystems, die in der kommunikativen Sprache ausschließlich als Mittel dienen, in der poetischen Sprache mehr oder weniger bedeutende autonome Werte annehmen.*"[23]

Sowohl in Jakobsons als auch in Mukařovskýs Entwicklung erfüllten die Thesen eine wichtige programmatische Funktion. Beide Wissenschaftler gingen davon aus, daß literarische Texte nur als sinnvolle und zugleich autonome (eigenen Gesetzen gehorchende) Totalitäten zu verstehen sind. Dabei verknüpfte Mukařovský die historisch-genetischen und die rezeptionstheoretischen Komponenten mit dem Autonomietheorem, während Jakobson wesentlich einseitiger die Autonomie der poetischen Ausdrucksweise hervorhob und zum Gegenstand seiner Analysen machte. Doch auch Mukařovský wies vor allem in den 30er Jahren auf den spezifischen Charakter der poetischen Sprache hin (die Lyrik stand im Mittelpunkt seiner Betrachtungen) und auf die Notwendigkeit, in Übereinstimmung mit der 3. These zwischen poetischem und kommunikativem Sprachgebrauch funktional zu unterscheiden.

Ein Vergleich zwischen einer Passage aus der 3. These und einschlägigen Äußerungen Jakobsons und Mukařovskýs zeigt, welche Bedeutung das "Manifest" des Jahres 1929 für die Kunstauffassung der beiden Theoretiker hatte. In der 3. These heißt es: "*Das organisatorische Prinzip der Kunst, durch das sie sich von anderen semiologischen Strukturen unterscheidet, ist in der Tatsache zu suchen, daß die Kunst die Aufmerksamkeit nicht auf das Signifikat (signifié), sondern auf das*

21 "Les Thèses de 1929", in: *Le Cercle de Prague, Change* Nr. 3, Paris, 1969, S. 24. (Frz. Original in: *Travaux du Cercle linguistique de Prague* I. *Mélanges linguistiques dédiés au premier congrès des philologues slaves*, Prague, 1929.)

22 Siehe: V.N. Vološinov, *Marxismus und Sprachphilosophie*, Frankfurt-Wien-Berlin, Ullstein, 1975.

23 "Les Thèses de 1929", op.cit., S. 36.

Zeichen (signe) selbst richtet."[24] Genau das meinte Jakobson, als er 1921 in einem Aufsatz über den futuristischen Dichter Velimir Chlebnikov und die neue russische Lyrik diese als eine Textsorte definierte, die "auf den Ausdruck ausgerichtet ist" ("vyskazyvanie s ustanovkoj na vyraženie").[25]

Die Hervorhebung der Ausdrucksebene ist bei Jakobson nicht nur als kantianisches Prinzip ("ohne Begriff") aufzufassen, sondern auch als avantgardistisches Element, das den Moskauer und Prager Sprach- und Literaturwissenschaftler mit der tschechischen und vor allem der russischen Avantgarde verbindet. In einem in den frühen 80er Jahren veröffentlichten Gespräch mit Krystina Pomorska stellt Jakobson die lyrischen Versuche seiner Jugendzeit in einem avantgardistisch-futuristischen Kontext dar: "(...) Hartnäckig suchte ich, sinnvolle Wörter zu vermeiden, um mich auf die elementaren Bestandteile des Wortes konzentrieren zu können."[26] Die transmentale Sprache der Futuristen Kručonych und Chlebnikov, die jenseits aller semantischen Zusammenhänge Phoneme kombinierte (s. Kap. 2), war also Jakobsons Leitbild.

Wie stark der Futurismus auf den jungen Wissenschaftler einwirkte, zeigt einer der ersten Aufsätze Jakobsons, der den Titel "Futurizm" ("Futurismus") trägt und im Sommer 1919 in der Zeitschrift *Iskusstvo* abgedruckt wurde. Uneingeschränkt bejaht dort der Autor die wesentlichen Anliegen der russischen Avantgarde. Der "Futurismus", sagt er, "ist der Antipode des Klassizismus", und fügt an anderer Stelle hinzu: "Die neue Kunst hat Schluß gemacht mit den statischen Formen, sie hat Schluß gemacht mit dem letzten Fetisch des Statischen – mit der Schönheit. In der Malerei ist nichts absolut. Was für die Künstler von gestern die Wahrheit war, ist heute Lüge, sagt das futuristische Manifest."[27]

Die avantgardistischen Erfahrungen der frühen Jahre haben in Jakobsons Werk ihre Wirkung nie verloren und sollten als Ausgangspunkte seiner Ästhetik und Poetik aufgefaßt werden. Thomas G. Winner ist

24 Ibid., S. 39.

25 R. Jakobson, "Novejšaja russkaja poezija. Nabrosok pervyij: Podstupak k Chlebnikovu" ("Die neueste russische Dichtung. Erster Entwurf: Zu Chlebnikov"), in: ders. *Selected Writings* Bd. 5, Den Haag, Mouton, 1979, S. 305.

26 R. Jakobson, K. Pomorska, *Dialogues*, Cambridge (Mass.), The MIT Press, 1983, S. 9.

27 R. Jakobson, "Futurizm" ("Futurismus"), in: ders., *Selected Writings* Bd. 3, Den Haag, Mouton, 1981, S. 718 und S. 719.

daher recht zu geben, wenn er in einem Aufsatz über "Roman Jakobson und avantgardistische Kunst" bemerkt: "Die Grundgedanken, die Jakobson, den achtzehnjährigen *Zaum*-Dichter und Freund und Mitarbeiter Majakovskijs, Chlebnikovs, Kručonychs und Malevičs, beschäftigten, haben ihre Faszination für ihn nie eingebüßt."[28] Diese Faszination betrifft u.a. den autonomen Ausdruck, der weder im Begriff noch in irgendwelchen Ideologemen oder Theologemen aufgeht.

Gegen die begriffliche Reduktion auf die Inhaltsebene wendet sich auch Mukařovský in seinen Kommentaren zu Máchas Gedicht *Mai* (*Máj*). (Der romantische Dichter Karel Hynek Mácha – 1810-1836 – verfaßte neben einem aufsehenerregenden Tagebuch, Erzählungen und Gedichten das lyrisch-epische Gedicht *Máj*, das außer von Mukařovský auch von Jakobson, Vodička und Havránek analysiert wurde.) Wie Jakobson versucht Mukařovský zu zeigen, daß die Ausdrucksebene in der Dichtung eigenen Gesetzen gehorcht, die nicht aus den Gesetzmäßigkeiten der Inhaltsebene ableitbar sind. Dabei spielt die Assonanz als Assoziation von Phonemen in den Wörtern *máj* (poetischer Terminus für *květen* = Mai) und *láska* (Liebe) eine wesentliche Rolle: "Und die *Worte* 'máj' und 'láska' und keineswegs die *Begriffe*, die ihnen entsprechen, bilden gleich am Anfang des Gedichts dadurch einen magischen Zweiklang, daß der für sie charakteristische Selbstlaut auch in anderen Wörtern immer wiederkehrt (...)."[29] Aber nicht nur der Vokal [á] bewirkt durch seine Wiederkehr eine für das Gedicht charakteristische phonetische Redundanz, sondern auch die Konsonanten [j] und [l], die in anderen Wörtern – etwa in *slavík* (Lerche) und *tajný* (geheim) – die Schlüssellexeme *máj* und *láska* auf phonetischer Ebene konnotieren. (Greimas und seine Mitarbeiter würden sagen, daß auf diese Weise phonetische Isotopien entstehen: siehe Kap. 7.)

Diese phonetischen Einheiten sind nicht ohne weiteres zu übersetzen, denn die tschechische Assonanz geht verloren, sobald statt *máj* und *láska Mai* und *Liebe*, *maggio* und *amore* oder *May* und *love* eingesetzt werden. Ähnliches widerfährt der Wortsequenz "le doux Lamballe qui, dans son blanc, va du jaune coquille d'œuf au gris perle"[30] aus Marcel

---

28 T.G. Winner, "Roman Jakobson and Avantgarde Art", in: *Roman Jakobson. Echoes of his Scholarship* (ed. by D. Armstrong and C. Van Schoonveld), Lisse, Peter de Ridder, 1977, S. 512.

29 J. Mukařovský, "Jazyk, kterỳ básní" ("Sprache der Dichtung"), in: ders., *Cestami poetiky a estetiky*, Praha, Československý spisovatel, 1971, S. 178.

30 M. Proust, *A la recherche du temps perdu* I, Paris, Gallimard, Bibl. de la Pléiade, 1954, S. 389.

Prousts *A la recherche du temps perdu.* In der deutschen Übersetzung büßt sie nicht nur die Alliteration zwischen *doux* und *dans* und die Assonanz zwischen *dans* und *blanc* ein, sondern auch die dominierende Assonanz zwischen *Lamballe* und *blanc*: "das weiche Lamballe, dessen weißlicher Ton von Eierschalengelb zu Perlgrau übergeht".[31] Die deutsche Alliteration zwischen *weiche* und *weißlicher* bringt etwas völlig Neues hervor.

Dies ist der Hauptgrund, weshalb Jakobson an der Übersetzbarkeit von Dichtung zweifelt: "Die Frage der poetischen Sprache ist eine ganz andere. Man könnte sogar sagen, daß eine wortgetreue Übersetzung von Dichtung ein Widerspruch in sich sei (a contradiction in terms)."[32] Damit greift er einen zentralen Gedanken Croces und der New Critics (Brooks', Ransoms: s. Kap. 1) wieder auf.

Im Unterschied zu den New Critics versucht er jedoch, das besondere Funktionieren der Dichtersprache sprachwissenschaftlich zu analysieren, und geht dabei von dem inzwischen bekannten Grundsatz aus, daß in der Dichtung das Äquivalenzprinzip dominiert, das paradigmatischen Charakter im Sinne von Saussure hat: "*Die poetische Funktion projiziert das Prinzip der Äquivalenz von der Achse der Selektion auf die Achse der Kombination*. Äquivalenz wird zum konstitutiven Verfahren einer Sequenz erhoben. In der Dichtung wird eine Silbe mit jeder anderen Silbe der gleichen Folge äquivalent; Wortakzente werden Wortakzenten gleichgesetzt, ebenso das Fehlen eines Akzentes einem Fehlen; prosodische Längen mit prosodischen Längen, Kürzen mit Kürzen (...)."[33] Mit anderen Worten, die syntagmatischen Kombinationen werden in der Lyrik durch die semantischen und phonetischen Selektionen auf paradigmatischer Ebene vorbestimmt: In Máchas Gedicht sind Worte wie *máj*, *lás*(ka) und *háj* (Hain) syntagmatisch kombinierbar, weil die langen Silben mit dem Selbstlaut [á] als Äquivalente aufgefaßt werden. (D.h., sie bilden eine phonetische Isotopie, die z.T. den syntaktischen Aufbau bestimmt.)

Es leuchtet ein, daß die Projektion von phonetisch äquivalenten Einheiten "von der Achse der Selektion auf die Achse der Kombination" in

31 M. Proust, *Auf der Suche nach der verlorenen Zeit* (*In Swanns Welt* 2), Frankfurt, Suhrkamp, 1974, S. 514.

32 R. Jakobson, "Language and Culture", in: ders., *Selected Writings* Bd. 7, op.cit., S. 111.

33 R. Jakobson, "Linguistik und Poetik", in: J. Ihwe (Hrsg.), *Literaturwissenschaft und Linguistik* Bd. 1, Frankfurt, Athenäum-Fischer, 1972, S. 110.

jeder Sprache besonderen Gesetzen gehorcht, die die Besonderheit und die Autonomie der Dichtung ausmachen. Deshalb ist nicht nur die Übersetzung von Gedichten in andere Sprachen problematisch, sondern auch ihre Übertragung in begriffliche Rede, die Hegel für möglich hielt: "*Die dichterische Sprache*", bemerkt Mukařovský, "*hat eine andere Funktion als die kommunikative Sprache*: Die kommunikative Sprache lenkt unsere Aufmerksamkeit auf das, *was* ausgedrückt wird, die dichterische Sprache lenkt sie auf das *Wie* des Ausdrucks."[34]

In seinem bekannten Aufsatz "Linguistik und Poetik" (1960), in dem auch das poetische Äquivalenzprinzip erörtert wird, konkretisiert Jakobson Mukařovskýs Argumentation, indem er sechs Sprachfunktionen unterscheidet: die *emotive*, die vorwiegend auf den Sender selbst gerichtet ist; die *konative*, die sich an den *Empfänger* richtet, die *metasprachliche*, die den *Kode* thematisiert, die *phatische*, die sich auf den *Kontakt* oder das *Kommunikationsmedium* bezieht, die *referentielle*, die den *Kontext* zum Gegenstand hat, und schließlich die *poetische* Funktion, die zum Selbstzweck wird: "Die *Einstellung* auf die Nachricht als solche, die Zentrierung auf die Nachricht um ihrer selbst willen, ist die *poetische* Funktion der Sprache."[35]

Hier werden Kants Theoreme "ohne Begriff", "Zweckmäßigkeit ohne Zweck" und "interesseloses Wohlgefallen" im linguistischen Diskurs umformuliert und präzisiert: Die Sprache der Dichtung gefällt "ohne Begriff", weil die phonetischen Einheiten der Ausdrucksebene eigenen Gesetzen gehorchen und zum wesentlichen Bestandteil dieser besonderen Sprache geworden sind. Diese ist als "Zweckmäßigkeit ohne Zweck" aufzufassen, weil die poetische Funktion die anderen Funktionen zwar nicht verschwinden, aber zweitrangig werden läßt; die richtige *Einstellung* ist schließlich die eines "interesselosen Wohlgefallens", weil jede Art von utilitaristischer oder zweckrationaler Rezeption dazu tendiert, die poetische Nachricht und Funktion auf eine referentielle, kontextuelle, emotive oder phatische Heteronomie zu reduzieren.

In Übereinstimmung mit den "intuitiven Kantianern" Šklovskij, Ejchenbaum und Tynjanov bemühten sich die Prager Strukturalisten, allen diesen Varianten der Heteronomie entgegenzuwirken. Wie die Formalisten wandten sie sich gegen jede Art von Psychologismus und Soziologismus. "Das Kunstwerk", schreibt Mukařovský, "hört auf,

34 J. Mukařovský, "O současné poetice" ("Über die zeitgenössische Poetik"), in: ders., *Cestami poetiky a estetiky*, op.cit., S. 106.

35 R. Jakobson, "Linguistik und Poetik", op.cit., S. 108.

sobald es einmal fertiggestellt ist, ein einfacher Ausdruck der seelischen Verfassung seines Schöpfers zu sein, und wird zu einem *Zeichen*, d.h. zu einem sozialen Faktum sui generis, das der überindividuellen Kommunikation dient und abgetrennt ist von der subjektiven Psychologie seines Schöpfers."[36]

Analoge Aussagen findet man bei Jakobson in seinem 1933-1934 erschienenen Artikel "Co je poezie?" ("Wie ist Dichtung?"), in dem es u.a. um die Beziehung zwischen Text und Psyche im Werk Máchas (s.o.) geht. Wie Mukařovský hebt er die *Autonomie* der dichterischen Signifikanten hervor und die Unmöglichkeit, die poetische Nachricht aus den Problemen der Künstlerpsyche abzuleiten.

In dieser Hinsicht stimmten die Prager Strukturalisten mit den russischen Formalisten überein; wie diese betonten sie die Autonomie der poetischen Sprache sowie deren Fähigkeit, die Wirklichkeitswahrnehmung der Rezipienten zu verfremden, zu aktualisieren und zu entautomatisieren. Formalistisch ist Mukařovskýs Sprachduktus, wenn er schreibt: "Die Funktion der poetischen Sprache besteht in der maximalen Aktualisierung der Spracherscheinung. Aktualisierung ist das Gegenteil von Automatisierung, d.h. sie ist Entautomatisierung einer Handlung. Je stärker eine Handlung automatisiert ist, desto weniger wird sie bewußt ausgeführt; je stärker sie aktualisiert wird, desto vollständiger dringt sie ins Bewußtsein."[37]

Angesichts dieser avantgardistischen Autonomieästhetik drängt sich die Frage auf, ob sie nicht an einem Grundwiderspruch leidet: Wie ist Mukařovskýs und Jakobsons kantianisches Plädoyer mit dem von der surrealistischen und futuristischen Avantgarde geforderten Praxisbezug zu vereinbaren? Forderten Surrealisten und Futuristen nicht die Einheit von Politik und Ästhetik, das Engagement der Dichtung, ja deren Auflösung im Alltag? Pratiquer la poésie! Wie ist dieses surrealistische *mot d'ordre* mit dem Autonomiestatus der Dichtung, mit der praxisfernen Autoreflexivität der "poetischen Nachricht" in Einklang zu bringen? Kann die von Surrealisten und Futuristen geforderte Kulturrevolution, können "Verfremdung" und "neues Sehen" (Šklovskij) im Rahmen einer Autonomieästhetik à la Jakobson verwirklicht werden? Es könnte sein, daß sowohl im Formalismus (s. Kap. 2, Abschn. 5) als auch

36 J. Mukařovský, "Umělcova osobnost v zrcadle díla" ("Die Dichterpersönlichkeit im Spiegel des Werks"), in: ders., *Cestami poetiky a estetiky*, op.cit., S. 145.

37 J. Mukařovský, "Jazyk spisovný a jazyk básnický" ("Schriftsprache und Dichtersprache"), in: ders., *Cestami poetiky a estetiky*, op.cit., S. 119.

im Strukturalismus ein latenter, aber unaufhebbarer Widerspruch zwischen kantianischer Interesselosigkeit und avantgardistischem *engagement*, zwischen poetischer und praktischer Funktion schwelt.

3. Jan Mukařovskýs avantgardistische Ästhetik

Avantgardismus und Kantianismus verbünden sich zeitweilig in Jan Mukařovskýs Argumentation, wenn es darum geht, den hegelianischen Logozentrismus in die Schranken zu weisen. Daß die tschechische Ästhetik lange vor Mukařovský antihegelianische Züge aufwies, fällt auch Oleg Sus auf, der im Zusammenhang mit dem Gegensatz zwischen Herbartismus und Hegelianismus bemerkt: "Antipathien gegen Hegel, die Hegelsche Inhaltsästhetik und den spekulativen Charakter des deutschen Idealismus zeigte auch Otakar Hostinský."[38] Sus erinnert daran, daß der Empiriker und Herbartianer Josef Durdík nicht nur die Hegelsche, sondern auch die Schellingsche "Inhaltsästhetik" ablehnte, und schreibt über Zich: "Otakar Zich hat als erster im Bereich der tschechischen Ästhetik tiefergehend die Spezifik und Unübersetzbarkeit der Bedeutungskomponenten der einzelnen Künste begründet; die Hauptvoraussetzung lieferte ihm hierzu Hostinskýs Ästhetik (...)."[39]

Mukařovský setzt diese antihegelianische Tendenz der tschechischen Ästhetik fort, wenn er den Begriff der *Weltanschauung*, den ein hegelianischer Marxist wie Goldmann mit Vorliebe auf Dramen und Dichtungen anwandte, mit Skepsis betrachtet. In "Kunst und Weltanschauung" ("Umění a světový názor", 1947) stellt Mukařovský in einem ersten Schritt eine Verbindung zwischen Weltanschauung und begrifflichem System her. Er geht davon aus, daß der von verschiedenen Philosophen definierte Begriff der Weltanschauung drei wesentliche Komponenten enthält: Er kann als "noetische Grundlage" einer Gesellschaft, als "Ideologie" einer Gruppe oder Klasse und als "philosophisches System" aufgefaßt werden. Die Grenzen zwischen den letzten beiden Definitionen sind fließend, denn das philosophische System geht über die Ideologie lediglich durch seine Kohärenz und begriffliche Stringenz hinaus.

Der gemeinsame Nenner dieser drei Auffassungen der Weltanschauung ist das begriffliche System als System von Signifikaten. Obwohl

38 O. Sus, "Zwischen 'Formismus' und Strukturalismus", op.cit., S. 407.
39 Ibid., S. 427.

Mukařovský mit Lucien Goldmann in der Ansicht übereinstimmt, daß vor allem anspruchsvolle Kunstwerke enge Beziehungen zu Weltanschauungen unterhalten und nicht unabhängig von diesen zu verstehen sind, beharrt er auf dem Grundtheorem des Prager Strukturalismus, daß literarische Texte und Kunstwerke allgemein nicht auf begriffliche Systeme als Weltanschauungen (Goldmann) oder Ideen (Hegel) zu reduzieren sind.

Anders als Goldmann und andere Hegelianer stellt er sich auf den *funktionalen* Standpunkt und betont den stets offenen Rezeptionsprozeß literarischer Werke, in dessen Verlauf diese immer neue und z.T. widersprüchliche Funktionen annehmen können. Jeder hegelianische Versuch, das Werk mit einer eindeutig bestimmbaren Weltanschauung zu identifizieren, ist ein dubioser Vorgang, in dem "die Überlegungen zur sogenannten Philosophie bestimmter literarischer Werke in der Regel Erläuterungen zur Philosophie des Literaturwissenschaftlers sind, die dieser mit Zitaten aus dem analysierten Werk illustriert".[40]

Obwohl Mukařovský betont, daß Kunstwerke stets eine "lebendige Beziehung" zu Weltanschauungen unterhalten, relativiert er diese These, die an Goldmanns "genetischen Strukturalismus" erinnert, indem er betont, daß diese Beziehung zur Weltanschauung "nicht die einzige Funktion der Kunst ist, nicht einmal der hohen Kunst".[41] Dies übersahen die Hegelianer Goldmann und Lukács, als sie literarische Texte auf eindeutig bestimmbare begriffliche Systeme festlegten: auf die Ideologie des aufstrebenden Bürgertums oder die Theologie des radikalen Jansenismus (s. Kap. 2). Wie ist es im Kontext des "genetischen Strukturalismus" zu erklären, daß Racines *Bérénice* und *Phèdre*, die die Peripetien des extremen Jansenismus ausdrücken sollen, im 20. Jahrhundert von Planchon neu inszeniert werden und auf gesellschaftliche Gruppen wirken, die noch nie etwas vom Jansenismus gehört haben?

Auf diese Frage antwortet Mukařovský mit dem *Funktionsbegriff* und mit dem aus ihm ableitbaren Begriff des *Funktionswandels*. Mit Recht bemerkt zu diesem Begriff K. Chvatík: "Den Ausgangspunkt für Mukařovskýs Auffassung des Ästhetischen bildete und bildet auch weiterhin die Problematik der ästhetischen Funktion."[42] Die Beziehung zu einer bestimmten Weltanschauung ist nur *ein* Funktionszusammen-

40 J. Mukařovský, "Umění a světový názor" ("Kunst und Weltanschauung"), in: ders., *Studie z estetiky*, Praha, Odeon, 1966, S. 246.

41 Ibid., S. 247.

42 K. Chvatík, "Die ästhetische Einstellung", in: ders., *Mensch und Struktur. Kapitel aus der neostrukturalen Ästhetik und Poetik*, Frankfurt, Suhrkamp, 1987, S. 33.

hang, in den der literarische Text eingebettet ist; andere Zusammenhänge, in denen aufgrund veränderter Rezeptionsbedingungen ästhetischer Genuß, didaktischer Nutzen oder ästhetisch-poetische Innovation *dominieren*, sind als Alternativen denkbar. Entscheidend ist, daß in Mukařovskýs Kunstauffassung die ästhetische Funktion im Kunstwerk *dominiert* (als *Dominante* auftritt), während sie in der philosophischen oder politischen Rede oder in der Werbung der kognitiven, der sozialen oder der kommerziellen Funktion untergeordnet wird. "Die Vorherrschaft der ästhetischen Funktion in der Dichtersprache", sagt Mukařovský in seinem wichtigen Aufsatz "Die Ästhetik der Sprache", "beruht also im Unterschied zur Mitteilungssprache auf der ästhetischen Relevanz der Äußerung als einer Ganzheit."[43]

Hier tritt ein weiterer Aspekt der ästhetischen Autonomie zutage: Das Kunstwerk bedeutet nicht nur im kognitiven Zusammenhang mit der Weltanschauung, aus der es hervorgegangen sein mag, sondern in vielen anderen funktionalen Zusammenhängen, in denen es dank seiner Vieldeutigkeit einen Bedeutungswandel durchmacht. So wurde beispielsweise das Werk Hermann Hesses in Nordamerika aus dem neuromantischen Kontext der Wanderbewegung herausgelöst und erfüllte im Bereich einer kritischen Subkultur, nämlich der amerikanischen Jugend- und Protestbewegung der 60er Jahre, eine völlig neue Funktion, die mit der deutschen romantischen Tradition kaum etwas zu tun hatte. Einen ähnlichen Funktionswandel machte im Laufe der Jahrhunderte Goethes *Werther*-Roman durch: Das Manifest einer revoltierenden Jugend wurde zum Gegenstand der internationalen Philologie, zum "Briefroman des 18. Jahrhunderts", und die affektive Funktion, die kurz nach Erscheinen des Romans (1774) dominierte, wurde als *Dominante* von der ästhetischen Funktion abgelöst.

Der Funktionsbegriff liegt auch Mukařovskýs Auffassung der *Struktur* zugrunde, die er in Anlehnung an Saussure und den im Prager Linguistenkreis wirkenden russischen Phonologen Nikolaj Trubetzkoj definiert. Auf dem Slawistenkongreß des Jahres 1929, auf dem die bekannten "Thesen" diskutiert wurden, erklärt Trubetzkoj: "Ihrem Charakter nach universalistisch, geht die Phonologie vom System als einem organischen Ganzen aus und untersucht die Struktur dieses Systems."[44]

---

43 J. Mukařovský, "Die Ästhetik der Sprache", in: ders., *Studien zur strukturalistischen Ästhetik und Poetik*, München, Hanser, 1974, S. 136.

44 N. Trubetskoj, in: J. Fontaine, *Le Cercle linguistique de Prague*, Tours, Mâme, 1974, S. 28.

Der Ausdruck "organisches Ganzes" bedeutet, daß "Struktur" hier, ähnlich wie Saussures "System", als funktionale Totalität zu betrachten ist, deren Elemente nicht isoliert, sondern in ihren Wechselbeziehungen – d.h. funktional – zu untersuchen sind. In Übereinstimmung mit Hegel und den Marxisten, mit deren Schriften sie vertraut waren[45], gingen Mukařovský und seine Mitarbeiter von der Annahme aus, daß die Elemente eines literatischen Textes (eines Kunstwerks) nur als funktionale Bestandteile eines Zeichensystems verstanden werden können. In der Literatur- und Kunstwissenschaft hat vor allem Mukařovský eine recht genaue Definition des *Strukturbegriffs* vorgeschlagen, wobei er versuchte, diesen gegen die komplementären Begriffe der *Komposition* und des *Kontextes* abzugrenzen.

In seinem Aufsatz "Der Begriff des Ganzen in der Kunsttheorie" (1929) unterscheidet er in einem ersten Schritt *Komposition* und *Struktur*. Die Komposition wird durch ihre Vollständigkeit gekennzeichnet: Eine lyrische Komposition, etwa das Sonett, wird nicht als solche wahrgenommen, wenn sie nicht vollständig ist. Solange wir nicht einen Text vor uns haben, der sich aus vierzehn Versen zusammensetzt, sprechen wir nicht von einem Sonett.

Der zweite Begriff, den Mukařovský gegen den Strukturbegriff abgrenzt, ist der *Kontext*, der im Gegensatz zur Komposition einen "inhaltlichen", semantischen Charakter hat, jedoch wie diese durch Vollständigkeit gekennzeichnet wird. Wohl das einfachste Beispiel für den Kontext im Sinne von Mukařovský ist der Satz. Solange ein Satz nicht vollständig, abgeschlossen ist, wird er nicht als solcher wahrgenommen. Im fiktionalen Bereich kann ähnliches vom Kriminalroman gesagt werden, der nur dann als sinnvolle Einheit wahrgenommen wird, wenn er abgeschlossen ist: "Die letzte Seite", bemerkt Mukařovský, "kann die Bedeutung alles bisher Gesagten radikal verändern. Solange der Kontext nicht abgeschlossen ist, ist die Gesamtbedeutung unsicher."[46] Auch der Kontext muß also vollständig sein, wenn er als Bedeutungseinheit wahrgenommen werden soll.

Die Struktur hingegen ist ganz anders geartet; denn das Kriterium für Strukturiertheit ist nicht Vollständigkeit, sondern die funktionale

45 Siehe, J. Mukařovský, "K pojmosloví československé teorie umění" ("Zur Begriffsbildung der tschechoslowakischen Kunsttheorie"), in: ders., *Studie z estetiky*, op.cit., S. 117.

46 J. Mukařovský, "Pojem celku v teorii umění" ("Der Begriff des Ganzen in der Kunsttheorie"), in: ders., *Cestami poetiky a estetiky*, op.cit., S. 89.

Wechselbeziehung zwischen Elementen (die es natürlich auch im Sonett und im Kriminalroman gibt). Ein Gedicht- oder ein Romanfragment (auch das Textfragment eines Kriminalromans) weisen eine Struktur auf: die Interdependenz von phonetischen, semantischen und syntaktischen oder narrativen Einheiten. In dieser Hinsicht ähnelt Mukařovskýs Definition der Struktur dem Systembegriff Saussures: Um ein Sprachsystem zu verstehen, ist es nicht notwendig, dessen empirische Totalität zu erfassen, denn auch eine unvollständige, fragmentarische Kenntnis einer Sprache ermöglicht die Darstellung struktureller Regelmäßigkeiten, etwa der Tatsache, daß im Französischen der phonetische Gegensatz zwischen stimmhaftem und stimmlosem [s] relevant ist. Mukařovský faßt die Struktur nicht nur als eine offene, sondern zugleich als eine widersprüchliche Einheit auf, deren verschiedene Elemente miteinander in Konflikt geraten können, ja geraten sollen. Der avantgardistische und negative Charakter seines Strukturbegriffs tritt vor allem dann in Erscheinung, wenn es im Aufsatz über den Ganzheitsbegriff heißt: "Je weniger Widersprüche eine künstlerische Struktur aufweist, desto geringer ihre Individualität, desto mehr nähert sie sich der allgemeinen, unpersönlichen Konvention."[47] Originalität und innovativer Charakter der Werkstruktur leben also vom Widerspruch: etwa in Robert Musils großem Roman, der das kausale Gefüge der Gattung durch Parataxis und radikalen Essayismus in Frage stellt.[48]

Den Nexus zwischen Strukturbegriff und Avantgarde bildet bei Mukařovský nicht nur das Spannungsverhältnis von Tradition und Innovation, Künstler und Gesellschaft, Inhalt und Form, ästhetischen und außerästhetischen Funktionen etc., sondern auch der "Zerfall des Individuums" ("rozklad individua")[49], der dazu führt, daß die Struktur in ihrer Eigengesetzlichkeit von der gesellschaftlichen Tätigkeit der Individuen und Kollektive abgekoppelt wird. "Es ist kein Zufall", sagt Mukařovský, "daß parallel zur modernen Kunst auch die Kunsttheorie auf unterschiedlichen Wegen und auf verschiedenen Gebieten zum Begriff der künstlerischen Struktur als einer im Kollektivbewußtsein existierenden kontinuierlichen Entwicklungsreihe gelangt, die sich unter dem Einfluß der in ihr enthaltenen Widersprüche fortentwickelt. Die Struktur scheint aus der Abhängig-

---

47 Ibid., S. 91.

48 Siehe: Vf., *Roman und Ideologie*, München, Fink, 1986, Kap. 3.

49 J. Mukařovský, "Dialektische Widersprüche in der modernen Kunst", in: ders., *Studien zur strukturalistischen Ästhetik und Poetik*, op.cit., S. 207. (*Studie z estetiky*, op.cit., S. 255.)

keit vom Individuum und von der materiellen Wirklichkeit gelöst, aber dadurch ist auch ihr Gleichgewicht gestört; die in der Kunst immer verdeckt wirkenden Antinomien treten sichtbar an die Oberfläche. Das Kunstwerk erscheint als Komplex von Gegensätzen."[50]

Diese Darstellung ist deshalb wichtig, weil sie bestätigt, daß die Beziehung zwischen Avantgarde, Struktur und menschlicher Praxis von den Prager Strukturalisten bereits im Jahre 1935 thematisiert wurde; dabei wurden, wie K. Chvatík zeigt, die Subjektproblematik und die "konkrete gesellschaftliche *Tätigkeit*"[51] keineswegs übergangen, sondern im Anschluß an J.L. Fischers "dialektische Strukturologie" mit dem Strukturbegriff verknüpft.[52] Mukařovskýs Darstellung ist noch aus einem anderen Grunde wichtig: weil sie den avantgardistischen Einschlag des Prager Strukturbegriffes erkennen läßt, der im Gegensatz zu Hegels und Lukács' Totalitätsbegriff keine harmonische, integrierte Einheit ist, sondern ein widersprüchliches Ganzes, das die Widersprüche der Gesellschaft – etwa den Widerspruch zwischen ästhetischen und außerästhetischen Normen im *l'Art pour l'Art* – verarbeitet.[53] Indem Mukařovský den offenen Widerspruch hervorhebt, entfernt er sich von Hegel und nähert sich den Junghegelianern, Bachtin und Adorno.

An die Ästhetik des letzteren erinnert auch seine negative Bestimmung der *ästhetischen Norm*. Während die Nichteinhaltung außerästhetischer – juristischer, moralischer, religiöser oder pädagogischer – Normen mehr oder weniger streng geahndet wird, wird die Verletzung ästhetischer Normen häufig belohnt: "Zusammenfassend können wir behaupten, daß der spezifische Charakter der ästhetischen Norm darin besteht, daß sie eher verletzt als eingehalten wird."[54] Vom Künstler erwartet das an moderner Kunst und Avantgarde geschulte Publikum, daß er bestehende ästhetische Normen (etwa Gattungsnormen) verletzt und dadurch als Erneuerer wirkt, der eine neue Wahrnehmung der Wirklichkeit, ein "neues Sehen" im Sinne von Šklovskij, ermöglicht.

---

50 Ibid., S. 211.

51 K. Chvatík, *Mensch und Struktur*, op.cit., S. 13.

52 Siehe: ibid., S. 14.

53 Siehe: J. Mukařovský, "Pojem celku v teorii umění" ("Der Begriff des Ganzen in der Kunsttheorie"), in: ders., *Cestami poetiky a estetiky*, op.cit., S. 93. – In diesem Text läßt Mukařovský erkennen, daß es ihm um eine Verknüpfung von Strukturalismus und Dialektik geht: Auf S. 94 spricht er von der "Verwandtschaft des strukturalen Denkens mit der dialektischen Logik".

54 J. Mukařovský, "Estetická norma" ("Die ästhetische Norm"), in: ders., *Studie z estetiky*, op.cit., S. 75.

Durch Normverletzung im sprachlichen Bereich opponiert Dichtung allen Varianten der kommunikativen Sprache, die nicht nur festen Normen, sondern darüber hinaus kodifizierten grammatischen Regeln gehorcht. Der Gegensatz zwischen ästhetischer Norm, die verletzt werden soll, und grammatischer Regel, die nicht verletzt werden darf, konkretisiert den grundsätzlichen Unterschied zwischen kommunikativer und poetischer Sprache, in der sogar die Verletzung der grammatischen Regel zum ästhetischen Prinzip erhoben wird.

Freilich war sich Mukařovský der Tatsache bewußt, daß Normverletzung nicht immer das Hauptcharakteristikum der Kunstproduktion war. Im klassizistischen Zeitalter, etwa im Frankreich des 17. Jahrhunderts, wo die normativen Poetiken Chapelains und Boileaus das literarische Kommunkationssystem beherrschten, war das Schreiben viel strenger kodifiziert als in den letzten beiden Jahrhunderten, deren Normensysteme von Romantik und Avantgarde allmählich unterwandert und ausgehöhlt wurden. Der Grund, weshalb Mukařovský und Vodička in ihren Beschreibungen der literarischen Evolution die Normverletzung in den Mittelpunkt rücken, ist in der Parallelentwicklung von Strukturalismus und europäischer Avantgarde zu suchen. Ähnlich wie die Formalisten, in deren Terminologie die Hauptanliegen des russischen Futurismus zum Ausdruck kamen, orientierten sich die Prager Strukturalisten an den avantgardistischen Bewegungen ihrer Zeit: am tschechischen Poetismus[55], am tschechischen und französischen Surrealismus (Nezval, Breton).

Aus Mukařovskýs Überlegungen zur ästhetischen Funktion und zur ästhetischen Norm gehen seine Thesen über den *ästhetischen Wert* gleichsam von selbst hervor. Wo Norm und Funktion als Variablen erkannt wurden, kann auch der ästhetische Wert keine überzeitliche,

55 Siehe: K. Teige, "Poétisme" (1924), "Manifeste du poétisme" (1928) sowie: K. Chvatík, Z. Pešat, "Le Poétisme" und J. Brabec "Du Poétisme à la création surréaliste"; alle Texte in: *Change* Nr. 10 ("Prague poésie"), 1972. Siehe auch: J. Mukařovský, "O strukturalismu" ("Über den Strukturalismus"), in: ders., *Studie z estetiky*, op.cit., S. 115: "Der Strukturalismus entstand und lebt in unmittelbarer Wechselbeziehung zur künstlerischen Produktion, und zwar zu der unserer Zeit." – Siehe auch Mukařovskýs Kommentare zu V. Nezval in: J. Mukařovský, "Sémantický rozbor básnického díla: Nezvalův 'Absolutní hrobař'" ("Semantische Analyse einer Dichtung: Nezvals 'Der absolute Totengräber'"), in: ders., *Kapitoly z české poetiky* Bd. 2, op.cit., S. 385: "(...) Erst die moderne Linguistik und die moderne Philosophie, vor allem die Husserls, richten das theoretische Augenmerk wieder auf das Zeichen. In diesem Punkt trifft sich die Wissenschaft vom Zeichen mit der Kunst." (Gemeint ist natürlich die avantgardistische Kunst Nezvals und seiner Zeitgenossen.)

transhistorische Größe sein. In Übereinstimmung mit dem sich wandelnden Normensystem verschiedener Gesellschaften wird ein und dasselbe Kunstwerk unterschiedlich und oft widersprüchlich beurteilt.

Ein Werk, das in der Vergangenheit als "wichtig", "bedeutend" oder "groß" eingestuft wurde, wird in einem späteren Kontext abgewertet: etwa das Werk des österreichischen Autors Anton Wildgans, das um die Jahrhundertwende von Kritikern gerühmt, heute jedoch eher der Trivialliteratur zugerechnet wird. Auch ein fremder kultureller Kontext kann zu Neubewertungen eines Werkes führen: Die Romane und Erzählungen Alberto Moravias, die im deutschen Sprachraum von vielen als halbpornographisch eingestuft werden und zum Teil in entsprechender Aufmachung erscheinen, werden in Italien – nicht zu Unrecht – zusammen mit den Texten Sartres und Camus' in einem existentialistischen Zusammenhang rezipiert. Werturteile sind also nicht nur von Zeitalter zu Zeitalter, sondern auch von Kultur zu Kultur und von Gruppe zu Gruppe verschieden. Muß diese Erkenntnis zum Relativismus in der Literatur- und Kunstkritik führen?

Einem solchen Relativismus beugt Mukařovský vor, indem er auf den nichtbegrifflichen, nichtreferentiellen und vieldeutigen Charakter des künstlerischen Zeichens hinweist, der es befähigt, in grundverschiedenen Normensystemen zu bedeuten und den Gesinnungswandel der Kritiker und der gesamten Öffentlichkeit zu überdauern: "Man kann also sagen", erklärt er in dem wichtigen Aufsatz "Ästhetische Funktion, Norm und ästhetischer Wert als soziale Fakten" (1936), "daß der unabhängige ästhetische Wert eines Kunstgebildes um so höher und dauerhafter ist, je schwerer sich das Werk einer wörtlichen Interpretation aus der Sicht des allgemein angenommenen Wertsystems einer bestimmten Zeit und eines bestimmten Milieus unterwirft." Er fügt hinzu, "daß Werke mit starken inneren Widersprüchen – gerade wegen ihrer Spannung und der daraus sich ergebenden Bedeutungsvielfalt – eine weit weniger geeignete Grundlage für eine mechanische Anwendung des ganzen Systems der praktisch gültigen Werte bieten als Werke ohne innere Widersprüche oder mit schwachen Widersprüchen. Auch hier erweist sich also die Vielgestalt, die Differenzierung und die Bedeutungsvielfalt des materiellen Kunstgebildes als potentieller ästhetischer Vorzug."[56]

---

56 J. Mukařovský, *Kapitel aus der Ästhetik*, op.cit., S. 108.

In einem Vortrag zum Problem der Allgemeingültigkeit des ästhetischen Wertes spricht Mukařovský von der "semantischen Fähigkeit"[57] des Kunstwerks, in neuen Zusammenhängen zu bedeuten und neue "ästhetische Objekte" (s. weiter unten) hervorzubringen. Der ästhetische Wert erscheint ihm als "lebendige Energie"[58], die der Widersprüchlichkeit und Vieldeutigkeit des literarischen Textes innewohnt und die als "anthropologische Konstante"[59] den Norm- und Bedeutungswandel überdauern kann.

Freilich handelt es sich nicht um einen überzeitlichen Schönheitswert, sondern um das Bedeutungspotential des Textes, das in jeder sprachlichen und kulturellen Situation anders realisiert wird. Mit Recht unterscheidet daher K. Chvatík im Anschluß an Mukařovský einen "potentiellen" von einem "aktuellen" Wert: Während der potentielle Wert der "lebendigen Energie des Werkes" entspricht, seiner Vieldeutigkeit und seiner Fähigkeit, in verschiedenen historischen Kontexten zu bedeuten, meint der aktuelle Wert seine zeitlich und gesellschaftlich begrenzte Übereinstimmung "mit der aktuellen ästhetischen Norm".[60] Diese Übereinstimmung hängt wiederum vom Zusammenwirken der ästhetischen mit außerästhetischen Werten im Werk ab und von der Frage, *wie* dieses Zusammenspiel ästhetisch gestaltet wird. In diesem Kontext unterscheidet Chvatík den ästhetischen vom künstlerischen Wert: "Wenn der künstlerische Wert des Werks die Zusammenfassung aller Werte ist, deren Träger das Werk ist, so ist der ästhetische Wert die *Art und Weise der Organisierung* dieser dynamischen Einheit (...)."[61]

Diese Ausführungen zeigen, wie weit die Ästhetik des Prager Strukturalismus von der Hegels entfernt ist, in der Vieldeutigkeit und Widersprüchlichkeit als Zeichen der Unvollkommenheit oder gar Minderwertigkeit aufgefaßt wurden, und wie sehr sie ihre ästhetischen Kriterien den avantgardistischen Bewegungen der Zwischenkriegszeit verdankt. Wie bei Bachtin, wie in der Kritischen Theorie zeichnet sich auch hier ein globaler Gegensatz zwischen den klassizistischen Ästhetiken des

57 J. Mukařovský, "Může mít estetická hodnota v umění platnost všeobecnou?" ("Kann der ästhetische Wert in der Kunst Allgemeingültigkeit haben?"), in: ders., *Studie z estetiky*, op.cit., S. 82.

58 Ibid., S. 80.

59 Siehe: O. Sus, "Individuum – Struktur – anthropologische Konstante. Randbemerkungen zur Beziehung zwischen dem Strukturalismus und der ästhetisch-semiotischen Anthropologie", in: P.V. Zima (Hrsg.), *Semiotics and Dialectics. Ideology and the Text*, Amsterdam, Benjamins, 1981, S. 270-273.

60 K. Chvatík, *Tschechoslowakischer Strukturalismus*, op.cit., S. 149.

61 Ibid., S. 152.

Hegelianismus und einer avantgardistischen Kunstauffassung ab, die zwischen Kants Autonomiepostulat und dem *engagement* der Avantgarde oszilliert.

Von der hegelianischen Ästhetik – etwa Lukács' – unterscheidet sich Mukařovskýs ästhetische Theorie auch durch ihren semiotischen Zeichenbegriff und ihre Versuche, ästhetische Probleme mit Hilfe der Semiotik (Semiologie) als Fachwissenschaft zu lösen. Dieses grundsätzlichen Unterschieds scheint sich Mukařovský nicht immer bewußt zu sein; vor allem dann nicht, wenn er Croce vorwirft, dieser habe die Ästhetik mit der Linguistik identifiziert, und voller Zuversicht behauptet: "Sie (die Ästhetik) ging aber jedesmal aus einer solchen scheinbar tödlichen Umarmung erneuert und in ihrer Autonomie bestätigt hervor."[62] Wurde sie nicht auch im Prager Strukturalismus (und stärker noch als bei Croce) zu einer semiotischen oder soziologisch-semiotischen Fachwissenschaft, die immer häufiger der modernen Semiotik zugeschlagen wird? Der Zeichenbegriff, mit dessen Hilfe Mukařovský versuchte, zwei wesentliche Aspekte des Kunstwerks – *Artefakt* und *ästhetisches Objekt* – zu unterscheiden, läßt vermuten, daß er, ohne es zu beabsichtigen, der fachwissenschaftlichen Vereinnahmung der philosophischen Ästhetik Vorschub leistete.

In seinem bekannten Aufsatz "Die Kunst als semiologisches Faktum" (1936) geht er von Saussures Zeichentheorie aus und vergleicht das Kunstwerk als *materielles Symbol* oder *Artefakt* mit Saussures *signifiant*; dem *signifié*, das in seiner Darstellung implizit bleibt, entspricht die Bedeutung oder die Interpretation und Bewertung des Artefakts durch ein bestimmtes Kollektiv: "Jedes Kunstwerk ist ein *autonomes* Zeichen, das sich zusammensetzt aus 1. dem 'materiellen Werk', das die Bedeutung eines sinnlichen Symbols hat; 2. aus dem 'ästhetischen Objekt', das im Kollektivbewußtsein wurzelt und die Stelle der 'Bedeutung' innehat; 3. aus dem Verhältnis zur bezeichneten Sache, das nicht auf eine besondere unterschiedliche Existenz hindeutet (...), sondern auf den Gesamtkontext der sozialen Phänomene (...) einer bestimmten Umwelt."[63]

Diese Darstellung sowie Mukařovskýs Vergleich von Artefakt und *signifiant* (und symmetrisch dazu von ästhetischem Objekt und *signifié*) ist deshalb mißverständlich, weil sie den Eindruck erweckt, als sei die

62 J. Mukařovský, "Význam estetiky" ("Die Bedeutung der Ästhetik"), in: ders., *Studie z estetiky*, op.cit., S. 60.
63 J. Mukařovský, *Kapitel aus der Ästhetik*, op.cit., S. 146.

Bedeutung ausschließlich im Bereich der Rezeption zu orten und als sei die Beziehung zwischen Artefakt und ästhetischem Objekt der zwischen Ausdrucksebene und Inhaltsebene analog und ebenso willkürlich wie in Saussures Theorie der Nexus zwischen Signifikant und Signifikat. Diese Willkür ist jedoch in Kunst und Literatur nicht gegeben, weil der Kunstproduktion und der Werkstruktur Bedeutungen innewohnen: Was Mukařovský als Artefakt oder materielles Symbol bezeichnet, ist eine Synthese von Ausdrucks- und Inhaltsebene im Sinne von Hjelmslev. Es kommt hinzu, daß der Gedanke, daß Rezipienten als Individuen oder Kollektive Kunstwerke mit Bedeutungen versehen, letztlich zu der Erkenntnis führt, daß der Autor oder Künstler nur dann zum Produzenten werden kann, wenn er zugleich Rezipient (z.B. Leser) ist und Bedeutungen oder ästhetische Objekte hervorbringt: etwa in der Literaturkritik (Schriftsteller als Literaturkritiker), im Zitat, in der Parodie oder im Pastiche.

Natürlich war sich Mukařovský dieser Tatsache bewußt; dies geht u.a. aus seinem Aufsatz "Absichtlichkeit und Unabsichtlichkeit in der Kunst" (1943) hervor, wo die "Absichtlichkeit" oder "Bestimmtheit" ("záměrnost") mit der "semantischen Energie"[64] identifiziert wird. Aber auch in diesem Aufsatz neigt er dazu, das künstlerische Subjekt aus dem Bedeutungszusammenhang herauszulösen und die Bedeutungszuordnung im Bereich der Rezeption anzusiedeln. Die Produktion als bedeutungsstiftende Tätigkeit erscheint sekundär: "Auch die Beziehung zum Subjekt ist in der Kunst eine andere, ist weniger bestimmt als in praktischen Handlungen; während dort das Subjekt, auf das es ankommt, einzig und eindeutig der Autor der Handlung oder des Konstrukts ist (sofern wir die Frage nach dem Autor überhaupt stellen), ist hier das grundsätzliche Subjekt keineswegs der Autor, sondern der, für den das künstlerische Konstrukt bestimmt ist, nämlich der Rezipient (vnímatel) (...)."[65]

Diese etwas einseitige Ausrichtung auf den Rezeptionsprozeß wird zwar in Aufsätzen wie "Die Persönlichkeit des Autors im Spiegel des Werkes" (1931) oder "Individuum in der Kunst" (1937) durch produktionsästhetische Überlegungen korrigiert; es wird aber nicht klar, inwiefern literarische Produktion Bedeutungen hervorbringt, die im Text auf lexikalischer, semantischer, syntaktischer und narrativer Ebene dar-

---

64 J. Mukarovsky, 'Záměrnost a nezáměrnost v umění' ("Absichtlichkeit und Unabsichtlichkeit in der Kunst"), in: ders., *Studie z estetiky*, op.cit., S. 93.

65 Ibid., S. 91.

stellbar sind. Auch im erstgenannten Aufsatz wird die "überindividuelle Struktur" mit dem "ästhetischen Gegenstand", also mit dem Rezeptionsprozeß, identifiziert. Insofern ist K. Chvatík recht zu geben, wenn er in *Mensch und Struktur* im Anschluß an Červenka (1978) betont, man könne "die Polarität Artefakt-ästhetisches Objekt (...) nicht mechanisch mit der Polarität Bezeichnendes-Bezeichnetes gleichsetzen".[66]

Die globale – und durchaus kantianische – Tendenz, das Artefakt als vieldeutigen Signifikanten oder als Ausdruck von der Bedeutung oder der Inhaltsebene abzulösen ("ohne Begriff") und die Bedeutungszuordnung vorwiegend als Sache des Rezipienten aufzufassen, wird in Felix Vodičkas Arbeiten fortgesetzt, zumal Vodička den Begriff des ästhetischen Objekts zur Grundlage seiner Theorie der literarischen Evolution macht. Sie setzt sich schließlich in H.R. Jauß' Rezeptionstheorie durch, in der die Frage nach der Bedeutung der Produktion und der Werkstruktur ausgeblendet wird. Eine Korrektur dieser Einseitigkeit des Strukturalismus nahmen erst in letzter Zeit Miroslav Červenka und Květoslav Chvatík vor. Auf ihre Ansätze komme ich im letzten Abschnitt dieses Kapitels zu sprechen.

4. Evolution und Rezeption: Von Mukařovský zu Vodička

Als Schüler Mukařovskýs und spätes Mitglied des Prager linguistischen Zirkels richtet Felix Vodička sein Augenmerk vor allem auf die *literarische Evolution (literární vývoj)* und versucht, Produktion und Rezeption literarischer Werke im Rahmen eines historisch-evolutionären Entwurfs zu erklären. Den Objektbereich des Literaturwissenschaftlers teilt er folgerichtig in drei Abschnitte ein, die vom Evolutionsbegriff eingefaßt und zusammengehalten werden: a) das Studium literarischer Werke im Rahmen der literarischen Entwicklung; b) die Entstehung eines oder mehrerer Werke innerhalb der literarischen Evolution und der "Eingriff außerliterarischer Tendenzen in die literarische Entwicklung"; c) Bedeutungs- und Funktionswandel literarischer Werke beim Publikum und die zeitlich und örtlich bedingte Konstitution ästhetischer Objekte.[67]

66 K. Chvatík, *Mensch und Struktur*, op.cit., S. 95. Siehe auch: J. Mukařovský, "Umělcova osobnost v zrcadle díla" ("Die Künstlerpersönlichkeit im Spiegel des Werkes"), in: ders., *Cestami poetiky a estetiky*, op.cit., S. 145.

67 Siehe: F. Vodička, *Die Struktur der literarischen Entwicklung*, München, Fink, 1976, S. 34.

In seinen Analysen der literarischen Evolution knüpft Vodička bei den russischen Formalisten und vor allem bei Jurij Tynjanov an, der den Terminus "literaturnaja evolucija" geprägt hat (s. Kap. 2). Mit Tynjanov erklärt sich Vodička weitgehend einverstanden, wenn es darum geht, eine Literaturauffassung zu verabschieden, die isolierte Werke entweder aus sich selbst verstehen oder aus heteronomen Faktoren ableiten möchte. Er stimmt in jeder Hinsicht mit Tynjanov überein, wenn dieser bemerkt: "Untersuchen wir ein Werk isoliert, so können wir nicht sicher sein, daß wir in der richtigen Weise von seiner Konstruktion, der Konstruktion gerade dieses Werks sprechen."[68] Es ist nicht möglich, die Konstruktion und Intention von Cervantes' *Don Quijote* zu verstehen, solange dieser Text nicht in den Prozeß der literarischen Evolution eingegliedert und als Parodie des damaligen Ritterromans erkannt wird.

Zugleich distanziert sich Vodička vom formalistischen Erbe und vor allem vom frühen Formalismus, wenn er zustimmend Mukařovskýs Kritik an Šklovskij zitiert: "Der Irrtum der traditionellen Literaturgeschichte lag darin, daß sie nur mit äußeren Eingriffen rechnete und der Literatur die autonome Entwicklung absprach, die Einseitigkeit des Formalismus wiederum darin, daß er das literarische Geschehen in einen luftleeren Raum versetzte."[69] Diese Kritik trifft den Formalismus der "dritten Phase" (s. Kap. 2), die von Tynjanovs soziologischem Konzept geprägt wurde, keineswegs; sie zeigt aber, welche Position der Prager Strukturalismus zwischen soziologischer und psychologischer Heteronomie einerseits und einer autonomistischen, literaturimmanenten Position andererseits einnahm.

Vodičkas eigenes Problem scheint mir vor allem in seinem von den Formalisten (von Tynjanov) geerbten Unvermögen zu liegen, die literarische Entwicklung (oder Struktur, wie er manchmal sagt) als gesellschaftlichen Prozeß zu denken und die Textstrukturierung selbst als einen gesellschaftlichen Vorgang aufzufassen. Wie bei Tynjanov bleibt auch bei Vodička die Gesellschaft der literarischen Evolution und der Struktur des Einzelwerks äußerlich. Davon zeugt eine besonders aufschlußreiche Passage aus *Die Struktur der literarischen Entwicklung* (1966, dt. 1976), in der sich außer einer berechtigten Abneigung gegen heteronome Reduktionen die Unfähigkeit zu einer dialektischen *Ver-*

68 J. Tynjanov, "Über die literarische Evolution", in: J. Striedter, *Russischer Formalismus*, München, Fink, 1969, S. 441.

69 F. Vodička, *Die Struktur der literarischen Entwicklung*, op.cit., S. 9.

mittlung von fiktionalem Text und Gesellschaft bemerkbar macht. Das Verhältnis von Text und Kontext wird lediglich mechanisch als "Einfluß", "Einwirkung" oder "Eingriff" von außen aufgefaßt: "Die Erkenntnis, daß ein 'äußerer Eingriff' zugestanden werden muß, sollte jedoch auf keinen Fall die Ergebnisse entwerten, zu welchen man durch die Rekonstruktion der Evolution der dichterischen Struktur gelangt war."[70] Die Ausdrücke "äußerer Eingriff" und "zugestanden werden muß" (wer zwingt den Autor zu solchen Zugeständnissen?) haben symptomatischen Wert und zeigen, daß auch bei Vodička die kantianische Trennung, die ich im 2. Kapitel den Formalisten vorgeworfen habe, der dialektischen, hegelianischen Vermittlung vorgezogen wird. Insofern hatte der Marxist Kurt Konrad recht, als er sowohl den Formalisten als auch den Prager Strukturalisten vorwarf, sie könnten sich die Beziehung zwischen Literatur und Gesellschaft nur als "Einwirkung von außen"[71] vorstellen.

Dieser Dualismus macht sich auch in dem von Vodička abgesteckten *zweiten Aufgabenbereich* der Literaturwissenschaft, in der Analyse der Genese literarischer Werke und der "Eingriffe außerliterarischer Tendenzen in die literarische Entwicklung", bemerkbar. Solche "Eingriffe" werden zwar zugestanden und auch untersucht, aber letztlich erscheint das einzelne Werk doch als ein Produkt der literarischen Entwicklung oder Struktur, deren Gesetzmäßigkeiten der Autor gehorcht. In formalistischer Tradition verharrend, behauptet Vodička: "Die Ursachen von Wandel und Bewegung werden wir also nicht außerhalb der literarischen Struktur suchen, sondern vor allem in ihrer immanenten Entwicklung."[72] Externe Faktoren können der Eigengesetzlichkeit der Evolutionsstruktur untergeordnet werden, weil "äußere Eingriffe bei der Realisierung neuer literarischer Formen immer einen Ausgleich mit den Möglichkeiten suchen müssen, welche der jeweilige Strukturzustand bietet".[73]

Mit diesen Aussagen fällt Vodička hinter die Erkenntnisse des späteren Mukařovský zurück, der, wie Hans Günther bemerkt[74], im Laufe der

70 Ibid., S. 7.

71 Siehe: K. Konrad, "Der Streit um Inhalt und Form. Marxistische Bemerkungen zum neuen Formalismus", in: H. Günther und K. Hielscher (Hrsg.), *Marxismus und Formalismus*, Frankfurt-Berlin-Wien, Ullstein, 1976, S. 140-141.

72 F. Vodička, *Die Struktur der literarischen Entwicklung*, op.cit., S. 47.

73 Ibid.

74 Siehe: H. Günther, "Die Konzeption der literarischen Evolution im tschechischen Strukturalismus", in: J. Ihwe (Hrsg.). *Literaturwissenschaft und Linguistik* Bd. 1,

Auseinandersetzung mit Marxisten wie Kalandra und Konrad um eine dialektische Vermittlung zwischen Literatur und Gesellschaft bemüht war. In seinem Aufsatz "Individuum und literarische Entwicklung" (1943-1945) wird klar, daß die literarische Entwicklung ihre Veränderungen und ihren Identitätswandel gesellschaftlichen Faktoren verdankt: "Die Tendenz zur Identitätserhaltung ist in der sich entwickelnden Sache selbst angelegt; der Bereich, von dem Impulse ausgehen, die die Identität stören, muß also außerhalb der sich entwickelnden Sache liegen."[75] Obwohl auch hier nicht deutlich wird, daß die literarische Entwicklung selbst ein gesellschaftlicher Prozeß ist, dessen Widersprüche gesellschaftlichen Ursprungs sind, wird jedenfalls der Gedanke an eine rein literaturimmanente Darstellung aufgegeben.

Komplementär dazu haben Literatursoziologen wie Erich Köhler, die vom Primat der gesellschaftlichen Entwicklung ausgehen, ohne die Autonomie des Literarischen preiszugeben, gezeigt, wie das literarische Subsystem dem "Anpassungsdruck" (Luhmann) anderer Subsysteme und des Gesellschaftssystems insgesamt ausgesetzt ist. Das feudale Epos verschwindet mit der Klasse, deren Heldentaten es zelebriert: "Jedoch vermag die nationalistische Ideologie (...) eine Gattung nicht zu retten, die nicht darauf verzichten kann, Krieg und heroische Existenz einer Klasse zu feiern, deren parasitäre Existenz und Funktionslosigkeit trotz ihres gesellschaftlichen Prestiges allzu offenkundig war."[76] Köhler zeigt, daß nicht nur einzelne Gattungen wie Epos oder Tragödie, sondern ganze Gattungssysteme durch gesellschaftliche Umwälzungen hinweggefegt werden können.[77]

---

op.cit., S. 296-297. Siehe auch: ders., *Struktur als Prozeß*, op.cit., S. 78: "In seinem Bestreben, die literarische Evolution in die gesellschaftliche Totalität einzugliedern, ohne sie aber zum Kommentar irgendeiner anderen Reihe herabzusetzen, stößt Mukařovský auf das Problem der Überdeterminierung einer Teilstruktur durch die übergeordnete Struktur. Nicht zuletzt unter dem Einfluß marxistischer Kritiker wie Kurt Konrad, Bedřich Václavek und Záviš Kalandra nähert er sich in entscheidenden Punkten dem dialektischen Materialismus an." Vor allem der letzte Teil dieses Satzes trifft ins Schwarze: Anders als Adorno, der von einer radikalen Kritik an Hegel ausging und sich Kant näherte, geht Mukařovský von Herbart und Kant aus und nähert sich im Laufe der Jahre den dialektischen Positionen Hegels und der Marxisten.

75 J. Mukařovský, "Individuum a literární vývoj" ("Individuum und literarische Entwicklung"), in: ders., *Studie z estetiky*, op.cit., S. 229.

76 E. Köhler, "Gattungssystem und Gesellschaftssystem", in: *Romanistische Zeitschrift für Literaturgeschichte*, Heft 1, 1977, S. 14.

77 Ibid., S. 18-19.

Auch die Entstehung von Einzelwerken ist literaturimmanent kaum zu erklären: Cervantes' *Don Quijote* ist zwar als Parodie des Ritterromans zu lesen. Aber *weshalb* parodiert Cervantes den Ritterroman? Weshalb *kann* er ihn in einer bestimmten gesellschaftlichen und sprachlichen Situation parodieren? Doch nur deshalb, weil die fahrenden Ritter im zentralisierten Spanien der *Reyes Católicos* zu einem sozialen Anachronismus verkommen sind. Hätten die *caballeros andantes* in Cervantes' Spanien nicht ihre politische und moralische Autorität eingebüßt, wäre die Parodie der Gattung "Ritterroman" gar nicht möglich gewesen.

Marcel Prousts Roman sollte sicherlich nicht unabhängig von Prousts Kommentaren zu Balzacs *Comédie humaine* und Flauberts *Education sentimentale* gelesen werden; er ist jedoch nicht konkret zu verstehen, solange er nicht auf die Pariser Salongesellschaft der Jahrhundertwende und deren kollektiven Sprachgebrauch, die mondäne Konversation, bezogen wird. In der Vergangenheit versuchte ich zu zeigen, daß sowohl Prousts Schreibweise als auch seine Kritik an Balzac im Zusammenhang mit seiner Auseinandersetzung mit der Konversation als Soziolekt der mondänen Gesellschaft zu verstehen sind.[78] Als zugleich sprachliches und gesellschaftliches Faktum ist die Konversation unzertrennlich mit Prousts Schreibweise verwachsen, die als Kritik am mondänen Sprachgebrauch entstanden ist. Es wäre unsinnig, in diesem Fall von einer "äußeren Einwirkung" zu sprechen. Sinnvoller ist es, eine innerliterarische von einer außerliterarischen *Intertextualität* zu unterscheiden, um das Zusammenspiel fiktionaler und nichtfiktionaler Texte im Roman oder Drama zu beschreiben.[79]

Vodičkas größtes Verdienst ist, meine ich, nicht die Erklärung der literarischen Produktion, sondern seine historische Darstellung der Rezeptionsprozesse – also des *dritten Aufgabenbereichs* – im Zusammenhang mit Mukařovskýs Begriff des *ästhetischen Objekts*. An entscheidenden Stellen seines Werkes wird klar, daß sowohl er als auch Mukařovský vor allem in ihren empirischen Untersuchungen implizit vom Primat der Rezeption ausgehen und sich dadurch Kants Betrachtungsweise zu eigen machen, die schon Zich von Herbart erbte. Im Zusammenhang mit Croces Ausdrucksästhetik, die eine Darstellung der

78 Siehe: Vf., *L'Ambivalence romanesque. Proust, Kafka, Musil*, Frankfurt-Paris-Bern, Peter Lang, 2. Aufl., 1988, Kap. 2 und 3.

79 Siehe: Vf., *Textsoziologie. Eine kritische Einführung*, Stuttgart, Metzler, 1980, S. 82-83.

Literatur im historischen Prozeß nicht gestattet (s. Kap. 1), bemerkt Vodička zu Mukařovskýs theoretischem Standort: "Daher erschien das Studium der Kunst *vom Standpunkt des Rezipienten* als tragfähiger. Mukařovský konnte hier an Zich anknüpfen."[80]

Anregend ist Vodičkas "Kantianismus" deshalb, weil er den Rezeptionsvorgang als zugleich historisches und soziales Geschehen auffaßt. Vodička übernimmt zwar den Konkretisationsbegriff des polnischen Phänomenologen Roman Ingarden (s. Kap. 6), kritisiert jedoch dessen abstrakte und statische Auffassung der Konkretisation ("Realisation", "Interpretation") literarischer Werke. Als Alternative schlägt er einen Konkretisationsbegriff vor, der den historischen Kontexten der literarischen Evolution und der sich wandelnden ästhetischen Norm Rechnung trägt: "Gerade deshalb ist es Aufgabe der Literaturgeschichte, jene Veränderungen der Konkretisationen in der Rezeption literarischer Werke und die Beziehungen zwischen der Struktur des Werkes und der sich entwickelnden literarischen Norm zu untersuchen, weil wir so unsere Aufmerksamkeit immer dem Werk als ästhetischem Objekt widmen und die gesellschaftliche Tragweite seiner ästhetischen Funktion verfolgen."[81]

In seinen Studien befaßt sich Vodička sowohl mit dem Funktionswandel literarischer Werke als auch mit der Konkretisation im ästhetischen Objekt. Wie Mukařovský faßt er literarische Texte als Konstellationen von ästhetischen und außerästhetischen Normen auf, die immer wieder miteinander in Konflikt um die herrschende Position, die *Dominante*, geraten können. Ein literarisches Werk wird nicht von allen sozialen Gruppen und zu jedem Zeitpunkt als "poetische Nachricht" im Sinne von Jakobson wahrgenommen: In vielen Fällen können im Rezeptionsprozeß philosophische, moralische, religiöse oder politische Normen dominieren, so daß Goethes *Werther* nicht so sehr als Briefroman, sondern als eine "Apologie des Selbstmordes" rezipiert wird und die Gedichte Rilkes, Georges und Werfels von Bertolt Brecht als "Manifeste des Klassenkampfes"[82] gelesen werden.

Die Tatsache, daß im literarischen Text die Spannungen zwischen ästhetischen und nicht-ästhetischen Normen in immer neuen Konstella-

80 F. Vodička, *Die Struktur der literarischen Entwicklung*, op.cit., S. 18. Siehe auch: F. Vodička, "Response to Verbal Art", in: *Semiotics of Art. Prague School Contributions* (eds. L. Matejka, I.R. Titunik), Cambridge (Mass.), MIT-Press, 1976, S. 197-199.

81 F. Vodička, *Die Struktur der literarischen Entwicklung*, op.cit., S. 70.

82 B. Brecht, *Über Lyrik*, Frankfurt, Suhrkamp, 1964, S. 12.

tionen erhalten bleiben, so daß, wie Peter Steiner bemerkt, "die außerästhetischen Funktionen aus dem ästhetischen Zeichen nicht verschwinden, sondern an seiner Bedeutung teilhaben"[83], erklärt, weshalb ein Text im Laufe der Rezeption immer anders konkretisiert ("interpretiert") werden kann und immer neue ästhetische Objekte zeitigt. Insofern ist Germinal Čivikov recht zu geben, wenn er von den Prager Strukturalisten sagt, sie hätten "die Suche nach der Quelle des Werks durch die Beobachtung des Werkes *als* Quelle"[84] ersetzt.

Vodička zeigt, wie fruchtbar der Begriff des ästhetischen Objekts in der empirischen Literaturforschung sein kann, wo er dazu beiträgt, die Funktion des *Literaturkritikers* zu erklären und zu veranschaulichen. Als Wortführer bestimmter Institutionen und Gruppen fällt dem Kritiker eine besondere Verantwortung für die Objektkonstitution zu: "Seine Pflicht ist es, sich über ein Werk als ästhetisches Objekt auszusprechen, die Konkretisation des Werks, d.h. seine Gestalt vom Standpunkt des ästhetischen und literarischen Empfindens seiner Zeit festzuhalten und sich über dessen Wert im System der gültigen literarischen Werte zu äußern, wobei er durch sein kritisches Urteil bestimmt, in welchem Maße das Werk die Forderungen der literarischen Entwicklung erfüllt."[85]

Obwohl ich mir einen weniger konformistischen Literaturkritiker wünsche, der mehr Verständnis für die "Normverletzung" (Mukařovský) und weniger Verständnis für das "Empfinden seiner Zeit" aufbringt, meine ich, daß Mukařovský und Vodička durch die Historisierung von Begriffen wie *Struktur*, *Norm* und *Konkretisation* und durch die Einführung von soziologischen Begriffen wie *Funktion* und *ästhetisches Objekt* einen wesentlichen Beitrag zur Literatursoziologie und Literaturgeschichte geleistet haben. Daß sich dieser Beitrag nicht nur auf den Rezeptions-, sondern auch auf den Produktionsbereich erstreckt, zeigt Mukařovskýs Aufsatz "Bemerkungen zur Soziologie der Dichtersprache" (1935), den ich für den Entwurf einer Textsoziologie verwendet habe.[86]

---

83 P. Steiner, "The Conceptual Basis of Prague Structuralism", in: *Sound, Sign and Meaning. Quinquagenary of the Prague Linguistic Circle* (ed. L. Matejka), Ann Arbor, Univ. of Michigan Press, 1978, S. 363.

84 G. Čivikov, *Das ästhetische Objekt. Subjekt und Zeichen in der Literaturwissenschaft anhand einer Kategorie des Prager Strukturalismus*, Tübingen, Stauffenburg, 1987, S. 22.

85 F. Vodička, *Die Struktur der literarischen Entwicklung*, op.cit., S. 64.

86 Siehe: J. Mukařovský "Poznámky k sociologii básnického jazyka" ("Bemerkungen

Obwohl gerade in diesem Aufsatz nichtliterarische Sprachformen bei den tschechischen Schriftstellern Erben und Neruda als Vermittlungsinstanzen zwischen fiktionalem Text und gesellschaftlichem Kontext aufgefaßt werden, meine ich, daß der dialektische (hegelianische) Begriff der Vermittlung im Strukturalismus Vodičkas, Mukařovskýs und Jakobsons nicht gebührend berücksichtigt wurde. Dies ist einer der Gründe, weshalb in diesen Ansätzen die Frage, wie sich gesellschaftliche Positionen und Interessen in den semantischen, syntaktischen und narrativen Strukturen der Texte niederschlagen, offen bleibt. Diese Frage muß offen bleiben, solange nicht die komplementäre Frage beantwortet wird, "ob und in welcher Weise bereits der Artefakt über eine Strukturiertheit verfügt, die er als 'Vorstrukturiertheit' in den Konkretisationsakt einbringt und die in diesem Akt Steuerungsfunktionen übernimmt".[87] Anders ausgedrückt: Die Frage nach der Vermittlung von Text und sozialem Kontext ist von der Frage der Textsemantik nicht zu trennen. Mit beiden Fragen befassen sich jüngere Vertreter des tschechoslowakischen Strukturalismus.

5. Neuere Entwicklungen: Chvatík und Červenka

Eine Gesamtdarstellung der neueren Entwicklungen im tschechoslowakischen Strukturalismus ist am Ende eines Buchkapitels natürlich nicht zu verwirklichen; sie könnte bestenfalls der Autor einer umfangreichen Studie ins Auge fassen. Deshalb beschränke ich mich hier auf zwei Theoretiker, deren Ansätze sich in die Thematik dieses Kapitels einfügen lassen und zugleich als Weiterentwicklung von Jakobsons, Mukařovskýs und Vodičkas Theorien gewertet werden können. Dabei stelle ich zwei Probleme in den Vordergrund, deren Rekurrenz in diesem Kapitel es sinnvoll erscheinen läßt, sie am Ende in abgewandelter Form noch einmal aufzugreifen: das Problem der *Vermittlung* von Literatur und Gesellschaft und das Problem der *Textbedeutung*. Beide Probleme befinden sich im Spannungsfeld zwischen Kants Dualismus-Autonomismus und Hegels Dialektik.

---

zur Soziologie der Dichtersprache"), in: ders., *Kapitoly z české poetiky* Bd. 1, op.cit. und Vf., *Textsoziologie*, op.cit., Kap. 3.

87 J. Striedter, "Einleitung" zu: F. Vodička, *Die Struktur der literarischen Entwicklung*, op.cit., S. LXXI.

Vor allem Květoslav Chvatík bewegt sich in diesem Spannungsfeld, da er einerseits eine hegelianisch-marxistische Reduktion literarischer Werke auf begriffliche Strukturen (Widerspiegelung, Ideologie) zu vermeiden sucht, andererseits jedoch den kantianischen Dualismus der russischen Formalisten überwinden möchte, in deren Theorien die Gesellschaft der Literatur äußerlich ist.[88] Dabei visiert er in Übereinstimmung mit dem tschechoslowakischen Marxisten Josef Ludvík Fischer (s.o.) eine "dialektische Strukturologie" an, in der Gesellschaft und Text, Produktion und Rezeption, Eindeutigkeit und Vieldeutigkeit ineinandergreifen und einander wechselseitig erhellen.

In einer neueren Publikation wird deutlich, daß seine Kritik an Hegel keinen Verzicht auf die Begriffe der Vermittlung, der gesellschaftlichen Praxis und der künstlerischen Produktion mit sich bringt: "Es ist bereits auf den ersten Blick offensichtlich", heißt es in "Die ästhetische Einstellung", "daß unsere Auffassung in einem diametralen Gegensatz zur Platonschen Metaphysik des Schönen steht, die durch die Hegelsche These von dem Schönen als dem 'sinnlichen Scheinen der Idee' und durch Heideggers Formulierung von dem 'Ins-Werk-Setzen' der Wahrheit des Seins im Kunstwerk bis in unsere Zeit hinüberwirkt."[89] Die Frage nach der Besonderheit des Ästhetischen beantwortet Chvatík jedoch nicht jenseits der materialistischen Dialektik, sondern in direkter Auseinandersetzung mit ihr, denn er sucht die Antwort "in der konkreten *menschlichen Tätigkeit*, in der spezifischen Beziehung des Menschen zur Welt, in der *Praxis* der ästhetischen Einstellung, der Praxis der ästhetischen Produktion und Rezeption".[90]

Freilich setzt er damit bestimmte Tendenzen des Prager Strukturalismus, vor allem der Theorie Jan Mukařovskýs, fort. Einer aufmerksamen Lektüre seiner Schriften wird jedoch nicht die Absicht entgehen, den Dualismus, der sich vor allem in Vodičkas Darstellung der literarischen Entwicklung bemerkbar macht, zu überwinden. Schon in seinen älteren Publikationen geht er von der These aus, daß es "keine Wider-

88 Siehe z.B.: K. Chvatík, *Tschechoslowakischer Strukturalismus*, op.cit., S. 137: "Im Gegensatz zu Kant und seinen formalistischen und metaphysischen Interpreten begreifen wir die Beziehung zwischen dem Ästhetischen und anderen Aktivitäten des Menschen als eine Beziehung voll innerer Verbindungen, Spannungen und Übergänge, nicht als reine Abgrenzung und absoluten Gegensatz. Ebenfalls dialektisch verstehen wir die Beziehung der ästhetischen Funktion zu anderen Funktionen."

89 K. Chvatík, *Mensch und Struktur*, op.cit., S. 41.

90 Ibid.

sprüche zwischen Strukturalismus, Dialektik und Historismus gibt".[91] Später führt er diese These überzeugend aus, wenn er Kunst und Kunstentwicklung *als* historische und soziale Fakten auffaßt und zeigt, wie ein dialektischer Strukturalismus in der Literaturwissenschaft konkret aussehen könnte: "Die Kunst selbst entsteht historisch als Produkt des historischen Prozesses, als spezifische Form der historischen Aneignung der Welt im Prozeß der *historischen Praxis* des Menschen. (...) Im historischen Prozeß der gesellschaftlichen Praxis konstituieren sich allmählich auch die einzelnen Funktionen, Normen und Werte des Kunstwerks und bilden eine variable Struktur, die sich zusammen mit den Wandlungen der historischen Haltung des Menschen zur Welt und zu den Dingen dynamisch umgruppiert."[92]

Wie Mukařovský und Vodička betont Chvatík den gesellschaftlichen und historischen Charakter der ästhetischen Norm, des ästhetischen Wertes und des Zusammenspiels ästhetischer und außerästhetischer Funktionen im literarischen Text (im Kunstwerk). Wie seine Vorgänger zeigt er, daß in verschiedenen Epochen, Gesellschaften oder Gruppen verschiedene, einem und demselben Werk innewohnende Funktionen dominieren können. Er beschreibt, wie diese historisch bedingten Dominanten vom Normen- und Wertesystem einer Gesellschaft abhängen.[93]

Angesichts solcher Ausführungen, die sich vorwiegend auf den Bedeutungs- und Funktionswandel im gesellschaftlichen Rezeptionsprozeß beziehen, stellt sich jedoch abermals die Frage nach der sozialen Bedingtheit der literarischen Produktion und der Bedeutung sowie nach den sozialen Aspekten der Bedeutung. Chvatík geht dieser Frage nicht aus dem Weg; dies geht aus seinen neueren Publikationen hervor, in denen er u.a. fragt, wie "der Sinn des Kunstwerks in seiner Einzigartigkeit erfaßt werden kann".[94] Die zahlreichen Antworten auf diese Frage, die in seinem Werk anzutreffen sind, befriedigen deshalb nicht ganz, weil er von Mukařovský den Terminus der *semantischen Geste* übernimmt, der kein semantischer Begriff im strengen Sinne ist, zumal er

91 K. Chvatík, *Strukturalismus und Avantgarde*, op.cit., S. 127.

92 K. Chvatík, *Tschechoslowakischer Strukturalismus*, op.cit., S. 217.

93 Siehe: ibid., S. 29-30: "Auf der Grundlage ein- und desselben Kunstwerks können zu verschiedenen Zeiten (gegebenenfalls in verschiedenen Milieus) nach und nach mehrere verschiedene Strukturen mit verschiedenen Dominanten und verschiedenen Hierarchien der Elemente realisiert werden."

94 K. Chvatík, *Mensch und Struktur*, op.cit., S. 27.

sich sowohl auf literarische Texte als auch auf nichtverbale Kunstwerke bezieht.

Um Verzerrungen und Mißverständnissen vorzubeugen, will ich Chvatíks Bemerkungen zu dem auch von M. Jankovič und W.F. Schwarz kommentierten Begriff der *semantischen Geste* oder *semantischen Direktive* wiedergeben: "(...) Die Schwierigkeit besteht darin, daß die Kategorie 'semantische Direktive' sowohl die bloße statische Beschreibung der formalen Struktur des Werks als auch die Interpretation seines fertigen thematischen oder aber ideologischen Sinnes *überwinden* will; sie will den eigentlichen Prozeß des *Sinngeschehens*, seine Konstituierung im Verlauf des Werkaufbaus, das Moment des Übergangs der Form zur Bedeutung erfassen und die Einheit des dynamischen Aufbauprinzips eines konkreten Kunstwerks definieren."[95]

Die Schwierigkeit, mit der sich Chvatík auseinandersetzt, ist nicht in seinem eigenen Ansatz entstanden, sondern stammt aus Mukařovskýs Theorie, die sowohl Ästhetik als auch Semiologie sein will und sowohl sprachliche als auch nichtsprachliche Kunstwerke erfassen möchte. So bewundernswert dieses Vorhaben auch sein mag, so problematisch ist es angesichts der zeitgenössischen wissenschaftlichen Arbeitsteilung: Dem Prager Strukturalismus fehlen präzise semantische und semiotische Begriffe, die es ihm gestatten würden, die Bedeutungskonstitution literarischer Texte zu beschreiben. Nicht nur der Begriff "semantische Geste" ist zu metaphorisch, sondern auch Begriffe wie "Werkaufbau" oder "Aufbauprinzip".

Auch Červenkas Arbeiten, deren Verdienste und Bedeutung für die Literaturwissenschaft ich hier leider nicht gebührend würdigen kann, scheinen die komplementären Probleme der Textsemantik und der Bedeutungsproduktion nicht wirklich zu lösen. Sicherlich wird man Červenka recht geben, wenn er sich gegen die Monosemierung literarischer Texte wendet, die "eine Eindeutigkeit dort hineinbringt, wo die Sache selbst nicht eindeutig ist".[96] "Vieldeutigkeit", "Bedeutungswandel"

---

95 K. Chvatík, *Tschechoslowakischer Strukturalismus*, op.cit., S. 36. Siehe auch: M. Jankovič, "Perspectives of Semantic Gesture", in: *Poetics* Nr. 4, 1972 sowie Jankovičs neuere Arbeit *Nesamozřejmost smyslu*, Praha, Československý Spisovatel, 1991, S. 23-70 und W.F. Schwarz, "Some Remarks on the Development, Noetic Range and Operational Disposition of Mukařovskýs Term 'Semantic Gesture'", in: *Issues of Slavic Literary and Cultural Theory*, Hrsg. K. Eimermacher, P. Grzybek, G. Witte, Bochum, Brockmeyer, 1989.

96 M. Červenka, "Die Grundkategorien des Prager literaturwissenschaftlichen Strukturalismus", in: V. Žmegač, Z. Škreb (Hrsg.), *Zur Kritik literaturwissenschaftlicher Methodologie*, Frankfurt, Athenäum-Fischer, 1973, S. 161.

und "Funktionswandel" literarischer Texte sind Schlüsselbegriffe zeitgenössischer Literaturwissenschaft, zu deren Entwicklung der Prager Strukturalismus – und nicht zuletzt Červenka selbst – wesentlich beigetragen haben.

Angezweifelt wird nicht die Brauchbarkeit dieser Begriffe, sondern die Anwendbarkeit des metaphorischen Terminus "semantische Geste", weil auch bei Červenka nicht klar wird, worauf er sich genau bezieht: auf die Tiefenstruktur des Textes, seine semantischen Isotopien im Sinne von Greimas, auf das ihm zugrundeliegende Aktantenmodell oder seinen narrativen Ablauf? Die "semantische Geste" könnte noch am ehesten das Zusammenwirken aller dieser Faktoren meinen; aber das wird von den Prager Strukturalisten weder gesagt noch ausgeführt.

Immerhin hat Červenkas Darstellung der "semantischen Geste" den Vorzug, daß sie sich ausschließlich auf das literarische Kunstwerk bezieht und nicht auf Kunstwerke allgemein. In *Der Bedeutungsaufbau des literarischen Werks* (dt. 1978) wird die "semantische Geste" als "ein geeignetes Instrument der literarischen Analyse"[97] bezeichnet, und in einem Artikel aus dem Jahre 1968 erklärt der Autor, "der Isomorphismus der verschiedenen Werkschichten (werde) durch deren sprachlichen Charakter (oder vielmehr durch deren Zeichencharakter) ermöglicht (...)".[98] Obwohl ich meine, daß die Zuspitzung der Fragestellung auf das literarische oder sprachliche Kunstwerk ein Fortschritt ist, zweifle ich sehr daran, daß der Terminus "semantische Geste" zu einem "geeigneten Instrument der literarischen Analyse" werden kann.

Der Grund für meine Skepsis ist nicht nur das Fehlen einer Textsemantik und Textsemiotik (Diskursanalyse) im Prager Strukturalismus, sondern auch die Ungewißheit darüber, welchen Stellenwert die "semantische Geste" im literarischen Produktionsprozeß und im Bereich der Rezeption einnimmt. Wie entsteht die semantische Geste in einer konkreten gesellschaftlichen und sprachlichen Situation? Diese Frage versucht Červenka in verschiedenen Publikationen mit Hinweisen auf die Persönlichkeit des Schriftstellers zu beantworten: "Zur Annahme, die Persönlichkeit sei der Schlußstein des Bedeutungsaufbaus im Werk, führt uns ferner der Umstand, daß das literarische Werk gewöhnlich als Ergebnis individueller Schöpfung aufgefaßt wird, als individuelle Aus-

97 M. Červenka, *Der Bedeutungsaufbau des literarischen Werks*, München, Fink, 1978, S. 169.

98 M. Červenka, "L'Œuvre littéraire en tant que signe", in: *Prague poésie*, op.cit., S. 212.

sage, als Eingriff des Einzelnen in das gesellschaftliche Bewußtsein."[99] Selbst wenn man sich Lucien Goldmanns Gedanken, daß der Schriftsteller auf besonders prägnante Art das Bewußtsein einer Gruppe *ausdrückt*, nicht zu eigen macht, wird man die kollektive Problematik literarischer Produktion nicht übersehen wollen: Der Konflikt zwischen Ideologie und Gesellschaftskritik bei Stefan George, den Adorno analysiert (s. Kap. 4), ist ebensowenig auf individueller Ebene zu klären, wie Marcel Prousts Auseinandersetzung mit der mondänen Konversation, mit der Sprache seiner Gruppe: der *leisure class* des *Faubourg Saint Germain*. Der Begriff der Künstlerpersönlichkeit, der von Mukařovský häufig verwendet wird[100], ist Bestandteil einer individualistischen Ideologie und ein Anachronismus des 19. Jahrhunderts, auf den die Prager Strukturalisten hätten verzichten sollen; denn er ist für Červenkas idealistische Vorstellung mitverantwortlich, daß das isolierte Individuum gleichsam von außen "in das gesellschaftliche Bewußtsein" eingreift.

Schließlich kommt hinzu, daß Červenka in seiner Rezension des von L. Matejka herausgegebenen Sammelbandes zum 50. Jubiläum des Prager linguistischen Zirkels die "semantische Geste" im Bereich der Rezeption ansiedelt: "Die semantische Geste ist nicht etwas, was vom gesamten semantischen Prozeß des Kunstwerks oder von der Tätigkeit des Rezipienten bei der Konstitution des ästhetischen Objekts abgetrennt werden kann. Sie entsteht im Akt der Konkretisation."[101] Hier würde eine genauere Unterscheidung zwischen Produktions- und Werkkontext nicht schaden: Wie *entstehen* Textstrukturen in einer bestimmten gesellschaftlichen Situation, wie können sie als Tiefenstrukturen oder Isotopien (Greimas) *im* Text ausfindig gemacht werden und wie werden sie in ihrer (durchaus begrenzten) Vieldeutigkeit historisch *rezipiert*? Diese Fragen könnten nur im Rahmen einer semantischen und semiotischen Diskurstheorie – wie sie etwa Greimas entwickelt hat – beantwortet werden. Daß es eine solche Theorie im tschechoslowakischen Strukturalismus trotz Mukařovskýs tiefschürfender Analyse von Máchas Werk[102] z.Z. noch nicht gibt, muß auch

99 M. Červenka, *Der Bedeutungsaufbau des literarischen Werks*, op.cit., S. 169.

100 Siehe z.B.: J. Mukařovský, "Osobnost v umění" ("Die Persönlichkeit in der Kunst"), in: ders., *Studie z estetiky*, op.cit.

101 M. Červenka, "New Perspectives on Czech Structuralism", in: *PTL* Nr. 4, 1979, S. 368.

102 Siehe: J. Mukařovský, "Genetika smyslu v Máchově poesii" ("Die Genetik des Sinns in Máchas Dichtung"), in: ders., *Kapitoly z české poetiky* Bd. 3, op.cit.,

Lubomír Doležel, einem anderen wichtigen Erben des Prager Linguistenkreises, aufgefallen sein, als er für eine Synthese von Mukařovskýs Ästhetik und Freges Semantik plädierte: "Die Zeit ist reif für eine Verklammerung von Mukařovskýs ästhetischer Theorie mit Freges literarischer Semantik."[103]

Dieser Vorschlag zeigt nicht nur, daß es ein theoretisches Defizit auszugleichen gilt, sondern auch, daß die Ästhetik als philosophisch fundierte Theorie aller Kunstformen von den Fachwissenschaften in zunehmendem Maße in Frage gestellt wird. Er zeigt jedoch auch, daß es sich auch in den 90er Jahren lohnt, an den tschechoslowakischen Strukturalismus anzuknüpfen: denn dieser stellt – zusammen mit Adornos ästhetischer Theorie – einen zukunftsweisenden Versuch dar, zwischen der agnostischen Rezipientenästhetik Kants ("ohne Begriff") und der logozentrischen Ästhetik Hegels ("sinnliches Scheinen der Idee") dialektisch und wissenschaftlich zu vermitteln.

S. 238-240. Der Begriff der "semantischen Geste" stammt aus diesem Text. Siehe auch: J. Mukařovský, "Příspěvek k dnešní problematice básnického zjevu Máchova" ("Beitrag zur heutigen Problematik der dichterischen Erscheinung Máchas"), *Kapitoly z české poetiky* Bd. 2, wo vom "Bedeutungsaufbau" (S. 235) und von der "Noetik" (S. 241) dieser Dichtung die Rede ist. Alle diese Begriffe sind – vom Standpunkt der zeitgenössischen Semiotik aus gesehen – unzureichend.

103 L. Doležel, "Mukařovský and the Idea of Poetic Truth", in: *Russian Literature* Nr. XII-III, Okt., 1982, S. 291.

VI. Die Rezeptionsästhetik zwischen Hermeneutik und Phänomenologie

Die zeitgenössische Rezeptionsästhetik, die vor allem an der Universität Konstanz von Hans Robert Jauß (*1921) und Wolfgang Iser (*1926) entwickelt wurde, kann einerseits als eine kritsche Fortsetzung bestimmter Tendenzen innerhalb des Prager Strukturalismus aufgefaßt werden, andererseits als eine Replik auf die Poetik der werkimmanenten Interpretation Wolfgang Kaysers und die "Produktionsästhetiken" des Marxismus und der Kritischen Theorie. Die Konstanzer Theoretiker entdecken nicht nur den Leser als reelle (empirische) oder als ideelle (konstruierte) Instanz, sondern auch die Nachteile einer werkimmanenten oder marxistischen Ästhetik, die dazu neigt, den vieldeutigen literarischen Text mit *einer* seiner Bedeutungen oder Interpretationen zu identifizieren und mit seinen ästhetischen Objekten (Mukařovský) zu verwechseln. Die Ablehnung dieser zugleich ästhetischen und semantischen Reduktion erklärt Jauß' und Isers Kritik an W. Kaysers Frage nach der richtigen Interpretation sowie ihre Polemik gegen den Hegelianismus der Marxisten, die der Frage nach der eigentlichen, der wahren Bedeutung des Textes eine dialektische und materialistische Wende geben.

Diesem materialistischen Hegelianismus, der – wie sich im 2. Kap. gezeigt hat – nach den gesellschaftlichen Produktionsbedingungen und der historischen Bedeutung (dem "Warum" und "Was") der Kunstwerke fragt, begegnen Jauß und Iser mit der Frage nach dem Wirkungspotential vieldeutiger Werke, das sich im Verlauf der historischen Rezeption entfaltet. Dabei beruft sich Jauß in einem Interview ausdrücklich auf Kants Ästhetik, die nicht den Standpunkt des Produzenten, sondern den des Natur- und Kunst*betrachters* einnimmt: "Die letzte große Wirkungsästhetik war Kants Kritik des ästhetischen Urteils."[1]

Jauß und Iser können sicherlich nicht pauschal als Kantianer bezeichnet werden, zumal sie sich in wesentlichen Punkten auf Autoren wie Dilthey, Gadamer, Mannheim, Husserl und Ingarden stützen, deren Philosophien an entscheidenden Stellen mit Kant gebrochen haben; sie

1 H.R. Jauß, "Hans Robert Jauß over receptie-onderzoek, Konstanz en de toekomst van de universiteit. Een interview", in: R.T. Segers (Hrsg.), *Lezen en laten lezen*, Den Haag, Nijhoff, 1981, S. 207.

können insofern als Erneuerer der Kantschen Position aufgefaßt werden, als sie sich die *Betrachter-* oder *Rezipientenperspektive* zu eigen machen und – zumindest in der Theorie – auf der *Begriffslosigkeit* des literarischen Textes insistieren: auf der Unmöglichkeit, diesen auf Eindeutigkeit oder Monosemie festzulegen. Daß diese beiden Komponenten der Kantschen Ästhetik einander ergänzen, wird klar, sobald man bedenkt, daß der Autor als Produzent mit der von ihm intendierten Bedeutung einmalig und allein dasteht, während die historische Leserschaft eine sich unablässig erneuernde, heterogene Größe ist, die sich weder bei fiktionalen noch bei nichtfiktionalen Texten auf eine Bedeutung zu einigen vermag. Zu viele sprachliche, kulturelle, ideologische und ästhetische Interessen kollidieren im Bereich der Rezeption, als daß sich eine Textbedeutung auf Dauer durchsetzen könnte.

So ist es zu erklären, daß Rezeptionstheorien eher zum Bedeutungspluralismus ("ohne Begriff") neigen, während Theorien der literarischen Produktion immer wieder zur genetischen Frage nach der Textentstehung und Textbedeutung zurückkehren: In welchem historischen Kontext ist ein Text entstanden, und welche Positionen, Interessen und Widersprüche drückt er aus? Es ist eines der Hauptanliegen dieses Kapitels (Abschn. 5) zu zeigen, daß Produktion und Rezeption dialektisch aufeinander zu beziehen sind, weil ihre Trennung Einseitigkeiten und Verzerrungen zeitigt.

Wie bereits angedeutet, ist Jauß' und Isers Erneuerung der Kantschen Position keineswegs als eine Rückkehr zu Kant zu werten. Vor allem Jauß' Auseinandersetzung mit Adornos negativer Ästhetik sowie seine "Kleine Apologie der ästhetischen Erfahrung" (1972) lassen erkennen, daß er mit der Askese des "interesselosen Wohlgefallens" nichts im Sinn hat: Ihm ist es um die Entwicklung einer kritischen Ästhetik zu tun, die einerseits der "ästhetischen Distanz" (der Negativität) Rechnung trägt, andererseits aber den ästhetischen Genuß und die didaktischen oder "normbildenden" Aufgaben der Literatur nicht vernachlässigt. Auf die Frage, ob diese Synthese von Horaz' "Delectare et prodesse" und Adornos radikaler Negativität ("Mimesis ans Tödliche") in der gegenwärtigen gesellschaftlichen und sprachlichen Situation nicht eine Hybris sei, ging ich im 4. Kapitel kurz ein; ich komme in diesem Kapitel auf sie zurück.

Vorerst wäre zu fragen, ob es sich in der Rezeptionsästhetik (vor allem bei Jauß) tatsächlich um einen Syntheseversuch handelt: ob nicht vielmehr die kritisch-negative Position, die Jauß mit der ersten Phase seiner

Rezeptionsästhetik identifiziert, in der zweiten Phase seiner Entwicklung von einer theoretischen Einstellung abgelöst wird, die sich im Zuge der "Postmoderne" einer größeren Konzilianz der Kulturindustrie gegenüber befleißigt. Jauß sieht es freilich anders, wenn er rückblickend bemerkt: "Die Revision der modernistischen Einseitigkeit meines ersten Entwurfs begann darum mit einer Kritik an der ästhetischen Theorie Adornos, gegen die nunmehr das genießende Verstehen als Bedingung der ästhetischen Reflexion und das konsensusfordernde ästhetische Urteil als spezifische, obschon im Zeitalter der Massenmedien und der Kulturindustrie verschüttete gesellschaftliche Leistung der ästhetischen Kommunikation zu rehabilitieren war."[2] Die zugleich kritische und modernistische Frage, auf die ich in diesem Kapitel noch zurückkommen will, lautet, ob nicht gerade das Plädoyer für Genuß und Konsens den Managern der Kulturindustrie Schützenhilfe leistet: "Ein gutes Buch wird sich auch gut verkaufen." Letztlich entscheidet das Marktgesetz über die Qualität.

Vorerst tritt nicht diese Kritik an Jauß in den Vordergrund, sondern die Überlegung, daß Jauß' Rückblick auf die Entwicklung der Rezeptionsästhetik[3], sein umfangreiches Werk *Ästhetische Erfahrung und literarische Hermeneutik* (1982) sowie Isers *Der Akt des Lesens* (1976) den Versuch einer kritischen Gesamtdarstellung eher rechtfertigen als die kritisch-polemischen Schriften der frühen siebziger Jahre.[4] Es kommt hinzu, daß die Konstanzer Rezeptionsästhetik den Anstoß zu einer Fülle von rezeptionsorientierten Untersuchungen gegeben hat, deren Spektrum von der Analyse des impliziten Lesers bis zur Rezeptionspragmatik und Rezeptionssoziologie reicht.[5] Obwohl es unmöglich ist, im Rahmen dieses Kapitels ausführlich auf diese Arbeiten einzugehen, sollen sie dort

2 H.R. Jauß, *Ästhetische Erfahrung und literarische Hermeneutik*, Frankfurt, Suhrkamp, 1982, S. 698-699.

3 Siehe: H.R. Jauß, "Die Theorie der Rezeption – Rückschau auf ihre unerkannte Vorgeschichte", Konstanz, Universitätsverlag, 1987.

4 Zur Kritik an der Rezeptionsästhetik der 70er Jahre siehe u.a.: B.J. Warneken, "Zu Hans Robert Jauß' Programm einer Rezeptionsästhetik", in: P.U. Hohendahl (Hrsg.), *Sozialgeschichte und Wirkungsästhetik*, Frankfurt, Athenäum-Fischer, 1974; S. Naïr, "Connaissance des textes et montage polémique (A propos de *Pour une esthétique de la réception* de H.R. Jauss)", in: A. Goldmann, S. Naïr (Hrsg.), *Essais sur les formes et leurs significations*, Paris, Denoël-Gonthier, 1981; P.V. Zima, "'Rezeption' und 'Produktion' als ideologische Begriffe", in: ders. (Hrsg.), *Textsemiotik als Ideologiekritik*, Frankfurt, Suhrkamp, 1977.

5 Siehe z.B.: G. Köpf (Hrsg.), *Rezeptionspragmatik*, München, Fink, 1981; R.T. Segers, "Receptiesociologie", in: *Spektator* Nr. 10, 1980/81.

punktuell berücksichtigt werden, wo sie Isers und Jauß' Argumentationen weiterführen oder ergänzen.

Abschließend muß darauf hingewiesen werden, daß die Bezeichnung "Rezeptionsästhetik" zwei heterogene theoretische Ansätze tendenziell auf einen Nenner bringt, den es möglicherweise gar nicht gibt: Während Jauß' Ansatz unmittelbar aus Gadamers (indirekt aus Schleiermachers und Diltheys) Hermeneutik hervorgegangen ist, gründet Isers Phänomenologie der Literatur auf Husserls Philosophie und Ingardens literarischer Ästhetik. Der Gegensatz zwischen den beiden literaturwissenschaftlichen Ansätzen ist dem zwischen ihren philosophischen Prämissen homolog: Während Jauß die *Rezeption* eines Autors in historisch-hermeneutischer Perspektive anpeilt, befaßt sich Iser vornehmlich mit dem *Wirkungspotential* literarischer Texte aus phänomenologisch-historischer Sicht. Pauschale Bezeichnungen wie "Rezeptionsästhetik", die sich aus ökonomischen und institutionellen Gründen durchgesetzt haben, sollten nicht über die grundsätzliche methodologische Differenz zwischen einer historisch-hermeneutischen *Rezeptions*theorie, die konkrete historische Rezeptionen zum Gegenstand hat, und einer phänomenologischen *Wirkungs*theorie, die das Wirkungspotential der Texte anvisiert, hinwegtäuschen.

1. Von Gadamer zu Jauß: Hermeneutik und Ästhetik

Auf den ersten Blick mag es merkwürdig erscheinen, daß ein Autor wie Gadamer, der am philosophischen Wahrheitsbegriff festhält und den Gedanken an einen Wahrheitsgehalt des Kunstwerks nicht preisgeben möchte, zum Bürgen einer Rezeptionstheorie wird, die sich gegen die Reduktion literarischer Texte auf begriffliche Wahrheiten wendet. Wer Gadamers Nachwort zur 3. Auflage von *Wahrheit und Methode* (1972) liest, mag zunächst verwundert feststellen, daß in der Hermeneutik, auf die sich Jauß beruft, um die Vieldeutigkeit und den Bedeutungswandel der Literatur gegen hegelianische und marxistische Monosemierungstendenzen zu verteidigen, von "Invarianten" des Kunstwerks die Rede ist: "Die hermeneutische Konstitution der Werkeinheit des Kunstwerks ist gegenüber allen gesellschaftlichen Veränderungen des Kunstbetriebes invariant. (...) Auch eine marxistische Literaturbetrachtung muß solche Invarianz beherzigen, wie etwa Lucien Goldmann mit Recht betont hat."[6] Hegelianische Marxisten wie Goldmann werden diese Invarianz gern beherzigen, da sie ja implizit oder explizit annehmen, daß der literarische Text eindeutig eine bestimmte historische Bewußtseinsform ausdrückt, die nicht dem Bedeutungswandel unterliegt.

Weniger begeistert von Gadamers Plädoyer für Textinvarianten sollten hingegen Vertreter der Rezeptionsästhetik sein, die wie Jauß davon ausgehen, daß Invarianz nur Schein ist, weil "Invarianten" nicht unabhängig vom historischen Verstehen und Auslegen zustande kommen. In diesem Zusammenhang zeigt sich jedoch, daß Jauß sich nicht zu Unrecht auf Gadamer beruft, da dieser im Gegensatz zu Marxisten wie Goldmann nirgendwo behauptet, daß literarische Texte begrifflichen Äquivalenten (Weltanschauungen, Philosophien) homolog sind. Anders als die Hegelianer ist er bestrebt, der Vieldeutigkeit der Texte und ihrem Bedeutungswandel hermeneutisch Rechnung zu tragen. "Ich bin weit davon entfernt zu leugnen", erklärt er ebenfalls im Nachwort zur 3. Auflage von *Wahrheit und Methode*, "daß die Weise, wie ein Kunstwerk in seine Zeit und Welt hineinspricht (was H.R. Jauß seine 'Negativität' nennt), seine Bedeutung, d.h. die Art, wie es für uns sprechend ist, mitbestimmt. Das war ja die Pointe des wirkungsgeschichtlichen Bewußtseins, Werk und Wirkung als Einheit eines Sinnes zu denken. Was ich als Horizontverschmelzung beschrieb, war die Vollzugsform dieser Einheit, die dem Interpreten von einem ursprünglichen Sinne eines Werkes zu sprechen nicht erlaubt, ohne daß in das Verständnis desselben der eigene Sinn des Interpreten immer schon mit eingegangen wäre."[7]

Sieht man zunächst von der entscheidenden Frage ab, wie sich die im Text angelegten Bedeutungen zu denen des historischen Lesers oder Interpreten verhalten, so drängt sich im Anschluß an die hier zitierten Passagen aus dem "Nachwort" die etwas bescheidenere Frage auf, wie Gadamer einerseits in Übereinstimmung mit dem Hegelianer Goldmann Textinvarianten beherzigen, andererseits aber im Einklang mit Jauß die Vorstellung von einem ursprünglichen Sinn ablehnen und den Bedeutungswandel als historische Horizontverschmelzung denken kann. Denn Hegelianern wie Goldmann oder Lukacs ist es sehr wohl um die Rekonstruktion des "ursprünglichen historischen Sinnes" zu tun.

Die Antwort auf diese Frage hat Gadamers hermeneutische Position zwischen Kant und Hegel zu berücksichtigen. Eine vorläufige Skizze

6 H.-G. Gadamer, *Wahrheit und Methode*, Tübingen, J.C.B. Mohr, 4. Aufl., 1975, S. 541.
7 Ibid., S. 538-539.

dieser Position könnte etwa so aussehen: Gadamer hält zwar, in hegelianischer Tradition stehend, am Wahrheitsbegriff und an dem aus diesem ableitbaren Begriff des ästhetischen Wahrheitsgehalts fest; er behauptet aber wie vor ihm Kant, daß Kunstwerke (das Schöne) nicht auf den Begriff zu bringen sind. Er weicht sowohl von Hegel als auch von Kant ab, indem er die – heideggerianische und romantische – These aufstellt, daß die *Wahrheit der Kunst* über den begrifflichen Bereich hinausgeht und dem wissenschaftlichen Denken überlegen ist: Sie läßt sich daher nicht mit dessen *Methoden* einfangen und vermessen. Auf die traditionalistische und bisweilen irrationalistische Tendenz dieser These will ich im nächsten Abschnitt eingehen; vorerst ist es mir um Gadamers Kritik an Hegel und Kant sowie um seinen ästhetischen Wahrheitsbegriff zu tun.

Daß Gadamer Kunst und Literatur in Wirklichkeit ganz anders sieht als der Hegelianer Lucien Goldmann, zeigen die kritischen Kommentare zu Kant und Hegel in *Wahrheit und Methode*. Anders als Kant, der "Wahrheit der Erkenntnis an dem Erkenntnisbegriff der Wissenschaft und dem Wirklichkeitsbegriff der Naturwissenschaft mißt"[8], möchte Gadamer auch ästhetische Erfahrung als Erfahrung der Wahrheit verstanden wissen. Gegen Kants ästhetischen Agnostizismus beruft er sich auf Hegels *Vorlesungen über die Ästhetik*, zu denen er bemerkt: "Hier ist auf eine großartige Weise der Wahrheitsgehalt, der in aller Erfahrung von Kunst liegt, zur Anerkennung gebracht und zugleich mit dem geschichtlichen Bewußtsein vermittelt."[9]

Allerdings folgt diesen zustimmenden Bemerkungen eine Kritik an Hegel, die die Wahrheitserfahrung der Kunst jenseits des hegelianischen Logos ansiedelt. Der Wahrheitsbegriff der Kunst ist nicht aus dem logischen oder dem wissenschaftlichen ableitbar: "Freilich, sofern die Wahrheit des Begriffs dadurch allmächtig wird und alle Erfahrung in sich aufhebt, desavouiert Hegels Philosophie den Wahrheitsweg zugleich wieder, den sie in der Erfahrung der Kunst erkannt hat."[10] Kant hat zwar recht, wenn er den Bereich des Schönen gegen begriffliche Erkenntnis abgrenzt; er vernachlässigt jedoch die Erkenntnisfunktion des Ästhetischen: "Aber geht es an, den Begriff der Wahrheit der begrifflichen Erkenntnis vorzubehalten? Muß man nicht auch anerkennen, daß das Kunstwerk Wahrheit habe?"[11] Die Wahrheitserfahrung ist

8 Ibid., S. 93.
9 Ibid.
10 Ibid., S. 94.
11 Ibid., S. 39.

auch für die Kunst wesentlich, sagt Gadamer, aber sie ist eine qualitativ andere als die der Philosophie und der Wissenschaft.

Obwohl er sich einerseits von Kant distanziert, weil dessen Auffassung der Urteilskraft eine Darstellung der Erkenntnisfunktion der Kunst und des Wahrheitsgehalts einzelner Kunstwerke nicht gestattet, nähert er sich der Kantschen Position, wenn es darum geht, Literatur und Kunst gegen begriffliche Reduktionen zu verteidigen. Diese Annäherung an Kant ist wie die der Junghegelianer (s. Kap. 1) im Zusammenhang mit der Krise des Hegelschen Systems in der zweiten Hälfte des 19. Jahrhunderts zu verstehen. Gadamer selbst stellt die Parole "zurück zu Kant" in diesen Kontext der Krise, wenn er von der "Perhorreszierung des dogmatischen Schematismus der Hegel-Schule in der Mitte des 19. Jahrhunderts"[12] spricht.

Von einer "Rückkehr zu Kant" sollte man im Zusammenhang mit Gadamer allerdings nicht sprechen; eher von einem ständigen Oszillieren zwischen dem Hegelschen und dem Kantschen Pol, das von der Überzeugung getragen wird, Kunst sei eine unversiegbare Quelle der Wahrheit und dennoch vieldeutig und interpretierbar. Kantianisch ist Gadamers ästhetische Theorie insofern, als sie einerseits Allgemeingültigkeit für den Wahrheitsgehalt des Kunstwerks beansprucht, andererseits aber an dessen Vieldeutigkeit ("ohne Begriff") festhält: "Was Kant vom Geschmacksurteil mit Recht gesagt hat, daß ihm Allgemeingültigkeit angesonnen wird, obwohl seine Anerkennung nicht durch Gründe zu erzwingen ist, das gilt auch für alle Interpretation von Kunstwerken, die tätige des reproduzierenden Künstlers oder des Lesers so gut wie die des wissenschaftlichen Interpreten."[13] Im Anschluß an diese Darstellung spricht Gadamer vom "Kunstwerk, das immer neuer Auffassung offensteht".[14] In diesem Punkt bestätigt er nicht nur die ästhetischen Theorien Mukařovskýs und Vodičkas, sondern antizipiert den Grundgedanken der Konstanzer Rezeptionsästhetik, daß der Bedeutungswandel literarischer Texte in deren Interpretierbarkeit und Konkretisierbarkeit zu suchen ist. Auch die Vertreter der Rezeptionsästhetik gehen vom "Sinnüberschuß" des Textes aus, von dem Gadamer spricht und von dem er sagt: "Auf ihm beruht seine Unausschöpfbarkeit, die es aller Übertragung in den Begriff gegenüber auszeichnet."[15] Angesichts dieser Aufwertung der Aus-

12 Ibid., S. 55.
13 H.-G. Gadamer, *Kleine Schriften II. Interpretationen*, Tübingen, J.C.B. Mohr, 1967, S. 2.
14 Ibid.
15 Ibid., S. 6.

drucksebene, die für alle Varianten des ästhetischen Kantianismus kennzeichnend ist, nimmt es nicht wunder, wenn Gadamer in seinen neueren Schriften die Übersetzbarkeit der Literatur anzweifelt und von der "Unübersetzbarkeit der Lyrik"[16] spricht.

Komplementär zu dieser sprachlichen Begründung der ästhetischen Autonomie verhält sich die phänomenologische in *Wahrheit und Methode*. Dort versucht Gadamer zu zeigen, daß Kunstwerke ihre eigene Wirklichkeit hervorbringen und deshalb mit Begriffen wie Nachahmung, Schein, Entwirklichung oder Illusion nicht adäquat zu beschreiben sind. Die Kunst ist nicht aus ihrem Bezug zur Wirklichkeit zu verstehen, sondern nur als Erscheinung sui generis: "Nun lehrt aber der phänomenologische Rückgang auf die ästhetische Erfahrung, daß diese gar nicht aus solchem Bezug denkt und vielmehr in dem, was sie erfährt, die eigentliche Wahrheit sieht."[17] An dieser Stelle wird deutlich, daß nicht nur im tschechoslowakischen Strukturalismus, sondern auch bei Gadamer Husserls Phänomenologie Argumente liefert, die den kantianischen Autonomismus verstärken.[18]

Gadamers Gedanke, daß die ästhetische Wahrheit mehrdeutig ist und deshalb über den "ursprünglichen historischen Horizont" hinausgeht, "in dem der Betrachter mit dem Schöpfer des Werkes wirklich gleichzeitig war"[19], führt zu einer Historisierung der ästhetischen Wahrheit, die als ein nie endender *Prozeß von Frage und Antwort* erscheint. In diesem Prozeß kommt es darauf an, den literarischen Text als Antwort auf bestimmte Fragen zu verstehen, die in seinem historischen Entstehungszusammenhang aufkamen: Er gehe davon aus, erläutert Gadamer, "daß wir nur das verstehen, was wir als Antwort auf eine Frage verstehen".[20] Zugleich geht es darum, den so verstandenen Text auf die eigene historische Situation anzuwenden: ihn historisch zu aktualisieren und seinen Wahrheitsgehalt (als "aktuelle Wahrheit", als "Wahrheit für uns") zu erneuern.

---

16 H.-G. Gadamer, "Philosophie und Literatur", in: *Was ist Literatur?* Beiträge von Hans-Georg Gadamer, Helmut Kubin, Gerhard Funke, Freiburg-München, Alber, 1981, S. 37. – Siehe auch: H.-G. Gadamer, *Kleine Schriften II*, op.cit., S. 12: "Wir wissen es schmerzlich und mit der ganzen Spannung einer Aufgabe, daß Dichtung sprachgebunden ist und daß die Übersetzung von Poesie eine ebenso großartige wie qualvolle Unmöglichkeit darstellt."

17 H.-G. Gadamer, *Wahrheit und Methode*, op.cit., S. 79.

18 Siehe auch: Abschn. 3 in diesem Kapitel.

19 H.-G. Gadamer, *Kleine Schriften II*, op.cit., S. 1.

20 H.-G. Gadamer, "Philosophie und Literatur", op.cit., S. 23.

In diesem Zusammenhang unterscheidet Gadamer drei komplementäre Vorgänge, die er als *Verstehen*, *Auslegung* und *Applikation* bezeichnet. Entscheidend ist für ihn, daß das Verstehen eines literarischen Werkes oder eines historischen Ereignisses nicht unabhängig vom historischen Standort des Betrachters möglich ist: Ich kann nicht sagen, was ein Text (ein historisches Ereignis) objektiv, unabhängig von mir bedeutet; ich kann nur ausdrücken, was es für mich bedeutet. Dies behauptete bereits Wilhelm Dilthey (1833-1911), als er in "Die Entstehung der Hermeneutik" (1900) bemerkte: "Wir nennen den Vorgang, in welchem wir aus Zeichen, die von außen sinnlich gegeben sind, ein Inneres erkennen: *Verstehen*."[21] Dieses Verstehen ist bei Dilthey und Gadamer nicht vom Interesse, von der Betroffenheit des Einzelnen zu trennen: "Das Verstehen zeigt verschiedene Grade. Diese sind zunächst vom Interesse bedingt. Ist das Interesse eingeschränkt, so ist es auch das Verständnis."[22] Die höchste Stufe des Verstehens, das "kunstmäßige Verstehen", nennt Dilthey *Auslegung* oder *Interpretation* und betrachtet es als die Haupttätigkeit der Philologie.[23] Gadamer folgt ihm, wenn er in *Wahrheit und Methode* spontanes Verstehen und philologisches Auslegen miteinander verschränkt, von der "sprachliche(n) Erfassung" spricht, "die dies Verstehen in der Auslegung erfährt"[24], und hinzufügt: "Das bedeutet aber, die Auslegung ist potentiell im Verstehen enthalten."[25] Im Anschluß an diese Bemerkungen könnte man die Auslegung als explizites, philologisches Verstehen definieren, dessen sprachliche Form die Grundform ist.[26]

Der praktische Aspekt des Verstehens ist die *Applikation*, denn: "Einen Text verstehen, heißt immer schon, ihn auf uns selbst anwenden (...)."[27] Diese Applikation, die, wie sich zeigen wird, auch bei Jauß eine wichtige Funktion erfüllt, ist nur dann möglich, wenn der historische Horizont, vor dem die Fragen und Antworten des Textes entstanden sind, mit dem historischen Horizont des Lesers oder Betrachters verschmilzt. Dieses Verschmelzen ist jedoch nicht als naive oder spontane Anglei-

---

21 W. Dilthey, "Die Entstehung der Hermeneutik", in: ders., *Gesammelte Schriften* Bd. 5, Stuttgart, B.G. Teubner, Göttingen, Vandenhoeck & Ruprecht, 1968, S. 318.

22 Ibid., S. 319.

23 Ibid.

24 H.-G. Gadamer, *Wahrheit und Methode*, op.cit., S. 379.

25 Ibid., S. 376.

26 Siehe: H.-G. Gadamer, *Wahrheit und Methode*, op.cit., S. 376: "Sprachliche Auslegung ist die Form der Auslegung überhaupt." – Siehe auch S. 291.

27 Ibid., S. 375.

chung des Vergangenen an das Gegenwärtige zu denken; es gilt, das Spannungsverhältnis zwischen Altem und Neuem zu bewahren. "Die hermeneutische Aufgabe", sagt Gadamer, "besteht darin, diese Spannung nicht in naiver Angleichung zuzudecken, sondern bewußt zu entfalten."[28] Erst auf diesem Umweg über die Erkenntnis der qualitativen Differenz kann es zu einer Aneignung des historisch Fernen oder des kulturell Fremden kommen. Diese Aneignung stellt Gadamer als Horizontverschmelzung dar, die dadurch ermöglicht wird, daß die historischen "Horizonte" trotz ihrer Verschiedenartigkeit miteinander im historischen Prozeß kommunizieren. Ihre Autarkie ist Schein: "*Vielmehr ist Verstehen immer der Vorgang der Verschmelzung solcher vermeintlich für sich seiender Horizonte.*"[29] Anders ausgedrückt: Es geht darum, sich in einer bestimmten historischen Situation Vergangenes und Fremdes anzueignen, ohne es subjektiv auf Gegenwärtiges und Bekanntes zu reduzieren. Der Rezipient soll das Fremde so aufnehmen, daß es ihm vertraut wird und zugleich seinen Horizont erweitert.

Hier schließt sich der *hermeneutische Zirkel*, denn die Aneignung des Fremden bedeutet, "daß die Erwartung umgestimmt wird und daß sich der Text unter einer anderen Sinnerwartung zur Einheit einer Meinung zusammenschließt. So läuft die Bewegung des Verstehens stets vom Ganzen zum Teil und zurück zum Ganzen".[30] Einzelelemente dürfen nicht unmittelbar in den eigenen Erfahrungsbereich transponiert, sondern müssen im Kontext des Gesamttextes verstanden werden; der Text ist wiederum in den Kontext der Gattung einzubetten und dieser im historischen Gesamtzusammenhang zu bestimmen. Anders als Friedrich Schleiermacher (1768-1834), der Begründer der modernen Hermeneutik, dem es um die Rekonstruktion der ursprünglichen Bedeutung des Kunstwerks zu tun war, um die "Wiederherstellung des ursprünglichen Zustandes, den der schaffende Künstler 'gemeint' hatte"[31], strebt Gadamer danach, das Spannungsverhältnis zwischen vergangener und gegenwärtiger Bedeutung hermeneutisch auszutragen. Hans Robert Jauß, der von ihm und Karl Mannheim (1893-1947) den Begriff des *Erwartungshorizontes* übernimmt, macht sich dieses hermeneutische Projekt zu eigen und entwirft eine leserorientierte Literaturgeschichte.

---

28 Ibid., S. 290.
29 Ibid., S. 289.
30 Ibid., S. 275.
31 Ibid., S. 159.

2. Jauß' Rezeptionsästhetik als literarische Hermeneutik

Hans Robert Jauß' Betrachtungsweise unterscheidet sich von der Gadamers nicht nur durch die spezifische Ausrichtung der Theorie auf den literarischen Text, sondern auch – und vielleicht vor allem – durch eine größere Skepsis der Tradition gegenüber. Bekanntlich steht Gadamer auf dem Standpunkt, daß auch der kritische Philologe oder Historiker nicht aus dem historischen Traditionszusammenhang auszubrechen vermag, in dem er steht. Diesen Standpunkt verteidigt er konsequent gegen Habermas' Ideologiekritik: "Der Historiker, auch der der sogenannten kritischen Wissenschaft, löst so wenig fortlebende Traditionen, z.B. die nationalstaatlichen, auf, daß er als nationaler Historiker vielmehr in dieselben bildend und fortbildend eingreift, und das Wichtigste ist: je bewußter er auf seine hermeneutische Bedingtheit reflektiert, desto mehr."[32]

Nun ist aber nicht einzusehen, weshalb ein Historiker, der in einem Nationalstaat lebt, dazu verurteilt sein sollte, als "nationaler Historiker" in der nationalstaatlichen Tradition zu verharren: Bei so eingeschränkter Perspektive wäre er nicht nur kritischen Theoretikern, sondern auch dem Durchschnittsbeamten der Europäischen Union weit unterlegen. Kritische Reflexion des eigenen Diskurses sollte, wie ich zu zeigen versuchte[33], eine Überwindung der eigenen Partikularität, der eigenen "Tradition" ermöglichen. Es käme darauf an, die wirtschaftlichen und gesellschaftlichen Bedingungen zu untersuchen, die eine solche Überwindung ermöglichen oder beschleunigen.

Das tut Jauß zwar nicht, er wirft Gadamer jedoch vor, den Traditionszusammenhang und die Autorität "klassischer" Werke zu privilegieren und den Leser als aktive, produktive Instanz zu vernachlässigen. Der Übermacht der Tradition und ihres Wahrheitsanspruchs stellt Jauß – darin der ersten, der kritisch-negativen, von Adorno beeinflußten Phase seiner Entwicklung treu – eine "dialogische Produktivität" und eine "offene Dialektik von Frage und Antwort", von Text und Leser gegenüber: "Ich glaube, mich darum auf Gadamer gegen Gadamer berufen zu können,

32 H.-G. Gadamer, "Rhetorik, Hermeneutik und Ideologiekritik. Metakritische Erörterungen zu 'Wahrheit und Methode'", in: *Hermeneutik und Ideologiekritik.* Mit Beiträgen von Apel, Bormann, Bubner, Gadamer, Giegel, Habermas, Frankfurt, Suhrkamp, 1971, S. 68.

33 Siehe: Vf., *Ideologie und Theorie. Eine Diskurskritik*, Tübingen, Francke, 1989, Kap. 11.

wenn ich seiner aktiven Bestimmung des Verstehens den Vorzug gebe, die Aufgabe der Horizontabhebung der passiven 'Horizontverschmelzung' vorordne und den Prozeß der Wirkungsgeschichte aus der produktiven Rezeption – auch der eminenten Texte – hervorgehen sehe."[34] Nicht der Wahrheitsgehalt der "großen Werke" ist also in Jauß' Projekt zentral, sondern die kreative Rolle der Leserschaft.

Trotz dieser Kritik am Konservatismus von Gadamers Hermeneutik übernimmt Jauß eine ihrer konservativen Komponenten: ihre heideggerianische Aversion gegen Natur- und Sozialwissenschaften und ihr Plädoyer für eine "Geisteswissenschaft", die als "Kunst des Verstehens" ohne die *Methoden* der empirischen Wissenschaften auskommt. Gadamer, der in *Wahrheit und Methode* Ausdrücke wie "Würde der Dichtkunst", "unbewußt-genial" und "schöpferische Leistung" verwendet[35], gibt schließlich trotz seiner Kritik an Schleiermacher unumwunden zu: "Die Hermeneutik ist eben *Kunst* und nicht ein mechanisches Verfahren."[36] Ergänzend heißt es in einem neueren Artikel, in dem auch der referentielle Bezug poetischer und philosophischer Diskurse geleugnet wird: "Fortschritt gibt es weder in der Philosophie noch in der Kunst."[37]

Obwohl Jauß in dieser Angleichung von Kunst und hermeneutischer Philosophie nicht so weit geht wie Gadamer, steht auch er in der Tradition der "Geisteswissenschaften", deren Vertreter (allen voran Heidegger) es stets abgelehnt haben, die Methoden und Terminologien der Sozial- und Naturwissenschaften zu übernehmen. Nur in diesem Zusammenhang sind seine Kritiken und Polemiken gegen Semiotik, dialektisch-materialistische Literaturwissenschaft und Literartursoziologie konkret zu verstehen. Auch bei ihm macht sich der "Dualismus von hermeneutischer Erfahrung und methodischer Erkenntnis"[38] bemerkbar, von dem Ulrich Nassen im Zusammenhang mit Gadamer spricht. Dieser Dualismus ist Heideggers Dichotomie zwischen dem Ontologischen und dem Ontischen homolog, in deren Rahmen schon in *Sein und Zeit* (1927) die Abwertung der Sozialwissenschaften als "ontischer Wissenschaften"[39] gerechtfertigt wird.

---

34 H.R. Jauß, *Ästhetische Erfahrung und literarische Hermeneutik*, op.cit., S. 27.

35 H.-G. Gadamer, *Wahrheit und Methode*, op.cit., S. 177.

36 Ibid., S. 179.

37 H.-G. Gadamer, "Philosophie und Literatur", op.cit., S. 45.

38 U. Nassen, "Hans-Georg Gadamer und Jürgen Habermas: Hermeneutik, Ideologiekritik und Diskurs", in: ders. (Hrsg.), *Klassiker der Hermeneutik*, Paderborn, Schöningh, 1982, S. 303.

39 Siehe: M. Heidegger, *Sein und Zeit*, Tübingen, Niemeyer, 10. Aufl., 1963, S. 11:

Bei Jauß führt diese Abwertung zu einer Abkoppelung der Rezeptionsästhetik von der empirischen Rezeptionsforschung: der Rezeptionssoziologie und Rezeptionspsychologie, die in letzter Zeit von Autoren wie Jacques Leenhardt, Rien T. Segers und Norbert Groeben entwickelt wurden.[40] Im Gegensatz zu diesen Autoren richtet Jauß sein Augenmerk auf die produktive Rezeption eines Textes durch einzelne Schriftsteller. Zu dieser eher traditionellen Ausrichtung einer Rezeptionstheorie, deren Autor vorgibt, im Rahmen eines neuen literaturwissenschaftlichen "Paradigmas" (im Sinne von T.S. Kuhn) den Leser entdeckt zu haben, bemerkt mit Recht Jörn Stückrath, "daß Jauß' Interesse am Leser vor allem auch das Interesse am Leser als Autor ist. Das neue Werk des lesenden Autors wird ins Blickfeld gerückt, wodurch Jauß seinem Programm unversehens ein Ziel setzt, das aus der traditionellen, entstehungsgeschichtlichen Einflußforschung vertraut ist".[41] Im Verlauf meiner Darstellung wird sich zeigen, daß sich Jauß' Rezeptionsanalysen häufig kaum von sozialgeschichtlichen *Interpretationen* unterscheiden.

In seiner bekannten Streitschrift "Rezeptionsgeschichte als Provokation der Literaturwissenschaft"(1967) tritt Jauß allerdings mit dem Anspruch auf, die "Autonomieästhetik" der werkimmanenten Interpretation (z.B. Wolfgang Kaysers) und die "Produktionsästhetik" der Marxisten mit einer leserorientierten Literaturgeschichte herausfordern zu können: "*Eine Erneuerung der Literaturgeschichte*", heißt es in der 6. These dieser Schrift, "*erfordert, die Vorurteile des historischen Objektivismus abzubauen und die traditionelle Produktions- und Darstellungsästhetik in einer Rezeptions- und Wirkungsästhetik zu fundieren.*"[42] Die "*Erfahrung des literarischen Werkes durch seine Leser*" soll

---

"Ontologisches Fragen ist zwar gegenüber dem ontischen Fragen der positiven Wissenschaften ursprünglicher."

40 Siehe z.B.: J. Leenhardt, "Das 'Lesen-Können' oder: Über die sozio-historischen Modalitäten des Lesens", in: *Zeitschrift für Literaturwissenschaft und Linguistik* Nr. 57/58 (Lesen – historisch), 1985; N. Groeben, "Kontemporäre Rezeptionsforschung: Empirisierung als Konsequenz und Kritik der Rezeptionsästhetik", in: H. Van Gorp, R. Ghesquiere, R.T. Segers (Hrsg.), *Receptie-onderzoek: mogelijkheden en grenzen/Rezeptionsforschung: Möglichkeiten und Grenzen*, Leuven, Acco, 1981; R.T. Segers, "Receptie-onderzoek in de jaren 80: de grenzen van de mogelijkheden en de mogelijkheden van de grenzen", in: *Receptie-onderzoek: mogelijkheden en grenzen*, op.cit.

41 J. Stückrath, *Historische Rezeptionsforschung. Ein kritischer Versuch zu ihrer Geschichte und Theorie*, Stuttgart, Metzler, 1979, S. 119.

42 H.R. Jauß, *Literaturgeschichte als Provokation*, Frankfurt, Suhrkamp., 1970, S. 171.

zur neuen Grundlage der Literaturgeschichte und der gesamten Literaturwissenschaft werden.

Zwei Jahre später steigert Jauß den theoretischen Anspruch seines Ansatzes, indem er von einem "Paradigmawechsel in der Literaturwissenschaft" (1969) spricht und als Alternative zum "klassischen Paradigma" ("die Antike als Vorbild und Normensystem") sowie zu den Paradigmen des "Historismus" und der "werkimmanenten Ästhetik" das rezeptionsästhetische Paradigma vorschlägt.[43] In dem hier konstruierten Kontext ist nicht so sehr die Frage nach der Anwendbarkeit des Kuhnschen Paradigmabegriffs auf die Sozialwissenschaften wichtig[44], sondern die Frage nach der ästhetischen Bedeutung der von Jauß befürworteten Leserperspektive.

In der Einleitung zu diesem Kapitel habe ich bereits angedeutet, daß der Ausgangspunkt des von Jauß angekündigten "Paradigmawechsels" Kants *Kritik der Urteilskraft* ist, die im Gegensatz zu den späteren Ästhetiken Hegels und Schellings das Schöne vom Standort des Betrachters, des Rezipienten darstellt. Diese Auffassung wird von Jauß selbst in seinen neueren Publikationen bestätigt, wenn er Aristoteles' und Kants Interesse für den Betrachter als Ausnahmen in der Geschichte der Ästhetik herausstellt: "Die große Ausnahme in der philosophischen Tradition bildet in der Antike die aristotelische Poetik, in der Neuzeit Kants *Kritik der Urteilskraft*."[45] Weder die eine noch die andere hat sich in den letzten Jahrhunderten durchgesetzt, weil die Frage nach der ästhetischen Wirkung (u.a. von Goethe, neuerdings auch von Adorno) als kunstfremd abgewiesen wurde. Vollends ging sie in der "wirkungsmächtigeren Ästhetik Hegels" (Jauß) unter, die nicht nach dem Wirkungspotential vieldeutiger Kunstwerke fragt, sondern diese auf eindeutig bestimmbare Ideen festlegt.

Im Gegensatz zur Produktionsästhetik Hegelscher Provenienz geht der frühe Jauß von dem Gedanken aus, daß Literatur die Wirklichkeit nicht mimetisch darstellt (auch nicht als Idee oder Weltanschauung), sondern aufgrund ihrer Vieldeutigkeit immer neue Fragen an den Leser richtet, die dessen *Erwartungshorizont* (im Sinne von Gadamer) verändern können. Wie vor ihm Gadamer hebt Jauß die Interpretierbarkeit

43 H.R. Jauß, "Paradigmawechsel in der Literaturwissenschaft", in: *Linguistische Berichte* Nr. 3, 1969, S. 54-56.

44 Mit der Anwendbarkeit des Paradigmabegriffs in den Sozialwissenschaften befasse ich mich im 12. Kap. meines Buches *Ideologie und Theorie*, op.cit.

45 H.R. Jauß, *Ästhetische Erfahrung und literarische Hermeneutik*, op.cit., S. 17.

literarischer Texte hervor und die Unmöglichkeit, sie auf begriffliche Aussagen zu reduzieren. Im Zusammenhang mit einem Text von Bertolt Brecht bemerkt er zu diesem Problem: "Gerade diese Pluralität möglicher Deutungen macht den ästhetischen Charakter des Textes aus und gibt einer Rezeptionsanalyse besondere Chancen, die das lebensweltliche Vorverständnis (für Materialisten: die Ideologie) von verschiedenen Leserschichten erfassen oder verändern will."[46]

Diese Passage zeigt, wie in Jauß' Ansatz zwei kantianische Theoreme einander ergänzen: Die *Vieldeutigkeit* des Textes ("ohne Begriff") garantiert dessen historischen Bedeutungswandel, d.h. die Unabgeschlossenheit, Pluralität und Fruchtbarkeit der *Rezeption* ("Betrachterperspektive"). Anders gesagt: Die Rezeptionsanalyse erscheint deshalb sinnvoll und interessant, *weil* der vieldeutige Text verschiedene Rezeptionsmodi verlangt; weil er nicht als "sinnliches Scheinen der Idee" (im Sinne von Hegel) auf Eindeutigkeit festlegbar ist.

In diesem kantianischen und antihegelianischen Zusammenhang ist Jauß' Kritk an Lukács und Goldmann in *Literaturgeschichte als Provokation* zu lesen. Beiden wirft Jauß vor, daß sie Literatur auf deren mimetisch-begriffliche Funktion reduzieren: "So bleibt auch hier die literarische Produktion wie schon bei Lukács auf eine sekundäre, den ökonomischen Prozeß in harmonischer Parallelität immer nur reproduzierende Funktion beschränkt."[47] Die Frage, ob diese Kritik ins Schwarze trifft oder danebengeht, ist hier weniger wichtig als die komplementäre Frage, wie Jauß mit den Problemen der *Textbedeutung* und der *Textfunktion* fertig wird. Auf diese beiden Probleme möchte ich jetzt der Reihe nach eingehen.

Im Anschluß an Gadamer unterscheidet Jauß in seinem wichtigen Aufsatz "Zur Abgrenzung und Bestimmung einer literarischen Hermeneutik" (1981) das spontane *Verstehen* vom reflektierenden *Auslegen* und von der *Applikation*, der Anwendung auf den eigenen Kontext. Er spricht von der "Abhebung des reflektierenden Auslegens vom wahrnehmenden Verstehen eines poetischen Textes"[48] und erklärt: "Ich versuche hingegen, diese Tätigkeit in die beiden hermeneutischen Akte

46 H.R. Jauß, "Der Leser als Instanz einer neuen Geschichte der Literatur", in: *Poetica*, Heft 3/4, 1975, S. 334.

47 H.R. Jauß, *Literaturgeschichte als Provokation*, op.cit., S. 161.

48 H.R. Jauß, "Zur Abgrenzung und Bestimmung einer literarischen Hermeneutik", in: *Text und Applikation. Theologie, Jurisprudenz und Literaturwissenschaft im hermeneutischen Gespräch* (Hrsg. M. Fuhrmann, H.R. Jauß, W. Pannenberg), München, Fink, 1981, S. 475.

des Verstehens und des Auslegens zu zerlegen, indem ich das reflektierende Auslegen als Phase einer zweiten Lektüre vom unmittelbaren Verstehen in der ästhetischen Wahrnehmung als Phase der ersten Lektüre abhebe."[49] *Was* aber wird verstanden, und wie sieht der Gegenstand der reflektierenden Auslegung genau aus?

Diese Frage kann Jauß nicht beantworten, solange er das Pferd am Schwanz aufzäumt und die strukturale Textanalyse vom Rezeptionsprozeß abhängig macht: "Strukturale Textbeschreibung sollte und kann heute (...) hermeneutisch in einer Analyse des Rezeptionsprozesses fundiert werden."[50] Jauß selbst nimmt seiner Forderung die Substanz, wenn er in einem Kommentar zu Baudelaires *Spleen II* Barthes' grenzenlosen Pluralismus kritisiert und bemerkt, "daß die historisch fortschreitende Konkretisation des Sinns literarischer Werke einer gewissen 'Logik' folgt (...) und daß sich im Horizontwandel der Interpretationen durchaus zwischen arbiträren und konsensfähigen, zwischen nur originellen und normbildenden Auslegungen unterscheiden läßt".[51] Wie aber soll man zwischen "arbiträren und konsensfähigen" Interpretationen unterscheiden, wenn die Textbedeutung nicht auf phonetischer, semantischer und syntaktischer Ebene fixierbar und bestenfalls im Rezeptionsprozeß zu verankern ist? Worauf bezieht sich der Konsens, wenn nicht auf objektimmanente Strukturen, die diesen Konsens überhaupt ermöglichen?

Jauß scheint alles hermeneutisch relativieren zu wollen, wenn er in seiner Studie über "Goethes und Valérys *Faust*" behauptet: "Denn die logische Kombinatorik der strukturalen Anthropologie wie auch die binären Zeichensysteme der Semiotik sind von Relevanzen abhängig (...)."[52] Mit anderen Worten: Die Relevanzkriterien, von denen die semiotische Analyse ausgeht, sind selbst als *Antworten* auf zeitbedingte *Fragen* historisch determiniert.

Nun haben Vertreter einer soziologisch ausgerichteten Semiotik wie U. Eco und L.J. Prieto den kulturellen, ideologischen und historischen Charakter wissenschaftlicher Relevanzkriterien nie bestritten; diese Erkenntnis hat Semiotiker jedoch nicht daran gehindert, in Texten phonetische, semantische, syntaktische und narrative Strukturen zu

49 Ibid., S. 474.
50 Ibid., S. 473.
51 H.R. Jauß, *Ästhetische Erfahrung und literarische Hermeneutik*, op.cit., S. 823.
52 H.R. Jauß, "Goethes und Valérys *Faust*. Versuch, ein komparatistisches Problem mit der Hermeneutik von Frage und Antwort zu lösen", in: *Umjetnost Riječi*, (Sonderheft "Rezeptionsästhetik und Literaturgeschichte"), 1977, S. 56.

erkennen, deren Existenz in keiner Rezeptionssituation geleugnet werden kann: So weisen beispielsweise Lévi-Strauss und Roman Jakobson in ihrer bekannten Analyse von Baudelaires Gedicht *Les Chats* (die auch Jauß in diesem Kontext erwähnt) auf die scheinbar banale *Tatsache* hin, daß dieses Sonett sich aus drei Sätzen (Syntagmen) zusammensetzt.[53] Es würde mich sehr wundern, wenn diese Tatsache, die sich auch auf die Semantik (die Bedeutung) des Textes auswirkt, in einigen Jahrhunderten nicht mehr wahrnehmbar wäre; es kann auch nicht behauptet werden, daß sie in der zweiten Hälfte des 19. Jahrhunderts nicht wahrgenommen wurde. Die im vorigen Kapitel kommentierte Rekurrenz des Vokals [á] in Máchas Gedicht *Máj* ist ein phonetisches Faktum, das auf semantischer Ebene wirkt und zur Kenntnis genommen werden muß. Es drängt sich deshalb die Frage auf, ob es nicht sinnvoller wäre, umgekehrt vorzugehen und die Rezeption aus der Textstruktur und deren gesellschaftlicher Produktion zu erklären. Auf diese Frage komme ich im Zusammenhang mit den Auseinandersetzungen zwischen Konstanzer Rezeptionsästhetikern und Marxisten noch zu sprechen. (Siehe auch Kap. 9, Abschn. 1.)

Im Bereich der Textbedeutung widerspricht sich Jauß nicht nur in einzelnen Sätzen, sondern auch – und vielleicht vor allem – in seinen Versuchen, den *Erwartungshorizont* bestimmter literarischer Werke zu rekonstruieren. Wie Gadamer geht er von dem Gedanken aus, daß in einer produktiven Rezeption der Erwartungshorizont des Rezipienten mit dem des (fremden) Werkes konfrontiert und durch die Fremderfahrung verändert wird. Mit Recht betrachtet er vor allem die mittelalterliche Literatur als eine Herausforderung an die Erwartungen des modernen Lesers: "Im Durchgang durch die Befremdung der Andersheit muß ihr möglicher Sinn für uns gesucht, die Frage nach der historisch weiterreichenden, die ursprüngliche kommunikative Situation übersteigenden Bedeutung gestellt werden. Oder in Gadamers Terminologie formuliert: die Horizontabhebung muß im Prozeß aktiven Verstehens zur Verschmelzung des vergangen mit dem gegenwärtigen Horizont ästhetischer Erfahrung weitergeführt werden."[54]

Unbeantwortet bleibt jedoch die Frage, wie der "vergangene Erwartungshorizont", der Horizont der "ersten" Rezipienten, rekonstruiert

53 Siehe: R. Jakobson, Cl. Lévi-Strauss, "'Les Chats' de Charles Baudelaire", in: *L'Homme* Nr. 2, 1962.

54 H.R. Jauß, *Alterität und Modernität der mittelalterlichen Literatur*, München, Fink, 1977, S. 10.

werden soll, solange die Mechanismen des hermeneutischen Zirkels nicht außer Kraft gesetzt werden. Sind die Erwartungen der ersten Leser anhand von Dokumenten so zu rekonstruieren, daß sie nicht von den zeitgenössischen Erwartungen kontaminiert werden? Jede Hermeneutik, die von Gadamers historischem Verstehen ausgeht, muß diese Frage verneinen. In diesem Fall ist aber eine Rekonstruktion des "ursprünglichen" Erwartungshorizonts auf Illusionen gebaut.

Nun geht Jauß in seinen Rekonstruktionsversuchen noch einen Schritt weiter, da er ja nicht nur versucht, die Erwartungen der ursprünglichen Leserschaft nachzuvollziehen, sondern immer wieder der Frage nachgeht, wie sich diese Erwartungen *im Text selbst* niederschlagen. Dabei läßt er sich häufig von der Überlegung leiten, daß der Autor als Leser, als Rezipient, in einem Werk, in dem er auf vergangene Werke reagiert, bestimmte zeitgebundene Erwartungen und Normen artikuliert.

Zu den besten Beispielen gehören wohl "Racines und Goethes *Iphigenie*" (1973) und die bereits erwähnte Abhandlung über Baudelaires *Spleen II* "Der poetische Text im Horizontwandel der Lektüre" (1980). Im ersten der hier genannten Aufsätze geht Jauß zunächst der Frage nach, "ob in der bisherigen Geschichte der Rezeption Bedeutungsmöglichkeiten unausgeschöpft blieben oder unterdrückt wurden, die gleichfalls in Goethes *Iphigenie* angelegt waren".[55] Diese Frage scheint mir im Kontext der Rezeptionsästhetik in jeder Hinsicht legitim zu sein, denn es geht um die Entfaltung des Bedeutungspotentials eines vieldeutigen, stets von neuem interpretierbaren Textes. Weniger legitim scheint mir – *im Rahmen dieser Theorie* – Jauß' ideologiekritischer und von Adorno inspirierter Versuch zu sein, Goethes *Iphigenie* vom "schönen Schein eines zeitlos wahren Klassizismus"[56] zu befreien und den kritischen Gehalt des Dramas bloßzulegen, der in der ersten Rezeption noch aktuell war, bevor die Tragödie vom Bürgertum des 19. Jahrhunderts als "Klassiker" ideologisch vereinnahmt wurde. Er spricht von "Goethes im Ansatz aufklärerisch-humanitäre(m) Drama"[57], ohne sich zu fragen, ob diese begriffliche Darstellung der ursprünglichen kritischen Bedeutung nicht einer Monosemierung des Textes gleichkommt, die er Adorno, dem Philosophen des *Wahrheitsgehalts*, und den hegelianischen Marxisten Lukács und Goldmann als Mangel ankreidet. Wenn Goethes

55 H.R. Jauß, "Racines und Goethes *Iphigenie*", in: R. Warning (Hrsg.), *Rezeptionsästhetik,* München, Fink, 1975, S. 360.

56 Ibid., S. 374.

57 Ibid.

Iphigenie auf die Begrifflichkeit eines "aufklärerisch-humanitären Dramas" festgelegt wird, dann ist nicht einzusehen, weshalb Goldmanns Versuch, Goethes *Faust* als Drama des "dialektischen Bewußtseins" zu lesen, illegitim sein sollte...

Goldmanns *Faust*-Interpretationen werden von Jauß in "Goethes und Valérys *Faust*" zwar abgelehnt, aber sein eigener Kommentar zu Rousseaus *Nouvelle Héloïse* und Goethes *Werther* zeigt, daß er selbst gar nicht abgeneigt ist, vieldeutige literarische Texte auf hegelianische Art mit deren Inhaltsebene zu identifizieren. Vergessen sind die formalistischen und strukturalistischen Fragen nach dem "Wie" des Briefromans, wenn Jauß im Zusammenhang mit dem *Werther* erklärt: "Denn er leitet – auf den Erwartungshorizont von 1774 bezogen – einen Horizontwandel ein, der dem gesellschaftskritischen Rousseauismus des *Sturm und Drang* den Weg des Rückzugs in die Innerlichkeit des Selbstgefühls wies (...)."[58] Diesen "Rückzug in die Innerlichkeit des Selbstgefühls" als historischen Bewußtseinswandel beschreibt auf ähnliche Art Hegel in seinen *Vorlesungen*.[59]

In seiner Baudelaire-Studie läßt Jauß erkennen, daß es ihm in seinen Darstellungen des "Horizontwandels" nicht so sehr um die historischen Erwartungen der Leserschaft oder bestimmter Lesergruppen geht, sondern – wie schon in den Kommentaren zu Goethes *Iphigenie* und zum *Werther* – um die Beschreibung von Weltanschauungen: "Die ästhetische Umwertung der Natur, mit der Baudelaire den Bruch mit dem idealistischen Weltbild der Romantik besiegelt, macht auch vor dem Anorganischen nicht Halt (...)."[60] An anderer Stelle heißt es ergänzend: "Die historische Interpretation unseres Textes hat damit zu einer Rekonstruktion seiner Gegenposition zum Erwartungshorizont der romantischen Poesie geführt (...)."[61] Spätestens hier wird deutlich, daß Jauß "Erwartungshorizont" und "Weltbild" bisweilen als Synonyme oder Fast-Synonyme verwendet und dazu neigt, vieldeutige literarische Texte eindeutig auf "Erwartungshorizonte" (also begriffliche Strukturen) festzulegen. Komplementär dazu verhält sich seine – von Stückrath bemängelte – Identifikation des Lesers mit dem *Autor* als Leser: Dieser bricht mit Weltbildern, drückt neue Weltbilder aus etc.

58 H.R. Jauß, *Ästhetische Erfahrung und literarische Hermeneutik*, op.cit., S. 621.
59 G.W.F. Hegel, *Vorlesungen über die Ästhetik* Bd. 3, Frankfurt, Suhrkamp, 1970, S. 222-237.
60 H.R. Jauß, *Ästhetische Erfahrung und literarische Hermeneutik*, op.cit., S. 858.
61 Ibid., S. 853.

Diese "Rückverwandlung" des rezeptionsästhetischen Begriffs des Erwartungshorizonts (des Rezipienten, des Lesers) in den produktionsästhetischen Begriff des Weltbildes (des Autors) ist gar nicht so verwunderlich, wenn man bedenkt, daß bei Gadamer dieser Begriff eng mit dem des Wahrheitsgehalts zusammenhängt und daß er in Karl Mannheims Wissenssoziologie, auf die sich Jauß des öfteren beruft[62], aus dem Begriff der Weltanschauung hervorging. Der frühe Mannheim spricht z.B. davon, daß "magische Vorstellungen unseren Erwartungshorizont regeln"[63] und daß der naive Einzelne nicht merkt, "daß er die Dinge seines Erlebnishorizontes nur soweit erfaßt, als sie in die Kollektivbedeutsamkeiten eingehen".[64] Er verwendet Bezeichnungen wie "Erwartungs-" oder "Erlebnishorizont" stellenweise als Synonyme für "Weltanschauung" oder "Aspektstruktur" und verknüpft sie – wie Goldmann – mit dem Begriff des "Kollektivbewußtseins". Das tut Jauß zwar nicht, aber sein Begriff des Erwartungshorizonts, den er von Mannheim und Gadamer übernimmt, kommt dem der Weltanschauung (Mannheim, Goldmann) recht nahe: vor allem dann, wenn er auf *Autoren* und ihre *Texte* bezogen wird und dazu dient, letztere begrifflich zu definieren.

Hier zeigt sich, wie Jauß' kantianische Kritik am "Strukturalismus" sowie am hegelianischen Logozentrismus und Mimetismus (Abbildfunktion der Literatur) durch seine eigene Praxis zumindest teilweise zurückgenommen oder neutralisiert wird. Denn die von Jauß kommentierten literarischen Werke sind keineswegs "ohne Begriff", sondern drücken recht eindeutig "Ideen" aus: "aufgeklärten Humanismus", "Innerlichkeit des Selbstgefühls" oder ein "antiromantisches Weltbild".

Zum Abschluß möchte ich zeigen, daß diese latente Aufwertung der Inhaltsebene, die in diesem Ausmaß weder im Prager Strukturalismus noch im Formalismus anzutreffen ist, im Bedeutungsbereich Jauß' Auffassung von der normbildenden und normvermittelnden *Funktion* der Literatur ergänzt. Sie hebt er bereits in *Literaturgeschichte als Provokation* hervor, wo er ausgerechnet Lucien Goldmann, der – wie Jauß – zu zeigen versuchte, wie Literatur Weltanschauungen (Aspektstrukturen, Erwartungshorizonte) *bildet*, vorwirft, er vernachlässige die aktive, produktive Rolle der Kunst. In *Ästhetische Erfahrung und litera-*

---

62 Siehe: H.R. Jauß, "La Douceur du foyer. Lyrik des Jahres 1857 als Muster der Vermittlung sozialer Normen", in: R. Warning (Hrsg.), *Rezeptionsästhetik*, op.cit., S. 406: "Die Wissenssoziologie, deren begriffliches Instrumentarium ich im vorstehenden benutzte (...)."

63 K. Mannheim, *Strukturen des Denkens*, Frankfurt, Suhrkamp, 1980, S. 230.

64 Ibid., S. 237.

rische Hermeneutik verwirklicht er sein Programm, indem er verschiedene (assoziative, admirative, sympathetische, kathartische und ironische) Identifikationsmöglichkeiten mit dem Helden in narrativen Texten untersucht. Zugleich nimmt er sich vor, "zwischen den Extremen der *normbrechenden* und der *normerfüllenden* Funktion" zu vermitteln und die Wirkung der Kunst in den Mittelpunkt einer Betrachtung zu rücken, "die man im sozialen Sinn als kommunikativ, nämlich als *normbildend* bezeichnen kann".[65] Dabei greift er in seiner Beschreibung der "admirativen Identifikation" auf "die bekannte Theorie der *Vorbilder und Führer* von Max Scheler"[66] zurück.

Nicht nur diese Theorie ist konservativ, affirmativ, sondern tendenziell auch die von H.R. Jauß; erstens, weil sie in einer gesellschaftlichen und sprachlichen Situation, in der Individuen von Ideologien und mediengesteuerten Stereotypen zu Subjekten gemacht werden, eine Apologie der Katharsis und der "admirativen Identifikation" entwirft (weshalb eine solche Identifikation gegenwärtig gefährlich ist, versuchte ich im vorigen Kapitel zu erklären); zweitens, weil sie trotz ihrer Betonung der *aisthesis* als Verfremdung und Normverletzung[67] die kommunikative, integrative und letztlich affirmative Funktion der Literatur – als *katharsis* – privilegiert und ihre mögliche Negativität als sekundär erscheinen läßt.

Der Verlust der kritischen und negativen Dimension macht sich am stärksten in Jauß' Aufsatz "La Douceur du foyer" bemerkbar, in dem die französische Lyrik des Jahres 1857 interpretiert wird. Dort ist von der Funktion der Lyrik, "soziale Normen kommunizierbar zu machen"[68], die Rede und von der "Lyrik als Muster kommunikativer Interaktion".[69] Dabei tritt der negative, unversöhnte Charakter von Hugos oder Baudelaires Text in den Hintergrund. Das lyrische Textkorpus (Lyrik des Jahres 1857) wird zwar aus ideologiekritischer Sicht beleuchtet – u.a. als Apologie eines neuen Patriarchats im Rahmen der bürgerlichen Kleinfamilie –, aber seine Vieldeutigkeit und Interpretierbarkeit, die Jauß an anderen Stellen gegen Semiotiker und Marxisten verteidigt, wird zugunsten einer soziologischen Sinnzurechnung übergangen: "Das Interaktionsmuster *La douceur du foyer* idealisiert mit der evozierten Sub-

---

65 H.R. Jauß, *Ästhetische Erfahrung und literarische Hermeneutik*, op.cit., S. 246.
66 Ibid., S. 265.
67 Siehe: H.R. Jauß, "Kleine Apologie der ästhetischen Erfahrung", Konstanz, Universitätsverlag, 1972, S. 14-15.
68 H.R. Jauß, "La Douceur du foyer", op.cit., S. 412.
69 Ibid., S. 413.

sinnwelt Normen und Werte des bürgerlichen Lebenslaufes zu einer innerweltlichen Glücksvorstellung."[70] Käme ein Soziologe auf den Gedanken, so zu argumentieren, würden ihm Literaturwissenschaftler mit Sicherheit vorwerfen, er vernachlässige das Wesentliche: das mehrdeutige, unübersetzbare lyrische Wort – die Ausdrucksebene.

Es fragt sich nun, weshalb gerade Jauß, der als "Kantianer" in seinen theoretischen Arbeiten Mukařovský folgt und den deutbaren, interpretierbaren Text von dessen Konkretisationen (vom "ästhetischen Objekt") unterscheidet, Goethes *Werther* sowie Hugos und Baudelaires Lyrik auf deren denotative, sozio-historische Funktion einengt. Ich meine, daß dieser Widerspruch aus dem Gegensatz zwischen Kantianismus und Hegelianismus (Wissenssoziologie) *in* Jauß' Ansatz hervorgeht: Während die kantianische Tendenz zu einer recht einseitigen Aufwertung der Ausdrucksebene drängt (Vieldeutigkeit, historische Aktualisierbarkeit), setzt sich die hegelianische Tendenz in der Rekonstruktion der "Erwartungshorizonte" ("Weltanschauungen") literarischer Texte durch. Diese Tendenz wird durch die Aufnahme von Mannheims Wissenssoziologie noch verstärkt, da in dieser "Erwartungshorizont", "Aspektstruktur" und "Weltanschauung" *begriffliche Systeme* gesellschaftlicher Gruppen (Konservatismus, Romantik) bezeichnen. Der "Erwartungshorizont" als eine dem literarischen Text zugrundeliegende Bewußtseinsform (s.o.) ist ein neohegelianischer Begriff. (Es ist wohl kein Zufall, daß Graziella Pagliano-Ungari parallel zu Jauß' Anwendung des "Erwartungshorizontes" auf literarische Texte für eine Anwendung von Goldmanns Begriff der "Weltanschauung" auf *Leser*gruppen plädiert.[71] Hier überschneiden sich die beiden scheinbar so heterogenen Ansätze auf wissenssoziologischer Ebene.)

Dem Widerspruch zwischen Kantianismus und Hegelianismus, zwischen einer Ausrichtung auf die Ausdrucksebene und einer Ausrichtung auf die Inhaltsebene entspricht der bereits kommentierte Gegensatz zwischen Jauß' erster und zweiter Entwicklungsphase: Während in der ersten Phase der späten 60er Jahre der Kantianismus durch die Betonung der Ausdrucksebene, der "ästhetischen Distanz" und der Negativität der Kunst in den Vordergrund tritt, kommt in der zweiten Phase, in der Jauß

---

70 Ibid., S. 427.

71 Siehe: G. Pagliano-Ungari, "Le Dialogue œuvre-lecteur", in: *Le Structuralisme génétique*, Paris, Denoël-Gonthier, 1977, S. 139-140. G. Pagliano-Ungari versucht, von R. Escarpits empirischen Leseruntersuchungen zu Goldmanns Analysen von Weltanschauungen eine Brücke zu schlagen.

öfter die kommunikative und "normbildende" Funktion der Literatur hervorhebt, ein wissenssoziologisch vermittelter Hegelianismus stärker zur Geltung, der die Inhaltsebene aufwertet.

Der Übergang von der ersten zur zweiten Phase fällt mit dem Scheitern der marxistisch und avantgardistisch inspirierten Intellektuellenrevolte – etwa der *Tel-Quel-Gruppe* – zusammen, mit Jauß' Kritik an Adornos negativem Kunstbegriff und seinem Plädoyer für eine "postmoderne" oder "postmodernistische" Ästhetik, die von manchen ihrer Vertreter als Apologie des zugleich lesbaren und kommerzialisierten Textes weiterentwickelt wird.

Daß Jauß eine solche Apologie nicht fremd ist, zeigt sein Aufsatz über Italo Calvinos experimentellen Text *Se una notte d'inverno un viaggiatore* (1979), der als "Symbiose von Massen- und Hochkultur" aufgefaßt wird: "Calvino hat hier (...) ein schon abgegriffenes Gattungsmuster auf das höchste Niveau ästhetischer Reflexion gebracht. Er hat damit die Symbiose von Massen- und Hochkultur verwirklicht, die auch andere Werke der Postmoderne kennzeichnet (...)."[72] Hier wird klar, daß der Rezeptionsästhetiker gar nicht abgeneigt ist, vieldeutige Texte auf ideologische ("postmoderne") Bedeutungen festzulegen. Könnte man Calvinos Text (der in Italien immer noch nicht als Taschenbuch vorliegt) nicht auch im Sinne der "Moderne" als radikale Kritik an kommerzialisierten Erzählformen – etwa im Sinne von Robbe-Grillets *Les Gommes* (1953) – lesen? Könnte dieses Textexperiment, das aus lauter Romananfängen besteht, nicht auch den parodistischen Anfängen von Musils *Der Mann ohne Eigenschaften* angenähert werden? Im 8. Kapitel komme ich im Zusammenhang mit Ecos Semiotik auf dieses Problem zurück, um zu zeigen, daß auch Eco eine Entwicklung durchmacht, an deren Ende ein "postmoderner" Kompromiß mit der Kulturindustrie steht.

3. Von Husserl zu Ingarden: Phänomenologie und Wirkungsästhetik

Im Gegensatz zu Jauß, der das Zusammenwirken von Vieldeutigkeit und Begrifflichkeit im literarischen Text nicht in den Griff bekommt, weil er einerseits von der Interpretierbarkeit der Werke ausgeht, sie andererseits

72 H.R. Jauß, *Studien zum Epochenwandel der ästhetischen Moderne*, Frankfurt, Suhrkamp, 1989, S. 289-290.

aber mit bestimmten Erwartungshorizonten und sozialen "Inhalten" (Normen) identifiziert, unterscheidet Ingarden (1893-1970) klar zwischen Werkstruktur und Leser- oder Betrachterreaktionen. Er geht von dem Grundgedanken aus, daß ein literarisches Werk zwar begrifflich definierbare und beschreibbare sprachliche Konstanten aufweist, daß es aber zugleich vieldeutig und interpretierbar oder, wie er sagt, *konkretisierbar* ist.

Das literarische Werk erscheint bei ihm als organische "Ganzheit"[73] und "*schematisches* Gebilde"[74], dessen rein "schematische Natur"[75] objektiv rekonstruierbar ist. Zugleich stellt er es aber als ein lückenhaftes und vieldeutiges Konstrukt dar, dessen Unbestimmtheitsstellen im ästhetischen Erlebnis des Lesers mit Bedeutungen ausgefüllt oder *konkretisiert* werden. Dadurch wird die Wechselbeziehung zwischen Bestimmtheit (Schema) und Unbestimmtheit (Möglichkeiten, das Schema auszufüllen), Begrifflichkeit und Begriffslosigkeit beschreibbar, und sowohl die Gefahr der Beliebigkeit radikaler Polysemie (extremer Kantianismus) als auch die Gefahr begrifflicher Monosemierung (Hegelianismus, Marxismus) wird gebannt.

Im folgenden möchte ich, bevor ich auf das Verhältnis zwischen Ingardens und Isers Ansatz eingehe, in einem ersten Schritt die Beziehung zwischen Ingardens Ontologie des Werkes und seiner Phänomenologie des ästhetischen Erlebnisses (der Lektüre) kommentieren; in einem zweiten Schritt will ich in aller Knappheit seine Position zwischen Kant und Hegel rekonstruieren, um anschließend in einem dritten Schritt seine Theorie des künstlerischen und des ästhetischen Wertes zu streifen. Zum Abschluß werde ich im Vorgriff auf den 4. Abschnitt auf einige Affinitäten zwischen Ingardens und Isers phänomenologischer Betrachtungsweise und auf einige Ungereimtheiten in Ingardens Ansatz hinweisen, die aus der Vernachlässigung der Sozialwissenschaften (Soziologie, Semiotik) hervorgehen.

Im Zusammenhang mit den beiden Schlüsselbegriffen *Ontologie* und *Phänomenologie* ist es zunächst notwendig, etwas weiter auszuholen und kurz auf Edmund Husserls (1859-1938) Darstellung der Beziehung zwischen diesen beiden Disziplinen einzugehen. Obwohl Ingarden in

73 R. Ingarden, *Gegenstand und Aufgaben der Literaturwissenschaft. Aufsätze und Diskussionsbeiträge* (1937-1964), Tübingen, Niemeyer, 1976, S. 7.

74 R. Ingarden, *Das literarische Kunstwerk*, Tübingen, Niemeyer, 4. Aufl., 1972, S. 353.

75 Ibid., S. 282.

einigen Fällen, die hier nicht berücksichtigt werden können, von Husserl abweicht[76], sind seine zwei wichtigsten literarurwissenschaftlichen Arbeiten *Das literarische Kunstwerk* (1931) und *Vom Erkennen des literarischen Kunstwerks* (1936) im Rahmen des Gegensatzes *Ontologie/ Phänomenologie* zu lesen.

Husserl definiert die Ontologie als "Eidetik" (griech. *eidos*: Bild, Urbild) oder als Wissenschaft vom Wesen der Dinge (im Gegensatz zur Tatsachenwissenschaft): "In der Eidetik des Raumes, der materiellen Natur, des Geistes usw. treiben wir unter dem Titel 'Ontologie' *dogmatische* Wissenschaft. Wir urteilen über Raumgebilde als solche, Seelen und seelische Eigenschaften als solche, über Menschen als solche. – Wir urteilen darüber, was dergleichen Gegenständlichkeiten 'als solchen' in Wahrheit, und das besagt hier, in unbedingter Notwendigkeit und Allgemeinheit zukommt."[77] Hier ist nicht so sehr die Frage wichtig, ob Gegenstände "als solche", bar aller psychischen und sozialen Determinanten, erfaßt werden können[78], sondern die Tatsache, daß Ingardens erstes Werk von Husserls Prämissen ausgeht und eine Ontologie des literarischen Werkes als Lehre von dessen "wesensmäßigem Aufbau"[79] entwirft. Laut Ingarden fällt dieser Lehre die Aufgabe zu, "in jeder Abteilung ihrer Problemstellungen möglichst allgemeine und intersubjektiv gültige Behauptungen zu gewinnen".[80]

Im Gegensatz zur ontologischen kann sowohl bei Husserl als auch bei Ingarden die phänomenologische Perspektive als die des Betrachters oder Lesers definiert werden. Die Phänomenologie befaßt sich nicht mit dem Wesen des Gegenstandes, sondern mit dessen Aufnahme oder Perzeption: "In der Phänomenologie des Dingbewußtseins ist die Frage nicht, wie Dinge überhaupt *sind*, was ihnen als solchen in Wahrheit zukommt; sondern wie beschaffen das Bewußtsein von Dingen ist, welche Arten von Dingbewußtsein zu unterscheiden sind, in welcher Art

76 Siehe: R. Ingarden, "Le Problème de la constitution et le sens de la réflexion constitutive chez Edmond Husserl", in: Husserl. *Cahiers de Royaumont* Nr. 3, Paris, Vrin, 1959, S. 259.

77 E. Husserl, *Ideen zu einer reinen Phänomenologie und phänomenologischen Philosophie.* Drittes Buch: *Die Phänomenologie und die Fundamente der Wissenschaften*, in: ders., *Husserliana. Gesammelte Werke* Bd. 5, Den Haag, Nijhoff, 1952, S. 80.

78 Siehe Adornos Kritik an Husserl, in: Th.W. Adorno, *Zur Metakritik der Erkenntnistheorie*, Frankfurt, Suhrkamp, 1972, S. 30-35.

79 R. Ingarden, *Das literarische Kunstwerk*, op.cit., S. 287.

80 R. Ingarden, *Gegenstand und Aufgaben der Literaturwissenschaft*, op.cit., S. 26.

und mit welchen Korrelaten sich ein Ding als solches bewußtseinsmäßig darstellt und bekundet."[81]

Ausgehend von dieser Unterscheidung zwischen Ontologie und Phänomenologie hat Roman Ingarden seine beiden Werke *Das literarische Kunstwerk* und *Vom Erkennen des literarischen Kunstwerks* verfaßt: Während im ersteren der "wesensmäßige Aufbau" des literarischen Werkes im Mittelpunkt steht, hat letzteres die Wahrnehmung potentieller Leser zum Gegenstand. Gemeinsam ist beiden Werken, daß in ihnen nicht primär von real existierenden literarischen Texten oder von wirklichen (z.B. historischen) Lesern die Rede ist, sondern vom Wesen des Kunstgegenstandes und von potentiellen, nur möglichen Lesern. Darin unterscheidet sich Ingardens ontologisch und phänomenologisch fundierte *Wirkungs*ästhetik (ähnlich wie die spätere Wirkungsästhetik Isers), von der historischen *Rezeptions*ästhetik eines Jauß, die – zumindest im Prinzip – den historischen Leser oder Leser-Autor anvisiert.

Beide Werke gründen auf Husserls These, daß die ontologische und phänomenologische *Wesensschau* das Fundament der empirischen Wissenschaften bilden sollte: "daß alle im gewöhnlichen Sinne psychologische Erkenntnis *Wesenserkenntnis* des Psychischen *voraussetzt*, und daß die Hoffnung, durch psychophysische Experimente und durch jene unabsichtlichen inneren Wahrnehmungen, bzw. Erfahrungen das *Wesen* der Erinnerung, des Urteils, des Willens und dgl. erforschen zu wollen, um *dadurch* die strengen Begriffe zu gewinnen, die der Bezeichnung des Psychischen in den psychophysischen Aussagen, und ihnen selbst, allein wissenschaftlichen Wert geben können – der Gipfel der Verkehrtheit wäre."[82] Anders ausgedrückt: Die psychologische Terminologie ist nicht induktiv-experimentell, sondern durch Wesensschau, ontologisch-phänomenologisch zu erstellen.

In diesem Zusammenhang sind zwei wesentliche Aspekte des Ingardenschen Werkes zu betrachten: seine radikale Ablehnung des Psychologismus – d.h. psychologisch-biographischer Erklärungen literarischer Texte – und sein Versuch, Poetik und Literaturwissenschaft als Erfahrungswissenschaften in der literarischen Ontologie zu verankern. Während die Ontologie es mit dem Wesen oder "der Idee des literarischen Kunstwerks im allgemeinen oder seiner möglichen Abwandlun-

---

81 E. Husserl, *Ideen zu einer reinen Phänomenologie und phänomenologischen Philosophie*, op.cit., S. 84.

82 E. Husserl, *Philosophie als strenge Wissenschaft*, Frankfurt, Klostermann, 1965, S. 45.

gen"[83] zu tun hat, schreitet die *Poetik* "von den Möglichkeiten zu den Fakten"[84], beschränkt sich jedoch auf die wesentlichen Charakteristika eines Werkes, einer Gattung oder der Literatur allgemein und unterscheidet sich dadurch von der empirisch-statistischen Literaturwissenschaft, die im literarischen Bereich "lediglich die 'durchschnittlich' bestehenden Regelmäßigkeiten erfassen kann".[85] Hier zeigt sich, daß Ingarden wie Husserl vom Primat der Ontologie ausgeht und versucht, alle empirischen Komponenten der Literaturwissenschaft aus ihr abzuleiten.

Als Alternative zu empirischen (psychologischen oder soziologischen) Erklärungen des literarischen Werkes schlägt er in Anlehnung an Husserls *Logische Untersuchungen* vor, das Werk als *intentionalen* oder *seinsheteronomen* Gegenstand aufzufassen und von *realen* oder *seinsautonomen* Gegenständen zu unterscheiden. Im Zusammenhang mit dem "intentionalen Erlebnis" bemerkt Husserl: "Und natürlich kann solch ein Erlebnis im Bewußtsein vorhanden sein mit dieser seiner Intention, ohne daß der Gegenstand überhaupt existiert (...)."[86] In der Literatur ist das der Fall; dort bringt das Bewußtsein nicht reale, sondern intentionale Gegenstände (Figuren, Handlungen, Ereignisse) hervor, die, wie Ingarden sagt, "das Reale nur vortäuschen".[87] Der intentionale Gegenstand ist seinsheteronom, weil er "auf das Sein und Sosein des zugehörigen Bewußtseinsaktes angewiesen ist".[88] Als Beispiel führt er das Wort Zentaur an, das übrigens auch Jean-Paul Sartre in einem vergleichbaren Kontext zitiert[89], und bemerkt: "Da springt uns gerade die reine Intentionalität des Gegenstands klar ins Auge."[90]

So ist es zu erklären, daß im literarischen Werk, in dem nur intentionale Gegenständlichkeiten vorkommen, auch die Behauptungen des Autors, Erzählers oder Protagonisten nicht wirkliche Urteile sind, sondern *Quasi-Urteile*, die nicht ein reales, sondern ein "fiktives Bezugsfeld" haben, das u.a. Jerzy Ziomek in allen Einzelheiten untersucht

83 R. Ingarden, *Gegenstand und Aufgaben der Literaturwissenschaft*, op.cit., S. 43.
84 Ibid.
85 Ibid., S. 44.
86 E. Husserl, *Logische Untersuchungen* Bd. 2, Teil 1: *Untersuchungen zur Phänomenologie und Theorie der Erkenntnis*, in: ders., *Husserliana. Gesammelte Werke* Bd. 19/1, Den Haag, Nijhoff, 1984, S. 386.
87 R. Ingarden, *Das literarische Kunstwerk*, op.cit., S. 233.
88 Ibid., S. 127.
89 Siehe: J.-P. Sartre, *L'Imagination*, Paris, PUF, 1936, S. 157.
90 R. Ingarden, *Vom Erkennen des literarischen Kunstwerks*, Tübingen, Niemeyer, 1968, S. 28.

hat.[91] Die Leser neigen allerdings dazu, "die quasi-urteilsmäßigen Sätze wie Urteile"[92] zu lesen, und es kommt zu einer literarischen "Illusionsbildung", deren verschiedene Aspekte Eckhard Lobsien dargestellt hat.[93]

Ein weiterer, für diesen Zusammenhang besonders wichtiger Unterschied zwischen realen (seinsautonomen) und intentionalen (seinsheteronomen) Gegenständen ist in der Tatsache zu suchen, daß letztere als bloße Schemata nicht "vollständig", nicht restlos ausgefüllt sind und daher *Unbestimmtheitsstellen* oder *Leerstellen* aufweisen. Ganz anders verhält es sich mit dem realen oder seinsautonomen Gegenstand: "Er weist in seinem Sosein *keine Unbestimmtheitsstellen* auf."[94] Dies, sagt, Ingarden, gehöre unabdingbar zu seinem *Wesen*. Er will damit natürlich nicht sagen, daß jeder reale Gegenstand restlos bekannt ist, sondern nur, daß er im Prinzip restlos erkennbar ist, da er keine Lücken aufweist. Im Gegensatz dazu ist das literarische Werk als intentionaler Gegenstand voller Leer- oder Unbestimmtheitsstellen, die nie völlig zu beseitigen sind, zumal sie "an Zahl unendlich viele"[95] sind.

Sie kommen auf allen vier Ebenen vor, die Ingarden im literarischen Werk als schematischem Gebilde unterscheidet: 1. in der "Schicht der *Wortlaute* und der auf ihnen aufbauenden *Lautgebilde*"; 2. in der "Schicht der *Bedeutungseinheiten*"; 3. in der "Schicht der mannigfaltigen schematisierten *Ansichten* und Ansicht-Kontinuen" und schließlich 4. in der "Schicht der *dargestellten Gegenständlichkeiten* und ihrer Schicksale".[96]

Vor allem in den letzten beiden Schichten, die größere Texteinheiten umfassen als die ersten beiden, kommen zahlreiche Unbestimmtheitsstellen vor, die der Leser auf verschiedene, dem intentionalen Gegenstand adäquate oder inadäquate Arten ausfüllen kann. Die "Ansichten" sind als Erzählerperspektiven zu umschreiben, in denen Protagonisten, Situationen oder Handlungen auf eine bestimmte Art und mit bestimm-

91 Siehe: J. Ziomek, "Die Frage der Quasi-Urteile und das fiktive Bezugsfeld", in: P.V. Zima (Hrsg.), *Semiotics and Dialectics. Ideology and the Text*, Amsterdam, Benjamins, 1981, S. 284: "Roman Ingarden hat im Prinzip durch die Einführung der Konzeption der Quasi-Urteile in seine Theorie des literarischen Kunstwerks jegliche auf die Wirklichkeit bezogene Interpretation der Literatur hinfällig gemacht."

92 R. Ingarden, *Das literarische Kunstwerk*, op.cit., S. 233.

93 Siehe: E. Lobsien, *Theorie literarischer Illusionsbildung*, Stuttgart, Metzler, 1975, vor allem S. 19-22.

94 R. Ingarden, *Das literarische Kunstwerk*, op.cit., S. 261.

95 Ibid., S. 264.

96 Ibid., S. 26.

ten Mitteln dargestellt werden: "So können bei der Darstellung ein und derselben gegenständlichen Situation zugleich z.B. visuelle, akustische und taktuelle Ansichten verwendet werden. Ein psychischer Zustand eines 'Helden' kann z.B. durch äußere Ansichten seiner leiblichen Verhaltungsweisen und durch innere Ansichten zur Erscheinung gebracht werden usw."[97] Während in Marcel Prousts Roman *Auf der Suche nach der verlorenen Zeit* die "inneren Ansichten" wesentlich sind, werden sie von Alain Robbe-Grillets "sachlicher" Schreibweise fast ganz ausgeklammert: In *Le Voyeur* oder *Dans le Labyrinthe* kommen fast ausschließlich äußere Ansichten vor.

In beiden Fällen sind die Ansichten jedoch reine Schemata, die nicht eine Interpretation vorschreiben, sondern der Phantasie des Lesers einen sehr großen Spielraum lassen. Dieser ist nicht mit Willkür zu verwechseln, denn "die Funktion des Lesers besteht darin, sich den vom Werk ausgehenden Suggestionen und Direktiven zu fügen und keine ganz beliebigen, sondern die durch das Werk suggerierten Ansichten zu aktualisieren".[98] Es geht hier also um ein Gleichgewicht zwischen klar (ontologisch) "rekonstruierbarer"[99] Werkstruktur einerseits und aktualisierender Leserphantasie andererseits. Sooft der Leser sich über die schematische Werkstruktur hinwegsetzt, tut er dem Werk Gewalt an und zerstört dieses Gleichgewicht.

Diese Überlegungen gelten auch für die Schicht der "dargestellten Gegenständlichkeiten", mit denen bei Ingarden die handelnden Instanzen, die Ortschaften, die Gegenstände der Handlungen etc. gemeint sind. Auch sie weisen zahlreiche Unbestimmtheitsstellen auf, die auf viele, z.T. widersprüchliche Arten ausgefüllt werden können. Sie sind jedoch nicht beliebig, sondern nur im Rahmen des Werkschemas mit Bedeutungen zu besetzen. So kann beispielsweise der Leser von Hermann Hesses *Der Steppenwolf* den Helden Harry Haller auf viele verschiedene Arten aktualisieren: nicht jedoch als "jungen Mann" oder "linken Studenten"; eine solche Aktualisierung wäre ein Verstoß gegen die im Roman dargestellten Gegenständlichkeiten und seine "schematisierten Ansichten".

Ähnlich wie Mukařovský geht also Ingarden vom Doppelcharakter des literarischen Werkes aus: Dieses ist einerseits ein mehrdeutiges, *konkretisierbares* Schema, andererseits eine im ästhetischen Erlebnis

97 Ibid., S. 297.
98 R. Ingarden, *Vom Erkennen des literarischen Kunstwerks*, op.cit., S. 57.
99 R. Ingarden, *Das literarische Kunstwerk*, op.cit., S. 380.

des Lesers entstandene *Konkretisation*, ein ästhetisches Objekt. Diese Affinität zwischen den Auffassungen des Prager Strukturalismus und denen Ingardens erklärt, weshalb Vodička von Ingarden den Begriff der Konkretisation übernahm. (Siehe: Kap. 5.) Durchaus im Sinne des Prager Zirkels heißt es bei Ingarden: "Wir vergessen, daß es einen Unterschied zwischen dem physischen Ding, dem Kunstwerk und dem ästhetischen Gegenstand gibt."[100] Wie im Prager Strukturalismus gilt es also auch hier, sorgfältig zwischen dem mehrdeutigen Werk und dessen Konkretisationen zu unterscheiden. Dabei gelangt man zu der Einsicht, "daß ein bestimmtes Werk verschiedene ästhetisch wertvolle Konkretisationen zuläßt und manche von ihnen dem Leser suggeriert".[101]

An dieser Stelle wird klar, daß Ingarden weder Kantianer noch Hegelianer ist, sondern eine – meiner Meinung nach – sehr originelle Stellung zwischen dem Kantschen ("ohne Begriff") und dem Hegelschen Pol ("sinnliches Scheinen der Idee") einnimmt. Als Phänomenologe und Husserl-Schüler glaubt er an die Möglichkeit einer ontologischen Wesensschau, d.h. an die Möglichkeit, das mehrdeutige Schema des literarischen Werkes begrifflich zu definieren oder zu "rekonstruieren", wie er sagt. Nur aufgrund dieser begrifflichen Rekonstruktion ist es möglich, richtige von falschen, wertvolle von wertlosen Konkretisationen zu unterscheiden. Zugleich ist er jedoch weit davon entfernt, das literarische Werk auf begriffliche Monosemie festlegen zu wollen, und weist unmißverständlich die (hegelianisch-marxistische) Theorie zurück, "nach welcher die dargestellten Gegenstände ein Mittel seien, eine 'Idee' auszudrücken".[102] Das Werk bleibt mehrdeutig, konkretisierbar und ist folglich nicht auf das "sinnliche Scheinen einer Idee" zu reduzieren.

Die "'Idee' des Werkes im Sinne eines *wahren Satzes*"[103] ist nicht zu haben; dennoch ist die Frage nach der "Idee" im Sinne des Wahrheitsgehalts (z.B. im Sinne Gadamers) nicht sinnlos, denn: "Die 'Idee' des Werkes in diesem Sinne liegt in dem zur anschaulichen Selbstgegebenheit gebrachten *Wesenszusammenhang* (...)."[104] Dieser Wesenszusammenhang ist jedoch nach Ingarden "rein begrifflich nicht zu bestimmen".[105] Der kantianische Agnostizismus, der sich hier bemerkbar macht, ist in Wirklichkeit phänomenologischen Ursprungs: Das literari-

100 R. Ingarden, *Vom Erkennen des literarischen Kunstwerks*, op.cit., S. 206.
101 Ibid., S. 304.
102 R. Ingarden, *Das literarische Kunstwerk*, op.cit., S. 309.
103 Ibid., S. 325.
104 Ibid.
105 Ibid.

sche Werk als intentionaler Gegenstand weist zahlreiche Unbestimmtheitsstellen auf, die nicht restlos eliminiert werden können. Der nicht eliminierbare Rest ist das nichtbegriffliche, opake Residuum. Ingarden spricht in diesem Zusammenhang vom "Phänomen der Opalisierung"[106], also vom Schimmern wie ein Opal.

Daß er trotz dieses ästhetischen Agnostizismus (der an Kant erinnert) nicht gesonnen ist, auf die Frage nach dem Wahrheitsgehalt zu verzichten, zeigt seine Unterscheidung zwischen künstlerischem und ästhetischem Wert. Sie entspricht strukturell der Unterscheidung zwischen dem Werk als Schema und seinen Konkretisationen: Die Bewertung eines Kunstwerks orientiert sich an der Rekonstruktion von dessen "Schema", das bestimmte Konkretisationen ermöglicht: "Denn um dem betreffenden Kunstwerk einen bestimmten künstlerischen Wert zuschreiben zu können, muß man nicht nur die konstanten und aktuellen Momente des betreffenden Kunstwerks richtig erfassen (also eine getreue Rekonstruktion des Werkes durchführen), sondern sich auch in der Mannigfaltigkeit der typischen möglichen Konkretisationen des Werkes sowie in ihren möglichen verschiedenen ästhetischen Werten insoweit orientieren, daß man in diesem Licht die Kunstfertigkeit des betreffenden Werkes beurteilen könnte."[107] Der *künstlerische* Wert ist somit im Bedeutungspotential seiner Schemata, seiner vier Schichten und der in ihnen gebotenen Möglichkeiten enthalten. Seine Bewertung hängt eng mit seiner Rekonstruierbarkeit zusammen, die ein begrifflicher, ein ontologischer Prozeß ist. Sie ist zugleich der Ausgangspunkt der *ästhetischen Bewertung*, die die Konkretisationen des Werkes (als ästhetische Erlebnisse) zum Gegenstand hat: Der ästhetische Wert einer Konkretisation hängt u.a. davon ab, ob sie das Bedeutungspotential der vier Werkschichten voll ausschöpft oder aber auf unzulässige Weise vereinfacht und verflacht. Somit ist auch der ästhetische Wert (der Konkretisation) letztlich im Werk selbst angelegt: "Dann ist dieser Wert, ungeachtet dessen, daß seine Aktualisierung von der Aktivität des Betrachters abhängt, im Kunstwerk fundiert und ist in diesem Sinn 'objektiv'."[108]

Kurzum, es geht auch um die Frage nach dem "idealen", dem vom Kunstwerk strukturell geforderten Leser. Und diese Frage, die von der ontologischen Rekonstruktion der Werkschemata ausgeht, steht auch im Mittelpunkt von Wolfgang Isers Untersuchungen, die allerdings Ingar-

106 Ibid., S. 270.
107 R. Ingarden, *Vom Erkennen des literarischen Kunstwerks*, op.cit., S. 435.
108 Ibid., S. 307.

dens Forschung eine neue, eine historische Wende geben: Bei Iser geht es nicht nur im die Frage nach dem Bedeutungspotential des Textes und seiner Rekonstruierbarkeit sowie um die komplementäre Frage nach dem textadäquaten Leser, sondern auch um die historische Dimension der Unbestimmtheitsstellen und ihrer Zunahme. Zugleich versucht Iser, einige Defizite des phänomenologischen Ansatzes semiotisch auszugleichen. (Siehe: Abschn. 4.)

In diesem Zusammenhang möchte ich diesen Abschnitt mit zwei kritischen Bemerkungen abschließen: Die erste betrifft das Verhältnis von Phänomenologie und Semiotik, die zweite die historisch-soziologische Problematik bei Ingarden.

An zahlreichen Stellen seines Werkes geht Ingarden von dem Gedanken aus, daß die größte linguistische Einheit des literarischen Werkes der Satz (das Satzsyntagma) ist: "Im Grunde genommen ist der Satz die höchste Ganzheit, für die sich die Sprachwissenschaft, beispielsweise in der Syntaxforschung, interessiert. Das ist natürlich."[109] So natürlich ist das mittlerweile nicht mehr, denn seit Zelig Harris' bekanntem Aufsatz über Diskursanalyse ("Discourse Analysis", 1952), seit A.J. Greimas' *Sémantique structurale* (1966) gehen sowohl Linguistik als auch Semiotik weit über den Satz hinaus. Dieser Tatsache kommt hier deshalb besondere Bedeutung zu, weil sie die Heterogenität (oder gar einen gewissen Eklektizismus) von Ingardens Werk erkennen läßt: Da Ingarden den Satz für die größte linguistisch beschreibbare Einheit hält und sich jenseits des Satzes nur "Satzzusammenhänge" vorstellen kann, muß er im Übergang vom 6. zum 7. Kapitel seines Buches *Das literarische Kunstwerk*, wo er über den Satz hinausgeht, auch über den Bereich der Sprachwissenschaft hinausgehen. Charakteristisch für diesen Übergang ist der § 28 im 6. Kapitel, der den Titel trägt: "Die Entwerfungsfunktion der Sätze, Sachverhalte und ihr Verhältnis zu den dargestellten Gegenständlichkeiten." Bezeichnungen wie "Sachverhalt" und "dargestellte Gegenständlichkeit" liegen außerhalb der linguistischen oder semiotischen Terminologie.

Die Tatsache jedoch, daß der Begriff "dargestellte Gegenständlichkeit" sich mit textlinguistischen oder semiotischen Begriffen wie Subjektaktant, Objektaktant oder Akteur (Greimas) überschneidet, läßt vermuten, daß der Bruch zwischen linguistischer und nichtlinguistischer (phänomenologischer) Terminologie, der Ingardens Werk kennzeich-

109 R. Ingarden, *Gegenstand und Aufgaben der Literaturwissenschaft*, op.cit., S. 72.

net, im Rahmen einer modernen Textlinguistik oder Semiotik zu vermeiden wäre. Er ist jedoch nicht zu vermeiden, solange der Satz als größte linguistische Einheit gilt und solange der *Diskurs* als transphrastische, semantisch-narrative Struktur mit Aktantenmodell nicht anvisiert wird.

Mir geht es nicht darum, einem Autor, der seine beiden Hauptwerke in der Zwischenkriegszeit veröffentlicht hat, seine "Unkenntnis der Semiotik" anzukreiden. Viel wichtiger als solche etwas kleinliche Kritik scheint mir die Überlegung zu sein, daß Ingardens heterogene linguistisch-phänomenologische Terminologie u.U. die Verlegenheitslösung einer Zeit war, die Textlinguistik und Diskurssemiotik noch nicht kannte. Wäre es heute nicht möglich, die Schichten der Bedeutungseinheiten, der dargestellten Gegenständlichkeiten und der schematisierten Ansichten mit Hilfe von Begriffen wie *Isotopie*, *Aktant* und *Aussagesubjekt* genauer zu beschreiben? (Siehe: Kap. 7.) Jedenfalls zeigt Isers *Der Akt des Lesens*, ein Buch, in dem semiotische und semantische Begriffe eingeführt werden, daß es die literarische Phänomenologie zur Semiotik drängt, zu einer Wissenschaft, die in Europa aus der *Sprach*wissenschaft Saussures hervorging.

Heterogen ist Ingardens Theorie noch aus einem anderen Grund: Während seine Phänomenologie zahlreiche Hinweise auf den historischen und kulturbedingten Wandel der Konkretisationen enthält[110], bleibt seine Ontologie statisch und scheint die Frage nach der Entstehung der Werke im historischen und sozialen Kontext auszuschließen. Aber sicherlich sind nicht nur die Konkretisationen historisch, sondern auch die Werke selbst: als intertextuelle Reaktionen – z.B. als Parodien – auf andere Werke. Mit Recht bemerkt Rolf Fieguth in diesem Zusammenhang, daß der Ontologe Ingarden zu sehr auf das Einzelwerk fixiert ist und im Rahmen seiner Terminologie die Literatur als System und Prozeß nicht denken kann: "Beim Übergang vom literarischen Werk zur Literatur ist mindestens partiell die Methodologie einer eigenen Wissenschaft (etwa Teildisziplinen der Soziologie und der Geschichte) erforderlich, und damit ist auch auf der Ebene der philosophischen Disziplinen ein Hinausgehen über den Bereich der ontologischen Theorie des literarischen Werks erforderlich."[111] Ähnlich äußern sich die Autoren

110 R. Ingarden, *Vom Erkennen des literarischen Kunstwerks*, op.cit., S. 332-337.
111 R. Fieguth, "Einleitung", in: R. Ingarden, *Gegenstand und Aufgaben der Literaturwissenschaft*, op.cit., S. XXXII.

des Sammelbandes *Roman Ingarden and Contemporary Polish Aesthetics* (1975).[112]

Historisch ist schließlich auch die phänomenologische Metasprache, die Husserl zwar für die reine Wesensschau konzipiert hat, die jedoch, wie Adorno richtig gesehen hat[113], nicht jenseits der gesellschaftlichen Kontingenz entwickelt werden kann. Das zeigt u.a. die Weiterentwicklung der Phänomenologie bei Iser, wo sie mit zahlreichen – häufig reichlich disparaten – Termini aus der Soziologie, der Semiotik und Sprechakttheorie durchsetzt wird. Wenn aber eine theoretische Metasprache wie die Phänomenologie selbst historisch und gesellschaftlich bedingt ist, so kann sie nicht ohne weiteres als Fundament der Sozialwissenschaften anerkannt werden: bestenfalls als Regulativ oder Korrektiv.

Sowohl die semiotische als auch die soziologische Kritik an Ingarden zeigt, daß die Philosophie als Dialektik (Hegel) oder Phänomenologie (Husserl) in Wirklichkeit keine "strenge Wissenschaft" (Husserl) ist und daß sie auf keinen Fall die Methoden der Sozialwissenschaften fundieren oder gar ersetzen kann. So verschiedenen Philosophen wie Hegel und Husserl ist die Illusion gemeinsam, mit ihren philosophischen Entwürfen zugleich Fundamente einer neuen Wissenschaft gelegt zu haben. Ingardens terminologische Schwierigkeiten lassen diese Illusion zergehen; aber auch nach ihrem Zerfall sollten zeitgenössische Sozialwissenschaftler nicht darauf verzichten, die hermeneutischen, phänomenologischen oder dialektischen Prämissen ihrer Wissenschaften kritisch zu reflektieren. Die Reflexion wird immer wieder in den philosophischen und ästhetischen Bereich zurückkehren müssen.

112 Siehe: *Roman Ingarden and Contemporary Polish Aesthetics* (ed. by P. Graff, S. Krzemien-Ojak), Warszawa, Polish Scientific Publishers, 1975; darin vor allem der Beitrag von K. Rosner "Ingarden's Philosophy of Literature and the Analysis of Artistic Communication", op.cit., S. 215: "Practically, it means that a literary work as an object of an aesthetic experience is historically determined and changing. However, a fairly high price has been paid for this compromise with history: for it leads to a separation and opposition of the results of ontological and aesthetic analyses, while in *Das literarische Kunstwerk* Ingarden attempted to consider both aspects in the same terms."

113 Siehe: Th.W. Adorno, *Zur Metakritik der Erkenntnistheorie*, op.cit., S. 219.

4. Wolfgang Isers Wirkungsästhetik

Deutlicher als Ingarden, dessen Terminologie er teilweise übernimmt, distanziert sich Iser von den hegelianischen Ästhetiken des 19. Jahrhunderts. Gegen sie führt er zwei wesentliche Argumente ins Feld, von denen das erste die begriffliche Vereinnahmung literarischer Texte, das zweite das klassizistische Kriterium der harmonischen Totalität betrifft. Der Kritiker des 19. Jahrhunderts irrt, wenn er – in Übereinstimmung mit dem fiktiven Kritiker in Henry James' *The Figure in the Carpet* – meint, den vieldeutigen Text als Geheimmeldung entschlüsseln zu können, denn "Sinn läßt sich nicht auf diskursive Bedeutung reduzieren, und die Bedeutung läßt sich nicht zu einer Sache verdinglichen".[114] An der qualitativen "Differenz von Bild und Diskursivität" will Iser festhalten. Er bezieht eindeutig Stellung gegen die Hegelsche Ästhetik, wenn er vom Interpretationsstil des 19. Jahrhunderts sagt, er wirke heute so, "als ob durch ihn das Werk zum Reflex jeweils geltender Wertvorstellungen degradiert würde, und dieser Eindruck ist insofern konsequent, als jene Interpretationsnorm das Werk durchaus im Hegelschen Sinne als das 'sinnliche Scheinen der Idee' begreifen wollte".[115] Vor allem moderne Werke der Literatur drücken nicht "Ideen" aus, weil sie nicht an dem aus Hegels Totalitätsbegriff ableitbaren Kohärenzpostulat zu messen sind. Die Anwendung klassizistischer Begriffe dieser Art auf die Kunst der Moderne führt dazu, diese "als Dekadenzphänomen qualifizieren zu müssen".[116] Auch hier wird deutlich, daß die Auseinandersetzung zwischen Formalisten und Marxisten an der Schwelle zum 20. Jahrhundert wesentliche Probleme zeitgenössischer Literaturwissenschaft antizipierte.

Sowohl in Isers *Der implizite Leser* (1972) als auch in seinem später erschienenen Buch *Der Akt des Lesens* (1976) kommt eine "formalistische" Sympathie für Kants ästhetischen Agnostizismus zum Ausdruck, der die Kunst vor der Unterordnung unter den Begriff schützt, ohne sie allerdings als schlicht sinnlos zu verabschieden. Ähnlich wie Adorno, der sich ebenfalls auf Kant beruft (s. Kap. 4), versucht Iser zu zeigen, wie sich literarische Texte zwischen dem begrifflichen und dem nichtbegrifflichen Pol bewegen: "Darin kommt zugleich die Eigentümlichkeit des Sinnbegriffs fiktionaler Texte zum Vorschein; sie ist – um einen Aus-

114 W. Iser, *Der Akt des Lesens*, München, Fink, 1976, S. 18.
115 Ibid., S. 29.
116 Ibid., S. 27.

druck Kants abzuwandeln – amphibolischer Natur: bald hat der Sinn ästhetischen, bald hat er diskursiven Charakter."[117] In diesem Kontext geht es Iser primär darum, das *Sinnpotential* der Literatur und die *Sinnkonstitution* seitens des Lesers zu untersuchen; ihm ist es um die im Text angelegten Bedingungen zu tun, unter denen der Leser Sinnstrukturen konstituiert und das Sinnpotential des Textes verwirklicht. Dadurch wird der "Sinn als ästhetische Wirkung"[118] zum eigentlichen Gegenstand der Literaturwissenschaft; nicht die richtige oder vollständige Interpretation. An der Fiktion interessiert vorrangig "nicht was sie bedeutet, sondern was sie bewirkt".[119]

Es nimmt nicht wunder, wenn im Rahmen dieser Betrachtungsweise die Ausdrucksebene der Inhaltsebene gegenüber aufgewertet wird und wenn Iser versucht, den von Husserl und Ingarden geerbten phänomenologischen Ansatz semiotisch zu präzisieren, um den Widerstand der Fiktion gegen begriffliche Vereinnahmung zu verdeutlichen: "Die ikonischen Zeichen fiktionaler Texte verkörpern daher eine Organisation von Signifikanten, die weniger der Bezeichnung von Signifikaten dienen, sondern vielmehr Instruktionen für das Produzieren von Signifikaten darstellen."[120] Hier wird die These über das fiktionale Verhältnis von Bedeutung und Wirkung semiotisch umformuliert: mit Hilfe einer recht heterogenen Terminologie allerdings, die den *Ikon*-Begriff der amerikanischen Semiotik (Peirce, Morris), die Begriffe *Signifikant* und *Signifikat* hingegen Saussures Semiologie entlehnt. (Das Problem, auf das ich hier nicht ausführlich eingehen kann, besteht natürlich darin, daß das Ikon primär als visuelles Zeichen durch seinen Ähnlichkeitsbezug zum Objekt – also durch Nicht-Arbitrarität – definiert wird, während Saussure das *sprachliche* Zeichen durch die willkürliche Verknüpfung von *signifiant* und *signifié* charakterisiert.) Wichtiger als diese Heterogenität der Terminologie, die vor allem in *Der Akt des Lesens* Zweideutigkeiten und Ungereimtheiten zeitigt, ist hier die Überlegung, daß bei Iser – wie schon bei Adorno und Mukařovský – die Kritik an Hegels logozentrischer Ästhetik zu einer Aufwertung der Ausdrucksebene (der Signifikanten) gegenüber der Inhaltsebene (den Signifikaten) führt.

Der Versuch, das begriffliche Instrumentarium der Semiotik im Rahmen des phänomenologischen Ansatzes einzusetzen, hat insofern sym-

117 Ibid., S. 43.
118 Ibid.
119 Ibid., S. 88.
120 Ibid., S. 107.

ptomatischen Charakter, als Iser durch die semiotische Ausrichtung seiner Untersuchungen diesen eine kommunikationstheoretische Komponente geben möchte, die er bei Ingarden vermißt. Anders als dem Autor von *Das literarische Kunstwerk* geht es Iser nicht so sehr um eine Ontologie des literarischen Werkes (s. Abschn. 3), sondern um die kommunikative Interaktion von Text und Leser, von "Textstruktur und Aktstruktur"[121], wie es in *Der Akt des Lesens* heißt.

Wie Ingarden geht Iser zwar von "der Gegebenheit der Textschemata"[122] aus, die ebenso wie das "Lenkungspotential"[123] des Textes willkürliche Konkretisationen oder Realisationen ausschließen; zugleich hebt er jedoch die kreative Rolle des Lesers hervor sowie die kommunikative Wechselwirkung zwischen Text und Lektüre. Dadurch unterscheidet er sich von Ingarden, der den Konkretisationsbegriff nicht dialogisch, nicht kommunikationstheoretisch (semiotisch) denkt: "Denn er (der Konkretisationsbegriff, P.V.Z.) bezeichnet nicht die Interaktion zwischen Text und Leser, sondern die Aktualisierung der vom Text parat gehaltenen Ansichten im Lektürevorgang, und das heißt, statt eines reziproken Verhältnisses meint er ein unilineares Gefälle vom Text zum Leser."[124] Einige Seiten weiter fügt Iser im Zusammenhang mit Ingardens Konzept der Unbestimmtheitsstelle hinzu: "(...) Daher sind Unbestimmtheitsstellen nur Suggestionsreize einer letztlich undynamisch gedachten Komplettierung und wohl kaum Bedingung für die vom Leser zu schaltende Wechselbeziehung zwischen den schematisierten Ansichten bzw. den Darstellungsperspektiven des Textes."[125]

Iser geht zwar wie Ingarden von der grundsätzlichen Unterscheidung zwischen dem Text als Schema und den Konkretisationen des Textes durch den Leser aus; anders als Ingarden versucht er jedoch, die Konkretisation als den eigentlichen ästhetischen und kreativen Prozeß zu sehen, in dem der Sinn des Textes konstituiert wird. Diese Sinnkonstitution findet auf drei Ebenen statt: auf der Ebene des Repertoires, der Strategien und der Realisation (durch den Leser). Auf alle drei Ebenen bezieht sich die von Iser in einem Vortrag aufgeworfene Schlüsselfrage: "Wie sehen die Strukturen aus, die die Verarbeitung der Texte im Rezipienten lenken?"[126]

121 Ibid., S. 175.
122 Ibid., S. 229.
123 Ibid., S. 100.
124 Ibid., S. 271.
125 Ibid., S. 279-280.
126 W. Iser, "Wirkung und Rezeption. Eine Retroperspektive", in: H. Van Gorp, R.

Zu diesen Strukturen gehört an erster Stelle die Komponente des literarischen Textes, die Iser als *Repertoire* bezeichnet. Es handelt sich um ein System von literarischen und außerliterarischen Konventionen, Normen und Werten, die den Nexus zwischen literarischem Text und den nichtliterarischen Systemen (Politik, Religion, Philosophie) einer Gesellschaft bilden: "Das Textrepertoire bezeichnet das selektierte Material, durch das der Text auf die Systeme seiner Umwelt bezogen ist (...)."[127] Insofern als das Repertoire Normen der sozialen Welt sowie ästhetische Normen und Verfahren früherer literarischer Texte aufnimmt, bildet es den "Weltbezug des fiktionalen Textes".[128] Konkret bemerkt Iser zu Fieldings *Joseph Andrews*: "Zum Repertoire des *Joseph Andrews* gehören indes nicht nur die in den Anspielungen gegenwärtig gehaltenen literarischen Muster, sondern auch die verschiedenen Normen, die der zeitgenössischen Vorstellungswelt entnommen sind."[129] Anders ausgedrückt: Im Repertoire reagiert der literarische Text auf nichtliterarische Systeme, die seine Umwelt (im Sinne von Luhmann) bilden.[130]

Während das Repertoire eher als der *paradigmatische* Aspekt des Textes (Saussure) aufzufassen ist, sind die *Textstrategien*, die auf dem Repertoire gründen, dem *syntagmatischen* Bereich zuzurechnen. Über sie schreibt Iser, sie müßten "die Beziehungen zwischen den Elementen des Repertoires vorzeichnen".[131] Was Iser als "Strategie" bezeichnet, stimmt in mancher Hinsicht mit den "Verfahren" und "Techniken" der Formalisten überein. Er selbst identifiziert weitgehend Strategien und Techniken, wenn er erklärt: "Nun lassen sich die Strategien in der Regel durch die im einzelnen Text jeweils auffindbaren Techniken ausmachen."[132] Zu ihnen gehören u.a. die Erzähltechniken und Erzählperspektiven, die durch Selektionen und Hervorhebungen bestimmte Elemente (Figuren, Situationen, Handlungen) mitsamt ihren Kontexten in den Vordergrund, andere in den Hintergrund treten lassen. Dabei kommt es zu Hervorhebungen und Selektionen, für die in erster Linie der Erzähler – dank seiner Fähigkeit, die Perspektive zu ändern – verantwortlich ist.

Ghesquiere, R.T. Segers (Hrsg.), *Receptie-onderzoek: mogelijkheden en grenzen/ Rezeptionsforschung: Möglichkeiten und Grenzen*, op.cit., S. 168.

127 W. Iser, *Der Akt des Lesens*, op.cit., S. 143.

128 Ibid., S. 155.

129 W. Iser, *Der implizite Leser*, München, Fink, 1972, S. 63.

130 Siehe: W. Iser, *Der Akt des Lesens*, op.cit., S. 119.

131 Ibid., S. 143.

132 Ibid., S. 145.

Indem er in einer bestimmten Perspektive, vor einem bestimmten *Horizont* etwas zum *Thema* werden läßt, fesselt er die Aufmerksamkeit des Lesers und läßt retrospektiv vorangegangene Handlungen, Ereignisse und Situationen in einem neuen Licht erscheinen. Dadurch übt die Dialektik von Thema und Horizont eine kumulative (retrospektiv-prospektive) Wirkung aus: "Geht man davon aus, daß die Thema- und Horizontstruktur alle Textpositionen durch den vorgezeichneten Perspektivenwechsel in eine wechselseitige Beobachtbarkeit bringt (...), so entsteht in diesem Vorgang ein eigentümlicher Kumulationseffekt wachsender Veränderung."[133]

Die Wechselbeziehung von Thema und Horizont "organisiert das Zusammenspiel der Textperspektiven"[134] und bildet somit zusammen mit den anderen Textstrategien und dem Repertoire einen der Ausgangspunkte für die *Realisation* des Textes durch den Leser. Die Realisation "als das Hervorbringen der Sinngestalt des Textes durch den Leser"[135] kommt in einem Prozeß zustande, in dem der Leser von Autor und Erzähler ständig veranlaßt wird, seine Erwartungen zu korrigieren und Figuren, Handlungen und Situationen in einem neuen Licht zu betrachten. Dies geschieht in einer Wechselbeziehung von Erwartung und Erinnerung, Protention und Retention (im Sinne von Husserl), die als kumulativer Prozeß den Lektürevorgang ausmacht.

In diesem Vorgang erscheint der *implizite Leser* als eine dem Roman, dem Text "eingezeichnete Leserrolle"[136], deren produktive Kraft von der Unbestimmtheit oder Konkretisierbarkeit des Textes gespeist wird. Konkretisierbarkeit ist bei Iser jedoch nicht – ebensowenig wie bei Ingarden – mit Willkür zu verwechseln. "Vielmehr zeichnen die Textstrategien jene Bahnen vor, durch die die Vorstellungstätigkeit gelenkt und damit der ästhetische Gegenstand im Rezeptionsbewußtsein hervorgebracht werden kann."[137] In diesem Kontext wird der implizite Leser als eine "den Texten eingezeichnete Struktur" definiert: Im Unterschied zu realen (historischen, zeitgenössischen) oder fiktiven (im Roman thematisierten) Lesern, von denen Hannelore Link spricht[138], ist der implizite Leser ein Idealkonstrukt ohne reale Existenz, "denn er verkörpert die

133 Ibid., S. 168.
134 Ibid., S. 169.
135 W. Iser, *Der implizite Leser*, op.cit., S. 68.
136 Ibid., S. 92.
137 W. Iser, *Der Akt des Lesens*, op.cit., S. 154.
138 Siehe: H. Link, *Rezeptionsforschung. Eine Einführung in Methoden und Probleme*, Stuttgart, Kohlhammer, 1976, S. 25 (Schema).

Gesamtheit der Vororientierungen, die ein fiktionaler Text seinen möglichen Lesern als Rezeptionsbedingungen anbietet. Folglich ist der implizite Leser nicht in einem empirischen Substrat verankert, sondern in der Struktur der Texte selbst fundiert."[139] Der implizite Leser ist auch deshalb ein Idealtypus, weil er alle wesentlichen Angebote des Textes realisiert und nicht nur die, die besonderen psychischen oder sozialen Dispositionen der realen Leser entsprechen. Diese Gesamtorientierung des impliziten Lesers spricht Iser indirekt an, wenn er zu Sternes Roman *Tristram Shandy* bemerkt: "Offensichtlich bietet sein Werk verschiedene Zugriffe an, die man möglichst alle ergreifen sollte, und nicht nur jene, die der eigenen Neigung entgegenkommen."[140]

Mit dem Begriff des impliziten Lesers, den er im Anschluß an W. Booths Begriff des "implied author"[141] geprägt hat, geht Iser insofern über Ingarden hinaus, als er analog zum impliziten Autor und zum Erzähler die für den Prozeß der Konkretisierung verantwortliche Instanz bezeichnen und ihre *Tätigkeit* beschreiben kann. Wie sehr der Leser bei Iser zu einer schöpferischen, produktiven Kraft wird, die sich nicht damit begnügt, die Augenfarbe des Konsuls Buddenbrook (Ingarden) auszufüllen, zeigen die Einzelanalysen in *Der implizite Leser*. Bei der Aufdeckung des trügerischen Scheins in Thackerays *Vanity Fair* werden Gesellschaftskritik und Selbstkritik dem Leser zum Thema. "Die Maßstäbe für eine solche Kritik sind in der Darstellung nicht eigens benannt, ohne jedoch beliebig zu sein. Sie bilden die zentrale Leerstelle des Romans, die als Hohlform des Geschehens soweit konstruiert ist, daß sie vom Leser immer erschlossen werden kann."[142] Noch stärker als bei Thackeray wird die Kreativität des impliziten Lesers in James Joyces *Ulysses* in Anspruch genommen, wo kausale Zusammenhänge nicht vom Erzähler aufgezeigt, sondern vom Leser konstruiert werden müssen: "Da aber die Gelenkstellen zwischen den Kapiteln nicht ausformuliert sind, reizt der entstehende Unbestimmtheitsgrad die Projektionsfähigkeit des Lesers dazu an, die Leerstellen zu besetzen, indem er die Kapitel zu einem Verlauf gruppiert."[143] Eine ähnliche syntaktisch-narrative Tätigkeit fordern Romane wie Kafkas *Der Prozeß* oder Musils *Der Mann ohne Eigenschaften*: Als Romanfragmente machen sie – wie

139 W. Iser, *Der Akt des Lesens*, op.cit., S. 60.

140 W. Iser, *Laurence Sternes "Tristram Shandy". Inszenierte Subjektivität*, München, Fink, 1987, S. 151.

141 Siehe: W. Iser, *Der implizite Leser*, op.cit., S. 170.

142 Ibid., S. 184.

143 Ibid., S. 345.

Adolf Frisés zweite Ausgabe von Musils Roman zeigt – Umgruppierungen nicht nur möglich, sondern sogar notwendig.

Somit erscheint bei Iser die Leerstelle nicht so sehr als Lücke im Schema, die der Leser mechanisch ausfüllt, sondern als Ausgangspunkt für eine produktive Tätigkeit, die den literarischen Text als ästhetisches Objekt (im Sinne von Mukařovský) hervorbringt. Trivial scheint mir die Kritik an Iser zu sein, derzufolge eine genaue Kenntnis von Text und kulturellem Kontext die Leerstellen als Polysemien restlos eliminiert. So wendet beispielsweise H. Servotte im Zusammenhang mit dem Leser von Joyces *Ulysses* ein: "Wenn er jedoch mit dem Kode vertraut wäre, würde er das Werk richtig interpretieren. Mit anderen Worten, der Text hat eine Bedeutung, und eine ausreichende Kenntnis des Kodes ermöglicht eine richtige Dekodierung."[144] Obwohl ich glaube, daß es graphische, phonetische, semantische und syntaktische Textuniversalien oder Grundstrukturen gibt, weil Texte sonst nicht identifizierbar wären (s. Kap. 9), halte ich Servottes Einwand für eine unzulässige Vereinfachung: Sowohl bei Joyce als auch bei Autoren wie Kafka, Musil oder Beckett gibt es "Unbestimmtheiten", die nicht reduzierbar sind und die erklären, weshalb neue Leser und Lesergruppen immer wieder in der Lage sind, originelle ästhetische Objekte dieser Texte hervorzubringen. Isers Verdienst besteht u.a. darin, den Leser parallel zum Autor als kreative, textproduzierende Instanz erkannt und in allen Einzelheiten beschrieben zu haben.

Ein weiteres Verdienst stellt sein Versuch dar, die Leerstelle und den auf sie reagierenden Leser als historische Größen zu verstehen. Auch darin unterscheidet er sich vorteilhaft von Ingarden, der weder die Zunahme der Unbestimmtheitsstellen noch die von der wachsenden Unbestimmtheit modifizierten Leserkonzepte der Schriftsteller systematisch untersucht. Iser hingegen bemüht sich schon in seinem bekannten Aufsatz "Die Appellstruktur der Texte" (1970), das Anwachsen der Unbestimmtheit im modernen Roman sowie das neue Leserbild, das die zunehmende Vieldeutigkeit entstehen läßt, zu beschreiben: "In einem dritten Schritt müssen wir das seit dem 18. Jahrhundert beobachtbare Anwachsen der Unbestimmtheitsgrade in literarischen Texten zu erklären versuchen."[145]

---

144 H. Servotte, "Kritische bedenkingen bij 'Der Akt des Lesens'" in: H. Van Gorp u.a., *Receptie-onderzoek: mogelijkheden en grenzen/Rezeptionsforschung: Möglichkeiten und Grenzen*, op.cit., S. 181.

145 W. Iser, "Die Appellstruktur der Texte", Konstanz, Universitätsverlag, 1970, S. 8. (Auch in: R. Warning, Hrsg., *Rezeptionsästhetik*, op.cit., S. 230.)

Es hat sich gezeigt, daß er das Funktionieren der Leerstellen im Zusammenhang mit dem Begriff des impliziten Lesers sehr genau beschreibt; er befaßt sich auch – vor allem in seinen Kommentaren zu Joyces *Ulysses* – mit der Frage, wie durch "Überpräzisierung des Darstellungsrasters" der Unbestimmtheitsgrad nicht reduziert, sondern gerade gestärkt wird; ich glaube jedoch nicht, daß er die Zunahme der Unbestimmtheit (vor allem in der modernen Literatur) wirklich erklärt.

Eine Erklärung wäre vielleicht im Anschluß an seine These möglich, daß Fiktion "Defizite zu bilanzieren vermag, die von den jeweils historisch herrschenden Geltungen erzeugt werden".[146] Anders ausgedrückt: Das literarische System bringt Bedeutungen hervor, die die kognitiven Defizite von religiösen, ideologischen und philosophischen Sinnsystemen ausgleichen. Als Beispiel führt Iser Sternes Roman *Tristram Shandy* an, der bestimmte Lücken des Lockeschen Empirismus thematisiert, die bei Locke selbst nicht zur Sprache kommen.

Wenn nun die Funktion literarischer Texte darin besteht, "Antworten auf jene Fragen zu geben, die durch die Systeme produziert worden sind"[147], dann fragt es sich, worauf die extreme Unbestimmtheit bei Autoren wie Beckett, Kafka oder Joyce eine systembedingte Reaktion ist. Isers Antwort auf diese Frage fällt recht spärlich aus. Die Negativität von Becketts Texten wird damit erklärt, "daß sie die Bestätigung unserer Elementarbedürfnisse verweigern, ja, daß sie die Gewißheit ihrer Befriedigung in Frage stellen, indem sie zeigen, daß immer dort, wo wir etwas Endgültiges zu wissen vermeinen, Fiktionen im Spiele sind (...)".[148]

Worin bestehen aber unsere "Elementarbedürfnisse" im sozialen, psychischen und sprachlichen Bereich? Und: Auf welche Defizite zeitgenössischer Sinnsysteme reagiert der hohe Unbestimmtheitsgrad in Becketts Prosa? – Kurzum: Iser erklärt nicht die wachsende Unbestimmtheit moderner Literatur im sozialen, sprachlichen und historischen Kontext; und ich zweifle daran, daß seine These über die Ausgleichsfunktion der Fiktion inmitten systembedingter Defizite, die aus Luhmanns Systemtheorie stammt, eine Erklärung ermöglicht. Das drastische Ansteigen der Leerstellen (ich würde sagen: der Polysemie) wäre hier im Zusammenhang mit der sprachlichen Kommunikation in der Marktgesellschaft, den ideologischen Konflikten und der Arbeitsteilung zu erklären.[149]

---

146 W. Iser, *Der implizite Leser*, op.cit., S. 56.
147 W. Iser, *Der Akt des Lesens*, op.cit., S. 133.
148 W. Iser, *Der implizite Leser*, op.cit., S. 395-396.
149 Siehe: Vf. *Roman und Ideologie. Zur Sozialgeschichte des modernen Romans*,

Insgesamt ist bei Iser – ähnlich wie bei Ingarden – ein sozialwissenschaftliches Defizit zu beobachten. Dem Phänomenologen wird man nicht vorwerfen, daß er vom wirklichen, empirischen Leser bewußt abstrahiert; man wird ihm aber nicht den Vorwurf ersparen, daß er trotz seines Interesses für soziologische und kultursemiotische Theorien die Zunahme der Unbestimmtheit beschreibt, ohne sie im soziologischen und soziosemiotischen Kontext zu *erklären*: Hat der literarische Verzicht auf ideologische und metaphysische Eindeutigkeit nichts mit dem von Ideologen bewirkten Sprachverschleiß zu tun? Ist er nicht als Reaktion auf die sprachliche Arbeitsteilung (der Wissenschaften) und auf die Wortleichen der Werbung zu verstehen? Wäre es schließlich nicht möglich, die Zunahme der Unbestimmtheit als eine Reaktion auf ideologische Deutungssysteme, die das Bewußtsein des Einzelnen vereinnahmen, sowie auf das Subsystem der kommerziellen Literatur zu erklären, deren Stereotypen die Einbildungskraft der Leser auszehren? Einzelne Hinweise auf diese Zusammenhänge finden sich bei Iser[150]; ein verwendbares Erklärungsmodell soziologischen oder kultursemiotischen Ursprungs fehlt jedoch.

Sein Versuch, das begriffliche Instrumentarium der Phänomenologie durch semiotische Termini zu ergänzen, zeitigt in *Der Akt des Lesens* einen oft disparaten Eklektizismus, der die theoretische und terminologische Homogenität von *Der implizite Leser* vermissen läßt. Sicherlich kann es sinnvoll sein, verschiedene theoretische Ansätze zur Synthese zu bringen; dann sollte es aber zu einer Erweiterung der theoretischen Kapazität im Rahmen des neuen Ansatzes kommen. Ich bezweifle sehr, daß dies bei Iser geschieht: Trotz seiner zahlreichen Rekurse auf Theoreme der Semiotik hält er – wie vor ihm Ingarden – Sätze und "Satzkorrelate"[151] für die größten linguistischen Einheiten und spricht nicht vom Diskurs als transphrastischer Struktur, sondern von der "Satzfolge"[152], deren semantische und syntaktische Einheit er nicht darstellt. Auch das Wort "Textsegment"[153] bietet keinen Ersatz für den Diskursbegriff, der eine semantische Struktur, ein Aktantenmodell und einen narrativen Ablauf bezeichnet. Daß bei Iser gerade das Konzept einer semantischen

München, Fink, 1986, wo im 9. Kap. die wachsende Polysemie mit den Auswirkungen der Marktgesetze, der ideologischen Konflikte und der Arbeitsteilung im sprachlichen Bereich verknüpft wird.

150 Siehe: W. Iser, *Der Akt des Lesens*, op.cit., S. 344-347.

151 Ibid., S. 180.

152 Ibid., S. 181.

153 Ibid., S. 313.

Struktur fehlt, zeigt die folgende Textpassage: "Sofern die Leerstelle ausgesparte Anschlüsse gegebener Textsegmente anzeigt, markiert sie die Notwendigkeit, eine Äquivalenz heterogener Segmente herzustellen."[154] Wie aber ist ein solches Äquivalenzverhältnis herzustellen, wenn ein semantischer Schlüsselbegriff wie Isotopie (Greimas) oder Isosemie (Metzeltin, Jaksche) fehlt? Denn dieser Begriff hat gerade die semantische Kohäsion des Textes sowie die Beziehungen zwischen heterogenen Textsequenzen zum Gegenstand. Ähnliche "Leerstellen" finden sich in Isers Werk auf narrativer Ebene: Es ist dort zwar häufig von Erzählerperspektiven die Rede, aber eine Theorie des Erzählers oder des narrativen Ablaufs (im Sinne von Greimas, Genette oder Stanzel) fehlt...

Man könnte nun meine Kritik karikieren und fragen, ob ich Iser vorwerfe, nicht Semiotiker, nicht Greimas oder Barthes zu sein. Mein Vorwurf hat mit dieser Karikatur nichts zu tun, sondern bezieht sich auf das Verhältnis zwischen Theorien sowie auf das bereits erwähnte sozialwissenschaftliche Defizit. Es ist nicht möglich, phänomenologische und semiotische Ansätze miteinander zu kombinieren, ohne die Frage nach dem globalen Verhältnis von Husserls Phänomenologie und *einer bestimmten* Semiotik zu stellen. Das tut Iser nicht; er entlehnt disparaten semiotischen Theorien Begriffe, die einander nicht immer ergänzen (s.o.) und die auch nicht in allen Fällen an seine phänomenologische Terminologie anschließbar sind. Statt dessen hätte er sich vornehmen können, den durchaus homogenen phänomenologischen Diskurs von *Der implizite Leser* mit Hilfe der phänomenologischen Soziologie von Alfred Schütz, Peter Berger und Thomas Luckmann zu erweitern. Mag sein, daß diese soziologische Erweiterung seines Ansatzes eine Erklärung der Unbestimmtheit im gesellschaftlichen Kontext ermöglicht hätte.

154 Ibid.

5. Zur Auseinandersetzung zwischen Konstanzer Rezeptionsästhetik und marxistisch-leninistischer Rezeptionstheorie

In der Vergangenheit habe ich mich wiederholt mit dem polemisch geführten Dialog zwischen diesen beiden literaturwissenschaftlichen Positionen ausführlich befaßt. (Siehe Anm. 4.) Hier geht es mir deshalb nicht mehr um eine Aufarbeitung dieser Diskussion, sondern darum, im Anschluß an dieses und das zweite Kapitel in einem neuen Kontext auf den "kantianischen" Agnostizismus der Rezeptionsästhetik und den hegelianischen Logozentrismus der ostdeutschen Marxisten-Leninisten hinzuweisen. Dabei spielt die Tatsache, daß in Osteuropa die offizielle Ideologie im Laufe der 80er Jahre zerbröckelt ist, keine Rolle, weil einige Argumente der ostdeutschen Marxisten auch in Zukunft die hegelianische Position illustrieren werden und weil andere Argumente, die sie ins Feld führten, auch heute noch volle Gültigkeit besitzen.

Das Autorenkollektiv, das unter Leitung von Manfred Naumann das Werk *Gesellschaft, Literatur, Lesen* (1973) als Antwort auf die westdeutsche Rezeptionsästhetik verfaßt hat, scheint mit der von Jauß und Iser thematisierten Vieldeutigkeit und Unbestimmtheit nichts im Sinn zu haben. Die Ästhetik der Konstanzer Gruppe sehe "in der schwebenden Unbestimmtheit" ihr Ziel: "Wir wollen dagegen festhalten, daß die pluralistische Abwehr der Manipulation, die sich solchermaßen äußert, nur deren Kehrseite ist. Die Feier der Beliebigkeit hilft nicht, die kritisierten Verhältnisse aufzuheben, sondern ist deren Ausdruck, eine Stütze für die Unterwerfung der Individuen unter die Zufälligkeit. Eine mit dem gesellschaftlichen Fortschritt verbundene Ästhetik setzt deshalb einen Akzent auf Bestimmtheit."[155] Systematisch werden solche Aussagen in *Zur Theorie des sozialistischen Realismus* (1974) formuliert, wo vom "Primat des künstlerischen Inhalts in der sozialistisch-realistischen Kunst"[156] die Rede ist.

Es lohnt sich, die hier zitierten drei Sätze aus *Gesellschaft, Literatur, Lesen* näher zu betrachten: Der erste Satz zeigt, wie ephemer Ideologien sind, denn im heutigen Osteuropa fände sich kaum noch ein Literaturwissenschaftler bereit, den sich ausbreitenden Pluralismus so pauschal zu

155 M. Naumann et al., *Gesellschaft, Literatur, Lesen. Literaturrezeption in theoretischer Sicht*, Berlin-Weimar, Aufbau, 1973, S. 373.

156 *Zur Theorie des sozialistischen Realismus*, Berlin, Dietz, 1974, S. 659.

verurteilen. (Die Frage nach Struktur und Funktion liberal-pluralistischer Ideologien sollte deshalb nicht kurzerhand verabschiedet werden.)[157] Der zweite Satz ist ein theoretisches Mißverständnis; ich hoffe, gerade im Zusammenhang mit Ingarden und Iser gezeigt zu haben, daß die Wirkungsästhetik weit davon entfernt ist, der Beliebigkeit das Wort zu reden, sondern danach strebt, die Wechselbeziehung zwischen festgelegtem Sinnpotential (Ansichten, Horizonten, Erzählperspektiven) und Sinnverwirklichung so genau wie möglich zu beschreiben. Der dritte Satz schließlich ist ein Hegelianismus in marxistischem Gewand: Er geht vom Primat der Inhaltsebene aus und setzt auf begriffliche Definierbarkeit des literarischen Textes, auf dessen Monosemie.

Daß Monosemierungsversuche dieser Art ideologische Manöver sind, die darauf abzielen, dem Leser die Lesart der herrschenden Ideologie aufzuzwingen, fällt Iser auf, wenn er in einer Replik auf die marxistisch-leninistische Kritik bemerkt: "Die sozialistische Leseweise also funktioniert als Norm, damit durch sie die gewünschte Eindeutigkeit der Rezeption sichergestellt werden kann."[158] Ähnlich äußert sich Jauß, wenn er Dieter Schlenstedts Analyse von Brechts Gedicht *Der Rauch* vorwirft, sie rekonstruiere "ein von Brecht impliziertes betrachtendes und urteilendes 'lyrisches Subjekt', demgegenüber sich der von der Untersuchung geforderte reale Leser konform zu verhalten hat".[159] Beide Einwände gegen die sozialistisch-realistische Rezeptionstheorie sind als kantianische Repliken (im weitesten Sinne dieses Ausdrucks) zu werten, die die Begriffslosigkeit der Fiktion und die Unmöglichkeit ihrer begrifflichen Monosemierung in den Vordergrund rücken.

Der sozialistische Realismus versucht nicht nur, die Rezeption zu gängeln, sondern – möglicherweise der sozialistischen Gerechtigkeit halber – auch die Produktion. Das läßt eine andere Textpassage aus *Gesellschaft, Literatur, Lesen* erkennen: "Modernistische Versuche, Texte zu produzieren, die sich auf verschiedene Weise der Sinnfindung verweigern, zeigen nur, daß auf diesem vom Irrationalismus begleiteten Wege Literatur als Medium gesellschaftlicher Bewußtseinsbildung nicht entstehen kann."[160] Die extreme Form dieser Produktions- und

157 Siehe: Vf., *Ideologie und Theorie*, op.cit., Kap. 8.

158 W. Iser, "Im Lichte der Kritik", in: R. Warning (Hrsg.), *Rezeptionsästhetik*, op.cit., S. 337.

159 H.R. Jauß, "Zur Fortsetzung des Dialogs zwischen 'bürgerlicher' und 'materialistischer' Rezeptionsästhetik", in: R. Warning (Hrsg.), *Rezeptionsästhetik*, op.cit., S. 349-350.

160 M. Naumann et al., *Gesellschaft, Literatur, Lesen*, op.cit., S. 368.

Rezeptionskontrolle ist die Zensur, mit der Schriftsteller in osteuropäischen Ländern jahrzehntelang konfrontiert wurden. Hier zeigt sich, wie stark Ästhetik und Politik ineinandergreifen und welche Gefahren von einem Hegelianismus ausgehen, der meint, Literatur und Kunst begrifflich vereinnahmen zu können: Er kann in bestimmten gesellschaftlichen und sprachlichen Situationen totalitär denkenden Funktionären passende philosophische und ästhetische Argumente liefern.

Die Fragwürdigkeit der Hegelschen und hegelianischen Ästhetik, die in den Debatten zwischen Konstanzer Rezeptionsästhetik und marxistischer Rezeptionstheorie besonders deutlich zutage tritt, sollte allerdings nicht die Wahrheitsmomente des Hegelianismus verdecken. Zu ihnen gehört die von Jauß und Iser vernachlässigte Erkenntnis der marxistischen Literatursoziologie (Karel Kosík, Henri Lefebvre, Raymond Williams), daß die Produktion von Literatur gesellschaftlich sinnvoll ist und daß eine einseitige Festlegung der Literaturgeschichte auf den Rezeptionsprozeß (wie sie Jauß vorschwebt: s.o.) Verzerrungen mit sich bringt.

"Erstens stellt die Produktion gegenüber der Konsumtion 'das übergreifende Moment' dar (...)."[161] Diese These aus *Gesellschaft, Literatur, Lesen* ist zwar problematisch, weil man ebensogut vom Primat der Lektüre ausgehen könnte (der Autor als Leser, der Leser als Autor); sie enthält aber einen wahren Kern, wenn sie dahingehend interpretiert wird, daß die Rezeption ohne den bedeutungsstiftenden Produktionsprozeß nicht zu verstehen ist. Es ist nicht möglich, eine Rezeption konkret zu verstehen, solange unbekannt ist, in welchem Kontext ein Werk als semantisches und syntaktisches Konstrukt entstand. Es ist beispielsweise kaum möglich, die Rezeption von Albert Camus' *L'Etranger* in der Sowjetunion[162] zu verstehen, solange nicht untersucht wird, aus welchem sprachlichen und gesellschaftlichen Kontext dieser Roman hervorging und wie er strukturiert ist. Die Ablehnung des Romans im Rahmen der marxistisch-leninistischen Ideologie wird erst dann verständlich, wenn man davon ausgeht, daß *Der Fremde* die manichäisch und teleologisch strukturierten ideologischen Diskurse der Zwischenkriegszeit kritisch verarbeitet und sowohl auf semantischer als auch auf narrativer Ebene diskreditiert.[163] Mit anderen Worten: Kenntnis des Ent-

---

161 Ibid., S. 19.

162 Siehe: E. Tall, "Camus in the Soviet Union. Some Recent Emigrés Speak", in: *Comparative Literature Studies* Nr. 3, 1979.

163 Siehe: Vf., *Der gleichgültige Held. Textsoziologische Untersuchungen zu Sartre,*

stehungszusammenhangs und der Textstruktur bildet die Grundvoraussetzung für ein konkretes Verständnis der Rezeption. Insofern ist Manfred Naumann in jeder Hinsicht recht zu geben, wenn er das "Auseinanderbrechen der Sphären der literarischen Produktion und Rezeption"[164] kritisiert.

Neuere rezeptionstheoretische Ansätze lassen allerdings vermuten, daß die Kluft zwischen Produktion und Rezeption im Anschluß an die Debatten zwischen Jauß, Iser, Naumann und Weimann allmählich überbrückt wird. Dies geschieht häufig in einem literatursoziologischen Zusammenhang, in dem Produktion und Rezeption einen kommunikativen Nexus bilden. Zu diesem bemerkt beispielsweise Gunter Grimm in *Rezeptionsgeschichte*: "Vom literatursoziologischen Standpunkt aus gehört die Rezeption ebenso zum Kontext der Kunst wie deren Produktion."[165] Wir sind hier recht weit von den einseitigen Thesen aus Jauß' *Literaturgeschichte als Provokation* entfernt.

Die Rezeptionstheorie hat sich noch in einer anderen Hinsicht von diesen Thesen entfernt: Sie beherzigt die Kritik der ostdeutschen Marxisten an Jauß' vorwiegend literarischer oder literaturimmanenter Definition des "Erwartungshorizonts". Zu Recht ist in *Gesellschaft, Literatur, Lesen* im Zusammenhang mit dieser Definition von "einem ausschließlich literarisch, nicht soziologisch vorgegebenen 'Erwartungshorizont'"[166] die Rede. In letzter Zeit haben vor allem Literatursoziologen wie Jacques Leenhardt versucht, die literarischen Erwartungen von Gruppen mit Hilfe von außerliterarischen Faktoren (wirtschaftlichen Positionen, politischen Orientierungen und Ideologien) zu erklären. In den Niederlanden versucht Rien T. Segers, die Erwartungshorizonte von Gruppen mit Hilfe von soziologischen Begriffen wie "Norm", "Wert" und "Rolle" näher zu bestimmen und so über den rein literarischen Bereich hinauszugelangen.[167]

Moravia und Camus, Stuttgart, Metzler, 1983, Kap. 4: "*Der Fremde* oder die Verdinglichung".

164 M. Naumann, "Das Dilemma der 'Rezeptionsästhetik'", in: *Weimarer Beiträge* Nr. 1, 1977, S. 6.

165 G. Grimm, *Rezeptionsgeschichte*, München, Fink, 1977, S. 11. Siehe auch: B. Zimmermann, "Der Leser als Produzent: Zur Problematik der rezeptionsästhetischen Methode", in: *Zeitschrift für Literaturwissenschaft und Linguistik*, Heft 15 ("Rezeptionsforschung"), 1974.

166 M. Naumann et al., *Gesellschaft, Literatur, Lesen*, op.cit., S. 136.

167 Siehe: R.T. Segers, *The Evaluation of Literary Texts: An Experimental Investigation into the Rationalization of Value Judgments with Reference to Semiotics and Esthetics of Reception*, Lisse, Peter de Ridder, 1978 (vor allem Kap. 6: "Some Implications of the Experimental Method for the Study of Literature").

Die Differenzierung der kollektiven Erwartungen und Erwartungshorizonte, die auf verschiedenen Ebenen sowohl Leenhardt als auch Segers vornehmen, hängt mit einem anderen wesentlichen Einwand zusammen, den die ostdeutschen Marxisten gegen die Konstanzer Rezeptionsästhetik vorbrachten: "Um welches konkrete Publikum es sich nämlich handelt, das als eine derart energetische Kraft den Literaturprozeß trägt, wird von Jauß nicht näher bestimmt. Für ihn existiert nur ein Publikum schlechthin, das einzig in seiner Eigenschaft als Literaturrezipient gekennzeichnet wird."[168] Der Publikumsbegriff, der bei Jauß undifferenziert bleibt (u.a. deshalb, weil Jauß sich vorwiegend für die Rezeption einzelner Werke durch einzelne Schriftsteller interessiert: s.o), wird in neueren rezeptionssoziologischen Studien – etwa in Leenhardts und Józsas *Lire la lecture* (1982) – differenziert und nuanciert: Die Rezeption eines Romans wie Georges Perecs *Les Choses* nimmt in sechs Berufsgruppen mit unterschiedlichen, z.T. widersprüchlichen ideologischen Dispositionen verschiedene Formen an.[169] Die Heterogenität der Literaturkritik untersucht Joseph Jurt in seinen literatursoziologischen Studien zur Rezeption von Georges Bernanos in Frankreich (1926-1936). Er zeigt u.a., daß die Rezeption durch die Kritiker ebenfalls gruppenspezifischen Charakter hat und ideologisch bedingt ist.[170] Zu ähnlichen soziologischen Differenzierungen tendieren Vertreter der Rezeptionspragmatik und der Rezeptionsdidaktik.[171]

Nicht um ihre z.T. sehr anregenden empirischen Ergänzungen der Rezeptionsästhetik als "partialer Methode" war es mir hier zu tun, sondern um den Gedanken, daß vom Dialog zwischen zwei grundverschiedenen ästhetischen Positionen – ähnlich wie vom Dialog zwischen Formalisten und Marxisten – Vorschläge und kritische Impulse ausgehen, die für die Literaturwissenschaft lebenswichtig sind.

---

168 M. Naumann et al., *Gesellschaft, Literatur, Lesen*, op.cit., S. 136.

169 Siehe: J. Leenhardt, P. Józsa, *Lire la lecture. Essai de sociologie de la lecture*, Paris, Le Sycomore, 1982.

170 J. Jurt, "Für eine Rezeptionssoziologie", in: *Romanistische Zeitschrift für Literaturgeschichte* Nr. 1-2, 1979; ders., *La Réception de la littérature par la critique journalistique. Lectures de Bernanos* (1926-1936), Paris, Jean-Michel Place, 1980.

171 Siehe: G. Köpf (Hrsg.), *Rezeptionspragmatik*, München, Fink, 1981; H. Weber (Hrsg.), *Aufforderungen zum literaturdidaktischen Dialog*, Paderborn, Schöningh, 1978; W. Delanoy, *Kreatives Textverstehen. Theoretische Entwicklung und empirische Erprobung einer produktionsorientierten Interpretationsmethode für den fremdsprachigen Literaturunterricht*, Diss., Klagenfurt, 1988.

VII. Die Ästhetiken der Semiotik: Drei Modelle

Angesichts der Krise der philosophischen Ästhetik (s. Einleitung) wurden in der Vergangenheit häufig die Beziehungen zwischen Ästhetik und Semiotik thematisiert.[1] In den 60er und 70er Jahren meinten viele, die Semiotik als Zauberschlüssel zum hermetischen Text und zum Kunstwerk schlechthin verwenden zu können. In Max Benses *Aesthetica* (1965) wird sogar eine wissenschaftliche, quantitative ("numerische") Ästhetik auf semiotischer Grundlage entworfen, und die Semiotik wird als "strenge Wissenschaft" dem Modell der Physik angenähert. Der Entwurf gründet auf dem von Emilio Garroni später kritisierten optimistischen Postulat, "daß eine semiotische Betrachtungsweise in der Lage sei, eine ästhetische Betrachtungsweise aufzuheben (esaurire in sé una considerazione estetica)".[2] Vertreter der zeitgenössischen Semiotik sind inzwischen bescheidener geworden, zumal sich gezeigt hat, daß es nicht eine homogene Semiotik gibt, sondern verschiedene, miteinander konkurrierende semiotische Ansätze, von denen ein jeder auf einer besonderen Ästhetik und Ideologie gründet.[3]

Wenn Max Bense Ende der 70er Jahre arglos bemerkt, "als Semiotik benutz(e) (er) natürlich die theoretisch-pragmatische Semiotik vom peirceschen Typ mit allen ihren der Basistheorie zugeordneten heutigen Erweiterungen"[4], so zeigt er, ohne es zu wollen, wie methodologische Naivität eine ideologische Funktion erfüllen kann: Die Wahl einer bestimmten Philosophie (hier des Peirceschen Pragmatismus) sollte als bewußte Entscheidung für eine bestimmte ideologische Position *reflektiert* werden. Im Falle von Bense haben wir es mit einem ideologischen

---

1 Siehe z.B. J. Trabant, *Zur Semiologie des literarischen Kunstwerks*, München, Fink, 1970; H. Sturm, A. Eschbach (Hrsg.), *Ästhetik und Semiotik. Zur Konstitution ästhetischer Zeichen*, Tübingen, Narr, 1981; G. Cornu, "Pour une sémiologie de l'œuvre artistique", in: *Semiotica* 75, 1/2, 1989; B. van Heusden, "Theoretische Literatuurwetenschap en semiotiek", in: *Forum der Letteren* 30, 2, 1989.

2 E. Garroni, "La filosofia e i rapporti facili/difficili di estetica e semiotica", in: E. Garroni (Hrsg.), *Estetica e linguistica*, Bologna, Il Mulino, 1983, S. 24-25.

3 Zur Beziehung zwischen Ideologie und Ästhetik siehe: T. Eagleton, *Criticism and Ideology*, London, NLB, 1976.

4 M. Bense, "Die semiotische Konzeption der Ästhetik", in: *Zeitschrift für Linguistik und Literaturwissenschaft*, Jg. 7, Heft 27/28, 1977, S. 190.

Individualismus zu tun, dem im wissenschaftstheoretischen Bereich ein neopositivistischer Szientismus und im ästhetischen Bereich eine antihegelianische Einstellung homolog sind. Auf beide Aspekte möchte ich hier kurz eingehen, um zu verdeutlichen, daß es keine Semiotik mit Universalanspruch (also als "strenge Wissenschaft" im Sinne der Physik) geben kann und daß jedem semiotischen Ansatz eine partikulare – d.h. nur kontingente, nur mögliche – Ästhetik entspricht.

In Übereinstimmung mit dem Szientismus der 60er Jahre stellt Bense in *Aesthetica* programmatisch fest: "Es gibt, wie gesagt, nicht nur eine moderne Physik und eine moderne Logik, für die der souveräne Gebrauch, den sie von der mathematischen Sprache machen, typisch ist, es gibt auch eine moderne Ästhetik, die sich ebenfalls in zunehmendem Maße jener exakten Ausdrucksweise bedient."[5] Im Gegensatz zu den metaphysischen Ästhetiken des 19. Jahrhunderts (Hegels, Lukács') geht die Informationsästhetik Benses als "mathematische Ästhetik" "nicht mehr subjektiv interpretierend, sondern objektiv feststellend vor".[6] In diesem szientistischen Kontext nimmt es nicht wunder, wenn Bense den von Benjamin und Adorno gesuchten "Wahrheitsgehalt" der Kunstwerke kurzerhand durchstreicht und die "ästhetische Nachricht" – ohne Rücksicht auf die konservativen Konnotationen des "Schönen" – auf Schönheit festlegt: "Der ästhetische Prozeß als Zeichenprozeß ist ein Prozeß, der Seiendes in Zeichen vermittelt und dem es nicht um Wahrheit, sondern um Schönheit geht."[7] Den Wert der ästhetischen Nachricht sucht Bense in Übereinstimmung mit den russischen Formalisten und der europäischen Avantgarde im Bereich der Innovation, "und nur so weit ein Kunstwerk Innovation enthält, gibt es ästhetische Information".[8] Die Ausrichtung seiner Theorie auf die avantgardistische Praxis kommt wohl am klarsten in seinen Essays *Die Realität der Literatur* zum Ausdruck, von denen der Autor selbst sagt, sie seien als "eine vollkommene Einleitung in das Gesamtwerk Francis Ponges"[9] zu lesen.

In Anbetracht seines Szientismus und seiner Nähe zur Praxis der Avantgarde (Ponge, Gertrude Stein) kann Benses Ablehnung der hegelianischen Ästhetik, die mit der Verwendung einiger Hegelscher Ter-

---

5 M. Bense, *Aesthetica*, Baden-Baden, Agis, 1965, S. 271.
6 Ibid., S. 33.
7 Ibid., S. 265.
8 Ibid., S. 268.
9 M. Bense, *Die Realität der Literatur. Autoren und ihre Texte*, Köln, Kiepenheuer und Witsch, 1971, S. 27.

mini einhergeht, kaum noch überraschen. Ähnlich wie Althusser, der sich auf Galilei beruft, um einen szientistischen Marxismus zu begründen[10], spielt Bense eine "physikalische" Ästhetik gegen die hegelianische aus: "Wenn ich für einen Augenblick geschichtlich, nicht theoretisch denken darf, so möchte ich, rückblickend, zwischen zwei umfassenden möglichen Typen von Ästhetiken unterscheiden, dem *hegelschen* Typ und dem *galileischen* Typ."[11] Benses Entscheidung für den galileischen (numerischen, mathematischen) Typ bringt nicht nur einen Verzicht auf Interpretation mit sich, sondern auch eine Trennung der ästhetischen von der "semantischen Information": Die ästhetische Nachricht hat als Information und Innovation eine rein materielle Bedeutung im Bereich des "Schönen". Die Kunst als ganze ist nur als Innovationsprozeß, als Fortschritt denkbar.[12]

Spätestens an dieser Stelle tritt der partikulare, kontingente Charakter dieser semiotischen Informationsästhetik zutage: der Fortschrittsglaube der Avantgarde und eine Wissenschaftsgläubigkeit, die dem Nachdenken über die Partikularität der eigenen ästhetischen und ideologischen Position einen Riegel vorschieben. Nicht diese Partikularität ist der Grund, weshalb ich mich in diesem Kapitel nicht ausführlicher mit Bense befasse, sondern der Umstand, daß seine Ästhetik als Semiotik methodologisch zwar recht spezifisch ist, durch ihre Ausrichtung auf die Kunst allgemein und auf andere ästhetische Erscheinungen wie das Design[13] aber so diffus wird, daß sie kaum als literarische Ästhetik aufgefaßt werden kann: Sie ist zu allgemein, zu weitmaschig, um die sprachlichen Strukturen literarischer Texte erfassen zu können.

Ihr partikularer – szientistischer und avantgardistischer – Charakter läßt jedoch deutlich erkennen, daß es eine allgemeingültige, der Physik oder Mathematik vergleichbare Semiotik der Kunst und Literatur nicht geben kann, weil einer jeden Semiotik eine besondere Ideologie und folglich eine nur mögliche Ästhetik (als Ensemble von Werturteilen) zugrunde liegen. Dies ist der Grund, weshalb hier nicht von *der Ästhetik*, sondern *den Ästhetiken* der Semiotik die Rede ist.

Über die Heterogenität dieser Ästhetiken scheint sich auch Paul Ricœur hinwegzusetzen, wenn er in *Le Conflit des interprétations*

10 Siehe: L. Althusser, *Lénine et la philosophie*, Paris, Maspero, 1972, S. 53-54.

11 M. Bense, *Aesthetica*, op.cit., S. 317.

12 Ibid., S. 332: "Gerade insofern historisch und kritisch Innovation bzw. Originalität zum Wesen des Kunstwerks gehört, verfällt auch Kunst der Idee des Fortschritts."

13 Siehe z.B. M. Bense, *Semiotische Prozesse und Systeme in Wissenschaftstheorie und Design. Ästhetik und Mathematik*, Baden-Baden, Agis, 1975.

(1969) Linguistik und Semiotik als Wissenschaften auffaßt, die den Text eher als geschlossene Bedeutungseinheit betrachten, während sich die Hermeneutik vom Gedanken an die Offenheit des Zeichenuniversums leiten läßt: "L'herméneutique est sous le régime de l'ouverture de l'univers des signes."[14] Im folgenden gilt es zu zeigen, daß es im Bereich der Semiotik sowohl Theorien gibt, die der Offenheit und der grenzenlosen Interpretierbarkeit der Texte huldigen (Barthes), als auch Theorien, die im Gegensatz zu Bense und Barthes darauf aus sind, den literarischen Text auf eine Bedeutung, auf eine semantische Struktur oder "Nachricht" festzulegen (Greimas).

Wie bisher will ich versuchen, die verschiedenen theoretischen und methodologischen Perspektiven mit den im ersten Kapitel dargestellten philosophischen und ästhetischen Positionen zu verknüpfen. Dabei wird sich zeigen, daß der im vierten, fünften und sechsten Kapitel dominierende Gegensatz zwischen Kant und Hegel von einem triadischen Spannungsverhältnis zwischen den Positionen Kants, Hegels und Nietzsches abgelöst wird. Roland Barthes' Entdeckung der Leserrolle ist eher im Zusammenhang mit Nietzsches Kritik der Metaphysik und der Wahrheit als im Anschluß an Kants Wirkungsästhetik zu verstehen.

1. Roland Barthes' nietzscheanische Ästhetik des Signifikanten

Wer sich wie Barthes (1915-1980) zeit seines Lebens gegen Kants asketische Ethik und Hegels Logozentrismus gewehrt hat, der wird sich von Nietzsches Kritik der Moral, der begrifflichen Wahrheit und des philosophischen Systems ebenso angezogen fühlen wie von seinem Plädoyer für den metaphorischen Ausdruck, für Ambivalenz, Offenheit und Sinnlichkeit; für Zufall und Spiel; für die Musik. Alle diese Elemente sind junghegelianischen Ursprungs (s. Kap. 1 und 3) und lassen vermuten, daß Barthes mit den Mitteln der Semiotik oder Semiologie eine "Logik des Zerfalls" entfaltet, die die Junghegelianer und Nietzsche eingeleitet haben.

In zahlreichen Schriften wendet er sich gegen die metaphysische Wahrheitssuche und beruft sich immer wieder auf Nietzsche, etwa wenn es gilt, das theoretische Wissen als "Fiktion" zu entlarven: Es gibt

14 P. Ricœur, *Le Conflit des interprétations*, Paris, Seuil, 1969, S. 67.

keine Fakten, nur Fiktionen. "Das Wissen", bemerkt er im Anschluß an Nietzsche, "wäre schließlich eine Fiktion der Interpretation."[15] Das rationalistische und hegelianische Jonglieren mit Begriffen, das sich allzusehr auf den Intellekt verläßt, ist ihm suspekt. Schon in *Critique et vérité* (1966) heißt es: "Seither haben immer wieder Schriftsteller, zum Beispiel Sade und Nietzsche, die Regeln intellektueller Darlegung verbrannt und übersprungen."[16]

Ihnen folgt Barthes, wenn er in *Sade, Fourier, Loyola* (1971) das metaphorische Spiel mit den Signifikanten der begrifflich-wissenschaftlichen Analyse vorzieht, wenn er die Diskurse des "libertin", des utopischen Sozialisten und des Stifters der Gesellschaft Jesu nicht auf der Inhaltsebene, sondern auf der des Ausdrucks beschreibt. Nicht Sades Sexualphilosophie, Fouriers Sozialismus und Loyolas Christentum werden thematisiert, sondern ihre Sprach*spiele*, ihr Spiel mit dem vieldeutigen Signifikanten, das nicht zusammengefaßt, nicht auf ein Signifikat festgelegt werden kann: "Sprache, als Feld des Signifikanten, inszeniert Bezüge des Insistierens und keine Bezüge der Konsistenz: Zentrum, Gewicht und Sinn verlieren ihren Stellenwert."[17] Die drei Schriftsteller werden – ästhetisch-semiotisch – als Begründer von Sprachen ("fondateurs de langue") aufgefaßt, nicht als Vertreter von Weltanschauungen.

Wie Nietzsche wendet sich Barthes gegen die begriffliche Allgemeinheit, die die Wissenschaft anstrebt und verkörpert; immer wieder geht er auf den Kampf der Literatur gegen diese abstrakte Allgemeinheit ein, die auch der Sprache als System anhaftet: "Da die Sprache allgemein (und folglich moralisch) ist, ist die Literatur zur Allgemeinheit verdammt (condamnée à l'universel) (...)."[18] Sie soll versuchen, aus dieser Gefangenschaft im Abstrakten und Allgemeinen auszubrechen: "Sie soll töten, was sie hervorbrachte (...)." ("Elle doit tuer ce qui l'a engendrée...")[19] Wie Nietzsche möchte sich Barthes – zumindest in seinem Spätwerk – dem Text begriffslos nähern, um das Begehren und die Lust, die vom Text ausgehen, nicht im Keime zu ersticken. Wie der Junghegelianer und Hegel-Kritiker möchte er das Besondere und Individuelle in Sprache und Literatur vor dem Zugriff der begrifflichen

15 R. Barthes, *Le Bruissement de la langue. Essais critiques IV*, Paris, Seuil, 1984, S. 275-276.
16 R. Barthes, *Kritik und Wahrheit*, Frankfurt, Surhkamp, 1967, S. 59.
17 R. Barthes, *Sade, Fourier, Loyola*, Frankfurt, Suhrkamp, 1974, S. 11.
18 R. Barthes, *Le Bruissement de la langue*, op.cit., S. 261.
19 Ibid., S. 262.

Abstraktion bewahren. Er würde Nietzsche zustimmen, wenn dieser schreibt: "Das Übersehen des Individuellen und Wirklichen gibt uns den Begriff, wie es uns auch die Form gibt, wohingegen die Natur keine Formen und Begriffe, also auch keine Gattungen kennt, sondern nur ein für uns unzugängliches und undefinierbares X."[20] Nach diesem unzugänglichen X scheint Barthes – mit Nietzsche und Adorno – die Hand auszustrecken, wenn er in Übereinstimung mit Nietzsche, der den anthropologischen Gattungsbegriff anzweifelt, die literarischen Gattungen radikal in Frage stellt und in *Le Plaisir du texte* jenseits der syntaktischen Zwangsmechanismen des Sprachkörpers habhaft werden möchte.[21]

Als Schüler Jakobsons und der russischen Formalisten steht er zwar Kant nahe, wenn es darum geht, die Autonomie der Kunst in deren Vieldeutigkeit und Begriffslosigkeit zu verankern; seine Einstellung zu Kants Begrifflichkeit ist jedoch die Nietzsches. Über sie schreibt Karl Heinz Bohrer: "War Kant der 'Einbildungskraft', die von der Dichtkunst freigesetzt werde, weit entgegengekommen, so hatte er sie doch 'innerhalb den Schranken eines gegebenen Begriffs' gedacht. Nietzsche scheitert nicht am Begriff, wie etwa noch Winckelmann, sondern gibt ihn bewußt auf."[22] Ähnliches ließe sich mit Einschränkungen von Barthes sagen, der die strukturale Methode zugunsten einer anarchischen Textauffassung preisgibt, in der der schillernde Signifikant dominiert.

Der "ideale" Signifikant ist die reine *phoné* der Musik, und es ist sicherlich kein Zufall, daß sich Barthes unter ähnlichen Voraussetzungen wie Nietzsche der Musik zuwendet, die sich in noch viel stärkerem Maße als die vieldeutige Literatur des Signifikats, des Begriffs entledigt hat. Wenn Barthes in "Le Grain de la voix" (1972) von der "Wollust (der) Laut-Signifikanten"[23] der Sprache spricht, so antizipiert er nicht nur *Le plaisir du texte* (1973), sondern evoziert zugleich das Nichtrationale, das Dionysische im Sinne von Nietzsche.

Diesem entspricht nicht nur sein *penchant* für das Sinnliche und Natürliche, sondern auch seine Freude an Zufall und Spiel: "Nicht die Wahrheit führt meine Hand, sondern das Spiel, die Wahrheit des

---

20 F. Nietzsche, "Über Wahrheit und Lüge im außermoralischen Sinn", in: ders., *Werke* Bd. V, München, Hanser, 1980, S. 313.

21 R. Barthes, *Die Lust am Text*, Frankfurt, Suhrkamp, 1974.

22 K.H. Bohrer, *Plötzlichkeit. Zum Augenblick des ästhetischen Scheins*, Frankfurt, Suhrkamp, 1981, S. 118.

23 R. Barthes, *L'Obvie et l'obtus. Essais critiques III*, Paris, Seuil, 1982, S. 239.

Spiels."[24] Das Spiel ist allerdings nur in der Offenheit, jenseits des begrifflichen Systems, möglich. Und dies ist der Grund, weshalb Barthes im Gegensatz zu anderen Vertretern der sogenannten Nouvelle Critique nicht die Begründung einer Methode ins Auge faßte, sondern die Annäherung der theoretischen an die literarische Schreibweise.[25] Auch darin gleicht er Nietzsche: Einige seiner "Fragmente" und Aphorismen erinnern an die fragmentarischen, antisystematischen Texte seines Vorgängers.

Seine Stellung innerhalb der Nouvelle Critique der 60er Jahre ist insofern zweideutig, als er im Anschluß an die von Tzvetan Todorov (1965) übersetzten Texte der russischen Formalisten und in Übereinstimmung mit einigen Vertretern der Semiotik (Greimas, Kristeva) versuchte, eine strukturale Literaturwissenschaft zu entwickeln, zugleich aber den Logozentrismus von Greimas' Semiotik, Goldmanns Literatursoziologie und Charles Maurons Psychoanalyse ablehnte. Er tat es ohne unfaire Polemik, aber mit Entschiedenheit. In "Littérature et signification" (1963) wirft er Goldmann und Mauron vor, den vieldeutigen Signifikanten deterministisch auf soziologische und psychologische Bedeutungen festzulegen: "Im Falle von Goldmann (...) ist stets das Risiko da, daß der Signifikant als *Produkt* eines gesellschaftlichen Zustandes erscheint, wobei die Bedeutung in Wirklichkeit dazu da ist, das alte deterministische Schema zu verdecken; und im Falle von Mauron kann derselbe Signifikant nur mit Mühe vom *Ausdruck (expression)* abgelöst werden, der der alten Psychologie so am Herzen liegt (...)."[26] Komplementär dazu hebt er in *Sur Racine* (1960) den Rätsel- und Fragecharakter des literarischen Textes hervor, um anzudeuten, daß weder der soziologische noch der psychoanalytische Sinn ein für allemal fixiert werden kann; denn "man hört nie auf, das zu beantworten, was jenseits aller Antworten geschrieben wurde: die Bedeutungen, die festgesetzt, später von rivalisierenden Bedeutungen verdrängt werden, vergehen, aber die Frage bleibt".[27] Hier zeigt sich, daß die semiotische oder linguistische Textbetrachtung nicht – wie Ricœur meint – die hermeneutische Offenheit des Textes negiert; im Gegenteil, Barthes geht – ähnlich wie Jauß – von der hermeneutischen Überlegung aus, daß

24 R. Barthes, *Sade, Fourier, Loyola*, op.cit., S. 188.
25 Siehe: R. Barthes, *Fragments d'un discours amoureux*, Paris, Seuil, 1977, wo die "Figur" eine Art Bindeglied zwischen Theorie, Literatur und Literaturkritik bildet.
26 R. Barthes, *Essais critiques*, Paris, Seuil, 1964, S. 268.
27 R. Barthes, *Sur Racine*, Paris, Seuil, 1963, S. 11.

der literarische Text jederzeit eine neue Antwort auf seine Fragen erheischt.

Das bisher Gesagte, vor allem der Vergleich mit Nietzsche, könnte den Eindruck erwecken, als sei Barthes' gesamte Ästhetik die einer radikalen Polysemie, welche jeder wissenschaftlichen Praxis widerstrebt. Es gilt daher zu differenzieren und zu zeigen, daß der hier skizzierte Radikalismus zwar Barthes' Gesamtwerk durchzieht (davon zeugen seine Bemerkungen in *Sur Racine*), daß aber seine nietzscheanische Ästhetik des Signifikanten vor allem für die 70er Jahre kennzeichnend ist, für eine Zeitspanne also, in der *S/Z* (1970), *Fragments d'un discours amoureux* (1977) und *Leçon* (1978) erschienen sind.

Barthes selbst teilt seine Entwicklung in drei Phasen ein, wenn er in *L'Aventure sémiologique* (1985) bemerkt, im ersten Abschnitt seiner Laufbahn habe er in erster Linie eine Kritik der "kleinbürgerlichen Mythen" und Ideologien mit Hilfe der Semiologie als kritischer Wissenschaft anvisiert: "Die Semiologie der Zukunft mit ihrem Programm und ihren Aufgaben erschien mir damals als die grundlegende Methode der Ideologiekritik."[28] In diese erste Phase gehören *Le Degré zéro de l'écriture* (1953) und *Mythologies* (1957). – "Der zweite Abschnitt", fährt Barthes fort, "war der der Wissenschaft, oder zumindet der Wissenschaftlichkeit."[29] In dieser Zeit nahm er sich vor, im semiotischen Bereich "eine Systematik zu erproben", und schrieb *Système de la mode* (1967). – "Die Lust am System", erläutert er, "ersetzte bei mir das Über-Ich der Wissenschaft: Darin kündigte sich bereits der dritte Abschnitt dieses Abenteuers an: der gleichgültigen (adiaphorischen, hieß es bei Nietzsche) Wissenschaft gegenüber gleichgültig, drang ich in den Signifikanten ein, in den Text."[30] Die dritte Phase ist also die des Textes. Sie ist zugleich eine nietzscheanische Phase, in der der Machtanspruch des Signifikats radikal in Frage gestellt wird und Bezeichnungen wie "Werk", "Autor" und "Subjekt" als Ideologeme kritisiert werden: Sie sind alle mit dem Signifikat als "Wahrheit" und "wahre Bedeutung" liiert. Dies bedeutet allerdings nicht, daß sich Barthes' nietzscheanische Kritik am Signifikat (am Begriff) und an der Metaphysik auf diese Phase seiner Entwicklung beschränkt; sie rückt aber – mit *S/Z* – in den Mittelpunkt seiner Betrachtungen und beherrscht in den 70er Jahren

28 R. Barthes, *Das semiologische Abenteuer*, Frankfurt, Suhrkamp, 1985, S. 9.
29 Ibid.
30 Ibid., S. 10.

sein Denken. Dies ist der Grund, weshalb ich mich im folgenden auf diesen Zeitabschnitt konzentrieren will.

Was ist ein Text? Eine eindeutige Definition ist bei Barthes schwer zu finden; dafür bietet er zahlreiche Abgrenzungen an, in denen der Text "grundlegend vom literarischen Werk" unterschieden, nicht als "ästhetisches Produkt", sondern als "signifikante Praxis" umschrieben und nicht mit der "Struktur", sondern mit der "Strukturierung", der "Arbeit" und dem "Spiel" identifiziert wird. Er ist nicht eine geschlossene Einheit, deren Bedeutung freizulegen wäre, "sondern ein Volumen sich verschiebender Spuren".[31] Wesentlich für Barthes ist der ästhetische Nexus zwischen Text und Signifikant: "Die Instanz des Textes ist nicht die Bedeutung, sondern der Signifikant in der semiotischen und psychoanalytischen Verwendung dieses Terminus (...)."[32] In *S/Z* heißt es ergänzend, der ideale, *schreibbare* Text (s. weiter unten) sei "eine Galaxie von Signifikanten und nicht Struktur von Signifikaten" ("une galaxie de signifiants, non une structure de signifiés").[33] Nicht besonders hilfreich ist eine für Barthes' großzügigen Sprachgebrauch charakteristische Erläuterung in *Leçon*: "Ich kann also unterschiedslos sagen: Literatur, Schreibweise oder Text." ("Je puis donc dire indifféremment: littérature, écriture ou texte.")[34] Bevor ich mich ausführlicher mit dem Textbegriff befasse und auf seine Anwendung in *S/Z* eingehe, will ich zum Begriff des Signifikanten zurückkehren, der wohl der wichtigste Bestandteil von Barthes' Textbegriff ist.

Soll der Signifikant im Sinne von Barthes konkret bestimmt werden, dann gilt es zu berücksichtigen, daß er häufig metaphorisch verwendet wird und nicht als Synonym von Saussures *signifiant* gelesen werden kann. Denn Barthes' Signifikant ist weitaus mehr als die phonetische Einheit des Zeichens: Er ist zugleich dessen graphischer Aspekt, er ist Klang im musikalischen Sinn, Bild in allen Bedeutungen dieses Wortes und im allgemeinen jedes vieldeutige Zeichen, das im Begriff nicht aufgeht.

Barthes setzt Jacques Derridas Versuch fort, die *écriture*, die Schrift als graphische Praxis der *parole*, dem gesprochen Wort gegenüber aufzuwerten: "(...) Die Philosophie stellt (mit Jacques Derrida, dem Autor eines Buches, das nicht zufällig *Grammatologie* heißt) dem gesproche-

31 Ibid., S. 11.
32 Ibid.
33 R. Barthes, *S/Z*, Frankfurt, Suhrkamp, 1987, S. 10-11. (Frz. Orig., S. 12.)
34 R. Barthes, *Leçon/Lektion*, Frankfurt, Suhrkamp, 1980, S. 24-25.

nen Wort die Eigenständigkeit der Schrift gegenüber: Der Buchstabe in seiner graphischen Substanz wird dadurch zu einer unaufhebbaren Idealität, die mit den tiefsten Erfahrungen der Menschheit verknüpft ist (...)."[35] Der hier zitierte Text stammt aus Barthes' langer Betrachtung über "Erté ou A la lettre" (1973), die im Zusammenhang mit Ertés berühmtem Alphabet, dessen Buchstaben von erotischen Figuren gebildet werden, Graphik und Bild aufwertet. Es gilt, den Buchstaben vom kommunikativen Zwang zu befreien, dem er in der empiristischen und rationalistischen Tradition des Abendlandes unterworfen wurde. Das Zeichen soll nicht länger "einfaches Instrument der Kommunikation"[36] sein, sondern das Begehren und die Lust wecken.

Komplementär zum graphischen Zeichen verhält sich die reine *phoné* der Musik, die bar aller kommunikativen Bedeutungen zu den Hörern spricht. "Die Musik ist gleichzeitig das, was der Text ausdrückt und implizit läßt: was ausgedrückt (...), aber nicht artikuliert wird: was sowohl außerhalb des Sinns als auch des Sinnlosen ist, was in jeder Hinsicht der *signifiance* angehört, die die heutige Texttheorie zu postulieren und zu bestimmen versucht."[37] Es ist wohl kein Zufall, daß Barthes am Ende seines Artikels "La Musique, la voix, la langue" (1977), den ich hier zitiert habe, den Wert der Musik in deren metaphorischem Charakter erblickt ("d'être une bonne métaphore"). Seine Verknüpfung von Musik und sprachlichem Ausdruck tritt noch klarer in seinen Kommentaren zu Schumann zutage, wo noch einmal eine Beziehung zwischen Musik, Text und *signifiance* hergestellt wird: "Dank der Musik verstehen wir den Text als signifiance besser." ("Par la musique, nous comprenons mieux le texte comme signifiance.")[38] (Auf die Bezeichnung "signifiance" will ich im folgenden noch eingehen.)

Trotz seiner Exkurse in den Bereich der bildenden Künste und der Musik richtet Barthes sein Augenmerk vor allem auf den sprachlichen Signifikanten, den er jenseits aller Herrschaftsansprüche im Chinesischen und Japanischen entdeckt: in zwei Sprachen, deren Signifikanten sich *für ihn* als "sprachlosen" Europäer von ihren Signifikaten abgelöst haben. Während er sich Antonionis Film über China ansieht, überkommt ihn das Gefühl, das "Rauschen der Sprache" ("le bruissement de

35 R. Barthes, *L'Obvie et l'obtus*, op.cit., S. 111.
36 Ibid., S. 110.
37 Ibid., S. 252.
38 R. Barthes, "Rasch", in: *Langue, discours, société. Pour Emile Benveniste*, Sous la direction de J. Kristeva, J.-Cl. Milner, N. Ruwet, Paris, Seuil, 1975, S. 228.

la langue")[39] zu vernehmen: ihre Musik, die den Hörenden ohne Begriffe, ohne Signifikate *anspricht*. Ein ähnliches Erlebnis beschreibt er in *L'Empire des signes* (1970), das nicht so sehr ein Buch über Japan ist, sondern über das Reich des reinen Lautes, der dem Europäer als vom Begriff befreit erscheint: "Nun zeigt sich, daß in diesem Lande (Japan) das Reich der Signifikanten derartig ausgedehnt und um so vieles weiter als die Sprache ist, daß der Austausch der Zeichen trotz der Undurchsichtigkeit der Sprache und zuweilen gar wegen ihr einen faszinierenden Reichtum, eine bestrickende Beweglichkeit und Subtilität besitzt."[40]

Barthes fühlt sich nur in diesem Reich der Laute wohl, in einer Welt, in der die Herrschaft des Begriffs so weit wie nur möglich zurückgedrängt wurde und in der das vieldeutige Zeichen die Freiheit der Phantasie gewährleistet. Es ist die Welt des Historikers Michelet, dem er eine längere Studie gewidmet hat[41], den er zu seinen Lieblingsautoren rechnet[42] und den er in *Le Bruissement de la langue* (1985) als den "Fürsten des Signifikanten", "prince du signifiant"[43] bezeichnet. Es ist natürlich auch die Welt Mallarmés, von dem Barthes sagt: "Erst Mallarmé hat in unserer Literatur die Vorstellung eines freien Signifikanten ermöglicht, auf dem nicht länger die Zensur des falschen Signifikats lastet (...)."[44]

Barthes' Kritik am Signifikat, die überall in seinem Werk sein *parti pris* für Polysemie begleitet, ist global als Kritik eines Denkens zu werten, das sich ausschließlich oder vorwiegend auf der *Inhaltsebene* (Hjelmslev) bewegt und die Autonomie der *Ausdrucksebene* vernachlässigt. Seine Abneigung gegen dieses Denken, das er vor allem mit dem cartesianischen Rationalismus identifiziert, ist zugleich eine Abneigung gegen den Rationalisten Saussure. In dessen Augen erscheint das Signifikat als die "Goldgarantie" der Sprachwährung, der "an sich" wertlosen Signifikanten: "Für Saussure sind der Sinn, die Arbeit und das Gold die Signifikate des Lautes, des Lohns und des Geldscheins: *das Gold des Signifikats*! so schallt es uns aus allen Hermeneutiken entgegen, aus diesen Semiologien, die bei der Bedeutung innehalten: Für sie *begründet* das Signifikat den Signifikant ganz genauso wie in

39 R. Barthes, *Le Bruissement de la langue*, op.cit., S. 95.
40 R. Barthes, *Das Reich der Zeichen*, Frankfurt, Suhrkamp, 1981, S. 22-23.
41 Siehe: R. Barthes, *Michelet par lui-même*, Paris, Seuil, 1954.
42 Siehe: R. Barthes, *Leçon/Lektion*, op.cit., S. 10-11.
43 R. Barthes, *Le Bruissement de la langue*, op.cit., S. 233.
44 Ibid., S. 265.

der gesunden Geldwirtschaft das Gold die Währung begründet; eine typisch gaullistische Auffassung: *Behalten wir die Goldwährung* und *Drückt Euch klar aus*, so lauteten die zwei Losungen des Generals."[45] Es gibt jedoch einen zweiten Saussure, den Barthes gegen den Rationalisten Saussure ausspielt: "den der *Anagramme*, der aus der lautlichen und semantischen Überfülle der archaischen Verse bereits die Moderne *heraushört*: nun ist Schluß mit dem Vertrag, der Klarheit, der Analogie und dem Wert: anstelle des Goldes des Signifikats tritt das Gold des Signifikanten, das Metall der Poesie und nicht mehr das der Münzen".[46]

An dieser Stelle zeigt sich, wie stark Barthes' Theorie mit der Ästhetik, Sprach- und Kulturkritik der *Tel-Quel*-Gruppe verflochten ist: Auch andere *Tel-Quel*-Autoren wie Jean-Joseph Goux, Julia Kristeva, Philippe Sollers und Jean Ricardou verknüpften die Herrschaft des Logos, des Signifikats in der europäischen philosophischen Tradition ("von Aristoteles bis Martinet", Goux)[47] mit dem Tauschwert des Geldes. Auch sie verbanden die Kritik des Begriffs und des Logozentrismus mit einer radikalen Kritik an Bezeichnungen wie "Autor", "Subjekt" und "Werk".[48]

Barthes folgt ihnen, wenn er zugleich mit der Herrschaft des Signifikats ("ce monstre: le Dernier Signifié")[49] die Vorstellung von einem für das abgeschlossene und sinn*volle Werk* verantwortlichen *Subjekt* in Frage stellt. Zusammen mit der letzten, "eigentlichen", vom Autor intendierten Bedeutung wird das Autorensubjekt verabschiedet: "Von dem *Autor* wird immer verlangt, daß er vom Signifikat zum Signifikanten geht, vom Inhalt zur Form, vom Projekt zum Text (...)."[50] Barthes hingegen faßt den literarischen Text anders auf: als ein offenes Zusammenspiel von Signifikanten, dem keine – noch so gründliche – Interpretation ein Ende bereiten kann, weil der Text als *signifiance*, d.h. als offener *Bedeutungsprozeß*, keinen Abschluß duldet. Somit wäre die

45 R. Barthes, *Das semiologische Abenteuer*, op.cit., S. 161.

46 Ibid., S. 163.

47 J.-J. Goux, *Freud, Marx. Economie et symbolique*, Paris, Seuil, 1973, S. 125: "L'accent est mis d'une façon unanime (d'Aristote à Martinet) sur la *valeur d'échange* des signes – leur fonction dans le procès de circulation."

48 Siehe: J. Kristeva, *La Révolution du langage poétique. L' Avant-garde à la fin du XIXe siècle: Lautréamont et Mallarmé*, Paris, Seuil, 1974, S. 13 und S. 119-121. Siehe auch: M. Charvet, E. Krumm, *Tel-Quel – un'avanguardia per il materialismo*, Bari, Dedalo, 1974, S. 58: "L'autore e il suo discorso, espressione della sua coscienza, impallidiscono (...)."

49 R. Barthes, *Le Bruissement de la langue*, op.cit., S. 207.

50 R. Barthes, *S/Z*, op.cit., S. 173.

signifiance als eine Offenheit (Unabschließbarkeit) des Textes zu definieren, die durch die Vorherrschaft des Signifikanten ("l'excès du signifiant", Barthes)[51] zustande kommt.

Kurzum: Barthes' Textbegriff ist der der europäischen, spezifisch der französischen Avantgarde der 50er und 60er Jahre. Er stimmt weitgehend mit dem der *Tel-Quel*-Gruppe, des Nouveau Roman (Robbe-Grillet, Butor) und des Nouveau Nouveau Roman (Ricardou, Sollers) überein. Er geht allerdings auf die Surrealisten, auf Bataille, Brecht, Mallarmé und – Nietzsche zurück. Wie wichtig gerade Robbe-Grillet und der Nouveau Roman für Barthes waren, zeigen die frühen *Essais critiques* (1964), wo im Zusammenhang mit Robbe-Grillet von einem Verzicht auf Intentionalität, auf Bedeutung die Rede ist und davon, daß "die Literatur ihrer Definition nach formal ist" ("la littérature est par définition formelle").[52] Hier wird nicht nur zusammen mit dem vieldeutigen Signifikanten die Ausdrucksebene in den Vordergrund gerückt, sondern die Literatur wird in den formalistisch-avantgardistischen Kontext gestellt, der seit dem russischen Formalismus und Futurismus die ästhetische Diskussion in Europa beherrscht. – Auf diesen Kontext weist auch Leo H. Hoek in seinem Kommentar zu *L'Empire des signes* hin.[53]

Barthes' avantgardistische Textauffassung geht nicht nur vom Signifikanten aus, sondern auch vom Begehren (*désir*) und von der *Lust* (*plaisir*) am Text, die beide nietzscheanischen Ursprungs sind. In einem der Gespräche, die in *Le Grain de la voix* (1981) veröffentlicht wurden, bemerkt er zum Verhältnis von Sinnlichkeit und Avantgarde: "Ermöglicht wird die Avantgarde immer dann, wenn der Körper schreibt und nicht die Ideologie."[54] In diesem Sinne sind Sade, Fourier und Loyola Vorläufer der Avantgarde, weil sie Sprachen des Verlangens oder Begehrens, "des langues du désir"[55], geschaffen haben.

Dem avantgardistischen Versuch, durch Schreiben und Lesen das Verlangen und die Lust zu wecken, entspricht, wie Silvia Lagorio

---

51 R. Barthes, *Le Bruissement de la langue*, op.cit., S. 228.

52 R. Barthes, *Essais critiques*, op.cit., S. 69.

53 Siehe: L.H. Hoek, "Le Signe vide. Lecture sémiotique de *L'Empire des signes*", in: *Colloque Barthes. Peinture du signe, Rapports/Het Franse boek* (Amsterdam), no. spécial "Actes du Colloque Barthes", 53. Jg. Nr. 2, 1983, S. 75: "La langue japonaise par contre n'offre que 'la pure signifiance' (...) le signifiant détaché de son signifié, signifie sans détermination du sens."

54 R. Barthes, *Le Grain de la voix. Interviews*, Paris, Seuil, 1981, S. 182.

55 Ibid., S. 243.

richtig bemerkt[56], Barthes' fragmentarische, aphoristische und essayistische Schreibweise, die sich der Herrschaft der Systeme in einer von der Technologie beherrschten Gesellschaft entziehen möchte. *Le Plaisir du Texte* und *Fragments d'un discours amoureux* sind Fragmente eines Diskurses, deren Autor darauf bedacht ist, dem Leser nicht seine Freiheit zu nehmen, ihn nicht in ein diskursives System (als Makrosyntagma) einzusperren.

Diese Offenheit, die er selbst praktiziert, verlangt Barthes auch von anderen Texten. Die Offenheit als *signifiance* wird bei ihm zum entscheidenden Kriterium für die Bewertung eines Textes, und er unterscheidet in diesem Zusammenhang (vor allem in *S/Z*) den *lesbaren* (*lisible*) vom *schreibbaren* (*scriptible*) Text: Während der "schreibbare" Text – z.B. der Avantgarde – noch weitergeschrieben oder umgeschrieben werden kann, ist der "lesbare" Text nur noch rezipierbar, jedoch nicht mehr als Modell für die Schrift oder "écriture" zu verwenden. Der schreibbare Text, das ist die – stets zeitgenössische – Praxis der *écriture* selbst: "Der schreibbare Text ist ständige Gegenwart, und kein *konsequentes* Sprechen (das ihn zwangsläufig in Vergangenheit verwandeln würde) kann sich ihm aufstülpen. Der schreibbare Text, das sind *wir beim Schreiben*, bevor das nicht endende Spiel der Welt (die Welt als Spiel) durch irgendein singuläres System (Ideologie, Gattung, Kritik) durchschritten, durchschnitten, durchkreuzt und gestaltet worden wäre (...)."[57] Nietzscheanisch ist hier der Sprachduktus, avantgardistisch die Intention: Es geht – wie schon in *Le Degré zéro de l'écriture* – darum, das Schreiben vom Gehäuse der Ideologie, der Gattung oder der Struktur zu befreien. Der Nietzscheaner, der Vertreter der Avantgarde wendet sich zugleich gegen den lesbaren, den klassischen, den toten Text: "Als Gegenüber des schreibbaren Textes etabliert sich also sein negativer, reaktiver Wert, sein Gegenwert: das was gelesen, aber nicht geschrieben werden kann: das *Lesbare*. Jeden lesbaren Text nennen wir einen klassischen Text."[58]

In einer scharfsinnigen Darstellung von Barthes' Literaturbegriff unterscheidet Vincent Jouve neben dem *texte lisible* und dem *texte scriptible* noch zwei weitere Textbegriffe in Barthes' Werk: den *texte lisible univoque* (den eindeutig lesbaren Text) und den experimentellen, nur

56 S. Lagorio, *Introduzione a Roland Barthes. Dalla semiologia alla teoria della scrittura*, Firenze, Sansoni Editore, 1986, S. 71-73.

57 R. Barthes, *S/Z*, op.cit., S. 9.

58 Ibid., S. 8.

deutbaren *texte recevable*. Während der eindeutige Text ein Produkt der Massenliteratur ist und als "geisttötend" ("poisseux") empfunden wird, empfindet man den vieldeutigen, lesbaren Text (Racine, Sade, Balzac) als "angenehm" ("plaisant") und den "schreibbaren" (Mallarmé, Bataille, Sollers) als "genußbringend" ("jouissif"). Der *texte recevable* schließlich weckt "brennendes Interesse": Er ist "brûlant", aber in der "Jetztzeit" nicht zu veröffentlichen ("impubliable"); er ist – im Gegensatz zum *texte lisible* – der Text der Zukunft.[59]

In diesem Zusammenhang analysiert Barthes in *S/Z* Balzacs Novelle *Sarrasine*, deren Erzähler (als erzählendes und erlebendes *Ich*) der Madame de Rochefide die Lebensgeschichte des französischen Malers Sarrasine erzählt, der sich während seines Italienaufenthalts in den Sänger und Kastraten Zambinella verliebt, den er für eine außergewöhnlich schöne Frau hält. Es handelt sich um einen vieldeutigen, lesbaren (klassischen) Text, dem Barthes mit *S/Z* einen Kommentar hinzufügt, dessen Titel zumindest ebenfalls vieldeutig ist. Denn *S/Z* steht als eine Art Emblem für den Gegensatz zwischen dem Maler *S*arrasine und dem Kastraten Zambinella, der zugleich die linguistische Relevanzproblematik (stimmlos/stimmhaft) evoziert: Die kulturellen Relevanzkriterien, die vom Gegensatz *männlich/weiblich* ausgehen, werden durch die Erscheinung des Kastraten (weder männlich noch weiblich) grundsätzlich in Frage gestellt. Zur Vieldeutigkeit des Titels bemerkt Barthes selbst in einem Interview: "Es ist ein Titel, der so beschaffen ist, daß man ihn mit mehreren möglichen Bedeutungen versehen kann, und in dieser Hinsicht klingt im Titel eines der Vorhaben des Buches an: nämlich die Möglichkeiten einer pluralistischen Kritik aufzuzeigen, die es gestattet, einem klassischen Text mehrere Bedeutungen zu entnehmen."[60]

Um die Offenheit von Balzacs Novelle zu demonstrieren, wendet Barthes zwei semiotische Begriffe an, die er auf seine Art definiert: den von Hjelmslev eingeführten und in *Eléments de sémiologie* literaturwissenschaftlich erweiterten Begriff der *Konnotation* und den Begriff des *Codes*. Die Konnotation ist ein Vorgang, in dem eine sekundäre Bedeutung entsteht, weil das Zeichen eines bestimmten Zeichensystems (etwa der natürlichen Sprache) in seiner Gesamtheit, also als Signifikant und

59 Siehe: V. Jouve, *La Littérature selon Roland Barthes*, Paris, Minuit, 1986, S. 53.
60 R. Barthes in: G. de Mallac, M. Eberbach, *Roland Barthes*, Paris, Editions Universitaires, 1971, S. 108.

Signifikat, in einem zweiten Zeichensystem (z.B. in einem literarischen Text) neue, d.h. konnotierte Bedeutungen annimmt. Barthes selbst bemerkt zum Konnotationsbegriff: "Die erste Mitteilung, die selbst aus einer Vereinigung von Signifikanten und Signifikaten besteht, wird aufgrund einer Art versetzten Bewegung zum bloßen Signifikanten der zweiten Mitteilung, da sich nur ein Element der zweiten Mitteilung (sein Signifikant) auf die Gesamtheit der ersten Mittteilung erstreckt."[61] Es entsteht also ein konnotiertes Signifikat zweiten Grades.

In seiner Analyse von *Sarrasine* versucht Barthes zu zeigen, wie vom Leser der Novelle verschiedene konnotierte Signifikate anhand von einigen im Text angelegten Codes realisiert werden. (Ihm ist es also, ähnlich wie Ingarden und Iser, um eine Art Ausschöpfung des Sinnpotentials des Textes durch den Leser zu tun.) Auch Barthes' Code-Begriff weicht von der ursprünglichen Bedeutung ab: Er bezeichnet nicht eine Struktur, deren Elemente einander wechselseitig bestimmen, sondern, wie Louis-Jean Calvet richtig bemerkt, eine Leseweise oder Leserichtung: "direction potentielle de lecture".[62] Diese lenkt die Lektüre in bestimmte Bahnen und läßt das entstehen, was Barthes als *lexie* bezeichnet: "Für jede Lexie systematisch diese Signifikate ausfindig zu machen, geht nicht darauf aus, die Wahrheit des Textes (seine tiefe, strategische Struktur), sondern sein Plurales (...) festzulegen (...)."[63]

Dieses Plurale manifestiert sich in Barthes' Lektüre der Novelle im Zusammenhang mit fünf Codes, "auf die nun alle Signifikate des Textes zugehen"[64]: einem Code der Handlungen, der das kausale Textverständnis fundiert (Handlungsablauf); einem hermeneutischen Code, der mit dem Frage- und Antwortspiel des Textes übereinstimmt (Wer ist Zambinella? Lösung des Rätsels); einem semischen Code, der bestimmte semantische Merkmale der Protagonisten bündelt (die feminine Endung des Namens Sarrasine konnotiert im Französischen "Weiblichkeit"); einem symbolischen Code, der die Vieldeutigkeit ("Multivalenz", Barthes) des Textes artikuliert und mit dem Unbewußten im Sinne von Lacan ("l'ordre symbolique") kommuniziert; einem kulturellen oder Referenzcode schließlich, den Barthes mit dem etwas vagen Ausdruck "Zitate aus dem Schatz von Wissen und Weis-

61 R. Barthes, *Das semiologische Abenteuer*, op.cit., S. 183.
62 L.-J. Calvet, *Roland Barthes. Un regard politique sur le signe*, Paris, Payot, 1973, S. 143.
63 R. Barthes, *S/Z*, op.cit., S. 19.
64 Ibid., S. 23.

heit"[65] umschreibt. Er setzt sich aus Ideologemen und *doxa* zusammen, die Flaubert seinerzeit als *idées reçues* bezeichnet hat.

In seiner konnotativen Lektüre von *Sarrasine* zeigt Barthes, wie die diversen Codes zusammenwirken, wie z.B. der kulturelle Code als System von Stereotypen die Dialoge zwischen Sarrasine und Zambinella beherrscht, wie der Handlungscode die Spannung des Lesers steigert, wie schließlich im Rahmen des hermeneutischen Codes die Rätsel des Textes gelöst werden. Allerdings sorgt der symbolische Code dafür, daß die Offenheit des Textes erhalten bleibt, daß die Novelle in ihrer Pluralität auf sich selbst verweist: "(...) Der Balzacsche Buchstabe ist durchweg nur die 'Transkription' eines anderen Buchstaben, dem des Symbols: der Euphemismus ist eine Sprache. In Wahrheit kann der Sinn eines Textes nichts anderes sein als das Plurale seiner Systeme (...)."[66] Dieses "Plurale" stellt Barthes im Zusammenhang mit *Sarrasine* anschaulich dar.

Es fragt sich allerdings, ob er nicht – gleichsam *malgré lui* – eine Textstruktur aufdeckt, wenn er von der Allgegenwart des Kastrationsproblems in *Sarrasine* spricht und überzeugend nachweist, daß die ganze mondäne Gesellschaft, die in dieser Novelle dargestellt wird, in aktive und passive, kastrierende und kastrierte Akteure eingeteilt werden kann: "Das symbolische Feld ist also nicht das der biologischen Geschlechter, sondern das der Kastration: des *kastrierend/kastriert* und des *aktiv/passiv*. Dieses Feld (...) teilen sich auf pertinente Weise die Personen der Geschichte."[67] Wenn dies der Fall ist (und ich will es *for argument's sake* glauben), dann fragt es sich, ob der semantische Gegensatz *aktiv/passiv* (*kastrierend/kastrier*t auf der Ebene der Aktanten) nicht sowohl die semantische Grundlage der Novelle als auch deren narrativen Ablauf strukturiert. Hier scheint mir das wichtig zu sein, was Greimas mit der ihm eigenen Ironie zu Barthes' semiotischer Praxis bemerkt, nämlich, daß sie " 'Tiefenstrukturen' aufdeckt, nur um sie zu verdammen".[68]

Tatsache ist, daß Barthes nur deshalb die "Offenheit" der Novelle nachweisen konnte, weil er den Offenheit implizierenden Konnotationsbegriff zu seinem Schlüsselbegriff gemacht und auf komplementä-

65 Ibid., S. 24.
66 Ibid., S. 122.
67 Ibid., S. 41.
68 A.J. Greimas, "Roland Barthes: una biografia da costruire", in: *Mitologie di Roland Barthes. I Testi e gli Atti*, Hrsg.: P. Fabbri, I. Pezzini, Parma, Società Produzioni Editoriali, 1986, S. 308.

re semiotische Begriffe wie Tiefenstruktur, Isotopie und Aktantenmodell (siehe Abschn. 3) verzichtet hat. Wie man in den Wald (in die Novelle) hineinruft, so schallt es heraus: Hätte Barthes Begriffe der strukturalen Semantik (Greimas) oder des genetischen Strukturalismus (Goldmann) angewandt, hätte er in der Novelle vielleicht eine Tiefen- oder Bedeutungsstruktur (*aktiv/passiv*) vorgefunden und hätte sie womöglich der Passivität der Männer in der mondänen Gesellschaft homolog erklärt...

Daß der Konnotationsbegriff keine befriedigenden Resultate zeitigt, wenn er unabhängig von anderen semiotischen Grundbegriffen angewandt wird, zeigt nicht so sehr *S/Z*, als vielmehr Barthes' "Textanalyse einer Erzählung von Edgar Allan Poe" (1973), in der ebenfalls die Konnotationen im Mittelpunkt stehen: "Unser Ziel besteht darin, den Plural des Textes, die Offenheit seiner Signifikanz denken, vorstellen und erleben zu können."[69] Aber auch in diesem Fall, auf den ich hier aus Platzgründen nicht mehr eingehen kann, könnten semantische und narrative Strukturen nachgewiesen und die "Offenheit" des Textes – seine Polysemie – relativiert werden.

Dies mag einer der Gründe sein, weshalb Barthes von seiner Anwendung des Konnotationsbegriffs auf Poes Erzählung *Herr Valdemar* selbst nicht angetan war: "Als ich diese Analyse der ersten Seiten von Edgar Poe durchführte", erklärt er im Juni 1977 in Cerisy, "wollte ich im Grunde sehen, ob ich wiederholen könnte, was ich mit *Sarrasine* getan hatte (...). Aber in Wirklichkeit konnte ich es nicht wiederholen; das heißt, ich habe es wiederholt, aber ohne Vergnügen und, meiner Meinung nach, ohne Erfolg (...)."[70] Diese Abwendung von der "konnotativen Methode" hängt einerseits sicherlich mit Barthes' Vielseitigkeit und Kreativität zusammen: Er wollte nicht zum Gefangenen seiner eigenen Begrifflichkeit werden. Sie hängt aber auch mit der Dürftigkeit des isolierten Konnotationsbegriffs zusammen, und diese erklärt sich wiederum aus der Tatsache, daß Barthes gegen alle Begriffe allergisch war, die dazu taugen, die Bedeutung des Textes zu fixieren.

Sein *parti pris* für die Pluralität des Textes und die Ausdrucksebene begründet zugleich sein Interesse am Leser und an der *lecture*, das nicht nur in *S/Z* (*lexies*), sondern in nahezu allen seinen Schriften zum

69 R. Barthes, "Textanalyse einer Erzählung von Edgar Allan Poe", in: ders., *Das semiologische Abenteuer*, op.cit., S. 267.

70 R. Barthes, in: *Prétexte: Roland Barthes. Colloque de Cerisy*, Paris, UGE (10/18), 1978, S. 83.

Ausdruck kommt. In "Sur la lecture" (1975) tritt der Nexus zwischen Offenheit und Lektüre klar zutage: "(...) Die Lektüre, das wäre im großen und ganzen die permanente *Blutung* ("l'*hémorragie* permanente"), die den Zusammenbruch der – von der strukturalen Analyse geduldig und nützlich beschriebenen – Struktur bewirkt (...)."[71] Hier zeigt sich, daß Annette Lavers recht hat, wenn sie bemerkt, Barthes sei "nie wirklich Strukturalist im Bereich der literaturwissenschaftlichen Analyse gewesen".[72] Sein Plädoyer für die Offenheit des Textes und die unbegrenzte Lektüre machen ihn jedoch zu einem konsequenten Nietzscheaner und Antihegelianer; denn Nietzsche, der wie Barthes mit "Wesen" und "Tiefenstruktur" nichts im Sinne hatte, definierte "die Kunst als den *guten* Willen zum Scheine".[73] Damit brach er mit der klassischen deutschen Philosophie, die dazu neigte, in Philosophie und Kunst das Wesen zu suchen. Barthes folgte ihm.

2. Umberto Eco: Von der Avantgarde zur "Postmoderne"

Von Roland Barthes sagt Eco, er habe "in einer Dialektik von Kühnheit und Scham (dialettica di ardimento e pudore) die Bedeutung denunziert und negiert".[74] So radikal war Eco in keinem Stadium seiner Entwicklung. Seine frühe Position, die am klarsten wohl in *Opera aperta* (1962) (*Das offene Kunstwerk*, 1973) zum Ausdruck kommt, könnte im Bereich des formalistischen Kantianismus, der im 2. Kapitel zur Sprache kam, geortet werden. Die Art, wie der frühe Eco die Offenheit und Deutbarkeit des Kunstwerks beschreibt, erinnert stellenweise an Jakobsons Definition der "poetischen Nachricht" und an die Kunstauffassung der russischen Formalisten. In Übereinstimmung mit Roman Jakobson definiert er den literarischen oder poetischen Text als "autoreflexiv": "Die Signifikanten verweisen auch – wenngleich nicht vor allem – auf sich selbst. Die Botschaft erscheint als *autoreflexiv*."[75] An anderen Stellen von *Opera aperta* tritt die Affinität zwischen Ecos Ästhetik und

71 R. Barthes, *Le Bruissement de la langue*, op.cit., S. 47.

72 A. Lavers, *Roland Barthes. Structuralism and After*, London, Methuen, 1982, S. 175.

73 F. Nietzsche, *Werke* Bd. 3, München, Hanser, 1980, S. 113.

74 U. Eco, "La Maestria di Barthes", in: *Mitologie di Roland Barthes*, op.cit., S. 302. Eco fügt hinzu: "Con lo zen ha celebrato il rifiuto del senso, il silenzio, l'opacità (...)."

75 U. Eco, *Das offene Kunstwerk*, Frankfurt, Suhrkamp, 1977, S. 73.

der avantgardistischen Position der russischen Formalisten klar zutage: etwa dort, wo er die These aufstellt, der Empfang einer offenen ästhetischen Botschaft führe dazu, "daß die *Erwartung* (...) weniger ein *Vorhersehen des Erwarteten* als ein *Erwarten des Unvorhergesehenen* impliziert".[76] Auch Viktor Šklovskij behauptete, die Verfahren der modernen Kunst sollten ein "neues Sehen", nicht ein "Wiedererkennen" im Rahmen der Alltagskonventionen bewirken. (Siehe Kap. 2.)

Wie schon in der formalistischen Bewegung gesellt sich bei Eco zu einer Autonomieästhetik kantianischer Provenienz ("Offenheit", Zurückweisung begrifflicher Monosemierungsversuche) eine avantgardistische Einstellung, die streckenweise mit Gesellschaftskritik einhergeht. Ähnlich wie die Formalisten und Futuristen (etwa N. Gorlov) plädiert der italienische Semiotiker Anfang der 60er Jahre – sechs Jahre vor den europäischen Mai-Revolten – für das ästhetische Verfahren der Verfremdung, das er als eine angemessene Antwort auf den gesellschaftlichen Zustand der Entfremdung auffaßt: "(...) Man kann die Entfremdung nur dadurch aufhellen, daß man sie verfremdet, sie in einer sie reproduzierenden Form objektiviert".[77] Wie vor ihm Adorno faßt er die gesellschaftskritische Verfremdung als ein Problem der *Form* auf; wie Adorno in den 40er und 50er Jahren glaubt er, daß sich vor allem auf formaler Ebene Gesellschaftskritik ästhetisch artikuliert.

Als Modell solcher avantgardistischer Kritik erscheint Eco in den 60er Jahren das Werk von James Joyce, in dem die narrativen Stereotypen des traditionellen Romans radikal in Frage gestellt werden. Als Alternative zur Aristotelischen Romanpoetik, die auf die kausale Verknotung von Handlungen ausgerichtet ist, bietet Joyce eine Romanpoetik des Querschnitts an, die den Roman nicht als narrative Syntax, sondern als "Querschnitt", als paradigmatische oder "parataktische" (Adorno) Anordnung auffaßt: "Joyce muß, wenn er sein Projekt einer in der Ausdruckshaftigkeit der Struktur aufgelösten dramatischen Erzählweise vollenden will, mit dem Gegenstand seiner Erzählung vor allem das Werkzeug, nämlich die Struktur jenes traditionellen Romans, der bis zur Jahrhundertwende der Roman schlechthin zu sein schien, auflösen; und er muß an die Stelle einer Poetik der Handlung eine Poetik des 'Querschnitts' setzen."[78] Am Ende von *Opera aperta* erscheint Joyce in avantgardistischer Perspektive als "Auflöser der Sprache", als "Haupt-

76 Ibid., S. 148.
77 Ibid., S. 288.
78 Ibid., S. 352-353.

regisseur der modernen Unordnung".[79] Ähnlich wie bei Adorno nimmt das Wort "Unordnung" in diesem Kontext positive, d.h. kritische Konnotationen an.

Über Adornos praxisferne Ästhetik scheint Eco an entscheidender Stelle hinauszugehen, wenn er die verfremdenden und entmystifizierenden Verfahren der Avantgarde als potentielle Handlungsanweisungen auffaßt. Von der Einstellung der Avantgarde zur entfremdeten Sprache der modernen Gesellschaft heißt es in "Form als Engagement": "(...) Indem sie aber diese Sprache transparent macht, sie als Form der Darstellung *herausstellt*, tut sie das uns Entfremdende von ihr ab und befähigt uns, sie zu demystifizieren. Das kann der Anfang des Handelns werden."[80] Dieser avantgardistische Sprachduktus, der an die "révolution surréaliste" und die revolutionären Parolen der russischen Futuristen gemahnt, sollte allerdings nicht über die Tatsache hinwegtäuschen, daß dem frühen Eco sowohl eine kritische Theorie der spätkapitalistischen Verhältnisse als auch ein soziologischer Begriff der Entfremdung fehlt. Es kommt hinzu, daß seine Kritik der Entfremdung an keiner Stelle seiner Argumentation die gesellschaftlichen Herrschaftsverhältnisse einbezieht, die gerade in der von Eco immer wieder erwähnten Kultur- und Medienindustrie ausschlaggebend sind.[81] In diesem Punkt weicht seine Betrachtungsweise von der Benjamins, Adornos und Horkheimers ab. (Siehe Kap. 4.)

Sie stimmt strukturell insofern mit Adornos dialektischer Kunstauffassung überein, als auch Eco sich bemüht, Vieldeutigkeit und Begrifflichkeit, Offenheit und Geschlossenheit des Kunstwerks aufeinander zu beziehen und einseitige Reduktionen auf uneingeschränkte Polysemie oder begriffliche Monosemie zu vermeiden. In diesem Zusammenhang unterscheidet er eine "Offenheit ersten Grades", die von der Kreativität des Lesers abhängt, von einer "Offenheit zweiten Grades", die in der Werkstruktur selbst angelegt ist und von der Avantgarde als "offener Prozeß" systematisch praktiziert wird.[82]

In späteren Publikationen wird der Begriff des "offenen Kunstwerks" auf semiotischer Ebene präzisiert, und zwar im Rahmen einer grundsätzlichen Unterscheidung zwischen Denotation und Konnotation, die

---

79 Ibid., S. 421.

80 Ibid., S. 281.

81 Siehe z.B. U. Eco, *Apokalyptiker und Integrierte. Zur kritischen Kritik der Massenkultur*, Frankfurt, Fischer, 1984, S. 52-56, S. 64-73.

82 U. Eco, *Das offene Kunstwerk*, op.cit., S. 138.

von Louis Hjelmslev eingeführt wurde.[83] Ähnlich wie Barthes, der von der These ausgeht, daß literarische Texte die primären Bedeutungen der natürlichen Sprache in sekundäre Bedeutungen verwandeln, indem sie die Zeichen der *langue* in ihrer Gesamtheit (also Signifikant + Signifikat) in neue Signifikanten zweiten Grades umformen (s.o.), faßt Eco den literarischen Text als ein konnotatives System auf, in dem die Zeichen der Alltagssprache neue Bedeutungen annehmen: "*So verwandelt das Werk ständig seine Denotationen in Konnotationen und seine Signifikate in Signifikanten anderer Signifikate*."[84] Anders ausgedrückt: die primären Codes der natürlichen Sprache, die auf Konventionen gründen und kommunikative Funktionen erfüllen (z.B. politische oder wissenschaftliche Sprachen, Sprachen der Werbung), werden durch die literarische Praxis in sekundäre Codes verwandelt, in denen Wörter neue, ungewohnte oder verfremdete Bedeutungen annehmen.

Einen ähnlichen Gedanken hat – meiner Meinung nach systematischer und genauer als Eco – Jurij Lotman formuliert, als er den Begriff des *sekundären modellierenden Systems* prägte. Das literarische Werk, sagt er, ist ein sekundäres, abgeleitetes System, in dem die Wortbedeutungen der natürlichen Sprache umgedeutet werden: "Das sekundäre modellierende System des künstlerischen Typus konstruiert *sein eigenes* System von Denotaten, das keine Kopie, sondern ein Modell der Welt der Denotate in allgemeinsprachlicher Bedeutung darstellt."[85] Mit anderen Worten: Der Autor eines literarischen Textes konstruiert ein sprachliches "Miniatursystem", dessen Signifikanten in vielen Fällen andere Signifikate bezeichnen (denotieren) als die des natürlichen Sprachsystems: Signifikate zweiten Grades oder konnotierte Signifikate.

Was Lotman als "sekundäres modellierendes System" auffaßt, wird bei Eco zum "privaten Code" oder *Idiolekt* des Autors: "Einen solchen

83 Siehe: L. Hjelmslev, *Prolegomena zu einer Sprachtheorie*, München, Hueber, 1974, S. 111: "Es steht noch an, durch eine letzte Erweiterung des Blickfeldes zu zeigen, daß es auch Sprachen gibt, deren Ausdrucksebene eine Sprache ist, und Sprachen, deren Inhaltsebene eine Sprache ist. Die ersteren werden wir *Konnotationssprachen* nennen, die letzteren *Metasprachen*."

84 U. Eco, *Einführung in die Semiotik*, München, Fink, 1972, S. 154.

85 J. Lotman, *Die Struktur des künstlerischen Textes*, Frankfurt, Suhrkamp, 1973, S. 81. Zur Entwicklung des Begriffs "sekundäres modellierendes System" siehe auch: M. Fleischer, *Die sowjetische Semiotik. Theoretische Grundlagen der Moskauer und Tartuer Schule*, Tübingen, Stauffenburg, 1989, S. 166-170. Fleischer zeigt u.a., wie der Begriff zunächst nur auf literarische Texte angewandt, später auch auf nichtliterarische Texte ausgedehnt wird.

privaten Code bezeichnet man gewöhnlich als 'Idiolekt'. Die Regel, die allen Abweichungen auf allen Ebenen eines Kunstwerks zugrunde liegt, das eine Diagramm, das alle Abweichungen wechselseitig funktional macht, ist ein *ästhetischer Idiolekt*."[86] Der Idiolekt eines Autors tritt immer dann in Erscheinung, wenn im Text ein Wort eine besondere (persönliche) Bedeutung annimmt, die mit dem konventionellen Signifikat der natürlichen, der kommunikativen Sprache nicht übereinstimmt. Man denke an die für Georg Trakls Lyrik charakteristischen Signifikanten "purpur" und "Schwester", die nur im konnotativen Zusammenhang von Trakls "Idiolekt", von seinem "sekundären modellierenden System", in ihrer Mehrdeutigkeit verstanden werden können. Man denke auch an die ersten Sätze aus Franz Kafkas Parabel *Vor dem Gesetz*: "Vor dem Gesetz steht ein Türhüter. Zu diesem Türhüter kommt ein Mann vom Lande und bittet um Eintritt in das Gesetz." Der erste Satz, in dem ein unbekanntes Gesetz von einem unbekannten Türhüter bewacht wird, läßt ebenso viele Konnotationen im Leser aufkommen wie die Wortkombination "Eintritt in das Gesetz": Der Signifikant "Gesetz" konnotiert verschiedene, für Kafkas Idiolekt charakteristische Signifikate, er ist jedoch auf keine der Bedeutungen der natürlichen oder kommunikativen Sprache festzulegen.

Eco legt einen ästhetischen Maßstab an,wenn er in *Trattato di semiotica generale* (1976) vom "großen Werk" behauptet, dessen Idiolekt sei aufgrund der Vieldeutigkeit seiner Signifikanten nicht erschöpfend zu definieren, denn "je größer dieses Werk ist, desto mehr (werde der kritische Prozeß) nur kontinuierliche und niemals abgeschlossene Annäherungen erreichen".[87]

Der literarische Text als sekundäres, konnotiertes System und als Idiolekt ist also offen und vieldeutig, und seine Vieldeutigkeit hängt mit der Schwächung der kommunikativen Signifikate und der Inhaltsebene zugunsten der literarischen Signifikanten und der Ausdrucksebene zusammen: Wo ein Signifikant wie "Gesetz" eine Vielzahl neuer, konnotierter Bedeutungen annehmen kann und den ursprünglichen Signifikaten der kommunikativen Rede ("Gesetz" des Juristen, des Physikers, des Theologen) entfremdet wird, dort herrscht Polysemie: "Semiotisch gesprochen muß man Mehrdeutigkeit als eine Verletzung der Regeln des Codes definieren."[88]

86 U. Eco, *Semiotik. Entwurf einer Theorie der Zeichen*, München, Fink, 1987, S. 362.
87 Ibid., S. 364.
88 Ibid., S. 349.

Polysemie als Schwächung des kommunikativen Codes (des Signifikats) und als Stärkung des Signifikanten in dessen ursprünglicher Vieldeutigkeit und Fungibilität ist ein semiotischer Ausdruck für die "Offenheit" des literarischen Textes. Denn die im Text angelegten konnotierten Signifikate bilden eine endlose Kette, die in der Interaktion zwischen Text und Leser von Lektüre zu Lektüre verlängert wird, zumal sich der kulturelle und historische Kontext der Rezeption ständig wandelt: "Das Kunstwerk ist damit 'offen' für eine Vielzahl von Interpretationen. Die kontextuelle Interaktion läßt immer mehr Signifikate entstehen, die, sobald sie sichtbar werden, die Möglichkeit für weitere semantische Wahlen zu enthalten scheinen."[89]

Im Gegensatz zu Barthes, der sich recht leichtfertig über die Textstrukturen hinwegsetzt, meint Eco allerdings, die Wechselbeziehung zwischen Text und Leser noch am ehesten als Dialektik zwischen Determiniertheit und Freiheit verstehen zu können, da der Text etwas ist, "was auf allen seinen Ebenen *eine Struktur haben muß*, denn sonst gäbe es keine Kommunikation, sondern nur rein zufällige Stimulierung von aleatorischen Reaktionen".[90] An anderer Stelle ist von der "Dialektik zwischen der Freiheit der Interpretation und der Treue zum strukturierten Kontext der Botschaft"[91] die Rede. Da in diesem Buch das Verhältnis von Offenheit und Geschlossenheit, Polysemie und Monosemie zentral ist, will ich im folgenden auf Ecos Leserkonzept und seine Einstellung zum Problem der Tiefenstruktur näher eingehen.

In einem neueren Werk, das den schönen Titel *Lector in fabula* trägt, versucht Eco, die Peripetien einer Lektüre nachzuzeichnen, die einen offenen, polysemen Text wie Alphonse Allais' (1855-1905) Erzählung *Un drame bien parisien* (1890) zum Gegenstand hat. Dabei läßt er sich von dem neuen Gedanken leiten, daß Offenheit oder Vieldeutigkeit auch außerhalb künstlerischer Zeichensysteme zu finden ist. Darin unterscheidet sich *Lector in fabula* von *Opera aperta*: "Wenn es einen grundsätzlichen Unterschied zwischen *Opera aperta* (1962) und *Lector in fabula* (1979; deutsch 1987) gibt, dann liegt er in dem Umstand, daß ich in meinem zweiten Buch die Wurzeln der künstlerischen 'Offenheit' ebenso in der Eigenheit eines jeden kommunikativen Prozesses wie in der Eigenheit eines jeden Systems der Bedeutungen zu finden suche."[92]

89 Ibid., S. 360.
90 U. Eco, *Einführung in die Semiotik*, op.cit., S. 155.
91 Ibid., S. 163. Siehe auch: U. Eco, *Die Grenzen der Interpretation*, München, Hanser, 1992.
92 U. Eco, *Streit der Interpretationen*, Konstanz, Universitätsverlag, 1987, S. 35.

Die Offenheit oder Interpretierbarkeit einer jeden Nachricht besteht u.a. darin, daß der Leser sie im Zusammenhang mit seinen Erfahrungen und seinem Wissensvorrat deuten kann. Eine der ersten Entscheidungen, die er ausgehend von seinen Erfahrungen und seinem kulturellen Wissen zu treffen hat, bezieht sich auf das, was Eco als *topic* bezeichnet. Der Topic ist ein pragmatisches Phänomen und kann als Antwort auf die Frage aufgefaßt werden, “worum es in einem bestimmten Text geht”: “Aufgrund des Topic entscheidet der Leser, ob er die semantischen Eigenschaften der im Text vorkommenden Lexeme hervorhebt oder narkotisiert, er bestimmt eine Ebene der *interpretativen Kohärenz*, die als *Isotopie* bezeichnet wird.”[93] Anders ausgedrückt: Die Wahl eines Topic entscheidet über die semantische Ebene, auf der ein Leser einen Text versteht. So kann er beispielsweise beschließen, daß der Topic von Kafkas Parabel *Vor dem Gesetz* “Gerechtigkeit im juristischen Sinne” ist, und die Lexeme des Textes mit entsprechenden Bedeutungen versehen (z.B. Türhüter = Gerichtsdiener, Gerichtswächter etc.); er kann sich jedoch auch für einen religiösen Topic entscheiden und das Lexem “Gesetz” als göttliches Gesetz lesen. (Auf A.J. Greimas' Isotopie-Begriff will ich im nächsten Abschnitt näher eingehen. Vorerst mag es genügen, “Isotopie” als semantische Ebene zu definieren, auf der ein Text gelesen werden kann.)

Für Eco ist Alphonse Allais' *Un drame bien parisien* deshalb anregend, weil der Text mehrere Topic-Entscheidungen zuläßt, auf verschiedenen semantischen Ebenen gelesen werden kann und in vieler Hinsicht ein Modell des “offenen Kunstwerks” darstellt, das Eco seit 1962 beschreibt: “Einzigartig aber ist in *Drame*, daß bis zu Kapitel VI die diskursiven Strukturen die Möglichkeit zu zwei verschiedenen Fabeln offenlassen. Es könnte einer der folgenden Topics angesprochen sein: die Geschichte eines Ehebruchs und die Geschichte eines Mißverständnisses mit ihren jeweiligen intertextuellen Szenographien. Und dem Topic entsprechend, für den man sich entscheidet, gibt es zwei verschiedene mögliche Geschichten.”[94] – Raoul und Marguerite, ein junges, von Eifersucht geplagtes Ehepaar, werden auf die Probe gestellt: Jeder von ihnen erhält von einem Freund (*un ami*) bzw. einer Freundin (*une amie*) einen Brief, in dem steht, daß ihr jeweiliger Ehepartner die Absicht habe, seinen Liebhaber bzw. seine Geliebte zu treffen. Beide

93 U. Eco, *Lector in fabula. Die Mitarbeit der Interpretation in erzählenden Texten*, München, Hanser, 1987, S. 114.

94 Ibid., S. 255.

versuchen, den Partner in flagranti zu ertappen. Auf dem "Bal des Incohérents" im Moulin Rouge entdecken sie, 1. daß in den Briefen die Wahrheit stand, 2. daß die Briefschreiber logen. Das Ende ist zweideutig und läßt sowohl die Hypothese (den Topic) "Mißverständnis" als auch die Hypothese "Ehebruch" zu.

Doch in Allais' Erzählung geht es nicht nur um die Intrige, die sich auf der Ebene der "Eifersucht" abspielt und die Akteure involviert: "*Drame* ist ein Meta-Text, der mindestens drei Geschichten erzählt: die Geschichte, die den dramatis personae zustößt, die Geschichte dessen, was mit dem naiven Leser passiert, und schließlich die Geschichte, die sich mit der Novelle, also mit dem Text selbst ereignet (und diese Geschichte ist im Grunde genommen die, die sich mit dem kritischen Leser abspielt)."[95] Es geht also darum, den naiven Leser (der ersten Lektüre) vom kritischen Leser (der zweiten Lektüre) zu unterscheiden und zu zeigen, daß wir es in beiden Fällen mit Modell-Lesern zu tun haben, von denen der erste die verschiedenen Ebenen der Erzählung und die Offenheit des Textes nicht reflektiert, während der zweite die vom Autor (Erzähler) thematisierte Leserrolle gleichsam mitliest.

Die Möglichkeit einer reflektierenden und kritischen Lektüre hängt laut Eco vor allem von der Kapazität der *Enzyklopädie* ab, die dem Leser zur Verfügung steht. Doch was ist eine Enzyklopädie? Sie ist zunächst global als "Wissensvorrat" des Lesers zu umschreiben, von dem ich weiter oben sprach. Eco definiert sie jedoch wesentlich genauer, wenn er in *Lector in fabula* von "diese(m) umfassende(n) System" spricht, "das wir übergreifend als *enzyklopädische Kompetenz* bezeichnen werden (...)".[96] Die Enzyklopädie könnte somit als die sprachliche und kulturelle Kompetenz aufgefaßt werden, die der Leser einsetzt, um den Topic, die semantischen Ebenen und den narrativen Ablauf eines Textes zu bestimmen.

Im italienischen Original ist allerdings nicht nur von einem "umfassenden System", sondern von einem "complesso sistema di codici e sottocodici", einem "komplexen System von Codes und Subcodes" (S. 77) die Rede, und es zeigt sich wieder einmal, daß auf Übersetzungen kein Verlaß ist. Der Hinweis auf Codes und Subcodes ist deshalb wichtig, weil Eco in einem später erschienenen Werk, in *Semiotica e filosofia del linguaggio* (1984, dt. 1985) den *Code*-Begriff im Begriff der *Enzyklopädie* aufgehen läßt. Dort ist von einer "Unvermeidbarkeit

95 Ibid., S. 248.
96 Ibid., S. 94-95.

der enzyklopädischen Darstellung" ("inevitabilità della rappresentazione enciclopedica")[97] die Rede und von der Notwendigkeit, über die zu mechanischen Code-Begriffe hinauszugehen, um das dem Individuum verfügbare Wissen adäquat beschreiben zu können. Denn der Enzyklopädie-Begriff, der Eco vorschwebt, umfaßt nicht nur sprachliche Codes im strengen Sinn, sondern auch literarisches, kulturelles und historisches Wissen, in das literarische Kunstgriffe, kulturelle Stereotypen (man denke an Barthes' "kulturellen" Code) und historische Daten eingehen: "Die Enzyklopädie registriert nicht nur die 'historische' Wahrheit, daß Napoleon auf St. Helena starb, sondern auch die 'literarische' Wahrheit, daß Julia in Verona starb."[98] Die Enzyklopädie erscheint hier – wie das bekannte Werk Diderots und d'Alemberts, auf das sich Eco bezieht – als gespeichertes Wissen, das der Leser während der Lektüre nach Bedarf einsetzt.

Es zeigt sich hier, daß Eco im Gegensatz zu Barthes versucht, die Leserrolle mit Hilfe des Code- und des Enzyklopädie-Begriffs so konkret wie möglich zu bestimmen. Anders als Barthes, der in *S/Z* behauptet, der vieldeutige Text werde im "Unendlichen der Sprache" ("l'infini du langage") rezipiert und konkretisiert, bietet Eco mit dem Enzyklopädie-Begriff eine Ergänzung oder Alternative zu Jauß' "Erwartungshorizont" an: Die Enzyklopädie ist das akkumulierte, sich ständig verändernde historische Wissen, mit dessen Hilfe der vieldeutige Text im Lesevorgang konkretisiert und aktualisiert wird, und das es dem Leser gestattet, die "Leerstellen" ("spazi bianchi", Eco) und "Zwischenräume" ("interstizi da riempire", Eco)[99] auszufüllen.

Nicht nur mit dem Enzyklopädie-Begriff, sondern auch mit dem Terminus der *möglichen Welt* (*mondo possibile*), den er der analytischen Philosophie entlehnt, geht Eco in der konkreten Darstellung des Lesevorgangs über die Konstanzer Rezeptionsästhetik hinaus. "Eine mögliche Welt ist ein *kulturelles Gebilde*"[100], sagt Eco. Aber dieses kulturelle Gebilde braucht nicht in der real existierenden Enzyklopädie des Lesers vollständig enthalten zu sein; denn eine mögliche Welt kann sowohl im literarischen als auch im wissenschaftlichen Bereich über unsere Erfahrung hinausgehen; zugleich gründet sie auf dieser Erfahrung, geht aus ihr hervor. Daher kann Eco sagen: "Eine mögliche Welt überlagert in

97 U. Eco, *Semiotica e filosofia del linguaggio*, Torino, Einaudi, 1984, S. 296.
98 U. Eco, *Semiotik und Philosophie der Sprache*, München, Fink, 1986, S. 129.
99 U. Eco, *Lector in fabula*, op.cit., dt., S. 63, ital. (Bompiani), S. 52.
100 Ibid., (dt.), S. 164.

redundanter Weise die 'reale' Welt der Enzyklopädie des Lesers."[101] Der Leser eines Science-fiction-Romans weiß aus Erfahrung (Enzyklopädie), daß eine Rakete eine Raumfähre ins Weltall befördern kann; er wird aber vom Text genötigt, sich eine mögliche Welt vorzustellen, in der die irdischen Astronauten außerirdischen Lebewesen begegnen, die eine nicht-menschliche "Sprache" sprechen etc. Eco selbst stellt sich im Anschluß an einen Science-fiction-Roman eine "mögliche Welt" vor, in der die Süßwasservorräte knapp werden und in der es deshalb in allen Wohnungen Wasserhähne für Salz- und Süßwasser gibt.[102] Auch in diesem Fall ist der Leser in der Lage, aufgrund seines enzyklopädischen Wissensvorrats die Ereignisse in dieser möglichen Welt nachzuvollziehen.

Dieser konkreten Bestimmung der Leserrolle entspricht bei Eco die Idee der Textstruktur, die Barthes' radikale Aufwertung der Ausdrucksebene und der Polysemie teilweise wieder zurücknimmt. Obwohl der Autor von *La struttura assente* (1968) im Zusammenhang mit dem Kunstwerk von einer "offenen Logik der Signifikanten"[103] spricht und mit dieser Vorstellung Barthes' *S/Z* (1970) antizipiert, schränkt er die "Offenheit" des literarischen Textes wieder ein, wenn er zum Interpretationsvorgang bemerkt: "Vielmehr besteht jeder Akt des Interpretierens aus der Dialektik von Offenheit und Form, die sich aus der Einstellung des Interpreten und den kontextuellen Zwängen ergibt."[104] Der "Offenheit der Signifikanten auf der Ausdrucksebene" entspricht demnach eine Determiniertheit auf der Inhaltsebene, die Eco auch in *Le forme del contenuto* (1971) thematisiert und die in *Lector in fabula* in seiner Auseinandersetzung mit dem Problem der Tiefenstruktur ("struttura semantica profonda") zum Ausdruck kommt: "Wie häufig trifft ein Autor eine Entscheidung, die sich auf die grundlegende semantische Struktur des Textes auswirkt, erst in dem Moment, da er – auf der Ebene der lexikalischen Realisierung – dem einen Wort gegenüber dem anderen Wort den Vorzug gibt? Und wie häufig werden in einem Gedicht die Entscheidungen über die grundlegenden semantischen Strukturen von den Erfordernissen des Reims zumindest mitbestimmt?"[105]

---

101 Ibid., S. 165.
102 U. Eco, *Semiotik und Philosophie der Sprache*, op.cit., Kap. 2.
103 U. Eco, *Einführung in die Semiotik*, op.cit., S. 162.
104 U. Eco, *Streit der Interpretationen*, op.cit., S. 29.
105 U. Eco, *Lector in fabula*, op.cit., S. 85.

Obwohl ich auch meine, daß in den meisten literarischen und nichtliterarischen Texten Tiefenstrukturen aufgezeigt werden können, glaube ich nicht, daß sie auf lexikalischer Ebene durch die Entscheidung für oder gegen ein Wort zu modifizieren sind. Tiefenstrukturen, auf die ich im 3. Abschnitt im Zusammenhang mit Greimas' Semiotik näher eingehen werde, kommen aufgrund bestimmter Relevanzkriterien auf logisch-semantischer Ebene zustande und werden nur in den seltensten Fällen durch die Wahl eines einzelnen Lexems beeinflußt, sofern es sich nicht um einen sehr kurzen Text handelt, der sich aus zwei oder drei Lexemen zusammensetzt...

Vor allem im Falle der Tiefenstruktur zeigt sich, daß Ecos Terminologie stellenweise unscharf ist; dieser Mangel hängt u.a. mit seiner eklektischen Einstellung zusammen, die in einer Mischung fast aller bestehender semiotischer, linguistischer und sprachphilosophischer Wissenschaftssprachen zum Ausdruck kommt. Wo die Terminolgien von Peirce, Morris, Saussure, Hjelmslev, Frege, Searle und Hintikka ineinanderfließen, ist terminologische Klarheit kaum noch zu wahren.

Dennoch meine ich, daß Eco recht hat, wenn er im Gegensatz zu Barthes den Begriff der Tiefenstruktur nicht verwirft, sondern wiederholt darauf hinweist, daß der kritische Modell-Leser sich an den Tiefenstrukturen orientieren sollte. "Es soll hier vielmehr zum Ausdruck gebracht werden", heißt es in *Lector in fabula*, "daß die Konstruktion der grundlegenden Struktur das Endergebnis einer kritischen Untersuchung darstellt und als solche erst in einer fortgeschrittenen (und wiederholten) Phase der Lektüre erfolgt."[106] So stellt er sich beispielsweise einen Leser von Thomas Manns Novelle *Tod in Venedig* vor, der in diesem Text einen Grundgegensatz zwischen der ästhetischen Berufung Aschenbachs und "dessen fleischliche(n) Gelüste(n)" und folglich zwischen "Geist und Materie" entdeckt. Obwohl er in diesem Fall von einer "armselige(n) und kaum problematisierende(n) Lektüre" spricht, meint er, daß es sich um ein Beispiel handle, "wie die ideologische Kompetenz die Aktualisierung der grundlegenden textuellen Strukturen bestimmt".[107] Tatsächlich sind Tiefenstrukturen als ideologische Grundlagen literarischer und nichtliterarischer Texte wesentlich; nur müßten sie viel genauer bestimmt werden, als dies bei Eco geschieht.[108]

106 Ibid., S. 222.

107 Ibid., S. 223-224.

108 In dieser Hinsicht scheint mir Greimas' strukturale Semiotik wesentlich präziser und fruchtbarer zu sein als die häufig eklektische Terminologie Ecos. Siehe: Abschn. 3.

Es zeigt sich hier, daß Eco – ähnlich wie Ingarden und Iser – zwischen Monosemie und Polysemie, Bestimmtheit und Unbestimmtheit, Geschlossenheit und Offenheit schwankt.[109] Und obwohl er eher zum kantianischen Pol der Offenheit und Begriffslosigkeit tendiert, entlehnt er Greimas' strukturaler Semiotik Schlüsselbegriffe wie *Isotopie*, *Aktantenmodell* und *Tiefenstruktur*, denen eine eher logozentrische, "hegelianische" Ästhetik zugrunde liegt. Darin unterscheidet er sich von Barthes, dessen nietzscheanischer Radikalismus gegen den rationalistischen und hegelianischen Logos gerichtet war.

Von Barthes unterscheidet sich Eco noch in einer anderen, ästhetisch-politischen Hinsicht: Während der Pariser Semiotiker in Übereinstimmung mit der "Tel-Quel"-Gruppe die literarische Avantgarde (als "Texte scriptible" oder "recevable") gegen die ideologische und kommerzialisierte Literatur des "texte univoque" verteidigte, ohne jemals eine Kompromißmöglichkeit ins Auge zu fassen, lehnt Eco weder den "konsumierbaren Text" noch die serielle Kunst des Fernsehens ab.

Sein erster Roman *Il nome della rosa* (1980, dt. 1982) ist, wie Werner Hüllen bemerkt, "in Ecos Sinne sicherlich ein offener Roman. Im Gegensatz zu anderen Werken, die Eco als typisch offen beschreibt – besonders die Werke von James Joyce –, hat er freilich eine sehr konventionelle Form."[110] Er hat nicht nur eine sehr konventionelle Form, sondern ist auf narrativer Ebene in jeder Hinsicht als Kriminalroman zu lesen, an dessen Ende Jorge als der Schuldige entlarvt wird: Er war's. Den naiven Leser braucht nicht weiter zu stören, daß Jorge schließlich als eine ambivalente Gestalt erscheint, deren Handeln nicht als diabolisches *grand-design*, sondern eher als apokalyptische Verkettung von Zufällen zu verstehen ist. Er braucht auch nicht gegen Ende des Romans Wittgensteins bekannte Metapher von der "abgeworfenen Leiter" zu erkennen, die Eco – archaisierend – in ein mittelhochdeutsches Zitat verkleidet: "Er muoz gelîchsame die Leiter abewerfen, sô er an ir ufgestigen ist..."[111] Denn negiert wird auf struktureller Ebene die Kritik der

109 Siehe: U. Eco, *Streit der Interpretationen*, op.cit., S. 32: "Ich werde behaupten, daß eine Theorie der Interpretation – auch wenn sie davon ausgeht, daß Texte offen für multiple Lesarten sind – auch von der Möglichkeit ausgehen muß, einen Konsens zu erreichen; wenn schon nicht in bezug auf die unterschiedlichen Bedeutungen, die der Text er-mutigt, so doch zumindest in bezug auf jene, die der Text entmutigt."

110 W. Hüllen, "Erzählte Semiotik. Betrachtungen zu Umberto Ecos 'Der Name der Rose'", in: *Literatur im Kontext. Festschrift für Helmut Schrey* (Hrsg. R. Haas, Ch. Klein-Braley), Sankt Augustin, Hans Richarz, 1985, S. 129.

111 U. Eco, *Il nome della rosa*, Milano, Bompiani, 1980, S. 495.

Avantgarde (Musils, Svevos, Bretons, Joyces) an der traditionellen narrativen Syntax; negiert wird zugleich die Gesellschafts- und Kulturkritik, die die Avantgarde intendierte. Auf sie hat Eco schon in den ersten Stadien seiner Entwicklung verzichtet, als er es ablehnte (oder versäumte), das Phänomen der Entfremdung zu Tauschwert, Marktgesetz und Herrschaft in Beziehung zu setzen.

Sein erster Roman, der laut Giuseppe Zaccaria von der "außerordentlichen Fähigkeit" zeugt, "Avantgarde und Konsum zusammenfallen zu lassen" ("straordinaria capacità di far coincidere l'avanguardia con il consumo")[112], erfüllt eine ähnliche Funktion wie die Werbung, die sich surrealistischer Tricks bedient: Die avantgardistischen Verfahren, die das kritische Nachdenken wecken sollten, werden gedankenlos genießbar. Daß Eco selbst die Gesellschaftskritik der Anpassung unterordnet, zeigen seine Kommentare zum Verhältnis von Avantgarde und "Postmoderne" in der *Nachschrift zum 'Namen der Rose'*: "Die postmoderne Antwort auf die Moderne besteht in der Einsicht und Anerkennung, daß die Vergangenheit, nachdem sie nun einmal nicht zerstört werden kann, da ihre Zerstörung zum Schweigen führt, auf neue Weise ins Auge gefaßt werden muß: mit Ironie, ohne Unschuld."[113] Diese Passage zeigt, daß die Vagheit der Terminologie für die Ohnmacht der Kritik verantwortlich sein kann: Die Vagheit des Wortes "Vergangenheit" suggeriert, daß moderne oder avantgardistische Autoren schlicht das "Vergangene" zerstören wollten.

Indessen war das Anliegen dieser Autoren, die die Herrschaftsverhältnisse (Breton, Teige, Sartre), die Ideologie (Broch, Musil) und die Verdinglichung durch den Tauschwert (Moravia) kritisierten, nicht so simpel. Davon zeugen Musils Kommentare zur Erzählform: "Äußerlich ist die gegenwärtige Krise des Romans so in Erscheinung getreten. – Wir wollen uns nichts mehr erzählen lassen, betrachten das nur noch als Zeitvertreib. (...) Das Neue erzählt uns die Zeitung, das gern Gehörte betrachten wir als Kitsch. – Das ist aber nun nicht ganz richtig. Kommunisten und Nationalisten und Katholiken möchten sich sehr gern etwas erzählen lassen. Das Bedürfnis ist sofort wieder da, wo die Ideologie

112 G. Zaccaria, "Avanguardia come consumo", in: *Saggi su 'Il nome della rosa'*, a cura di R. Giovannoli, Milano, Bompiani, 1985, S. 285. Siehe auch: P. Renard, "Ecos große Herausforderung", in: *Zeichen in Umberto Ecos Roman der Name der Rose. Aufsätze aus Europa und Amerika*, ausgewählt und herausgegeben von B. Kroeber, München, Hanser, 1987, S. 274: "Eco investiert seine große Bildung in ein mondänes Spiel (...)."

113 U. Eco, *Nachschrift zum 'Namen der Rose'*, München, Hanser, 1984, S. 78.

fest ist."[114] Indem er zur traditionellen Erzählform zurückkehrt und Ironie lediglich als "metasprachliches Spiel"[115], nicht jedoch als Ideologie- und Herrschaftskritik betrachtet, trägt Eco entscheidend zur Verfestigung ideologischer und konsumierbarer Stereotypen bei, die er Mitte der 60er Jahre bei Ian Fleming attackierte, die er aber in seiner Essaysammlung *Sette anni di desiderio* (1983) nicht mehr wahrzunehmen scheint.[116]

Ulrich Schulz-Buschhaus ist in jeder Hinsicht recht zu geben, wenn er ihn als "kluge(n) Theoretiker der italienischen Neo-Avantgarde von 1963 und noch klügeren Praktiker der Post-Avantgarde von 1980"[117] charakterisiert. Denn die Klugen, zu denen auch Hans Robert Jauß zählt, dem ebenfalls der große Sprung von der "ästhetischen Distanz" zur "Postmoderne" gelang, passen sich nicht nur an, sondern organisieren die Anpassung wie seinerzeit die "klugen Ratgeber", die Hölderlin in einem seiner Gedichte anklagt. Welche Resultate ihre Klugheit im Rahmen der zeitgenössischen Kulturindustrie zeitigt, läßt die Verfilmung von Ecos *Il nome della rosa* erkennen: Im Film ist von der Ambivalenz der Gestalten und der Absurdität des Zufalls nicht mehr die Rede, auch Wittgensteins Leiter wird endgültig abgeworfen. Mit solchen Spitzfindigkeiten will man den "Normalverbraucher" (Jauß) offenbar nicht vor den Kopf stoßen. Es bleibt das zu genießende Schema. Klugheit hat sehr wohl etwas mit Horkheimers Begriff der *instrumentellen Vernunft* zu tun: Im Zusammenhang mit "klug" nennt das Wörterbuch neben "gescheit", "begabt", "vernünftig" etc. auch "schlau", "geschickt", "diplomatisch". Demnach ist Klugheit eine vorwiegend taktische, instrumentelle Fähigkeit und hat – wie schon Hölderlin wußte – wenig mit Kritik und Wahrheit zu tun.

---

114 R. Musil, *Der Mann ohne Eigenschaften, Gesammelte Werke* Bd. 8, Reinbek, Rowohlt, 1978, S. 1412.

115 U. Eco, *Nachschrift zum 'Namen der Rose'*, op.cit., S. 79.

116 Siehe: U. Eco, "Erzählstrukturen bei Ian Fleming", in: P.V. Zima (Hrsg.), *Textsemiotik als Ideologiekritik*, Frankfurt, Suhrkamp, 1977 und U. Eco, *Sette anni di desiderio*, Milano, Bompiani, 1983, S. 178. Dort heißt es im Zusammenhang mit der Fernseh- und Videozeit, "die Irrealität sei nun allen zugänglich" ("Ora l'irrealità è alla portata di tutti"). Wie aber hängt die Manipulation des Zeitbewußtseins mit kommerziellen und ideologischen Interessen zusammen? Auf diese Frage geht Eco nicht ein.

117 U. Schulz-Buschhaus, "Kanonbildung in Europa" in: H.-J. Simm (Hrsg.), *Literarische Klassik*, Frankfurt, Suhrkamp, 1988, S. 64.

3. Algirdas J. Greimas' Ästhetik der Inhaltsebene

Kennzeichnend für Algirdas J. Greimas' (*1917) gesamten Ansatz ist eine Bemerkung aus seinem Grundlagenwerk *Sémantique structurale* (1966, dt. 1971) über Sprache als Gegenstand der Wissenschaft: Es sei durchaus möglich, heißt es dort, daß die Sprache insgesamt, die Sprache als Phänomen, etwas Mysteriöses sei; aber in der Sprache selbst, schließt der Autor seine Betrachtung, "gebe es keine Geheimnisse": "il n'y a pas de mystères dans le langage".[118]

Diese rationalistische, cartesianische Auffassung des Gegenstandes durchzieht, einem roten Faden gleich, Greimas' Gesamtwerk, das aus philosophischer Sicht als unermüdliches Fahnden nach dem Wesen erscheint, dem Grundbegriff von Descartes' *Meditationen*, in denen bekanntlich die Existenz Gottes aus dessen *essence* abgeleitet wird.[119] Auch in seinem Essayband *De l'imperfection* (1987), der von Freund und Gegner als geglückte oder mißlungene Abweichung vom Jargon der strukturalen Semantik rezipiert wird, ist das Wesen der eigentliche Gegenstand der Suche, die immer wieder vom *paraître*, vom ästhetischen Schein ausgeht: Aller Schein ist unvollkommen: er verbirgt das Wesen. "Tout paraître est imparfait: il cache l'être"[120]; so lauten die ersten Worte der Essaysammlung, deren Autor den ästhetischen Schein, das *paraître*, beschreibt, um nach dem Wesen zu fragen.

Es ist zwar ein vorwiegend rationalistisches und nicht dialektisches Wesen; seine Darstellungen in Greimas' Werk erinnern indessen oft an Hegels Argumentation in den *Vorlesungen über die Ästhetik*: vor allem dann, wenn versucht wird, literarische Texte auf umfassende Isotopien, Aktantenmodelle und Tiefenstrukturen festzulegen; wenn es darum geht, die Polysemie des Textes in die Schranken zu weisen und die Hindernisse zu überwinden, die der polyseme Charakter des Oberflächentextes der Lektüre in den Weg stellt.[121] Weit davon entfernt, sich dem Nietzscheaner Barthes anzuschließen und die Polysemie der Texte oder die Offenheit des Leseprozesses im "infini du langage" zu feiern,

118 A.J. Greimas, *Strukturale Semantik*, Braunschweig, Vieweg, 1971, S. 50; *Sémantique structurale*, Paris, Larousse, 1966, S. 58.

119 Siehe: R. Descartes, *Discours de la méthode. Suivi des méditations*, Paris, UGE, 10/18, 1962, S. 148.

120 A.J. Greimas, *De l'imperfection*, Périgueux, Pierre Fanlac, 1987, S. 9.

121 A.J. Greimas, "Pour une théorie du discours poétique", in: *Essais de sémiotique poétique*, Paris, Larousse, 1972, S. 16.

nimmt Greimas sich – wie der Hegelianer Goldmann – vor, die Gesamtheit "des analysierten Universums" zu erkennen: "la connaissance de la totalité de l'univers analysé".[122]

Anders als Barthes, der mit Jakobson und Mukařovský nach der Besonderheit literarischer Texte fragt, entwirft Greimas eine Semiotik des Diskurses als transphrastischer Syntax, die auf literarische, wissenschaftliche, mythische und politische Texte gleichermaßen anwendbar sein soll. Diese Semiotik orientiert sich nicht – wie die Barthes' oder Mukařovskýs – am poetischen Modell, sondern stellt einen Versuch dar, ein homogenes begriffliches Instrumentarium auf grundverschiedene Diskurstypen anzuwenden.

Freilich war sich Greimas stets der Tatsache bewußt, daß literarische Texte anders konstruiert sind als politische oder wissenschaftliche Reden und daß sie in der Gesellschaft andere Funktionen erfüllen. Dennoch war sein Interesse für den spezifischen Charakter dieser Textsorte nie sehr ausgeprägt. Nur Ende der 60er und Anfang der 70er Jahre faßte er die Möglichkeit einer Definition des poetischen Diskurses ins Auge. Sowohl in "La Linguistique structurale et la poétique" (1967) als auch in seiner Einleitung zu dem Sammelband *Essais de sémiotique poétique* (1972) versucht er im Anschluß an Louis Hjelmslevs Unterscheidung zwischen Inhalts- und Ausdrucksebene, die Besonderheit des Poetischen als Übereinstimmung zwischen den beiden Ebenen zu beschreiben, als "Isomorphismus von Ausdruck und Inhalt" ("isomorphisme de l'expression et du contenu"): Es ergibt sich daraus eine hohe theoretische Wahrscheinlichkeit dafür, daß die poetischen Schemata des Ausdrucks und des Inhalts zusammen auftreten. Die Ko-Okkurrenz der Formen beider Ebenen ist für die Definition der poetischen Sprache grundlegend.[123] Diese Definition des poetischen Diskurses, die von einigen Untersuchungen Erich Köhlers über altprovenzalische Dichtung bestätigt und von Rolf Kloepfer in *Linguistik und Poetik* veranschaulicht wird[124], ist sicherlich fruchtbar und brauchbar. Sie ist aller-

122 A.J. Greimas, *Maupassant. La sémiotique du texte: exercices pratiques*, Paris, Seuil, 1976, S. 55.

123 A.J. Greimas, "Die strukturale Linguistik und die Poetik", in: J. Ihwe (Hrsg.), *Literaturwissenschaft und Linguistik* II, 2, Frankfurt, Fischer-Athenäum, 1971, S. 479.

124 Siehe: E. Köhler, "'Can vei la lauzeta mover'. Überlegungen zum Verhältnis von phonetischer Struktur und semantischer Struktur", in: ders., *Literatursoziologische Perspektiven. Gesammelte Aufsätze*, Heidelberg, Winter, 1982 und R. Kloepfer, *Linguistik und Poetik*, München, Fink, 1975, S. 100-112.

dings nicht auf alle Gedichte anwendbar und versagt vollends im Bereich der literarischen Prosa.

Es kommt hinzu, daß Greimas, der noch in seiner Einleitung zu *Essais de sémiotique poétique* von einer "Ko-Okkurrenz an der Textoberfläche von zwei Parallеldiskursen, dem phonemischen und dem semantischen"[125], spricht, diese Hypothese über den poetischen Isomorphismus von Ausdruck und Inhalt nicht weiterentwickelt hat: sicherlich nicht in seinem literaturwissenschaftlichen Hauptwerk über Guy de Maupassants Erzählung *Deux Amis*, auf die ich später ausführlicher eingehen will. Auch in *De l'imperfection*, wo verschiedene ästhetische und poetische Verfahren essayistisch kommentiert werden, wird die Frage nach der Besonderheit des poetischen oder literarischen Diskurses nur *en passant* (S. 95) aufgeworfen. Statt dessen richtet Greimas in fast allen seinen Arbeiten der 70er und 80er Jahre sein Augenmerk auf die Wechselbeziehung von semantischen und narrativen Strukturen in wissenschaftlichen, politischen, literarischen und juristischen Texten. Dabei dominiert sein Interesse für die Inhaltsebene, deren semantische Komponenten er mit Hilfe des Isotopiebegriffs zu bestimmen versucht. Schon im Zusammenhang mit dem poetischen Werk ging es ihm vorrangig darum, eine Hierarchie der im Text ausmachbaren Isotopien zu erstellen, um eine Monosemierung der "poetischen Nachricht" zu ermöglichen. Doch was ist eine *Isotopie*?

Laut Greimas können sowohl auf der Ausdrucks- als auch auf der Inhaltsebene Isotopien ausgemacht werden, so daß sowohl von phonetischen als auch von semantischen Isotopien gesprochen werden kann. Beide Arten von Isotopien sind zunächst ganz allgemein als *Redundanzen oder Rekurrenzen bestimmter phonetischer oder semantischer Merkmale* zu definieren. So können etwa Assonanz, Alliteration und Reim als Beispiele für phonetische Rekurrenz (wiederholtes Auftreten eines Merkmals) aufgefaßt werden. In diesem Zusammenhang wird die semantische Isotopie von Greimas und Courtés definiert als: "wiederholtes Auftreten auf syntagmatischer Ebene von Klassemen, die die Homogenität des Diskurses als Aussage garantieren" ("l'itérativité, le long d'une chaîne syntagmatique, de classèmes qui assurent au discours-énoncé son homogénéité").[126] Der Text wird also nicht als eine offene, vieldeutige, sondern als eine geschlossene und eindeutige oder

125 A.J. Greimas, "Pour une théorie du discours poétique", op.cit., S. 14-15.

126 A.J. Greimas, J. Courtés, *Sémiotique. Dictionnaire raisonné de la théorie du langage*, Paris, Hachette, 1979, S. 197.

zumindest monosemierbare und hierarchisch gegliederte Einheit konzipiert. Daß Greimas' Textbegriff einen hierarchischen und begrifflichen (also nicht anarchischen, Barthes oder parataktischen, Adorno) Charakter hat, zeigt die Isotopie-Definition aus der *Strukturalen Semantik*: "Dies erlaubt uns nunmehr zu präzisieren, was unter der *Isotopie* eines Textes zu verstehen ist: sie ist die Permanenz einer hierarchisierten Klassem-Basis, die dank der Eröffnung von Paradigmen (den klassematischen Kategorien) die Variationen der Manifestationseinheiten erlaubt; die Variationen tragen also, anstatt die Isotopie zu zerstören, im Gegenteil nur zu ihrer Bekräftigung bei."[127] Anders ausgedrückt: Die Tatsache, daß in einem bestimmten Text eine semantische Struktur oder Isotopie metaphorisch, metonymisch oder synekdochisch abgewandelt wird (z.B. Licht, Liebe, Gesundheit für "Leben" und Dunkelheit, Haß, Krankheit für "Tod"), bedeutet keineswegs, daß eine Isotopie zerfällt, sondern daß sie variiert und dadurch zugleich bereichert und entwickelt wird.

Für die Konstitution des Isotopiebegriffes sind die Termini *Sem* und *Semem* wesentlich; denn von einer semantischen Isotopie kann erst dann die Rede sein, wenn in einem Text (der größer oder kleiner als ein Satz sein kann) mindestens zwei Sememe ("Wörter" oder Lexeme im Kontext) ein und dasselbe Sem aufweisen. Ein Satz wie "Hans und Grete lieben einander und beabsichtigen zu heiraten" bildet eine semantische Einheit, weil Sememe wie "Hans", "Grete", "lieben" "beabsichtigen", "heiraten" das gemeinsame Sem "menschlich" aufweisen; zugleich enthalten die beiden Sememe "Hans" und "Grete" die Seme "männlich" bzw. "weiblich", die zusammen mit dem Sem "Geschlechtlichkeit", das den Sememen "lieben" und "heiraten" innewohnt, vom Sem "menschlich" eingefaßt werden. Dieses bildet als allgemeinstes Sem den Oberbegriff der Isotopie und wird von Greimas als *kontextuelles Sem* oder *Klassem* (*sème contextuel*, *classème*) bezeichnet. Diese Bezeichnung rührt daher, daß die Klasseme durch ihre Rekurrenz im Diskurs Wort*klassen* bilden (etwa *belebt/unbelebt*, *tierisch/menschlich*), die als Isotopien bezeichnet werden. Eine Isotopie kommt also dadurch zustande, daß ein Klassem oder kontextuelles Sem durch Rekurrenz den Text dominiert, d.h. vom Aussagesubjekt "dominant

127 A.J. Greimas, *Strukturale Semantik*, op.cit., S. 86.

gesetzt" wird, wie Kallmeyer, Klein u.a. im *Lektürekolleg zur Textlinguistik* sagen.[128]

Auch hier wird deutlich, daß *Isotopie* ein systematischer und hierarchischer Begriff ist, der primär der Monosemierung von Texten dient. Ein *Lexem* als Worteinheit im Lexikon ist an sich vieldeutig und in verschiedenen, auch widersprüchlichen Kontexten aktualisierbar: Ein Wort wie "Blatt" hat im Wörterbuch zahlreiche Bedeutungen, zu denen unter anderem gehören: "Pflanzenblatt", "Blütenblatt", "Zettel", "Zeitung", "Karte" ("auch Gesamtheit der ausgeteilten Karten eines Spielers"), "flacher Teil eines Werkzeugs", "fein ausgewalztes Blech" etc. sowie die metaphorischen Ausdrücke "ein unbeschriebenes Blatt" und "das steht auf einem anderen Blatt". Der einzige gemeinsame Nenner dieser "Blätter", den Greimas als *Semkern* (*noyau sémique*) bezeichnet, ist die "Plattheit", die sowohl für das Blatt des Baumes als auch für das Zeitungsblatt charakteristisch ist.

Im folgenden Satz wird nun unter Beibehaltung des Semkerns ein bestimmtes Sem als Klassem (nämlich "Presse") dominant gesetzt, und alle anderen Seme ("Natur", "Technik", "Kartenspiel") entfallen: "Auch die *Frankfurter Rundschau* befaßt sich mit den Unruhen in den baltischen Republiken; das Blatt beschreibt die Ereignisse mit einer gewissen Ironie." In diesem Kontext wird das Lexem "Blatt" als Semem monosemiert, weil ausschließlich das Sem "Presse", das auch den Sememen "Frankfurter Rundschau", "befaßt" und "beschreibt" innewohnt, dominant gesetzt wird. Mit Jürgen Link kann man also "die Isotopie als gefügte Klassem-Hierarchie"[129] auffassen, wobei das Wort "Hierarchie" aus der "Dominantsetzung" ableitbar ist, die dafür sorgt, daß ein Klassem als Oberbegriff den gesamten Text beherrscht.

Es gibt allerdings Texte wie Mißverständnisse und Witze, in denen die Dominantsetzung scheitert, so daß die allen Lexemen eigene Zwei- oder Mehrdeutigkeit erhalten bleibt. In *Sémantique structurale* gibt Greimas eine Anekdote wieder, die von einer vornehmen Abendgesellschaft handelt. Zwei Gäste gehen kurz hinaus auf die Terrasse, um Luft zu schnappen; einer von ihnen zeigt sich begeistert: "'Vorzügliches Essen... und dann, entzückende Toiletten, wie?' – 'Darüber', sagt der andere, 'kann ich nichts sagen.' 'Wie das?' – 'Nun, ich bin nicht dort

128 W. Kallmeyer, W. Klein u.a., *Lektürekolleg zur Textlinguistik Band 1: Einführung*, Frankfurt, Athenäum-Fischer, 1974, S. 147-148.

129 J. Link, *Literaturwissenschaftliche Grundbegriffe. Eine programmierte Einführung auf strukturalistischer Basis*, München, Fink, 1979 (2. Aufl.), S. 73.

gewesen'."[130] Das Aneinander-Vorbeireden besteht darin, daß der eine Redner sich auf der Isotopie "Kleidung" bewegt, der andere auf der Isotopie "Sanitär". "Das 'geistige' Vergnügen", kommentiert Greimas, "besteht in der Entdeckung zweier verschiedener Isotopien innerhalb einer vorgeblich homogenen Erzählung."[131]

Auch in literarischen Texten kommen Zweideutigkeiten dadurch zustande, daß nicht alle Sememe einem Klassem als Oberbegriff subsumierbar sind und daß Klasseme und die ihnen entsprechenden Isotopien miteinander kollidieren. Im vorigen Abschnitt erwähnte ich Kafkas Parabel *Vor dem Gesetz*, die im Romantext auf den Isotopien "Recht", "Bürokratie", "Religion", "Moral", "Täuschung" und "Textauslegung" ("Hermeneutik") gelesen werden könnte: "In den einleitenden Schriften zum Gesetz heißt es von dieser Täuschung: Vor dem Gesetz steht ein Türhüter. Zu diesem Türhüter kommt ein Mann vom Lande und bittet um Eintritt in das Gesetz."[132] Es ist durchaus möglich, daß in Kafkas Text die Justiz als Metapher eine wichtige Rolle spielt, ebenso wie das unergründliche göttliche Gesetz. Daß der Versuch gelingen könnte, die Parabel zu monosemieren und auf eine allumfassende Isotopie festzulegen, halte ich allerdings für eher unwahrscheinlich. Es sei denn, daß die von Josef K. und dem Geistlichen thematisierte "Vieldeutigkeit" der Schrift selbst zum obersten Klassem aufrückt und eine Hierarchisierung der im Text enthaltenen Isotopien ermöglicht. Aber auf derlei Paradoxien sollte sich eine rationalistische Theorie eigentlich nicht einlassen, denn die eindeutige Aussage des Textes wäre in diesem Fall die Feststellung der literarischen *Polysemie*: der *Koexistenz heterogener Isotopien*, d.h. mehrerer heterogener Klasseme in einer *Pluri-Isotopie*.

Für den Rationalismus und Logozentrismus der strukturalen Semantik und Semiotik sind die Versuche von Greimas' Schülern charakteristisch, Gedichte und andere literarische Texte auf Bedeutungen und Isotopien festzulegen. Der wohl bekannteste dieser Versuche ist François Rastiers Aufsatz "Systématique des isotopies" (1972), der eine semantische Analyse von Stéphane Mallarmés Gedicht *Salut* zum Gegenstand hat. Dieses Gedicht kann laut Rastier zunächst ziemlich wörtlich als Darstellung eines "Festessens" ("banquet") und einer "Seefahrt" ("navigation") gelesen werden. Doch "schon die Seichtheit dieser ersten Lektüre läßt ihren provisorischen Charakter erken-

---

130 A.J. Greimas, *Strukturale Semantik*, op.cit., S. 61.
131 Ibid.
132 F. Kafka, *Der Prozeß*, Frankfurt, Fischer, 1958, S. 155.

nen"[133], heißt es in einer Fußnote des Autors. Die eigentliche, die "wahre" Isotopie tritt erst dann in Erscheinung, wenn die Klasseme "banquet" und "navigation" als Metaphern für "écriture", für Mallarmés Auffassung der "Schrift" als "Negation" ("rien"), "Reinheit" ("vierge") und "Einsamkeit" ("solitude") gelesen werden. Dann können auch die Sememe der anderen beiden Isotopien – etwa "écume" ("Schaum"), "naviguons" ("wir fahren") oder "ivresse" ("Trunkenheit") – auf dieser umfassenden Isotopie entziffert werden, und das Klassem "Schrift"/"écriture" wird zum eigentlichen Gehalt des nur scheinbar vieldeutigen Textes. Obwohl Rastier einräumt, die von ihm vorgeschlagenen drei Lektüren seien "nicht die einzig möglichen" ("pas les seules possibles"), faßt er zusammen: "Jedenfalls ist eine Reflexivität von Mallarmés Text feststellbar, da dieser eine metaphorische Ausrichtung auf die Isotopie der Schrift aufweist (...)."[134] Auch hier geht es also darum, den Text als eine semantische Hierarchie aufzufassen und zu beschreiben, wobei "Festessen" und "Seefahrt" als *Metaphern* für das "Schreiben" ("écriture") gelesen werden.

An dieser Stelle scheinen mir vier kritische Bemerkungen angebracht: 1. Es ist keineswegs sicher, daß alle vieldeutigen Texte auf diese Art hierarchisiert und auf den Begriff als Klassem gebracht werden können: Kafkas mehrdeutige Parabel läßt vermuten, daß es nicht einfach sein dürfte, sie einer umfassenden Isotopie, d.h. einem Klassem zuzuordnen; es sei denn, daß alle polysemen Texte grundsätzlich reflexiv gelesen und mit dem Klassem "Schrift" verknüpft werden... 2. Eine der Hauptschwächen des hier verwendeten Isotopiebegriffs besteht darin, daß die semantische Isotopie nicht ausschließlich textimmanent zu konstituieren ist: Nur wer die *sprachliche Situation* kennt, der ein Text angehört, kann darüber entscheiden, welche *Seme* ein bestimmtes *Semem* als *Lexem* im Kontext enthält und welche nicht. Die Zuordnung eines Semems zu einer bestimmten Isotopie hängt also in vielen Fällen von kulturellen, sozialen und soziolinguistischen Faktoren ab. Ohne Rekurs auf den soziokulturellen Kontext könnte beispielsweise François Rastier in seiner semantischen Analyse von Mallarmés Gedicht *Salut* nicht behaupten, das Semem *écume* (*Schaum*) könne als Metonymie für "Champagner" gelesen werden, der in Frankreich bei feierlichen Anlässen getrunken werde. 3. In diesem Zusammenhang könnte man mit dem niederländischen Literaturwissenschaftler Hugo Verdaas-

133 F. Rastier, "Systématique des isotopies", in: *Essais de sémiotique*, op.cit., S. 87.
134 Ibid., S. 96.

donk noch einen Schritt weiter gehen und behaupten, der Isotopiebegriff entspreche nicht der Praxis empirischer Leser, die den Text in verschiedenen kulturellen Kontexten unterschiedlich rekonstruieren.[135] 4. Schließlich sollte angemerkt werden, daß Greimas und seine Schüler den Isotopiebegriff vorwiegend auf die *Inhaltsebene* anwenden: als semantische oder sememische Isotopie. Auch Jean-Claude Coquet, der sich in *Sémiotique littéraire* (1973) mit dem von Greimas fast gleichzeitig thematisierten Isomorphismus zwischen Ausdruck und Inhalt befaßt, konzentriert sich – etwa in seinen Analysen von Rimbauds *Illuminations* oder Apollinaires *Colchiques* – auf semantisch-syntaktische Zusammenhänge, also auf die Inhaltsebene.[136]

Gerade Coquets frühe Arbeiten zeigen, daß es den Greimasianern primär um die Sinnsuche im Bereich des Inhalts zu tun ist. In seinen Kommentaren zu den *Illuminations* heißt es unmißverständlich: "Das Ganze bildet einen 'linguistischen Gegenstand', auf den ohne weiteres eine eindeutige Übersetzung anzuwenden ist. Diese Übersetzung bezeichnen wir als *sprachlichen Sinn* des Werkes." ("L'ensemble forme un 'objet linguistique' auquel il est aisé d'appliquer une traduction univoque. Cette traduction, nous l'appelons le *sens linguistique* de l'œuvre.")[137] An anderer Stelle des Kommentars wird klar, daß dieser "linguistische Sinn" als Grundstruktur des Textes begrifflich paraphrasiert werden kann und daß er den Ausgangspunkt aller (z.B. soziologischer oder psychoanalytischer) Interpretationen und Lektüren bildet: "Diese vier Paraphrasen bilden den 'linguistischen Sinn' oder die Invariante des Textes ("l'invariant du texte"); an dieser Stelle und nur an dieser Stelle öffnet sich der sehr mannigfaltige Spielraum der Exegeten."[138] Anders als bei Barthes ist es in der strukturalen Semiotik also durchaus möglich, den literarischen Text auf den Begriff zu bringen und seine Grund- oder Tiefenstruktur zum Ausgangspunkt aller Interpretationen und Rezeptionen zu machen.

Ausgehend von Lévi-Strauss' strukturaler Anthropologie, in der Mythen als Bedeutungssysteme untersucht werden[139], entwirft Greimas

135 Siehe: H. Verdaasdonk, "On the Possible Roles of Institutionalised Beliefs in the Theory of Literature: Interpretation as the Context-Dependent Grouping of Word Material", *Poetics* Nr. 10, 1981, S. 469: "The establishment of isotopies thus remains arbitrary."

136 Siehe: J.-Cl. Coquet, *Sémiotique littéraire. Contribution à l'analyse sémantique du discours*, Tours, Mâme, 1973, Kap. 4 und 6.

137 Ibid., S. 69.

138 Ibid., S. 83.

139 Siehe: Cl. Lévi-Strauss, *Strukturale Anthropologie*, Frankfurt, Suhrkamp, 1969.

eine Theorie der *Tiefenstruktur* (*structure profonde*), die im letzten Kapitel der *Strukturalen Semantik*, wo das Werk des kritisch-katholischen Schriftstellers Georges Bernanos (1888-1948) kommentiert wird, klare Konturen anzunehmen beginnt. Der Semiotiker geht von der Annahme aus, daß Bernanos' Texte vom semantischen Grundgegensatz *Leben/Tod* strukturiert werden und daß alle übrigen Gegensätze und Unterschiede von dieser Dichotomie ableitbar sind. Eingefaßt wird dieser Gegensatz von der semantischen Isotopie *Existenz*: "Mit anderen Worten besteht die menschliche Existenz aus *Leben* und aus *Tod*, die zwei kontradiktorische und komplementäre Terme ihres noologischen Wesens sind."[140] Die globale Isotopie, auf der laut Greimas die Texte von Bernanos zu lesen sind, kann nun mit Hilfe der Formel $E = (L+T)$ zusammengefaßt werden. Man könnte hinzufügen, daß *Leben* und *Tod* sekundäre Isotopien oder Subisotopien der Isotopie *Existenz* bilden.

Aus diesen Überlegungen leitet Greimas die achronische Grundstruktur von Bernanos' literarischem Universum ab, die er auf die folgende Formel bringt:

$$\frac{L}{\text{nicht } L} \simeq \frac{T}{\text{nicht } T}$$

In dieser Formel, in der L(eben) und T(od) einen *Gegensatz* (*contraire*) bilden, stehen L(eben) und Nicht-L(eben), T(od) und Nicht-T(od) im *Widerspruch* (*contradiction*) zueinander. Während L die positiven Definitionen des Lebens (*Veränderung*, *Klarheit*, *Wärme*) beinhaltet und Nicht-L die negativen Definitionen des Todes (*Identität*, *Dunkelheit*, *Kälte*), beinhaltet T die positiven Definitionen des Todes (*Schwere*, *Farblosigkeit*, *Monotonie*) und Nicht-T die negativen Definitionen des Lebens (*Reinheit*, *Luftförmigkeit*, *Farbe*).

Im Jahre 1968 hat Greimas diese "achronische" Grundstruktur weiter formalisiert und das für die strukturale Semiotik besonders wichtige *semiotische Viereck* (*carré sémiotique*) eingeführt.[141] Dieses Schema dient dazu, die hier im Zusammenhang mit Bernanos' Werk thematisierten Gegensätze (contraires) und Widersprüche (contradictions) systematischer und klarer darzustellen und die Beziehungen zwischen den Einheiten zu verdeutlichen. Zur Verdeutlichung dient beispielsweise

140 A.J. Greimas, *Strukturale Semantik*, op.cit., S. 208-209.
141 Siehe: A.J. Greimas, *Du Sens. Essais sémiotiques*, Paris, Seuil, 1970, S. 138.

das Implikationsverhältnis zwischen Größen wie Leben – Nicht-Tod und Tod – Nicht-Leben. Der bei Bernanos aufgezeigte *Gegensatz* (*contraire*) zwischen Leben und Tod beinhaltet beispielsweise die zwei *Widersprüche* (*contradictions*) zwischen Leben und Nicht-Leben, zwischen Tod und Nicht-Tod sowie die *Implikationen* (*implications*) zwischen Leben und Nicht-Tod und Tod und Nicht-Leben[142]:

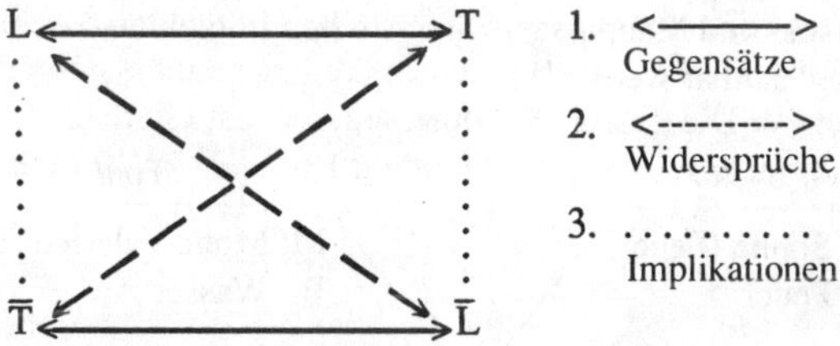

In seiner gründlichsten literatursemiotischen Analyse, in *Maupassant. La sémiotique du texte: exercices pratiques* (1976), setzt sich Greimas auf 267 Seiten mit Guy de Maupassants (1850-1893) kurzer Erzählung *Deux Amis* (6 Seiten) auseinander. Die Erzählung handelt von zwei Freunden, Sauvage und Morissot, die einander während des französisch-preußischen Krieges zufällig auf den Straßen von Paris begegnen. Beide sind fanatische Fischer und beschließen, sich beim französischen Kommandanten eine Sondergenehmigung zu holen, um jenseits der französischen Verteidigungslinien fischen zu können. Sie erreichen den Fluß und genießen trotz des Kanonendonners am Mont-Valérien den ergiebigen Fischfang. Sie werden jedoch von preußischen Soldaten überrascht, deren Offizier sie der Spionage bezichtigt und ihnen droht, sie erschießen zu lassen, wenn sie ihm nicht das Kennwort der französischen Verteidigung verraten. Sie lehnen ab, werden erschossen, ins Wasser geworfen, und die preußischen Soldaten essen ihre Fische auf.

Auch in der Analyse dieses Textes geht Greimas von dem Grundgegensatz *Leben/Tod* (*Vie/Mort*) aus; er zeigt jedoch, daß die verschiedenen Terme des semiotischen Vierecks, die aus diesem Gegensatz hervorgehen, im individuellen Sprachgebrauch, im *Idiolekt* Maupassants, mit anderen semantischen Größen besetzt werden als im Idiolekt

142 Siehe: Ibid., S. 137.

eines Georges Bernanos. Während Bernanos den Tod u.a. mit dem Wasser (Schwere, Kälte) verknüpft und den Nicht-Tod mit der Luft, assoziiert Maupassant den Tod mit der Erde (dem Mont-Valérien) und den Nicht-Tod mit dem Wasser. Beide Autoren verbinden das Leben mit dem Feuerelement (Maupassant: Sonne); während aber bei Bernanos das Nicht-Leben durch die Erde symbolisiert wird, wird es bei Maupassant mit dem Himmel und der Luft assoziiert. So kommt ein doppeltes semiotisches Viereck zustande, in dem die Tiefenstrukturen von Bernanos' und Maupassants literarischen Idiolekten durch Überlagerung vergleichbar werden[143]:

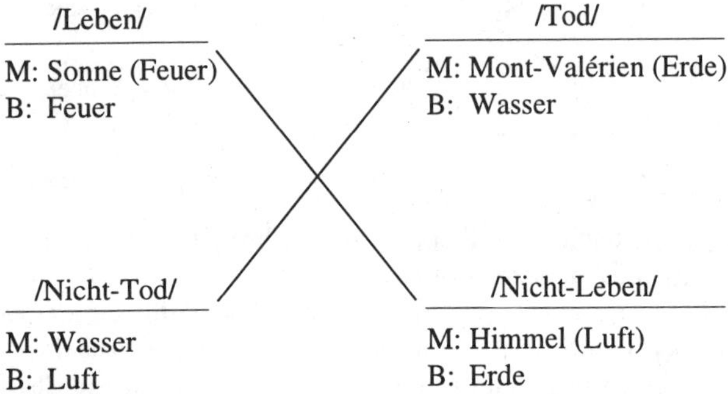

Schon in seiner *Strukturalen Semantik* ging Greimas davon aus, daß es möglich sein müßte, anhand der im semiotischen Viereck dargestellten Tiefenstruktur die Handlungsabläufe des Textes zu beschreiben und zu erklären. Leben und Tod sind nicht nur semantische Größen, sondern zugleich handelnde Instanzen oder Aktanten: "Zugleich ist jedoch ihr syntaktischer Status (...) der Status von Aktanten."[144] Dieser These liegt die Überlegung zugrunde, daß die semantisch-paradigmatischen Beziehungen die Handlungsstrukturen und die narrativen Abläufe von literarischen und nichtliterarischen Texten bestimmen: "Das Paradigmatische organisiert das Syntagmatische"[145], erklärt Greimas später in einem Gespräch mit Hans-George Ruprecht.

143 Siehe: A.J. Greimas, *Maupassant*, op.cit., S. 141.
144 A.J. Greimas, *Strukturale Semantik*, op.cit., S. 212.
145 A.J. Greimas, in: H.-G. Ruprecht, "Ouvertures métasémiotiques: entretien avec Algirdas Julien Greimas", in: *Recherches sémiotiques/Semiotic Inquiry* Bd. 4, Nr. 1, 1984, S. 9.

Es fragt sich natürlich, wie dies geschieht, d.h. wie der Übergang von der achronischen Struktur zum narrativen Ablauf ("parcours narratif", Greimas) erklärt und beschrieben werden soll. Sowohl in den 70er als auch in den 80er Jahren ist Greimas im Zusammenhang mit diesem Problem scharf kritisiert worden. Während er meint, daß vor allem die Implikationsverhältnisse (etwa zwischen Leben und Nicht-Tod und Tod und Nicht-Leben) eine Dynamisierung des Modells ermöglichen, bemerkt Claude Bremond in *Logique du récit* (1973): "Schließlich ist nicht einzusehen, inwiefern das Implikationsverhältnis, das zwischen S_1 und S_2 (*reich* $\rightarrow$ *nicht arm*) oder S_2 und S_1 (*arm* $\rightarrow$ *nicht reich*) vorkommt, irgendwie die Rolle eines Motors bei der Hervorbringung der Ereignisse der Erzählung spielen könnte. Dieses Verhältnis ist achronisch und kann nicht aufhören, es zu sein (...)."[146] Es wäre absurd zu erwarten, erklärt Bremond, daß im Erzähltext "nicht arm" als Vorstufe zu "reich" vorausgesetzt werden *müsse*: d.h., diese Implikation beinhalte weder eine logische noch eine zeitliche Anordnung.

In einem Artikel aus dem Jahre 1989 ergänzt W.O. Hendricks Bremonds Kritik am "carré sémiotique" mit der Behauptung, "Greimas' narrative Oberflächenstruktur stimm(e) nicht in allen Punkten (is not in a term-by-term correspondence) mit den vier Termen der Tiefengrammatik, aus denen sich das semiotische Viereck zusammensetzt, überein (...)".[147] Auch er stellt das Implikationsverhältnis in Frage und greift dabei Bremonds Kritik an der formalen Logik des "carré sémiotique" wieder auf: Greimas gehe irrtümlich davon aus, daß "nicht reich" "arm" impliziert; formallogisch sei jedoch nur die Umkehrung dieser Implikation ("arm" impliziert "nicht reich") haltbar.[148] Obwohl ich meine, daß das Implikationsverhältnis, an dem sich die Kritik seit rund 20 Jahren festgebissen hat, sekundär ist, da der narrative Ablauf ebensowenig aus dem Schema der Tiefenstruktur logisch *abgeleitet werden muß* wie die *parole* aus der *langue* oder Chomskys *Performanz* aus der *Kompetenz*, gebe ich Hendricks recht, wenn er bemerkt: "Greimas' Auffassung der Produktion eines narrativen Textes als eines dreistufigen generativen Ablaufs – von der narrativen Tiefengrammatik zur narrativen Oberflächengrammatik und zur linguistischen Erscheinungsform – bleibt in

146 Cl. Bremond, *Logique du récit*, Paris, Seuil, 1973, S. 93.

147 W.O. Hendricks, "Circling the Square: On Greimas's Semiotics", in: *Semiotica* 75, 1/2, 1989, S. 116.

148 Ibid., S. 114. Siehe aber A.J. Greimas, *Maupassant*, op.cit., S. 25, wo trotz Bremonds Einwände behauptet wird, "die Dauer sei die zeitliche Darstellung eines Zustandes", "que la *durée* est la représentation temporelle d'un *état*."

höchstem Maße programmatisch und wurde nie vollständig ausgearbeitet."[149] Hendricks geht leider nicht auf Greimas' *Maupassant*-Buch ein, mit dem sich jedoch Dolf Sörensen befaßt, der die logischen und terminologischen Probleme der strukturalen Semiotik in allen Einzelheiten erörtert.[150]

Trotz Hendricks' Kritik meine ich – mit Sörensen –, daß Greimas' Modell außerordentlich fruchtbar ist, vor allem wenn es darum geht, die Aktanten eines literarischen, politischen oder wissenschaftlichen Diskurses mit dessen semantischen und ideologischen Grundlagen zu korrelieren. Es könnte in diesem Zusammenhang von einer *Homologie* zwischen den narrativen (aktantiellen) und den semantischen Grundlagen des Diskurses die Rede sein. Diese Homologie tritt am klarsten in der *Maupassant*-Analyse zutage, wo die Symbole des Lebens und des Todes ("Sonne", "Mont-Valérien", "Wasser", "Himmel") zu *Aktanten* werden, die bestimmten Isotopien angehören und diese Isotopien zusammen mit anderen semantischen Einheiten konstituieren.

Doch was ist ein Aktant? Der Begriff stammt von Louis Tesnière und bezeichnet eine narrative Rolle oder *Funktion* im Sinne von V. Propp, dessen strukturaler und morphologischer Formalismus Greimas viel nachhaltiger beeinflußt hat als die Ansätze Šklovskijs oder Ejchenbaums (s. Kap. 2). Da es Subjektaktanten (Helden, Widersacher) und Objektaktanten (Wertgegenstände, Werte oder die beiden Freunde, die von den Preußen gefangengenommen werden) gibt, kann der Funktionsbegriff sowohl "Aktivität" als auch "Passivität" beinhalten. ("Der Schatz", "die Wahrheit" oder "die Prinzessin" können Objektaktanten sein.)

Zunächst ist es wichtig, mit Greimas die Aktanten des *Aussagevorgangs* (*énonciation*, *communication*) von den Aktanten der *Aussage* (*énoncé, narration*) zu unterscheiden[151]: Während die Aktanten des Aussagevorgangs (*énonciateur* = *Sender*; *énonciataire* = Empfänger) dem Diskurs äußerlich sind, sind die Aktanten der Aussage als handelnde Instanzen im Diskurs selbst anzutreffen: als *Auftraggeber* (*destinateur*), *Gegenauftraggeber* (*antidestinateur*), *Beauftragter* (*destinataire*), *Gegenbeauftragter* (*antidestinataire*), *Subjekt* (*sujet*), *Antisubjekt* (*antisujet*) und *Objekt* (*objet*). In der *Strukturalen Semantik* fügt Greimas symmetrisch zu den hier angeführten Instanzen den *Hel-*

---

149 W.O. Hendricks, op.cit., S. 115.

150 Siehe: D. Sörensen, *Theory Formation and the Study of Literature*, Amsterdam, Rodopi, 1987, Kap. 7-9.

151 Siehe: A.J. Greimas, J. Courtés, *Sémiotique*, op.cit., S. 3.

fer (*adjuvant*) und den *Widersacher* (*opposant*) hinzu, auf die er später allerdings verzichtet.[152]

Jeder Aktant kann im Diskurs in der Gestalt von verschiedenen *Akteuren* auftreten, und ein Akteur kann – wie Courtés bemerkt – als Synthese mehrerer Aktanten in Erscheinung treten.[153] So kann z.B. im politischen Diskurs der kollektive Aktant "Partei" zahlreiche individuelle Akteure subsumieren, und ein Parteimitglied kann als Akteur an mehreren Aktanten ("Partei", "Kunst", "Revolution") teilhaben und mit ihnen in innere und äußere Konflikte geraten: "(...) Wenn ein Aktant (A_1) im Diskurs in mehreren Akteuren (a_1, a_2, a_3) in Erscheinung treten kann, so ist auch der umgekehrte Fall denkbar, in dem ein einzelner Akteur (a_1) als Synthese mehrerer Aktanten (A_1, A_2, A_3) auftreten kann."[154] Hier wird deutlich, welche Funktion der Aktantenbegriff erfüllt und weshalb er nicht schlicht durch Bezeichnungen wie "Protagonist" oder "Person" zu ersetzen ist; denn auch Kollektive und Begriffe können Aktanten sein: die "Partei", die "Wahrheit", die "Wissenschaft".

Greimas stellt die funktionale Beziehung zwischen den Aktanten innerhalb der Erzählung als *récit* am anschaulichsten dar, wenn er das hierarchische Verhältnis von Auftraggeber (destinateur) und Held (héros, sujet) schildert: "Der Auftraggeber (eine gesellschaftliche Autorität, die dem Helden einen bestimmten Heilsauftrag gibt) stattet den Helden mit der Rolle des Beauftragten aus und stellt dadurch eine kontraktuelle Beziehung her, da ja vorausgesetzt wird, daß die Erfüllung des Vertrages eine Belohnung mit sich bringt (...)."[155]

Diese Darstellung führt mitten in die Problematik des *Maupassant*-Buches. Wie immer geht dort Greimas von einer dualistisch-polemischen Struktur aus und zeigt, daß dem semantischen Gegensatz *Leben/Tod* die Gegensätze zwischen dem Auftraggeber *Sonne* und dem Gegenauftraggeber *Mont-Valérien* sowie zwischen dem Kollektivsubjekt *deux amis* (Sauvage und Morissot) und dem kollektiven Antisubjekt *die Preußen* entsprechen. Gesteigert wird die Komplexität dieses Aktantenmodells durch die Tatsache, daß in Übereinstimmung mit den semantischen Einheiten *Leben – Nicht Leben*, *Tod – Nicht-Tod* sowohl auf seiten des Subjekts als auch auf seiten des Antisubjekts zwei

152 Siehe: A.J. Greimas, *Strukturale Semantik*, op.cit., S. 163-166.
153 Siehe: J. Courtés, *Introduction à la sémiotique narrative et discursive*, Paris, Hachette, 1976, S. 95.
154 A.J. Greimas, *Du Sens II. Essais sémiotiques*, Paris, Seuil, 1983, S. 49.
155 A.J. Greimas, *Du Sens*, op.cit., S. 234.

Auftraggeber ausgemacht werden können: Die *Sonne* als Auftraggeber der *zwei Freunde* wird durch den passiven Auftraggeber *Wasser* ("non-anti-destinateur") ergänzt; *Mont-Valérien* als Gegenauftraggeber der *Preußen* wird durch den passiven Gegenauftraggeber ("non-destinateur") *Himmel* ergänzt. Greimas faßt zusammen: "Geht man von der polemischen Struktur der Erzählung aus, so erscheint jedes der beiden narrativen Subjekte – das Subjekt 'zwei Freunde' und das Antisubjekt 'die Preußen' – als mit einem doppelten Auftraggeber ausgestattet."[156]

Er zeigt sodann in allen Einzelheiten, wie das *narrative Programm* (*programme narratif*) des Gegenauftraggebers *Mont-Valérien* als "Todessuche" ("la quête de la 'mort'") auf einer Isotopie des *Scheins* (paraître) über das narrative Programm des Auftraggebers *Sonne* ("Lebenssuche", "quête de la vie") triumphiert. Auf einer symbolisch-kognitiven Isotopie, deren christliche Komponenten Greimas hervorhebt, siegen allerdings die beiden Freunde als Vertreter der Sonne, des Wassers und des Lebensprinzips: Einerseits lassen sie sich von den Preußen nicht gegeneinander ausspielen und behaupten sich im Tod als *kollektiver Aktant*, andererseits vereinigen sie sich schließlich mit einem ihrer beiden Auftraggeber: in dem Augenblick, wo ihre Leichen von den Preußen ins *Wasser* geworfen werden. So kann Greimas am Ende seiner Untersuchung zusammenfassen: "Die *realistische* Isotopie, auf der S_2 (Antisubjekt, Preußen, P.V.Z.) sein Tun und die von ihm begehrten Werte ansiedelt, ist folglich die Isotopie des Nicht-Wissens und der *Irrealität*."[157] Anders formuliert: "Das narrative Programm von S_2 konnte in seinen Ergebnissen als Sieg auf der Ebene des Scheins und als Niederlage auf der des Seins gelesen werden; und umgekehrt endete das narrative Programm von S_1 (zwei Freunde, P.V.Z.) mit einer Scheinniederlage und einem wirklichen Sieg."[158]

Wichtig ist die Überlegung, daß der "wirkliche Sieg" der beiden Freunde auf der Ebene der *Modalitäten* herbeigeführt wird, die Greimas in "virtualisierende" (*müssen*, *wollen*), "aktualisierende" (*können*, *wissen*) und "realisierende" (*tun*, *sein*) einteilt. Vor allem auf der Ebene der kognitiven Modalitäten (*wollen*, *wissen*, *sein*) erringen Sauvage und Morissot einen Sieg über die Preußen, indem sie den Verrat ablehnen, sich als Einheit ("deux amis") definieren und schließlich mit einem

156 A.J. Greimas, *Maupassant*, op.cit., S. 63-64.
157 Ibid., S. 258.
158 Ibid., S. 264.

ihrer Auftraggeber, mit dem Lebensprinzip "Wasser", vereinigt werden. Denn die Vereinigung mit dem Auftraggeber ist in Greimas' Theorie als Triumph zu *werten*.

Spätestens an dieser Stelle kommen Zweifel auf: Wäre es nicht möglich, Maupassants Erzählung auch anders zu lesen und den symbolträchtigen Handlungsablauf umzudeuten? Mit Recht fragt sich Ann Jefferson in ihrer Rezension des *Maupassant*-Buches, ob Greimas nicht ein bestimmtes Schema in den Text hineininterpretiert: "Ist es Zufall, daß Greimas in seiner Bernanos-Deutung am Ende der *Strukturalen Semantik* von derselben Bedeutungsebene (*Leben/Tod*, P.V.Z.) ausgeht und sich derselben Begriffe bedient?"[159] Mit Recht wirft sie ihm vor, "Oberflächenmerkmale" ("surface features")[160] hätten für ihn keinerlei Bedeutung. Darin stimmt sie mit Claude Bremond überein, der im Zusammenhang mit Greimas' Begriff der Tiefenstruktur bereits im Jahre 1973 bemerkte: "Dennoch kehrt er dem Wesentlichen den Rükken: Der eigentliche Sinn der Erzählung wird in den achronischen begrifflichen Beziehungen angesiedelt."[161]

Tatsächlich haben wir es bei Greimas mit einer semiotischen Ästhetik der Inhaltsebene zu tun, in deren Rahmen literarische Texte auf den Begriff gebracht werden sollen, in der das Verhältnis von Tiefenstruktur und Aktantenmodell sowie die Beziehungen innerhalb des Aktantenmodells als Hierarchien gedacht werden, in der von einer "hierarchischen Struktur des Inhalts"[162] die Rede ist und in der schließlich behauptet wird, "daß jedes semiotische System eine Hierarchie ist" ("que tout système sémiotique est une hiérarchie").[163] In Übereinstimmung mit dieser Ästhetik wird in *Maupassant* die "Illusion der Textvielfalt" zurückgewiesen. Es ist dort von der "Illusion des Text-'reichtums' und der Vielzahl der möglichen Lektüren"[164] die Rede. In dieser Hinsicht ist das *Maupassant*-Buch durchaus als eine versteckte Polemik gegen Roland Barthes' *S/Z* zu lesen: als eine zugleich rationalistische und "hegelianische" Alternative zum spielerisch metaphorisierenden Nietzscheanismus.

---

159 A. Jefferson, "Semiotics of a Literary Text", in: *PTL* Nr. 3, 1977, S. 584.
160 Ibid., S. 586.
161 Cl. Bremond, *Logique du récit*, op.cit., S. 89.
162 A.J. Greimas, *Du Sens*, op.cit., S. 187.
163 A.J. Greimas, J. Courtés, *Sémiotique*, op.cit., S. 32.
164 A.J. Greimas, *Maupassant*, op.cit., S. 33.

4. Greimas in der Nouvelle Critique und in der Rezeptionsästhetik

Innerhalb der französischen *Nouvelle Critique* der 60er und 70er Jahre steht Greimas dem Psychoanalytiker Charles Mauron und dem Hegelianer Lucien Goldmann sicherlich näher als dem Nietzscheaner und Semiotiker Barthes. Während Mauron meint, mit Hilfe des persönlichen Mythos, dem "mythe personnel"[165] des Autors, literarische Texte eindeutig interpretieren zu können, legt sie Goldmann (s. Kap. 2) mit Hilfe des Begriffes der "Bedeutungsstruktur" ("structure significative") auf Weltanschauungen fest. Wäre es nicht möglich, die Bedeutungsstruktur des Hegelianers als semiotisches Viereck, als Tiefenstruktur zu denken und sie semiotisch zu formalisieren? Wäre es nicht möglich, Maurons "mythe personnel" auf diese Art semiotisch als "idiolecte" zu präzisieren? Jedenfalls wird der informierte Leser an Goldmanns *Le Dieu caché* erinnert, wenn er in Greimas' *Maupassant*-Buch erfährt, daß eine adäquate Texterfassung "eine Kenntnis der Totalität der analysierten Textwelt oder zumindest ihres repräsentativen Textmusters voraussetzt" ("exige la connaissance de la totalité de l'univers analysé ou du moins de son échantillon représentatif").[166] Den Hegelianismus von Greimas' Ästhetik faßt Ronald Schleifer prägnant zusammen, wenn er den Gegenstand der strukturalen Semiotik als "the phenomenally felt meaningful whole of human discourse"[167] definiert. Auch hier liegt der Akzent auf "whole", auf der Totalität.

In diesem Kontext wird klar, weshalb Vertreter der Rezeptionsästhetik gegen Goldmann und Greimas fast gleichlautende Argumente ins Feld führen. Wie Ann Jefferson heben sie (als Schüler Mannheims und

---

165 Siehe: Ch. Mauron, *Des Métaphores obsédantes au mythe personnel. Introduction à la psychocritique*, Paris, Corti, 1983. Mauron räumt zwar ein, daß seine "Psychocritique" einen partiellen Charakter hat und nicht den Anspruch erhebt, die Gesamtproblematik des Werkes zu erhellen. Andererseits macht er kein Hehl aus seinem Glauben, man könne wesentliche Aspekte des Textes aus dem Unbewußten des Autors erklären, aus der "personnalité inconsciente" (S. 13). Siehe auch: S. Doubrovsky, *Pourquoi la Nouvelle Critique*, Paris, Denoël-Gonthier, 1966, S. 146: "Pour Mauron, l'œuvre elle-même annonçait et révélait le principe de sa propre unité, mais la clé de celle-ci, en dernière analyse, était dans le système affectif particulier à la personnalité inconsciente de l'auteur."

166 A.J. Greimas, *Maupassant*, op.cit., S. 55.

167 R. Schleifer, *A.J. Greimas and the Nature of Meaning*, Lincoln, Univ. of Nebraska Press, 1987, S. 131. Zu Schleifers Buch siehe auch die kroatische Rezension von M. Beker in *Umjetnost riječi XXXII*, Nr. 4, 1988: "Greimasov prilog suvremenoj semiotici", vor allem S. 338 und S. 342.

der Wissenssoziologie) die historische Kontingenz der strukturalen Semiotik und der von ihr artikulierten Textbedeutungen hervor; zugleich betonen sie die Leserrolle. So spielt beispielsweise H.U. Gumbrecht Jan Mukařovskýs rezeptionstheoretischen Begriff des "ästhetischen Objekts" (s. Kap. 5) gegen die strukturale Semiotik aus: "Damit ist die Textstruktur im Hinblick auf die ästhetische Problematik beileibe nicht zur Bedeutungslosigkeit degradiert in dem Sinne, daß jeder Text bei entsprechender 'Verwendung' zum ästhetischen Objekt werden könnte. Vielmehr qualifizieren nur bestimmte Strukturen (von deren Bestimmung wir freilich m.E. noch weit entfernt sind) Texte zu potentiellen ästhetischen Objekten; diese Potentialität kann aber erst dann aktualisiert werden, wenn eine gewisse 'dynamische' (Mukařovský) Beziehung zwischen dieser Struktur und der Disposition der Leser besteht."[168]

Wie so oft steht auch hier das Wesentliche in der Klammer: Die Vertreter der Rezeptionsästhetik, die durchaus mit Gumbrechts "wir" gemeint sein könnten, sind von einer semantisch-narrativen Darstellung der Textstrukturen tatsächlich noch weit entfernt. Ihre Beteuerungen, daß literarische Texte natürlich nicht jede beliebige Lektüre zulassen, bleiben reiner Exorzismus des Gegenstandes, solange dieser nicht auf semantischer und narrativer Ebene erfaßt wird.

Greimas, der bisher mit beeindruckender Zielstrebigkeit allen "dekonstruktivistischen" Modeerscheinungen getrotzt hat, ist durchaus in der Lage, Barthes' bekanntem Hinweis auf den "grenzenlosen Rezeptionsprozeß" zu begegnen: "Der Eindruck einer endlosen 'Offenheit' des Textes kommt häufig über Teillektüren zustande (...)."[169] Der Text wird nicht in seiner Gesamtheit erfaßt, so daß die Isotopien "in der Luft hängen" und einander scheinbar widersprechen; so wird die Tatsache übersehen, daß der Text nur "eine begrenzte Anzahl von möglichen Lektüren zuläßt" ("un nombre restreint de lectures possibles").[170] Entscheidend ist meiner Meinung nach Greimas' These, daß jeder Text bestimmte lexikalische, semantische und syntaktische Zwänge enthält ("contraintes inscrites dans le texte lui-même")[171], die die strukturale Semiotik beschreiben kann.

---

168 H.U. Gumbrecht, "Algirdas Julien Greimas", in: W.-D. Lange (Hrsg.), *Französische Literaturkritik der Gegenwart in Einzeldarstellungen*, Stuttgart, Kröner, 1975, S. 349.

169 A.J. Greimas, J. Courtés, *Sémiotique*, op.cit., S. 207.

170 Ibid.

171 Ibid.

Problematisch scheint mir sein hegelianisches Vorurteil zu sein, das an Goldmanns genetischen Strukturalismus erinnert: die These, daß literarische Texte als homogene, bruchlose Totalitäten aufgefaßt werden können, deren Isotopien stets hierarchisch zu ordnen sind. Die Praxis der Avantgarde zeigt, daß dies ein klassizistisches ("hegelianisches") Ideologem ist.

Ebenso problematisch scheint mir Greimas' rationalistischer Verzicht auf die theoretische *Reflexion* zu sein: Was geschieht, wenn nicht die Begriffe der strukturalen Semiotik auf Maupassants *Deux Amis* angewandt werden, sondern die Begriffe einer anderen theoretischen Metasprache? Erscheint in diesem Fall der Mont-Valérien auch als "Auftraggeber" der preußischen Soldaten – oder nimmt er eine andere Bedeutung an? Was geschieht, wenn nicht der Isotopiebegriff, sondern ein konkurrierender semantischer Begriff angewandt wird? – Dann wird das Objekt – die Erzählung *Deux Amis* – anders (re-)konstruiert; es büßt jedoch nicht seine Identität ein; und die verschiedenen Objektkonstruktionen bleiben vergleichbar. Auf dieses Problem komme ich im letzten Kapitel zu sprechen.

VIII. Dekonstruktion: Theorie und Praxis

Das von Jacques Derrida (*1930) in der Philosophie entwickelte Verfahren der Dekonstruktion wird hier nicht deshalb kommentiert, weil es sich dem Literaturwissenschaftler als kommerzialisierte Modeerscheinung aufdrängt, sondern weil es im Gesamtkonzept dieses Buches eine wesentliche Funktion erfüllt. Wie Adorno, wie Bachtin tritt Derrida immer wieder als rebellischer Erbe Hegels und radikaler Hegelkritiker auf; intensiver und systematischer als Barthes setzt er sich – ähnlich wie die amerikanischen Exponenten der *deconstruction* – mit Nietzsches Destruktion des Wahrheitsbegriffs auseinander und richtet seine De(kon)struktion auf sie aus.

“Hegel encore, toujours... Nochmals Hegel, immer noch”, heißt es in seinem Kommentar zu Michel Foucaults *Wahnsinn und Gesellschaft* (1961).[1] In einem Artikel über Georges Batailles Hegel-Kritik warnt Derrida vor einer oberflächlichen Abfertigung des Hegelianismus, welche es diesem erleichtern würde, “seine gewaltigen Mittel der Bestrickung”[2] zu entfalten. Weit davon entfernt, ein “toter Hund” zu sein, ist Hegel in Derridas Augen ebenso lebendig und gefährlich wie für die Junghegelianer und deren “Nachkommen” Adorno, Benjamin und Bachtin.

Wie die Junghegelianer Vischer, Stirner und Feuerbach, wie Bachtin und die Vertreter der Kritischen Theorie wendet sich Derrida leidenschaftlich gegen Hegels systematische Philosophie, gegen seinen Systembegriff, seine Vorstellung von einer Identität zwischen Subjekt und Objekt in der absoluten Idee sowie seinen zentralen, systembedingenden und systembildenden Terminus der *Aufhebung*. In Derridas Kritik des Hegelianismus stößt der Leser immer wieder auf Spuren junghegelianischen Denkens: auf die Hervorhebung der Ambivalenz (Vischer, Nietzsche), des Grotesken und Komischen (Vischer, Ruge), des Spiels,

1 J. Derrida, *Die Schrift und die Differenz*, Frankfurt, Suhrkamp, 1972, S. 71; *L'Ecriture et la différence*, Paris, Seuil, 1967, S. 68. N.B.: Da Derrida immer wieder die Möglichkeit der Übersetzung in Frage gestellt hat, wird hier neben der deutschen Übersetzung immer auch das Original zitiert.

2 Ibid., S. 380; S. 369.

der Maske und der Metapher (Vischer, Nietzsche), der Religionskritik (Feuerbach, Marx, Nietzsche).

Sein umfangreichster Kommentar zu Hegel (*Glas*, *Totenglocke*, 1974), der den vielsagenden und polemischen Untertitel *Que reste-t-il du savoir absolu?* (*Was ist vom absoluten Wissen übriggeblieben?*) trägt, ist eine Parallellektüre von Hegels Philosophie und den Schriften Jean Genets, eines revoltierenden Homosexuellen, der anarchistische Dramen wie *Haute surveillance* (1949) und *Les Paravents* (1961) sowie den in *Glas* häufig zitierten *Journal du voleur* (1949) publizierte. In ihrem Verlauf wird Hegels System in einem karnevalistischen Kontext als Herrschaftsmechanismus und "phallogozentrische" Apologie der Gewalt der Gegenwart in Frage gestellt, "dekonstruiert".

In diesem Kontext nimmt es nicht wunder, daß Derrida sich stärker noch als Barthes, Bataille oder Foucault an Nietzsche, vor allem an dessen systemfeindlicher und essayistischer Schreibweise, orientiert. Ganz zu Recht spricht Paul de Man in *Blindness and Insight* (1971) von "Derrida's Nietzschean theory of language".[3] Nicht nur Derridas Sprachtheorie ist nietzscheanisch, seine Philosophie als ganze ist es; daher ist auch Ernst Behler zuzustimmen, wenn er bemerkt: "Nietzsche war von fundamentaler Bedeutung für Derrida".[4] Denn Nietzsches Religionskritik, sein Begriff des Dionysischen sowie seine Zersetzung der metaphysischen Wahrheiten durch Aufwertung des Signifikanten und der Metapher fanden allesamt Eingang in Derridas dekonstruktiven Diskurs.

Im Anschluß an diese Überlegungen soll die Theorie der Dekonstruktion im folgenden als "junghegelianische" Hegelkritik und Fortsetzung von Nietzsches Destruktion der Metaphysik gedeutet werden. Explizit ist hier von einer *Deutung*, genauer *Objektkonstruktion* im Sinne der Semiotik und des Radikalen Konstruktivismus (s. Kap. 9) die Rede, da meine Darstellung der Dekonstruktion nur eine mögliche und keinesfalls die einzig mögliche Konstruktion dieses Gegenstandes ist. Dieser wäre auch anders zu konstruieren: z.B. im Zusammenhang mit Husserls Phänomenologie und Heideggers Seinsphilosophie, die für Derrida ebenso wichtig sind wie seine Hegelkritik oder seine Anlehnung an Nietzsche und die ich hier keineswegs ausklammern oder übergehen will.

3 P. de Man, *Blindness and Insight. Essays in the Rhetoric of Contemporary Criticism*, New York, Oxford University Press, 1971, S. 137.

4 E. Behler, *Derrida-Nietzsche/Nietzsche-Derrida*, Paderborn, Schöningh, 1988, S. 14.

Meine Deutung, deren Partikularität ich gern zugebe, ist aus dem hier konstruierten globalen Kontext ableitbar, der vom Spannungsverhältnis zwischen Kant und Hegel sowie von dem zwischen Hegel und Nietzsche strukturiert wird. Es versteht sich von selbst, daß in diesem Zusammenhang den Junghegelianern, die in ihrer Hegelkritik auch auf Kant rekurrieren und zugleich Nietzsches destruktiven Diskurs antizipieren, eine wichtige Rolle zufällt. Es kommt hinzu, daß die amerikanischen Verteter der Dekonstruktion, auf die ich hier eingehen will (Paul de Man und Geoffrey H. Hartman), eher im hegelianisch-nietzscheanischen als im phänomenologischen Kontext zu verstehen sind. Auch sie machen sich Nietzsches Aufwertung des Signifikanten und der Metapher zu eigen.

Eine jede Deutung, eine jede Objektkonstruktion reizt in der gegenwärtigen sprachlichen Situation zum Widerspruch, zur *Dekonstruktion*; schon aus diesem Grunde muß ich davon ausgehen, daß auch meine Darstellung von Derridas kritischer Philosophie im "junghegelianischen" Kontext, d.h. zwischen Hegel und Nietzsche, dekonstruiert wird. Ich meine allerdings, daß im Bereich der Sozialwissenschaften, zu denen ich auch die Literaturwissenschaft rechne, weil sie es mit gesellschaftlichen und nicht mit Naturprodukten zu tun hat, die Dekonstruktion nicht der Wahrheit letzter Schluß sein sollte: In *Ideologie und Theorie* (1989) versuchte ich zu erklären, weshalb nicht Dekonstruktion (Derrida) und Parataxis (Adorno, s. Kap. 4) die kritische Sozialwissenschaft fördern, sondern eine dialektische Theorie, die von kritischer Ambivalenz und Reflexion ausgeht und einen interdiskursiven Dialog zwischen heterogenen theoretischen Positionen anvisiert. Auf sie komme ich im letzten Kapitel zu sprechen.

Vorerst mag der Hinweis genügen, daß in den Sozialwissenschaften die Dekonstruktion zwar zum Abbau erkenntnishemmender Hindernisse beitragen kann (z.B. eines systematischen Denkens, das sich mit seinen Gegenständen identisch wähnt), daß sie jedoch im Gegensatz zu einer dialogischen Theorie nicht die Entwicklung der Sozialwissenschaften begünstigt: Während die Dekonstruktion nahezu alle Prämissen des theoretischen Denkens als metaphysisch in Frage stellt, peilt dialogische Theorie zugleich mit Kritik und Dialektik ein Gespräch zwischen Wissenschaftlergruppen und den ihnen entsprechenden heterogenen theoretischen Positionen an, das eine kritische Überprüfung von Theoremen und gemeinsamen Objektkonstruktionen – etwa der Dekonstruktion – ermöglichen soll. Sie weist mit Entschiedenheit Derridas und Paul de Mans Vorurteile sozialwissenschaftlichen Diskursen gegenüber zurück: Vorurteile, die die Dekonstruktivisten von Heidegger geerbt haben, der schon in *Sein und Zeit* (1927) von der "Notwendigkeit einer Umlegung der Sprachwissenschaft auf ontologisch ursprünglichere Fundamente"[5] sprach. Diese Notwendigkeit sehe ich nicht; sinnvoller scheint mir die Untersuchung gruppenspezifischer und ideologischer Interferenzen im sprachlichen (diskursiven) Bereich zu sein.

An der "Umlegung" ist Derrida, der die von Heidegger gelegten Fundamente wieder dekonstruiert, sicherlich nicht interessiert; jedenfalls spricht er den Sozialwissenschaften (mit denen er nie etwas im Sinne hatte) die Fähigkeit ab, die Dekonstruktion zu "objektivieren": "eine Bewegung, die im wesentlichen die philosophische, wissenschaftliche *und* institutionelle Axiomatik der betreffenden Sozialwissenschaften in Frage stellt".[6] Eine kritische Sozialwissenschaft, die den Dialog sucht, wird gegen eine solche Kritik, solange sie sich in nachvollziehbaren Argumenten artikuliert, nichts einzuwenden haben; niemand wird sie aber daran hindern, die Dekonstruktion im philosophischen, ästhetischen und semiotischen Kontext kritisch zu erklären.

1. Jacques Derrida zwischen Hegel und Nietzsche

Der Titel soll nicht Äquidistanz suggerieren, auch keine Pendelschwingung der Dekonstruktion zwischen den beiden philosophischen Standpunkten; er soll vielmehr andeuten, daß die Dekonstruktion – ähnlich wie die junghegelianischen Philosophien – eine radikale Hegelkritik beinhaltet, die sie mit dem begrifflichen (oder vielmehr metaphorischen) Instrumentarium durchführt, das ihr Nietzsche an die Hand gab. Der Titel besagt auch nicht, daß Hegelkritik den Ausgangspunkt von Derridas Dekonstruktion bildet: Der Name Hegels steht hier metaphorisch-metonymisch für den gesamten Logozentrismus der europäischen metaphysischen Tradition, die im hegelianischen Systemdenken wohl ihren Höhepunkt erreicht hat: zugleich aber auch den Punkt ihres Zerfalls, der im System selbst angelegt ist. Dies ist nicht nur die dialektische Einschätzung Adornos, sondern – in einem anderen Kontext – auch die Derridas, der in *La Dissémination* (1972) bemerkt:

5 M. Heidegger, *Sein und Zeit*, Tübingen, Niemeyer, 1963 (10. Aufl.), S. 165.
6 J. Derrida, *Mémoires pour Paul de Man*, Paris, Galilée, 1988, S. 38.

“Hegel ist also so nah wie möglich an einer ‘modernen’ Auffassung des Textes und der Schrift und zugleich so weit wie möglich von dieser entfernt.”[7]

Hegel ist hier also nur die Figur für ein metaphysisches, logozentrisches Denken, das in Derridas Darstellung seinen Ausgangspunkt in der Antike hat: in den Philosophien Platos und Aristoteles’, die nachhaltig auf Hegel eingewirkt haben (Aristoteles’ Metaphysik bildet eine der Grundlagen von Hegels System). In seiner Kritik der Philosophie Platos geht Derrida von der seinen gesamten Ansatz prägenden These aus, daß das europäische philosophische und wissenschaftliche Denken von Plato bis Saussure das gesprochene Wort (*parole*) privilegiert und die Schrift (*écriture*) als Derivat, Zusatz oder Supplement betrachtet und behandelt.

Obwohl Paul de Man behauptet, man dürfe Derridas “Geschichte der Metaphysik” nicht wörtlich nehmen, da sie wie Rousseaus “Geschichte der Sprache” eine Fiktion sei[8], will ich Derridas Entwurf wie jede andere philosophische, wissenschaftliche oder geschichtswissenschaftliche Erzählung als eine mögliche Objektkonstruktion, als eine mögliche Hypothese über die Wirklichkeit behandeln. Jede (geschichts-)wissenschaftliche “Erzählung” ist bis zu einem gewissen Grad eine Fiktion, da sie nie mit der Wirklichkeit und deren Entwicklung identisch ist. (Schon deshalb ist es notwendig, die verschiedenen “Fiktionen” dialogisch aufeinander zu beziehen.)

Es klingt übrigens gar nicht nach Fiktion, wenn der Autor der *Grammatologie* (1967) zum Verhältnis von *parole* (mündlicher Rede) und *écriture* (Schrift) im historischen Kontext bemerkt: “In dem der phonetisch-alphabetischen Schrift zugeordneten Sprachsystem ist die logozentrische Metaphysik entstanden, die den Sinn des Seins als Präsenz bestimmt. Der Logozentrismus, die *Epoche* des erfüllten Wortes haben aus wesensmäßigen Gründen jede freie Reflexion über den Ursprung und den Status der Schrift ausgeklammert und *suspendiert* (...).”[9] Wesentlich in dieser Passage ist der Hinweis auf die *Präsenz* (*présence*), der besagen soll, daß die *mündliche Rede* (*parole*) des metaphysischen Denkens den *Sinn* (*sens*) als etwas unmittelbar Anwesendes und Statisches definiert (d.h. eingrenzt), das sich gleichsam besitzen läßt: “Ha-

7 J. Derrida, *La Dissémination*, Paris, Seuil, 1972, S. 27.

8 P. de Man, *Blindness and Insight*, op.cit., S. 137.

9 J. Derrida, *Grammatologie*, Frankfurt, Suhrkamp, 1983, S. 76; *De la Grammatologie*, Paris, Minuit, 1967, S. 64.

bemus enim ideam veram", lautet Spinozas bekannte These, die Derrida in diesem Zusammenhang hätte zitieren können. "Der Philosoph", ergänzt Derrida in *Marges* (1972), "schreibt nun gegen die Schrift"[10]; d.h., daß die Schrift von der Philosophie als notwendiges Übel gleichsam nur toleriert wird, weil sie die Unmittelbarkeit des *Sinnes* (*sens*), seine Präsenz (*présence*) nicht gewährleistet, sondern im Gegenteil seine Zersetzung in endlosen Kommentaren und nie endenden Deutungen und Umdeutungen bewirkt. Kurzum: Das Ideal der Philosophie ist das in einer bestimmten Situation *gesprochene eindeutige Wort*; ihr Trauma hingegen ist der offene und *deutbare Text*, dessen sich die Schrift bemächtigt, um ihn ins Endlose fortzusetzen.

Derrida ergreift Partei für die *Schrift* (*écriture*), weil er der Meinung ist, in ihr eine kritisch-subversive Kraft gefunden zu haben, die die Autorität des Vaters, des Staates, des Systems und des gesamten repressiven Logozentrismus in allen seinen Erscheinungsformen aushöhlt. Als Synekdoche für Autorität tritt der Vater in *La Dissémination* auf: "Stets bewacht und verdächtigt der Vater die Schrift". ("Le père suspecte et surveille toujours l'écriture.") Und: "Die Besonderheit der Schrift wäre demnach in der Abwesenheit des Vaters zu suchen." ("La spécificité de l'écriture se rapporterait donc à l'absence du père.")[11] Bevor ich auf Derridas Auffassung der Schrift als Alternative zum Phono- und Logozentrismus und als Grundlage der Dekonstruktion zu sprechen komme, will ich kurz auf seine Kritik des Phonozentrismus, der Herrschaft des gesprochenen Wortes, in der Philosophie eingehen.

In einem sehr wichtigen Text, der den Titel "La pharmacie de Platon" trägt, zeigt Derrida, daß in Platos *Phaidros*, einem Buch über die Ideenlehre, die Schrift auf ambivalente Art als *Heilmittel* (*remède*) und *Droge* oder *Gift* (*drogue*, *poison*) aufgefaßt wird: als *pharmakon*. Einerseits kann sie als Gedächtnisstütze wirken, andererseits kann sie eine Atrophie des Gedächtnisses herbeiführen, weil dieses immer weniger gebraucht wird: Alles wird aufgeschrieben. Einer Droge gleich fördert die Schrift nicht das gesunde Gedächtnis, sondern schwächt es: "Da es den normalen und natürlichen Verlauf der Krankheit verzerrt, ist das *pharmakon* ein Feind alles Lebendigen, ob dieses nun gesund oder krank ist. Das soll man sich ins Gedächtnis rufen, und Plato fordert uns dazu auf, wenn die Schrift als *pharmakon* aufgefaßt wird. Im Wider-

10 J. Derrida, *Randgänge der Philosophie*, Wien-Graz, Böhlau, 1988, S. 275; *Marges de la philosophie*, Paris, Minuit, 1972, S. 346.

11 J. Derrida, *La Dissémination*, op.cit., S. 86.

spruch zum Leben stehend, ist die Schrift – oder, wenn man will, das *pharmakon* – nur dazu angetan, das Übel *abzudrängen* oder zu *steigern* (*déplacer* voire *irriter* le mal)."[12] Platos Fazit von Derrida wiedergegeben: "Aber in Wirklichkeit ist die Schrift durch und durch schlecht, da sie dem Gedächtnis äußerlich ist, keine Wissenschaft, sondern nur Meinung, keine Wahrheit, sondern nur Schein hervorbringt."[13]

Diese Verurteilung der Schrift im Namen der Wahrheit, der Klarheit und der Wissenschaft wird in anderen Zusammenhängen von Rousseau, Hegel, Husserl, Heidegger und Saussure wiederholt. Laut Derrida bilden ihre Negativurteile über die *écriture* eine zusammenhängende Kette, die von der analytischen Philosophie, dem Marxismus und den modernen Wissenschaften weitergeknüpft wird, die sich dadurch selbst zu Erben einer logozentrischen Metaphysik machen. Ihr gehört auch Rousseau an, der das Poetische an den mündlichen Vortrag bindet und die Literatur als Schrift abwertet: "Rousseau gehört also, wie es nicht anders sein könnte (...), in jene Tradition, welche die Literatur ausgehend von der Rede bestimmt (...)."[14]

Ambivalent und daher für Derrida anregend ist die Position Hegels, der einerseits – wie es nicht anders zu erwarten war – die "Schrift abwerten oder unterordnen mußte" ("a dû abaisser ou subordonner l'écriture"), andererseits in der Philosophie als erster Denker der Schrift erscheint: "Und doch kann alles, was Hegel in diesem Horizont gedacht hat – das heißt alles außer der Eschatologie –, auch als Überlegung zur Schrift gelesen werden. (...) Hegel ist der letzte Philosoph des Buches und der erste Denker der Schrift."[15] Besonders klar tritt an dieser Stelle der junghegelianische Sprachduktus zutage, der Derrida mit Marx, Feuerbach, Vischer und Stirner verbindet: Die Kritik an Hegel ist ein ständiger Kampf gegen die Anziehungskraft der Hegelschen *Dialektik*.

Weniger ambivalent ist in dieser Hinsicht Husserls Phänomenologie, die das Band zwischen Logos und *phoné* weiter festigt und einen Höhepunkt in der Entfaltung des Logozentrismus darstellt: "Die von der ganzen Geschichte der Metaphysik implizierte notwendige Privilegierung der *phoné* wird von Husserl noch radikalisiert, indem er mit größtem kritischen Raffinement deren Mittel und Möglichkeiten aus-

12 Ibid., S. 113.
13 Ibid., S. 117.
14 J. Derrida, *Grammatologie*, op.cit., S. 464; *De la grammatologie*, op.cit., S. 383.
15 Ibid., S. 48; S. 41.

schöpft."[16] Diese Radikalisierung kommt u.a. dadurch zustande, daß Husserl die Existenz einer "vorausdrückliche(n) und vor-sprachliche(n) Sinnschicht"[17] postuliert, die der Sprache als *parole* und *écriture* vorgeordnet wird.

Obwohl sich Derrida, wie Ernst Behler richtig bemerkt, immer wieder an Heideggers "Destruktion der Metaphysik"[18] orientiert, wirft er auch dem Autor von *Sein und Zeit* *Phonozentrismus* und folglich metaphysisches, auf die *parole* ausgerichtetes Denken vor: "Welche lateralen und marginalen Motive es auch immer sein mögen, die gleichzeitig darin arbeiten und wirken, so wird doch ein bestimmter, strikt durchgehaltener Diskurs Heideggers von Logozentrismus und Phonozentrismus beherrscht (...)".[19] Solche Kritik wird nicht nur in Derridas Heidegger-Buch, sondern an zahlreichen anderen Stellen seines Werkes laut.[20]

Diese kurze Übersicht über Derridas Kritik am Logozentrismus in der europäischen Philosophie, die durch seine Kritik an Condillac zu ergänzen wäre[21], läßt die zentrale und zugleich ambivalente Stellung Hegels im Diskurs der Dekonstruktion erkennen: Trotz ihres Phonozentrismus kündigt die Hegelsche Dialektik die Schrift an, weil sie postuliert, daß nur die Totalität den Sinn eines Einzelelements (eines Wortes, eines Satzes) erschließen kann. Zugleich suggeriert sie aber, zumindest in Derridas Interpretation, daß die dialektische Totalität uferlos und Hegels absolute Idee ein imaginärer Abschluß, eine Schimäre ist.

Der avantgardistische Autor Jürgen Becker stellt diesen Gedanken anschaulich dar, wenn er in seinem Prosabuch *Umgebungen* (1970) schreibt: "Warum nicht den ganzen Zusammenhang? Weil der ganze Zusammenhang nie aufhört und das Nennen eines Namens sogleich die ganze Lebens-Umgebung samt Berufskontakten, Gesellschaft, Orts-

---

16 J. Derrida, *Die Stimme und das Phänomen*, Frankfurt, Suhrkamp, 1979, S. 66; *La Voix et le phénomène*, Paris, PUF, 1967, S. 15.

17 Ibid., S. 83: "une couche pré-expressive et pré-linguistique du sens".

18 Siehe: E. Behler, *Derrida-Nietzsche/Nietzsche-Derrida*, op.cit., S. 39.

19 J. Derrida, *Geschlecht (Heidegger). Sexuelle Differenz, ontologische Differenz. Heideggers Hand*, Wien, Böhlau, 1988, S. 78.

20 Siehe z.B. J. Derrida, "Ousia und gramme", in: ders., *Randgänge der Philosophie*, op.cit., S. 65-66; *Marges de la philosophie*, op.cit., S. 52-53.

21 Siehe: J. Derrida, *L'Archéologie du frivole. Lire Condillac*, Paris, Denoël/Gonthier, 1973, S. 113: Auch Condillac erblickt in der Schrift die Quelle aller Übel und Mißverständnisse, die die Philosophie heimsuchen: "La racine du mal est l'écriture. Le style frivole est le style – écrit", kommentiert Derrida Condillacs Kritik der Philosophie.

Umständen, Polizei-Berichten, Party-Nächten, historischen Bilderbogen und allen sogenannten zwischenmenschlichen Beziehungen produziert."[22] Diese Karikatur zeigt, weshalb die Avantgarde, zu der auch Derrida als *Tel-Quel*-Autor zählt, an das systematische Denken nicht mehr glauben kann: Sie nimmt nur noch die dialektische Ambivalenz und die Vieldeutigkeit wahr; nicht mehr die Möglichkeit von deren Überwindung im Begriff oder in der Einheit der Gegensätze.

Statt der begrifflichen Herrschaft das Wort zu reden, verknüpft sie Derrida mit dem Phono- und Logozentrismus der europäischen Metaphysik und führt gegen diese die von allen Philosophen von Plato bis Husserl verdrängte und unterdrückte *Schrift* (*écriture*) ins Feld. Als verdrängte wohnt die Schrift jedoch allen Texten inne, auch und vielleicht gerade denjenigen, die sich – wie Hegels Philosophie – über sie hinwegsetzen. Deshalb können Derrida und Paul de Man behaupten, daß die logozentrischen Texte gleichsam von innen dekonstruiert werden oder sich selbst dekonstruieren. Die Schrift höhlt sie von innen aus: "Die Dekonstruktion ist nicht eine Operation, die eines schönen Tages *nachträglich* (*après coup*) von außen erfolgt, sie ist immer schon am Werk im Werk (toujours déjà à l'œuvre dans l'œuvre) (...)."[23] Dieser Gedanke ist wesentlich für die Praxis der Dekonstruktion und verbindet Derrida mit Paul de Man.

Zur Praxis gehört auch Derridas dekonstruktive Kritik am Rationalismus und Logozentrismus Ferdinand de Saussures, dessen Sprachwissenschaft eine ähnliche Ambivalenz aufweist wie Hegels Philosophie. Auch der Genfer Linguist geht von einem Systembegriff aus, wenn er die bekannte These aufstellt, daß der *Wert* (*valeur*) eines Wortzeichens nur im Gesamtzusammenhang der Gegensätze und Differenzen einer Sprache zustande kommt: Das englische Wort *sheep* mag die gleiche *Bedeutung* (*signification*) haben wie das französische Wort *mouton; es hat jedoch nicht den gleichen Wert* (*valeur*), da es das Wort *mutton* (*Schafsfleisch)* zum Nachbarn hat, das semantisch und funktional auf es einwirkt und im Französischen fehlt. (Vgl. auch im Zusammenhang mit *pig* und *cochon* das englische und französische Wort *porc*, das im Deutschen fehlt: Man sagt "Schweineschnitzel", aber "pork escalope" und "escalope de porc".)[24]

---

22 J. Becker, *Umgebungen*, Frankfurt, Suhrkamp, 1970, S. 126.
23 J. Derrida, *Mémoires pour Paul de Man*, op.cit., S. 83.
24 Siehe: F. de Saussure, *Cours de linguistique générale*, Paris, Payot, 1972, S. 160.

Der *Wert* ist also bei Saussure ein Faktor, der nicht an und für sich existiert, sondern nur als Zusammenspiel von *Differenzen* (*différences*) systematisch zu erfassen ist. Zumindest glaubt der Rationalist Saussure, der wie die Philosophen das gesprochene Wort privilegiert und von der *Sinnpräsenz* (*présence du sens*) ausgeht, daß der semantische Wert eines Wortes eingegrenzt, erfaßt werden kann. Derrida bestreitet dies, weil er nicht ganz zu Unrecht und in Übereinstimmung mit Bachtin und Vološinov (s. Kap. 3) die These aufstellt, daß jede Sprache als *langue* historisch und daher offen ist, so daß das Zusammenspiel von Differenzen nie endgültig eingegrenzt, definiert werden kann. Folglich kann es auch keine feststehende, statische Bedeutung geben, die als Signifikat einem Signifikanten zugeordnet wird.

Damit wird Saussures Vorstellung von einem *transzendentalen Signifikat*, die in der Platonischen *Idee* verwurzelt ist, radikal in Frage gestellt. Wenn die Sprache offen und unabschließbar ist, dann gibt es nur das endlose Zusammenwirken der Signifikanten, nicht jedoch ein Signifikat als eindeutig bestimmbaren *Wert* (*valeur*): "Und wenn die Bedeutung des Sinns (in der allgemeinen Bedeutung des Wortes Sinn, nicht aber von Bezeichnung) unendliches Einbegriffensein ist? Die unbestimmte Rückverweisung eines Signifikanten auf einen Signifikanten? Wenn seine Kraft eine gewisse reine und unendliche Mehrdeutigkeit ist, die dem bezeichneten Sinn keinen Aufschub und keine Ruhe läßt, die ihn in seiner eigenen *Ökonomie* auffordert, zum Zeichen zu werden und sich selbst *aufzuschieben*? Außer im *Livre irréalisé* von Mallarmé gibt es keine Selbstidentität des Geschriebenen."[25] Das Wort "Ökonomie" ("économie") verweist hier auf Saussures Begriff des Wertes: Das Zusammenwirken von Differenzen, das bei Saussure die Ökonomie des semantischen Wertes ausmacht, wird bei Derrida zu einem offenen, unabschließbaren Prozeß, in dem der Sinn gezwungen wird, sich selbst unablässig aufzuschieben: "à faire signe encore et à *différer*" (s.o.).

Dieser Prozeß des *Aufschiebens*, des *différer*, der aus der Öffnung oder Dekonstruktion von Saussures systematischer Linguistik hervorgeht, stellt nicht nur das transzendentale Signifikat als fixierbaren Begriff in Frage, sondern auch den *Gegensatz* und die *Differenz*, die beide ein stabiles, "präsentes" Signifikat voraussetzen. So wird der binäre und für die strukturale Linguistik grundlegende Gegensatz zwi-

25 J. Derrida, *Die Schrift und die Differenz*, op.cit., S. 44-45; *L'Ecriture et la différence*, op.cit., S. 42.

schen Signifikant und Signifikat selbst in Frage gestellt, dekonstruiert. Dazu heißt es in der *Grammatologie*: "Es muß ein transzendentales Signifikat geben, damit so etwas wie eine absolute und irreduzible Differenz zwischen Signifikat und Signifikant zustande kommt."[26] Wo das transzendentale Signifikat durch einen offenen Prozeß des Bedeutens ersetzt wird, steht nicht nur die "Bedeutung" des Wortes "Signifikant" in Frage, sondern auch der grundlegende binäre Gegensatz *signifiant/signifié*. Wichtig ist, daß dieser von Derrida als metaphysisch apostrophierte Gegensatz – wie alle anderen Gegensätze und Differenzen – mit Hilfe von Saussures eigener Terminologie, d.h. mit Hilfe des Differenz-Begriffes, der den Wert eines Wortes bestimmen soll, dekonstruiert wird. Die Dekonstruktion ist also (wie übrigens auch die Hegelsche Dialektik) ein immanentes Verfahren, das von den Widersprüchen ausgeht, die einem Text oder einer Erscheinung innewohnen.

Anders formuliert: Der Differenz-Begriff Saussures dekonstruiert sich selbst, und aus seinem Zerfall geht Derridas Neologismus der *différance* (différence-différance) hervor, den ich hier im Anschluß an Jochen Hörisch mit dem deutschen Neologismus *Differänz* wiedergeben will.[27] Er könnte mit einem *Bonmot* von Julia Kristeva als "différence en mouvement" ("Differenz in Bewegung") umschrieben und als permanente Aufschiebung des Unterschiedes und Zerstörung der Sinnpräsenz definiert werden. Derrida würde gegen meinen Definitionsversuch wahrscheinlich Einspruch erheben, da jede Definition den Prozeß der *différance* abbricht (das Definieren ist folglich mit der *différance* als endloser Sinnaufschiebung unvereinbar); da ich jedoch keine dekonstruktionistischen Ambitionen hege, sind Definitionen in meinem Diskurs kein Sakrileg.

Doch wie sieht die *différance* konkret als semantischer Prozeß aus? Im folgenden möchte ich zeigen, daß sie den Kern dessen bildet, was Derrida in *Positions* (1972) als "*allgemeine Strategie der Dekonstruktion*" ("*stratégie générale de la déconstruction*")[28] bezeichnet. Zugleich wird sich herausstellen, daß sie unmittelbar die Problematik der strukturalen Semiotik tangiert: vor allem den Schlüsselbegriff der Isotopie.

Der praktische und im eigentlichen Sinne "dekonstruktive" Gedanke, der dem Differänz-Begriff zugrunde liegt, ist relativ einfach und in

26 J. Derrida, *Grammatologie*, op.cit., S. 38; *De la Grammatologie*, op.cit., S. 33.

27 Siehe: J. Hörisch, "Einleitung", in: J. Derrida, *Die Stimme und das Phänomen*, op.cit., S. 40.

28 J. Derrida, *Positionen*, Wien-Graz, Böhlau, 1986, S. 87; *Positions*, Paris, Minuit, 1972, S. 56.

einem Satz zusammenzufassen: Wiederholung und Sinnidentität sind im Diskurs unvereinbar, weil ein Wort, das wiederholt wird, in einem neuen Kontext vorkommt und daher einen neuen Sinn annimmt. Das bedeutet, daß die Identität eines Wortes oder einer semantischen Einheit durch Wiederholung zerfällt: Das Wort wird dem endlosen Prozeß der *différance* überantwortet. "Die absolute Idealität", sagt Derrida in *La Voix et le phénomène*, "ist das Korrelat der Möglichkeit unendlicher Wiederholung."[29] Die unendliche Wiederholung des Gleichen, des Identischen ist jedoch nicht möglich, da es bei jeder Wiederholung zu einer Sinnverschiebung kommt. Derrida spricht in diesem Zusammenhang von *Iterabilität* (*itérabilité*), die Manfred Frank in aller Knappheit erläutert: "Der Sinn eines Zeichens/einer Äußerung wird durch jeden neuen Gebrauch von sich getrennt, er wird ent-stellt (déplacé)."[30] Das bedeutet für die Metaphysik der Präsenz: "Nicht gibt es zuvor einen Sinn, der sich sodann in der Kette der Zeichen authentisch wiedervergegenwärtigt (repräsentiert): nicht gibt es also so etwas wie eine ursprüngliche und unsinnliche Präsenz, die sich im Zeichen bloß reproduzierte und versinnlichte (...)."[31]

Wichtig ist, wie Jonathan Culler bemerkt, daß dieses Argument nicht nur für das geschriebene, sondern auch für das gesprochene Wort, für die *parole*, gilt, die nicht wiederholen, nicht zitieren kann, ohne sich selbst durch Iterabilität zu zersetzen. In diesem Sinne mag es plausibel erscheinen, von einem *Primat der Schrift* auszugehen: Daß er keinen chronologischen oder historischen Primat der Schrift postulieren kann, ist Derrida natürlich klar.[32]

In *Mémoires pour Paul de Man* (1988) stellt Derrida Iterabilität als Prozeß der Differänz auf eine Art dar, die an Jürgen Beckers Parodie der Totalität erinnert. Im Rahmen einer Kritik an Austins *How to do Things*

29 J. Derrida, *Die Stimme und das Phänomen*, op.cit., S. 107; *La Voix et le phénomène*, op.cit., S. 58.

30 M. Frank, "Die Grenzen der Beherrschbarkeit der Sprache", in: P. Forget (Hrsg.), *Text und Interpretation*, München, Fink, 1984, S. 207.

31 M. Frank, *Das Sagbare und das Unsagbare. Studien zur neuesten französischen Hermeneutik und Texttheorie*, Frankfurt, Suhrkamp, 1980, S. 155. Zum Problem der Zeichen- und Subjektidentität bei Derrida und Hegel siehe auch: M. Frank, *Was ist Neostrukturalismus*? Frankfurt, Suhrkamp, 1984, S. 358-363.

32 Siehe: J. Culler, *Dekonstruktion. Derrida und die poststrukturalistische Literaturtheorie*, Reinbek, Rowohlt, 1988, S. 113-114: "Eine Lautfolge kann als Signifikant nur funktionieren, wenn sie wiederholt, wenn sie als 'dieselbe' unter verschiedenen Umständen erkannt werden kann. (...) Eine Wortfolge ist nur dann eine Zeichenfolge, wenn sie zitiert werden kann und unter denen zirkulieren kann, die den 'ursprünglichen Sprecher' und dessen Bedeutungsintentionen nicht kennen."

with Words (1962), die er in seinem bekannten Aufsatz "Signature événement contexte" formuliert hat, sagt er dort vom Satz: "Er hat nie eine absolut bestimmbare 'meaning': er befindet sich stets in der Situation des Wortes oder des Titels im Hinblick auf den Text, der ihn umgibt und mitreißt, des stets offenen Kontextes, der ihm stets mehr Sinngebungen verspricht."[33] Der Gesamtzusammenhang "hört also nie auf" und die Sinngebung auch nicht. In diesem Sinne bezeichnet Derrida die *différance* auch als *trace* oder *Spur*: "Dies aber berechtigt uns *Spur* zu nennen, was sich nicht in der Einfältigkeit einer Gegenwart fassen läßt."[34] Differänz und Spur sind also das durch Iterabilität bedingte Nicht-Gegenwärtige, Nicht-Faßbare.

An dieser Stelle drängt sich ein Vergleich mit Greimas' strukturaler Semiotik und ein kurzer Rekurs zum 7. Kapitel auf. Während Derrida glaubt, daß Wiederholung im Diskurs die Identität semantischer Einheiten zerstört oder zumindest in Frage stellt, kehrt Greimas dieses Argument um und behauptet, daß Iterativität und Redundanz die semantische Homogenität des Diskurses stärken. Der Isotopiebegriff wird bekanntlich als "wiederholtes (!) Auftreten auf syntagmatischer Ebene von Klassemen, die die Homogenität des Diskurses als Aussage garantieren", definiert. Weit davon entfernt, destruktiv oder dekonstruktiv zu wirken, bereichert Wiederholung als semantische Redundanz den Text: "Die Variationen tragen also, anstatt die Isotopie zu zerstören, im Gegenteil zu ihrer Bekräftigung bei." (Siehe Kap. 7)

Die simple Frage "Wer hat recht?" ist auch in diesem Falle nicht zielführend, weil weder Derrida noch Greimas die Dialektik zwischen Offenheit und Geschlossenheit des Textes berücksichtigen. Derrida läßt die kohärenzbildende Dynamik der Redundanz (Iterativität) völlig außer acht und kann deshalb nicht erklären, weshalb wir einen schwierigen, aber relativ zusammenhängenden Text (etwa seine eigene *Grammatologie*) nach mehrmaliger Lektüre besser verstehen. Wenn seine Darstellungen der Iterabilität und Differänz zuträfen, müßte sich der Text nach der zweiten Lektüre, die unter völlig neuen semantisch-pragmatischen Bedingungen stattfindet, restlos verdunkeln. So schlimm ist es glücklicherweise nicht. Greimas wiederum übersieht, daß jede Lektüre tatsächlich neue Bedeutungen und Nebenbedeutungen zutage fördert, so daß die Textisotopien nicht nur gestärkt, sondern mit

33 J. Derrida, *Mémoires pour Paul de Man*, op.cit., S. 116. Siehe auch: J. Derrida, "Signatur Ereignis Kontext", in: ders., *Randgänge der Philosophie*, op.cit.

34 J. Derrida, *Grammatologie*, op.cit., S. 116; *De la grammatologie*, op.cit., S. 97.

zunehmender Komplexität, Kontingenz und Widersprüchlichkeit belastet werden können: etwa wenn der Leser von Greimas' *Maupassant* auf recht willkürliche Interpretationen stößt, die keineswegs die Kohärenz der strukturalen Methode illustrieren. Kurzum, es käme darauf an, die Dialektik zwischen Monosemie und Polysemie, Kohärenz und Widerspruch, Geschlossenheit und Offenheit konsequent auszutragen, statt sie durch einseitige Verallgemeinerungen (Iterabilität vs. Iterativität) zu unterdrücken.

Als Schlüsselbegriff der Dekonstruktion richtet sich die Differänz nicht nur gegen die strukturalistischen Rationalisten Saussure und Greimas, sondern auch und vielleicht vor allem gegen das Hegelsche System: gegen dessen zentralen Begriff der *Aufhebung*. Diese trägt zwar dem ambivalenten, zwiespältigen Charakter des Zeichens Rechnung, versucht jedoch, dessen Sinn im Verlauf einer synthetisierenden, systembildenden Bewegung einzufangen. Es sei hier lediglich an Hegels Darstellung dieser Bewegung in der *Wissenschaft der Logik* erinnert, wo die Aufhebung als bestimmte Negation entscheidend zur Systembildung beiträgt. Von der bestimmten Negation heißt es dort: "Sie ist ein neuer Begriff, aber der höhere, reichere Begriff als der vorhergehende; denn sie ist um dessen Negation oder Entgegengesetztes reicher geworden, enthält ihn also, aber auch mehr als ihn, und ist die Einheit seiner und seines Entgegengesetzten. – In diesem Wege hat sich das System der Begriffe überhaupt zu bilden (...)."[35]

Die philosophische Definition der *différance*, die die linguistische in jeder Hinsicht ergänzt, ist aus der Kritik an Hegels *Aufhebung*, spezifisch aus der Kritik der *bestimmten Negation,* hervorgegangen. Davon zeugt mit aller Klarheit eine Passage aus *Positions*: "Könnte man die *différance* definieren, so müßte man sagen, daß sie sich der Hegelschen Aufhebung *überall,* wo sie wirkt, als Grenze, Unterbrechung und Zerstörung entgegenstellt. Es steht hier sehr viel auf dem Spiel."[36]

Ja, es steht tatsächlich viel auf dem Spiel, denn es stellt sich die Frage nach der logischen und diskursiven Beschaffenheit der Dialektik: Soll die Vereinigung der Gegensätze in die systembildende Aufhebung ausmünden, die, wie Derrida richtig bemerkt, ein Instrument der Herrschaft ist? Oder soll sie als radikale und offene Ambivalenz konzipiert werden, die die Aufhebung verhindert und schließlich das begriffliche System mitsamt seinen Herrschaftsmechanismen sprengt? Ist diese

35 G.W.F. Hegel, *Wissenschaft der Logik* Bd. I, Frankfurt, Suhrkamp, 1969, S. 49.

36 J. Derrida, *Positionen*, op.cit., S. 86; *Positions*, op.cit., S. 55.

extreme Ambivalenz als *Einheit* der Gegensätze ohne Aufhebung und als Gesellschaftskritik im Namen bestimmter sozialer Positionen (Adorno, Horkheimer) oder als destruktives Prinzip, Aporie und reine Negativität aufzufassen?

Meine These ist, daß Derrida und andere Vertreter der Dekonstruktion – wie vor ihnen Nietzsche – zur reinen Negativität und damit zur Indifferenz als Vertauschbarkeit aller Werte tendieren; denn von kritisch-theoretischen Wertbegriffen wie Subjektivität, Autonomie, Vernunft und Emanzipation haben sie sich dekonstruktiv distanziert. Wenn Emanzipation bei Derrida überhaupt eine Bedeutung hat, so nur als Empanzipation von repressiven Sprachstrukturen, nicht Emanzipation auf etwas zu: auf eine bessere, humanere Gesellschaft. In diesem Zusammenhang nimmt es nicht wunder, daß Derrida die Dekonstruktion global als Aporie charakterisiert: "cette singulière aporie qu'on appelle déconstruction".[37]

Es geht tatsächlich darum, die Aporien aufzuzeigen, die alle Synthesen (Aufhebungen), Systeme und Wertsetzungen sprengen. Der Sprengstoff setzt sich aus junghegelianischen und nietzscheanischen Elementen zusammen, die die Ambivalenz als *coincidentia oppositorum* immer wieder produziert: das Lachen, die Komödie, der Zufall, das Spiel, die verdrängte Sexualität. Vor allem in *Glas*, einem Text mit stark junghegelianischem und nietzscheanischem Einschlag, streut Derrida allerorten diesen Sprengstoff in die Fugen und Ritzen des Hegelschen Systems, mit dem er – nach Marx, Ruge, Stirner, Feuerbach und Nietzsche – auf seine Art abrechnen möchte.

Gleich zu Beginn der Schrift macht er auf den Logozentrismus des Systems – insbesondere der Aufhebung – aufmerksam: "Der Begriff hebt das Zeichen auf, welches das Ding aufhebt. Das Signifikat hebt den Signifikanten auf, der den Referenten aufhebt."[38] Auf diesem Wege bildet sich ein repressives System, das "die dialektische Identität von Identität und Nicht-Identität" ("l'identité dialectique de l'identité et de la non-identité")[39] verkündet und zu totaler Wirklichkeitsbeherrschung in der absoluten Idee tendiert. Derrida zitiert Hegels theologisch-philosophischen Satz "*Im Anfang war der Logos*" und fügt hinzu: "das ist es, was Hegel interessiert."[40] Ähnlich wie Adorno versucht er, das von

---

37 J. Derrida, *Marges de la philosophie*, op.cit., S. 133.
38 J. Derrida, *Glas* Bd. 1, Paris, Denöel/Gonthier, 1981, S. 11.
39 Ibid., S. 33.
40 Ibid., S. 106.

Hegel konstruierte logozentrische System durch Aufdeckung innerer Widersprüche aufzubrechen.

Wenn er im System selbst die Nicht-Identität, die Kontingenz und den Zufall aufzeigt, setzt er nicht nur die Arbeit der Kritischen Theorie, sondern auch die der Junghegelianer fort. Sein Sprachduktus erinnert an den Stirners, Ruges und Vischers, wenn er in *L'Ecriture et la différence* schreibt: "Indem er die Negativität als Arbeit deutete, indem er auf den Diskurs, den Sinn, die Geschichte usw. setzte, hat Hegel gegen das Spiel und den Zufall gewettet."[41] Hegel hat nicht nur deshalb gegen den Zufall und das Spiel "gewettet" ("a parié contre"), weil er – wie seine Schüler Marx und Engels – meinte, die Arbeit aufwerten zu müssen, sondern auch deshalb, weil er die Natur abwertete, indem er sie im Geist aufgehen ließ, um den Dualismus Natur/Geist zu vermeiden. An dieser Stelle zeigt sich, daß Friedrich Theodor Vischers junghegelianischer Diskurs Derridas natur- und zufallsorientierte Dekonstruktion des Hegelschen Systems in jeder Hinsicht antizipiert. Denn über das Verhältnis von unversöhnter Natur und Zufall bei Hegel schreibt Vischer: "Ist also die Natur nicht wirklich abgeleitet, so ist es auch der mit ihr gegebene Zufall nicht, und hieraus folgt zugleich, daß Hegel vom Zufall in der Naturseite des Geistes, also auch vom Traume, geringschätzig wie von allem Zufälligen, nur flüchtig und beiläufig redet."[42] (Siehe Kap. 1.)

Hegel kennt nur den Ernst der Arbeit und vernachlässigt alle Interpretationen der Wirklichkeit und der menschlichen Tätigkeit, die vom Spiel oder vom Komischen ausgehen – und die als verdrängte Impulse die Kohärenz seines Systems in Frage stellen. "Daher ist auch das Lachen im Hegelschen System abwesend; es findet sich in ihm nicht einmal in der Gestalt einer negativen oder abstrakten Seite."[43] Gerade diese Unterdrückung des Komischen und des Lachens macht Hegels System (vielleicht alle repressiven Systeme) *lächerlich*. Der "Motor" des Systems, die Aufhebung, erscheint in einem komischen Licht: "Der Begriff der *Aufhebung* (...) ist lächerlich darin, daß er die Geschäftigkeit eines Diskurses bezeichnet, der alle Negativität wiederanzueignen sich abquält und alles tut, um den Einsatz beim Spiel in eine Investition zu

41 J. Derrida, *Die Schrift und die Differenz*, op.cit., S. 393; *L'Ecriture et la différence*, op.cit., S. 381.

42 F.Th. Vischer, *Kritische Gänge* Bd. 4, München, Meyer & Jessen, 1922 (2. Aufl.), S. 482.

43 J. Derrida, *Die Schrift und die Differenz*, op.cit., S. 389; *L'Ecriture et la différence*, op.cit., S. 377.

verwandeln, die die Ausgaben absolut *amortisieren*, dem Tod einen Sinn verleihen soll (...)."[44]

Wieder findet sich eine vergleichbare Textpassage bei Vischer, der als Hegel-Verehrer zwar weniger bissig argumentiert als Derrida, jedoch auch versucht, das Komische dem Hegelschen Ernst gegenüber aufzuwerten: "Hegel führt es teils unter der Lehre von der Auflösung der klassischen Kunstform in der Gestalt der Satire, teils im Abschnitt von der Auflösung der romantischen Kunstform in der Gestalt des Humors, endlich im dritten Teile als Prinzip der Komödie auf. Allein das Komische ist ebenfalls eine Macht, die überall hervortritt, wo überhaupt das Schöne existiert."[45] Vischer spricht zwar nicht wie Derrida von einer "Komödie der Aufhebung" ("comédie de l'*Aufhebung*"), es sollte aber deutlich geworden sein, daß seine Zweifel an Hegels Systemdenken nicht nur Adornos, sondern auch Derridas Kritik teilweise vorwegnehmen.

Diese Kritik visiert zusammen mit dem System und seinen Aufhebungen auch die Herrschaft des Subjekts (des absoluten Wissens) über das Objekt (die Natur) an. In *Mémoires pour Paul de Man* wird Hegels These über die Einheit des Subjekts und vor allem über die Einheit von Gedächtnis und Erinnerung (mémoire, souvenir) in Frage gestellt. Zwischen den beiden herrscht nicht Solidarität, wie die Hegelsche Interpretation oder Selbstinterpretation es darstellt, "sondern Bruch, Heterogenität, Disjunktion" ("rupture, hétérogénéité, disjonction").[46] In *Glas*, wo die von Hegel konstruierte subjektive Herrschaft über die Natur in einem religionskritischen und psychoanalytischen Kontext dekonstruiert wird, erscheint das Subjekt als theologisches Konstrukt, dessen Inbegriff die Gottesvorstellung ist. Von Gott heißt es dort: "Er ist die unendliche, exemplarische, unendlich hohe *Aufhebung*". ("Il est l'*Aufhebung* infinie, exemplaire, infiniment haute.")[47] An anderer Stelle wird die gesamte Hegelsche Dialektik aus der christlichen Religion abgeleitet: "Die Hegelsche Dialektik, Mutter der Kritik, ist zunächst, wie jede Mutter, eine Tochter: nämlich des Christentums."[48]

---

44 Ibid., S. 389; S. 377-378.

45 F.Th. Vischer, *Kritische Gänge* Bd. 4, op.cit., S. 163.

46 J. Derrida, *Mémoires pour Paul de Man*, op.cit., S. 69.

47 J. Derrida, *Glas* Bd. 1, op.cit., S. 41.

48 J. Derrida, *Glas* Bd. 2, op.cit., S. 281. – Siehe auch Derridas Kritik an Hegels Staatsphilosophie und seinem Bildungsideal: J. Derrida, "L'Age de Hegel", in: GREPH, *Qui a peur de la philosophie?*, Paris, Flammarion, 1977, S. 82-85.

Diese Religionskritik, die für den junghegelianischen Kontext besonders charakteristisch ist (Marx, Feuerbach, Ruge), paart sich – wie schon bei den Hegel-Schülern – mit einer Kritik an der vergesellschafteten Sexualität, die sich in *Glas* vor allem in der Parallelanordnung der Hegel- und Genet-Texte artikuliert. Kritisiert und dekonstruiert wird eine Subjektivität, die auf systematischer Herrschaft (Logozentrismus) und auf der Unterdrückung der Natur gründet. Auf der rechten Seite, wo Derrida Genets Text kommentiert, wird der "Phallogozentrismus" (Phallozentrismus + Logozentrismus) auseinandergenommen, und am Ende kündigt sogar die Totenglocke (Glas) dessen Ableben an: "Glas du phallogocentrisme", "Totenglocke für den Phallogozentrismus".[49]

Sicherlich wären von hier aus zahlreiche Querverbindungen zur psychoanalytischen Gesellschafts- und Philosophiekritik der *Tel-Quel*-Gruppe herzustellen, zu der Derrida enge Beziehungen unterhielt (sein Aufsatz über die "Différance" erschien zuerst in der von dieser Gruppe edierten *Théorie d'ensemble* im Jahre 1968). Die Kombination von System-, Religions- und Sexualitätskritik, die auch für die Schriften von Jean-Joseph Goux und Julia Kristeva charakteristisch ist, ist jedoch keine Erfindung von *Tel-Quel*, sondern tritt in dieser Form zuerst bei den Junghegelianern und Nietzsche in Erscheinung.

Nietzsche ist insofern ein Junghegelianer par excellence, als er nahezu alle Themenbereiche und Argumente der junghegelianischen Kritik bündelt, radikalisiert und auf die Spitze treibt: Die disparaten Kritiken Vischers, Ruges oder Feuerbachs am System, an der christlichen Moral und der Unterdrückung der Natur verschmelzen bei ihm zu einer revoltierenden Philosophie und einer Philosophie der Revolte, in der Zufall und Spiel, Lachen und Tanz, Essay und Metapher gegen Hegels systematischen Logos aufbegehren. Es nimmt deshalb nicht wunder, wenn Derrida, Paul de Man und Geoffrey Hartman sich an diesem Philosophen orientieren, der als einziger aus der logozentrischen Tradition ausbrach – aus der Reihe tanzte.

Zu Recht erinnert Ernst Behler in seinem anregenden Buch über Derrida und Nietzsche an die Bedeutung des deutschen Philosophen für die spielerische Dekonstruktion des Textes bei Derrida: "Nietzsches 'Bejahung des Spiels der Welt und der Unschuld der Zukunft' ist für ihn die 'Bejahung einer Welt der Zeichen ohne Fehl, ohne Wahrheit, ohne Ursprung', die unserer aktiven Interpretation offensteht."[50] Es ist aller-

49 J. Derrida, *Glas* Bd. 2, op.cit., S. 315.
50 E. Behler, *Derrida-Nietzsche/Nietzsche-Derrida*, op.cit., S. 86.

dings auch eine Welt, die den "Wahrheitsgehalt" im Sinne der Kritischen Theorie und eine verbindliche Gesellschaftskritik nicht mehr kennt. Auf dieses Problem komme ich noch zu sprechen.

Freilich ist sich Derrida der Tatsache bewußt, daß seine Nietzsche-Lektüre nicht die einzig mögliche ist und daß Nietzsches Texte trotz ihrer radikalen Kritik an der Metaphysik von Heideggers Seinsphilosophie systematisch vereinnahmt wurden. Insofern ist es wichtig, mit Behler darauf hinzuweisen, daß Derridas Nietzsche nicht der Heideggers ist. "An dieser Stelle weiß man freilich auch, daß der Nietzsche, um den es sich hier handelt, nicht jenes systematische Schema ist, das Heidegger in seinen Vorlesungen konstruiert hatte, sondern ein Nietzsche von bislang nicht dagewesener dekonstruktiver Kapazität."[51] Man könnte sagen, daß der Nietzsche der Dekonstruktion ein "junghegelianischer" Nietzsche ist, dessen Kritik des Systems, des Subjekts und der Metaphysik die Derridas ankündigt.

Auf Nietzsche beruft sich Derrida vor allem dann, wenn es gilt, Hegels Arbeitsbegriff ("geistige Arbeit") durch das Spiel zu ersetzen. In einem Aufsatz, der in *Die Schrift und die Differenz* eingegangen ist und den vielsagenden Titel trägt "Die Struktur, das Zeichen und das Spiel im Diskurs der Wissenschaften vom Menschen", zitiert Derrida Nietzsches Kritik an der Metaphysik sowie "an den Begriffen des Seins und der Wahrheit (...), die er (Nietzsche, P.V.Z.) durch die Begriffe des Spiels, der Interpretation und des Zeichens (des jeglicher präsenten Wahrheit baren Zeichens) ersetzt hat".[52] Am Ende dieses Aufsatzes wird Nietzsches "Welt aus Zeichen ohne Fehl, ohne Wahrheit, ohne Ursprung" gegen den Strukturalismus ausgespielt, der als die "traurige, *negative*, nostalgische, schuldige und rousseauistische Kehrseite"[53] des nietzscheanischen Denkens erscheint. Ihrem Selbstverständnis nach ist Derridas Dekonstruktion durchaus eine "fröhliche Wissenschaft" im Sinne von Nietzsche und folglich ein Antistrukturalismus.

Eine fröhliche Wissenschaft gedeiht nur, wo das Sprachspiel erlaubt ist und die schillernde Metapher die Begriffe der grauen Theorie verdrängt. Daß Derrida das Sprachspiel, das Spiel mit dem Signifikanten, nicht verschmäht, auch dann nicht, wenn es – etwa in der mißglückten Homophonie *Hegel-Aigle* (*Glas*, S.1) – nicht mehr funktioniert, ist seit

51 Ibid., S. 60.
52 J. Derrida, *Die Schrift und die Differenz*, op.cit., S. 425; *L'Ecriture et la différence*, op.cit., S. 412.
53 Ibid., S. 441; S. 427.

langem bekannt. Schreibt er doch gleich im ersten Kapitel der *Grammatologie*: "Die Heraufkunft der Schrift ist die Heraufkunft des Spiels." – "L'avènement de l'écriture est l'avènement du jeu."[54] Im selben Kapitel wird Nietzsche, der Sokrates ironisch als denjenigen charakterisierte, "der nicht schreibt", als Philosoph der Schrift gedeutet, der das Spiel der Signifikanten in Bewegung hält und so der begrifflichen, metaphysischen Wahrheit entgeht: "Es gibt kein Signifikat, das dem Spiel aufeinander verweisender Signifikanten entkäme, welches die Sprache konstituiert, und sei es nur, um ihm letzten Endes wieder anheimzufallen."[55] Lange vor der Dekonstruktion faßte Nietzsche sprachliche Kommunikation als Spiel und nicht als Wahrheitssuche auf; damit vollzog er einen Bruch mit dem dialektischen (auch dem junghegelianischen) Denken, das von Hegel bis zur Kritischen Theorie am Wahrheitsbegriff festhält. Darin besteht der wesentliche Unterschied zwischen Derrida und Adorno oder Horkheimer, auf den auch Habermas in *Der philosophische Diskurs der Moderne* eingeht.[56]

"Was also ist Wahrheit?" fragt Nietzsche und antwortet: "Ein bewegliches Heer von Metaphern, Metonymien, Anthropomorphismen (...)."[57] Der Wahrheitsbegriff wird hier mit rhetorischen Mitteln in ein spielerisches Zusammenwirken vieldeutiger Figuren zerlegt, dekonstruiert. Diesen Prozeß der Dekonstruktion setzt Derrida fort, wenn er in *Marges* mit Nietzsche und im Gegenzug zum Rationalismus eine Kontinuität zwischen Begriff und Metapher postuliert: "Dieses Vorgehen Nietzsches (Verallgemeinerung des Metaphorismus durch die *mise en abyme* einer bestimmten Metapher) ist nur dann möglich, wenn man das Risiko der Kontinuität zwischen Metapher und Begriff eingeht, wie der zwischen Tier und Mensch, Instinkt und Wissen."[58] Einige Seiten weiter wendet sich Derrida folgerichtig gegen den (zu dekonstruierenden) "beruhigenden Gegensatz von Metaphorischem und Eigentlichem" ("opposition rassurante du métaphorique et du propre").[59] Damit redet er einer Metapher-Theorie das Wort, die J.J.A. Mooy als monistisch

54 J. Derrida, *Grammatologie*, op.cit., S. 17; *De la grammatologie*, op.cit., S. 16.

55 Ibid.

56 Siehe: J. Habermas, *Der philosophische Diskurs der Moderne*, Frankfurt, Suhrkamp, 1985 (2. Aufl.), S. 219-222.

57 F. Nietzsche, "Über Wahrheit und Lüge im außermoralischen Sinn", in: ders., *Werke* Bd. 5 (Hrsg. K. Schlechta), München, Hanser, 1980, S. 314.

58 J. Derrida, *Randgänge der Philosophie*, op.cit., S. 251; *Marges de la philosophie*, op.cit., S. 313. (Meine Übersetzung, da offizielle Übersetzung fehlerhaft.)

59 Ibid., S. 258; S. 323.

bezeichnet hat, weil sie im Gegensatz zu dualistischen Ansätzen die Spuren des wörtlichen, des begrifflich-referentiellen Sprachgebrauchs in metaphorischen Ausdrücken tilgt.[60]

Im Anschluß an Nietzsche geht Derrida so weit, daß er den gesamten philosophischen Sprachgebrauch der Metapher zuschlägt: "Die Philosophie wäre dann dieser Prozeß der Metaphorisierung, der seinerseits ständig durch sich selbst vorangetrieben wird."[61] Anders ausgedrückt: Der philosophische Diskurs ist so stark mit Metaphern und anderen Figuren durchwirkt, daß es unmöglich ist, die wuchernde Metaphorik mit Begriffen zu zähmen. Das begriffliche Denken wird niemals das beherrschen, woraus es selbst entstanden ist. Von der Metapher sagt Derrida, "sie (lasse) sich nicht durch sich selbst, durch das, was sie selbst hervorgebracht hat, beherrschen (...)."[62] Dies sei der Grund, weshalb es auch den logozentrischen Philosophen nicht gelingen werde, das zu bändigen, was die Grundlage ihres Logozentrismus bilde. Derridas Beispiel ist Hegels Begriff der "Aufhebung". In *Marges* ist von der "stillschweigenden Übereinstimmung zwischen der Hegelschen *Aufhebung* (...) und dem philosophischen Begriff der Metapher"[63] die Rede. In einer Kritik an Husserl erscheint die Metapher als "Verführung", als verführerische Kraft, die den logozentrischen (in diesem Fall phänomenologischen) Diskurs vom geraden, begrifflichen Weg ablenkt: "Die Metapher ist also, in jedem Sinne dieses Wortes, verführerisch (séduisante)."[64]

In Derridas Diskurs ist die Verführung durch die Metapher und die Figur allgemein in jeder Hinsicht ein Erfolg: nicht nur, weil Derrida sich selbst immer wieder gern verführen läßt, sondern auch deshalb, weil er in nahezu allen seinen Schriften zu zeigen versucht, wie der metaphorische Charakter der philosophischen Rede deren begriffliche Grundlage zersetzt und deren metaphysische Wahrheiten zerfallen läßt. Es geht darum, "die Schriftlichkeit der Schrift, den Textcharakter des

60 Siehe: J.J.A. Mooy, *A Study of Metaphor*, Amsterdam-New York-Oxford, North Holland Publishing Company, 1976, S. 31: "Theories of the second type I shall call *monistic theories* because they allow for at most a singular (abnormal and non-literal) reference in the metaphorical word." – Siehe auch: J.J.A. Mooy, "Metafoor en vergelijking in de literatuur", in: *Forum der Letteren* Nr. 2 (Juni), 1973, S. 121.

61 J. Derrida, *Randgänge der Philosophie*, op.cit., S. 207; *Marges de la philosophie*, op.cit., S. 251.

62 Ibid., S. 214; S. 261.

63 Ibid., S. 208; S. 252.

64 Ibid., S. 168; S. 198.

Textes, die Metaphorizität des Schreibens herauszuarbeiten".[65] Es versteht sich von selbst, daß dieser Versuch, die begrifflichen Hierarchien zu dekonstruieren, zu einer Aufwertung der Ausdrucksebene führt, die die Apotheose des Signifikanten bei Barthes noch übertrifft.

Auch die Befreiung des Signifikanten, die in Derridas Darstellung der *différance* als "unbestimmter Rückverweisung eines Signifikanten auf einen Signifikanten" (s.o.) vorgezeichnet ist, wird von Nietzsches Philosophie, von seiner Kritik der Metaphysik angekündigt. Von Nietzsche heißt es in der *Grammatologie*, er habe "entscheidend zur Befreiung des Signifikanten aus seiner Abhängigkeit, seiner Derivation gegenüber dem Logos, dem konnexen Begriff der Wahrheit oder eines wie immer verstandenen ersten Signifikats beigetragen".[66]

Derrida, der diesen Befreiungsprozeß fortsetzt und radikalisiert, wobei er sogar die Bezeichnung "Signifikant" in Frage stellt[67], versucht nicht nur, begriffliche Hierarchien aufzubrechen und metaphysische Wahrheiten zu zerlegen, sondern ist zugleich bestrebt, das diskursive Gleichgewicht zugunsten des Signifikanten zu stören und die "Argumentation" (sofern von Argumentation noch die Rede sein kann) auf der Ausdrucksebene ablaufen zu lassen. Er kultiviert nicht nur die Homophonie[68], die Etymologie und die Pseudoetymologie, mit deren Hilfe schon Heidegger seine Leserschaft blendete[69], sondern führt darüber hinaus als Alternative zur definierbaren, eingrenzbaren Polysemie der Semiotik die undefinierbare, weil uneingeschränkte *dissémination* (*Dissemination*) ein. In der traditionellen Philosophie ist die Polysemie bestimmbar und beherrschbar (wie auch in Greimas' oder Ecos Semio-

65 E. Behler, *Derrida-Nietzsche/Nietzsche-Derrida*, op.cit., S. 69.

66 J. Derrida, *Grammatologie*, op.cit., S. 36; *De la grammatologie*, op.cit., S. 31-32.

67 Siehe: J. Derrida, *Positionen*, op.cit., S. 156; *Positions*, op.cit., S. 110.

68 Siehe: J. Derrida, "Titre à préciser", in: ders., *Parages*, Paris, Galilée, 1986, S. 229-232, wo zum Titel von Ponges Gedicht *Le Pré* folgende Assoziationen vorgeschlagen werden, zu denen auch das Präfix *pré-* (etwa in *pré*fixe oder *pré*face) gehört: "*Le pré*, au titre de titre, condense tout le réseau des motifs et des titres enchevêtrés: la chose '*pré*', le mot '*pré*', les mots comme nom (*prêt*, *pré*), comme préfixe et morceau de mots (*pré-*), comme adjectif (*prêt*), comme adverbe (*près*)." Für recht absurd halte ich seine Verknüpfung von "Aufhebung" (Hegel) und "Erektion" in *Glas*, op.cit., S. 169.

69 Auch Heidegger verläßt sich in seinen "Argumentationen" auf etymologische Beziehungen und auf Homophonien. Es sei hier lediglich an seine Aufsätze "Bauen Wohnen Denken" und "Das Ding" erinnert, in denen die Homophonien zwischen "wohnen" und "schonen" und "Spiegel" und "Spiel" eine der Argumentationsgrundlagen bilden: M. Heidegger, *Vorträge und Aufsätze* Teil II, Pfullingen, Neske, 1954, S. 24 und S. 53.

tik); die Dissemination ist es nicht: "Die Sprache ist nur insofern das, was sie ist, nämlich Sprache, als sie die Polysemie unter Kontrolle bringen und analysieren kann. Restlos. Eine nicht kontrollierbare Streuung (*dissémination*) ist nicht einmal eine Polysemie, sie gehört dem Außerhalb der Sprache an."[70] Sie entspricht der Differänz, dem endlosen Progreß oder Regreß der Signifikanten, dem keine Begriffsbestimmung Einhalt zu gebieten vermag. Die Dissemination erweist sich als mit der begrifflichen Definition unvereinbar, so daß Derrida in einem Interview sagen kann oder gar sagen muß: "Das Wort *dissémination* heißt im Grunde genommen nichts und kann nicht in der Form einer Definition zusammengefaßt werden." – "Dissémination ne veut rien dire en dernière instance et ne peut se rassembler dans une définition."[71]

Hier zeichnet sich ein Dilemma ab, das zur Aporie der Dekonstruktion wird: als Philosoph gegen die Philosophie argumentieren, den Begriff mit Begriffen dekonstruieren zu müssen. Derrida ist sich dieses Dilemmas durchaus bewußt: "Natürlich muß man eine neue Begriffsbildung einleiten, aber man muß sich dessen bewußt sein, daß die Begriffsbildung selbst und sie allein das, was man 'kritisieren' möchte, wieder einführen kann."[72] Er stellt sich deshalb einen *Text* vor, der über das begrifflich-diskursive Denken hinausgeht und die von der Metaphysik gezogene Grenze zwischen Literatur und Theorie überschreitet. Literarischer und theoretischer Diskurs verschmelzen in einem schwer definierbaren "Text", dessen utopische Konnotationen an Barthes' "texte recevable" und Adornos "Parataxis" erinnern. Klaus W. Hempfer hat jedenfalls recht, wenn er lange vor Habermas im Zusammenhang mit Derridas *La Dissémination* von einem "endgültigen Verzicht auf die Differenzierung von wissenschaftlichem und poetischem Diskurs"[73] spricht.

Der Verzicht auf die Gesetzmäßigkeiten begrifflicher Rede bringt einen Zerfall der Subjektivität mit sich, der laut Derrida schon in Nietzsches Denken vorgezeichnet ist. In *Eperons. Les styles de Nietzsche* heißt es: "Es gibt also keine Wahrheit an sich, sondern zu allem Überfluß, sogar für mich, von mir, ist die Wahrheit vielfach."[74] Komple-

70 J. Derrida, *Randgänge der Philosophie*, op.cit., S. 239; *Marges de la philosophie*, op.cit., S. 295.

71 J. Derrida, *Positionen*, op.cit., S. 94; *Positions*, op.cit., S. 61.

72 Ibid., S. 120; S. 81.

73 K.W. Hempfer, *Poststrukturale Texttheorie und narrative Praxis*, München, Fink, 1976, S. 8.

74 J. Derrida, "Sporen. Die Stile Nietzsches", in: W. Hamacher (Hrsg.), *Nietzsche aus*

mentär dazu schreibt Derrida in seinem Nietzsche-Buch *Otobiographies* (1984) im Zusammenhang mit *Ecce Homo*: "Es gibt keinen Schatten mehr, und alle Aussagen vorher und nachher, links und rechts, sind gleichzeitig möglich (Nietzsche hat so ungefähr alles gesagt) und notwendig widersprüchlich (er hat völlig unvereinbare Aussagen gemacht und selbst darauf hingewiesen)."[75] In diesen Widersprüchen löst sich die von Hegel in der Aufhebung gerettete und zur Allmacht erhobene Subjektivität auf.

Zugleich wird der Unterschied zwischen Derridas Dekonstruktion und Adornos Kritischer Theorie faßbar: Adorno hat nie für die Aufgabe begrifflicher Rede plädiert; er wollte sie vielmehr durch Aufnahme künstlerischer Mimesis in den theoretischen Diskurs mit dem Objekt (mit der Natur) versöhnen, um sie auf diesem Wege aus der Verstrikkung im Herrschaftswissen herauszulösen. Dies ist auch der Grund, weshalb er nicht auf Subjektivität und begriffliche Wahrheit verzichtete, sondern beide mit Herrschaftsfreiheit und Versöhnung mit dem Objekt (Mimesis) verknüpfte. Wie Horkheimer hätte er sich gegen Derridas Versuch gewandt, Dialektik als Einheit der Gegensätze in Widerspruch, Aporie und Indifferenz (der Werte, der Aussagen) ausmünden zu lassen. Nietzsches "Wesensgleichheit" der Werte (s.Kap. 1) war ihm – wie anderen Vertretern der Dialektik – fremd. Mit Derrida verband ihn allerdings der Wunsch, eine Alternative zur systematischen, logozentrischen Rede zu finden, die auch er aus der technologischen, der instrumentellen Vernunft ableitete. (Siehe Kap. 4.)

2. Derrida, Jean-Pierre Richard und Mallarmé: Dekonstruktion oder Dialektik der Totalität?

Es geht hier im Anschluß an die dekonstruktive Aufhebung des Gegensatzes *literarisch/philosophisch* um zwei Mallarmé-Kommentare, die einander widersprechen. Der eine ist Derridas bekannter Text "La Double séance", der zuerst in *Tel Quel* (Nr. 41/42, 1970), später in *La Dissémination* erschien, der andere Jean-Pierre Richards (*1922) um-

Frankreich, Frankfurt-Berlin, Ullstein, 1986, S. 152; *Eperons. Les styles de Nietzsche*, Paris, Flammarion, 1978, S. 83: "(...) même pour moi, de moi, la vérité est plurielle."

75 J. Derrida, *Otobiographies. L'enseignement de Nietzsche et la politique du nom propre*, Paris, Galilée, 1984, S. 60.

fangreiches Opus *L'Univers imaginaire de Mallarmé* (1961). Während Richard sich als Vertreter der "thematischen Analyse" ("analyse thématique") vornimmt, die Kohärenz von Mallarmés Werk zu rekonstruieren, reagiert Derrida auf Richards Entwurf mit einer Dekonstruktion, die den Verfahren von Mallarmés Schreibweise entsprechen soll.

Allerdings geht auch Richard von der Annahme aus, daß seine mit der Dekonstruktion unvereinbare Interpretation die schriftstellerischen und ästhetischen Anliegen des Dichters artikuliert. Insofern fehlt es dem hier durchgeführten kurzen Vergleich nicht an Ironie: Er zeigt – gleichsam nebenbei –, daß es in der Literaturwissenschaft durchaus möglich ist, die Autorität eines und desselben Autors anzurufen, um gegensätzliche Interpretationsverfahren und Ästhetiken zu legitimieren.

Dem ästhetischen Gegensatz zwischen Dekonstruktion und thematischer Analyse kommt in dem hier konstruierten philosophischen Kontext eine besondere Bedeutung zu: Während Derrida – wie sich gezeigt hat – die Hegelsche Dialektik mit nietzscheanischen Mitteln zu destruieren sucht, entwickelt Richard in seinem Mallarmé-Buch eine strukturale Methode, in der die "lebendige", dynamische Totalität als Alternative zur "toten" Struktur des linguistischen Strukturalismus anvisiert wird. Es ist wohl kein Zufall, daß der letzte Teil des 8. Kapitels ("L'Idée") den für Derrida ominösen Titel "Für eine Dialektik der Totalität" ("Vers une dialectique de la totalité") trägt. Denn Richard, dessen Arbeiten über Stendhal und Flaubert (*Littérature et sensation*, 1954) oder die Romantiker (*Etudes sur le romantisme*, 1970) alles andere als hegelianisch sind, legt in seiner Analyse von Mallarmés Werk nicht nur eine gewissen Sympathie für Hegels Dialektik an den Tag, sondern stellt implizit und explizit[76] Analogien zwischen Hegels Philosophie und Mallarmés Ästhetik her. Immer wieder erscheint der Dichter als Hegelianer, als jemand, dessen Hauptanliegen das ästhetische Erfassen des Gesamtzusammenhangs, der Totalität ist. Schon in der Einleitung ist von "Mallarmés großem Projekt der Vereinheitlichung der Welt"[77] die Rede.

Die von Richard entwickelte Methode entspricht in jeder Hinsicht dieser im Werk aufgezeigten Totalisierungstendenz. Gleich zu Beginn ist von den "großen vereinheitlichenden Bedeutungen" ("les grandes significations unifiantes")[78] die Rede, die an anderer Stelle durch Aus-

76 J.-P. Richard, *L'Univers imaginaire de Mallarmé*, Paris, Seuil, 1961, S. 422.
77 Ibid., S. 16.
78 Ibid., S. 18.

drücke wie "Tiefenlektüre" ("lecture profonde")[79] ergänzt werden. An den Hegelianer Lucien Goldmann wird man erinnert, wenn es in der Einleitung heißt, "die innere Kohärenz (sei) schließlich das einzig gültige Kriterium der Objektivität".[80]

Nicht nur der Sprachduktus ist hermeneutisch und hegelianisch, sondern auch Richards theoretische Prämissen sind es. In der Einleitung zitiert er den Hermeneutiker Paul Ricœur mit dem Satz: "Man muß verstehen, um zu glauben, aber man muß glauben, um zu verstehen."[81] Was glaubt nun Richard? Er geht von dem Grundgedanken aus, daß *Iteration* und *Rekurrenz* (d.h. Wiederholung) es dem Literaturwissenschaftler gestatten, die großen *Themen* in Mallarmés Werk auszumachen: "Gerade die Wiederholung (itération) der Motive und eine bestimmte Strenge des sinnlichen Materials (matériel sensible) garantieren dort unterhalb der Komplexität des Gewebes oder der Modulationen die Strenge der thematischen Entwicklung."[82] Rekurrenz scheint tatsächlich das zentrale methodische Kriterium zu sein, denn etwas weiter heißt es: "Die Aufdeckung der Themen wird gewöhnlich mit Hilfe des Kriteriums der Rekurrenz durchgeführt."[83] So entsteht beispielsweise durch wiederholtes Auftreten des Wortes *pli* (*Falte*) in Mallarmés Text ein ganzes Netz von Bedeutungen, in dem dieses Wort auf semantische Einheiten wie *Sexualität*, *Spiegel*, *Buch* oder *Grab* bezogen werden kann, die alle dem Oberbegriff "Intimität" ("intimité") zu subsumieren sind.[84] (Wer mit der strukturalen Semiotik vertraut ist, wird sogleich an Greimas' Isotopiebegriff erinnert. Siehe Kap. 7.)

Jean-Pierre Richard faßt Kohärenz jedoch nicht nur linear – strukturalistisch-thematisch – auf, sondern auch hermeneutisch-dialektisch: In seinen Analysen erscheint Mallarmé als ein Dichter der Idee und der Idealität, der mit Hilfe des Totalitätsbegriffs die zufallsbedingte Wirklichkeit der Empfindungen und der Sprache beherrschen möchte. Es gilt, wie Dietmar Fricke in seinem Artikel über Richard sagt, "eine solche Sinnenfülle in eine einheitliche Vision zu überführen".[85] Richard selbst zeigt, wie der Dichter sich bemüht, "das Verstreute zu gruppie-

79 Ibid., S. 30-31.
80 Ibid., S. 36.
81 Ibid.
82 Ibid., S. 22.
83 Ibid., S. 24.
84 Ibid., S. 28.
85 D. Fricke, "Jean-Pierre Richard", in: W.-D. Lange (Hrsg.), *Französische Literaturkritik in Einzeldarstellungen*, Stuttgart, Kröner, 1975, S. 187.

ren, die Dinge zu vereinheitlichen, über die Kontingenz hinauszugelangen".[86]

Diese Vereinheitlichung kommt u.a. durch die Überwindung des Dualismus von Sinnlichem und Abstraktem, von Körperlichem und Begrifflichem in der Musik und im Tanz zustande. In seinen Darstellungen einer Tänzerin ("Crayonné au théâtre") möchte Mallarmé "den philosophischen Punkt ableiten, an dem das Unpersönliche der Tänzerin zu orten ist, zwischen ihrer femininen Erscheinung und einem gemimten Gegenstand" ("déduire le point philosophique auquel est située l'impersonnalité de la danseuse, entre sa féminine apparence et un objet mimé").[87] Vom Körper der Tänzerin sagt Richard durchaus im Sinne des Dichters, "er vermähle glücklich Materie und Bedeutung".[88] Die Tänzerin bilde den "Brennpunkt" ("point focal"), "in dem Signifikant und Signifikat sich im Zeichen vereinigen".[89]

Die Tänzerin wird somit zum metaphorischen Ausdruck einer *Idee*, in der Sinnliches und Geistiges, Materie und Begriff miteinander verschmelzen. Hegelianisch mutet Richards Beschreibung dieser Idee an, die er als sinnliche Erscheinung des Begriffs auffaßt: "Aber diese 'Idee' ist nicht auf eine einfache Abstraktion zurückzuführen: sie ähnelt eher dem, was die Philosophen heutzutage als *konkrete Wesenheit* (*essence concrète)* bezeichnen. Die Metapher gestattet und fördert folglich einen Impuls, der zu einer richtigen Jagd auf Wesenheiten wird."[90] Daß mit den "Philosophen" in dieser Passage auch Hegel gemeint sein könnte, läßt ein Hinweis auf die französische Übersetzung der *Wissenschaft der Logik* – S. 422 – vermuten.

Weit davon entfernt also, die begriffliche Wahrheit zu zersetzen, wird die Metapher bei Richard zu einem Instrument der poetischen Wahrheitssuche. In Mallarmés Metaphorik, in der Haar und Feuer, Eis und Jungfräulichkeit miteinander verknüpft werden, "soll der Signifikant Flamme oder Gletscher dem Signifikat sein intimstes Attribut *entlocken* (*extraire* du signifié son attribut le plus intime)".[91] Es geht mithin darum, mit Hilfe von Mallarmés Metaphorik das Wesen oder die Struktur seiner Dichtung zu bestimmen und zugleich nachzuweisen,

86 J.-P. Richard *L'Univers imaginaire de Mallarmé*, op.cit., S. 377.
87 S. Mallarmé, *Œuvres complètes*, Paris, Gallimard, Bibl. de la Pléiade, 1945, S. 296.
88 J.-P. Richard, *L'Univers imaginaire de Mallarmé*, op.cit., S. 411.
89 Ibid.
90 Ibid., S. 412.
91 Ibid., S. 417.

daß dieses strukturale Anliegen auch das des Dichters war, der das Wesen der Dinge anvisierte ("dégager l'essence").

Zur treibenden Kraft einer "Dialektik der Totalität" ("dialectique de la totalité") wird die Metapher schließlich dadurch, daß sie – wie im Falle der Tänzerin – den Dualismus überwindet und die Totalität als Einheit der Gegensätze konstituiert: "Die Metapher ist somit eine Vereinigung (accouplement) und die dialektische Synthese eine Reduktion des Zweifachen auf das Eine."[92] In Mallarmés indischem Märchen "Le Mort vivant" gehe es darum, verfeindete Prinzipien wie Tag und Nacht, Leben und Tod miteinander in einer dialektischen Totalität zu versöhnen, die zur Utopie des Dichters wird.

Der Leser wird schließlich an Goldmanns hegelianische Hermeneutik in *Le Dieu caché* ("Le Tout et les parties") erinnert, wenn Richard in seinem Mallarmé-Buch von der "dialektischen Bestätigung des Ganzen durch den Teil und des Teils durch das Ganze" spricht und erklärt: "Der Teil wird nur im Hinblick auf das Ganze sinnvoll, aber das Ganze wird nur dann seinen Sinn kundtun, wenn es zu allen Teilen in Beziehung gesetzt wird."[93] Insofern hat Genette durchaus recht, wenn er in seiner Rezension des Buches darauf hinweist, daß Richards Totalitätsbegriff weit über den Struktur-Begriff der "Strukturalisten" (gemeint ist vor allem Lévi-Strauss) hinausgeht.[94] Er hätte hinzufügen sollen, daß Richards Strukturbegriff dialektischen Charakter hat und eher dem der genetischen Strukturalisten Piaget, Mukařovský und Goldmann verwandt ist als dem eines Lévi-Strauss. Aber auf Probleme der Dialektik hat sich Genette nie gern eingelassen.

Darin unterscheidet er sich von Derrida, der sich von Richards Buch nicht nur deshalb provoziert fühlen mußte, weil es seiner antihegelianischen, nietzscheanischen Auffassung der Schrift widerspricht, sondern auch deshalb, weil er auf S. 380 auf den folgenden Satz stieß: "Gegen die Zerstreuung des Sinnes wird das glückliche Wort die Wahrheit mit einem harten Relief umgeben." ("Contre la dissémination du sens, le mot heureux campera donc la vérité d'un dur relief.")[95] Mallarmés Wort "disséminer", das aus seiner "Préface à *Vathek*" stammt und das Derrida in den frühen 70er Jahren zu einem seiner Schlüsselbegriffe machte,

92 Ibid., S. 424.

93 Ibid., S. 432.

94 Siehe: G. Genette, "Bonheur de Mallarmé?" in: ders., *Figures* I, Paris, Seuil, 1966, S. 99.

95 J.-P. Richard, *L'Univers imaginaire de Mallarmé*, op.cit., S. 380.

erscheint hier zunächst (1961) in einem logozentrischen, "metaphysischen" Kontext.

Derrida reagiert mit einer radikalen "dissémination du sens" und beruft sich dabei – wie vor ihm Richard – auf die Schreibweise Mallarmés. In "La Double séance" (1970), wo er unablässig offen und versteckt gegen Richard polemisiert, assoziiert er dessen Ansatz mit der traditionellen, "klassischen" Mallarmé-Deutung und dem "Neohegelianismus". Er spricht von der "atmosphère intimiste, symboliste et néohégélienne".[96] Der Neohegelianismus besteht – wie nicht anders zu erwarten war – darin, daß Richard den Text Mallarmés schließt, indem er ihn mit einer seiner möglichen Bedeutungen identifiziert.

Im Gegenzug zu dieser "identifizierenden" Deutung versucht Derrida nachzuweisen, daß es in Mallarmés Dichtung kein "letztes Signifikat" ("signifié en dernière instance") und keinen "letzten Referenten" ("référent en dernière instance") gibt.[97] Dabei gilt es, Richards "thematische Literaturwissenschaft" ("critique thématique") Schritt für Schritt zu dekonstruieren: "Es soll also gerade von der Möglichkeit der thematischen Literaturwissenschaft die Rede sein."[98] Es wäre ehrlicher zu sagen: von der Unmöglichkeit.

Denn *sie* soll in "La Double séance" nachgewiesen werden, wo Derrida auch auf das "Thema" der *Falte* (*pli*: s.o.) zu sprechen kommt, das Richard seiner Ansicht nach mit "dialektischen, totalisierenden und eudämonistischen"[99] Mitteln analysiert. Im Gegensatz dazu hebt Derrida die nichtreduzierbare Vielfalt des Wortes *pli* bei Mallarmé hervor: "alles, was in der Falte auch auf Öffnung, Dissemination, räumliche und zeitliche Verteilung hindeutet" ("tout ce qui dans le pli marque aussi la déhiscence, la dissémination, l'espacement, la temporisation").[100] Nicht unwichtig ist in dieser Passage das Wörtchen "auch" ("aussi"), welches besagen soll, daß Derrida nicht so sehr die Existenz der von Richard aufgezeigten Themen und Themenkomplexe anzweifelt als vielmehr den dialektischen, hegelianischen Versuch, sie zu einer homogenen Totalität zu bündeln.

Nach nietzscheanischer und radikal-junghegelianischer Manier geht er von der Ambivalenz des Textes aus: von der "entscheidenden und unentscheidbaren Ambiguität des Satzes"[101] bei Mallarmé. Diese Am-

96 J. Derrida, *La Dissémination*, op.cit., S. 303.
97 Ibid., S. 236.
98 Ibid., S. 276.
99 Ibid., S. 302.
100 Ibid., S. 303.
101 Ibid., S. 307.

biguität (oder radikale Ambivalenz), die den Diskurs Nietzsches und der Junghegelianer strukturiert, schiebt allen Versuchen einen Riegel vor, die Wiederholung als Rekurrenz oder Iterativität zur Grundlage der Themenkonstitution zu machen: nicht nur deshalb, weil Wörter immer neue, zweideutige Bedeutungen annehmen, sondern auch deshalb, weil sie sich schlicht der Sinngebung entziehen: "Man merkt das nicht, weil man meint, dort Themen wahrzunehmen, wo das Nicht-Thema, das, was nicht zum Thema werden kann, das, was keinen Sinn hat, unablässig wieder-kehrt (se re-marque sans cesse), das heißt verschwindet."[102] Die Wiederkehr oder Iteration von Wörtern wie *pli* oder *blanc* trägt also nicht zur Thema-Konstitution, sondern zur Thema-Auflösung bei: Iteration ist "in Wirklichkeit" Iterabilität, Zerfall des Sinnes.

Diese Auflösung bezeichnet Derrida mit dem Wort *dissémination*, das er Jean-Pierre Richard entlehnt, um es in "La Double séance" polemisch gegen ihn zu wenden. Daß die *dissémination* keinerlei begriffliche Fixierung duldet, geht klar aus Derridas Kommentaren zu den Wörtern *blanc* und *pli* hervor: "Die Dissemination von Weiß (wir werden nicht sagen des Weißen: blancheur) bringt eine Struktur von Tropen hervor, die unablässig um sich selbst kreist, weil sie ständig einen Dreh zuviel vollbringt: *keine* Metapher mehr, *keine* Metonymie. Wo alles metaphorisch wird, gibt es keinen eigentlichen Sinn und folglich auch keine Metapher mehr."[103] In seiner extremen Ambivalenz ist auch Mallarmés Wort *pli* nicht theoretisch einzufangen: "Die Falte ist zugleich Jungfräulichkeit, das, was sie vergewaltigt (viole), und die Falte, die weder das eine noch das andere ist, ist beides zugleich, unentscheidbar; sie *bleibt übrig* als Text (*reste* comme texte) und ist auf keine ihrer beiden Bedeutungen zu reduzieren."[104] Ambivalenz als Unentscheidbarkeit und Aporie wird zum privilegierten Verfahren der Dekonstruktion.

Sie wird im Anschluß an Derrida auch von Julia Kristeva in ihren Mallarmé-Kommentaren in *La Révolution du langage poétique* (1974) thematisiert. Von der Beziehung zwischen Mallarmés Theorie und Praxis heißt es dort: "Spaltung des Sinnes, der Aussage, des Wortes; Verlust ihrer Identität zugunsten eines Rhythmus, einer Musik, einer Melodie – so geht aus Mallarmés theoretischen Schriften das Gestal-

102 Ibid., S. 283.
103 Ibid., S. 290.
104 Ibid., S. 291.

tungsprinzip seiner Praxis hervor."[105] Wie bei Derrida bewirkt auch hier die extreme Ambivalenz eine Zersetzung des Sinnes und eine Akzentverschiebung zugunsten des Ausdrucks, der Signifikanten.

Diese ist für die gesamte *Tel-Quel*-Gruppe kennzeichnend, und es ist sicherlich kein Zufall, wenn sich Derrida im letzten Teil seines Buches *La Dissémination* eine Analyse von Philippe Sollers' *Nombres* vornimmt. Dieser Text ist gegen den Strich, gegen die Gattung und den Sinn geschrieben; er liest sich bisweilen wie eine Begleitschrift zu Derridas Philosophie. Kein Wunder, daß Derrida mit Genugtuung feststellt: "Somit haben die *Nombres*, als Zahlen, keinen Sinn, sie haben überhaupt keinen Sinn, auch nicht einen pluralen."[106] Daher ist der Text auch nicht mit Hilfe des "konventionellen" Polysemie-Begriffs einzufangen: etwa als Anordnung heterogener Isotopien; er ist Dissemination: "dissémination textuelle". Er ist, ähnlich wie Blanchots *La Folie du jour*, die Derrida in *Parages* (1986) kommentiert, "Erzählung einer unmöglichen Erzählung" ("le récit d'un récit impossible")[107], der weder Subjekt (Autor) noch Thema hat und keiner Gattung zuzurechnen ist. Auch Derridas Diskurs gehört keiner Gattung an: Er ist Philosophie und Literatur, und er ist keines von beiden.

Die Konfrontation von Richards Hermeneutik der Totalität und Derridas Dekonstruktion ist insofern lehrreich, als sie meiner Meinung nach zeigt, daß weder die Festlegung des Textes auf einen "totalen" Sinn noch seine Auflösung in der Dissemination für die Literaturwissenschaft ein Gewinn ist. Sinnvoller scheint mir ein dialektisches Vermitteln zwischen Sinn und Sinnegation zu sein, das es gestattet, drei Tatsachen zu berücksichtigen: 1. daß jeder literarische Text bestimmte Ambivalenzen und Vieldeutigkeiten enthält, die nicht aufzulösen sind; 2. daß jede literaturwissenschaftliche Theorie als Metatext einen besonderen Gegenstand (als Objektkonstruktion, als "ästhetisches Objekt", Mukařovský) hervorbringt, der mit dem Text als solchem, mit dem "Ding an sich", nicht identisch ist; 3. daß die meisten theoretischen Objektkonstruktionen sich jedoch in wesentlichen Punkten überschneiden, wobei die Konstanten des literarischen Textes als konsensfähige Grundstrukturen erkennbar werden. Daß es sich um einen Konsens im Dissens handelt, soll im letzten Kapitel verdeutlicht werden.

---

105 J. Kristeva, *La Révolution du langage poétique. L'Avant-garde à la fin du XIXe siècle: Lautréamont et Mallarmé*, Paris, Seuil, 1974, S. 212.

106 J. Derrida, *La Dissémination*, op.cit., S. 389.

107 J. Derrida, *Parages*, op.cit., S. 267.

3. Dekonstruktion in Yale I: Paul de Man

Es ist nicht sinnvoll, Paul de Man (1919-1983) als einen Schüler Derridas darzustellen oder als einen Philologen, der Derridas philosophische Dekonstruktion auf Literatur und Literaturwissenschaft anwendet. Denn Paul de Mans Aufsätze, die aus den frühen 60er Jahren stammen und zusammen mit späteren Publikationen und Originalbeiträgen in dem postum veröffentlichten Sammelband *The Rhetoric of Romanticism* (1984) erschienen sind, können nicht ohne weiteres der "Dekonstruktion" zugerechnet werden. Sie erinnern stellenweise an die werkimmanenten Analysen der New Critics (s. Kap. 1) und an die von ihnen entwickelte Praxis des "close reading".

Wenn man allerdings de Mans Kommentaren zum amerikanischen New Criticism Glauben schenken darf, so werden bestimmte dekonstruktive Verfahren in den Arbeiten von Brooks, Ransom und Wimsatt antizipiert. "Indem sie ihre Interpretationen immer mehr verfeinert", schreibt de Man in *Blindness and Insight* (1971), "entdeckt die amerikanische Literaturwissenschaft (American criticism) nicht eine einzelne Bedeutung, sondern eine Vielzahl von Bedeutungen, die einander radikal widersprechen können".[108] Diese Darstellung des New Criticism enthält nicht nur eine Kurzcharakteristik von de Mans eigener Betrachtungsweise, sondern schlägt eine Brücke von seinen frühen zu seinen späteren (dekonstruktionistischen) Arbeiten. Denn in beiden geht es im wesentlichen darum, die ambivalente und aporetische Struktur des literarischen Textes aufzudecken und nachzuweisen, daß kein Text als eindeutige, homogene Totalität zu lesen ist. Schon in einem Aufsatz über Wordsworth und Yeats aus dem Jahre 1962 ist von zwei "verschiedenen Lektüren" ("two distinct readings") die Rede und auch davon, daß sie von grundverschiedenen Sprachbildern ausgehen ("altogether divergent uses of imagery").[109]

Es ist jedoch nicht notwendig, sich de Mans dekonstruktionistische *Interpretation* des New Criticism zu eigen zu machen, um eine Verbindung zwischen der amerikanischen Literaturwissenschaft und Derridas Philosophie herzustellen. Diese Verbindung kommt gleichsam spontan zustande, weil die New Critics – wie sich im 1. Kapitel herausgestellt hat – mit sozialwissenschaftlichen Methoden nichts im Sinn hatten, den

108 P. de Man, *Blindness and Insight*, op.cit., S. 28.

109 P. de Man, *The Rhetoric of Romanticism*, New York, Columbia Univ. Press, 1984, S. 143.

"literary criticism" eher als Kunst auffaßten und sich auf die Terminologie der traditionellen Rhetorik verließen. In diesem Zusammenhang sei lediglich an die Behauptung des im ersten Kapitel zitierten J.C. Ransom erinnert, "die Absicht, die ein Gedicht verfolg(e), lieg(e) jenseits des beruflichen Weltbildes des Wissenschaftlers".[110] Die New Critics waren stets bemüht, den "literary criticism" (der deshalb nicht als Literaturwissenschaft im Sinne der Semiotik oder Literatursoziologie zu betrachten ist), jenseits der sozialwissenschaftlichen Sprachen anzusiedeln. Darin stimmen sie – trotz wesentlicher Abweichungen in anderen Punkten – mit Paul de Mans Dekonstruktion überein.

Deren Resonanz an der Universität von Yale, an der de Man bis zu seinem Tod lehrte, und in nordamerikanischen Intellektuellenkreisen erklärt sich einerseits aus der Konvergenz zwischen der in den USA herrschenden Autonomieästhetik (Kants, Croces) und Derridas (Nietzsches) Aufwertung des Ausdrucks dem Inhalt, dem Begriff gegenüber; andererseits aus einer Wahlverwandtschaft zwischen verschiedenen Varianten des anglo-amerikanischen Empirismus und Antirationalismus (Hume) und Derridas radikaler Kritik an Logozentrismus und Systemdenken. Freilich geht es hier lediglich um eine ideologische und institutionelle Affinität; keineswegs um eine theoretisch-begriffliche Übereinstimmung oder gar Kontinuität.

Ähnlich wie die Logozentrismus-Kritik Derridas richtet sich auch die Paul de Mans regelmäßig gegen Hegels Systemdenken. Unmißverständlich lehnt de Man in seinem Aufsatz über Bachtin Hegels Schlüsselbegriff der Aufhebung, der über die binäre Differenz hinausweist (s. Kap. 1), ab: "Insofern als binäre Gegensätze die Synthese ermöglichen und begünstigen, gehören sie zu den am stärksten irreführenden differentiellen Strukturen."[111] Im junghegelianischen, nietzscheanischen Traditionszusammenhang stehend, versucht de Man – ähnlich wie Derrida –, die Aporien des Hegelschen Systems aufzuzeigen, etwa wenn er in einer Hegel-Kontroverse mit Raymond Geuss in *Critical Inquiry* (1983) zum Verhältnis zwischen Allgemeinem und Besonderem bei Hegel bemerkt: "Wenn Wahrheit die Aneignung der Welt durch das Ich im Gedanken und folglich in der Sprache ist, dann enthält Wahrheit, die als das absolut Allgemeine definiert wird, ein konstitutives Element der Partikularisierung, das mit ihrer Allgemeinheit unvereinbar ist. Diese

110 J.C. Ransom, *The New Criticism*, Norfolk (Conn.), New Directions, 1941, S. 174.
111 P. de Man, *The Resistance to Theory*, Minneapolis, Univ. of Minnesota Press, 1986, S. 109.

Frage taucht bei Hegel jedesmal auf, wenn die Sprache auftaucht (when language surfaces) (...)."[112] Es geht hier um ein altes Thema, das seit den Junghegelianern, seit Kierkegaard, Sartre und Adorno die Hegel-Kritik beschäftigt: um das Verhältnis von Besonderem und Allgemeinem bei Hegel. Immer wieder wird der existentialistische, kritisch-theoretische oder dekonstruktionistische Vorwurf laut, Hegel habe das Besondere im System nicht aufgehoben, sondern dem Allgemeinen geopfert.[113]

Während in den verschiedenen Varianten des Existentialismus dieser Vorwurf in ein Plädoyer für individuelle Entscheidungsfreiheit und in der Kritischen Theorie in eine kritische Verteidigung der individuellen Partikularität ausmündet, bewirkt er bei Paul de Man eine Abwendung vom begrifflichen Diskurs wissenschaftlicher Rede und eine *radikale Partikularisierung der Sprache als Rhetorik*, als figurativer Diskurs. Die Sprache als ganze wird mit Nietzsche als verkappte Rhetorik entlarvt und ihres Wahrheits- oder Universalitätsanspruchs beraubt. De Man zitiert Nietzsches Satz: "Eigentlich ist alles Figuration, was man gewöhnlich Rede nennt", und schließt – mit Nietzsche – auf "die Abhängigkeit der Rede von der Figur".[114] An anderer Stelle faßt er zusammen: "Legitimerweise können wir deshalb behaupten, daß der Schlüssel zu Nietzsches Kritik der Metaphysik (...) im rhetorischen Modell der Trope liegt oder, anders gesagt, in der Literatur als der am ausdrücklichsten in Rhetorik gegründeten Sprache."[115] Paul de Man folgt Nietzsche in dessen rhetorisch-literarischer Kritik der Metaphysik.

Es ist allerdings wichtig, darauf hinzuweisen, daß "Rhetorik" weder von Nietzsche noch Paul de Man als "Eloquenz" aufgefaßt wird, sondern als "figurative", d.h. aus Tropen bestehende Rede. An die Tatsache, daß Nietzsche neben einem positiven auch einen "pejorativen Rhetorik-Begriff" kennt, nämlich Rhetorik als Eloquenz, erinnert ebenfalls Joachim Goth in seinem Buch über *Nietzsche und die Rhetorik* (1970).[116]

---

112 P. de Man, "Reply to Raymond Geuss", in: *Critical Inquiry* 10, Dezember, 1983, S. 388.

113 Siehe z.B. J.-P. Sartre, "L'Universel singulier", in: *Kierkegaard vivant*, Paris, Gallimard, 1966, S. 39: "De ce point de vue, au commencement du système hégélien, il n'y a point l'être mais la personne de Hegel, telle qu'on l'a faite, telle qu'elle s'est faite."

114 P. de Man, *Allegorien des Lesens*, Frankfurt, Suhrkamp, 1988, S. 148.

115 Ibid., S. 152.

116 Ibid., S. 175.

Wichtiger noch als diese Unterscheidung der beiden Rhetorik-Begriffe bei Nietzsche und de Man scheint mir hier der Umstand zu sein, daß die Aufwertung der Rhetorik im Gegensatz zur begrifflichen Rede als partikularisierende Antwort auf die Verallgemeinerungstendenzen des Hegelianismus aufzufassen ist. Sie hat insofern "junghegelianischen" Charakter, als die gesamte nachhegelianische Kritik von Stirner und Kierkegaard bis Sartre und Adorno auf Partikularisierung hinauslief. Bei Derrida und Paul de Man erfaßt diese historische Partikularisierungstendenz den sprachlichen Ausdruck, und dies hat zur Folge, daß der theoretische Diskurs mit sich selbst in Widerspruch gerät und sich in der Rhetorik oder der Literatur auflöst.

Seine Auflösung wird vor allem in de Mans wichtigem Aufsatz "The Resistance to Theory" sichtbar, wo Grammatik und Logik eindeutig der Rhetorik untergeordnet werden: nicht so sehr, weil der Autor subjektiv der figurativen Komponente des Diskurses den Vorzug gibt, sondern weil er überzeugt ist, daß diese Komponente in der Sprache objektiv dominiert. Für einen Rationalisten wie Greimas, sagt er, sind Grammatik und Logik der Sprache koextensiv (s. Kap. 7): "Grammatik ist ein Isotop der Logik."[117] Die eigentliche Komplexität des Problems tritt jedoch erst dann zutage, wenn die rhetorische (figurative) Dimension der Sprache mitberücksichtigt wird: "Schwierigkeiten treten nur auf, wenn es nicht mehr länger möglich ist, die erkenntnistheoretische Stoßkraft der rhetorischen Dimension des Diskurses zu ignorieren, das heißt, wenn es nicht mehr möglich ist, diese als bloßen Zusatz, als ein reines Ornament innerhalb der semantischen Funktion zu betrachten."[118] Paul de Man entdeckt das, was er als "the rhetorical dimensions of a text"[119] bezeichnet.

Welche Folgen hat nun diese Entdeckung oder Wiederentdeckung der Rhetorik? Die erste Folge ist eine Zersetzung der grammatisch-logischen Rationalität, die von den Tropen der Rhetorik überwuchert wird: "Da die Grammatik ebenso wie die Metaphorik ein integraler Bestandteil des Lesens ist, ergibt sich, daß Lesen ein negativer Prozeß ist, in dem das grammatische Erkennen stets durch seine es verdrängende rhetorische Entsprechung aufgehoben wird."[120] Da Literaturtheorie

117 P. de Man, "Der Widerstand gegen die Theorie", in: V. Bohn (Hrsg.), *Romantik. Literatur und Philosophie*, Frankfurt, Suhrkamp, 1987, S. 97.
118 Ibid., S. 98.
119 P. de Man, *The Resistance to Theory*, op.cit., S. 18.
120 P. de Man, "Der Widerstand gegen die Theorie", op.cit., S. 102.

als "criticism" oder "critique littéraire" vom Lesen nicht zu trennen ist, kann de Man in diesem Kontext von der "Aufhebung der Theorie", "this undoing of theory"[121] sprechen. Die zweite Folge dieser "rhetorischen Wende" ist die Entdeckung der nachhegelianischen, nietzscheanischen Ambivalenz, die nicht mehr durch Aufhebung zu bändigen ist und in die – auch von Martin Jay angesprochene – theoretische Aporie ausmündet. Diese läuft auf eine Negation der formalen Logik hinaus: "Rhetorik ist darin ein *Text*, daß sie zwei miteinander unverträgliche, sich wechselseitig zerstörende Blickpunkte ermöglicht und deshalb jedem Lesen oder Verstehen ein unüberwindliches Hindernis in den Weg legt."[122] So wird das Lesen zu einer "Allegorie der Unlesbarkeit"[123], wie Werner Hamacher in seiner Einleitung zur deutschen Übersetzung von *Allegories of Reading* bemerkt. In diesem Band stößt der Leser auf einen Satz, der wie kein anderer den Nexus von Ambivalenz und Rhetorik veranschaulicht: "Tropen sind weder wahr noch falsch und sind beides zugleich."[124]

Die extreme Ambivalenz, die Nietzsche in einem junghegelianischen Kontext destruktiv gegen die Dialektik wandte, wird hier bewußt und systematisch bis zur Aporie getrieben. Jonathan Culler hat bis zu einem gewissen Grad recht, wenn er in seinem Kommentar zu de Mans Rhetorik von einer "Dialektik ohne Synthese" ("a dialectic without synthesis")[125] spricht; da er jedoch nicht auf die Entwicklung des dialektischen Denkens seit den Junghegelianern eingeht, versäumt er es, den wesentlichen Unterschied zwischen der Ambivalenz der Dekonstruktion und der der Kritischen Theorie hervorzuheben, die ebenfalls als "Dialektik ohne Synthese" bezeichnet werden könnte. Während die Dekonstruktion die Ambivalenz als Aporie auffaßt, d.h. destruktiv, faßt sie die Kritische Theorie als Wahrheitsmoment auf, als wechselseitige Bedingtheit zweier Extreme, die einander auszuschließen *scheinen*. So zeigt beispielsweise Adorno, wie Ideologie und Ideologiekritik bei

121 Ibid., S. 101.

122 P. de Man, *Allegorien des Lesens*, op.cit., S. 176. – Siehe auch: M. Jay, "The Debate over Performative Contradiction: Habermas vs. the Post-Structuralists", in: *Zwischenbetrachtungen. Im Prozeß der Aufklärung*, Hrsg. A. Honneth et al., Frankfurt, Suhrkamp, 1989, S. 182-183: "De Man endorses Nietzsche's contention that our reluctance to affirm and deny one and the same thing 'is a subjective empirical law, not the expression of any 'necessity' *but only an inability*'."

123 W. Hamacher, "Einleitung", in: P. de Man, *Allegorien des Lesens*, op.cit., S. 16.

124 P. de Man, *Allegorien des Lesens*, op.cit., S. 182.

125 J. Culler, "De Man's Rhetoric", in: ders., *Framing the Sign*, Oxford, Basil Blackwell, 1988, S. 112-113.

Stefan George ineinandergreifen und eine widersprüchliche *Einheit* bilden (s. Kap. 4). Indem Vertreter der Dekonstruktion die dialektische *Einheit* der Gegensätze – als *Erkenntnis* wechselseitiger Bedingtheit – durch die Aporie ersetzen, verlieren sie das Wahrheitsmoment und kehren der Dialektik den Rücken.

Dies ist meiner Meinung nach der Hauptgrund, weshalb Paul de Mans dekonstruktive Lektüren philosophischer und literarischer Texte in den meisten Fällen recht unergiebig sind, zumal dann, wenn um jeden Preis nachgeweisen werden soll, daß einem Text oder Textfragment eine Aporie zugrunde liegt. Während der Hegelianer Lucien Goldmann den gravierenden Fehler beging, fragmentarische und z.T. widersprüchliche Texte der Avantgarde als homogene Totalitäten zu lesen (s. Kap. 2), fallen Dekonstruktionisten in das andere Extrem und suchen Aporien, wo es keine gibt. Könnte es nicht sein, daß manche literarische Texte durchaus homogen sind, während andere mit Absicht als Paradoxien, Aporien oder offene Fragmente konzipiert werden? Paul de Man hat sich diese Frage anscheinend nicht gestellt, denn er versucht in den meisten seiner Arbeiten, sowohl philosophisch-ästhetische als auch literarische Texte als paradoxe, aporetische Konstrukte zu verstehen.

Besonders charakteristisch für diese Jagd nach Aporien sind seine Kommentare zu Georg Lukács' *Theorie des Romans* und Jacques Derridas Rousseau-Interpretationen in *De la grammatologie*. In einer kritischen Analyse von Lukács' Jugendwerk stellt er die These auf, daß Lukács sich in einen Grundwiderspruch verstrickt, indem er einerseits behauptet, der Roman überspiele den Verlust der epischen Einheit von Subjekt und Objekt (Held und Welt) durch Ironie, zugleich aber in einer kurzen Interpretation von Flauberts *Education sentimentale* die Ansicht vertritt, in diesem Roman stelle der Zeitfaktor die organische Einheit, die anderen Romanen fehle, wieder her: "Es sieht so aus, als wäre der Organizismus (organicism), den Lukács aus dem Roman verschwinden ließ, als er die Ironie zu dessen strukturierendem Prinzip machte, durch eine Hintertür in der Gestalt der Zeit wiedergekommen."[126]

Diese Interpretation der *Theorie des Romans* trifft nur teilweise zu, weil sie drei wesentliche Tatsachen unberücksichtigt läßt: 1. Lukács ließ das *Problem* der epischen Totalität (der Einheit von Subjekt und Objekt) in seinen Kommentaren zu Romanen wie Cervantes' *Don Quijote* oder Goethes *Wilhelm Meister* nicht einfach verschwinden, wie

126 P. de Man, *Blindness and Insight*, op.cit., S. 58.

de Man undialektisch behauptet ("eliminated from the novel"); vielmehr versuchte er zu zeigen, daß auch in diesen Romanen das – zum Scheitern verurteilte – Streben nach Einheit eine wesentliche Rolle spielt. 2. Die zeitbedingte organische Einheit, die der *junge* Lukács in Flauberts *Education sentimentale* hineininterpretiert, überwindet nicht den Bruch zwischen Bewußtsein und Sein und stellt auch nicht die epische Totalität wieder her: "Es ist die völlige Abwesenheit jeder Sinneserfüllung gestaltet", erklärt Lukács, "aber die Gestaltung erhebt sich zur reichen und runden Erfülltheit einer wirkichen Lebenstotalität."[127] Dies bedeutet, daß in Flauberts Roman die zeitliche Einheit die verlorene Totalität des Epos in Erinnerung ruft oder eine neue Totalität antizipiert; von einem "Organizismus" im Sinne des Epos kann folglich nicht die Rede sein. 3. De Man verschweigt oder übersieht, daß nach Lukács erst das Werk Dostoevskijs (das nicht mehr als Romanwerk aufgefaßt wird) eine mögliche Wiederherstellung der verlorenen epischen Totalität evoziert: "Er gehört der neuen Welt an", heißt es am Ende der *Theorie des Romans* von Dostoevskij, d.h. der Welt einer neuen epischen Totalität, die mit "der Epoche der vollendeten Sündhaftigkeit"[128] nichts mehr zu tun hat. Kurzum: Der von de Man aufgezeigte Widerspruch ist ein Scheinwiderspruch, weil in Lukács' Abhandlung *alle* Romane, also auch die *Education sentimentale*, die verlorene epische Totalität zu ihrem Hauptthema machen.

De Man versucht, seine These aus *Blindness and Insight*, daß Philosophen wie Lukács und Derrida häufig das Gegenteil von dem beweisen, was zu beweisen sie sich vornehmen, weil ihre Einsichten (insights) durch eine gewisse – durchaus fruchtbare – Blindheit (blindness) bedingt sind, auch auf literarische Texte anzuwenden. Auch der literarische Text tut häufig das Gegenteil von dem, was er und sein Autor zu tun vorgeben, und dekonstruiert sich dadurch selbst. Um diese These de Mans zu veranschaulichen, will ich im folgenden seine Analyse eines Textes aus Marcel Prousts *A la recherche du temps perdu* näher betrachten.

De Man geht im Anschluß an Gérard Genettes Aufsatz "Métonymie chez Proust" (1972) auf das Verhältnis von Metapher und Metonymie in einer Textpassage aus Prousts *Du Côté de chez Swann* ein und versucht nachzuweisen, daß Prousts Text einerseits die Überlegenheit

---

127 G. Lukács, *Die Theorie des Romans*, Neuwied-Berlin, Luchterhand, 1971, S. 112-113.

128 Ibid., S. 137.

der Metapher behauptet, andererseits jedoch seine Überzeugungskraft der Metonymie verdankt: "Doch es bedarf keines besonderen Scharfblicks, um zu erkennen, daß der Text nicht praktiziert, was er predigt. Eine rhetorische Lektüre der Passage enthüllt, daß seine figurative Praxis und seine metafigurative Theorie nicht konvergieren und daß die Behauptung der Vorherrschaft der Metapher über die Metonymie ihre Überzeugungskraft dem Gebrauch metonymischer Strukturen verdankt."[129]

Das Hauptthema der Passage, um die es sich handelt, ist die Lesesucht des Erzählers Marcel, der auch an heißen Sommertagen die Lektüre in seinem kühlen, dunklen Zimmer einem Spaziergang im Freien vorzieht. Da seine Großmutter moralischen Druck ausübt, damit er an die frische Luft geht, entwickelt er eine subtile Rhetorik, die sein Verweilen im Zimmer rechtfertigen und den Gegensatz von Innen und Außen überspielen soll. Die von de Man zitierte Passage ist sehr lang, und ich gebe hier deshalb nur den letzten Teil wieder, der im Originaltext einen eigenständigen Absatz bildet: "Die dunkle Kühle meines Zimmers verhielt sich zur besonnten Straße wie der Schatten zum Lichtstrahl, das heißt sie war genauso licht; sie schenkte mir in der Phantasie das volle Schauspiel des Sommers, von dem meine Sinne auf einem Spaziergang zum Beispiel nur jeweils Teilaspekte hätten genießen können; dadurch paßte sie so gut zu meiner Art von Ruhe, die (dank den in meinen Büchern erzählten, mich im Innern bewegenden Abenteuern) wie die Ruhe einer Hand, die man regungslos ins fließende Wasser hält, den tobenden Anprall eines Stromes von lebhafter Handlung aushielt."[130]

Es wäre sicherlich möglich, in diesem Text verschiedene semantische Isotopien auszumachen, deren Sememe Oberbegriffen (Klassemen) wie *Innen/Außen*, *Statik/Dynamik* subsumierbar wären. Kaum vertretbar scheint mir hingegen der weiter oben zitierte Kommentar von de Man zu sein: Seine Behauptung, Prousts Text enthalte eine "metafigurative Theorie" von der "ästhetischen Superiorität der Metapher"[131], ist weder anhand des zitierten Satzes noch anhand des Kontextes plausibel zu machen, in den der Satz eingebettet ist. Ebensowenig zu rechtfertigen ist die (meiner Meinung nach völlig willkürliche) Behauptung, Prousts (Marcels) "metafigurative Theorie" verdanke ihre "Überzeu-

129 P. de Man, *Allegorien des Lesens*, op.cit., S. 45.
130 M. Proust, zitiert nach: P. de Man, *Allegorien des Lesens*, op.cit., S. 44.
131 P. de Man, *Allegorien des Lesens*, op.cit., S. 45.

gungskraft" dem Gebrauch der Metonymie. Wodurch manifestiert sich die "Überzeugungskraft" einer Figur? – Eher ließe sich zeigen, wie bei Proust metaphorischer und metonymischer Sprachgebrauch ineinandergreifen, wie beispielsweise "die dunkle Kühle meines Zimmers" durch Substitution von der "Ruhe einer Hand, die man regungslos ins fließende Wasser hält", abgelöst wird, und wie sich auf diesem Wege eine metaphorisch-metonymische *Textkohärenz* bildet: eine Kohärenz, auf die übrigens auch Genette hingewiesen hat.[132]

Der a priori konstruierte und in den Text hineinprojizierte Gegensatz zwischen Metapher und Metonymie, den de Man als hierarchischen Gegensatz dekonstruieren möchte, ist nur im Rahmen einer recht willkürlichen "rhetorischen" Analyse plausibel zu machen, die keine semantische oder textlinguistische Theorie bestätigen würde. So betrachten beispielsweise Greimas und Courtés das Verhältnis von Metapher und Metonymie als ein "Phänomen der Substitution auf einer Grundlage semantischer Äquivalenz" ("phénomène de substitution sur un fond d'équivalence sémantique").[133] Diese Art von Substitution auf semantischer Grundlage ist für die hier zitierte Passage aus Prousts *Recherche* kennzeichnend und scheint ihre Kohärenz auf der Ebene der Figuren zu gewährleisten. Es versteht sich von selbst, daß es außerdem noch andere – semantische, syntaktische und narrative – Kohärenzkriterien gibt, die Paul de Man außer acht läßt, wenn er meint, "Prousts Sprache im gesamten Roman"[134] auf rhetorischer Ebene erklären zu können. Der Gegensatz zwischen mondäner Konversation und Schrift (zwischen kommunikativer *parole* und narzißtischer *écriture*), der den Vertretern der Dekonstruktion gar nicht so fremd sein sollte, wird in de Mans Kommentaren nicht einmal erwähnt.[135]

Wie sehr Willkür und ein *parti pris* für assoziative Phantasie de Mans Argumentation beherrschen, zeigen seine Bemerkungen zur letzten Figur des hier zitierten Absatzes: "eines Stromes von lebhafter Handlung"/"d'un torrent d'activité". De Man assoziiert auf der Ausdrucks-

132 Siehe: G. Genette, "Métonymie chez Proust", in: ders., *Figures III*, Paris, Seuil, 1972, S. 42. Zur Rolle der Metonymie bei Proust und zur Wechselbeziehung zwischen Metapher und Metonymie in der *Recherche* bemerkt Genette: "Ainsi, loin d'être antagonistes et incompatibles, métaphore et métonymie se soutiennent et s'interpénètrent (...)."

133 A.J. Greimas, J. Courtés, *Sémiotique. Dictionnaire raisonné de la théorie du langage*, Paris, Hachette, 1979, S. 229.

134 P. de Man, *Allegorien des Lesens*, op.cit., S. 100.

135 Siehe: Vf., *L'Ambivalence romanesque. Proust, Kafka, Musil*, Frankfurt-Bern-Paris, Peter Lang, 1988 (2. Aufl.), Kap. 5.

ebene *torrent* (*Strom*) mit *torride* (*glühend heiß*), um eine Lektüre zu rechtfertigen, die die Hitze des Sommertages in die Ruhe des Lesezimmers hineinträgt: "Die eigentliche Bedeutung konvergiert mit der gegebenen Konnotation auf der Ebene der Signifikanten durch das 'torride' (das 'Heiße'), das jeder – sofern er will – in 'torrent' mithören kann. Hitze ist also in den Text auf untergründige, geheime Weise eingeschrieben (...)."[136]

Hier ist Dissens anzumelden: Obwohl *torrent* und *torride* etymologisch verwandt sind (lat. torrere = verbrennen), ist auf semantisch-konnotativer Ebene keine Verbindung zwischen ihnen herzustellen, vor allem, wenn man Umberto Ecos Hinweis ernst nimmt, daß Konnotation nicht auf "psychische Möglichkeit" anspielt, "sondern auf kulturelle Verfügbarkeit".[137] Von dieser Objektivierung oder intersubjektiven Nachvollziehbarkeit der Konnotation kann bei de Man nicht mehr die Rede sein: Sie wird auf der Ausdrucksebene dem Subjektivismus und der Willkür überantwortet. Die Metapher "torrent d'activité", die in Prousts Text der regungslosen Hand im Wasser ("main immobile au milieu d'une eau courante") folgt, enthält weder das Sem "Hitze" noch das Sem "Feuer"; sie weist sehr wohl das Sem "Bewegung" auf, das sie mit "eau courante" verbindet. In *dieser Verbindung* wäre ebensogut das Sem "Kälte" oder "Kühle" auszumachen wie das Sem "Hitze", denn es ist sehr unwahrscheinlich, daß der Erzähler sich eine regungslose Hand im heißen Wasser vorstellt... Damit wird de Mans Behauptung, Hitze sei dem Text "auf geheime Weise eingeschrieben", zumindest relativiert.

De Mans Geheimniskrämerei ziehe ich Greimas' etwas naive rationalistische These vor, "es gebe keine Geheimnisse in der Sprache" ("il n'y a pas de mystères dans le langage"). Denn de Man hat im Anschluß an Nietzsche eine Literaturkritik entwickelt, die von der extremen Ambivalenz ausgeht und in die Aporie (d.h. in die Wert- und Wahrheitsindifferenz) ausmündet. Diese Aporie, die er in nahezu alle von ihm interpretierten Texte hineinträgt, zeugt von einem radikalen Agnostizismus, der soziologisch als eine Bankrotterklärung des liberalen und individualistischen Denkens zu werten ist, dem sich die New Critics teilweise noch verbunden fühlten. (Siehe Kap. 1.)

Sie zeichnet sich bereits in den Artikeln ab, die Paul de Man als Zwanzigjähriger vor und während der nationalsozialistischen Invasion Belgiens publizierte. Verständlicherweise bemerkt Derrida, in diesen

136 P. de Man, *Allegorien des Lesens*, op.cit., S. 99.
137 U. Eco, *Einführung in die Semiotik*, München, Fink, 1972, S. 108.

Artikeln hätten ihn vor allem die häufigen Hinweise auf das "Abendland" ("l'Occident") und die "abendländische Zivilisation" ("civilisation occidentale")[138] beunruhigt. Man mag den während der nationalsozialistischen Besetzung von de Man publizierten antisemitischen Artikel als Akt eines jugendlichen Opportunismus übergehen. Nicht übersehen sollte man jedoch den Nexus zwischen einer Spenglerschen Terminologie und dem Niedergang des liberalen (individualistischen) Vernunftgedankens. Dieser wird durch die systematisch praktizierten Aporien der Dekonstruktion, die die dialektische Ambivalenz als *Einheit* der Gegensätze zerstören, vollends desavouiert.

4. Dekonstruktion in Yale II: Geoffrey H. Hartman

Nachhaltiger als Paul de Man wurde Geoffrey H. Hartman (*1929, ebenfalls Professor an der Universität von Yale) von der Problematik und den Fragestellungen des anglo-amerikanischen New Criticism geprägt. In dieser Problematik treten regelmäßig Fragen nach dem Verhältnis von Literatur und Literaturkritik (*criticism*) in den Vordergrund: Soll der Literaturwissenschaftler (*critic*) eine andere Sprache sprechen als der Schriftsteller? Ist der *literary critic* dem Schriftsteller ebenbürtig, oder ist *criticism* eine sekundäre, zweitrangige Tätigkeit?

In nahezu allen seinen Schriften geht Hartman diesen Fragen nach und bemerkt in *Easy Pieces* (1985) zu seinen neueren Publikationen: "In *Criticism in the Wilderness* und *Saving the Text* versuche ich, die Symbiose oder die verschlungenen Beziehungen zwischen Literatur und Literaturkommentar zu definieren."[139] An anderer Stelle erklärt er, weshalb ihn das Verhältnis dieser beiden unterschiedlich institutionalisierten Textsorten seit Jahren beschäftigt: "Ich habe einen Überlegenheitskomplex anderen Kritikern und einen Minderwertigkeitskomplex der Kunst gegenüber."[140] Diese Problematik, die bei Hartman besonders stark ausgeprägt ist, ist eher im Zusammenhang mit dem New Criticism als im Kontext der Dekonstruktion zu verstehen. Denn die New Critics pflegten den essayistischen Stil und schienen in vielen Fällen literarischen Vorbildern nachzueifern; Anhänger der Dekon-

---

138 J. Derrida, *Mémoires pour Paul de Man*, op.cit., S. 162.
139 G.H. Hartman, *Easy Pieces*, New York, Columbia University Press, 1985, S. 203.
140 G.H. Hartman, zitiert nach Ch. Norris, *Deconstruction. Theory and Practice*, London, Methuen, 1982, S. 92.

struktion hingegen würden die Frage nach dem Primat oder der Originalität einer bestimmten Textsorte als irrelevant verabschieden: Längst haben sie sich von "metaphysischen" Begriffen wie "Subjekt", "Ursprung" und "Original" emanzipiert.

Aber gerade deshalb übt der Diskurs der Dekonstruktion auf Hartman eine besondere Faszination aus: In ihm scheint der Weg vorgezeichnet zu sein, der aus der Sackgasse des New Criticism hinausführt. Von einer Sackgasse kann hier deshalb die Rede sein, weil Hartman sich innerhalb der Tradition des New Criticism in seinem Streben nach einer Aufwertung des Literaturkommentars (des Kommentators) und nach einer Synthese von Kritik und Literatur behindert fühlt. In *Criticism in the Wilderness* (1980) erscheint ihm diese Tradition eher als Zwangsjacke: "Kritik wurde *in* der Kunst geschätzt und *außerhalb* der Kunst nur toleriert. Der New Criticism hob die Werke hervor, in denen Kritik und Kreativität zusammenwirkten, aber er grenzte den kritischen Essay ein, indem er seinen Kompetenzbereich auf spezifische, formale oder wertende Bemerkungen zur Kunst beschränkte."[141] In der Dekonstruktion erblickt Hartman eine Möglichkeit, diese Grenze zu überschreiten und die Symbiose zwischen Literarur und kritischem Kommentar zu verwirklichen, von der in der Einleitung zu *Criticism in the Wilderness* die Rede ist.[142]

Diese Symbiose ist freilich nichts radikal Neues, das vom New Criticism als Essayistik und Literatur*kritik* (im Gegensatz zur Literatur*wissenschaft*) gleichsam vorbereitet und von der Dekonstruktion vollendet würde. Hartman selbst verweist an zahlreichen Stellen seines Werkes auf den *romantischen Ursprung* der literarisch-kritischen Symbiose. Es ist dort von den deutschen Romantikern die Rede, "die versuchten, eine Synthese von *Dichtung* und *Philosophie*"[143] zu vollbringen, und von Friedrich Schlegels *Athenäum*-Fragmenten, in denen sich ein "synthesizing criticism" abzeichnet, "das Kunst und Philosophie kombinieren würde".[144] Im Anschluß an diesen Rekurs auf die Romantik sei an Walter Benjamins Buch über die Kunstkritik der Romantik erinnert, in dem der romantische Literaturkritiker – wie der

141 G.H. Hartman, *Criticism in the Wilderness. The Study of Literature Today*, New Haven and London, Yale Univ. Press, 1980, S. 6.

142 Ibid., S. 4: "Reading criticism closely, and seeing it as symbiotic rather than parasitic in relation to literature, led me back to its colorful past."

143 Ibid., S. 211.

144 Ibid., S. 38.

Leser – zu einem "erweiterten Autor"[145] wird: "Das Subjekt der Reflexion ist im Grunde das Kunstgebilde selbst (...)."[146]

Komplementär zum Einfluß der Romantik verhält sich der Nietzsches: Er radikalisiert den dekonstruktiven Anspruch Hartmans, die Kluft zwischen Literatur und Theorie rhetorisch zu überbrücken. Mit Paul de Man wertet Hartman die Rhetorik als eigenständige Sprachform auf, die den Brückenschlag von kritischem Kommentar zum literarischen Gegenstand ermöglichen soll. Sie ist das Medium, das die beiden Textsorten miteinander verbindet, das die angestrebte Symbiose herbeiführt.[147] In diesem Zusammenhang mag Christopher Norris recht haben, wenn er in seinem Buch über die Dekonstruktion zu Hartmans fröhlich-spielerischem Nietzscheanismus bemerkt: "Nach Hartman besteht der einzige Ausweg, der sich dem Literaturkritiker anbietet, darin, daß er seinen Minderwertigkeitskomplex abwirft und sich begeistert – mit nietzscheanischer Überheblichkeit – in den Tanz der Bedeutungen stürzt."[148] Es geht also nicht mehr wie in der Romantik darum, das literarische Werk kritisch-reflexiv zu erweitern, sondern darum, selbst kreativ zu werden, als Schriftsteller tätig zu sein und neue Bedeutungen zu schaffen.

Erscheint Nietzsche bei Hartman (ähnlich wie bei Paul de Man und Derrida) als Philosoph der Zukunft, als Prophet der neuen Rhetorik, so erscheint Hegel als der mächtige Schatten der Vergangenheit, als ein Anwalt des Logos, der das Spiel der Bedeutungen verderben könnte. In Hartmans Kommentaren zu Jacques Derridas *Glas* (s.o.) wird deutlich, daß auch diese Kommentare im Spannungsfeld zwischen Hegel und Nietzsche anzusiedeln und zu verstehen sind. Von Derridas Text heißt es dort, er weise in zwei Richtungen: "Die eine ist die Vergangenheit, die mit Hegel beginnt, der noch immer unter uns weilt; die andere ist die Zukunft, die mit Nietzsche beginnt, der wieder unter uns weilt, da er vom neuen französischen Denken entdeckt wurde."[149]

---

145 W. Benjamin, *Der Begriff der Kunstkritik in der deutschen Romantik*, Frankfurt, Suhrkamp, 1973, S. 62.

146 Ibid., S. 60.

147 G.H. Hartman, *Criticism in the Wilderness*, op.cit., S. 22.

148 Ch. Norris, *Deconstruction*, op.cit., S. 92. Den spielerischen Aspekt der amerikanischen Dekonstruktion hebt auch H. Felperin in seinem Buch *Beyond Deconstruction. The Uses and Abuses of Literary Theory*, Oxford, Clarendon Press, 1985, S. 131, hervor: "(...) Deconstruction, which is nothing other than language scepticism in the mode of play, an exacting and rigorous form of play, but play all the same."

149 G.H. Hartman, *Saving the Text. Literature/Derrida/Philosophy*, Baltimore and London, The Johns Hopkins Univ. Press, 1981, S. 28.

Mit dem "neuen französischen Denken" ist hier vor allem Derridas Philosophie gemeint, und innerhalb dieser Philosophie die *Totenglocke*, *Glas*, ein Buch, von dem Hartman – nicht zu Unrecht – sagt, es sei eigentlich kein Buch mehr; von dem er sich vor allem eine Überwindung der Dichotomien Literatur/Theorie, Literatur/Philosophie verspricht. Noch verdeckt allerdings Hegels Schatten die nietzscheanische Morgenröte, in der die Bedeutungen zu tanzen anfangen; noch sind sie Gefangene der Hegelschen Totalität, des *savoir absolu*, denn "*Glas* (...) arbeitet sich in Hegels Schatten ab, um seinen Absolutheitsanspruch zu beseitigen und um ein negatives oder tief kritisches Werk *philosophischer* Kunst hervorzubringen".[150] Wenn es eine philosophische Kunst gibt ("philosophic work of art"), so argumentiert Hartman, muß es auch eine literaturkritische geben: Auch der literaturkritische Text, auch der *criticism* kann und soll zum Kunstwerk werden.

Derridas Text durchbricht die Trennwand zwischen Literatur und Philosophie auf intertextueller Ebene, indem er verschiedene und unterschiedlich institutionalisierte Texte und Schreibweisen ineinanderfließen, zusammenwirken läßt. Tatsächlich ist *Glas*, wie Hartman bemerkt, "ein Werk, in dem Kommentar zur Literatur wird, weil philosophischer Diskurs, figurative Darstellung und Literaturkritik miteinander verflochten werden (...)".[151] Es ist zugleich ein Text, der die hegelianische und strukturalistische Totalität aufbricht und durch das Fragment ersetzt.[152]

Die Auflösung von Totalität und System kommt bei Hartman – anders als bei Paul de Man – nicht so sehr durch Aufdeckung von Widersprüchen und Aporien zustande, sondern durch eine Theorie der *Unbestimmtheit* (*indeterminacy*), die vor allem in *Criticism in the Wilderness* ausgearbeitet wird. Diese *indeterminacy* literarischer Texte wird wie schon bei Paul de Man mit dem Prinzip der Ambivalenz verknüpft. In *Saving the Text* (1981) wird im Zusammenhang mit *Glas* auf die Doppeldeutigkeit des Wortes, auf die Zweigleisigkeit aller

150 G.H. Hartman, *Criticism in the Wilderness*, op.cit., S. 38.
151 Ibid., S. 200.
152 Siehe: G.H. Hartman, *Criticism in the Wilderness*, op.cit., S. 212. Von Derrida heißt es dort im Zusammenhang mit *Glas*: "He therefore produces a text: not a book, exactly, perhaps even an antibook: not an encyclopedic system, perhaps even a counterencyclopedia. But the word *text*, so current now, and suspect, means something quite specific: historically viewed, it is a development of the Romantic fragment, a sustained fragment as it were, or – seen from the Hegelian system of absolute knowledge – an essayistic totality."

Aussagen hingewiesen: "Was auch immer konstruiert wird, gründet auf miteinander konkurrierenden Prinzipien: auf dem äquivoken und äquivoken Charakter der Wörter." ("Whatever is being constructed is based on competing principles: the equivocal and equi-vocal character of words.")[153] Jeder Aussage wohnt also – zumindest potentiell – gleichberechtigt ("gleich-stimmig", "equi-vocal") eine Gegenaussage inne, die den opaken Charakter des literarischen Textes und der Sprache überhaupt zu verantworten hat.

In diesem Kontext definiert Hartman zeitgenössische Literaturkritik (*criticism*) als eine "Hermeneutik der Unbestimmtheit" ("a hermeneutics of indeterminacy"), von der er erwartet, daß sie einen Analysetyp entwickelt, "der auf den Ehrgeiz verzichtet, seinen Gegenstand (Text, Psyche) durch technokratische, voraussagende oder autoritäre Formeln zu beherrschen und zu entmystifizieren".[154] Es geht also darum, eine Hermeneutik zu entwerfen, die den Text nicht auf rationalistische Art transparent macht, vereinnahmt, sondern seine Ambivalenzen und Unbestimmtheiten ("ambiguities", "indeterminacies") aufzeigt; die seine Resistenz gegen ideologische, logozentrische und totalitäre Kommunikation hervorhebt. Der kommunikativen Vereinnahmung der Texte gegenüber betont Hartman deren Sinnverweigerung, die nur derjenige erkennt, der bereit ist, mit "Zweifel und Verzögerung" ("doubt and delay")[155] zu lesen.

Sein Plädoyer für Negativität und Sinnverweigerung in einer Medien- und Kommunikationsgesellschaft erinnert natürlich an die wesentlichen Anliegen der Kritischen Theorie und vor allem Adornos. Tatsächlich zeigt sich in *Criticism in the Wilderness*, daß Hartman seine "Hermeneutik der Unbestimmtheit" als Kritik an den totalitären Tendenzen in östlichen und westlichen Gesellschaften verstanden wissen möchte. Er schließt mit der Frage: "Kann überhaupt irgendeine Hermeneutik der Unbestimmtheit, irgendeine Ironie, so tief verwurzelt und behütet sie in der ästhetischen Erfahrung auch sein mag, diesen beiden Gesellschaften, solange sie noch unterscheidbar sind, Widerstand leisten?"[156]

Ähnliche Fragen wurden auch in der Kritischen Theorie aufgeworfen, und es ist daher kaum verwunderlich, daß Hartman an einigen

153 G.H. Hartman, *Saving the Text*, op.cit., S. 14.
154 G.H. Hartman, *Criticism in the Wilderness*, op.cit., S. 41.
155 G.H. Hartman, *Easy Pieces*, op.cit., S. 182.
156 G.H. Hartman, *Criticism in the Wilderness*, op.cit., S. 283.

Stellen seines Werkes Adorno zustimmend zitiert und ihn mit einem nicht näher definierten "negative thinking"[157] in Verbindung bringt. Von Benjamin und Adorno sagt er, sie seien zwar keine "creative writers" in der landläufigen Bedeutung des Ausdrucks, aber "ihre Literaturkritik (criticism) hat häufig eine praktische Ausrichtung und setzt sich unmittelbar mit Begriffen wie Technologie, Kultur und 'Kulturindustrie' auseinander".[158] Schließlich wird das Denken der "Frankfurt School" sogar für die Dekonstruktion reklamiert. Von dieser "Schule" heißt es in *Easy Pieces*: "Sie hat das dekonstruktive Denken gestärkt und hat manchmal für politische Alternativen gesorgt."[159]

Abgesehen davon, daß mir diese politischen Alternativen, die Hartman nur oberflächlich streift, nicht bekannt sind, sehe ich einen wesentlichen Unterschied zwischen der nietzscheanischen, zur Wertindifferenz tendierenden Negativität der Dekonstruktion[160] und der Negativität der Kritischen Theorie, die aus einer radikalen Selbstkritik des liberalen Individualismus hervorging. Diese Negativität ist konkret, weil sie sich gegen ganz *bestimmte* wirtschaftliche, politische und kulturelle Zustände in Ost und West richtet; die Negativität der Dekonstruktion hingegen ist als Gesellschaftskritik völlig unverbindlich (ähnlich wie die der frühen Rezeptionsästhetik). Es kommt hinzu, daß Adorno und Horkheimer an bestimmten Werten des Liberalismus (gegen diesen) festhielten: Nie gaben sie Begriffe wie Wahrheit, individuelle Autonomie, Subjektivität, Emanzipation und Glück auf. Darin sehe ich einen wesentlichen Unterschied zur Dekonstruktion, der nicht durch das kommerzialisierbare und medienkonforme Schlagwort "negative thinking" verwischt werden sollte.

Daß dieses "negative Denken" im Bereich der Dekonstruktion keinen konkreten gesellschaftskritischen Inhalt hat, lassen einige Bemerkungen Derridas während einer Diskussion in Glasgow erkennen. Der

157 Ibid., S. 31-32.

158 Ibid., S. 190.

159 G.H. Hartman, *Easy Pieces*, op.cit., S. 193.

160 Was J.M. Werner über Nietzsches Destruktion des Wahrheitsbegriffes schreibt, gilt auch für die Dekonstruktion. "So ist es die Tragik Nietzsches, der das Werden zur Voraussetzung seines Philosophierens macht und den Widerspruch zu einem wesentlichen Prinzip seines Erkennens erhebt, daß er sich weigert, die Wirklichkeit der Vernunft in der Geschichte dialektisch zu begreifen." – Zu Recht spricht Werner von Nietzsches "Verzweiflung an der Wahrheit". (J.M. Werner, *Erkenntnis und Wahrheit. Nietzsches Destruktion der Erkenntnistheorie als Konsequenz des Verlustes verbindlicher Wahrheit*, Frankfurt-Bern-New York, Peter Lang, 1986, S. 29 und S. 28.)

Begründer der Dekonstruktion ist so sehr darauf bedacht, alle wertenden Gegensätze in Frage zu stellen, daß er sich weigert, seine eigene Kritik der Metaphysik als Werturteil zu deklarieren: "Ich habe nie gesagt oder gedacht, daß die Metaphysik der Präsenz ein 'Übel', 'das Übel' sei. Ich neige im Gegenteil zu der Ansicht, daß sie gut ist. Es gibt kein 'Gut' außerhalb der Metaphysik der Präsenz, die das 'Beste' definiert."[161] Diese zweideutige Antwort ist für den Argumentationsstil der Dekonstruktion kennzeichnend; sie setzt sich über die einfache, logisch begründbare Erkenntnis hinweg, daß ein Diskurs, der das "Gute", das "summum bonum" definiert, deshalb noch nicht (mit oder ohne Ironie) als "gut" bezeichnet werden muß... Jonathan Culler hat jedenfalls recht, wenn er im Verlauf der Diskussion auf Derridas Antwort zurückkommt und den Philosophen bittet, sie zu erklären. Die Erklärung fällt spärlich, d.h. metaphysisch aus. Derrida erklärt, daß Notwendigkeit (necessity) ihn daran hindert, dem Verlangen nach dem Guten und dessen Präsenz nachzugeben, denn: "das Gute, das absolut Gute, wäre identisch mit dem Tod"; "the good, the absolute good, would be identical with death."[162]

Wer im Anschluß an die Kritische Theorie erwartet hat, Derrida würde die repressive Struktur metaphysischer Diskurse geltend machen und – wie Julia Kristeva – auf ihre hierarchisierende, paternalistische ("phallogozentrische") Funktion in der Gesellschaft hinweisen, der geht leer aus. Anders als Adorno und Horkheimer, die in der *Dialektik der Aufklärung* die Struktur rationalistischer Diskurse mit der Naturbeherrschung in der Marktgesellschaft verknüpfen, ist es Derrida nicht um die Kritik konkreter Gesellschaftsverhältnisse zu tun: ebensowenig wie Heidegger.

Adorno bleibt jedoch der Vorwurf nicht erspart, daß er durch die parataktische Wende in der *Ästhetischen Theorie* einen Weg einschlug, auf dem er sich – ähnlich wie Derrida und die Anhänger der Dekonstruktion – von den Sozialwissenschaften entfernte. Mit Helmut Dubiel und Jürgen Habermas bin ich daher weitgehend einverstanden, wenn sie das sozialwissenschaftliche Programm der frühen Kritischen Theorie gegen die antitheoretischen (parataktischen und aporetischen) Tenden-

161 J. Derrida, "Some Questions and Responses", in: N. Fabb, D. Attridge, A. Durant, C. MacCabe (Hrsg.), *The Linguistics of Writing. Arguments between Language and Literature*, Manchester, Manchester Univ. Press, 1987, S. 257.

162 Ibid., S. 260. – Zu Derridas Metaphysik siehe auch: G. Douglas Atkins, *Reading Deconstruction. Deconstructive Reading*, Univ. Press of Kentucky, 1983, S. 32-33.

der Sozialwissenschaften zugleich Subjek
bung und Erklärung nur dialogischen Ch
Literaturwissenschaft der 80er Jahre plä
sich zusammen mit Julia Kristeva um
Bachtins sehr verdient gemacht hat, für ei
raire, die sowohl den Dogmatismus der M
die werkimmanente Betrachtung der Forn
bei Todorov – wie schon bei Bachtin und l
same Wahrheitssuche: "Wenn man das
Wahrheitssuche akzeptiert, so praktiziert
Kritik."[3]

Obwohl sie dem Wahrheitsbegriff ske
nicht im Rahmen der hermeneutischen Tr
sich auch Vertreter des Radikalen Konstru
Ernst von Glasersfeld, Siegfried J. Schm
zial- oder Literaturwissenschaft ein, in de
vität als Objektadäquatheit von den Frag
tion, der Vergleichbarkeit von Objektkon
jektiven Testbarkeit von Aussagen abgel
sind konstruiert und konsensabhängig; si
ven Bewußtsein unabhängige Entitäten
spielsweise Siegfried Schmidt in einem n
Intersubjektivität bringen also das hervo
'Fakten' erfahren, nicht die ontologische
ren Wahrnehmungen und Erfahrungen m
Schmidt schlägt vor, die "ontologische C
gische "interaktive Intersubjektivität" zu

Nach dem bisher Gesagten könnte ma
sei der Dialog, der von so verschiedener
Konstruktivisten, Giddens, Habermas u
ein Schlüssel zu allen Problemen der Soz
Leerformel, auf die sich alle unverbind
halte ich die zweite Frage für entscheider

2 Siehe: A. Giddens, *New Rules of Sociological M*
162 und D. Held, J.B. Thompson (Hrsg.), *Social*
Giddens and his Critics, Cambridge, Univ. Pres

3 T. Todorov, *Critique de la critique. Un roman c*
187.

4 S.J. Schmidt, "On the Construction of Fiction a
Nr. 4-5, 1989, S. 321-322.

zen des späten Adorno verteidigen.[163] Im letzten Kapitel will ich deshalb im Anschluß an mein Buch *Ideologie und Theorie* eine kritische Literaturwissenschaft entwerfen, die von der Kritischen Theorie Adornos und Horkheimers ausgeht, ohne deren sozialwissenschaftlichen Status zu verleugnen.

163 Siehe: H. Dubiel, *Wissenschaftsorganisation und politische Erfahrung. Studien zur frühen Kritischen Theorie*, Frankfurt, Suhrkamp, 1978, S. 102-111; J. Habermas, *Der philosophische Diskurs der Moderne*, op.cit., S. 130-157.

IX. Kritische Literat
als Dialog

Als Modewort und Modeerscheinun
als auch der "Dekonstruktion" vergl
tigen sprachlichen Situation auf Di
ästhetischer Gebilde beruft, kann ei
retisches Risiko einzugehen. Denn a
Jahren eingeleiteten Dialog zwisch
vergessen haben und auch keine An
oder Habermas' Universalpragmati
und Kritik ablehnen können, ohne
hen. Im Gegensatz zu Reizwörtern
keit" oder "Mathematisierbarkeit d
und "Kritik" zur Zeit Konsenswört
tie".

Aber schon der Vergleich mit
Konsensbegriffe einerseits zwar ei
volvieren, weil sie kaum zum Wide
besonders risikoreich sind, weil si
Ernst Topitsch und Kurt Salamun[1]
sind sie – in allen denkbaren Zusan

Deshalb halte ich es für wichtig
log", "Kritik" und "Theorie" ("k
möglich zu definieren und der Frag
einer neuen Grundlage der Sozialw
ben nach einer vielbeschworenen,
tät ersetzen kann.

Mit dieser Frage, mit der ich m
Ideologie und Theorie (1989, Te
allein: In der Soziologie versucht
Jürgen Habermas, eine "doppelte
tic") zu entwickeln, die der Tatsac

1 Siehe: E. Topitsch, K. Salamun, *Ideologi*
Müller, 1972 und K. Salamun, *Ideologi*
1988, S. 22-25.

Mir kommt es nicht so sehr auf die Richtigkeit oder Fruchtbarkeit dieser Interpretationen an, sondern auf die beiden Tatsachen, daß literarische Texte einerseits klar definierbare phonetische, semantische, syntaktische und narrative Strukturen aufweisen, daß diese Strukturen andererseits aber vieldeutig sind und im Laufe des Rezeptionsprozesses von konkurrierenden Metasprachen immer von neuem interpretiert werden. Insofern haben Barthes, Eco und Jauß recht, wenn sie auf der "Offenheit" und Interpretierbarkeit des Textes insistieren. Jauß stellt allerdings das Problem auf den Kopf, wenn er in einem Aufsatz über Baudelaire behauptet: "Strukturale Textbeschreibung sollte und kann heute (...) hermeneutisch in einer Analyse des Rezeptionsprozesses fundiert werden."[22] Mein kurzer Kommentar zu Camus zeigt, daß es sich eher umgekehrt verhält und daß sprachliche Analysen zunächst hypothetisch beschreiben müssen, *was* (welche u.U. heterogene Struktur) rezipiert wird und *worauf* sich der Konsens oder Dissens der Rezipienten bezieht. Insofern ist Jean-Claude Coquet recht zu geben, wenn er fordert, daß alle (psychoanalytischen, soziologischen oder anthropologischen) Interpretationen eines literarischen Textes vom "primären oder linguistischen Sinn" ("sens primaire ou linguistique")[23] auszugehen haben. Allerdings ist dieser "primäre Sinn" (als Textstruktur) nicht monologisch im Rahmen einer besonderen theoretischen Metasprache festzulegen, sondern im Laufe eines Dialogs zwischen heterogenen theoretischen Metasprachen, in den auch die Ergebnisse der Textrezeption eingehen. Entscheidend ist jedoch, daß die Identität eines Textes von allgemein erkennbaren Grundstrukturen abhängt. Ohne diese (phonetischen, syntaktischen, semantischen und narrativen) Grundstrukturen wäre der Text von den Diskussionsteilnehmern im Rahmen ihrer verschiedenen Metasprachen nicht *identifizierbar*.

Die Heterogenität und ideologische Bedingtheit dieser Metasprachen (siehe Abschn. 2) wurde bisher in den meisten literaturwissenschaftlichen Diskussionen nicht berücksichtigt. Davon zeugt die lange Debatte über Claude Lévi-Strauss' und Roman Jakobsons Analyse (1962) von Baudelaires Sonett *Les Chats*, die in den 60er und 70er Jahren stattfand. Sie bestätigt bis zu einem gewissen Grad die Erkennt-

und H. Krauß, "Zur Struktur des *Etranger*", in: *Zeitschrift für französische Sprache und Literatur*, LXXX, Heft 3, S. 218.

22 H.R. Jauß, "Der poetische Text im Horizontwandel der Lektüre", in: *Romanistische Zeitschrift für Literaturgeschichte* Heft 2/3, 1980, S. 229.

23 J.-Cl. Coquet, *Sémiotique littéraire. Contribution à l'analyse sémantique du discours*, Tours, Mâme, 1972, S. 27.

nisse einer dialektischen Ästhetik, die ich hier im Zusammenhang mit Kafkas und Camus' Texten skizziert habe: 1. Es ist sinnvoll anzunehmen, daß literarische Texte sprachliche (phonetische, syntaktische, semantische und narrative) Grundstrukturen aufweisen. 2. Es ist jedoch nicht immer einfach, diese Strukturen von metasprachlich (theoretisch) bedingten Interpretationen und Werturteilen zu unterscheiden, die an der (Re-)Konstruktion des Objekttextes maßgeblich beteiligt sind. 3. Nicht alle Vieldeutigkeiten des literarischen Textes können aufgelöst werden: An entscheidenden Stellen bleiben zwei oder mehrere Auslegungen möglich. 4. Eine textimmanente (strukturale, phänomenologische oder andere) Analyse reicht nicht aus, um die Komplexität des Textes zu erfassen: Es scheint notwendig, dem Rezeptionsprozeß Rechnung zu tragen und – würde ich hinzufügen – die Argumente und Ergebnisse der verschiedenen theoretischen Analysen aufeinander zu beziehen.

Les Chats

Les amoureux fervents et les savants austères
Aiment également, dans leur mûre saison,
Les chats puissants et doux, orgueil de la maison,
Qui comme eux sont frileux et comme eux sédentaires.

Amis de la science et de la volupté,
Ils cherchent le silence et l'horreur des ténèbres;
L'Erèbe les eut pris pour ses coursiers funèbres;
S'ils pouvaient au servage incliner leur fierté.

Ils prennent en songeant les nobles attitudes
Des grands sphinx allongés au fond des solitudes,
Qui semblent s'endormir dans un rêve sans fin;

Leurs reins féconds sont pleins d'étincelles magiques,
Et des parcelles d'or, ainsi qu'un sable fin,
Etoilent vaguement leurs prunelles mystiques.

Die Katzen

Die glühenden Liebenden und die strengen Gelehrten
Lieben gleichermaßen in der Zeit ihrer Reife
Die mächtigen und sanften Katzen, Stolz des Hauses,
Die wie sie frösteln und wie sie seßhaft sind.

Freunde des Wissens und der Lust,
Suchen sie das Schweigen und den Schrecken der Finsternis;
Der Erebos hätte sie als seine Totenrosse genommen,
Wenn sie ihren Stolz der Knechtschaft beugen könnten.

Sie nehmen sinnend die edlen Haltungen
Der großen Sphinxe ein, die, ausgestreckt in der Tiefe der Einsamkeiten,
Einzuschlafen scheinen in einem Traum ohne Ende;

Ihre fruchtbaren Lenden sind voll magischer Funken,
Und Goldpartikel, wie feiner Sand,
Besternen flimmernd ihre mystischen Pupillen.

Daß Baudelaires Sonett von allen erkennbare sprachliche Strukturen aufweist, stellt sich an verschiedenen Stellen von Jakobsons und Lévi-Strauss' Analyse heraus, etwa dort, wo die Autoren auf die syntaktische Dreiteilung des Gedichts hinweisen: "Das Sonett enthält drei komplexe, mit einem Punkt abgegrenzte Sätze; und zwar bilden jedes der Quartette und die Gruppen der beiden Terzette je einen Satz."[24] Diese elementare syntaktische Gliederung stieß im Verlauf der Debatte – soweit ich informiert bin – nicht auf Widerspruch und könnte als *Bestandteil* des "sens primaire ou linguistique" (Coquet) aufgefaßt werden.

Freilich könnte man einwenden, daß es sich hier um ein triviales Minimum handelt, das eine literaturwissenschaftliche Interpretation nicht wesentlich voranbringt. Daß diese Einschätzung allzu skeptisch, ja ungerechtfertigt ist, zeigt Lucien Goldmanns Kommentar zu Lévi-Strauss' und Jakobsons Artikel. Ohne Coquets semiotische These (1972) zu kennen, daß alle soziologischen, psychoanalytischen oder anthropologischen Interpretationen von der linguistischen Grundbedeutung auszugehen haben, gründet Goldmann seine Interpretation (1969) von Baudelaires *Les Chats* auf der von den beiden strukturalistischen Autoren aufgezeigten syntaktischen Dreiteilung: "Jakobson und Lévi-Strauss haben vor uns die Dreiteilung des Gedichts aufgedeckt: a) erstes Quartett, b) zweites Quartett, c) zwei Terzette. Sie haben es jedoch getan, indem sie von der Existenz eines Punktes am Ende einer jeden dieser Einheiten ausgingen, während wir dies aufgrund einer Analyse der globalen Bedeutungsstruktur (structure significative glo-

24 R. Jakobson, Cl. Lévi-Strauss, "*Les Chats* von Charles Baudelaire", in: *Alternative* Nr. 62/63, 1968, S. 158.

bale) erreicht haben. Wäre es eine Übertreibung zu sagen, daß Jakobson und Lévi-Strauss zwar die Dreiteilung entdeckt, wir aber deren Daseinsberechtigung und das Warum der drei Punkte erklärt haben?"[25] Wie schon in den Diskussionen zwischen Formalisten und Marxisten (Kap. 2) geht es hier um den Gegensatz zwischen dem "Wie" und dem "Warum": Der Marxist will wie der Psychoanalytiker[26] *erklären*, was der Formalist oder Strukturalist *beschreibt*.

Ich glaube allerdings nicht, daß Goldmann in seinem kurzen Kommentar (rund 6 Seiten) tatsächlich die "Bedeutungsstrukur" (Kap. 2) rekonstruiert und die Dreiteilung erklärt hat. Seine zentrale Behauptung, daß die Katzen als mythische Lebewesen in den Verszeilen 7 und 8 zusammen mit der Unterjochung durch Erebos die Transzendenz ablehnen und in einer "geglückten Synthese von Immanenz und Transzendenz" ("synthèse réussie aux limites de l'immanence et de la transcendance")[27] die Spannung zwischen den beiden metaphysischen Seinsmodi erhalten ("maintien de la tension"), ist nicht wirklich überzeugend, zumal Goldmann seine Argumentation allzu teleologisch seinem marxistisch-humanistischen Anliegen (Ablehnung der Transzendenz durch den Menschen) unterordnet: "Ablehnung der Transzendenz, die mit dem Stolz und der Unbeugsamkeit des Menschen zusammenhängt."[28] Aber "die Katzen" sind eben keine Menschen, und dies hat vielleicht gerade einen Dichter wie Baudelaire fasziniert.

Auf die Probleme der metasprachlich bedingten Interpretationen, die ich weiter oben an zweiter Stelle genannt habe, gehen Roland Posner (1969) und Walter Kindt (1976) ein, wenn sie Lévi-Strauss und Jakobson vorwerfen, daß die von ihnen praktizierte Strukturanalyse zahlreiche versteckte Interpretationen enthält, die weder zwingend noch intersubjektiv nachvollziehbar sind. So bemerkt beispielsweise Kindt, daß die These der beiden Autoren, derzufolge die zentralen Verse 7 und 8

25 L. Goldmann, "*Les Chats* de Charles Baudelaire", in: ders., *Structures mentales et création culturelle*, Paris, Anthropos, 1970, S. 397.

26 Siehe z.B. S. Freud, "Ödipus und Hamlet", in: W. Beutin (Hrsg.), *Literatur und Psychoanalyse*, München, Nymphenburger, 1972, S. 172: Auch Freud geht es darum, etwas zu erklären, was die Philologen nicht zu erklären vermochten: "Das Stück ist auf die Zögerung Hamlets gebaut, die ihm zugeteilte Aufgabe der Rache zu erfüllen; welches die Gründe oder Motive dieser Zögerung sind, gesteht der Text nicht ein; die vielfältigsten Deutungsversuche haben es nicht anzugeben vermocht." – Bekanntlich *erklärt* Freud Hamlets Zögern im Zusammenhang mit dem ödipalen, inzestuösen Verlangen nach der Mutter.

27 L. Goldmann, "*Les Chats* de Charles Baudelaire", op.cit., S. 396.

28 Ibid.

vorwirft, daß sie diese Ironie nicht sehen, dann gestehe ich gern, daß ich genauso "verblendet" ("aveuglé") bin wie die Strukturalisten: Auch ich sehe keine Ironie...[35]

Das Problem ist nicht monologisch mit Hilfe eines "archilecteur" zu lösen, der die "normale Lektüre" (in den meisten Ideologien ist "normal" ein beliebtes Adjektiv) literaturwissenschaftlich erweitert, sondern durch einen theoretischen Dialog, der der Tatsache Rechnung trägt, daß in den Sozialwissenschaften alle theoretischen Diskurse aus Gruppensprachen (Soziolekten) hervorgehen und kollektive Interessen artikulieren. In Übereinstimmung mit den Soziolekten (re-)konstruieren sie ihre Objekte (z.B. literarische Texte wie Baudelaires *Les Chats*). Daß diese kollektive ("soziolektale") Problematik auch in der Diskussion über *Die Katzen* eine – nie thematisierte – Rolle spielte, deutet Roland Posner in seinem Kommentar an: "Denn nur wenn man eine relativ homogene Auswahl von Texten zugrunde legt und eine relativ homogene Gruppe literarischer Experten dazu Stellung nehmen läßt, werden die Urteile genügend konvergieren, daß man aus den vorkommenden Äquivalenzen eine Poetizitätsskala herstellen kann, die die Interpretationsgewohnheiten der gesamten Gruppe repräsentiert."[36]

Das Problem scheint mir darin zu bestehen, daß die Homogenität gesellschaftlicher Gruppen (auch der "Expertengruppen") nicht nur fachsprachlichen, sondern auch ideologischen Charakter hat. Angesichts dieser Erkenntnis halte ich den intersubjektiven Dialog (die kritische Überprüfung von Hypothesen) innerhalb einer homogenen Gruppe von Literaturwissenschaftlern für recht unergiebig: Das Gespräch bestätigt – zumindest tendenziell – die fachlichen und ideologischen Wert- und Vorurteile der Beteiligten. Wesentlich fruchtbarer scheint mir ein interkollektives oder *interdiskursives* Gespräch zwischen Soziolekten zu sein, das fachliche und ideologische Vorurteile grundsätzlich in Frage stellt und in dem die Beteiligten einen Konsens im ideologischen Dissens anvisieren. Grundsätzlich in Frage gestellt wird hier der individualistische Gedanke, demzufolge sich Literaturwissenschaftler als atomisierte Individuen intersubjektiv verständigen

35 Ibid., S. 337.

36 R. Posner, "Strukturalismus in der Gedichtinterpretation. Textdeskription und Rezeptionsanalyse am Beispiel von Baudelaires 'Les Chats'", in: H. Blumensath (Hrsg.), *Strukturalismus in der Literaturwissenschaft*, Frankfurt, Athenäum, 1972, S. 255.

können, wie Vertreter des Kritischen Rationalismus meinen.[37] Die Literaturwissenschaft ist – wie die Soziologie oder die Psychologie – ein ideologisch heterogener Bereich, dem nicht der Begriff der Intersubjektivität (der höchstens auf Beziehungen innerhalb einer homogenen Gruppe anwendbar ist), sondern der Begriff der *Interdiskursivität* adäquat ist: Denn er thematisiert die Beziehungen zwischen Gruppen und *Soziolekten*.

2. Kritische Literaturwissenschaft: Ideologiekritik

Wo von der Literaturwissenschaft als einem "ideologisch heterogenen Bereich" die Rede ist, stellt sich gleichsam von selbst die Frage nach dem Ideologiebegriff sowie die komplementäre Frage nach dem Verhältnis von Ideologie und Theorie oder Ideologie und Wissenschaft. Diese beiden Fragen sind deshalb wichtig, weil der Ideologiebegriff bisher nicht im sprachwissenschaftlichen oder semiotischen Kontext umfassend definiert wurde und weil auch die Beziehungen zwischen Ideologie und Theorie ungeklärt geblieben sind.

Wer gründlich mit der Ideologie- und Wissenschaftsproblematik vertraut ist, wird vielleicht dazu neigen, meine einleitenden Bemerkungen für naiv zu halten: Haben sich in der Vergangenheit nicht Karl Marx, Georg Lukács, Louis Althusser, Vilfredo Pareto, Karl Mannheim und die kritischen Rationalisten (Popper, Albert, Topitsch) auf Tausenden von Seiten – vielleicht vergeblich – mit dieser Problematik befaßt? Haben nicht jüngere Autoren wie Umberto Eco, Michel Pêcheux und die Schüler M.A.K. Hallidays (G. Kress und R. Hodge)[38] in den vergangenen Jahren versucht, die Ideologie als sprachliche Struktur zu definieren?

Es wäre sicherlich leichtsinnig und unproduktiv, sich über alle diese ideologiekritischen Entwürfe hinwegsetzen zu wollen und bei Null anzufangen. Dies ist der Grund, weshalb ich mich im ersten Teil von *Ideologie und Theorie* (1989) ausführlich mit den meisten der hier genannten Ansätze befasse und anschließend versuche, sie für das eigene ideologiekritische Projekt fruchtbar zu machen. Da es im fol-

37 Siehe: K. Eibl, *Kritisch-rationale Literaturwissenschaft*, München, Fink, 1976, S. 74.

38 Siehe u.a.: M. Pêcheux, *Les Vérités de La Palice*, Paris, Maspero, 1975 und G. Kress, R. Hodge, *Language as Ideology*, London, RKP, 1979.

genden nicht möglich ist, dieses Projekt ausführlich zu beschreiben, will ich nur einige wesentliche Argumente herausgreifen, die mir für die Fundierung einer kritischen Literaturwissenschaft wesentlich zu sein scheinen.

Das erste Argument betrifft die sprachliche (semantische und narrative) Struktur der Ideologie. Als ich in den 70er Jahren Umberto Ecos "Semiotik der Ideologien" ("Semiotica delle ideologie", 1971) für den Sammelband *Textsemiotik als Ideologiekritik* (1977)[39] übersetzte, kam mir der Gedanke, daß in Ecos "kybernetischer" Darstellung eine Definition der Ideologie als semantisch-narrativer, diskursiver Struktur fehlt. Auch in Michel Pêcheux' Arbeiten stieß ich nicht auf eine solche Definition, da sich Pêcheux, der von einer Kritik an Freges Logik ausgeht, hauptsächlich auf Michel Foucaults Diskursbegriff stützt, der nicht einmal skizzenhaft auf semantischer und narrativer Ebene beschrieben wird.[40] In neueren Arbeiten wie *Language as Ideology* von Kress und Hodge (1979) oder *Langage et idéologie* von Olivier Reboul (1980) wird die Ideologie zwar ansatzweise als sprachliches (bei Reboul rhetorisches) Konstrukt beschrieben; die seit Marx und Mannheim entwickelte Problematik wird jedoch ausgeblendet, und die soziologischen Erkenntnisse gehen in diese Untersuchungen nicht ein.[41]

Deshalb habe ich mich bemüht, die arbeitsteilig bedingte Isolierung von Soziologie und Semiotik zu überwinden und eine soziosemiotische oder textsoziologische Ideologiekritik zu entwerfen. Aus ihr ging eine Definition der Ideologie als *sekundäres modellierendes System* im Sinne von Lotman (siehe Kap. 7) hervor, das als Gruppensprache oder *Soziolekt* aufzufassen ist. Der Soziolekt ist ein theoretisches Konstrukt, das empirisch nur als unbestimmte Anzahl von verwandten Diskursen erfahrbar ist, denen ein *lexikalisches Repertoire* und ein *semantischer Code* (als System von semantischen Isotopien im Sinne von Greimas) gemeinsam sind. Aus diesen Vorüberlegungen ergibt sich die folgende *allgemeine* Definition der Ideologie, die – soziologisch betrachtet – mit Karl Mannheims "allgemeinem" oder "totalem" Ideologiebegriff verwandt und auch auf die Theorie anwendbar ist: "*Die Ideologie als*

39 Siehe: U. Eco, "Semiotik der Ideologien", in: P.V. Zima (Hrsg.), *Textsemiotik als Ideologiekritik*, Frankfurt, Suhrkamp, 1977.

40 Siehe meine Kritik an Pêcheux in *Ideologie und Theorie*, Tübingen, Francke, 1989, Kap. V,4.

41 Siehe: O. Reboul, *Langage et idéologie*, Paris, PUF, 1980, S. 15-35.

Diskurs, d.h. als transphrastische und narrative Struktur, ist – im Unterschied zur natürlichen Sprache – ein sekundäres modellierendes System, dem das lexikalische Repertoire, die semantischen Gegensätze und die kodifizierten Klassifikationen sowie die Aktantenmodelle und die narrativen Abläufe eines Soziolekts zugrundeliegen."[42]

Diese Definition der Ideologie ist als "wissenssoziologisch" im Sinne von Karl Mannheim[43] zu bezeichnen, weil sie auf der Überlegung gründet, daß *alle* theoretischen Diskurse der Sozialwissenschaften als ideologisch im allgemeinen Sinne aufgefaßt werden können: Sie gehen aus besonderen Soziolekten hervor und drücken Gruppenpositionen und kollektive Interessen aus. So kann beispielsweise im Bereich der Literaturwissenschaft ein Text wie Karl Eibls *Kritisch-rationale Literaturwissenschaft* (1976) eindeutig dem Soziolekt des Kritischen Rationalismus (K.R. Poppers, H. Alberts) zugeordnet werden; andere Arbeiten wiederum gehen aus dem Soziolekt der Kritischen Theorie oder eines bestimmten Marxismus hervor.[44] Ihre Zuordnung zu einem Soziolekt sagt noch nichts über ihren Wert aus: Sie sind ideologisch im allgemeinen Sinne und teilen dieses Schicksal mit allen anderen Texten der Sozialwissenschaften.

Das Problem des allgemeinen Ideologiebegriffs besteht nun – wie das des "totalen Ideologiebegriffs" bei Mannheim – darin, daß er einem Panideologismus Vorschub leistet, der jedem Versuch, kritische von unkritischen, theoretische von ideologischen Diskursen zu unterscheiden, einen Riegel vorschiebt. Mannheim kennt zwar auch einen "partikularen Ideologiebegriff", engt diesen jedoch auf den psychischen Bereich ein und wendet ihn auf die psychisch motivierten Reaktionen des Individuums auf Probleme der Alltagspraxis an. Seine Unterscheidung zwischen rückschrittlicher Ideologie und zukunftsweisender Utopie ist fragwürdig und verdeckt die Tatsache, daß auch Utopien Ideologien sind. Unbeantwortet bleibt schließlich die Frage, von welchem Standpunkt aus "Ideologien" von "Utopien" unterschieden werden können.[45] Dies hat u.a. zur Folge, daß seiner Wissenssoziologie ein *restriktiver* oder *kritischer Ideologiebegriff* fehlt, der es gestatten wür-

42 Vf., *Ideologie und Theorie*, op.cit., S. 256.

43 Siehe: K. Mannheim, *Ideologie und Utopie*, Frankfurt, Schulte-Bulmke, 1965 (6. Aufl.), S. 53-55.

44 Siehe z.B. N. Mecklenburg, *Kritisches Interpretieren*, München, Nymphenburger, 1972.

45 Siehe meine Kritik an Mannheims Ideologie- und Utopiebegriff in *Ideologie und Theorie*, op.cit., S. 99-107.

de, richtige von falschen, theoretische von ideologischen Diskursen zu unterscheiden.

Freilich hat Mannheim mit seiner Theorie der "freischwebenden Intellektuellen", denen er die Fähigkeit zuspricht, aufgrund ihrer Ungebundenheit alle partikularen Standpunkte (Weltanschauungen, Aspektstrukturen) zu überwinden und eine Universalsynthese herbeizuführen, versucht, den Archimedischen Punkt der Erkenntnis zu bezeichnen.[46] Die Kritik an der Wissenssoziologie hat jedoch gezeigt, daß es diesen Archimedischen Punkt nicht gibt, weil die Gruppe der Intellektuellen alles andere als "freischwebend" oder homogen ist: Sie bleibt von ideologischen Konflikten ebensowenig verschont wie die Gruppe der Politiker oder Arbeiter. Hätte Mannheim die Ideologie als sprachliche Struktur erforscht, hätte er womöglich erkannt, daß die Sprache der Intellektuellen kein homogener Soziolekt ist, sondern eine Vielzahl antagonistischer und rivalisierender Soziolekte.[47]

Dem Marxismus, von dem sich Mannheim in seiner Theorie der "freischwebenden Intelligenz" zu entfernen sucht, fehlt ein restriktiver oder kritischer Ideologiebegriff nicht: Autoren wie Marx, Engels, Lukács und Goldmann strebten in sehr verschiedenen gesellschaftlichen und sprachlichen Situationen danach, das verdinglichte, ideologische Bewußtsein des Bürgertums vom Standort des richtigen proletarischen Bewußtseins aus zu kritisieren. Ihnen erschien dieser Standpunkt als der Archimedische Punkt, vom dem aus es gelingen könnte, nicht nur die Wissenschaft, sondern auch die Gesellschaftsordnung des Bürgertums aus den Angeln zu heben. Im Gegensatz zu Lukács, der in *Geschichte und Klassenbewußtsein* (1923) noch fest an die noetische Überlegenheit des proletarischen Bewußtseins glaubt, müssen Marxisten wie Lucien Goldmann, André Gorz und Serge Mallet in den 60er Jahren erkennen, daß der Archimedische Punkt der Revolution verlorenging, weil das Proletariat in die spätkapitalistische Gesellschaftsordnung integriert wurde und weil die moderne Arbeiterschaft ideologisch ebenso heterogen ist wie die Intellektuellen.[48]

Im Gegenzug zum Marxismus meinten kritische Rationalisten wie Karl R. Popper und vor allem Hans Albert, das Ideologieproblem mit

---

46 Siehe: K. Mannheim, *Ideologie und Utopie*, op.cit., S. 221-222.

47 Siehe: V. Meja, N. Stehr (Hrsg.), *Der Streit um die Wissenssoziologie* (2 Bde.), Frankfurt, Suhrkamp, 1982.

48 Siehe z.B.: A. Gorz, *Abschied vom Proletariat. Jenseits des Sozialismus*, Köln-Wien, Europäische Verlagsanstalt, 1980.

dem aus Max Webers (1864-1920) Soziologie stammenden Kriterium der *Wertfreiheit* lösen zu können: Der Sozialwissenschaftler darf werten, solange es um die Wahl seines Objekts oder Objektbereichs geht; er soll jedoch in der eigentlichen Beschreibung seines Gegenstandes auf Wertung verzichten. Auf der Ebene der *Objektsprache* soll er – wie Albert sagt – wertfrei argumentieren können.[49] Es ist wohl kein Zufall, daß auch Mannheim, der Theoretiker der "freischwebenden Intellektuellen", vom Wertfreiheitspostulat so angetan war: Denn die kritischen Rationalisten vertrauen – trotz ihrer Kritik an Mannheim – darauf, daß die Wissenschaftler im entscheidenden Augenblick, nämlich bei der Objektbeschreibung, auf Werturteile und Ideologien verzichten und zu reinen Geistern werden.[50] Der Standpunkt der "Wertungsfreiheit" erscheint somit als der Archimedische Punkt einer idealisierten Wissenschaftlergemeinschaft, deren abstrakter Charakter u.a. mit dem Verzicht der kritischen Rationalisten auf eine konkrete Analyse der sprachlichen, der *sozio-linguistischen* Situation zusammenhängt, in der Soziolekte und Diskurse in ein dialogisch-polemisches Verhältnis (im Sinne von Bachtin: Kap. 3) geraten.

Eine solche Analyse hätte nämlich den tendenziell polemischen und herrschsüchtigen Charakter aller Diskurse – auch der theoretischen – erkennen lassen: Auch der Theoretiker läßt sich häufig von taktischen Überlegungen leiten und argumentiert, nicht um die gemeinsame Erkenntnis zu fördern, sondern um den Gesprächspartner zu überzeugen, zu überlisten, zu diskreditieren oder global zu überrunden. Darin gleicht er dem nach Macht und Einfluß strebenden Politiker, von dem er sich aus institutionellen, erkenntnistheoretischen und ethischen Gründen unterscheiden sollte.

Da mir aus gesellschaftlichen Gründen sehr viel an dieser Unterscheidung liegt, schlage ich komplementär zum allgemeinen einen *restriktiven* oder *kritischen Ideologiebegriff* vor: "*Die Ideologie ist ein diskursives, mit einem bestimmten Soziolekt identifizierbares Partialsystem, das von der semantischen Dichotomie und den ihr entsprechenden narrativen Verfahren (Held/Widersacher) beherrscht wird und dessen Aussagesubjekt entweder nicht bereit oder nicht in der Lage ist,*

49 Siehe: H. Albert, *Traktat über kritische Vernunft*, Tübingen, J.C.B. Mohr, 1980 (4. Aufl.), S. 64: "Der Aussagenbereich, auf den sich das Max Webersche Postulat in erster Linie bezieht, ist der der sozialwissenschaftlichen Objekt-Sprache."

50 Siehe: K.R. Popper, "Normal Science and its Dangers", in: I. Lakatos, A. Musgrave (Hrsg.), *Criticism and the Growth of Knowledge*, Cambridge, Univ. Press, 1970, S. 56-57.

ver Ebene vorprogrammiert, da es in nahezu allen Fällen das Antisubjekt und dessen Auftraggeber als "sujets d'énoncé" mit mangelhaften "virtualisierenden" (müssen, wollen), "aktualisierenden" (können, wissen) und "realisierenden" (tun, sein) Modalitäten im Sinne von Greimas ausstattet: Dem Antisubjekt gelingt es nicht, sein Ziel zu erreichen und sich des Objektaktanten (z.B. der Wahrheit) zu bemächtigen, weil es nichts *weiß*, nichts *kann* oder im Extremfall nicht weiß, was es *will*. Der vom Aussagesubjekt konstruierte ideologische Dualismus wird häufig dadurch verstärkt, daß das Antisubjekt und sein Handlungsbereich im Diskurs systematisch mit sozial und kulturell bedingten *negativen Konnotationen* (U. Eco) versehen werden.

Zu den Texten der Literaturwissenschaft, die unverblümt dem Dualismus das Wort reden, gehört Georg Lukács' Aufsatz "Franz Kafka oder Thomas Mann?" (1957). Der Dualismus ist bereits in dieser rhetorischen Frage angelegt, die den gesamten diskursiven Ablauf teleologisch vorausbestimmt. In ihrer Umformulierung am Ende des Textes treten Teleologie, Dualismus und negative Konnotationen klar zutage: "Gerade darum kann der bürgerliche Schriftsteller sein eigenes Dilemma: Franz Kafka oder Thomas Mann? artistisch interessante Dekadenz oder lebenswahrer kritischer Realismus? heute leichter positiv beantworten, als es ihm noch gestern möglich war."[55] Der "kritische Realismus" Thomas Manns hat also gewonnen und mit ihm der Auftraggeber dieses Subjekts: der (humanistische) *Sozialismus* als gesellschaftlich-historisches Prinzip.

Wie sehr der aktantielle Dualismus Lukács' gesamten Diskurs durchzieht, zeigt der folgende Satz, auf den ich ausführlicher eingehen möchte: "Unser Urphänomen ist also die Konvergenz der beiden Kontrastpaare: Realismus und Antirealismus (Avantgardeismus, Dekadenz) einerseits und Kampf um Frieden oder Krieg andererseits."[56] Dieser Satz, den sich jemand hätte ausdenken können, um die Methode der strukturalen Semiotik zu illustrieren, kann auf mindestens drei Ebenen gelesen werden: auf der semantischen, der aktantiell-narrativen und der pragmatisch-konnotativen.

Auf semantischer Ebene ist die Übereinstimmung zweier Gegensätze feststellbar: Dem Gegensatz *Realismus/Antirealismus* entspricht

55 G. Lukács, "Franz Kafka oder Thomas Mann?", in: ders., *Die Gegenwartsbedeutung des kritischen Realismus, Werke Bd. 4, Probleme des Realismus I*, Neuwied-Berlin, Luchterhand, 1971, S. 550.

56 Ibid., S. 465 (Einleitung zum Gesamttext).

der Gegensatz *Frieden/Krieg*; beide Gegensätze sind im Gesamttext auf den kontrastierenden Isotopien *Humanismus* und *Kapitalismus* zu lesen und als rekurrierende Sememe mit entsprechenden Aktanten zu identifizieren. Auf narrativer Ebene erscheinen somit *Realismus* und *Antirealismus* als *Aktanten* (als Subjekt und Antisubjekt), denen in Lukács' Diskurs Thomas Mann und Franz Kafka als Akteure (Kap. 7) zugeordnet werden. Während der Aktant *Realismus* für das narrative Programm des Auftraggebers Sozialismus (Gesamttext) verantwortlich ist, nämlich für den *Frieden*, wird der *Antirealismus* mit dem narrativen Programm des Gegenauftraggebers *Kapitalismus*, nämlich dem Krieg, assoziiert. Auf pragmatisch-konnotativer Ebene soll das Antisubjekt durch die Endung "Ismus" (Avantgarde*ismus* statt Avantgarde) und das Semem "Dekadenz" disqualifiziert werden; zugleich wird auf der Ebene der Modalitäten suggeriert, daß der *Antirealismus* aufgrund seiner "Dekadenz" (mangelndes Wissen und Können) zum Scheitern verurteilt ist. Auch hier kommt also die ideologische Teleologie zum Ausdruck.

Man könnte nun – vor allem angesichts des Niedergangs des offiziellen Marxismus – geneigt sein, Lukács' Text als "unwissenschaftlich" zu verabschieden und zur literaturwissenschaftlichen, z. B. rezeptionsästhetischen oder semiotischen Tagesordnung übergehen. Um diese Art von Sorglosigkeit zu stören, habe ich in der Vergangenheit zu zeigen versucht, daß Jauß' rezeptionsästhetischer Diskurs vom Gegensatz *Produktion/Rezeption* ausgeht und mit Verfahren arbeitet, die denen des hier zitierten Lukács-Textes gar nicht unähnlich sind.

Wenn er beispielsweise in *Literaturgeschichte als Provokation* fordert, man müsse "*die traditionelle Produktions- und Darstellungsästhetik in einer Rezeptions- und Wirkungsästhetik (...) fundieren*"[57], so begründet Jauß einen Diskurs, in dem der Sieg der Aktanten, die für das narrative Programm "Rezeption" verantwortlich sind, vorprogrammiert ist. Er steht auch deshalb fest, weil Jauß z.B. in seinem Aufsatz "Paradigmawechsel in der Literaturwissenschaft" (1969), wo er eine "historisch-rezeptionsbezogene Analyse"[58] entwirft, die literaturgeschichtliche Entwicklung teleologisch zurechtstutzt, so daß sie am Ende seiner Darstellung gleichsam von selbst in das von ihm geforderte rezeptions- und wirkungsästhetische "Paradigma" ausmündet.

57 H.R. Jauß, *Literaturgeschichte als Provokation*, Frankfurt, Suhrkamp, 1970, S. 171.
58 H.R. Jauß, "Paradigmawechsel in der Literaturwissenschaft", in: *Linguistische Berichte* Nr. 3, 1969, S. 56.

Das zweite – bereits erwähnte – diskursive Verfahren der Ideologie ist der *Naturalismus* als Identitätsdenken im Sinne der Kritischen Theorie (die Bezeichnung "Naturalismus", die von Louis Althusser stammt, hat hier also *nichts* mit dem literaturgeschichtlichen oder ästhetischen Naturalismus zu tun). Der Naturalismus kommt dadurch zustande, daß das Aussagesubjekt seinen Diskurs implizit oder explizit für *natürlich* oder *selbstverständlich* erklärt.

Auf eine relativ einfache Form des Naturalismus ging ich bereits im 7. Kapitel ein, als ich Max Bense vorwarf, daß er seine theoretische und methodologische Entscheidung für die Semiotik von Charles Sanders Peirce als selbstverständlich voraussetzt: "Als Semiotik benutzen wir natürlich die theoretisch-pragmatische Semiotik vom peirceschen Typ mit allen ihren der Basistheorie zugeordneten heutigen Erweiterungen."[59] Was ist an diesem Satz ideologisch in restriktivem Sinn? Zunächst die Tatsache, daß das Aussagesubjekt die Entscheidung für eine bestimmte Semiotik für "natürlich" hält: Der Leserschaft wird nicht klargemacht, daß die Semiotik von Peirce nur eine mögliche fachsprachliche Option ist und daß es andere Optionen gibt (etwa die Semiotik Lotmans). Verschwiegen wird ferner, daß Peirces philosophischer Pragmatismus als fachsprachlicher Soziolekt aus dem ideologischen Soziolekt (Ideologie im allgemeinen Sinn) des liberalen Individualismus hervorging und daß dieser Soziolekt besondere soziale Interessen artikuliert. Kurzum: Das Aussagesubjekt *identifiziert* seinen nur möglichen, kontingenten Diskurs mit dem semiotischen Diskurs schlechthin, indem es diesen als den einzig möglichen, natürlichen und notwendigen darstellt.

Subtilere Formen des Naturalismus kommen dadurch zustande, daß das Aussagesubjekt nicht eine ganze Theorie, sondern bestimmte Unterscheidungen oder Gegensätze als natürlich hinnimmt und sich auf sie beruft. So setzt beispielsweise Siegfried J. Schmidt in seinem Buch *Literaturwissenschaft als argumentierende Wissenschaft* (1975) den Gegensatz zwischen Textanalyse und Textinterpretation als selbstverständlich voraus: "In vielen Fällen ist das Verhältnis zwischen Analyse und Interpretation von Texten unreflektiert und undeutlich (...)."[60] Könnte nicht (z.B. mit den radikalen Konstruktivisten, auf die sich

---

59 M. Bense, "Die semiotische Konzeption der Ästhetik", in: *Zeitschrift für Linguistik und Literaturwissenschaft,* Heft 27/28, 1977, S. 190.

60 S.J. Schmidt, *Literaturwissenschaft als argumentierende Wissenschaft*, München, Fink, 1975, S. 3.

Schmidt neuerdings beruft) behauptet werden, daß jede Analyse als Objektkonstruktion eine subjektive Deformation – also Interpretation – involviert? Ist eine Unterscheidung zwischen Analyse und Interpretation möglich? Diese Probleme, die schon im Zusammenhang mit der Debatte über Baudelaires *Les Chats* und Greimas' Maupassant-Interpretation (Analyse?) angeschnitten wurden, werden von Schmidt nicht thematisiert; er setzt den Gegensatz von Analyse und Interpretation als natürlich voraus.

Von diskursivem Naturalismus kann schließlich immer dann die Rede sein, wenn das Aussagesubjekt sich – als *sujet d'énonciation* – implizit mit einer nicht näher definierten Autorität identifiziert, die zu einem *mythischen Aktanten* wird: "Es ist wissenschaftlich erwiesen, daß ..." "Die Wissenschaft zeigt, daß ..." "Es ist allgemein bekannt, wir wissen, daß ...". In allen diesen Fällen identifiziert sich das Aussagesubjekt implizit mit einer mythischen Instanz ("wir", "es", "die Wissenschaft"), auf die sich auch der Prediger beruft, wenn er sagt: "Gott erwartet von euch, daß ..." Dieser ideologische Trick sollte nicht über die diskursive Tatsache hinwegtäuschen, daß weder Gott noch die Wissenschaft spricht, sondern ein kontingentes Subjekt, das in seiner Unwissenheit und Ohnmacht versucht, mythische Autorität zu usurpieren, um die Anwesenden von der Allgemeingültigkeit, Notwendigkeit und Natürlichkeit seines Diskurses zu überzeugen.

Die hier vorgebrachte Kritik am ideologischen Dualismus und Naturalismus geht gleichsam von selbst in eine Kritik des ideologischen *Monologs* über. Denn es leuchtet ein, daß Diskurse, die eine dualistische Struktur aufweisen und sich für natürlich, selbstverständlich halten, auch monologisch aufgebaut sind. Indem ihre Aussagesubjekte sich durch Naturalisierungsverfahren wie "es wurde objektiv nachgewiesen, daß ...", "es ist allgemein bekannt, daß ..." über die Möglichkeit alternativer, konkurrierender Diskurse hinwegsetzen, unterschlagen sie ihre eigene *sozio-linguistische Kontingenz* und *identifizieren* sich mit den von ihnen thematisierten *Referenten* (mit der "Wirklichkeit"). Dadurch verbieten sie anderen Diskursen, alternative Aussagen über diese Referenten zu machen, und schließen sie monologisch aus.

Die Unterschlagung der eigenen diskursiven Kontingenz (d.h. der Tatsache, daß man selbst nur eine mögliche, keineswegs aber eine allgemeingültige Sprache spricht) geht zumeist Hand in Hand mit der Unterschlagung des *genetischen Zusammenhangs*: der Produktionsbedingungen des eigenen Diskurses in einer bestimmten sozio-linguisti-

sein, daß der Theoretiker aus strukturellen Gründen und auf struktureller Ebene über eine Alternative zum ideologischen Dualismus nachdenken muß, wenn er vermeiden will, daß sich manichäische Strukturen in seinem eigenen Diskurs – wie in den Diskursen Lukács' oder Jauß' – durchsetzen.

Auf struktureller Ebene *könnte* aber Dialektik eine Antwort auf die ideologische Dichotomie sein. Denn geht man von der dialektischen Einheit der Gegensätze und der Ambivalenz aller Erscheinungen aus, dann wird man sich hüten, Realismus und Antirealismus, Produktion und Rezeption, Sozialismus und Faschismus sauber voneinander zu trennen. Eher wird man bestrebt sein, die phantastischen, surrealen Züge des Realismus (etwa in Balzacs *La Fille aux yeux d'or* oder in Thomas Manns *Doktor Faustus*) zu erkennen, die Produktion des Autors als Lesevorgang und die Leserreaktion als neue Textproduktion zu beschreiben[66] und die faschistoiden Züge sozialistischer Diktaturen aufzuzeigen. Ein solches Vorgehen hat wenig mit "Dekonstruktion" zu tun; es stammt aus Hegels Dialektik und soll dem ideologischen Trennungsdenken entgegenwirken, das sich in einigen kritisch-rationalistischen Ansätzen als Dichotomisierung des Subjekt-Objekt-Verhältnisses niederschlug. So beschwert sich beispielsweise Walter Kindt in seinem weiter oben zitierten Diskussionsbeitrag, "daß Gedicht- und Analysesprache bei Jakobson und Lévi-Strauss nicht genau voneinander getrennt sind".[67] Eine solche Trennung ist ebenso illusorisch wie die von Objektsprache und Metasprache, für die Hans Albert im Zusammenhang mit Max Webers Wertfreiheitspostulat plädiert.[68] Der Kritische Rationalismus vermag jedoch nicht – ebensowenig wie andere rationalistische Soziolekte – die ideologische Dichotomie radikal zu kritisieren, weil er die Dialektik ablehnt und den Dualismus in seinen eigenen Diskursen ständig reproduziert.

Im Gegensatz zu ihm geht die Kritische Theorie zwar von der Einheit der Gegensätze aus, distanziert sich aber von Hegel, indem sie bei der Ambivalenz verharrt und eine Aufhebung im Positiven ebenso ablehnt wie die von ihr ermöglichte Systemkonstruktion. (Siehe Kap. 1.) Sie solidarisiert sich mit den Diskursen der Junghegelianer

---

66 Siehe: Vf., "'Rezeption' und 'Produktion' als ideologische Begriffe", in: ders., *Kritik der Literatursoziologie*, Frankfurt, Suhrkamp, 1978.

67 W. Kindt, "Analyse des Aufsatzes '*Les Chats* de Charles Baudelaire' von Roman Jakobson und Claude Lévi-Strauss", op.cit., S. 110.

68 Siehe: H. Albert, *Aufklärung und Steuerung*, Hamburg, Hoffmann und Campe, 1976, S. 175.

(Vischer, Stirner, Nietzsche), die eine offene, negative Dialektik antizipieren. Wie Adorno, der zeigt, daß in Stefan Georges Lyrik Ideologie und Ideologiekritik zusammenwirken, ohne eine Synthese oder kohärente Totalität im Sinne von Hegel zu bilden, faßt sie den literarischen Text als ambivalente und widersprüchliche Einheit auf, die offen und interpretierbar (re-konstruierbar) bleibt.

In dieser Hinsicht stimmt sie mit zahlreichen kritischen Texten der modernen Literatur überein, die ebenfalls die Ambivalenz als kritische Kategorie gegen den ideologischen Dualismus ausspielen. Ich denke an die Romane Italo Svevos, Robert Musils und Hermann Brochs, in denen die Ambivalenz (als Einheit der Gegensätze und Doppelwertigkeit) zu einem kritischen Instrument wird, mit dessen Hilfe ideologische Denkmuster zerlegt werden. Im zweiten Roman von Brochs Trilogie *Die Schlafwandler* (1931/32) tritt der Anarchist Esch als Ideologe auf: "Auch tat es ihm wohl, daß hier ein Mensch war, der eindeutig und bestimmt sich darstellte, ein Mensch, der wußte, wo sein Rechts und sein Links, sein Gut und sein Böse zu finden ist."[69] Dieses manichäische Weltbild des Ideologen wird jedoch radikal in Frage gestellt, sobald er mit dem ambivalenten und ironischen Diskurs eines Eduard von Bertrand konfrontiert wird. Dieser Diskurs ist so bestechend, "daß das Wagnis, seine ironische Miene nachzuahmen, fast zur Verpflichtung, fast zum Einverständnis werden wollte (...)".[70] In einem vergleichbaren Kontext stoßen Ideologie und Ironie in Musils Roman *Der Mann ohne Eigenschaften* zusammen. Dabei wird deutlich, daß der ironische Diskurs, der den ideologischen aus den Angeln hebt, von der dialektischen Ambivalenz als Einheit der Gegensätze gespeist wird: "Ironie ist: einen Klerikalen so darstellen, daß neben ihm auch ein Bolschewik getroffen ist. Einen Trottel so darstellen, daß der Autor plötzlich fühlt: das bin ich ja zum Teil selbst."[71]

Dieser Exkurs in die Romanliteratur soll zweierlei verdeutlichen: Im Gegensatz zu allen Rationalismen, die bestrebt sind, das theoretische Subjekt von seinen Objekten zu trennen, orientiert sich kritische Literaturwissenschaft an der diskurskritischen Praxis der Literatur. Im Gegensatz zur Dekonstruktion (etwa der G.H. Hartmans: Kap. 8) lehnt sie es strikt ab, den eigenen Diskurs mit dem literarischen verschmelzen zu lassen. Die dialektische Beziehung zwischen Subjekt und Objekt faßt

69 H. Broch, *Die Schlafwandler*, Frankfurt, Suhrkamp, 1978, S. 280-281.
70 Ibid., S. 338-339.
71 R. Musil, *Der Mann ohne Eigenschaften*, Reinbek, Rowohlt, 1952, S. 1603.

sie als eine Gelegenheit auf, bestimmte diskursive Verfahren der Literatur wie Ambivalenz, Ironie, Reflexion und Dialogizität in den theoretischen Text zu *übersetzen*. Es kann also durchaus von einer intertextuellen Symbiose zwischen Literatur und Theorie die Rede sein; diese führt jedoch *nicht* dazu, daß der theoretische Diskurs sich dem literarischen angleicht und auf seine sozialwissenschaftliche Ausrichtung verzichtet.

Aus dem Musil-Zitat ist bereits ein zweites, zugleich ideologiekritisches und theoretisches Verfahren herauszulesen: die *Selbstreflexion des Aussagesubjekts*. Auch sie wird von den Romanen der Jahrhundertwende und vom französischen Nouveau Roman als Instrument der Kritik gegen die Ideologie gewendet. Nicht nur Romanautoren wie Musil, Broch und Svevo nehmen das Nachdenken über die Romanform in den Roman auf; auch die *nouveaux romanciers* Jean Ricardou und Michel Butor setzen sich für eine reflexive Schreibweise ein, die – wie Ricardou sagt – die Verfahren der literarischen Produktion thematisiert.[72] Und Butor schreibt in seinem Essay "Le Roman comme recherche" (1955): "Der Roman strebt von sich aus seine eigene Erklärung an, und er soll es auch tun." Zugleich stellt er eine reflektierende und kritische Schreibweise den traditionellen Formen gegenüber, "die nicht über sich selbst nachdenken können, ohne sogleich ihre Unangemessenheit, ihre Lüge aufzudecken (...)".[73]

Im Anschluß an diese Kritik der Ideologie (im restriktiven Sinne) wird eine kritische Literaturwissenschaft nicht versuchen, die Grenzen zwischen Literatur und Theorie zu verwischen, sondern wird bestrebt sein, ihre eigenen gesellschaftlichen, ästhetischen und sprachlichen (diskursiven) Voraussetzungen zu reflektieren. Sie wird über ihre Entstehung in einer bestimmten Ideologie (im allgemeinen Sinn) nachdenken, über ihre ästhetischen Wertsetzungen und die Struktur ihrer Diskurse.

Im Zusammenhang mit der Kritischen Theorie, von der ich auch in anderen Arbeiten ausgehe, um sie als Soziosemiotik oder Textsoziologie weiterzuentwickeln, habe ich beispielsweise zu zeigen versucht, wie sehr diese Theorie aus der Problematik eines liberalen Individualismus hervorgeht, mit der sie sich kritisch auseinandersetzt.[74] Der

72 J. Ricardou, *Pour une théorie du nouveau roman*, Paris, Seuil, 1971, S. 262. Vom Roman sagt Ricardou: "Il n'est plus représentation; il est auto-représentation."

73 M. Butor, *Répertoire I*, Paris, Minuit, 1960, S. 11.

74 Siehe: Vf., *L'Ecole de Francfort. Dialectique de la particularité*, Paris, Editions Universitaires, 1974, Kap. 1: "Libéralisme et Théorie critique".

Niedergang der liberalen und individualistischen Werte in der ersten Hälfte des 20. Jahrhunderts und vor allem in der Zwischenkriegszeit bringt eine Theorie hervor, die diese Werte im dialektischen und materialistischen Kontext kritisch reflektiert.

Ihre Reflexion oszilliert im ästhetischen Bereich zwischen Hegels und Marx' historisch-sozialer Heteronomie und Kants Autonomiepostulat, das auf der "Begriffslosigkeit" gründet: zwischen materialistischer Determiniertheit (Vermittlung im Sinne von Hegel) und idealistischer, individualistischer Autonomie (im Sinne von Kant). Dies ist der Grund, weshalb hier im ersten Abschnitt im Anschluß an das 4. Kapitel die ästhetischen Prämissen der Kritischen Theorie (und meine eigenen) reflexiv rekonstruiert wurden: Es galt zu zeigen, wie Monosemie und Polysemie, Begrifflichkeit und Begriffslosigkeit in dieser Theorie ineinandergreifen und wie ihre Beziehungen aus dem besonderen Spannungsverhältnis zwischen Kantianismus und Marxismus bei Adorno, Benjamin und Horkheimer zu erklären sind.

Sowohl im soziologischen als auch im philosophisch-ästhetischen Bereich handelt es sich mithin um eine theoretische Hybris, die Autonomie und Heteronomie ("fait social", Kap. 4), Individuum und Gesellschaft, Liberalismus und Marxismus zu einer *ambivalenten* Einheit verschmelzen läßt. Aus dieser Ambivalenz geht eine materialistische, aber negative Dialektik hervor, die sich an der Besonderheit des *individuum ineffabile* und an der kritischen Autonomie des Einzelnen orientiert.[75]

Diese Ausrichtung auf die kritische Instanz des Individuums, die vor allem Adorno und Horkheimer betonen, erklärt, weshalb für Adorno der Essay, das "Modell" und die parataktische Schreibweise wesentlich waren: Sie visieren das Besondere, das Unverwechselbare an, das im allgemeinen Begriff nicht aufgeht. Die individuelle Ausrichtung erklärt auch die Bedeutung der *Reflexion* und des *Dialogs* für diese Theorie: Beide Begriffe sind – trotz ihrer wichtigen sozialen Dimension – nur von kritischen Individuen zu verantworten. Beide sind – vor allem bei Habermas – aus der Erkenntnis hervorgegangen, daß Theorien nicht durch kollektive Verwirklichung, durch Praxis im Sinne von Marx oder Lukács, zu prüfen sind.[76] Es handelt sich also um historisch kontingente Begriffe, die aus dem Soziolekt der Kritischen Theorie hervorgegangen sind.

---

75 Siehe: Th.W. Adorno, *Ästhetische Theorie*, Frankfurt, Suhrkamp. 1970, S. 542 (editorisches Nachwort).

76 Siehe: J. Habermas, "Replik auf Einwände", in: ders., *Vorstudien und Ergänzungen*

Reflexion hat – wie bereits angedeutet – nicht nur die Ideologie (im allgemeinen Sinne) und die philosophisch-ästhetische Position der Theorie zum Gegenstand. Sie bezieht sich zugleich auf die sprachlichen, diskursiven Verfahren, mit deren Hilfe das Aussagesubjekt die Wirklichkeit darstellt und erzählt, mit deren Hilfe es seine Objekte konstruiert. Werden diese Verfahren nicht reflektiert und in der Diskussion thematisiert, dann ist ein fruchtbarer Dialog zwischen theoretischen Positionen nicht möglich.

Zu den wichtigsten dieser Verfahren gehören die Relevanzkriterien eines theoretischen Diskurses, die darüber entscheiden, welche begrifflichen Selektionen durchgeführt werden und wie das Aussagesubjekt die ausgewählten Begriffe auf semantischer Ebene klassifiziert und zu einem Isotopiengefüge (Kap. 8) und einem Code bündelt. Weshalb werden in einem bestimmten Diskurs Begriffe wie "Wahrheitsgehalt", "Emanzipation" und "Herrschaft" für relevant gehalten, in einem anderen Diskurs hingegen Begriffe wie "Testbarkeit", "Nutzen" oder "Wertfreiheit"? Weshalb werden in den meisten Theorien bestimmte Begriffe sorgfältig definiert, andere jedoch gleichsam an die theoretische Peripherie verbannt und undefiniert gelassen? Wie kommen begriffliche Isotopien und Codes zustande?

Entscheidend ist – meine ich – der *Standpunkt*, den das Aussagesubjekt eines Diskurses im Rahmen eines bestimmten Soziolekts einnimmt. Denn von diesem Standpunkt aus werden die terminologischen Selektionen und Klassifikationen aufgrund bestimmter Relevanzkriterien durchgeführt. Die Relevanz (*pertinence*, Prieto) erweist sich als mit diesem Standpunkt identisch. Zugleich ist sie gruppenspezifisch, denn sie gehört dem Soziolekt einer Gruppe an, "in der das, was man als 'symbolische Macht' bezeichnen kann, bestimmte Standpunkte mit besonderer Legitimität ausstattet".[77]

J.J.A. Mooy hat durchaus recht, wenn er im Anschluß an Mario Bunge literaturwissenschaftliche Theorien als "Standpunkttheorien", "point-of-view-theories" bezeichnet: "Ich meine nun, daß die meisten Literaturtheorien in wesentlichen Aspekten Standpunkttheorien sind. In dieser Hinsicht sind sie bestimmten theoretischen Ansätzen in den

---

zur Theorie des kommunikativen Handelns, Frankfurt, Suhrkamp, 1984, S. 504: "Die postempirische Wissenschaftstheorie hat gute Gründe dafür beigebracht, daß der schwankende Boden des rational motivierten Einverständnisses unter Argumentationsteilnehmern unser einziges Fundament ist – in Fragen der Physik nicht weniger als in Fragen der Moral."

77 L.J. Prieto, *Pertinence et pratique. Essai de sémiologie*, Paris, Minuit, 1975, S. 148.

Sozialwissenschaften ähnlich. Noch interessanter ist vielleicht die Tatsache, daß sie vielen Kunst-, Religions- und Wissenschaftstheorien ähnlich sind."[78] Dies ist sicherlich der Fall, nur halte ich es mit Prieto für notwendig, den zugleich gesellschaftlichen und sprachlichen Charakter des Standpunktes (d.h. der Relevanz) zu reflektieren und der Tatsache Rechnung zu tragen, "daß die Relevanz durch ein Subjekt herbeigeführt wird, das stets ein gesellschaftliches Subjekt ist", und "daß es keine gesellschaftlich 'neutrale' Erkenntnis der materiellen Wirklichkeit geben kann".[79]

Dies bedeutet konkret, daß nicht nur das lexikalische Repertoire (die Begiffe) und die semantischen Grundlagen des Diskurses (Relevanzkriterien, Klassifikationen, Codes) auf kollektivem Wege, d.h. im Rahmen eines Soziolekts zustande kommen, sondern auch die narrativen Strukturen des Diskurses. Es ist ein Gemeinplatz der Narrativik von Genette bis Stanzel, daß der Standpunkt des Erzählers (die Erzählerperspektive) entscheidend ist[80]; dieser Standpunkt ist auch für die theoretischen Erzählungen der Soziologie und der Literaturwissenschaft wesentlich.

Denn es macht sehr viel aus, ob ich mit Max Weber die Entwicklung der europäischen Gesellschaft erzähle, indem ich von semantischen Gegensätzen wie *Charisma/Bürokratie* ausgehe, oder ob ich sie aus marxistischer Sicht als eine Auseinandersetzung zwischen *Bürgertum* und *Proletariat* darstelle. In beiden Fällen schlagen sich die semantischen Entscheidungen im Bereich der Aktanten und der Erzählstruktur nieder: Während Weber seine Sozialgeschichte mit Hilfe von individuellen Aktanten erzählt ("charismatische Individuen"), erzählt sie Marx mit Hilfe von kollektiven Aktanten. Es kommen also aufgrund von semantischen und narrativen Verfahren zwei heterogene *Objektkonstruktionen* ("gesellschaftliche Entwicklung") zustande, die nur schwer zu vergleichen sind.[81]

Auch in der Literaturwissenschaft zeigt sich, daß z.B. Hans Robert Jauß' Darstellung der "drei großen Paradigmen" dieser Wissenschaft in einer bestimmten Erzählerperspektive entstanden ist, die im liberalen

---

78 J.J.A. Mooy, "The Nature and Function of Literary Theories", in: *Poetics Today* Nr. 1-2, 1979, S. 130.

79 L.J. Prieto, *Pertinence et pratique*, op.cit., S. 149.

80 Siehe: F.K. Stanzel, *Theorie des Erzählens*, Göttingen, Vandenhoeck & Ruprecht, 1979, Kap. 5.

81 Zur Analyse des Weberschen Diskurses siehe: Vf. *Ideologie und Theorie*, op.cit., Kap. 4.

Soziolekt der Rezeptionsästhetik wurzelt. Die Tatsache, daß Jauß die Partikularität und Kontingenz seiner Erzählung und seines Soziolekts nicht reflektiert, gehört zu den ideologischen Aspekten (im restriktiven Sinne) seines Diskurses.[82]

An dieser Stelle wird deutlich, daß ein Dialog in den Sozialwissenschaften und in der Literaturwissenschaft eine reflexive Einstellung zum eigenen Standpunkt (Soziolekt) und zu den eigenen diskursiven Verfahren *voraussetzt*. Denn nur wenn der Standpunkt und die semantischen Selektionen und Klassifikationen sowie die Erzählstrukturen (Aktantenmodelle) reflektiert werden, kann eine Kommunikationssituation entstehen, deren Teilnehmer wissen, "woran sie sind". Solange die rationalistische und naturalistische Illusion herrscht, daß sich atomisierte Individuen als vernunftbegabte Wesen, die den Gesetzen der formalen Logik folgen, mühelos verständigen können, wenn sie nur guten Willens sind, ist der theoretische Dialog zum Scheitern verurteilt.

Rationalistisch argumentiert Karl R. Popper, wenn er in seiner Kritik an der Wissenssoziologie Mannheims behauptet, "einige Sozialwissenschaftler (seien) unfähig und sogar unwillens, eine gemeinsame Sprache zu sprechen".[83] Wer Popper für einen der bedeutendsten Theoretiker unserer Zeit hält, wird sich mit Recht über soviel Naivität im soziologischen Bereich wundern. Er sollte jedoch bedenken, daß es sich in diesem Fall nicht so sehr um eine zufallsbedingte Naivität handelt, sondern um die konsequente Anwendung einer liberal-individualistischen Ideologie (im allgemeinen Sinne), die den kollektiven Faktor systematisch ausblendet.

Auch auf sprachlicher Ebene argumentiert Popper individualistisch und rationalistisch und weigert sich, ideologische oder gruppenspezifische Faktoren (Soziolekte) anzuerkennen. In seinem kritischen Kommentar zu Thomas S. Kuhns *The Structure of Scientific Revolutions* (1962) versucht er, diese Faktoren, die er als "Rahmenbedingungen" bezeichnet, als Fiktionen des Irrationalismus herunterzuspielen: "Es ist bloß ein Dogma – ein gefährliches Dogma –, daß die verschiedenen Rahmenbedingungen Sprachen gleichen, die nicht ineinander zu übersetzen sind. Tatsache ist, daß grundverschiedene Sprachen (wie Eng-

---

82 Zur Kritik des Paradigmabegriffes in den Sozialwissenschaften siehe K. Bayertz, *Wissenschaftstheorie und Paradigmabegriff*, Stuttgart, Metzler, 1981, S. 109-111.

83 K.R. Popper, *Falsche Propheten. Hegel, Marx und die Folgen*, Bern-München, Francke, 1958, S. 272.

lisch, Hopi oder Chinesisch) nicht unübersetzbar sind, und daß es zahlreiche Hopi oder Chinesen gibt, die gelernt haben, die englische Sprache sehr gut zu beherrschen."[84] Popper hat recht, er übersieht aber, daß natürliche Sprachen wie Englisch, Chinesisch oder Hopi als *primäre modellierende Systeme* (Lotman) nicht mit den *sekundären modellierenden Systemen* der ideologischen und theoretischen Soziolekte zu vergleichen sind. Während eine natürliche Sprache wie das Englische ideologisch neutral ist, weil in ihr prinzipiell alle Ideologien ausdrückbar sind, ist Poppers Kritischer Rationalismus als sekundäres modellierendes System zugleich Ideologie und Soziolekt: ein partikularer Gruppenstandpunkt und ein besonderer kollektiver Sprachgebrauch, in dessen *Rahmen* andere ideologische Standpunkte nicht artikuliert werden können, weil sie andere Relevanzkriterien, andere semantische Codes und andere narrative Strukturen involvieren.

Über diese Tatsache setzt sich nicht nur Popper, sondern auch Siegfried J. Schmidt hinweg, der in den 70er Jahren die Literaturwissenschaft kritisch-rationalistisch fundieren wollte und sich seither am Radikalen Konstruktivismus (Maturanas, Varelas, Glasersfelds) orientiert. In Übereinstimmung mit Popper hält er am Begriff der Intersubjektivität fest und an dem Gedanken, daß sozialwissenschaftliche und literaturwissenschaftliche Aussagen intersubjektiv (d.h. inter-individuell) überprüfbar, kritiserbar sind, "wobei die Objektivität in der intersubjektiven Prüfbarkeit von Aussagen besteht".[85] Diese Behauptung aus dem Jahre 1975 ergänzt ein Aufsatz aus dem Jahre 1989, in dem Schmidt im Zusammenhang mit dem Radikalen Konstruktivismus erklärt: "Indem der Begriff der 'ontologischen Objektivität' in den der 'interaktiven Intersubjektivität' umgewandelt wird, verläßt das erkenntnistheoretische Interesse die 'wirkliche Welt' und konzentriert sich auf Normen und Kriterien für Konsensualität und Intersubjektivität in einer sozialen Gruppe oder in der Gesellschaft als ganzer sowie auf die Sprache, mit deren Hilfe Beobachter Ereignisse und Handlungen in ihren konsensuellen Bereichen behandeln."[86] Diese Argumentation ist deshalb etwas konfus, weil sie Intersubjektivität zunächst auf "eine soziale Gruppe" einzuschränken scheint, sie dann aber auf die

84 K.R. Popper, "Normal Science and its Dangers", op.cit., S. 56.

85 S.J. Schmidt, *Literaturwissenschaft als argumentierende Wissenschaft*, op.cit., S. 37.

86 S.J. Schmidt, "On the Construction of Fiction and the Invention of Facts", op.cit., S. 322.

wendet werden."[92] Mag sein, daß diese Darstellung die Eigengesetzlichkeit theoretischer Soziolekte nicht berücksichtigt; sie zeigt jedoch, daß theoretische Sprachen nicht vom Alltag als Interaktions- und Sprachsystem abzukoppeln sind. Somit erscheint der interdiskursive Dialog als in das Sprechen und Handeln des sozialen Alltags eingebettet.

Gegenstand und Ziel dieses Dialogs ist die gemeinsame theoretische Objektkonstruktion, die ich in *Ideologie und Theorie* ins Auge faßte, als ich den *interdiskursiven Status* eines Theorems untersuchte, das einer Teildefinition der Ideologie gleichkommt. Es stellte sich nämlich heraus, daß sowohl in der Semiotik (U. Eco) als auch in den Soziolekten des Kritischen Rationalismus und der Kritischen Theorie – also in ideologisch und fachsprachlich *heterogenen* theoretischen Sprachen – die Ideologie als *dualistisches Schema* definiert wird.[93] Wesentlich ist nicht das Theorem als solches, sondern die Tatsache, daß es in heterogenen diskursiven Zusammenhängen entstanden ist und daß es die Möglichkeit bietet, es zu erweitern, bis eine komplexe Definition der Ideologie vorliegt und/oder bis die Grenzen des interdiskursiven Einvernehmens erreicht sind. So wären beispielsweise die Kritischen Rationalisten u.U. noch bereit, die Ideologie als "unreflektierten (naturalistischen) Diskurs" zu definieren, wobei ein zweites interdiskursives Theorem entstünde. Es ist jedoch sehr unwahrscheinlich, daß sie mit den Anhängern der Kritischen Theorie die Ideologie als "undialektischen Diskurs" bezeichnen würden, der die "Einheit der Gegensätze" nicht duldet. Hier stößt der Dialog an seine ideologische Grenze: an die Grenze des Soziolekts.

Auch in der Literaturwissenschaft könnte der Gedanke an eine gemeinsame Objektkonstruktion im Sinne Prietos und des Radikalen Konstruktivismus zum Leitgedanken werden: Denn ein literarischer Text ist nicht ein Faktum, das sich allen gleich darstellt, sondern ein Objekt, das von jeder Wissenschaftlergruppe aus fachlichen und ideologischen Gründen anders (re-)konstruiert wird. Insofern ist eine jede Textbeschreibung eine Interpretation, weil sie den Gegenstand auf eine nur mögliche Art rekonstruiert; andere Rekonstruktionen in anderen Soziolekten sind immer möglich. Die Frage ist natürlich, ob diese Rekonstruktionen etwas mit der Wirklichkeit zu tun haben oder ob sie

---

92 A. Balog, *Rekonstruktion von Handlungen. Alltagssituationen und soziologische Begriffsbildung*, Opladen, Westdeutscher Verlag, 1989, S. 11.

93 Siehe Anm. 54.

Fiktionen (über Fiktionen) sind. "Aber worum es eigentlich geht", bemerkt Rudolf Haller in seinem Buch über *Facta und Ficta* (1986), "ist ja die Frage, ob nicht-existierende Gegenstände, wie Ficta, jene Eigenschaften haben können, die ihnen zugesprochen werden. Und wenn wir dies zugeben müssen, dann bleibt die Frage, wie sie mit jenen zusammenhängen, die wir gewöhnlich Tatsachen nennen."[94] Die Frage ist also, wie die "Fiktionen" der Theorie, der Literaturwissenschaft, mit den "Tatsachen" zusammenhängen.

Hier möchte ich den Vertretern des Radikalen Konstruktivismus folgen, wenn sie die These aufstellen, daß Theoretiker sich den Tatsachen, den Gegenständen nur dialogisch nähern können, indem sie Aussagen und Objektkonstruktionen aufeinander beziehen.[95] Nur auf diesem Wege ist zu erfahren, meine ich, wie das beschaffen ist, was Coquet als "sens premier ou linguistique" ("die grundlegende linguistische Bedeutung") bezeichnet (s.o.). Die sprachlichen Strukturen von Baudelaires *Les Chats* können angesichts rivalisierender Metasprachen nur in einer dialogischen Dialektik von Konsens und Dissens zwischen heterogenen Diskursen und Soziolekten beschrieben werden. Sicherlich kann dabei der hypothetische Leitgedanke an eine linguistische (phonetische, semantische, syntaktische) Grundstruktur eine wichtige Rolle spielen; aber diese Struktur selbst ist nicht monologisch definierbar, sondern nur dialogisch zu ermitteln.

Der hier zugrundeliegende Dialogbegriff geht also nicht nur auf Bachtin und die Kritische Theorie (Habermas) zurück, sondern auch auf den Radikalen Konstruktivismus, dessen Vertreter von der These ausgehen, daß wir Objekte nur als von uns und von anderen *konstruierte* wahrnehmen können, nicht jedoch als "Dinge an sich" im Sinne von Kant. Daher ist "Objektivität" nur dialogisch erreichbar und nicht durch einen Vergleich mit dem Gegenstand. Ernst von Glasersfeld stellt dieses Problem anschaulich dar, wenn er bemerkt: "(...) Was immer wir machen, wir können unsere Wahrnehmung von dem Apfel nur mit anderen Wahrnehmungen vergleichen, niemals aber mit dem Apfel selbst, so wie er wäre, *bevor* wir ihn wahrnehmen."[96] Mit Recht

---

94 R. Haller, *Facta und Ficta. Studien zu ästhetischen Grundlagenfragen*, Stuttgart, Reclam, 1986, S. 49.

95 Siehe z.B.: H.R. Maturana, "Kognition", in: *Der Diskurs des Radikalen Konstruktivismus* (Hrsg. S.J. Schmidt), Frankfurt, Suhrkamp, 1987, S. 108: "Wahrheit und Falschheit gibt es also nur im Referenzbereich, der von einem Beobachter festgelegt wird."

96 E. von Glasersfeld, "Einführung in den Radikalen Konstruktivismus", in: P. Watz-

ergänzt er an anderer Stelle: "Daher gibt es keine Ebene, die als organisationsfreie Wahrnehmung bezeichnet werden könnte. Es gibt keine Trennung von Wahrnehmung und Interpretation."[97] Es ist allerdings wichtig, darauf hinzuweisen, daß Wahrnehmung nicht nur biologisch und psychologisch (also individuell), sondern auch sozial, d.h. durch kollektive sprachliche Strukturen, durch Diskurse und Soziolekte *vermittelt* ist (s.o.). Der Dialog findet also nicht zwischen isolierten Individuen, sondern auf interdiskursiver Ebene zwischen Soziolekten statt.

Auf dieser Ebene könnte beispielsweise der Zerfall der narrativen Syntax in Marcel Prousts *A la recherche du temps perdu* untersucht werden: Dieser Zerfallsprozeß wird von verschiedenen Autoren im Rahmen von heterogenen theoretischen Diskursen beschrieben. Während Adorno und Michel Zéraffa[98] Prousts Kritik an der hierarchischen, linearen und anekdotischen Erzählung in einem soziologischen Zusammenhang darstellen, zeigt Michel Grimaud in einem psychoanalytischen Kontext, wie bei Proust syntaktische und narrative Verfahren von onirischen Assoziationen abgelöst werden: "Eine onomastische Studie des Namens der Mme de Cambremer zeigt, daß das Proustsche Werk in seiner Gesamtheit wie ein Traum funktioniert."[99] Sollte jemand einwenden, daß die Diskurse der Psychoanalyse und der Kritischen Theorie (Adorno) ideologisch nicht wirklich heterogen sind, da ja Adorno, Horkheimer und Habermas mitunter psychoanalytisch argumentieren, so könnte man die semiotische Studie von Gilles Deleuze einbeziehen, die ebenfalls zeigt, daß Prousts Schreibweise den hierarchischen und narrativen Aufbau des Romans in Frage stellt.[100] Georges Poulet läßt schließlich die phänomenologischen Aspekte des Zerfalls der Erzählstruktur erkennen, indem er zeigt, wie Prousts Roman die

---

lawick (Hrsg.), *Die erfundene Wirklichkeit. Wie wissen wir, was wir zu wissen glauben? Beiträge zum Konstruktivismus*, München, Piper, 1981, S. 25.

97 J. Richards, E. von Glasersfeld, "Die Kontrolle von Wahrnehmung und die Konstruktion von Realität", in: *Der Diskurs des Radikalen Konstruktivismus*, op.cit., S. 214.

98 Siehe Th.W. Adorno, "Kleine Proust-Kommentare", in: ders., *Noten zur Literatur II*, Frankfurt, Suhrkamp, 1961, S. 95-96; M. Zéraffa, *Personne et personnage. Le romanesque des années 1920 aux années 1950*, Paris, Klincksieck, 1971, S. 469-470.

99 M. Grimaud, "La Rhétorique du rêve. Swann et la psychanalyse", in: *Poétique* Nr. 33, Februar, 1978, S. 98.

100 G. Deleuze, *Proust et les signes*, Paris, PUF, 1970, S. 141-142.

narrative Chronologie durch räumliches Sehen, Zeit durch Raum ersetzt.[101]

Es ist hier nicht der Ort, einen Dialog zu konstruieren, der nie stattgefunden hat. Es scheint mir aber wesentlich zu sein, zwischen *intra*diskursiven und *inter*diskursiven Theoremen (der Dualismus der Ideologie, der Zerfall der narrativen Syntax bei Proust) zu unterscheiden: nicht weil die einen "wahr" und die anderen "unwahr" sind, sondern weil interdiskursive Erkenntnisse einen genuin dialogischen Status haben, während intradiskursive ("intersubjektive") Behauptungen häufig nur kollektive Vorurteile artikulieren.

In der Literaturwissenschaft und in anderen Sozialwissenschaften wird sich immer häufiger zeigen, daß Erkenntnis nicht mehr monologisch durch die Schaffung neuer hermetischer Soziolekte zu haben ist, sondern nur dialogisch als Vermittlung zwischen heterogenen Diskursen, deren Dissens ebenso wichtig ist wie ihr Konsens, weil er dem Monolog opponiert und die Vorurteile oder Doxa aufbricht, die sich in den einzelnen Gruppensprachen immer wieder bilden. Der Dialog lebt von Dissens und dissensbedingter Selbstreflexion – und von der Selbstironie der Gesprächspartner.

101 G. Poulet, *L'Espace proustien*, Paris, Gallimard, 1963, S. 134-135.

Auswahlbibliographien

NB.: Diese Bibliographien enthalten nur die wichtigsten in den einzelnen Kapiteln zitierten oder erwähnten Aufsätze und Bücher.

Einleitung

Adorno, Th.W., Ästhetische Theorie, Frankfurt, Suhrkamp, 1970.

Barthes, R., Mythen des Alltags, Frankfurt, Suhrkamp, 1964.

Bense, M., Aesthetica, Baden-Baden, Agis, 1965.

Bense, M., Die Realität der Literatur, Köln, Kiepenheuer und Witsch, 1971.

Bubner, R., Dialektik und Wissenschaft, Frankfurt, Suhrkamp, 1973.

Eagleton, T., Einführung in die Literaturtheorie, Stuttgart, Metzler, 1988.

Francastel, P., Etudes de sociologie de l'art, Paris, Denoël-Gonthier, 1979.

Greimas, A., Courtés, J., Sémiotique. Dictionnaire raisonné de la théorie du langage, Paris, Hachette, 1979.

Habermas, J., Erkenntnis und Interesse, Frankfurt, Suhrkamp, 1973 (2. Aufl.).

Hauptmeier, H., Schmidt, S.J., Einführung in die empirische Literaturwissenschaft, Braunschweig, Vieweg, 1985.

Hjelmslev, L., Prolegomena zu einer Sprachtheorie, München, Hueber, 1974.

Lukács, G., Ästhetik (4 Bde.), Neuwied-Darmstadt-Berlin, Luchterhand, 1972.

Lyons, J., Semantics (2 Bde.), Cambridge, Univ. Press, 1977.

Martinet, A., La Linguistique synchronique. Etudes et recherches, Paris, PUF, 1968.

Metz, Ch., Semiologie des Films, München, Fink, 1968.

Metz, Ch., Essais sur la signification au cinéma (2 Bde.), Paris, Klincksieck, 1972.

Popper, K.R., "Wie ich die Philosophie sehe", in: ders., Auf der Suche nach einer besseren Welt. Vorträge und Aufsätze aus dreißig Jahren, München, Piper, 1984.

Saussure, F. de, Grundfragen der Allgemeinen Sprachwissenschaft, Berlin, De Gruyter, 1967 (2. Aufl.).

Schulte-Sasse, J., Werner, R., Einführung in die Literaturwissenschaft, München, Fink, 1977.

Tadié, J.-Y., La Critique littéraire au XXe siècle, Paris, Belfond, 1987.

Wellek, R., Warren, A., Theorie der Literatur, Frankfurt, Athenäum-Fischer, 1972.

Kap. 1

Baumgarten, A.G., Aesthetica, Hildesheim-New York, Olms, 1970.

Bloch, E., Über Methode und System bei Hegel, Frankfurt, Suhrkamp, 1970.

Bohrer, K.H., Plötzlichkeit. Zum Augenblick des ästhetischen Scheins, Frankfurt, Suhrkamp, 1981.

Brooks, C., Warren, R.P., Understanding Poetry, New York, Holt, Rinehart and Winston (1938), 1976.

Brooks, C., The Well Wrought Urn. Studies in the Structure of Poetry, San Diego-New York-London, Harcourt Brace Jovanovitch Publishers, 1949.

Croce, B., Lebendiges und Totes in Hegels Philosophie (Übers. K. Blücher), Heidelberg, Winter, 1909.

Croce, B., Il concetto della storia. Antologia a cura di Alfredo Parente, Bari, Laterza, 1966.

Croce, B., Estetica come scienza dell'espressione e lingusitica generale, Bari, Laterza, 1973 (12. Aufl.).

Croce, B., Aesthetica in nuce, Bari, Laterza, 1985 (10. Aufl.).

D'Hondt, J., De Hegel à Marx, Paris, PUF, 1972.

Dresler-Brumme, Ch., Nietzsches Philosophie in Musils Roman "Der Mann ohne Eigenschaften". Eine vergleichende Betrachtung als Beitrag zum Verständnis, Frankfurt, Athenäum, 1987.

Eßbach, W., Die Junghegelianer. Soziologie einer Intellektuellengruppe, München, Fink, 1988.

Feuerbach, L., Vorlesungen über das Wesen der Religion, in: Gesammelte Werke Band 6, Berlin, Akademie, 1967.

Gramsci, A., "Die Philosophie von Benedetto Croce", in: ders., Philosophie der Praxis. Eine Auswahl, Frankfurt, Fischer, 1967.

Hegel, G.W.F., Wissenschaft der Logik (2 Bde.), Frankfurt, Suhrkamp, 1969.

Hegel, G.W.F., Phänomenologie des Geistes, Frankfurt, Suhrkamp, 1970.

Hegel, G.W.F., Vorlesungen über die Ästhetik (3 Bde.), Frankfurt, Suhrkamp, 1970.

Henrich, D. (Hrsg.), Kant oder Hegel? – Über Formen der Begründung in der Philosophie, Stuttgart, Klett-Cotta, 1983.

Hook, S., From Hegel to Marx: Studies in the Intellectual Development of Karl Marx, Ann Arbor, The University of Michigan Press, 1962.

Hösle, V., Hegels System. Der Idealismus der Subjektivität und das Problem der Intersubjektivität (2 Bde.), Hamburg, Meiner, 1987.

Jay, M., Marxism and Totality. The Adventures of a Concept from Lukács to Habermas, Berkeley-Los Angeles, University of California Press, 1984.

Kant, I., Kritik der Urteilskraft (Hrsg. W. Weischedel), Frankfurt, Suhrkamp, Werke Bd. 10, 1968.

Kant, I., Kritik der reinen Vernunft (Hrsg. W. Weischedel), Frankfurt, Suhrkamp, Werke Bd. 3, 1968.

Kesselring, Th., Die Produktivität der Antinomie. Hegels Dialektik im Lichte der genetischen Erkenntnistheorie und der formalen Logik, Frankfurt, Suhrkamp, 1984.

Laska, P., "Kant and Hegel on Practical Reason", in: Hegel and the History of Philosophy (Proceedings of the 1972 Hegel Society of America Conference), (Hrsg. J.J. O'Malley, K.W. Algozin, F.G. Weiss), Den Haag, Nijhoff, 1974.

Löwith, K. (Hrsg.), Die Hegelsche Linke, Stuttgart-Bad Cannstatt, Frommann, 1962.

Löwith, K., Von Hegel zu Nietzsche. Der revolutionäre Bruch im Denken des neunzehnten Jahrhunderts, Hamburg, Meiner, 1986 (9. Aufl.).

Löwith, K., Nietzsche, in: ders., Sämtliche Schriften Bd. 6, Stuttgart, Metzler, 1987.

Model, M., Metaphysik und reflektierende Urteilskraft bei Kant. Untersuchungen zur Transformierung des leibnizschen Monadenbegriffs in der "Kritik der Urteilskraft", Frankfurt, Athenäum, 1987.

Nietzsche, F., Götzen-Dämmerung, in: ders., Werke Bd. 4 (Hrsg. K. Schlechta), München, Hanser, 1980.

Nietzsche, F., Die fröhliche Wissenschaft, in: ders., Werke Bd. 3, op.cit.

Nietzsche, F., "Über Wahrheit und Lüge im außermoralischen Sinn", in: ders., Werke Bd. V, op.cit.

Nietzsche, F., Menschliches, Allzumenschliches, in: ders., Werke Bd. 2, op.cit.

Nietzsche, F., Aus dem Nachlaß der Achtzigerjahre, in: ders., Werke Bd. 6, op.cit.

Nietzsche, F., Jenseits von Gut und Böse, in: ders., Werke Bd. 4, op.cit.

Nivelle, A., Les théories esthétiques en Allemagne. De Baumgarten à Kant, Paris, Société d'Edition "Les Belles Lettres", 1955.

Peters, H.G., Die Ästhetik Alexander Gottlieb Baumgartens und ihre Beziehungen zum Ethischen, Berlin, Junker und Dünnhaupt, 1934.

Ransom, J.C., The New Criticism, Norfolk (Conn.), New Directions, 1941.

Richards, I.A., Principles of Literary Criticism, London-Henley, Routledge and Kegan Paul, 1976.

Rosenkranz, K., Hegel. Sendschreiben an den Hofrath und Professor der Philosophie, Herrn Dr. Carl Friedrich Bachmann in Jena, Königsberg, Unzer, 1834.

Rosenkranz, K., Ästhetik des Häßlichen, Darmstadt, Wissenschaftliche Buchgesellschaft, 1973.

Schulz-Buschhaus, U., "Benedetto Croce und die Krise der Literaturgeschichte", in: B. Cerquiglini, H.U. Gumbrecht (Hrsg.), Der Diskurs der Literatur- und Sprachhistorie, Frankfurt, Suhrkamp, 1983.

Spingarn, J.E. (Hrsg.), Critical Essays of the Seventeenth Century Bd. 1, Oxford, University Press, 1908.
Stelzer, S., Der Zug der Zeit. Nietzsches Versuch der Philosophie, Meisenheim am Glan, 1979.
Stirner, M., Der Einzige und sein Eigentum, Stuttgart, Frommann-Holzboog, 1972.
Vischer, F.Th., Ästhetik oder Wissenschaft des Schönen (6 Bde.), Hrsg. R. Vischer, Reutlingen und Leipzig, Mäcken, 1847-1858.
Vischer, F.Th., Das Schöne und die Kunst. Zur Einführung in die Ästhetik, Stuttgart, Verlag der J.G. Cottaschen Buchhandlung, 1898 (2. Aufl.).
Vischer, F.Th., "Das Symbol", in: ders., Kritische Gänge Bd. 4 (Hrsg. R. Vischer), München, Meyer & Jessen, 1922.
Vischer, F.Th., "Kritik meiner Ästhetik", in: ders., Kritische Gänge Bd. 4, op.cit.
Vischer, F.Th., "Über das Erhabene und Komische", in: ders., Kritische Gänge Bd. 4, op.cit.
Vischer, F.Th., "Plan zu einer neuen Gliederung der Ästhetik", in: ders., Kritische Gänge Bd. 4, op.cit.
Volhard, E., Zwischen Hegel und Nietzsche. Der Ästhetiker Friedrich Theodor Vischer, Frankfurt, Klostermann, 1932.
Weimann, R., "New Criticism" und die Entwicklung der bürgerlichen Literaturwissenschaft, München, Beck, 1962.
Well, K., Die "schöne Seele" und ihre "sittliche Wirklichkeit". Überlegungen zum Verhältnis von Kunst und Staat bei Hegel, Frankfurt-Bern-New York, Peter Lang, 1986.
Werner, J.M., Erkenntnis und Wahrheit. Nietzsches Destruktion der Erkenntnistheorie als Konsequenz des Verlustes verbindlicher Wahrheit, Frankfurt-Bern-New York, Peter Lang, 1986.
Wimsatt, W.K., Brooks, C., Romantic Criticism (Literary Criticism Bd. 3), London, Routledge and Kegan Paul, 1957.
Wimsatt, W.K. (zusammen mit M.C. Beardsley), The Verbal Icon. Studies in the Meaning of Poetry, New York, The Noonday Press, 1958.
Wuthenow, R.-R. Muse, Maske, Meduse. Europäischer Ästhetizismus, Frankfurt, Suhrkamp, 1978.

Kap. 2

Arvon, H., L'Esthétique marxiste, Paris, PUF, 1970.
Autorenkollektiv, Zur Theorie des sozialistischen Realismus, Berlin, Dietz, 1974.
Bouazis, Ch., "La Théorie des structures d'œuvres: Problèmes de l'analyse du

système et de la causalité sociologique", in: R. Escarpit (Hrsg.), Le Littéraire et le social, Paris, Flammarion, 1970.

Buch, H.Ch. (Hrsg.), Parteilichkeit der Literatur oder Parteiliteratur?, Reinbek, Rowohlt, 1972.

Conio, G. (Hrsg.), Le Formalisme et le futurisme russes devant le marxisme, Lausanne, Ed. l'Age d'Homme, 1975.

Demetz, P., Marx, Engels und die Dichter, Stuttgart, DVA, 1959.

Ejchenbaum, B., "Theorie der formalen Methode", in: Kursbuch Nr. 10, 1967.

Erlich, V., Russischer Formalismus, Frankfurt, Suhrkamp, 1973.

Goldmann, L., Mensch, Gemeinschaft und Welt in der Philosophie Immanuel Kants, Zürich, Europa-Vlg., 1945.

Goldmann, L., "Introduction aux premiers écrits de Lukács", in: G. Lukács, La théorie du roman, Paris, Gonthier, 1963.

Goldmann, L., Dialektische Untersuchungen, Neuwied-Berlin, Luchterhand, 1966.

Goldmann, L., Marxisme et sciences humaines, Paris, Gallimard, 1970.

Goldmann, L., Structures mentales et création culturelle, Paris, Anthropos, 1970.

Goldmann, L., Der verborgene Gott, Neuwied-Darmstadt, Luchterhand, 1973.

Goldmann, L., Kultur in der Mediengesellschaft, Frankfurt, Fischer, 1973.

Goldmann, L., Adorno, Th.W., "Deuxième colloque international sur la Sociologie de la Littérature, Royaumont. Discussion extraite des actes du colloque", in: Revue de l'Institut de Sociologie (Brüssel), Nr. 3/4, 1973.

Goldmann, L., Soziologie des Romans, Frankfurt, Suhrkamp, 1984.

Günther, H. (Hrsg.), Marxismus und Formalismus, Frankfurt-Berlin-Wien, Ullstein, 1976.

Hansen-Löve, A.A., Der russische Formalismus, Wien, Verlag der österreichischen Akademie der Wissenschaften, 1978.

Kofler, L., Abstrakte Kunst und absurde Literatur, Wien, Europa-Vlg., 1970.

Lukács, G., Geschichte und Klassenbewußtsein, Darmstadt-Neuwied, Luchterhand, 1968.

Lukács, G., "Kunst und objektive Wahrheit", in: ders., Probleme des Realismus Bd. 1, Werke Bd. 4, Neuwied-Berlin, Luchterhand, 1971.

Lukács, G., "Franz Kafka oder Thomas Mann?", in: ders., Probleme des Realismus Bd. 1, op.cit.

Lukács, G., "Erzählen oder beschreiben?", in: ders., Probleme des Realismus Bd. 1, op.cit.

Lukács, G., "Balzac und der französische Realismus", in: ders., Probleme des Realismus Bd. 3, op.cit.

Lukács, G., Ästhetik (4 Bde.), Neuwied-Berlin, Luchterhand, 1972.

Lukács, G., Ontologie-Marx, Neuwied-Darmstadt, Luchterhand, 1972.

Lukács, G., Der junge Hegel (2 Bde.), Frankfurt, Suhrkamp, 1973.

Lukács, G., Heidelberger Ästhetik (1916-1918), G. Markus, F. Benseler (Hrsg.), Werke Bd. 17, Neuwied-Berlin, Luchterhand, 1974.

Marx, K., Das Kapital (3 Bde.), Frankfurt-Berlin-Wien, Ullstein, 1969.

Marx, K., "Kritik der Hegelschen Staatsphilosophie", in: ders., Die Frühschriften. Von 1837 bis zum Manifest der kommunistischen Partei 1848, Stuttgart, Kröner, 1971.

Marx, K., Grundrisse der Kritik der Politischen Ökonomie (Rohentwurf 1857-1858), Ostberlin, Dietz, 1974.

Marx, K., Engels, F., Über Kunst und Literatur (2 Bde.), Ostberlin, Dietz, 1967.

Matzner, J. (Hrsg.), Lehrstück Lukács, Frankfurt, Suhrkamp, 1974.

Medvedev, P.N., Die formale Methode in der Literaturwissenschaft, Stuttgart, Metzler, 1976.

Naumann, M. (Hrsg.), Gesellschaft. Literatur. Lesen. Literaturrezeption in theoretischer Sicht, Ostberlin-Weimar, Aufbau, 1973.

Naïr, S., Lowy, M., Goldmann ou la dialectique de la totalité, Paris, Seghers, 1973.

Nell, P., "Über den Begriff des Typischen", in: E. Schubbe (Hrsg.), Dokumente zur Kunst-, Literatur- und Kulturpolitik der SED, Stuttgart, Seewald, 1972.

Prawer, S.S., Karl Marx and World Literature, Oxford, Clarendon Press, 1976.

Robin, R., "The Figures of Socialist Realism: The Fictional Constraints of the 'Positive Hero'", in: Sociocriticism, Oktober, 1986.

Rose, M.A., Marx's lost Aesthetic. Karl Marx and the Visual Arts, Cambridge, Cambridge Univ. Press, 1984.

Schlenstedt, D. (Hrsg.), Literarische Widerspiegelung. Geschichtliche und theoretische Dimensionen eines Problems, Ostberlin-Weimar, Aufbau, 1981.

Schmitt, H.-J. (Hrsg.), Die Expressionismus-Debatte, Frankfurt, Suhrkamp, 1973.

Schmitt, H.-J. (Hrsg.), Einführung in Theorie, Geschichte und Funktion der DDR-Literatur, Stuttgart, Metzler, 1975.

Schmitt, H.-J. (Hrsg.), Der Streit mit Georg Lukács, Frankfurt, Suhrkamp, 1978.

Steiner, P., Russian Formalism. A Metapoetics, Ithaca-New York, Cornell Univ. Press, 1984.

Striedter, J. (Hrsg.), Russischer Formalismus, München, Fink, 1969.

Tertulian, N., Georges Lukács. Etapes de sa pensée esthétique, Paris, Le Sycomore, 1980.

Thompson, E., Russian Formalism and Anglo-American New Criticism, Den Haag, Mouton, 1971.

Trockij, L., Literatur und Revolution, München, DTV, 1968.

Tynjanov, J., Die literarischen Kunstmittel und die Evolution in der Literatur, Frankfurt, Suhrkamp, 1967.

Zima, P.V., Goldmann. Dialectique de l'immanence, Paris, Ed. Universitaires, 1973.

Zima, P.V., "Lucien Goldmanns hegelianische Ästhetik", in: ders., Kritik der Literatursoziologie, Frankfurt, Suhrkamp, 1978.

Kap. 3

Bachtin, M.M., Probleme der Poetik Dostoevskijs, München, Hanser, 1971.

Bachtin, M.M., Die Ästhetik des Wortes (Hrsg. R. Grübel), Frankfurt, Suhrkamp, 1979.

Bachtin, M.M., Estetika slovesnogo tvorčestva (Ästhetik der Wortkunst), Moskva, Iskusstvo, 1979.

Bachtin, M.M., Literaturno-kritičeskie stati (Literaturkritische Aufsätze), Moskva, Chudožestvennaja literatura, 1986.

Bachtin, M.M., Rabelais und seine Welt. Volkskultur als Gegenkultur, Frankfurt, Suhrkamp, 1987.

Chvatík, K., "Bachtins Ästhetik des Wortes und seine Dostoevskij-Interpretation", in: ders., Mensch und Struktur. Kapitel aus der neostrukturalen Ästhetik und Poetik, Frankfurt, Suhrkamp, 1987.

Clark, K., Holquist, M., Mikhail Bakhtin, Cambridge (Mass.)-London, Harvard Univ. Press, 1984.

Corona, F. (Hrsg.), Bachtin teorico del dialogo, Milano, Franco Angeli, 1986.

Dilthey, W., Die Jugendgeschichte Hegels (Gesammelte Schriften Bd. 4), Stuttgart-Göttingen, B.G. Teubner-Vandenhoeck & Ruprecht, 1968.

Gasparov, M., "Michail Bachtins Stellung in der russischen Kultur des 20. Jahrhunderts", in: Dialogizität (Hrsg. R. Lachmann), München, Fink, 1982.

Gorp, H. van (Hrsg.), Dialogeren met Bakhtin. De uitdaging van het vreemde woord, ALW-Cahier Nr. 4, Leuven/Louvain, 1986.

Günther, H., "Michail Bachtins theoretische Alternative zum sozialistischen Realismus", in: ders., Die Verstaatlichung der Literatur. Entstehung und Funktionsweise des sozialistisch-realistischen Kanons in der sowjetischen Literatur der 30er Jahre, Stuttgart, Metzler, 1984.

Holquist, M., Bakhtin and his World, London-New York, Routledge, 1990.

Kristeva, J., "Le Mot, le dialogue et le roman", in: dies., Semeiotiké. Recherches pour une sémanalyse, Paris, Seuil, 1969.

Kristeva, J., "Une Poétique ruinée", in: M. Bakhtine, La Poétique de Dostoïevski, Paris, Seuil, 1970.

Lachmann, R., "Intertextualität als Sinnkonstitution. Andrej Belyjs Petersburg und die 'fremden' Texte", in: Poetica Nr. 15, 1983.

Medvedev, P.N., Die formale Methode in der Literaturwissenschaft, Stuttgart, Metzler, 1976.

Morson, G.S. (Hrsg.), Bakhtin. Essays and Dialogues on his work, Chicago-London, The Univ. of Chicago Press, 1986.

Morson, G.S., "The Heresiarch of META", in: PTL Nr. 3, 1978.

Ponzio, A., Segni e contraddizioni. Fra Marx e Bachtin, Verona, Bertani, 1981.

Shukman, A., "Between Marxism and Formalism: The Stylistics of Mikhail Bakhtin", in: Comparative Criticism: A Yearbook Nr. 2, Cambridge, Univ. Press, 1980.

Titunik, I.R., "The Formal Method and the Sociological Method (M.M. Baxtin, P.N. Medvedev, V.N. Vološinov) in Russian Theory and Study of Literature", in: V.N. Vološinov, Marxism and the Philosophy of Language, London-New York, Seminar Press, 1973.

Todorov, T., "Bakhtine et l'altérité", in: Poétique Nr. 40, November 1979.

Vinokur, G., "Poetik. Linguistik. Soziologie", in: A. Flaker, V. Žmegač (Hrsg.), Formalismus, Strukturalismus und Geschichte, Königstein/Ts., Scriptor, 1974.

Vischer, F.Th., "Der Traum. Eine Studie zu der Schrift: Die Traumphantasie von Dr. Johann Volkelt", in: ders., Kritische Gänge Bd. 4, München, Meyer & Jessen, 1922.

Vološinov, V.N., Marxismus und Sprachphilosophie, Frankfurt-Berlin-Wien, Ullstein, 1975.

Walton, W.G., "V.N. Vološinov: A Marriage of Formalism and Marxism", in: P.V. Zima (Hrsg.), Semiotics and Dialectics. Ideology and the Text, Amsterdam, John Benjamins, 1981.

Kap. 4

Adorno, Th.W., Ästhetische Theorie, Gesammelte Schriften Bd. 7, Frankfurt, Suhrkamp, 1970.

Adorno, Th.W., "Thesen über die Sprache des Philosophen", in: ders., Gesammelte Schriften Bd. 1 (Philosophische Frühschriften), op.cit.

Adorno, Th.W., "Der Essay als Form", in: ders., Noten zur Literatur I, Gesammelte Schriften Bd. 11, op.cit.

Adorno, Th.W., Drei Studien zu Hegel, Gesammelte Schriften Bd. 5, op.cit.

Adorno, Th.W., Kierkegaard. Konstruktion des Ästhetischen, in: ders., Gesammelte Schriften Bd. 2, op.cit.

Adorno, Th.W., "George", in: ders., Noten zur Literatur IV, Gesammelte Schriften Bd. 11, op.cit.

Adorno, Th.W., “George und Hofmannsthal”, in: ders., Prismen. Kulturkritik und Gesellschaft, Gesammelte Schriften Bd. 10-1, op.cit.
Adorno, Th.W., “Individuum und Organisation”, in: ders., Soziologische Schriften I, Gesammelte Schriften Bd. 8, op.cit.
Adorno, Th.W., “Der Artist als Statthalter”, in: ders., Noten zur Literatur I, Gesammelte Schriften Bd. 11, op.cit.
Adorno, Th.W., “Parataxis. Zur späten Lyrik Hölderlins”, in: ders., Noten zur Literatur III, Gesammelte Schriften Bd. 11, op.cit.
Adorno, Th.W., “Versuch, das Endspiel zu verstehen”, in: ders., Noten zur Literatur II, Gesammelte Schriften Bd. 11, op.cit.
Adorno, Th.W., Philosophie der neuen Musik, Gesammelte Schriften Bd. 12, op.cit.
Adorno, Th.W., “Zum Gedächtnis Eichendorffs”, in: ders., Noten zur Literatur I, Gesammelte Schriften Bd. 11, op.cit.
Adorno, Edition Text und Kritik, Frankfurt 1977.

Benjamin, W., “Programm eines proletarischen Kindertheaters”, in: ders., Gesammelte Schriften Bd. II.2, Frankfurt, Suhrkamp, 1977.
Benjamin, W., “Über einige Motive bei Baudelaire”, in: ders., Gesammelte Schriften Bd. I.2, op.cit.
Benjamin, W., “Das Kunstwerk im Zeitalter seiner technischen Reproduzierbarkeit”, in: ders., Gesammelte Schriften Bd. I.2, op.cit.
Benjamin, W., “Das Paris des Second Empire bei Baudelaire”, in: ders., Gesammelte Schriften Bd. I.2, op.cit.
Benjamin, W., “Was ist das epische Theater?”, in: ders., Gesammelte Schriften Bd. II.2, op.cit.
Benjamin, W., “Der Surrealismus”, in: ders., Gesammelte Schriften Bd. II.1, op.cit.
Benjamin, W., “Kleine Geschichte der Photographie”, in: ders., Gesammelte Schriften Bd. II.1, op.cit.
Benjamin, W., “Ursprung des deutschen Trauerspiels”, in: ders., Gesammelte Schriften Bd. I.1., op.cit.
Benjamin, W., “Zentralpark”, in: ders., Gesammelte Schriften Bd. I.2, op.cit.
Benjamin, W., “Über das Programm der kommenden Philosophie”, in: ders., Gesammelte Schriften Bd. II.1, op.cit.
Benjamin, W., “Über den Begriff der Geschichte”, in: ders., Gesammelte Schriften Bd. I.2, op.cit.
Benjamin, W., “Lehre vom Ähnlichen”, in: ders., Gesammelte Schriften Bd. II.1, op.cit.
Benjamin, W., “Paris, die Hauptstadt des XIX. Jahrhunderts”, in: ders., Gesammelte Schriften Bd. V.1, op.cit.
Benjamin, W., “Die Aufgabe des Übersetzers”, in: ders., Gesammelte Schriften Bd. IV.1, op.cit.

Benjamin, W., "Über das mimetische Vermögen", in: ders., Gesammelte Schriften Bd. II.1, op.cit.

Benjamin, W., "Zur Sprachphilosophie und Erkenntniskritik", in: ders., Gesammelte Schriften, Bd. VI, op.cit.

Benjamin, W., "Zur Ästhetik", in: ders., Gesammelte Schriften Bd. VI, op.cit.

Figal, G., Theodor W. Adorno. Das Naturschöne als spekulative Gedankenfigur. Zur Interpretation der "Ästhetischen Theorie" im Kontext philosophischer Ästhetik, Bonn, Bouvier, 1977.

Früchtl., J., Mimesis. Konstellation eines Zentralbegriffs bei Adorno, Würzburg, Königshausen und Neumann, 1986.

Goldmann, L., "La Mort d'Adorno", in: La Quinzaine littéraire 1.-15. Sept. 1969.

Habermas, J., "Bewußtmachende oder rettende Kritik Die Aktualität Walter Benjamins", in: ders., Kultur und Kritik. Verstreute Aufsätze, Frankfurt, Suhrkamp, 1973.

Horkheimer, M., Adorno, Th.W., Dialektik der Aufklärung, Gesammelte Schriften Bd. 3, op.cit.

Horkheimer, M., Zur Kritik der instrumentellen Vernunft, Frankfurt, Athenäum-Fischer, 1974.

Jay, M., Dialektische Phantasie. Die Geschichte der Frankfurter Schule und des Instituts für Sozialforschung, 1923-1950, Frankfurt, Fischer, 1976.

Jimenez, M., Vers une esthétique négative. Adorno et la modernité, Paris, Le Sycomore, 1983.

Kager, R., Herrschaft und Versöhnung. Einführung in das Denken Theodor W. Adornos, Frankfurt-New York, Campus, 1988.

Lindner, B., Lüdke, W.M. (Hrsg.), Materialien zur ästhetischen Theorie Th.W. Adornos. Konstruktion der Moderne, Frankfurt, Suhrkamp, 1979.

Lüdke, W.M., Anmerkungen zu einer "Logik des Zerfalls": Adorno-Beckett, Frankfurt, Suhrkamp, 1981.

Meiffert, T., Die enteignete Erfahrung. Zu Walter Benjamins Konzept einer "Dialektik im Stillstand", Bielefeld, Aisthesis, 1986.

Müller, U., Erkenntniskritik und Negative Metaphysik bei Adorno. Eine Philosophie der dritten Reflektiertheit, Frankfurt, Athenäum, 1988.

Stoessel, M., Aura. Das Vergessene Menschliche. Zur Sprache und Erfahrung bei Walter Benjamin, München, Hanser, 1983.

Tiedemann, R., Studien zur Philosophie Walter Benjamins, Frankfurt, Suhrkamp, 1973.

Über Walter Benjamin, Frankfurt, Suhrkamp, 1968.

Wawrzyn, L., Walter Benjamins Kunsttheorie. Kritik einer Rezeption, Darmstadt-Neuwied, Luchterhand, 1973.
Werckmeister, O.K., "Das Kunstwerk als Negation. Zur geschichtlichen Bestimmung der Kunsttheorie Theodor W. Adornos", in: ders., Ende der Ästhetik, Frankfurt, Fischer, 1971.
Wiggershaus, R., Die Frankfurter Schule. Geschichte – Theoretische Entwicklung – Politische Bedeutung, München, DTV, 1988.
Witte, B., Walter Benjamin – Der Intellektuelle als Kritiker. Untersuchungen zu seinem Frühwerk, Stuttgart, Metzler, 1976.

Zenck, M., Kunst als begriffslose Erkenntnis, München, Fink, 1977.
Zima, P.V., L'Ecole de Francfort. Dialectique de la particularité, Paris, Ed. Universitaires, 1974.

Kap. 5

Asmus, W., Herbart in seiner und in unserer Zeit, Essen, Neue Deutsche Verlagsgesellschaft, 1972.

Červenka, M., "L'Œuvre littéraire en tant que signe", in: Prague poésie, Change Nr. 10, 1972.
Červenka, M., "Die Grundkategorien des Prager literaturwissenschaftlichen Strukturalismus", in: V. Žmegač, Z. Škreb (Hrsg.), Zur Kritik literaturwissenschaftlicher Methodologie, Frankfurt, Athenäum-Fischer, 1973.
Červenka, M., Der Bedeutungsaufbau des literarischen Werks, München, Fink, 1978.
Červenka, M., "New Perspectives on Czech Structuralism", in: PTL Nr. 4, 1979.
Chvatík, K., Strukturalismus und Avantgarde. Aufsätze zur Kunst und Avantgarde, München, Hanser, 1970.
Chvatík, K., Tschechoslowakischer Strukturalismus. Theorie und Geschichte, München, Fink, 1981.
Chvatík, K., Mensch und Struktur, Kapitel aus der neostrukturalen Ästhetik und Poetik, Frankfurt, Suhrkamp, 1987.
Čivikov, G., Das ästhetische Objekt. Subjekt und Zeichen in der Literaturwissenschaft anhand einer Kategorie des Prager Strukturalismus, Tübingen, Stauffenburg, 1987.

Doležel, L., "Mukařovský and the Idea of Poetic Truth", in: Russian Literature Nr. XII-XIII, Okt., 1982.

Fontaine, J., Le Cercle linguistique de Prague, Tours, Mâme, 1974.

Günther, H., "Die Konzeption der literarischen Evolution im tschechischen

Strukturalismus", in: J. Ihwe (Hrsg.), Literaturwissenschaft und Linguistik Bd. 1, Frankfurt, Athenäum-Fischer, 1972.

Günther, H., Struktur als Prozeß. Studien zur Ästhetik und Literaturtheorie des tschechischen Strukturalismus, München, Fink, 1973.

Holenstein, E., Linguistik, Semiotik, Hermeneutik, Frankfurt, Suhrkamp, 1976.

Jakobson, R., "Linguistik und Poetik", in: J. Ihwe (Hrsg.), Literaturwissenschaft und Linguistik Bd. 1, Frankfurt, Athenäum-Fischer, 1972.

Jakobson, R., "Futurizm" ("Futurismus"), in: ders., Selected Writings Bd. 3, Den Haag, Mouton, 1981.

Jakobson, R., "Language and Culture", in: ders., Selected Writings Bd. 7, op.cit.

Jakobson, R., Pomorska, K., Dialogues, Cambridge (Mass.), The MIT Press, 1983.

Jankovič, M., "Perspectives of Semantic Gesture", in: Poetics Nr. 4, 1972.

Jankovič, M., Nesamozřejmost smyslu, Praha, Československý Spisovatel, 1991.

Les Thèses de 1929, in: Le Cercle de Prague, Change Nr. 3, Paris, 1969.

Matejka, L., Titunik, I.R. (Hrsg.), Semiotics of Art. Prague School Contributions, Cambridge (Mass.), The MIT Press, 1976.

Matejka, L. (Hrsg.), Sound, Sign and Meaning. Quinquagenary of the Prague Linguistic Circle, Ann Arbor, Univ. of Michigan Press, 1978.

Mukařovský, J., Kapitel aus der Poetik, Frankfurt, Suhrkamp, 1967.

Mukařovský, J., Jakobson, R., "Formalisme russe, structuralisme tchèque", Conférences du cercle linguistique de Prague Nov.-Dez. 1934, in: Change Nr. 3, 1969.

Mukařovský, J., Kapitel aus der Ästhetik, Frankfurt, Suhrkamp, 1970.

Mukařovský, J., Studien zur strukturalistischen Ästhetik und Poetik, München, Hanser, 1974.

Mukařovský, J., Kunst, Poetik, Semiotik, Frankfurt, Suhrkamp, 1989.

Schwarz, U., Rettende Kritik und antizipierte Utopie. Zum geschichtlichen Gehalt ästhetischer Erfahrung in den Theorien von Jan Mukařovský, Walter Benjamin und Theodor W. Adorno, München, Fink, 1981.

Schwarz, W.F., "Some Remarks on the Development, Noetic Range and Operational Disposition of Mukařovský's Term 'Semantic Gesture'", in: Issues of Slavic Literary and Cultural Theory, K. Eimermacher, P. Grzybek, G. Witte (Hrsg.), Bochum, Brockmeyer, 1989.

Steiner, P., Volek, B., "Semiotics in Bohemia in the 19th and Early 20th Centuries: Major Trends and Figures", in: The Sign. Semiotics Around the World, Ann Arbor, Michigan Slavic Publications, 1978.

Steiner, P., Červenka, M., Vroon, R., The Structure of the Literary Process. Studies Dedicated to the Memory of Felix Vodička, Amsterdam, Benjamins, 1982.

Sus, O., “Die Genese der semantischen Kunstauffassung in der modernen tschechischen Ästhetik”, in: Die Welt der Slaven, Jg. XVII, Heft 1, 1972.

Sus, O., “Zwischen ‘Formalismus’ und Strukturalismus”, in: Die Welt der Slaven, Jg. XXII, 2, N.F.I,2, 1977.

Vodička, F., Die Struktur der literarischen Entwicklung, München, 1976.

Winner, T.G., “Roman Jakobson and Avantgarde Art”, in: Roman Jakobson. Echoes of his Scholarship, D. Armstrong, C. van Schoonveld (Hrsg.), Lisse, Peter de Ridder, 1977.

Kap. 6

Dilthey, W., “Die Entstehung der Hermeneutik”, in: ders., Gesammelte Schriften Bd. 5, Stuttgart- Göttingen, B.G. Teubner, Vandenhoeck & Ruprecht, 1968.

Gadamer, H.-G., Kleine Schriften II. Interpretationen, Tübingen, J.C.B. Mohr, 1967.

Gadamer, H.-G., “Rhetorik, Hermeneutik und Ideologiekritik. Metakritische Erörterungen zu ‘Wahrheit und Methode’”, in: Hermeneutik und Ideologiekritik. Mit Beiträgen von Apel, Bormann, Bubner, Gadamer, Giegel, Habermas, Frankfurt, Suhrkamp, 1971.

Gadamer, H.-G., Wahrheit und Methode, Tübingen, J.C.B. Mohr, 1975 (4. Aufl.).

Gadamer, H.-G., “Philosophie und Literatur”, in: Was ist Literatur? Beiträge von Hans-Georg Gadamer, Helmut Kubin, Gerhard Funke, Freiburg-München, Alber, 1981.

Graff, P., Krzemien-Ojak, S. (Hrsg.), Roman Ingarden and Contemporary Polish Aesthetics, Warszawa, Polish Scientific Publishers, 1975.

Grimm, G., Rezeptionsgeschichte, München, Fink, 1977.

Heidegger, M., Sein und Zeit, Tübingen, Niemeyer, 1963 (10. Aufl.).

Husserl, E., Ideen zu einer reinen Phänomenologie und phänomenologischen Philosophie. Drittes Buch: Die Phänomenologie und die Fundamente der Wissenschaften, in: ders., Husserliana. Gesammelte Werke Bd. 5, Den Haag, Nijhoff, 1952.

Husserl, E., Philosophie als strenge Wissenschaft, Frankfurt, Klostermann, 1965.

Husserl, E., Logische Untersuchungen Bd. 2, Teil 1: Untersuchungen zur Phänomenologie und Theorie der Erkenntnis, in: ders., Husserliana. Gesammelte Werke Bd. 19/1, Den Haag, Nijhoff, 1984.

Ingarden, R., Vom Erkennen des literarischen Kunstwerks, Tübingen, Niemeyer, 1968.

Ingarden, R., Das literarische Kunstwerk, Tübingen, Niemeyer, 1972 (4. Aufl.).
Ingarden, R., Gegenstand und Aufgaben der Literaturwissenschaft. Aufsätze und Diskussionsbeiträge (1937-1964), Tübingen, Niemeyer, 1976.
Iser, W., "Die Appellstruktur der Texte", Konstanz, Universitätsverlag, 1970.
Iser, W., Der implizite Leser, München, Fink, 1972.
Iser, W., "Im Lichte der Kritik", in: R. Warning (Hrsg.), Rezeptionsästhetik, München, Fink, 1975.
Iser, W., Der Akt des Lesens, München, Fink, 1976.
Iser, W., Laurence Sternes "Tristram Shandy". Inszenierte Subjektivität, München, Fink, 1987.
Jauß, H.R., "Paradigmawechsel in der Literaturwissenschaft", in: Linguistische Berichte Nr. 3, 1969.
Jauß, H.R., Literaturgeschichte als Provokation, Frankfurt, Suhrkamp, 1970.
Jauß, H.R., "Kleine Apologie der ästhetischen Erfahrung", Konstanz, Universitätsverlag, 1972.
Jauß, H.R., "Racines und Goethes Iphigenie", in: R. Warning (Hrsg.), Rezeptionsästhetik, München, Fink, 1975.
Jauß, H.R., "La Douceur du foyer. Lyrik des Jahres 1857 als Muster der Vermittlung sozialer Normen", in: R. Warning (Hrsg.), Rezeptionsästhetik, op.cit.
Jauß, H.R., "Zur Fortsetzung des Dialogs zwischen 'bürgerlicher' und 'materialistischer' Rezeptionsästhetik", in: R. Warning (Hrsg.), Rezeptionsästhetik, op.cit.
Jauß, H.R., "Der Leser als Instanz einer neuen Geschichte der Literatur", in: Poetica, Heft 3/4, 1975.
Jauß, H.R., Alterität und Modernität der mittelalterlichen Literatur, München, Fink, 1977.
Jauß, H.R., "Goethes und Valérys Faust. Versuch, ein komparatistisches Problem mit der Hermeneutik von Frage und Antwort zu lösen", in: Umjetnost Riječi, 1977.
Jauß, H.R., "Zur Abgrenzung und Bestimmung einer literarischen Hermeneutik", in: Text und Applikation. Theologie, Jurisprudenz und Literaturwissenschaft im hermeneutischen Gespräch, M. Fuhrmann, H.R. Jauß, W. Pannenberg (Hrsg.), München, Fink, 1981.
Jauß, H.R., Ästhetische Erfahrung und literarische Hermeneutik, Frankfurt, Suhrkamp, 1982.
Jauß, H.R., "Die Theorie der Rezeption – Rückschau auf ihre unerkannte Vorgeschichte", Konstanz, Universitätsverlag, 1987.
Jauß, H.R., Studien zum Epochenwandel der ästhetischen Moderne, Frankfurt, Suhrkamp, 1989.
Jurt, J., "Für eine Rezeptionssoziologie", in: Romanistische Zeitschrift für Literaturgeschichte Nr. 1-2, 1979.

Köpf, G. (Hrsg.), Rezeptionspragmatik, München, Fink, 1981.

Leenhardt, J., Jozsa, P., Lire la lecture. Essai de sociologie de la lecture, Paris, Le Sycomore, 1982.

Leenhardt, J., "Das 'Lesen-Können' oder: Über die sozio-historischen Modalitäten des Lesens", in: Zeitschrift für Literaturwissenschaft und Linguistik Nr. 57/58, 1985.

Link, H., Rezeptionsforschung. Eine Einführung in Methoden und Probleme, Stuttgart, Kohlhammer, 1976.

Lobsien, E., Theorie literarischer Illusionsbildung, Stuttgart, Metzler, 1975.

Naïr, S., "Connaissance des textes et montage polémique (A propos de Pour une esthétique de la réception), in: Sur les formes et leurs significations, Paris, Denoël-Gonthier, 1981.

Nassen, U., "Hans-Georg Gadamer und Jürgen Habermas: Hermeneutik, Ideologiekritik und Diskurs", in: ders. (Hrsg.), Klassiker der Hermeneutik, Paderborn, Schöningh, 1982.

Naumann, M., Gesellschaft, Literatur, Lesen. Literaturrezeption in theoretischer Sicht, Berlin-Weimar, Aufbau, 1973.

Naumann, M., "Das Dilemma der 'Rezeptionsästhetik'", in: Weimarer Beiträge Nr. 1, 1977.

Pagliano-Ungari, G., "Le Dialogue œuvre-lecteur", in: Le Structuralisme génétique, Paris, Denoël-Gonthier, 1977.

Segers, R.T., "Receptiesociologie", in: Spektator Nr. 10, 1980/81.

Segers, R.T., Gorp, H. van, Ghesquiere, R. (Hrsg.), Receptie-onderzoek: mogelijkheden en grenzen/Rezeptionsforschung: Möglichkeiten und Grenzen, Leuven, Acco, 1981.

Segers, R.T., The Evaluation of Literary Texts: An Experimental Investigation into the Rationalization of Value Judgments with Reference to Semiotics and Esthetics of Reception, Lisse, Peter de Ridder, 1978.

Stückrath, J., Historische Rezeptionsforschung. Ein kritischer Versuch zu ihrer Geschichte und Theorie, Stuttgart, Metzler, 1979.

Warneken, B.J., "Zu Hans Robert Jauß' Programm einer Rezeptionsästhetik", in: P.U. Hohendahl (Hrsg.), Sozialgeschichte und Wirkungsästhetik, Frankfurt, Athenäum-Fischer, 1974.

Warning, R. (Hrsg.), Rezeptionsästhetik, München, Fink, 1975.

Weber, H. (Hrsg.), Aufforderungen zum literaturdidaktischen Dialog, Paderborn, Schöningh, 1978.

Zima, P.V., "'Rezeption' und 'Produktion' als ideologische Begriffe", in: ders., (Hrsg.), Textsemiotik als Ideologiekritik, Frankfurt, Suhrkamp, 1977.

Ziomek, J., "Die Frage der Quasi-Urteile und das fiktive Bezugsfeld", in: P.V. Zima (Hrsg.), Semiotics and Dialectics. Ideology and the Text, Amsterdam, Benjamins, 1981.

Kap. 7

Barthes, R., Michelet par lui-mème, Paris, Seuil, 1954.

Barthes, R., Sur Racine, Paris, Seuil, 1963.

Barthes, R., Essais critiques, Paris, Seuil, 1964.

Barthes, R., Kritik und Wahrheit, Frankfurt, Suhrkamp, 1967.

Barthes, R., Die Lust am Text, Frankfurt, Suhrkamp, 1974.

Barthes, R., Sade, Fourier, Loyola, Frankfurt, Suhrkamp, 1974.

Barthes, R., Fragments d'un discours amoureux, Paris, Seuil, 1977.

Barthes, R., Leçon/Lektion, Frankfurt, Suhrkamp, 1980.

Barthes, R., Le Grain de la voix. Interviews, Paris, Seuil, 1981.

Barthes, R., Das Reich der Zeichen, Frankfurt, Suhrkamp, 1981.

Barthes, R., Am Nullpunkt der Literatur, Frankfurt, Suhrkamp, 1982.

Barthes, R., L'Obvie et l'obtus. Essais critiques III, Paris, Seuil, 1982.

Barthes, R., Elemente der Semiologie, Frankfurt, Suhrkamp, 1983.

Barthes, R., Le Bruissement de la langue. Essais critiques IV, Paris, Seuil, 1984.

Barthes, R., Das semiologische Abenteuer, Frankfurt, Suhrkamp, 1985.

Barthes, R., S/Z, Frankfurt, Suhrkamp, 1987.

Bense, M., Aesthetica, Baden-Baden, Agis, 1965.

Bense, M., Die Realität der Literatur. Autoren und ihre Texte, Köln, Kiepenheur und Witsch, 1971.

Bense, M., Semiotische Prozesse und Systeme in Wissenschaftstheorie und Design, Ästhetik und Mathematik, Baden-Baden, Agis 1975.

Bense, M., "Die semiotische Konzeption der Ästhetik", in: Zeitschrift für Linguistik und Literaturwissenschaft Jg. 7, Heft 27/28, 1977.

Bremond, Cl., Logique du récit, Paris, Seuil, 1973.

Charvet, M., Krumm, E., Tel Quel – un'avanguardia per il materialismo, Bari, Dedalo, 1974.

Calvet, L.-J., Roland Barthes. Un regard politique sur le signe, Paris, Payot, 1973.

Colloque Barthes. Peinture du signe, Rapports/Het Franse boek (Amsterdam), no. spécial "Actes du Colloque Barthes", 53. Jg., Nr. 2, 1983.

Coquet, J.-Cl., Sémiotique littéraire. Contribution à l'analyse sémantique du discours, Tours, Mâme, 1973.

Coquet, J.-Cl. (Hrsg.), Sémiotique. L'Ecole de Paris, Paris, Hachette, 1982.

Corti, M., An Introduction to Literary Semiotics, Bloomington-London, Indiana Univ. Press, 1978.

Courtés, J., Introduction à la sémiotique narrative et discursive, Paris, Hachette, 1976.

Doubrovsky, S., Pourquoi la Nouvelle Critique, Paris, Denoël-Gonthier, 1966.

Eco, U., Einführung in die Semiotik, München, Fink, 1972.

Eco, U., "Erzählstrukturen bei Ian Fleming", in: P.V. Zima (Hrsg.), Textsemiotik als Ideologiekritik, Frankfurt, Suhrkamp, 1977.

Eco, U., Das offene Kunstwerk, Frankfurt, Suhrkamp, 1977.

Eco, U., Il nome della rosa, Milano, Bompiani, 1980.

Eco, U., Sette anni di desiderio, Milano, Bompiani, 1983.

Eco, U., Apokalyptiker und Integrierte. Zur kritischen Kritik der Massenkultur, Frankfurt, Fischer, 1984.

Eco, U., Nachschrift zum 'Namen der Rose', München, Hanser, 1984.

Eco, U., Semiotik und Philosophie der Sprache, München, Fink, 1986.

Eco, U., Streit der Interpretationen, Konstanz, Universitätsverlag, 1987.

Eco, U., Semiotik. Entwurf einer Theorie der Zeichen, München, Fink, 1987.

Eco, U., Lector in fabula. Die Mitarbeit der Interpretation in erzählenden Texten, München, Hanser, 1987.

Eco, U., Interpretation and Overinterpretation (Hrsg. S. Collini), Cambridge, Univ. Press, 1992.

Fabbri, P., Pezzini, I. (Hrsg.), Mitologie di Roland Barthes. I Testi e gli Atti, Parma, Società Produzioni Editoriali, 1986.

Fleischer, M., Die sowjetische Semiotik. Theoretische Grundlagen der Moskauer und Tartuer Schule, Tübingen, Stauffenburg, 1989.

Garrroni, E. (Hrsg.), Estetica e linguistica, Bologna, Il Mulino, 1983.

Giovannoli, R. (Hrsg.), Saggi su 'Il nome della rosa', Milano, Bompiani, 1985.

Greimas, A.J., Du Sens. Essais sémiotiques, Paris, Seuil, 1970.

Greimas, A.J., "Die strukturale Linguistik und die Poetik", in: J. Ihwe (Hrsg.), Literaturwissenschaft und Linguistik II, 2, Frankfurt, Fischer-Athenäum, 1971.

Greimas, A.J., Strukturale Semantik, Braunschweig, Vieweg, 1971.

Greimas, A.J., "Pour une théorie du discours poétique", in: Essais de sémiotique poétique, Paris, Larousse, 1972.

Greimas, A.J., Maupassant. La sémiotique du texte: exercices pratiques, Paris, Seuil, 1976.

Greimas, A.J., Courtés, J., Sémiotique. Dictionnaire raisonné de la théorie du langage, Paris, Hachette, 1979.

Greimas, A.J., Du Sens II. Essais sémiotiques, Paris, Seuil, 1983.

Greimas, A.J., De l'imperfection, Périgueux, Pierre Fanlac, 1987.

Gumbrecht, H.U., "Algirdas Julien Greimas", in: W.-D. Lange (Hrsg.), Französische Literaturkritik der Gegenwart in Einzeldarstellungen, Stuttgart, Kröner, 1975.

Hendricks, W.O., "Circling the Square: On Greimas's Semiotics", in: Semiotica 75, 1/2, 1989.

Jefferson, A., "Semiotics of a Literary Text", in: PTL Nr. 3, 1977.

Jouve, V., La Littérature selon Roland Barthes, Paris, Minuit, 1986.

Kallmeyer, W., Klein, W. u.a., Lektürekolleg zur Textlinguistik (2 Bde.), Frankfurt, Athenäum-Fischer, 1974.
Kristeva, J., La Révolution du langage poétique. L'Avant-garde à la fin du XIXe siècle: Lautréamont et Mallarmé, Paris, Seuil, 1974.
Kroeber, B. (Hrsg.), Zeichen in Umberto Ecos Roman der Name der Rose. Aufsätze aus Europa und Amerika, München, Hanser, 1987.
Lagorio, S., Introduzione a Roland Barthes. Dalla semiologia alla teoria della scrittura, Firenze, Sansoni Editore, 1986.
Lavers, A., Roland Barthes. Structuralism and After, London, Methuen, 1982.
Link, J., Literaturwissenschaftliche Grundbegriffe. Eine programmierte Einführung auf strukturalistischer Basis, München, Fink, 1979 (2. Aufl.).
Lotman, J., Die Struktur des künstlerischen Textes, Frankfurt, Suhrkamp, 1973.
Mallac G. de, Eberbach, M., Roland Barthes, Paris, Editions Universitaires, 1971.
Prétexte: Roland Barthes. Colloque de Cerisy, Paris, UGE (10/18), 1978.
Ricœur, P., Le Conflit des interprétations, Paris, Seuil, 1969.
Schleifer, R., A.J. Greimas and the Nature of Meaning, Lincoln, Univ. of Nebraska Press, 1987.
Sörensen, D., Theory Formation and the Study of Literature, Amsterdam, Rodopi, 1987.
Sturm, H., Eschbach, A. (Hrsg.), Ästhetik und Semiotik. Zur Konstitution ästhetischer Zeichen, Tübingen, Narr, 1981.
Trabant, J., Zur Semiologie des literarischen Kunstwerks, München, Fink, 1970.

Kap. 8

Atkins, G.D., Reading Deconstruction. Deconstructive Reading, Univ. Press of Kentucky, 1983.
Behler, E., Derrida-Nietzsche/Nietzsche-Derrida, Paderborn, Schöningh, 1988.
Benjamin, W., Der Begriff der Kunstkritik in der deutschen Romantik, Frankfurt, Suhrkamp, 1973.
Culler, J., Dekonstruktion. Derrida und die poststrukturalistische Literaturtheorie, Reinbek, Rowohlt, 1988.
Culler, J., "De Man's Rhetoric", in: ders., Framing the Sign, Oxford, Basil Blackwell, 1988.
Derrida, J., La Dissémination, Paris, Seuil, 1972.
Derrida, J., Die Schrift und die Differenz, Frankfurt, Suhrkamp, 1972.
Derrida, J., L'Archéologie du frivole. Lire Condillac, Paris, Denoël/Gonthier, 1973.

Derrida, J., "L'Age de Hegel", in: GREPH, Qui a peur de la philosophie?, Paris, Flammarion, 1977.
Derrida, J., Die Stimme und das Phänomen, Frankfurt, Suhrkamp, 1979.
Derrida, J., Glas (2 Bd.), Paris, Denoël/Gonthier, 1981.
Derrida, J., Grammatologie, Frankfurt, Suhrkamp, 1983.
Derrida, J., Otobiographies. L'Enseignement de Nietzsche et la politique du nom propre, Paris, Galilée, 1984.
Derrida, J., Positionen, Wien-Graz, Böhlau, 1986.
Derrida, J., "Sporen. Die Stile Nietzsches", in: W. Hamacher (Hrsg.), Nietzsche aus Frankreich, Frankfurt-Berlin, Ullstein, 1986.
Derrida, J., Parages, Paris, Galilée, 1986.
Derrida, J., "Some Questions and Responses", in: N. Fabb, D. Attridge, A. Durant, C. MacCabe (Hrsg.), The Linguistics of Writing. Arguments between Language and Literature, Manchester, Manchester Univ. Press, 1987.
Derrida, J., Randgänge der Philosophie, Wien-Graz, Böhlau, 1988.
Derrida, J., Geschlecht (Heidegger). Sexuelle Differenz, ontologische Differenz. Heideggers Hand, Wien, Böhlau, 1988.
Derrida, J., Mémoires pour Paul de Man, Paris, Galilée, 1988.

Felperin, H., Beyond Deconstruction. The Uses and Abuses of Literary Theory, Oxford, Clarendon Press, 1985.
Frank, M., Das Sagbare und das Unsagbare. Studien zur neuesten französischen Hermeneutik und Texttheorie, Frankfurt, Suhrkamp, 1980.
Frank, M., Was ist Neostrukturalismus?, Frankfurt, Suhrkamp, 1984.
Frank, M., "Die Grenzen der Beherrschbarkeit der Sprache", in: P. Forget (Hrsg.), Text und Interpretation, München, Fink, 1984.
Fricke, D., "Jean-Pierre Richard", in: W.-D. Lange (Hrsg.), Französische Literaturkritik in Einzeldarstellungen, Stuttgart, Kröner, 1975.

Genette, G., "Bonheur de Mallarmé?", in: ders., Figures I, Paris, Seuil, 1966.
Genette, G., "Métonymie chez Proust", in: ders., Figures III, Paris, Seuil, 1972.
Habermas, J., Der philosophische Diskurs der Moderne, Frankfurt, Suhrkamp, 1985 (2. Aufl.).
Hartmann, G.H., Criticism in the Wilderness. The Study of Literature Today, New Haven and London, Yale Univ. Press, 1980.
Hartman, G.H., Saving the Text. Literature/Derrida/Philosophy, Baltimore and London, The Johns Hopkins Univ. Press, 1981.
Hartman, G.H., Easy Pieces, New York, Columbia University Press, 1985.
Heidegger, M., Vorträge und Aufsätze Teil II, Pfullingen, Neske, 1954.
Hempfer, K.W., Poststrukturale Texttheorie und narrative Praxis, München, Fink, 1976.

Jay, M., "The Debate over Performative Contradiction: Habermas vs. the Post-Structuralists", in: Zwischenbetrachtungen. Im Prozeß der Aufklärung, A. Honneth u.a., (Hrsg.), Frankfurt, Suhrkamp, 1989.

Man, P. de, Blindness and Insight. Essays in the Rhetoric of Contemporary Criticism, New York, Oxford University Press, 1971.
Man, P. de, "Reply to Raymond Geuss", in: Critical Inquiry 10, Dezember, 1983.
Man, P. de, The Rhetoric of Romanticism, New York, Columbia Univ. Press, 1984.
Man, P. de, The Resistance to Theory, Minneapolis, Univ. of Minnesota Press, 1986.
Man, P. de, "Der Widerstand gegen die Theorie", in: V. Bohn (Hrsg.), Romantik. Literatur und Philosophie, Frankfurt, Suhrkamp, 1987.
Man, P. de, Allegorien des Lesens, Frankfurt, Suhrkamp, 1988.
Man, P. de, Die Ideologie des Ästhetischen (Hrsg. Ch. Menke), Frankfurt, Suhrkamp, 1993.
Mooy, J.J.A., A Study of Metaphor, Amsterdam-New York-Oxford, North Holland Publishing Company, 1976.
Norris, Ch., Deconstruction. Theory and Practice, London, Methuen, 1982.
Richard, J.-P., L'Univers imaginaire de Mallarmé, Paris, Seuil, 1961.

Kap. 9

Albert, H., Aufklärung und Steuerung, Hamburg, Hoffmann und Campe, 1976.
Albert, H., Traktat über kritische Vernunft, Tübingen, J.C.B. Mohr, 1980 (4. Aufl.).
Apel, K.-O., Transformation der Philosophie (2 Bde.), Frankfurt, Suhrkamp, 1976.
Balog, A., Rekonstruktion von Handlungen. Alltagssituationen und soziologische Begriffsbildung, Opladen, Westdeutscher Vlg., 1989.
Bayertz, K., Wissenschaftstheorie und Paradigmabegriff, Stuttgart, Metzler, 1981.
Dufrenne, M., Esthétique et philosophie (3 Bde.), Paris, Klincksieck, 1976.
Eco, U., "Semiotik der Ideologien", in: P.V. Zima (Hrsg.), Textsemiotik als Ideologiekritik, Frankfurt, Suhrkamp, 1977.
Eibl, K., Kritisch-rationale Literaturwissenschaft, München, Fink, 1976.
Giddens, A., New Rules of Sociological Method, London, Hutchinson, 1976.
Glasersfeld, E. von, "Einführung in den Radikalen Konstruktivismus", in: P. Watzlawick (Hrsg.), Die erfundene Wirklichkeit. Wie wissen wir, was wir zu wissen glauben? Beiträge zum Konstruktivismus, München, Piper, 1981.
Goldmann, L., "Les Chats de Charles Baudelaire", in: ders., Structures mentales et création culturelle, Paris, Anthropos, 1970.

Habermas, J., Erkenntnis und Interesse, Frankfurt, Suhrkamp, 1973 (2. Aufl.).
Habermas, J., Vorstudien und Ergänzungen zur Theorie des kommunikativen Handelns, Frankfurt, Suhrkamp, 1984.
Haller, R., Facta und Ficta. Studien zu ästhetischen Grundlagenfragen, Stuttgart, Reclam, 1986.
Held, D., Thompson, J.B. (Hrsg.), Social Theory of Modern Societies. Anthony Giddens and his Critics, Cambridge, Univ. Press, 1989.
Jakobson, R., Lévi-Strauss, Cl., "Les Chats von Charles Baudelaire", in: Alternative Nr. 62/63, 1968.
Jauß, H.R., "Paradigmawechsel in der Literaturwissenschaft", in: Linguistiche Berichte Nr. 3, 1969.
Kindt, W., "Analyse des Aufsatzes 'Les Chats de Charles Baudelaire' von Roman Jakobson und Claude Lévi-Strauss", in: W. Kindt, S.J. Schmidt (Hrsg.), Interpretationsanalysen, München, Fink, 1976.
Kress, G., Hodge, R., Language as Ideology, London, RKP, 1979.
Kuhn, T.S., Die Struktur wissenschaftlicher Revolutionen, Frankfurt, Suhrkamp, 1976.
Link, J., Elementare Literatur und generative Diskursanalyse, München, Fink, 1983.
Lukács, G., "Franz Kafka oder Thomas Mann?", in: ders., Die Gegenwartsbedeutung des kritischen Realismus, Werke Bd. 4, Probleme des Realismus I, Neuwied-Berlin, Luchterhand, 1971.
Mannheim, K., Ideologie und Utopie, Frankfurt, Schulte-Bulmke, 1965 (6. Aufl.).
Masterman, M., "The Nature of a Paradigm", in: I. Lakatos, A. Musgrave (Hrsg.), Criticism and the Growth of Knowledge, Cambridge, Univ. Press, 1970.
Maturana, H.R., "Kognition", in: Der Diskurs des Radikalen Konstruktivismus, S.J. Schmidt (Hrsg.), Frankfurt, Suhrkamp, 1987.
Mecklenburg, N., Kritisches Interpretieren, München, Nymphenburger Verlagsanstalt, 1972.
Meja, V., Stehr, N. (Hrsg.), Der Streit um die Wissenssoziologie (2 Bde.), Frankfurt, Suhrkamp, 1982.
Mooy, J.J.A., "The Nature and Function of Literary Theories", in: Poetics Today Nr. 1-2, 1979.
Neurath, O., "Pseudorationalismus der Falsifikation", in: ders., Gesammelte philosophische und methodologische Schriften Bd. 2, R. Haller, H. Rutte (Hrsg.), Wien, Hölder-Pichler-Tempsky, 1981.
Pasternack, G., Theoriebildung in der Literaturwissenschaft, München, Fink, 1975.
Pêcheux, M., Les Vérités de La Palice, Paris, Maspero, 1975.

Popper, K.R., Falsche Propheten. Hegel, Marx und die Folgen, Bern-München, Francke, 1958.
Popper, K.R., "Normal Science and its Dangers", in: I. Lakatos, A. Musgrave (Hrsg.), Criticism and the Growth of Knowledge, Cambridge, Univ. Press, 1970.
Posner, R., "Strukturalismus in der Gedichtinterpretation. Textdeskription und Rezeptionsanalyse am Beispiel von Baudelaires 'Les Chats'", in: H. Blumensath (Hrsg.), Strukturalismus in der Literaturwissenschaft, Frankfurt, Athenäum, 1972.
Prieto, L.J., Pertinence et pratique. Essai de sémiologie, Paris, Minuit, 1975.
Prieto, L.J., "Entwurf einer allgemeinen Semiologie", in: Zeitschrift für Semiotik Nr. 1, 1979.
Reboul, O., Langage et idéologie, Paris, PUF, 1980.
Richards, J., Glasersfeld, E. von, "Die Kontrolle von Wahrnehmung und die Konstruktion von Realität", in: Der Diskurs des Radikalen Konstruktivismus, S.J. Schmidt (Hrsg.), Frankfurt, Suhrkamp, 1987.
Riffaterre, M., "La Description des structures poétiques: deux approches du poème de Baudelaire, Les Chats", in: ders., Essais de stylistique structurale, Paris, Flammarion, 1971.
Salamun, K., Ideologie und Aufklärung, Wien-Köln-Graz, Böhlau, 1988.
Schmidt, S.J., Literaturwissenschaft als argumentierende Wissenschaft, München, Fink, 1975.
Schmidt, S.J., "On the Construction of Fiction and the Invention of Facts", in: Poetics Nr. 4-5, 1989.
Todorov, T., Critique de la critique. Un roman d'apprentissage, Paris, Seuil, 1984.
Topitsch, E., Salamun, K., Ideologie. Herrschaft des Vor-Urteils, Wien, Langen-Müller, 1972.
Zima, P.V., Textsoziologie. Eine kritische Einführung, Stuttgart, Metzler, 1980.
Zima, P.V., Ideologie und Theorie. Eine Diskurskritik, Tübingen, Francke, 1989.

Personenregister

Ausgezeichnet mit dem Woitschach-Forschungspreis 1993:

Peter V. Zima

Ideologie und Theorie

Eine Diskurskritik

1989, 476 Seiten
geb. DM 68,–/ÖS 531,–/SFr 70,–
ISBN 3-7720-1850-5
kart. DM 48,–/ÖS 375,–/SFr 50,–
ISBN 3-7720-1823-8

Diese zugleich *soziologische* und *semiotische Studie* ist ein systematischer Versuch, den ideologischen Diskurs als semantisch-narrative Struktur zu beschreiben und gegen den theoretischen Diskurs abzugrenzen. Im Mittelpunkt stehen alte, von Soziologen, Semiotikern und Philosophen immer wieder aufgeworfene Fragen: Wie unterscheidet sich Theorie (Wissenschaft) von Ideologie? – Ist eine Unterscheidung überhaupt möglich?

Aus dem Inhalt:

I. Ideologiekritische Modelle – Die Suche nach dem archimedischen Punkt: Ideologie und Wissenschaft bei Marx und im Marxismus – Jenseits der Ideologie: "freischwebende Intelligenz" und "ideale Sprechsituation" – Ideologie und Wertfreiheit: Von Max Weber zum kritischen Rationalismus – Ideologie und Wissenschaft: Von Louis Althusser zu Michel Pêcheux – Ideologie als Diskurs: Von Adorno bis Derrida.

II. Der Diskurs der Ideologie – Textsoziologische Analysen: Textsoziologie – Die diskursiven Verfahren der Ideologie – Ideologie in der Theorie: Soziologische Modelle.

III. Der Diskurs der Theorie: Ambivalenz und Dialektik – Reflexion und Diskurs – Der interdiskursive Dialog.

Weitere UTB-Bände von Peter V. Zima:

Die Dekonstruktion

Einführung und Kritik

UTB 1805, 1994, XII, 251 Seiten, DM 32,80/ÖS 256,–/SFr 33,80
UTB-ISBN 3-8252-1805-8

Zimas Buch vermittelt eine Übersicht über die Dekonstruktion, die Jacques Derrida als radikale Kritik an der metaphysischen Tradition der abendländischen Philosophie konzipiert hat und die in den USA von Literaturtheoretikern wie Paul de Man, J. Hillis Miller und Geoffrey H. Hartman weiterentwickelt wurde. In *Die Dekonstruktion* werden die philosophisch-ästhetischen Grundlagen und die Schlüsselbegriffe der verschiedenen dekonstruktivistischen Ansätze erläutert. Anhand von Modellanalysen schlägt der Autor eine Brücke von der Theorie zur Praxis der Dekonstruktion.

Komparatistik

Einführung in die Vergleichende Literaturwissenschaft
Unter Mitarb. v. Johann Strutz

UTB 1705, 1992, XII, 354 Seiten, DM 36,80/ÖS 272,–/SFr 36,80
UTB-ISBN 3-8252-1705-1

Basierend auf einem textsoziologischen Ansatz rekonstruiert Zima die Wissenschaftsgeschichte der Komparatistik und beschreibt essentielle Arbeitsfelder: typologischer Vergleich, genetischer Vergleich, Rezeptionsforschung, literarische Übersetzung, Periodisierung und Gattungsgeschichte. Dabei geht es auch darum, auf komparatistischer Ebene 'Moderne' und 'Postmoderne' neu zu bestimmen.

Preisänderungen vorbehalten

RECLAM-BIBLIOTHEK

Unsere Anthologie »Die Sonnenuhr« umfaßt etwa tausend Jahre tschechischer Dichtung von den ersten Schriftdenkmälern des 10. Jahrhunderts über die mittelalterliche Blütezeit und die Vielfalt des Barock in steigender Fülle bis hin zu den experimentellen und prononciert politischen Gedichten unserer Tage; sie endet mit dem Jahr 1992.
Besonders in den vergangenen anderthalb Jahrhunderten hat die tschechische Lyrik einen beeindruckenden und, trotz wechselvollen nationalen Schicksals, stets sich erneuernden Beitrag zur Weltliteratur geleistet: Sie reflektierte die Strömungen der Zeit, hat aber nicht selten auch neue Ideen, Methoden, Formen und Nuancen eingebracht. Dies wird im europäischen Zusammenhang oftmals mehr geahnt als sichtbar dokumentiert. Die verhältnismäßig schwierige Sprache einer kleinen Nation in der Mitte Europas erschwert den Zugang zum spezifischen Kern dieser Dichtung.
Dem ein wenig abzuhelfen ist erstes Ziel dieses Buches.

DIE SONNENUHR

Tschechische Lyrik aus 11 Jahrhunderten

Herausgegeben von Ludvík Kundera

RECLAM VERLAG LEIPZIG

Aus dem Tschechischen
Mit Kommentaren des Herausgegebers
Mit 18 Abbildungen

ISBN 3-379-01462-1

Den für diesen Band erarbeiteten Nachdichtungen liegen Interlinearübersetzungen von Ludvík Kundera zugrunde.
Die Vorbemerkung und die Einleitungen der Teile 1, 2 und 3 übersetzte Karl-Heinz Jähn.
Die Bildvorlagen stammen aus dem Archiv des Herausgebers.

Reclam-Bibliothek Band 1462
2., veränderte Auflage, 1993
Reihengestaltung: Hans Peter Willberg
Umschlaggestaltung: Matthias Gubig unter Verwendung einer Illustration zu Karel Hlaváček von František Tichý (1948)
Printed in Germany
Satz: Schroth Fotosatz GmbH i. G., Limbach-Oberfrohna
Druck und Binden: Ebner Ulm
Gesetzt aus Garamond-Antiqua

Vorbemerkung

Die Ziele dieser Anthologie sind nicht rein literaturgeschichtlich, maßgebend sind die Frische und poetische Aktualität der Verse, ihre heutige Lesbarkeit. Diesem Standpunkt wurden etliche Perioden und Namen besonders der älteren Zeit, die nur einige Kenner ansprechen können, geopfert. Die entstandenen »Lücken« werden durch einen kurzen Kommentar in den Einleitungen zu den drei Teilen der Anthologie überbrückt. Andererseits sind aber auch Tendenzen und Arten vertreten, die oftmals dem Auge der Anthologisten entgehen. Das geschieht aus zwei Gründen: entweder weil solche Erscheinungen in der deutschen Literatur keine oder nur vage Parallelen haben (Poetismus, betont imaginative Töne, lyrische Prosa) oder aber weil die deutsche Analogie eindeutig ist (expressive, ja expressionistische Anklänge, Heine-Erinnerungen, Bänkellieder). Erwähnt sei, daß als Poesie heute manchmal auch das klingt, was in früherer Zeit andere Funktionen erfüllte (Titelseiten der Comenius-Bücher, Anleitungsreimereien alter Dorfchronisten, Protestsongs der dreißiger Jahre des 20. Jahrhunderts etc.).

Die Gedichte des 10. bis 18. Jahrhunderts reihen sich in unserer Anthologie mehr oder weniger chronologisch nach den kulturgeschichtlichen Epochen aneinander. Aus dem 19. Jahrhundert – an dessen Beginn die überragende Gestalt K. H. Máchas steht – werden die wichtigsten Persönlichkeiten in einzelnen »Porträts« vorgestellt. Die tschechische Verssatire wurde absichtlich ausgeklammert, erstens wegen des betont lyrischen Grundgestus dieser Anthologie, zweitens weil diese »Gebrauchsgattung« allzuviel Kommentar benötigt. Diese Regel bestätigt eine Ausnahme: die Satire des Havlíček Borovský, in der sich die zeitkritischen und lyrischen Werte großartig ergänzen und multiplizieren. Ab 1900 ändert sich die Art der Präsentation: Die tschechische Poesie wird im Kontrapunkt der Zeit, innerhalb der »Magnetfelder« ihrer Entwicklungstendenzen betrachtet. Den Grundriß des dritten Teiles der Anthologie bilden also die geschichtlichen Knotenpunkte: Der Zusammenhang der tschechischen Poesie mit dem Zeitgeschehen ist im 20. Jahrhundert »direkt proportional«. Zwischen diesen Brennpunkten bleibt genügend Raum für »Intermezzos«: Liebeslyrik, Naturlyrik, Experimente.

Die Übertragungen ins Deutsche erleichterten seit den Zeiten der nationalen Wiedergeburt den Eintritt der tschechischen Poesie in den europäischen Kontext. Die Arbeit der »Deutschböhmen« Joseph Wenzig und Eduard Albert – sie gaben im 19. Jahrhundert mehrere Anthologien heraus – führten mit einem qualitativen Sprung in den ersten Jahrzehnten des 20. Jahrhunderts deutsche Dichter und Nachdichter aus Böhmen weiter: Rudolf Fuchs, Otto Pick, Paul Eisner (Die Tschechen. Eine Anthologie aus fünf Jahrhunderten. Piper-Verlag, München 1928), F. C. Weiskopf, Peter Pont, Louis Fürnberg. Ihr Zugang zur tschechischen Poesie war unvermittelt: dichterische und philologische Fähigkeiten überdeckten sich. Letzter Vertreter dieser Tradition war der vielsprachige O. F. Babler.

An der Schwelle der sechziger Jahre entstehen erste Übertragungen tschechischer Poesie, welche jüngere deutsche Dichter auf Grund von Interlinearübersetzungen schaffen. Dieses Vorgehen wird immer öfter in vielen Ländern Europas praktiziert und führt zu guten Ergebnissen, sofern drei Bedingungen erfüllt sind: daß erstens wirkliche Dichter am Werk sind, zweitens eine ständige philologische Beratung erfolgt und drittens ein gründliches Eindringen in die innere Struktur der Texte und den äußeren Zeit- und Kunstkontext vonstatten geht.

Zu Beginn dieser Periode hat Franz Fühmann Bedeutendes geleistet. Er war einst auch Anreger dieser Anthologie, in der viele neue Nachdichter zur Wort kommen. Dieser Generationswechsel führte methodisch zur Herausbildung einer »neuen Schule« von Übersetzern. Ihre Prinzipien sind schon bei Fühmann angedeutet und setzen sich parallel auch in der neuen deutschen Poesie durch: Freier wird der rhythmische Grundriß behandelt, die Poetik der verschiedenartigen freien Rhythmen wird nuancierter durchgearbeitet, der sogenannte reine Reim weicht allmählich bisher »unerlaubten« Zusammenklängen und »unklassischen« Reimen, Assonanzen, ja Konsonanzen. Nicht jede Vorlage erlaubt automatisch dieses freiere Vorgehen. Aber für die mittelalterliche Dichtung, das Volkslied und die Texte der Moderne sind das oft geeignete Mittel, die viel mehr Assoziationsmöglichkeiten erschließen und so dem Sinn der Originaltexte näherkommen. Mehr Freiheit bedeutet also hier mehr Treue!

Es liegt in der Tradition der tschechischen Kunst, in der – nach Halas – »die Dichter immer gemeinsam mit den Malern zogen«, daß im Unterschied zu strikten deutschen Gepflogenheiten die Buchausgaben tschechischer Poesie, besonders nach 1918, fast immer graphische Arbeiten begleiten: Umschlag, Frontispize, oft mehrere Illustrationen. Proben dieser Buchgraphik in der »Sonnenuhr« ermöglichen dem Leser einen Einblick in das Gewebe der tschechischen bildenden Künste.

Kunštát na Moravě, Sommer 1985

Zur 2. Auflage

In schlimmer Zeit war es dank menschlicher Solidarität gelungen, den Text der 1. Auflage dieser Anthologie den tschechischen Zensurbehörden vorzuenthalten und den Lesern so ein unverstümmeltes Bild der tschechischen Dichtung zu bieten. Die Anthologie endete etwa mit dem Jahr 1950, was die Notwendigkeit von Kompromissen bezüglich des Abdrucks drittrangiger partei-offiziöser Gedichte der fünfziger bis achtziger Jahre a priori ausschloß.

Für die 2. Auflage wurde der Text wesentlich gekürzt, um der neueren und neuesten tschechischen Poesie in einem 4. Teil der Anthologie Raum zu geben. Die Bewegung der poetischen Schichtungen im Verhältnis zu einem ungünstigen Zeitgeschehen wurde wohl real skizziert. Aus räumlichen, aber auch aus übersetzerischen Gründen mußten viele Gedichte – also Dichter – wegfallen: Underground, Songs, die allerjüngste Poesie ...

Andere Anthologien werden hoffentlich bald das Gesamtbild ergänzen.

Kunštát na Moravě, Frühjahr 1993

Ludvík Kundera

1. TEIL:

Der Baum das Blattkleid um sich schlingt

10. bis 18. Jahrhundert

Dřěvo sě listem odievá

Dřěvo sě listem odievá,
slavíček v keřku spievá.
Máji, žaluji tobě
a mécě srdce ve mdlobě.
Zvolil sem sobě milú,
ta tře mé srdce pilú.
Pila hřěže, ach bolí,
a tvójť budu, kdeť sem koli.
Srdéčko, divím sě tobě,
jže nechceš dbáci o sobě.
Tvá radost, veselé hyne
pro tu bejzez jmene.

Ačť bych já ji zmenoval,
mnohýť by mě štráfoval
a řka: – Proč ty tak slúžíš?
Čemu sě milostí chlubíš?
Neustavičný milovník
jako u čěsty hřěpík:
k čemu sě koli přičiní,
tomu všemu uškodí.
Ktoť sem, tenž nosímť pílu,
jáť mám najkraší milú,
téť nikomu nepoviem,
sámť ji s mým srdéčcem viem.

Viera vieřě pomáhá:
kdeť sú dva sobě věrna,
on jí a ona jemu,
nepoviedaj třeciemu.
Mnohýť sě rád honosí,
ten tajemství pronosí.
Ach, naň! Zlýť obyčějť jmá,
nepřějtež jmu, chtoť jeho zná.
Poniž on vás tak hanie,
prosímť vás, panny i panie,
přězdiec jemu »ruší nás«,
vyscěrčmež jeho pryč od nás!

Der Baum das Blattkleid um sich schlingt

Der Baum das Blattkleid um sich schlingt,
die Nachtigall im Sträuchlein singt.
O Mai, ich will mein Leid dir klagen,
das Herz kann es nicht länger tragen.
Denn meine Liebste, die ich wählte,
fährt mir ins Herz mit einer Säge.
Die Säge schneidet, ach, ich leide,
doch bin ich dein, wo ich auch bleibe.
Mich wunderts, Lieber, ohnemaßen,
daß du dich willst verschmachten lassen.
Freud ist und Frohsinn dir erstorben,
seit du, die namenlos, umworben.

Ach, wollt ich sie beim Namen nennen,
hört ich die Tadler allerenden
murrn: Heißt man dies wohl, recht zu dienen?
Wie darfst du prahlen mit der Liebe?
Wer Stete in der Lieb nicht hätte,
gliche am Wegesrand der Klette:
Wem sie sich erst hat beigesellt,
gar übel ists um ihn bestellt.
Und wär ich so, müßt Sorg ich tragen,
da ich die schönste Buhlin habe.
Von ihr mag ich mit keinem scherzen,
hab sie erkannt in meinem Herzen.

Vertrauen kann Vertraun entfalten:
Wo zwei einander Treue halten,
und sie zu ihm, er zu ihr steht,
fern man sich vom Dritten hält.
Wer prahlt, des wird man gern entraten,
der, was geheim, will weitertragen.
Ihm wehrt! Und seinen bösen Brauch
bekämpft, der nicht zur Freundschaft taugt.
Und da er euch mit Schmach bedeckt,
bitt ich euch, Fraun und Mädchen, gebt
ihm nun den Namen ›Störenfried‹,
verjagt ihn, daß man ihn nicht sieht!

Roland Erb

In der prähistorischen, der mythologischen Zeit des tschechischen Heidentums hat das Volk Lieder zu Ehren der Götter und Gottheiten gesungen, während ritueller Feiern, aber auch Arbeits-, Liebes- und Tanzlieder. Die Existenz dieser mündlich überlieferten Literatur kann man nur voraussetzen; sie ist jedoch wahrscheinlich.

Der tschechischen, das heißt der alttschechischen Dichtung geht eine schriftliche Überlieferung in altkirchenslawischer Sprache voraus, in der Kirchensprache, die die »Glaubensboten« Kyrill (ursprünglich Konstantin) und Method aus dem christlichen Byzanz mitgebracht hatten. Sie waren im 9. Jahrhundert auf dem Boden des Großmährischen Reiches tätig. Nach dem Untergang dieses Staatsgebildes wurde das Böhmen der Přemysliden das neue Zentrum für das Altkirchenslawische, das dem Volke verständlich war, jedoch dem Lateinischen unterlag.

Eine Brücke zwischen der altslawischen und tschechischen Überlieferung bildet das älteste tschechische Lied »Herr, erbarm dich unser«, ein Literaturdenkmal, das vielfach – und durchaus treffend – mit der Architektur der romanischen Rotunden verglichen wird. Es hat sich über etliche Jahrhunderte erhalten und vielerlei Funktionen erfüllt: als Kampflied wie als feierliches Lied, als Kirchengesang wie als elegisches Lied.

Das Lied »Heiliger Wenzel«, der frühgotischen Architektur vergleichbar, entstammt dem bereits ausgeprägten Feudalismus; im Laufe der Zeiten wurden seinen drei ursprünglichen Strophen weitere hinzugefügt.

In den folgenden Jahrhunderten entstehen Legenden, epische Werke, Chroniken und andere Dichtungen, die sich von den ähnlichen Überlieferungen der benachbarten Nationen kaum unterscheiden. Der tschechische Vers hat sich jetzt nicht nur gegen den lateinischen, sondern zugleich auch gegen den deutschen Vers durchzusetzen, seine Entwicklung oder sein »Fortschritt« ist also mehr als schwierig. Bei vielen Texten und Fragmenten, deren Autoren im allgemeinen unbekannt sind, darf man eine Verbreitung durch den mündlichen Vortrag annehmen. Wie bei aller mittelalterlichen Literatur ist die thematische Originalität nicht wichtig, dafür aber die Geschliffenheit, die Kunstfertigkeit der dichterischen Form, die zuweilen sogar zum Selbstzweck wird.

Winzige Bruchstücke von Volksdichtung finden wir in einem der ältesten Dramenfragmente, wo zwei Liedanfänge zitiert, das heißt der »fröhlichen Maria Magdalena« in den Mund gelegt werden:

Wohin ich ging,
das Gras war grün;
meinen Schleier ich ordnete,
nach einem Manne suchend, ich Ausschau hielt.
...
Ich war im Gärtchen,
im grünen Hain,
pflückte Blumen
für mein Brüderlein;
dies alles meinem Brüderlein zuliebe.
...

Im 13. Jahrhundert begann in der tschechischen Geschichte eine wichtige Etappe: Es wurden deutsche Bauern, Handwerker und Bergleute ins Land gerufen – man spricht von der äußeren, das heißt deutschen Kolonisation. Die tschechischen Herrscher – die letzten Přemysliden – luden zugleich auch deutsche Minnesänger zu sich ein oder empfingen sie einfach bei Hofe. Dazu gehörten Heinrich der Mîsenære, genannt Frauenlob, Ulrich von Eschenbach, Heinrich von Frîberg und Reinmar von Zweter. Ihrer Feder entstammt eine weltliche deutsche Literatur, die auf tschechischem Boden geschrieben, in ihrer Wirkung jedoch nur auf einen kleinen höfischen Kreis beschränkt war. Sie bewirkte die zunehmende Laizisierung der Literatur, die bisher ausschließlich Sache des Klerus war, und offensichtlich beförderte sie die tschechische weltliche Dichtung, die, wie in Westeuropa, von den sogenannten fahrenden Schülern gepflegt wird. Im Mittelalter ist der Textautor zugleich der Komponist und Interpret des Liedes. Der zu hoher Kunstfertigkeit entwickelte Minnesang – mit seinem »Dienst« für eine recht abstrakt aufgefaßte »Frau«, mit seiner formalen Vielfalt vom einfachen Lied bis zur komplizierten, symbolhaften Komposition – wird vor allem durch die Kleriker und die Schüler bereichert, die in diese Dichtungen nicht nur reflexive, wortbildnerische Elemente (z. B. in der makkaronischen Lyrik, in der sich tschechische und lateinische Verse mischen) einbringen, sondern insbesondere Humor, Satire, Parodie, Volkstümlichkeit. Diese Elemente wirken wiederum auf die geistliche Lyrik zurück. Dichtungen entstehen, die eine religiöse wie eine erotische Deutung zulassen. Das studentische Leben der »fröhlichen Armut« verleiht dieser Poesie rauhe, plebejische Töne; die Liebeslyrik verliert ihre charakteristischen Züge und wird mitunter zum verdichteten Abbild des Lebens.

Die Hussitenzeit, die in der ersten Hälfte des 15. Jahrhunderts in der europäischen Geschichte einen einzigartigen gedanklichen Aufschwung markiert, verbunden mit dem ersten Versuch einer antifeudalen Revolution und der Schaffung einer neuen, gerechten Gesellschaft auf der Grundlage eines erneuerten Christentums, war der Poesie im heutigen Sinne des Wortes nicht sehr wohlgesonnen, ja sie nahm in bezug auf die Kunst eine zuweilen asketische, wenn nicht gar ausgesprochen bilderstürmerische Haltung ein. Ziel des geschriebenen und gesprochenen Wortes sollte in erster Linie religiöse Erziehung, Propaganda und Agitation sein. Auf den ersten Blick mutet daher das hussitische Schrifttum wie ein Ausbrechen aus der Tradition an, wie ein »Beginn von Anfang an«.

Ein dünner Faden, der die Hussitenliteratur mit der Vergangenheit verbindet, existiert aber doch, und zwar in der schonungslosen Satire des 14. Jahrhunderts. Aber auch das »rein lyrische« Schaffen vorangegangener Zeiten wird nicht total ignoriert: Die überlieferten Modelle werden mit neuem Inhalt erfüllt. Die eigentliche poetische Domäne des Hussitentums ist der religöse Gesang: Der Choral »Gotteskämpfer, auf zum Streite« hält sich im Bewußtsein des Volkes bis heute. Das Hussitentum aktualisierte jedoch auch die typisch mittelalterliche Form des Dichterstreites, des Anschauungs-, des Meinungsdisputs, sei es über ein politisches oder über ein philosophisch-religiöses Thema. Im Vergleich zur hochmittelalterlichen Poesie ist das Register der poetischen Mittel jedoch bescheidener. Dafür erreicht diese Dichtung einen um vieles breiteren Publikumskreis als die mehr oder weniger gelehrten und höfischen Äußerungen des vorhergehenden Jahrhunderts. Die Tatsache, daß die hussitische Versdichtung häufig solche Aufgaben übernahm, mit denen sich früher die wissenschaftliche Literatur befaßte, bestätigt die Auffassung, daß die größte Leistung der hussitischen Literatur in ihrer umfassenden Demokratisierung besteht.

Unmittelbar nach der Hussitenzeit legte der urwüchsige südböhmische Denker Petr Chelčický mit seinen Schriften »Postille« und »Netz des Glaubens« den Grundstein der sogenannten Gemeinde der Böhmischen Brüder, die dann 1457 in Kunvald gegründet wurde. Aus der ursprünglich verfolgten radikalen und auf ihre Weise »präkommunistischen« Sekte wurde im Laufe der Zeit eine selbständige, rein tschechische humanistische Gemeinschaft, die in Abgeschiedenheit, doch intensiv, die tschechische Sprache und das tschechische Denken in geistlichen Liedern, in Traktaten und später vor allem in der Bibelübersetzung kultivierte.

Aber dennoch befindet sich zwischen der Hussitenzeit und dem wichtigen Meilenstein des Jahres 1620 (der Schlacht am Weißen Berge bei Prag, die am Beginn des Dreißigjährigen Krieges steht) auf der Karte der tschechischen Poesie ein weißer Fleck. Eine Ausnahme der literarisch unbedeutenden tschechischen Renaissance bildet allein der »Maientraum«, eine Dichtung Hyneks von Poděbrady, eines Sohnes des »Hussitenkönigs« und Initiators eines alleuropäischen Friedens Jiří von Poděbrady. In der sonstigen erhaltenen Literatur überwiegt das lateinische humanistische Schaffen. Die Volkslektüre besaß didaktischen Charakter; sicherlich ist vieles im Laufe der Jahrhunderte verlorengegangen, doch das würde am Bild des erheblichen Verfalls kaum etwas ändern. Einige Liedertexte aus Kantionalen, und zwar auch aus nichtkatholischen (der Kalixtiner, der Brüdergemeinde), gingen später in die katholischen Gesangbücher ein.

Diese gehören schon mehr zur nächsten Etappe, zum sogenannten literarischen Barock. Es gibt dessen zwei: den katholischen und den reformatorischen, das heißt nichtkatholischen Barock.

Aus der Literatur des katholischen Barocks hat bis heute so manches Weihnachts- oder Osterlied seinen Klang bewahrt. In Ausnahmefällen finden sich auch umfangreichere reflexive Dichtungen, die dem Vergleich mit ähnlichen zeitgenössischen Werken in anderen, insbesondere den deutschen Ländern relativ gut standhalten und im Geiste der Zeit sie auch als Vorlagen betrachten oder frei paraphrasieren. So stützen sich die anonymen »Lieder von den vier letzten Dingen des Menschen« auf den »Todtentanz« des deutschen Jesuiten Peter Franck, doch sie gehen mit der Vorlage sehr frei um, indem sie eigene Invention und eigenen Ausdruck in sie hineinlegen. Die volkstümliche, teils ländliche, aber auch städtische Dichtung fängt die Leiden der Zeit mit aller realistischen Härte ein. In reicher motivischer und thematischer Entfaltung entwickelt sich das Krämer-, das Jahrmarktslied, das sogar mit einer Prise bizarrer Phantasie und mit Humor, der manchmal unfreiwillig ist, das ganze damalige Leben einschließt. Das Extreme der Situation wurde durch diese Texte begleitende Bilder unterstrichen.

Die nichtkatholische Volksdichtung kehrt mit der zunehmenden Rekatholisierung, mit dem Abdrängen der »Ketzer« an die Peripherie des Lebens, immer mehr zu den hussitischen Idealen zurück. Jan Amos Komenský, eine der größten Gestalten der tschechischen Kulturgeschichte, eine enzyklopädische Erscheinung des nichtkatholischen Barocks (selber Bischof der Böhmischen Brüdergemeinde), ein Denker und Praktiker auf vielen – insbesondere pädagogischen und philosophisch-religiösen – Gebieten, ist auch ein bemerkenswerter Dichter und Poetologe. Als Gedichte mit scharfen Kontrasten lesen wir zum Beispiel selbst heute noch die reich ausgestatteten Titelseiten seiner Bücher. Komenský war als Dichter bislang nur wenig bekannt; erst als ein beträchtlicher Teil seiner Verse und seiner poetologischen Arbeiten 1983 in den »Opera omnia« zugänglich gemacht wurde, erlangt er allmählich auch als solcher Bedeutung.

Während der »Zeit der Finsternis« im 17. und 18. Jahrhundert, als Latein und Deutsch das Feld der offiziellen Literatur beherrschten und das Tschechische so gut wie nicht mehr vorhanden war, kam es zu einem überaus verblüffenden und bemerkenswerten Phänomen, so daß es nicht erstaunlich ist, wenn die alten Literaturhistoriker häufig von einem Wunder sprachen: Im Mund des Volkes lebte die tschechische Poesie, entwickelte sich weiter und verhalf der tschechischen Sprache dazu, jene Epoche zu überwinden, in der viele das Tschechische schon zu Grabe getragen hatten.

Das Volkslied vermittelt vor allem in prägnanter Verkürzung ein Bild vom Leben des Landvolkes im 18. Jahrhundert bei der Arbeit, beim Vergnügen, innerhalb der zeitbedingten Streitigkeiten, im Widerstand gegen die Obrigkeit, gegen den Militärdienst usw., und zwar mit einer spontanen Selbstverständlichkeit, die den Begriff »museale Folklore« verbietet. Zum anderen konkretisiert es die Psychologie der verschiedenen »Stämme« auf dem Territorium Böhmens, Mährens und Schlesiens. Der Unterschied zwischen dem harmonischen, idyllischeren Lied aus der mittelböhmischen Elbniederung und den temperamentvolleren, rebellischeren Liedern aus Süd- oder Nordmähren liegt auf der Hand, und zwar im Text wie in der Melodie. Zum dritten verfügt die Volkspoesie über eine große formale Spannweite, von den kleinen lyrischen Liedchen über die epischeren Lieder bis hin zur suggestiven Ballade. Es ist das unvergängliche Verdienst der tschechischen Romantik, das Sammlerinteresse an der Volksliteratur angeregt zu haben. Zu den hervorragendsten Sammlern gehören auch zwei bedeutende Dichter des 19. Jahrhunderts: Čelakovský und Erben. Unmittelbar vor dem zweiten Weltkrieg stellten die Dichter Halas und Holan eine charakteristische Anthologie der Volkspoesie mit dem Titel »Die Liebe und der Tod« zusammen. Ihre Methode beschrieben sie auf folgende Weise: »Bestimmt wurde die Auswahl durch unsere ganz persönliche Vorliebe für die Sicht, für die Metapher, die Geste, für die Atmosphäre überhaupt, für diese Atmosphäre, die mit ihrem unendlich rührenden Zauber, ihrer Frische und Unmittelbarkeit sozusagen suggeriert, daß alles gerade erst geboren wurde ... Wenn die Sujets hier häufig im Kreise wiederkehren, so daß dies schon dem Gemurmel von Flüchen gleichkommt, dann nur, weil die Sehnsucht geblieben und von der Erfüllung gesucht, gefunden oder nicht erreicht worden ist, eben durch die Melodie und die Schönheit der Bilder, welche der Innigkeit der Seele, der Sehnsucht nach Liebe, der Erfahrung der Schuld und dem Erhören des Schicksals entspringen ...«

Kyrie eleison!

Alttschechischer geistlicher Gesang

Herr, erbarm dich unser

Herr, erbarm dich unser,
Jesus Christ, erbarm dich!
Welterlöser, du Heiland,
bring uns Heil, Herr,
höre unsrer Stimmen Flehen,
laß uns alle, Herr, im Land in Frieden leben!
Kyrie eleison! Kyrie eleison!

Otto F. Babler

Heiliger Wenzel

Heiliger Wenzel,
der Böhmen Herzog,
du, unser Fürst,
bitt für uns Gott,
bitt uns den Heiligen Geist!
Kyrie eleison!

Wie schön ist des Himmels Hofburg,
wohl dem, der in sie einzog,
ins ewige Leben,
hell loderndes Feuer
des Heiligen Geistes!
Kyrie eleison!

Wir erflehn deinen Beistand,
erbarm dich, beim Heiland,
tröste, die trübselig,
und vertreib alles Böse,
Heiliger Wenzel!
Kyrie eleison!

Roland Erb

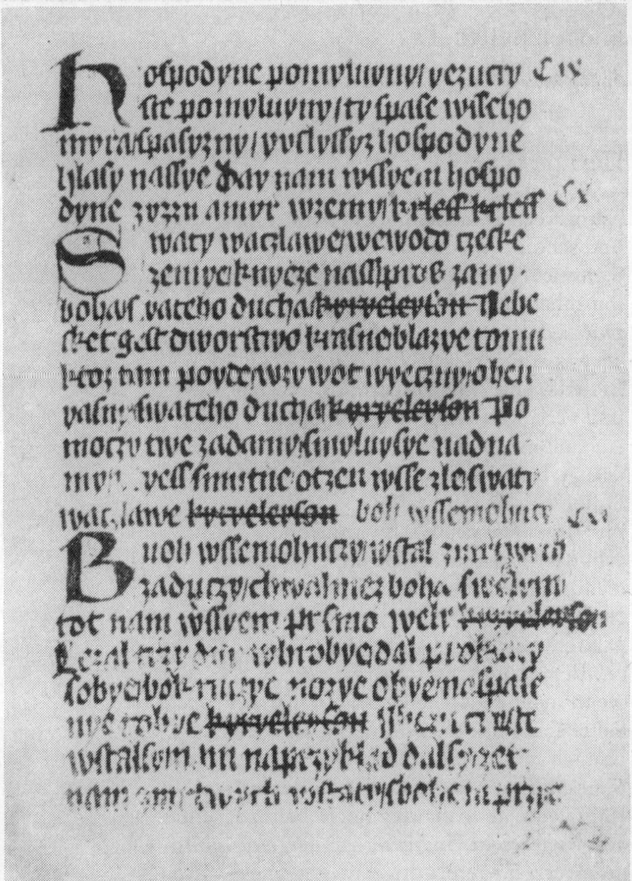

Handschrift der Lieder »Herr, erbarm dich unser« und »Heiliger Wenzel«; 14. Jahrhundert

Lieber heller Tag

Alttschechische Lyrik

Lied des Záviš

Schon verläßt mich all mein Frohsinn,
und schon endet alle Tröstung.
Sehnsuchtsblut, dem Herz entquoll es:
ihr zulieb, die mich erlöse.
Durch das Äuglein schießt sie Blicke
jäh in meines Herzens Mitte.
In der Sehnsucht Glut ich bald vergehe,
und verlangend rinnt mir hin die Lebenszeit:
Ach, all ihre teure Schönheit
drängt, daß ich nicht widerstehe.
Unter Qualen
und in seinem Blute schwimmend,
ach, das Herz nur darauf sinnet,
daß du Lieb, wenn möglich, schenkst mir Armem.
Nein, gewiß ist,
daß ich nicht lang hab zu leben
mit dem sehnsuchtsvollen Streben,
wenn nicht die Geliebte zeigt Erbarmen.
Sehnsucht reißt mich hin zu jeder Stunde,
und ich möchte fast verglühen,
ohne Macht, die Sehnsüchte zu lindern.
Ihretwegen geh ich, jung noch, bald zugrunde.
Das ist all mein Unglück, daß ich, einst voll Freude,
gramverzehrt bin heute
jener Liebe wegen ohne Treue.
Oh, die Wehmut! Traure und bin doch nicht schuldig.
Ach, mein Singen,
länger wird es nicht erklingen,
Jungfern, klagt um mich, ihr edlen Frauen,
weil zugrund ich geh, der Lieb vertrauend.
Die schöne Sonne geht nun auf,
am Himmel zieht ihr Glanz herauf,
und die Geliebte füllt das Herz mir aus,
treibt all den frohen Sinn hinaus,

wenn sich die Heißersehnte nicht erbarmt.
Hätt ich jemand nur auf Erden,
der im Sehnen zu mir stünde,
könnte Trostes viel mir werden
und in Treue ich ihm diente.
Wie der Phönix kann entzünden,
da er strebt, sich zu verjüngen,
Feuer, hell auflodernd rasch:
So springt meines Herzens Blüte,
Sehnsuchtsflamme, roterglühte,
auf im Herzen Tag und Nacht.
Wünsch ich doch in meinen jungen Jahren
Sehnsucht viel dem Herzen,
wenn ich auch nicht wagen werde,
böser Menschen wegen von der Angst zu sagen.
Denn mit diesem Grame,
der an meinem Herzen nagt,
und so ohne Kraft,
Schönstersehnte, muß ich bald verzagen.
Freude kennt der Reiche, doch ich muß in Sehnsucht welken,
und all das ob der Ersehnten.
Vermag mich selbst nicht mehr zu lenken
und auch Tröstung nicht zu finden.
Das ist meine Not, dies Schicksal voller Leiden,
wer es nicht versteht, sich zu befreien,
wird einzig sich an Trübsal weiden.
Ich kann, Geliebte, nur auf Sehnsucht sinnen.
Und dies Begehren
wird sich nimmermehr vermindern:
Hab Mitleid, Luft, all ihr erschaffnen Wesen,
Saphir, Karfunkel, Edelstein erlesen,
du Sonne mit der Glanzgebärde
und alles, was es gibt auf Erden,
habt, Lilie, Rose, Blumen alle, Mitleid mit mir Armem,
denn die Geliebte will mein Leben haben,
wenn sie nicht doch noch zeigt Erbarmen.

Seltsam ist jener Brauch des Adlers,
der seine Jungen nach der Sonne wendet.
Sorgend, daß sie im Licht erwarmen,
läßt er sie blicken in den Strahl, der blendet.

Doch alle, die nicht in die Sonne starren,
sind schon verlorn, sie scheinen ihm mißraten,
er stößt sie aus dem Nest heraus.
Ein solcher Adler ist sie mir,
an die mein Herz ich ganz verlier,
doch fürcht ich, daß sie nimmt mein Leben auch.
Ach, du mein Äugelein,
du Trost und mein Erquicken!
Muß mich nach dem Lichte,
das die Schönste läßt erstrahlen, sehnen.
Und das Herzelein
ist voll Bangen,
daß es könnt hinunterfallen.
So auch fürchten diesen Fall des Adlers Söhne.
Wie vom Löwen, der die Stimme laut erhebt
und die Löwenjungen rasch erlöst,
daß zurück der Tod vor ihnen bebt,
soll, da ich den Tod nun fürchte, meine Stimm ertönen.
Es singt der Schwan, wenn er gelangt ans Sterben,
auch ich, ein trauriger Scholar,
sehnsuchtsvoll singend untergehen werde
um der Geliebten willen, wenn sie nicht zu rühren.
O weh, meine Geliebte, ach,
du hast mich krank gemacht!
Du könntest mich vorm Tod bewahren,
wolltest du mir ein Wort nur sagen.
Du liebe Sonne flammend,
Rose du, herrlich prangend,
sollst meinen Leib, mein Herz empfangen,
doch meine Seele stell ich Gott anheim,
wenn du nicht willst, daß ich noch bleib am Leben.

Roland Erb

Ach, ich hab so bittres Leid

Ach, ich hab so bittres Leid,
seh dich gar zu seltene Zeit,
wohnest allzu weit,
bleibt mir sonst doch keine Tröstung.
Dies verdank ich bösen Leuten,
daß sie grundlos mich verleugnen.
Ach, steh heute
in der Ungunst meiner Schönen.
Will ihr stets mit Treu anhängen
und die Liebste mein sie nennen,
hält sie am Vertrauen fest,
obgleich sie mich nicht dienen läßt.

Wenn sie freundlich mir geneigt wär,
wünscht ich, trauernd, sonst nichts mehr,
ich begehr
ja kein Kaiserreich hienieden.
Wär beinah in meinem Geiste
dadurch aller Könige Meister,
daß ich preise,
weil man Schöneres nicht findt.
Lob und Ehr sei ihr erwiesen,
die aus allen Fraun ich kiese.
Wahrlich, niemand muß sich schämen
dieser Frau, der wunderschönen.

Quält mich doch der Geck am meisten,
beut mir eifrig Traurigkeiten,
will vereiteln
meines Herzens frohen Sinn.
Wenn er übers Meer doch führe,
würd ich all mein Leid verlieren.
Ach, er würde
keinen Nutzen daraus ziehen,
sollte er auch Sultan werden
und der größte aller Herren,
könnte haben, was er wollte.
Weil er nimmer dich sehn sollte.

Roland Erb

Lieber heller Tag

Lieber heller Tag, was mußt du eilen,
ist der Schwätzer doch schon auf den Beinen!
Und der Tag nimmt seinen Lauf;
Liebende sind hier im Haus.
Allerhöchster Gott, den beiden,
wollest ihnen Schutz und Schirm bereiten!

Weht von Sonnenaufgang her ein Lüftchen,
zittert über Bergen, Tälern, Schlüften.
Berg erdröhnt, der Lärm wird still,
Vögel schrein, es flieht das Wild,
denn es wittert, gleich erkennend,
daß die Nacht sich rasch will von uns wenden.

Hell der Morgenstern ist aufgegangen,
aber leer erschien mir heut sein Prangen.
Vom Gebirge kam er her.
Und der Schöpfungswesen Meer
rüstet sich, nun aufzustehen:
Liebste, komm, wir müssen Abschied nehmen!

Sieh, es zeigt sich uns der helle Morgen,
und der Himmel ist blau aufgezogen.
Schon beginnt die Sonn zu brennen:
Fast wills mir das Herz zersprengen,
Weh um meinen liebsten Herren!
Liebster, daß wir beieinander wären!

Trat eine lieblich schöne Frau ins Freie.
Als sie die Sonne sah auf ihrer Reise,
sprach sie: Was schliefen wir so lang?
Schlug ihr das Herze allzu bang:
Steh auf, mein Gatte, meine Freude,
es droht uns Schande von den Lügenmäulern.

Du Allerliebster, hör auf meine Worte,
waffne recht deinen Geist und trage Sorge,
daß unsre Lieb nicht Schaden nehme

aufgrund des bösen Klatschmauls Häme.
Da wir nicht seine Ränke kennen,
ziemts sich, nicht seinen Weg zu nehmen.

Klatschmäuler zeigen im Gespräch sich freundlich,
indes ihr Herz im stillen Treue bricht.
Ist es ein Mann, ist es ein Weib,
jedweder widerlich sich zeigt!
Die seine Feinde, nenn ich meine Freunde,
sie stehn mir bei, damit ich Ruhe finde.

Wer unser beider Freude will zerstören,
des Beten soll der Herrgott nicht erhören!
Den Liebsten heftig ich ersehne,
nach ihm verzehrt sich meine Seele.
Herrgott, allmächtiger lieber Gott,
führ du uns beide huldreich aus der Not!

Roland Erb

Liebe Nacht

Liebe Nacht, währst allzu lange,
nach der Freundin ich verlange.
Pflegte gern mit ihr der Rede,
keiner, der sonst Trost mir gäbe.

Trübsal schon im Herz mir wohnet,
Leid allein die Sehnsucht lohnet! –
Darum, daß ich nicht kann schauen
stets die liebste aller Frauen.

Lieber Gott, ach, hilf und wehre,
daß noch lang ich sie entbehre!
»Liebling, halte ein mit Klagen,
will dich stets im Herzen tragen.«

Roland Erb

Hab den Liebsten mein verloren

Hab den Liebsten mein verloren,
den das Herz für sich erkoren!
Leb denn wohl, mein Herzchen!

Hast den Liebsten du verlorn,
findst du einen andern schon.
Leb denn wohl, mein Herzchen!

Da uns andres nicht gegeben,
wolln nach Herzenslust wir leben.
Leb denn wohl, mein Herzchen!

Liebster, wohl ist mir zumute,
im Herzen nie ein andrer ruhte.
Leb denn wohl, mein Herzchen!

Eine Rose weiß erblüht,
mir kein Hoffnungsmorgen glüht.
Leb denn wohl, mein Herzchen!

Wir wollen Rosenblüten pflücken,
der Liebste nur kann mich entzücken.
Leb denn wohl, mein Herzchen!

Ach, mein liebster Gott und Herr,
anders wird es nimmermehr.
Leb denn wohl, mein Herzchen!

Wer von dir mir Dinge sagt,
macht das Herz betrübt mir.
Leb denn wohl, mein Herzchen!

Ach, mein Liebster, tief bekümmert,
anders sprachst du vor der Mutter!
Leb denn wohl, mein Herzchen!

Wer unser beider Bund zerbricht,
des erbarm dich, Herrgott, nicht!
Leb denn wohl, mein Herzchen!

Gottes Segen, liebe Jungfrau mein!
du nur kannst in meinem Herzen sein.
Leb denn wohl, mein Herzchen!

Roland Erb

Der Buchstabe M

Gräm dich, Herz, nicht, man verliert nicht,
wahr ich zeuge,
und verstecken kann man nicht sich
vor der Freude.
Dieses sag ich: Zum Vergnügen
kann nur eines mir genügen.
Dafür hab ich
einzig das geliebte M,
das im Herzen heiß mir brennt,
dies sprech wahr ich.

Ob Geschöpfe unterm Himmel,
nichts mehr weiß ich,
Rose, andre Blumen – nichtig,
darum streit ich.
Dieses sag ich: Zum Vergnügen
kann nur eines mir genügen.
Dafür hab ich
einzig das geliebte M,
das im Herzen heiß mir brennt,
dies sprech wahr ich.

Angenehm ists, ihr zu dienen,
Lieb bezeugend,
alles läßt sie wohl verbringen
und in Freuden.
Dieses sag ich: Zum Vergnügen
kann nur eines mir genügen.
Dafür hab ich
einzig das geliebte M,
das im Herzen heiß mir brennt,
dies sprech wahr ich.

Magst im Herzen es verschließen,
nicht drob scherzen,
kann nicht andrer Lieb genießen,
mich zu trösten.
Dieses sag ich: Zum Vergnügen
kann nur eines mir genügen.
Dafür hab ich
einzig das geliebte M,
das im Herzen heiß mir brennt,
dies sprech wahr ich.

Also sag ich unverhohlen:
Dir nur dien ich!
Bleibe bis zum Tod verschworen
meinem M ich.
Dieses sag ich: Zum Vergnügen
kann nur eines mir genügen.
Dafür hab ich
einzig das geliebte M,
das im Herzen heiß mir brennt,
dies sprech wahr ich.

Roland Erb

Zwei Gefährten gingen

Zwei Gefährten gingen,
still sich einzufinden,
wo man sie empfange,
Erläuterung nicht verlange.

Nach viel guten Worten
legt man sie zum Schlafen,
den einen auf die Hände,
den andern auf das Lager.

Sie hoben an zu spielen
bis zur dritten Stunde:

Kehr dich um und weise
mir dein rotes Wänglein.
Ach, ich mag nicht länger,
mußt ja fort nun reisen.

Sieh den Stern verblassen,
muß jetzt von dir gehen.
Jetzt schon von dir gehen,
leiderfüllt dich lassen.

Möge Gott dich segnen,
allerliebster Herr!
Werd ich bald dich sehen,
allerliebster Herr?

Werde wiederkehren
auf den grünen Anger,
werde wiederkehren
allzeit voll Verlangen.

Roland Erb

Lied von den Farben

All die Farben draußen im Gefilde,
die im irdischen Lehm sich bilden,
Gott schuf sie nach seinem Willen,
der Bedeutungen sind viele.

Blaue Farbe lobt der Weise,
nie kann sie getrübt sich zeigen;
alles, was sie macht, wird bleiben;
wert, die Könige zu kleiden.

Weiße Farb will gutes Hoffen sagen;
schmutzig schon nach wenig Tagen,
pflegt man ihr doch zu verargen,
daß der Freud entsprießen Klagen.

Graue Farb kann selbst sich übertreffen:
Wer von wahrer Lieb ergriffen,
den wird ihr Gewicht leicht treffen.
Tod dräut, kannst dir schwerlich helfen.

Rote Farbe wird zum Lieben brennen.
Wahre Lieb kann uns wie's Meer berennen;
die sich ihren Sklaven nennen,
müssen alternd sich von Freuden trennen.

Grüne Farb kann nicht viel taugen,
doch läßt sie sich zum Verwandeln brauchen;
sie ist angenehm den Augen
und läßt an Verwandlung glauben.

Purpurfarb man häufig findet,
sie verbirgt geheime Dinge
dem, der echte Lieb empfindet;
ihr der Weise oft nachsinnet.

Himmelblau ist alles Hoffen.
Acht nicht drauf, ists eingetroffen
und dir blieb kein Wünschen offen.
Labsal ihm, den Leid betroffen.

Schwarze Farbe Trauer stiftet,
fügt sich so zum Stand der Witwe!
Wem Trübsinn schwer das Herz vergiftet;
viele gehn in Schwarz gewichtig.

Gelb bedeckt mein Lied mit Schande,
sprengt Verleumdung in die Lande;
Jungfern viel, und Fraun so manche,
kränkt sie mit dem Lügentande.

Blaue Blume Stetigkeit verkündet;
glücklich, wer sich ihre Gunst verdiente.
Lieb, ach, ihre Liebe,
die ist mein, ja mein Entzücken.

Roland Erb

Detrimentum pacior

Detrimentum pacior
jederzeit und heute.
Usque ad mortem quacior,
ihrer Schönheit Beute.

Regitur nunc racio,
wie es sie grad gut dünkt.
Obnixa turbacio
wie ein Schwert ins Herz dringt.

Nam eius absencia
greift den tristen Geist an.
O felix essencia!
Deine Schönheit preist man.

Velut solis radius
spähend durch die Brust sticht,
Eminens ut gladius
Sehnsucht kost' den Kopf mich.

Celi sub cacumine
sind nicht schönre Wangen,
zodyaco fulmine
gleich der Sonne Prangen.

Electa cordis unica,
laß mich nicht verschmachten!
Tua ut sunt punica,*
Sehnsucht mich entfachte.

* (lat.): Ich leide schmerzlich ... Ich quäle mich zu Tode / Es richtet sich jetzt die Vernunft ... Hartnäckige Verwirrung / Denn ihre Abwesenheit ... O glückliches Wesen / Wie ein Sonnenstrahl ... Wie ein gezücktes Schwert / Unter dem Himmel ... Mit dem Sternenschein / Einzige Erwählte des Herzens ... Wie deine Wangen rot sind

Careo hoc famine,
alles auszumalen.
Vale in Dei domine,*
er nehm dir deine Qualen.

Roland Erb

Lied des wohlgemuten Armenvolks

Kommt heran die Winterzeit,
hört, ihr Hungerleider,
unser harret jetzt böses Leid,
schlecht sind unsre Kleider.
Winde blasen,
Stürme rasen,
rauhe Wetter schlagen,
schmerzlich uns zu plagen,
daß wir fast verzagen.

Und der Schnee weht immerfort,
welch ein übles Zeichen!
Löchrig Hemd und Hosen auch
und der Rock desgleichen.
Ohne Sorgen
um das Morgen
schliefen wir im Sommer,
hatten keinen Kummer,
doch jetzt kommt der Jammer.

Bettler- und Vagantenvolk,
was gibt's uns zur Freude?
Lumpen fallen uns vom Leib,
in den Haaren Räude.
Arme Leute
dulden heute.
Wäre was zu holen,
wenn nur nicht gestohlen,
sei es Gott befohlen.

* Ich habe keine Worte ... Leb wohl im Namen Gottes.

Karg die Mützen schnitt man uns,
nit viel übrig blieben;
Elend haben wir gesät,
hat gut Frucht getrieben.
Magre Garben –
Herzen darben.
Willst in Böheim weilen?
Wird's die Seele heilen,
kannst zur Schenke eilen.

In der Schenke führt man uns
schmählich an der Nase.
Ach, wie schal zu trinken schmeckt's
aus dem trocknen Glase!
Leer der Beutel,
zieh zum Teufel!
Löcher an den Sohlen,
Schlaf auf groben Bohlen,
sei es Gott befohlen.

Gott gibt seine Gaben frei,
ohne viel zu strotzen,
doch bei ihm erzwingt man nichts,
nichts ist zu ertrotzen.
Gott in Gnaden,
laß zu Schaden
uns nicht jählings kommen,
doch laß uns bekommen,
was uns täte frommen.

Stock und Keule gebt als Pfand,
brauchen keine Waffen,
schenkt das Bier in Kannen ein,
Brot ist zu beschaffen.
Münzen schrumpften
und versumpften,
als wir eilig kauften,
was wir nötig brauchten
und uns dran berauschten.

Freitags gibt's ein Fastenfest,
ab und zu was Saures,
kalte Wassersuppe dann
und was Bläßres, Graures.
Gibt es Fische
auf dem Tische?
In der Donau echte
und auch mundgerechte
Aale, Dorsche, Hechte.

Wenn sodann der Samstag kommt,
wieder neue Plagen,
und am Sonntag, morgens früh,
knurrt schon leer der Magen.
Jetzt zum Feste,
liebe Gäste:
Statt sich zu erwärmen,
Winde in den Därmen,
die dort murrend schwärmen.

Unsre Köche kochen gut
– und das ist zum Staunen –
Wildbret ohne Fleisch und Blut,
Traumbrei, Luftkaldaunen,
brühen Stöcke,
sieden Blöcke,
und von all den Stecken
haben sie mit Schrecken
Schläge einzustecken.

Schmeckt uns auch ein grobes Mahl:
Graupen, Kohl, Melonen,
Blutwurst, Kürbis, Haferbrei,
Sauermilch mit Bohnen,
auch Fasolen,
Gott befohlen.
Den, der noch gescheiter,
macht Geselchtes heiter,
und so immer weiter ...

Otto F. Babler

Myrrhenbüschel

Myrrhenbüschel ist der Freund mir,
liebt mich heiß und dienet treu mir.
Und ich lieb ihn,
meinen Liebsten,
jeden andern muß ich fliehen.

Der Liebste ist mir weiß, rot, kräftig,
ein Sommertag sehr klar und prächtig.
Welch ein Segen,
daß ich lebe
und ihm kann mein Herz hingeben.

Stehe auf und geh ihn holen,
frag ihn, der mein Herz gestohlen,
sage: Liebling,
liebster Liebling,
Falke jung, schenk mir den Blick.

Den die Seele mein muß lieben,
saht ihr ihn, wo er geblieben?
Liebe, stete,
Sehnsucht, wehte,
ihm beherzt mein Sinn zustrebte.

Mitternächtlich einst ich sah
einen Mann aus einer Schar.
Unbekannt mir,
sprach er zu mir:
Setz mich über mit dem Floß hier.

Späht ich nach ihm hinterm Rücken,
schien mir, als sei es mein Jüngling.
Sprach: Wohin? Wen?
Sagt er: Den,
welchen du so lang ersehnt.

Roland Erb

Gotteskämpfer, auf!

Hussitische Lieder

In Gottes Hoffnung

In Gottes Hoffnung stand
Meister Jan Hus, geheiligt unserm Land,
für Gottes Wahrheit
ward er verbrannt
zu Konstanz
von der Bischofsschar
tausend
vierhundert
fünfzehn
in des Herren Jahr.

Er predigte das heilge Wort,
das lebt im Tschechenland noch fort;
jedoch die Priesterbrut,
die Mönche und Dechanten,
sie sandten
aus Zorn und Wut
falsch Zeugnis
nach Konstanz,
Jan Hus zu schaden,
ganz ohne Gnaden.

Hus lebte in Gerechtigkeit,
schmähte die Sünde, pries die Lauterkeit,
lehrt' die Gebote,
hat Gottes
Verheißung gegeben,
ließ dafür sein Leben,
ist in den Himmel gekommen
als Gottes Kind
mit allen,
die auserwählt sind.

Handschrift des hussitischen Liedes »Gotteskämpfer auf zum Streite«; um 1450

Begehrn auch wir Sünder nach diesem Frieden:
Für die Wahrheit müssen wir leiden hienieden,
zur Wahrheit stehen,
das Unrecht schmähen,
leben in Gott
ohne falsches Wesen,
denn der Herr kennt allzeit
das Herz der Guten und Bösen
als Herr
von Ewigkeit.

Herr, der du unser Schöpfer bist,
gib, daß die Seele willens ist,
damit wir trachten,
dein Gebot zu achten,
dein heiliges Wort
in Liebe und Gnade,
stärken uns mag
dein Heiliger Leib
und dein Blut
bis zum Jüngsten Tag.

Uwe Grüning

Gotteskämpfer, auf zum Streite

Gotteskämpfer, auf! Zum Streite
sollt für sein Gesetz ihr ziehn;
fleht, daß er euch steh zur Seite,
eure Hoffnung werft auf ihn,
daß er immerdar für euch den Sieg erstreite.
  Christus euer Opfer lohnt,
reichen Lohn wird er euch geben,
wer sein Leben hier nicht schont,
der erwirbt das ew'ge Leben,
selig ist, wer für die Wahrheit gibt sein Leben.
  Scheut nicht der Vernichter Herr,
mögen sie den Leib zerschlagen,
alles sollt ihr, spricht der Herr,
für die Nächstenliebe wagen.

Darum ihr vom Ritterstande,
ihr mit Lanze, Büchse, Schwert,
jegliches Geschlecht im Lande,
keulentragend, spießbewehrt,
unsern Herrn, den güt'gen und gerechten, ehrt!
  Vor dem Feind sei Furcht euch fern,
habt nicht auf die Menge acht,
tragt im Herzen euern Herrn,
streitet für ihn in der Schlacht,
fliehet niemals vor des Feindes Übermacht.
  Von den Tschechen wird bewahrt
dieses Wort nach altem Brauch:
Ist der Herr von guter Art,
sind es seine Reiter auch.

Ihr im Troß, ihr Nachhutsleute,
haltet eure Seelen rein,
setzt für Raub und Habgierbeute
niemals euer Leben ein,
bleibt zurück nicht wegen eurer Beute!
  Merkt euch, wie die Losung heißt,
die sie euch für heute lehrten,
tut, was euer Hauptmann heißt,
jeder schütze den Gefährten,
halte seinen Platz im Trupp, den man ihm weist.
  Ruft den Schlachtruf im Verband:
Stecht! Stürmt vor! Macht sie zum Spott!
Nehmt das Schwert fest in die Hand,
rufet laut: Herr, unser Gott!

Uwe Grüning

Oh, Herr Jesu, voller Wunden

Barocklyrik

ADAM VÁCLAV MICHNA VON OTRADOVICE

Die Weihenacht

Damit es schlafe, sang so sacht
dem Söhnchen klein
die Mutter, die zur Nacht gewacht,
dem Kindelein:
»Schlaf, Himmelskind, so lieblich, süß,
bist Gott und Herr,
singt liebvoll dir das Paradies,
Erde und Meer.

»Hier ist dein Lager, sanft und lind,
leg dich zur Ruh.
Dich rühmt die Kreatur, mein Kind,
mein Heiland du.
Schlaf, aller Schönheit Diadem,
du Edelstein,
wie's deiner Liebe ist genehm,
erwünschtes Sein!

»Ich singe dir den Schlaf herbei,
o Täubchen fein,
durch dich sind Seelen froh und frei,
o Perle rein!
Wie ich als Mutter inniglich
dich lob und preis!
Bis du erwachst, hab ich für dich
Honig zur Speis.

»Mit Honig misch ich deinen Brei
dir zum Gedeihn.
Tu auf zur süßen Leckerei
dein Mündchen klein.

Du meines Paradieses Blum,
o Rosmarein,
füg dich ins Sträußchen mir zum Ruhm,
der nicht nur Schein.

»O Lilie, o Veilchen blau,
o Röslein rot,
du meine schöne Blumenau,
mein teurer Trost.
Du Laute mein, du Nachtigall,
du Schwan gar brav,
du Harfe voller süßem Schall,
Zimbelchen, schlaf!

»Zur guten Nacht ein Küßchen fein,
schlaf, Knäblein, schlaf.
Wiegen wird dich dein Mütterlein,
schlaf, Knäblein brav.
Der Liebling schläft, der kleine Sohn,
engelumstellt!
Knie hin mit mir vor Gottes Thron,
o Völkerwelt!«

Otto F. Babler

FRANTIŠEK JAN VAVÁK

Lied, wenn sich die Braut beim Bräutigam einführt

Wünschend, daß sein Täuber, wachend, daß sein Liebling
schlafe, singt das Turteltäubchen dieses Lied ihm:
Schlummere süß, du mein Gemahl, all meiner Wünsche
Zierde,
schlummere süß, du meines Herzens Lieb und stetige
Begierde!
Einzig dir hab ich das Bett so schön und weiß bereitet,
dich in aller Welt erwählt, den andern mich verleidet,
mit dir will ich in Liebe wandeln bis zum Grabe,
dir als meinem Gatten spend ich diese Gabe.

Meine Jungfernschaft, das Teuerste, will ich dir schenken,
mit der grünen Rautenkrone dich bedenken.
Für dich, mein Auserwählter vor dem Herrn,
leg ich mein Kränzlein ab nur allzugern,

glaubend, was der Allmächtige in sein Geheimnis schloß
als er Adam schuf aus einem Erdenkloß
und sprach: »Nicht gut ist's, daß der Mensch allein sei«,
und die schöne Eva ihm, daß sie ihm Weib sei

und Gehilfin, aus seiner Rippen einer baute,
sie beide dann in heiliger Ehe traute
und, sie segnend, mit den Worten lehrte:
»Geht und mehret euch und füllt die Erde!«

Kito Lorenc

BEDŘICH BRIDEL

Was Gott? Mensch?

(Ausschnitte)

...

Ich – Rauch und Wind und Schwaden,
gemischt aus purem Samen bloß,
zum kurzen Tag geladen,
geboren aus dem Mutterschoß.
Du – Urgrund aller Dinge,
dem alle Welt das Sein verdankt,
das Große, das Geringe
durch ihn im Leben Wert erlangt.

Ich – Moos im Moorgelände,
am Strunk verfault und ungenehm,
es haben deine Hände
geknetet meine Form aus Lehm.
Du – Feste, tief gegründet,
der Erde Stütze allezeit,
Urgeist, der sich verkündet,
und aller Schöpfung Wesenheit.

Ich – Tropfen Tau, vergossen,
ich Morgenträufchen, einzig, frisch,
ich Nüßchen, leer und offen,
ein Wasserbläschen, das verlischt.
Du – Sonne ohne Morgen,
du gießest meine Schüssel voll,
mit Trunk sie zu versorgen,
der dich auch selber laben soll.
...

Ich bin ein bös Gemüte,
Armut und Pein und Bettelei.
Du bist der Hort der Güte,
von aller Selbstsucht frei,
du bist der Sitz der Gnaden,
du bist der Schatz, der Gutes schafft,
ich bin nur Not und Schaden,
bin böse, unstet, zweifelhaft.
...

Bin Ästchen, Wurm, bin Motte,
bin etwas, was noch leichter ist:
ein Härchen nur zum Spotte,
bin etwas, was noch seichter ist,
bin nichts, bin ohne Namen,
nur Gott ist alles, immer neu.
Bin unfruchtbarer Samen,
bin Larve, Gras und Traum und Heu.

O du, mein Gott, was bin ich?
Es ist mir alles wie im Traum.
Wie steht's mit mir? Wo bin ich?
Ich weiß nicht: Bin ich? Ist's nur Traum?
Bin ich durch mich alleine?
Bin ich durch dich, der du mich schufst?
Nein, nicht durch mich alleine –
durch dich, der du den Himmel schufst.

Nicht Schattens Schatten bin ich,
bin keiner Farbe Lug und Trug,
ins Nichts von Schuld verrinn ich,
bin ein Phantom, bin Schein und Spuk.
...

Stumm werd ich abseits weichen,
werd namenlos vergehn:
Kein Abbild und kein Zeichen
bleibt dann von mir bestehn.
...

Ja, allen nur zum Spotte,
eile ich Würmchen arm und klein
zu dem allmächtgen Gotte,
um mich mit Seufzern ihm zu weihn.
Ich allerkleinste Grille
sink hin vor seinem Hochaltar,
ich kriechend Tierchen, stille
im Dunkel bring ich mich ihm dar!

Otto F. Babler

Lieder von den vier letzten Dingen des Menschen
(Ausschnitt)

...

Willst mich, grimm'ger Tod, ereilen,
deine Pike auf mich richten,
kömmest, Tod mit Feuerpfeilen,
mich durch Geiß'lung zu vernichten.
Sei gesegnet, Welt,
meine Blüte fällt,
muß gleichwie ein Glas zerspringen,
gäbe Geld und Gold,
gäbe Perlen hold.
Doch er läßt sich nichts abdingen.

Hurtig nimmer, sonder Hast
nähert er sich mir verstohlen,
bis die Kehle er umfaßt,
jähen Sprunges unverhohlen.
Ob mit Lust, mit Qual,
muß ich allzumal
als sein Sklave mit ihm gehen,
keine Macht ihn bricht,
Hilfe kömmt uns nicht,
keiner kann ihm widerstehen.

Läßt durch Flehn sich nicht erweichen,
nicht durch meine Lieblichkeit;
Helden selbst vor ihm erbleichen,
ohne alle Tapferkeit.
Schließt die Augen kalt
und nimmt mit Gewalt,
was noch widerstrebt, von hinnen:
Keiner ist so schnell
wie der Weidgesell,
auch kein Reiter kann entrinnen.

Tritt er ein durch meine Tür,
nehmen Abschied die Getreuen,
Anverwandte für und für,
und sie werden sich zerstreuen.
Muß denn ganz allein
auf dem Wege sein,
in das fremde Land zu schreiten,
was ich tat der Welt,
eh der Leib zerfällt,
muß mich auf dem Weg begleiten.

Mein Gesicht ist abgezehrt,
rote Wangen sind verblichen,
Angst hat mir das Herz zerstört,
Augen in die Höhlen wichen.
Hattest einst erfreut,
bist so kläglich heut,
Antlitz, jämmerlich entstellt:

Knochen und Gebein
dorrn vor Bangen ein,
Speichelschaum die Lippen quellt.

Wer mich einst geliebt so sehr,
wird nur noch von weitem schauen.
Wer oft mit mir speiste, der
wendet sich von mir voll Grauen.
Heimlich aus dem Haus
stiehlt er sich hinaus,
als hätt er mich nie gekannt,
läßt mich ohn Erbarmen
in der Ohnmacht Armen,
und ich hab ihn Freund genannt.

Läßt der Geist des Körpers Hüllen,
kaltet Glied um Glied sodann:
Meine Augen sie umhüllen,
daß ich nicht hindurchsehn kann.
Auch die Lippen mein
hüllen fest sie ein;
nie mehr soll ich Atem holen,
um den Fuß ziehn sie
fest das Band, daß nie
fliehn der Ärmste kann verstohlen.

Und der Schreiner unterdessen
schlägt ins Sargholz Nägel ein,
darein werden sie mich pressen,
meine Amtsstub' wird es sein,
keinen Schritt hinaus
tu ich aus dem Haus;
in dies Los muß ich mich fügen,
in der Kammer klein
muß tagaus, tagein
still ich rücklings liegen.

Wird der Leib vor Fäulnis garen,
wie ein Aas im brachen Wasen,
betten sie ihn auf den Schragen
und verstopfen sich die Nasen.

Daß am gleichen Tag
man hinaus ihn trag',
dorthin, wo sein Acker ist;
senken ihn hinein,
lassen ihn allein
liegen in der Gruft zu dieser Frist.

Und die Nachbarn und Getreuen
geben weinend ihm Geleit,
werden sich im Kirchschiff freuen
mit dem ersten Grabgeläut.
Kaum ein Stündelein
wird vergangen sein,
und das Weinen ist vergessen,
für die Seele mein
kehren sie dann ein,
werden trinken, schmausen, essen.
...

Anonym

Uwe Grüning

Lied der Lebküchler

Brüderchen, welch ein Tag!
Backen wir, unverzagt,
Lebgebäck;
Mit uns sein wird allein
unser liebes Mädelein
Kathrinchen.

Brüderchen, legt schon los!
Wie mans macht, fraget bloß
zum Frommen.
Daß sie uns glücken wolln,
die die liebe Jungfer soll
bekommen.

Sonntag schon, zur Vesperzeit
sind sie mürbe, kostbereit,
so frisch;
Tun die schönsten Stücken,
Kathrinchen zu beglücken,
auf den Tisch.

Anonym *Richard Pietraß*

JAN AMOS KOMENSKÝ

Psalm

Unsere Hilfe ist Gott, er ist unsre einzige Zuflucht,
Gott ist selber in der Not sicherer Beistand dem Volk.
Nicht wird die Furcht uns erschrecken, wenn alles auch wankte und stürzte
unter und über uns, bleibt doch die Hoffnung bestehn.
Selbst wenn mit heftigem Brausen das Meer das Land überzöge,
fielen auch Berge herab, senkte der Abgrund sich jäh:
Kann in den Bächlein aus ihren Quellen, in Gott, sich die Kirche
lieblich erquicken – sie, Gottes ureigne Stadt.
Gott, vom Himmel blickend, und Gott inmitten der Seinen
bringt ihnen Hilfe, und nie regt sich zum Schaden sein Volk.
Völker, ach, haben gelärmt, und die Königreiche der Erde
standen auf allesamt; es erhob sich die Welt:
Aber es herrschte sie an der Herr mit himmlischer Hoheit,
daß sie erstarrten darob, Schweigen die Erde befiel.
Menschen, kommt und erblicket Gottes seltsame Taten,
wie auf Erden der Herr schreckliche Wüsten erschuf.
Einhalt gebietend dem Kampf allerorts, Geschütze zertrümmernd,
Lanzen hat er und Geschoß, Bögen und Wagen verbrannt.
Also sagend: Gebt Frieden in allen Landen, ihr Menschen,
denn euer Zepter, seht, Menschen, ergreife ich selbst.
Sei guten Muts, liebe Kirche, Gott behütet uns ewig,
Gott der Herr wird für uns ewig ein feste Burg sein.

Uwe Grüning

Jan Amos Komenský: Skizze zu »Das Labyrinth der Welt«; 1631

Der Betrübte

Dies ist
banges und trauriges Klagen des christlichen Menschen
über der Heimat und auch der Kirche wehmütige Nöte.
Darein
redet zunächst die Vernunft, hernach auch der Glaube,
mühend sich, ihn zu erfreuen, aber vergebens;
dann erst tritt Christus hervor,
ihn im Zorn der Ungeduld zeihend, statt ihm
seiner schrecklichen Wunden Wurzeln zu zeigen,
ihm die Schmerzen erleichternd und Erlösung, zeitlich und
ewig, versprechend,
ihn, wie er beide erlangen sollte, zu lehren.

Psalm 119 28.27.24

Wenn vor Traurigkeit meine Seele zerrinnt,
dann gedenke ich, Herr, der seltsamen Taten und Wunder
aus deinem Vermächtnis,
deine Zeugnisse, Herr, sind meine Erquickung und meine
Berater.

Hosea 14.8 u. 9

Diese Worte soll, wer klug ist, verstehen,
und, wer Vernunft besitzt, der soll sie begreifen:
Gott der Herr ist seinem Volk die grünende Tanne –
von dannen sind seine Früchte.

Motto des Buches »Der Betrübte«

Uwe Grüning

Die Welt dreht sich im Kreise

Die Welt dreht sich im Kreise, im Kreise wälzt sich alles,
hinauf hinab, hin und her, das ist der Lauf der Dinge.
Was nicht gehn will, fliegt, stürzt, schießt Kobolz:
Wenig, was in seiner Ordnung schreitet; alles Zufall.
Fest allein steht der einige Gott, der Herr dieser Welt
(über allem, unter allem und alles durchdringend).
Wohl dem, der Einkehr sucht im ewigen Zentrum! Im Herzen
Gottes findet er seines Herzens Ruhe in Ewigkeit!

Motto des Buches »Centrum securitatis«

Richard Pietraß

Pater noster rusticorum – Vaterunser der Bauern oder: Anrufung des Kaisers um Abschaffung von Fron und Angst

Sieh uns Geplagte, von Schindern Gejagte,
Vater unser!

Selbst dich um uns scher, Kaiser, lieber Herr,
der du bist!

Nicht ist dies deine Art, noch ist Gott so hart,
im Himmel.

Weinend, untertänig wolln wir dich zum König:
Geheiligt!

Denn ruhmverblümt, länderweit berühmt
ist dein Name.

Wir versichern dir Treue, uns führ und erneue,
dein Reich komme!

Wollen ganz dir dienen, in Taten und Mienen,
dein Wille geschehe!

Getreten nicht wie Reben, werden freudig wir leben
wie im Himmel.

Unsre Treuepflicht, wir vergessen ihrer nicht
also auch auf Erden.

Nicht länger halten wir stand, sie entreißen unsrer Hand
unser täglich Brot.

Wolln nichts von Aufschub hören und zwingen uns mit
Speeren!

»Gib uns heute!«

Zwar bitten wir sie sehr: Herr, prügle uns nicht mehr
und vergib uns!

Verstopfet ist ihr Ohr, sie peitschen wie zuvor
unsere Schuld.

Auch andre Landeskinder leiden durch die Schinder
wie wir.

Wir, wie die Knechte zu Pferd, die abführn sie vom Herd,
vergeben.

O Kaiser, Gebieter und Herr, weitre Schläge verwehr
unsern Schuldigern!

Lindre unsere Mühsal, noch tiefer in die Qual
führe uns nicht!

Schaff uns ein hilfreich Mittel, daß wir uns nicht zerrütten
in Versuchung!

Straf uns nicht mehr mit Plagen, die an den Knochen nagen,
sondern erlöse uns!

Gott ists, auf den wir hoffen, doch weichen wir betroffen
von dem Übel.

Gib, Gott, uns Kraft zur Peitsche, im Tode Himmelsfreude!
Amen.

1775. Anonym *Richard Pietraß*

Lied vom Meister Jan Hus*

Zum Rheine zog ich frohen Mutes,
singend seinem Schöpfer Gutes.
Wollte viele Städte sehen,
im Wamse der Erfahrung gehen.

Kam glücklich ich nach Konstanz,
ins Schwabenland, zum deutschen Hans,
sah ich eine Gans sie braten,
sagte: Möge sie geraten!

* Im Tschechischen bedeutet »husa« Gans.

Mein Reden aber trog mich sehr,
das Gastgeschenk, es war nicht mehr:
Sie haben es zu Asch zerstäubt,
den Staub noch in den Rhein gestreut.

Was immer sie im Wahn getan,
es schlug ihnen zum Nutzen an.
Wunder: aus dem Staub, so fein,
schlüpften viele Gänschen klein.

In der Kirche scheints so Brauch.
Beim Kreuze findet er sich auch,
das, als ein Olivenbaum,
aufersteht mit grünem Flaum.

Sie verbrannten uns das Gänschen,
unser liebes Taubenhänschen.
Nach ihm aber kam der Schwan,
mit Mut und Anmut angetan.

Des Himmels Evangelium,
Papstlüge und Konzilium,
konnten nicht braten, ob auch gedacht,
den Luther in ihrer Übermacht.

Oh, wäre meine Seele dort,
Gott zu preisen immerfort,
dort, wo Husens Seele lebt,
wo das neue Lied anhebt.

Amen. Gott, gewähre dies,
dir nah zu sein im Paradies,
im Kranze deiner Auserwählten,
Heiligen, zum Tod Gequälten. Amen.

Anonym

Richard Pietraß

FRANTIŠEK JAN VAVÁK

Reimerei auf die Ernte des Jahres 1792

Die heurige Ernte, wer will es bestreiten,
war reich an Gerste und an Weizen;
Wicken und Erbsen haben satt Stroh gegeben,
doch dorrte Sonne die blühenden Triebe.
Der Roggen stand dünner als vorm Jahre,
doch füllte sein Korn den Speicher zum Sparren.
Hanf, Flachs und Hirse froren Fröste aus,
trotzdem sprang fetter Gewinn heraus.
Sei, Herr, für all dies gepriesen!

Obzwar die heilige Margarete selber das Getreide säte
und Zeiten herbeiführte, da mähend sie die Garben schnürte,
bringt Maria Magdalena keine Schnitter auf die Felder,
schreit herum, barmt hin und her, vor Roggen Schaden abzuwehrn.
Jakob spricht mit ihrem Munde, nun sei höchste Roggenstunde,
Martha hört man topfher keifen: Küche, berge mir den Weizen!
Laurentius rät zum Unterpflügen von Feldern, die bis Frühjahr liegen,
Susanne ruft Flachs und Hanf herbei: Pflücket, pflücket euer Teil!
Helene sagt mit Bernhards Worten: Auch Hirse wollen wir uns horten!
Als Elias die Gerste schnitt, spielte ihm die Hitze mit.
Daniel hat ihn schwül verdrossen und abends pudelnaß begossen.
Alles, was der Sommer gab, nahm die Glut ins dürre Grab;
er kräht: Mähe, binde, reiße, hack und warte nicht in Ruhe ab!
Schwer ists mit der Ernte heute; nirgends findet man noch Leute.

Richard Pietraß

Eins, zwei, drei

Bänkelgesang

Höret nun, Christen

Sehr traurige Neuigkeit, welche mit einer Frau geschehen ist, die Ehebruch beging und dies bei der Heiligen Beichte verschwieg, was für ein Ende sie dann nahm und wohin sie gekommen, wird aus dieser Neuigkeit ein jeder gehörig ersehen können.

1. Höret nun, Christen, die traurige Kunde,
davon ich singen will euch itzt zur Stunde.

2. Um Gottes willen, bessert euch, wollt sündgen nicht,
bewahret im Gedächtnis die traurige Geschicht.

3. Den Höllendrachen seht ihr hier,
was er bedeut, das höret jetzt von mir.

4. Ach hört, was mit der Frau geschah,
die Ehebruch beging durch Tag und Jahr.

5. Hat ihren Mann, tat andre noch begehren,
daß sich der Herrgott ärgert, wollte sie nicht hören.

6. Einmal kam ihr in den Sinn, daß sie sterben muß,
Rechenschaft ablegen von großer Sünden Lust.

7. In diese Stadt, da wo ihr Wohnort war,
kam einst ein fromm Dominikaner Paar.

8. Der ein hat Macht des päpstlich Sakraments dabei,
das spricht von allerschwersten Sünden frei.

9. Die Ehebrecherin, als sie's vernommen,
ließ den Pater sogleich zu sich kommen.

10. Sie glaubet gewiß, kein' Scham zu empfinden,
vor ihm zu beichten ehbrüchige Sünden.

11. Drum ließ er sich führen zu ihr herzensgern,
um einer sündigen Seele Erlösung im Herrn.

12. Sie beichtete mit großer Reu,
weint über ihre Sünden bitterlich dabei.

13. Der Mönch, der mit dem Pater war,
der kniete unweit vom Altar.

14. Und schaute zu dem Beichtstuhl hin,
da sah er bei der Ehebrecherin:

15. Wie sie beichtet, auf einmal
sprangen Frösche aus ihrm Maul in den Kirchensaal.

16. Erblicket auch ein furchtbar schrecklich Schlangentier,
wie's mit großen Flügeln kriechen wollt aus ihr.

17. Es zog aber sich zurück in sie,
mitsamt den Fröschen, die sie vordem spie.

18. Als er die Beicht genommen, ging der Pater fort,
der Mönch ihm auf dem Wege erzählte Wort für Wort.

19. Davon, daß ein groß Wunder er in der Kirche sah,
allein ist dies die Wahrheit, kein' andere geschah.

20. Der Beichtvater fing an, darum betrübt zu sein,
beschloß, ein zweites Mal zu kehren bei ihr ein.

21. Gewißlich hat der geistlich Mann erkannt,
daß sie vielleicht groß Todsünd nicht gestand.

22. Ach, als zurück sie kehrten, Leid und Not,
fanden die Frau vom plötzlichen Tode tot.

23. So die zwei frommen geistlichen Brüder
haben drei Tag nichts gegessen, gefastet hinwieder.

24. Sie beteten in einem fort, dies ist gewißlich wahr,
und brachten Rosenkränze den Wunden Christi dar.

25. Daß Gott sich erbarme, der sündigen Seele vergibt,
hielten sie Andacht, wie's Mönchen geziemt.

26. Wohin sie gekommen, daß gnädig er's offenbare,
ob in den Himmel oder zur Hölle sie fahre.

27. Jesus Christus hörte dies ihr Flehn,
daß sie mit Rosenkränzen zu seinen Wunden aufsehn.

28. Nach drei Tagen kam sie auf ei'm Drachen geritten,
ihr in den Hals zwei Schlangen zwickten.

29. Zwei schrecklich Eidechsen saßen auf ihrem Haar,
zwei grausame Kröten bissen ins Auge sie gar.

30. Ihre Ohren durchdrangen Pfeile aus Feuer,
aus dem Maul brannten Flammen ungeheuer.

31. Zwei tollwütig schwarze Hunde bissen ihren Leib,
saugten an Händen und Füßen die Finger von dem Weib.

32. Furchtbar aber begann sie zu sprechen nun:
Was soll ich Unglückliche soll ich nur tun.

33. Ich wars fürwahr, die dir gebeichtet und
ließ viele Frösch heraus aus meinem Mund.

34. Aber das warn nur alltägliche Sünden allsamt,
welche ich dir in dem Beichtstuhl gestand.

35. Das Schlangentier, der Bruder hats gesehn,
das war der Ehebruch, den ich nicht wollt gestehn.

36. Umringt war ich von riesig großer Schand,
daß ich in keiner Beicht die Wahrheit ganz gestand.

37. Drum kehrten die Frösche und Schlangen zurück,
was ich gebeichtet, nichts nützts mei'm Geschick.

38. Von dieser Welt hat Gott mich abberufen schnelle,
und sein gerecht Gericht verurteilt mich zur Hölle.

39. Die Drachen, welche auf dem Kopf mir hocken,
quäln für mein Hochmut meine gekräuselten Locken.

40. Weil mein Aug hat gesündigt, als sinnlich es blickt,
sind grausamste Frösche zur Pein mir geschickt.

41. Die feurigen Pfeile, welche die Ohren durchdringen,
für ein schändliches Liedchen, das ich hört singen.

42. Die glühende Flamme, so aus dem Munde mir brennt,
itzt meine Lippen für schändliche Küsse quält.

43. Auch Schlangen, die zwicken mir Hals und die Brüste,
weil mich nach schamlos Umarmung gelüstet.

44. Zwei Hunde, tollwütig schwarz, meine Hände bissen,
für schändliches Tun, hab alles berühren müssen.

45. Der Drachen, der mich auf den Rücken nahm,
o schreckliche Qual, er quält meine reulose Scham.

46. Ach hört, o weh, kein Qual ist so auf Erden,
als niemals aus der Höll niemand befreit kann werden.

47. Ihr Christen all, die ihr hienieden lebt,
der Höllenflamm ihr nicht entgeht.

48. Bekennet bei der Beicht bußfertig eure Sünd,
ehrt ewig die fünf Wunden, so am Leib Christi sind.

49. Sie sprachs, da öffnet sich die Erde auf der Stelle,
verschwunden war der Drachen samt der verdammten
Seele.

50. Die frommen Brüder sind allein geblieben,
erfüllt vom Höllngestank, der aufgestiegen.

51. Zur Lehre aller Christen sie brachten dies ans Licht,
daß sie in Höllenabgrund geraten niemals nicht.

52. O christliche Seele, ach gedenk der Geschicht,
vor Jesu allheiligsten Wunden verneig dein Gesicht.

53. So kommen wir in die himmlische Fröhlichkeit,
wenn wir ohn Ende Gott loben in Ewigkeit.

Amen.

Walther Petri

Eins, zwei, drei

Neues Lied als Beispiel für Junggesellen und Jungfern

1. Eins, zwei, drei, vier, fünf und sechs,
sieben, acht, neun, zehne jetzt,
als die elfte Stunde schlägt,
verirrt sich sehr der Pepitschek.

2. Es verirrte sich sein Sinn,
bis das Herz ihm siechte hin,
wollte nur sein Liebchen lieben,
war ihm aber nicht beschieden.

3. Karoline, die er mochte,
war des Försters einzge Tochter,
Jäger kehrten bei ihr ein,
trieben ihre Neckerein.

4. Und der jüngste dieser Jäger,
der sich nannte Unterleger,
scherzte mit dem Töchterlein,
bis das Unglück brach herein.

5. Ist ins Kämmerlein gestiegen,
sah eine Pistole liegen,
sie lag in des Mädchens Bett,
scharf geladen und versteckt.

6. Daß die Pistole in der Hand
geladen, hat er nicht geahnt,
er sprach bittre Worte wie
ja erschießen möcht ich sie.

7. Sie hat nichts gesagt zu ihm,
Jesusmaria geschrien,
drei Schritte noch die Arme ging,
fiel dann auf die Erde hin.

8. War ein Jammern und Gewein
um das hübsche Mägdelein,
der Vater seine Hände rang,
Gott, was hast du mir getan.

9. Dieses Jahr starb mir die Frau,
die Tochter auf den Tag genau,
Gott rief beide zu sich heim,
mich Traurigen ließ er allein.

10. Von dem ersten Augenblick
hatte sie auf Erden Glück,
Rosen zierten sie im Leben,
ein Baron war ihr ergeben.

11. Schreibet dem Baron deshalb,
Karoline liegt im Grab,
daß er nicht mehr quäle
sein Herz und seine Seele.

12. Der Baron las diesen Brief,
er erschrak darob so tief,
fiel in Ohnmacht dann und lag,
war dahin am dritten Tag.

13. Hier liegt der Körper zart und schön,
die Sonne scheint herab auf ihn,
ruhe sanft im letzten Schlafe,
fürchte nicht mehr meine Waffe.

14. Die nur Karoline liebten,
haben dieses Lied geschrieben,
keiner hat die Lieb genossen,
weil sie ihnen ward erschossen.

Walther Petri

Rotrotes Tüchelein

Volksdichtung

Nicht einmal die Nelken

Nicht einmal die Nelken duften je so fein
wie der Glanz aus meiner Liebsten Äugelein.

Nicht einmal des Veilchens dichtes Blütenbund
duftet mir so lieblich wie der Liebsten Mund.

Nicht einmal der Majoran duftet dort am Rain
wie die zarten Füße, ach, der Liebsten mein.

Uwe Grüning

Spätes Leid

Gott, was ich getan hab,
kann ich selbst kaum fassen,
eines wegen habe
alle ich verlassen.

Hielt dem Pfau zuliebe
nicht den Falken mehr,
würd ihn suchen gehen,
wüßt ich, wo er wär.

Auf dem Nachbarhof – fern
einen Steinwurf nur –
sitzt er, und ihn fesselt
eine seidne Schnur.

Doch das Seidenfädchen
ist sehr dünn und fein;
tief, so tief, ach, schnitt es
in mein Herz sich ein.

Uwe Grüning

Fragen

Mädchen, wie bist du nur,
bist du so schön?
Schau ich dich flüchtig nur,
muß ich schon zitternd stehn.

Mädchen, was hast du nur,
hast du für Wangen, sprich?
Schaue ich dich nur an,
spür Qual im Herzen ich.

Mädchen, was hast du nur,
hast du für Hände, sag?
Daß ich, bin ich bei dir,
nicht mehr nach Hause mag.

Mädchen, was trägst du denn
unter dem Gürtelein?
Wird wohl ein rotes Tuch,
Wolle aus Arras sein.

Mädchen, was trägst du denn
unter dem Mieder dein?
Daß sie nicht welken mir,
zwei rote Äpfelein.

Uwe Grüning

Rotrotes Tüchelein

Rotrotes Tüchelein, dreh dich herum,
Liebste, was zürnst du mir? Weiß nicht, warum.
Tralalala la la la dreh dich herum, herum.
Rotrotes Tüchelein, tralalala Tüchlein so rot.

Mädchen, mein Liebstes, sollst gut zu mir sein.
Kauf dir ein Tüchlein von Stickerein.
Tralalala la la la dreh dich herum, herum.
Rotrotes Tüchelein, tralalala Tüchlein so rot.

Liebster mein, glaub mir, ich lieb dich so sehr,
gabst mir das Tüchlein, ich hab's schon nicht mehr.
Tralalala la la la dreh dich herum, herum.
Rotrotes Tüchelein, tralalala Tüchlein so rot.

Wusch mir die Hände im Bächlein, o Schreck,
trug mir das Wasser das Tüchelein weg.
Tralalala la la la dreh dich herum, herum.
Rotrotes Tüchelein, tralalala Tüchlein so rot.

Louis Fürnberg

Liebe, in Stein geschlagen

Eh ins Feld ich rücke ein,
kauf ich ein Ruder aus Elfenbein,
setz mich in ein Boot hinein,
fahr für Ančička allein.

Liebe wars, kanns nicht mehr sein,
Donner schlug sie in den Stein,
Stein, so gelb. Ach, sage mir,
was gab der Geliebte dir?

Was er gab, will ich nicht neiden,
aber dennoch muß ich scheiden,
Sonne dreh im Wasser dich,
Liebe, wie betrogst du mich!

Liebe wars, kanns nicht mehr sein,
Donner schlug sie in den Stein,
Stein, so gelb. Ach, sage mir,
was gab der Geliebte dir?

Was er gab, wirst du bald wiegen,
bald muß ich im Felde liegen.
Sonne, dreh im Wasser dich,
Liebe, nicht mehr freust du mich.

Freutest mich, solls mich gereuen? –
Andre wird sie nun erfreuen.
Was er gab, kannst du nicht meiden,
aber von dir muß ich scheiden.

Uwe Grüning

Flog das Schwälbchen

Flog das Schwälbchen, da die Luft es
spielend trug,
bis zum Himmel, bis zur Erde
glitt sein Flug.

Kam der Sperber angeflogen
stark und schön:
»Wirst du, Schwälbchen, denn zur Trauung
mit mir gehn?«

»Freien werd ich, Sperber, Sperber,
werde dein,
wenn der Ahorn, der verdorrte,
grün wird sein.«

Flog der Sperber, flog der Sperber
fort nach Raab,
wo für Geld, ach, grüne Seide
man ihm gab.

Hängte auf das kleinste Ästchen
Seide, grün,
und schon war der trockne
Ahorn grün.

Nun wirst du als meine Frau
mit mir ziehn.
Ei, schon wird der trockne
Ahorn grün.

»Vorerst mußt Jerusalem
du mir baun
bis zum Himmel, eh ich mich
lasse traun.«

»Ganz unmöglich ist das ja,
Schwälbchen mein.
So hoch darf Jerusalem
nimmer sein.«

Uwe Grüning

Unergründlicher Schmerz

Au weh! es schmerzt so sehr,
ich kenn mich selbst nicht mehr!
Meine Mütze wählt die Raupe sich zum Haus.

Liebe hats vollbracht,
hat mein Herz entfacht.
Kriech aus meiner Mütze, Raupe, nun heraus!

Uwe Grüning

Hinter öden Wäldern

Hinter öden Wäldern
lebst du, meine Freude,
mir so fern, so fern.
Spaltet euch, ihr Felsen,
ebne dich, du Tal,
legt euch, Wälder, nieder,
schauen möchte ich,
finden möcht ich wieder,
meine Freude, dich.

Uwe Grüning

Birkenbäumchen

Birkenbäumchen, mußt du denn
mir im Wege stehen?
Seh so nicht im Garten
meinen Liebsten gehen.

Nicht sowohl im Garten,
im Gebirg er geht;
niemand weiß zu sagen,
wie es um uns steht,

Wärst du tot, mein Liebster,
trüg ich nicht dies Leid.
Daß du mich verschmäht hast,
macht mir Bitterkeit.

Meine Tränen tropfen
von so großer Pein,
schlagen schmale Mulden
in den harten Stein.

Uwe Grüning

Vier Tage

Vier Tage, drei Nächte
hat die Liebste gegrollt,
weil ich sie nicht küßte,
als sie es gewollt.

Ein halbes Jahr wart ich
und küß sie nicht mehr:
Wie lieblich sie jammert,
gefällt mir so sehr.

Uwe Grüning

Am Dorfausgang dämmerts

Am Dorfausgang dämmerts,
drunten Lichter glühen,
tief im Dorf sich Werber
um ein Mädchen mühen.

Werbt nicht, denn ihr führt mich
nie zur Hochzeitsfeier,
ganz und gar nicht lieb ich
euren teuren Freier.

Felsen kann man werben,
werben auch den Stein,
aber dich wirbt keiner
von uns, Mägdelein.

Uwe Grüning

Hinterm Dorf im Gerstenfeld

Hinterm Dorf im Gerstenfeld
mit dem Gurt die Frau den Mann gefesselt hält.

– Warum hältst du mich gefesselt hier?
Frau, was immer du befiehlst, ich folge dir.

Sagst du, ich soll Hefe holen,
lauf ich ohne Mütze los auf raschen Sohlen.

Sagst du, ich muß Brennholz spalten,
wirst du schnell noch einen Kuß von mir erhalten.

Laß mich los, ich kann beschwören,
bis zum Tod sollst du kein böses Wort mehr hören.

– Merk dir, was ein Weib ist, gut,
bleib bis Montag hier, du Tunichtgut!

Uwe Grüning

2. TEIL:

Hadert nicht, daß ich am Bau euch rüttle

19. Jahrhundert

KAREL HYNEK MÁCHA

Aniž křičte

Aniž křičte, že vám stavbu bořím,
jenž by sama v krátkém padla čase;
neb kdy základ krysy rozlézají,
celý dům se větrem již kolíbá,
jehož krov se k zemi skoupě shýbá,
jakou schránu střechy jeho dají? –
A kdy nové stavení má státi,
zdaliž rádno stavbu zase jinou
na základu u vysokost hnáti,
předešlé který byl pádu vinou?
Protož buď i základ vyvržený,
nový základ vložte v zemi plodnou;
na něm nový dům buď založený,
jehož střechy přede bouří škodnou
i před parnem denním vás uchrání. –
Kdyby však před stavby ukončením
konec vzala stavba s mojím bděním
(spaní člověk mdlý se neubrání):
pak na místo mistra zesnulého
některý z učenců jeho vstane,
ten přikročí v dráze znamenané
k ukončení stavení nového.

KAREL HYNEK MÁCHA

Hadert nicht, daß ich am Bau euch rüttle

Hadert nicht, daß ich am Bau euch rüttle,
der in kurzer Zeit von selbst zerfiele;
denn wenn Ratten an dem Sockel nagen,
wird nicht bald das Haus im Winde schwanken?
Wenn sich losgelöst die Giebelplanken,
werden Mauern lang das Dach noch tragen?
Soll sich dann ein neues Haus erheben,
ist es ratsam, daß man's wieder duldet
auf demselben alten Grundstein eben,
der den Fall des vorigen verschuldet?
Drum sei auch der Grundstein ausgehauen,
neuen Sockel legt in gute Erde,
um darauf das neue Haus zu bauen,
dessen Dach euch vor der Glut Beschwerde
wird beschützen und vor Sturmeswinden.
Sollte mir, bevor das Haus geschaffen,
meines Geistes Wachsamkeit erschlaffen
(Schläfrigkeit ist schwer zu überwinden),
möge an des toten Meisters Stelle
ein Geselle sich ins Mittel legen,
daß er auf den vorgezeigten Wegen
arbeitsam den neuen Bau erstelle.

Otto F. Babler

Das Ende des 18. und das ganze 19. Jahrhundert sind für die tschechische Nation die Zeit, in der sie sich aus Finsternis befreite; in der sie systematisch ihre Sprache auszubilden begann; in der sie den Widerhall der europäischen Kriege und Revolutionen auf sich einwirken ließ; in der sie durch ihr Aufbegehren im Jahre 1848 vergeblich mit dem Absolutismus abrechnete und dann wiederum die Bitterkeit seiner Restauration erlebte; in der sie von den sozialistischen Ideen ergriffen wurde, aber auch von den Stimmungen des Fin de siècle, das für die Nationen des Habsburger Vielvölkerstaates auch ein Fin de monarchie bedeutete. Betrachten wir die tschechische Literatur dieser Epoche, dann sehen wir nicht, wie im 20. Jahrhundert, die Schnittpunkte geschichtlicher Ereignisse, an welche die dichterischen Äußerungen – sie voraussehend, sie vielfach widerspiegelnd und retrospektiv mit ihnen abrechnend – anknüpfen, sondern nehmen vielmehr auf dem Grundriß der Zeit strahlendhelle Punkte wahr, welche die Poesie großer Dichterpersönlichkeiten kennzeichnen: Mácha und Erben, Havlíček und Neruda, Vrchlický und Machar, Sova und Březina, doch auch Čelakovský, Sládek, Svatopluk Čech, Zeyer – diese und andere bestimmen die dichterischen Konturen des Jahrhunderts. In der Prosa reicht allenfalls Božena Němcová an sie heran ...

In der relativ günstigen Atmosphäre des sogenannten aufgeklärten Josefinismus entstehen Ende des 18. Jahrhunderts die ersten Almanache tschechischer Poesie ... mit deutlicher Verspätung gegenüber der Entwicklung in Europa. Denn in dieser Zeit kulminiert zum Beispiel im benachbarten Deutschland die Weimarer Klassik. Lange überwog die Meinung, diese Anfänge einer neuen tschechischen Poesie seien »aus dem Nichts« entstanden, als die tschechische Sprache im Aussterben begriffen gewesen sei. Später ließ man die Anknüpfung an die reinen Quellen der Volkspoesie gelten. Es gibt hier jedoch auch noch die verborgenen Impulse in der stillen Arbeit der Dorfgelehrten, die beispielsweise im Laufe der Jahreszeiten halb chronistisch den guten oder geringen Ertrag der Ernten in Versen festhielten, oder in der Tätigkeit der Privatgelehrten, die eifrig unzeitgemäße anakreontische oder religiöse Themen behandelten. Rechnen wir hierzu noch die völlige Ungeklärtheit im Prosodischen (das Schwanken zwischen einer Dichtung im Silbenmaß und dem oftmals angewandten, von den Gelehrten nicht anerkannten syllabotonischen Prinzip), dann sind wir Zeugen der höchst unsicheren ersten kleinen Schritte, von denen nicht die Zeichen eines unorganischen »böhmischen Rokokos« das Sieb der Zeit passierten, sondern nur eine Handvoll Texte, die sich auf die Volkspoesie stützten und zumeist auch bald volkstümlich wurden.

Es erhebt sich die Frage, was von den mächtigen revolutionären Erschütterungen am Ende des 18. und im ersten Drittel des 19. Jahrhunderts in die damals sehr isolierten böhmischen Länder gelangt ist und wie sich diese Fakten in der erst entstehenden, allmählich sich konstituierenden tschechischen Literatur widergespiegelt haben. So ist bereits der Widerhall der Französischen Revolution überraschend vage. Wir begreifen das, wenn wir uns vergegenwärtigen, daß dieser Einfluß zugleich und überdies intensiv durch die zu Ende gehenden Reformen Josephs II. ausgeglichen wurde, die den trügerischen Eindruck erweckten, der »einzig richtige«, das heißt der weniger blutige Weg zu einer besseren Zukunft zu sein als die revolutionären Massaker, von denen man Kunde hatte. Die hier und da in Napoleon gesetzten, halbversteckten Hoffnungen verflüchtigten sich trotz der österreichischen Niederlage auf mährischem Boden (Austerlitz 1805) unter den drohenden Wolken des Metternichschen Absolutismus: Das Bewußtsein, daß die Nationen mit eigener Kraft die Monarchen stürzen müssen, kam zwar zum Ausdruck, wurde aber nicht in Aktionen umgesetzt. Als dann nach dem Wiener Kongreß Österreich als führende Kraft in der Koalition der Großmächte auftrat, wurden sämtliche freiheitlicheren Bestrebungen bereits im Keime erstickt. Damals schrieb Josef Jungmann in einem Brief: »An tschechisch sprechendem Volke gibt es immer noch über sechs Millionen, und diese Nation ist älter als der Napoleon und der Franz (d. h. der österreichische Kaiser), und hoffen wir, sie wird alle beide überleben.«

Zu Beginn des 19. Jahrhunderts wurden die Dichter von Persönlichkeiten überragt, die keine eigene Lyrik hinterlassen, ihr aber den Boden wissenschaftlich bereitet haben: Da waren Josef Dobrovský, der nur deutsch und lateinisch schrieb und dennoch als der »Patriarch der slawischen Philologie« und Begründer der prosodischen Forschung bezeichnet wurde; Josef Jungmann, der »böhmische Herder«, Lexikograph und Literaturhistoriker, vor allem aber der Schöpfer der dichterischen

Sprache der Wiedergeburt, die er mit bahnbrechenden Übersetzungen französischer, englischer und deutscher Dichtung bereicherte; Jan Kollár, der während seiner Studien in Jena, in einer vorwiegend mit pangermanischen Gedanken gesättigten Umgebung, die Idee des Panslawismus aufgriff und ihr das allegorische Gedicht »Slávas Tochter« (d.h. des Slawentums Tochter) widmete, das schließlich über sechshundert Sonette umfaßte. Das entscheidende Wort in dem sich dahinschleppenden Streit um die Prosodie sprachen dann wiederum nicht die Dichter, sondern der Historiker František Palacký und der Archäologe und Sprachforscher Pavel Josef Šafařík. Sie erklärten das Silbenmaß für das gültige Prinzip. Obwohl die dichterische Praxis andere Wege ging, übte ihre Auffassung lange Zeit eine anregende Wirkung aus.

Ende des zweiten Jahrzehnts des 19. Jahrhunderts macht man in rascher Folge »Entdeckungen« von angeblich altertümlichen, möglicherweise aus dem 13. Jahrhundert stammenden Handschriftenfragmenten, die epische Heldengesänge und einige rein lyrische Gedichte enthalten. Nach ihren Fundorten werden sie als Königinhofer und Grünberger Handschriften bezeichnet. Obwohl bald darauf aus dem berufenen Munde Dobrovskýs Zweifel laut werden, hält der Streit um die Echtheit oder Nichtechtheit dieser Texte bis zum Ende des Jahrhunderts an, er wird gewissermaßen zum Prüfstein für die Lauterkeit oder Wankelmütigkeit der Charaktere und erlangt mehr als einmal auch politisches Gepräge. Václav Hanka, von dem wir mit Sicherheit wissen, daß er der Verfasser dieser oft analysierten Fälschungen ist, hatte anscheinend das Beispiel der Engländer Chatterton und Macpherson (des Autors der sogenannten Ossianischen Fälschungen) vor Augen. Seine Beweggründe waren aus damaliger Sicht, die sich an der Lage der Nation orientierte, im Grunde achtbar: Er wollte eine Entwicklungslücke im Gesamtpanorama der tschechischen Poesie schließen und den Menschen, die so gut wie kein Nationalbewußtsein mehr hatten, Tradition vorführen. Heute betrachten wir diese dichterisch beachtlichen Fragmente als Äußerungen der frühen tschechischen Romantik.

Den ehrsamen Weg der sozusagen »praktischen Romantik« beschritten die Sammler von Volkspoesie. František Ladislav Čelakovský sammelte nicht nur die tschechische Volksdichtung, sondern auch das Liedgut anderer slawischer Völker, das ihn zu den bekannten Widerhall-Gedichten inspirierte. Erben beschränkte sich auf Böhmen (die mährischen Lieder sammelte Sušil) – in seinem eigenen Werk schlug er zwar die volkstümliche Inspiration nicht aus, schuf aber dennoch keine Widerhall-Gedichte, sondern eigenartige Balladen von klassischer Reinheit.

Suchen wir nach der Grenzscheide, an der die Periode des Metternichschen Absolutismus endet oder sich zumindest ihrem Ende nähert und bessere Zeiten anbrechen, dann stoßen wir notwendigerweise auf das Jahr 1830. Revolutionäre Aktionen, selbst wenn sie in der letzten Phase immer unterdrückt werden, finden im Westen wie im Osten statt: in Paris die Julirevolution, ähnliche Ereignisse in Italien und weniger sichtbare in Deutschland. Und im Osten nach der Niederschlagung des Dekabristenaufstandes die polnische Revolte und deren brutale Niedermetzelung mit Hilfe zaristischer Waffen – das sind die Ereignisse, die in Böhmen den Bewußtseinsprozeß formen, verbunden mit unklaren Hoffnungen. Das polnische Echo war anscheinend stärker, außerdem wurde Prag für viele polnische Revolutionäre eine wichtige Zwischenstation auf dem Weg in die Emigration. Damals drang auch der Widerhall der Bewegungen »Junges Deutschland« und »Junges Europa« nach Böhmen und übertönte die gesamteuropäischen Tendenzen des romantischen Sentimentalismus.

Unter diesen historischen Aspekten zu Anfang der dreißiger Jahre erlebt Böhmen die Geburt einer Dichterpersönlichkeit, die im Laufe ihrer wenigen stürmischen Lebensjahre das so oft zitierte tschechische »Zurückbleiben hinter Europa« beseitigte, die ganze Frühromantik, die revolutionäre wie die sogenannte schwarze Romantik der »verdammten Dichter« nachholte: Karel Hynek Mácha. Eine ganz einmalige Erscheinung, die am Beginn der neuen tschechischen Poesie steht und für die tschechische Literatur das bedeutet, was Byron, Shelley, Lermontow, Hölderlin, Novalis, Mickiewicz für andere Literaturen bedeuten. Alle literarischen Gebiete, auf die sich Mácha begab oder die er flüchtig berührte, belebte er mit genialer Geste: Er war Lyriker, Epiker, Prosaiker, potentieller Dramatiker, ein Analytiker von Träumen, bei dem Leben und Werk eine untrennbare Einheit bildeten. Schon seine frühen, noch deutsch geschriebenen Sonette (»Versuche des Ignaz Mácha«) lassen in manchem Vers seine ausgeprägte Persönlichkeit erkennen. Sein lyrisch-episches Gedicht »Mai«, ein vielschichtiges, die äußere und innere Welt des Menschen umfassendes Werk, mit dem er entdeckerisch brutal den bislang einheitlichen Strom der patriotischen Dichtung zerteilte, trug ihm härteste Verurteilung ein (man bezeichnete das Gedicht zum Beispiel als »etwas, das nichts bedeutet«). Zunächst hatte Mácha ganz vereinzelte Bewunderer, und zwar vorwiegend außerhalb Böhmens. Für die nachfolgenden Dichtergenerationen wurde die Auseinandersetzung mit ihm unumgänglich, und so manche spätere (auch avantgardistische) literarische Bewegung betrachtete ausschließlich ihn als ihre feste Stütze. Seit Mácha hält die tschechische Poesie, die nun im allgemeinen ihre »spezifischen tschechischen Probleme« selber löst, Schritt mit der europäischen Dichtung und befindet sich manchmal sogar in deren vorderster Reihe, was aus der europäischen Sicht infolge der Tatsache, daß sie sich der Sprache eines kleinen Volkes bediente, erst Jahre später augenfällig wurde.

Der bereits tote Dichter Mácha beschwor einen regelrechten Konflikt, ein sich zuspitzendes Zerwürfnis zwischen zwei Konzeptionen der zeitgenössischen tschechischen Poesie herauf: den Streit zwischen jenen, welche die Forderung nach aktueller Nutzbarmachung der Poesie im nationalen Kampf erheben, und jenen anderen, welchen nichts von der Zwiespältigkeit des Menschen in der Mühle der Geschichte fremd bleibt und die ihrer Vorstellung mit Konsequenz und künstlerischem Neuerertum nachgehen, ohne Rücksicht auf zeitgenössische ästhetische Normen. Eine solche Haltung ist zunächst alles andere als populär und wird durchweg und allgemein als vorübergehende Absonderlichkeit angesehen. Später wandelt sich das Verhältnis zwischen dem ausbrechenden Individuum und der Schar der Leser, ja es schlägt oft ins Gegenteil um.

Im Unterschied zur Dichtung an so manchem historischem »Knoten« im 20. Jahrhundert zeigt die in dem Jahrzehnt nach Máchas Tod entstehende Poesie nicht die revolutionäre Unruhe an, die durch Europa ging und mit ihren hoffnungsvollen Bestrebungen auch die tschechischen Lande erreichte. Im Revolutionsjahr 1848 selbst spielte die Poesie dann keine ernsthafte Rolle – als wären die besten Kräfte durch die verwickelten politischen Wandlungen und Peripetien auf dem Hintergrund der weltanschaulichen Zerwürfnisse zwischen den tschechischen Liberalen und Radikalen (die sich leider nicht mit ihren deutschen Gesinnungsgenossen im Land zusammentaten) absorbiert. Außer ein paar mehr oder weniger allgemeinen, stark allegorischen dichterischen Versuchen entstanden insbesondere satirische Gedichte (erwähnt seien die von Havlíček), ferner Liedertexte für den Tagesbedarf, zumeist im populären Ton der bekannten Volkslieder. Das Revolutionsjahr mit seinem ganzen Überdruck der zeitlichen und nationalen Problematik wird erst später zum Objekt dichterischer Reminiszenzen (zum Beispiel bei Neruda).

Eine unmittelbare Folge des Scheiterns der demokratischen Revolution waren die Strafmaßnahmen gegen jene Schriftsteller, die am engsten mit dem politischen Kampf verbunden waren. Zwei Dichter (Sabina und Frič) entgingen ums Haar der Hinrichtung. Havlíček wurde nach Brixen in Südtirol deportiert, anderen wurde die Existenz erschwert oder vernichtet oder sie wurden aus der Heimat vertrieben, einige der sogenannten gelehrten Dichter konzentrierten sich auf die wissenschaftliche Arbeit. Palacký, der im letzten Augenblick vor der Etablierung des Polizeiregimes noch das Hussitenkapitel seiner großartigen »Geschichte der tschechischen Nation« herauszugeben vermochte, zog sich ganz aus dem öffentlichen Leben zurück.

Die Zeit, die auf das vertane Revolutionsjahr 1848 folgte, ging in die – nicht nur tschechische! – Geschichte als die zehnjährige Ära des Bachschen Absolutismus ein. Sie bedeutete die äußerste nationale und politische Unterdrückung aller fortschrittlichen Kräfte, eine Art Hyperabsolutismus und Hyperzentralismus der vielsprachigen österreichischen Monarchie. An unmittelbaren dichterischen Erträgen ist dieser Zeitabschnitt geradezu auffällig arm. Erben faßt zwar seine Gedichte zu dem Sammelband »Der Blumenstrauß« zusammen, doch die meisten dieser Verse sind bereits früher erschienen. Nur Havlíček schreibt seine drei großen satirischen Gedichte, welche mehr als ein Dutzend guter Bücher bedeuten. Havlíčeks Satiren gelangten nicht durch das Netz der Zensur, doch sie fanden in einer Flut von Abschriften Verbreitung. Die tschechische Prosa erlangte mit »Die Großmutter« von Božena Němcová eine Vervollkommnung, die zu Recht neben die große Poesie gerückt wird. Doch der eigentliche, wenn auch gleichzeitig indirekte und von der Mehrheit der Kritik obendrein nicht verstandene dichterische Ausdruck gewissermaßen am Ende dieser trüben Ära waren Jan Nerudas »Friedhofsblumen«, jener »Flintenschuß, der in schwarzer Nacht hallte«, wie es in einer der wenigen anerkennenden, verständnisvollen Charakteristiken jener Zeit heißt. Der nichtromantisierende und nichtsentimentalisierende Friedhofsrahmen bildet ein zeitgemäßes Gleichnis; die Unzufriedenheit, von der der Gedichtband geradezu überquillt, zielt zum einen auf die Regierung Bachs, zum andern auf das eigene tschechische Lager. Neruda entzieht sich auch durch die subtil vielschichtige Verwendung ironischer Mittel jedweder tschechischer Schablone.

Die drei Jahrzehnte nach dem Scheitern der Revolution von 1848 sind durch das Erscheinen von drei Almanachen zu kennzeichnen. Der Almanach »Mai« (von 1858, also aus der Endzeit der Bachschen Etappe) bekennt sich zu dem »zerrissenen« Romantiker Mácha, und es vertritt ihn eine geschlossene Gruppe von Menschen, die das Revolutionsjahr noch nicht vergessen haben und die Lethargie, die Resignation und Passivität der gemäßigteren Autoren der älteren Generation überwinden wollen. Der Almanach »Ruch« (von 1868) präsentiert das Bild einer differenzierten Gesellschaft, die sich vom erwachenden nationalen Leben, von Festlichkeiten, von der Gründung des Nationaltheaters inspiriert fühlt – der ureigenste Ausdruck der »Ruch«-Dichter ist die patriotische Lyrik. Der dritte, zehn Jahre später, also 1878 erschienene Almanach nennt sich wiederum »Mai«, schlägt also einen geistigen Bogen zu den Ausgangspunkten und zu der magischen Persönlichkeit des Begründers der neuen tschechischen Poesie, steht tatsächlich jedoch mehr im Schatten des aktivsten Vertreters der damaligen jungen Dichtergeneration, Jaroslav Vrchlickýs.

An einer Kurve mit vier Gipfelpunkten ließe sich hypothetisch die indirekte Proportionalität des literarischen und politischen Geschehens in der zweiten Hälfte des 19. Jahrhunderts belegen. Das erste Jahrzehnt, in dem das politische Leben eingefroren ist, bringt trotzdem eine Reihe bahnbrechender Werke von großer Tragweite hervor, die allerdings früher entstanden oder erst später erschienen sind. Das zweite Jahrzehnt brodelt geradezu von stürmischem nationalem Geschehen, läßt im Bereich der Literatur jedoch fast Sterilität erkennen. Das dritte Jahrzehnt steht im Zeichen sowohl literarischer als politischer, insgesamt jedoch nicht durchgreifender Kämpfe;

entscheidend ist, daß Persönlichkeiten auftreten, die dann über zwanzig, dreißig Jahre der Dichtkunst das Gepräge geben.

In das zweite dieser Nachmärzdezennien fällt 1866 die kriegerische Auseinandersetzung der beiden Großmächte deutscher Zunge Österreich und Preußen. Bei Hradec Králové, deutsch Königgrätz, kommt es nach der Schlacht am Weißen Berg bei Prag zur letzten großen Schlacht auf tschechischem Boden. »So ist der unheilvollste, ein Krieg Deutscher gegen Deutsche, unvermeidlich geworden!« heißt es im österreichischen Manifest. Dieser kurze, aber blutige Krieg hinterließ seltsamerweise nur im volkstümlichen Liedgut unmittelbare Spuren. Eins dieser Lieder, das mit geradezu schwarzem Humor geladen ist, übersetzte sich Bertolt Brecht und zitiert es in zeitlicher Verschiebung in einem Stück über Schwejk: »... Bei der Kanone dort / Lud er in einem fort / Eine Kugel kam behende / Riß vom Leib ihm beide Hände / Und er stand weiter dort / Und lud in einem fort ...« Erst in viel späteren retrospektiven Gedichten entdeckt man, daß in diesem »Intermezzo«, wie ein Machar-Gedicht heißt, etwa 20 000 Tschechen gefallen sind, »... rote Husaren, / blaue Dragoner und grüne Jägerscharen, / Kinder bildschön« (Šrámek). Vielleicht sollte man auch jene Tatsache dem Vergessen entreißen, daß während des österreichisch-preußischen Konfliktes im Jahre 1866 eine Gruppe tschechischer Politiker, an ihrer Spitze der Dichter Josef Václav Frič, auf die Niederlage Österreichs setzte und nach der Devise, »jeder Gegner Österreichs wird zu unserem natürlichen Verbündeten«, im Verhandeln mit Preußen eine Gelegenheit sah, den Wunsch nach staatlicher Selbständigkeit der Tschechen zu erfüllen. Doch Preußen »hatte kein Interesse«.

Zur gleichen Zeit, da der Almanach »Ruch« (deutsch: Bewegung, Treiben, Erregung) erscheint, setzt auch im tschechischen Nationalleben ein überaus lebhaftes, ja hektisches Getriebe ein. Die von Preußen geschlagenen Österreicher ließen den Ungarn die Zügel locker, es entstand die österreichisch-ungarische Monarchie. Die Leidtragenden dieses politischen Kompromisses waren vor allem die Tschechen und Slowaken. Vom gleichen Moment an verstärkte sich in allen Schichten des Volkes die tschechische nationale Befreiungsbewegung, es brach jenes »staatsrechtliche Ringen um den Ausgleich mit Österreich« aus, wie das geflügelte Wort lautete. Diese Aktivität wurde durch ein Zugeständnis Wiens in Form eines freieren Versammlungs- und Vereinigungsgesetzes ermöglicht. Für Volksversammlungen und für verschiedenste nationale Feierlichkeiten entstanden zwar viele Verse, sogenannte Deklamiergedichte und Lieder, dem Fortbestehen dieser »Bedarfsproduktion« waren jedoch enge Grenzen gezogen. Der Liberalismus entlud sich nach außen, in die Tiefe der Literatur ging er nicht. Eine Ausnahme bildete nur, was damals Hálek schrieb, vor allem aber Neruda.

Aus all diesen temperamentvollen wie belanglosen, ernsthaften wie pamphletistischen, hyperbolischen wie entgleisten Polemiken über die Stellung der Literatur zu Nation und Welt, aber auch zu sich selbst, gewinnt man kein plastisches Bild von den Wegen der tschechischen Poesie in den siebziger und achtziger Jahren. Der Eindruck ist vielmehr »impressionistisch«... Die beginnende Unterteilung der Literatur in einen »nationalen« und einen »kosmopolitischen« Flügel, die in einer regelrechten, lange andauernden Kampagne gipfelte, drückt sich einerseits in einer Gliederung in Lager aus, das heißt in der Zugehörigkeit zu bestimmten Zeitschriften bzw. Gruppen, und spiegelt sich andererseits im literarischen Schaffen. Dieses respektiert die »Lager« nicht so ohne weiteres. Das Werk Vrchlickýs, um das sich der Streit am häufigsten drehte und das die Befürworter der »nationalen Richtung« durch seine höchst ungewöhnliche Themenbreite und die Philister zum Beispiel wegen des »Kults des Nackten« aufbrachte, reichte nach allen Seiten über die programmatischen Grenzen hinaus; das Werk Sládeks, der Redakteur der führenden »kosmopolitischen« Zeitschrift war, hatte durch seine Ländlichkeit eher die »nationale Schule« zu repräsentieren. Wichtig sind der Gehalt, die Neuartigkeit und die fortdauernde Lebenskraft der Poesie. Sie wurde in dieser Periode vor allem von drei Persönlichkeiten erster Größe vertreten: Neruda, Vrchlický und Sládek. In der zweiten Reihe (der zweiten aus heutiger Sicht, damals waren die Maßstäbe andere, ebenso das Echo) folgen Hálek, Zeyer und Svatopluk Čech. Insbesondere Čechs »Lieder eines Sklaven«, die nationale mit der sozialen Motivik verbindend und so »das doppelte Paria-Trauma der tschechischen Seele fixierend«, waren zu dieser Zeit eines der populärsten Gedichtbücher der tschechischen Literatur: vierundzwanzig Auflagen in knapp zwei Jahren!

In den älteren Literaturgeschichten hieß es immer, im Jahre 1894 ende die »Periode des Ringens der national-erzieherischen Bestrebungen mit westlichem Künstlertum«, und im selben Jahr beginne die »Zeit des kritischen und sozialen Realismus und der darauffolgenden Reaktion«. Warum sah man ausgerechnet das Jahr 1894 als Grenzmarke an? Außer heute fast nicht überblickbaren politischen Zusammenhängen (Krise des nationalen Lebens usw.) ging ihm eine Welle anwachsender Unruhen und gegen Regierung und Dynastie gerichteter Aktionen der Arbeiterschaft und der fortschrittlichen Studentenschaft voraus – die Folge davon war der Ausnahmezustand in Prag und die Inszenierung eines Prozesses gegen die sogenannte »Omladina« (deutsch: Jugend, Jungschar). (Unter den Verhafteten befand sich auch der spätere bedeutende Dichter Stanislav K. Neumann.) Beschränken wir uns ganz auf die Literatur, so handelt es sich um ein Jahr mit den heftigsten Polemiken, denen eine Kampagne folgte, »wie sie die tschechische Literatur bislang noch nicht erlebt hatte«. Streitobjekt war das Werk von Vítězslav Hálek (gestorben 1874), dem der junge Dichter Josef Svatopluk Machar seinen Ruf als sogenannter Nationaldichter absprach und ihn im Gegenteil als Prototypen der tschechischen »Enge« bezeichnete. Von dieser Ansicht distanzierte sich selbst Machars angesehener Freund Vrchlický, damals ein Dichter auf dem Höhepunkt seines Schaffens und Ruhms; dieses Eingreifen hatte seine definitive Loslösung von der jungen Generation zur Folge. Machar knüpfte damals nur bei Havlíček und hauptsächlich bei Neruda an, die im Gegensatz zum spontanen Hálek rationale und analytische Geister waren.

Ein Jahr darauf folgt das sogenannte Manifest der Tschechischen Moderne, der Auftritt der tatkräftigsten Vertreter der jungen Generation, der zwar keine geschlossene Gruppe entstehen ließ, doch die Oberfläche des tschechischen nationalen Lebens literarisch und politisch erheblich in Wallung brachte. Von den Literaten hatte Machar den größten Anteil an dem Manifest, František Xaver Šalda wirkte durch Korrekturen daran mit, künftige klingende Dichternamen wie Sova und Březina standen darunter, ferner die Unterschriften einer Handvoll Prosaiker, Kritiker und Politiker. Attackiert wurde hier anhand einer erschöpfenden Liste von »Untugenden« die gesamte ältere Generation; die Söhne schlugen die Väter, indem sie ihnen Flachheit, Farblosigkeit, Dilettantismus, Eklektizismus, aber auch l'art pour l'art, das Nachäffen von Moden usw. vorwarfen. Das positive Programm war wie immer allgemeinerer Natur: Verbindung mit dem Leben, innere Wahrheit und dergleichen mehr. Der politische Teil des Manifestes ist konkreter: Er fordert demokratischen Sinn, die Beteiligung der Arbeiterschaft am nationalen Leben, aber auch die Verständigung mit der deutschen Bevölkerung der tschechischen Länder.

Aus dem Zwielicht verfilzter Bezüge, zu denen noch die Andeutungen der sogenannten tschechischen Sezession (Jugendstil) und die tschechische Spielart der Dekadenz hinzukommen, treten insgesamt drei Orientierungspunkte hervor:

Menschen, aus »geheimnisvollen Fernen« kommend, werden mit mystischen Gesten zu »Erbauern des Doms« der Zukunft, ihre Visionen in fast kosmisches Wirbeln projizierend ... Březina.

Menschen mit »gebrochenen Seelen«, voller »Mitgefühl und Trotz«, schwanger von »ausgetobter Trauer«, suchen nach dem nebelhaft symbolischen, aber sich allmählich enthüllenden »Tal des Neuen Königreiches« ... Sova.

Menschen mit scharfem Verstand, ihren »bitteren Aufruhr« anzettelnd, doch schon voll Sehnsucht nach den großen Rekapitulationen der Geschichte, danach, »das Gewissen der Epochen« zu durchschreiten ... Machar.

Als sich die sogenannte Generation der neunziger Jahre zu gruppieren begann, legten einige Vertreter dieser Generation ihre Ziele in einem Almanach nieder, dessen Name bereits alles sagen wollte: »Einbruch der Barbaren«. Es blieb jedoch letzten Endes beim Wollen. Das Bewußtsein dessen, was diese Künstler nicht wollten, wogegen sie – die damalige Gesellschaft negierend – antraten und was sie also bekämpften, war stärker als die Fähigkeit, ein positives Programm aufzustellen und zu realisieren. Šalda, selber engagierter Teilnehmer dieser Kämpfe, rekapitulierte später diese Zeit mit den Worten: »Zwielichtig, ausgedörrt, verzweifelt, buchstäblich dem Selbstmord nahe. Das Alte war längst abgetan, abgestorben, ja es war schon gestorben, war aber noch nicht vom Ast des Lebens abgefallen und verhinderte auf diese Weise das Aufblühen des Neuen, das nicht geboren werden konnte.«

Ein gewisses Pathos dieser Einschätzung führt Machar in dem »Sonett von der Definition moderner Poesie« auf ein nüchternes Maß zurück. Auch dort sind die ersten acht Verse voller Negationen, einer enthält eine Frage, und zwei enthalten einen unverbindlichen Scherz. Im verbleibenden Dreivers wird nichts behauptet, man ahnt nur. So daß im letzten Vers dann auf eine Waagschale Herz und Gefühl, auf die andere der Kopf gelegt werden. Etwas wenig für die Gewißheit? Als Eröffnungsakkord vor der machtvollen Bewegung der poetischen Schichten allemal genug.

Säte Hirse aufs Gewende

Im volkstümlichen Ton

MILOTA ZDIRAD POLÁK

Der betrogene Liebste

Säte Hirse aufs Gewende,
  werd dort ernten nicht;
hatt ein schönes Mädchen lieb,
  werd sie freien nicht.
Säen und nicht mähen,
lieben und verschmähen!
  Säte, doch ich mähte nicht,
  liebte, doch ich nahm sie nicht.

An der Esche hoch am Hang
  überm Mühlentor
mir Karlínka, meine Liebste,
  ewge Treue schwor.
Ja, ein Kränzlein wand sie mir,
einen Ring hab ich von ihr,
  schön verziert, bekommen,
  hab sie nicht genommen.

Eh der Glöckner in der Früh
  ließ die Glocken klingen,
ging ich, um zu hörn der Vögel
  morgendliches Singen.
Hinterm Wald begab ich mich,
aber was erblickte ich:
  Wie erschaudert' ich so sehr,
  wollt das Mädchen schon nicht mehr.

In dem Traubenkirschendickicht
  stand das falsche Mädchen und
lachte, als er sie umarmte,
  und er küßte ihren Mund.

Und da rief ich: »Ach bei Nacht,
hab vergeblich ich gewacht.«
  Säte, doch ich mähte nicht,
  liebte, doch ich nahm sie nicht.

Uwe Grüning

KÖNIGINHOFER HANDSCHRIFT

Die Rose

Was schlugst du, schöne Rose,
die Blüte auf so früh?
Hat sie der Frost verdorben?
Ist sie verdorrt, erstorben?
Sank dürr zur Erde sie?

Spät abends saß, saß lang ich,
saß bis zum Hahnenschrei,
nichts zu erhoffen hatt ich,
der Kienspan losch dabei.
Ich schlief. Im Traume wars mir –
verstorben mußt ich sein –
daß von der rechten Hand mir,
vom goldnen Ringelein
abfiel ein Edelstein.
Nicht fand ich dich, du kleiner Stein,
nicht kam zu mir der Liebste mein.

Uwe Grüning

Der Kuckuck

Auf dem freien Feld die Eiche steht,
Kuckuck zwischen den Zweigen sitzt,
hat gerufen, hob zu weinen an,
daß der Frühling nicht immer bleiben kann.

Wie würde im Feld der Roggen reif,
wenns immer Frühling wär?
Wie würden die Äpfel im Garten reif,
wenns immer Sommer wär?

Wie frören im Feim die Ähren so sehr,
wenns immer Herbst nur wär?
Wie müßt es dem Mädchen zumute sein,
blieb immer es allein!

Uwe Grüning

Die Lerche

Im Herrengarten jätet
Hanfkraut ein Mägdelein;
ein Lerchlein tät sie fragen,
was sie so traurig sei?

Wie könnt ich, kleine Lerche,
wie könnt ich froh denn sein?
Sie führten meinen Liebsten
tief in die Burg aus Stein.

Hätt ich nur eine Feder,
ein Brieflein ich ihm schrieb,
das würdest du ihm bringen,
du kleine Lerche, lieb.

Hab Feder nicht noch Häutchen,
zu schreiben einen Brief;
grüß mit Gesang den Teuren,
sag ihm, mein Leid ist tief.

Uwe Grüning

JAROSLAV VACEK KAMENICKÝ

Aufkündigung der Liebe

Unser Vitoušek pflügt,
wo der Herrenhof liegt,
mit dem Ochsengespann;
bis die Furche er endet,
zu mir er sich wendet,
ruft von fern mich schon an.

Liebster Vitoušek, du
rufst umsonst immerzu,
helfen kann keiner dabei;
Lieber, ich acht nicht auf dich.
Tag und Nacht rufst du mich
vergeblich herbei.

Hab einen anderen Freund,
er, der es ehrlich meint,
ist mir viel lieber als du.
Laß nur dein Rufen sein,
pflüg unsre Liebe ein,
deck sie mit Erde zu.

Uwe Grüning

FRANTIŠEK LADISLAV ČELAKOVSKÝ

Der Erdenwandrer

Wie muß durch die Welt sich schleppen
so ein Erdenwandrer:
Kaum ist ein Berg überschritten,
wartet schon ein andrer.

Ja, dem Menschen wird das Leben
hier des öftern sauer:
Hast ein Leid kaum überstanden,
kommt die nächste Trauer.

Nur die Herren haben Kutschen,
sitzen fein im Warmen,
doch durch Kot und Regen stolpern
hinterdrein die Armen.

Nun, ich geh trotz Wind und Wetter,
gönn mir keine Ruhe,
hab ich nur zwei feste Beine
und an ihnen Schuhe.

Hat ja seine Sorg und Plagen
häufig auch der Reiche:
Manches Mal kippt um sein Wagen,
manchmal bricht die Speiche.

Doch nach all den Wanderfahrten
gibt's nach gutem Rechte
Herberg nur im gleichen Gasthaus
für die Herrn wie Knechte.

Otto F. Babler

Nacht, so dunkel! Nacht, so helle!

Romantik

KAREL HYNEK MÁCHA

Mai

(Ausschnitt)

DRITTER GESANG

Das Maiental am Waldessaum
erweckt zur Nacht der Rosentag,
doch leichthin über Forst und Hag
irrt nebelleise noch der Traum.
Aus dunklem Wald ziehn bläulich Dünste
zum Rosenhimmel sanft, zum Ziel,
und auf dem See die zarten Künste
treiben ihr blaues Wellenspiel.
Am Ufer – in des Berges Schatten –
jenseits des Waldes – im Gefild –
stehn weiße Höfe auf den Matten
und gleißen – bis wie Königspracht
groß wie zur Nacht der Schatten fällt –
im Himmelsschoß rötlich entfacht,
der höchste Gipfel ferne wacht.

Aus dunkelblauen Bergen lichterloh
stieg kaum die Purpursonne auf ganz sachte,
als jählings alles aus dem Schlaf erwachte,
und was da kreucht und fleucht, ward wieder froh.
Am See der weiße Flug von Vögeln irgendwo,
der leichten Boote Lauf, der Ruder rasches Schnellen
malt glitzernd roten Glanz ins Schattenblau der Wellen.
Ein Föhrenhain rauscht leis, nah an der Uferflur,
von wo der Drossel Festgesang und andrer Vögel Lied
begrüßt die Mädchenschar, die durch den Talgrund zieht;
den jungen Mai besingt froh alle Kreatur.
Des Morgenwindes Wehn – besänftigend wie Lieder –
streut hier im grünen Tal der Blüten Weiß voran,
treibt wilder Gänse Flug dort über dunklen Tann,

beugt auf den Bergeshö
Doch ein Ereignis trüb
Wo in den weiten See s
von wo die kleine Stadt
den Schatten senkt bis
entsteht jäh ein Tumul
und aus des Städtchens
Der Menschenstrom vo
wird groß und größer
ins Unermeßne steigt d
denn ein Verbrecher w

Jetzt aus des Städtchens
gemeßnen Schrittes, ur
der unter ihnen geht in
Der Menge Lärm verst
und aus dem Haufen la
»Er ist es, Feder, Blum
das Aug darunter volle
Der Mantel, ja, er ist's!
So da und dort ein Ruf
Wie einer Brandung St
als nah der Zug mit de
Es zieht um ihn die Scl
drin einer Waffe Blitz j
Gesenkten Blicks der M
Das Sünderglöckchen t

Ein Hügel nah am See,
auf ihm ein hoher Pfah
dorten auf steilem Berg
und auf dem höheren e
Langsamen Schritts de
da tritt zurück das Vol
daß er zum letztenmal
noch schaue das Gebir
wo er einst froh verleb
damit in Andacht vor
im leichten Schatten v
er nochmals sage Dank
Verstummt ist der Tur
und jedes Herz bedrüc

In die Welt trat ich

In die Welt trat ich und hoffte, meine
Tage sprössen wie der goldne Mai hervor
und ich fänd' dies Paradies, dies eine,
das zu finden mir die Jugend schwor.
Aber bald, ach, allzubald vergingen,
. . . .
. . . .
Dunkelgraue Nacht, im Schoß gefangen.

In das Mondlicht, deucht mich, hebt das schöne
Köpfchen froh und still das Blümlein jetzt;
ach, ich neige mich: Mit kühler Träne,
nächtgem Tau wird meine Hand benetzt. – –
Eine Rose fesselt mich an ihre Nähe,
Sehnsucht wie von einem Zauberstab
rührt mein Herz; doch zu ihr tretend, sehe
ich betrübt: Sie blüht auf einem Grab.
Und die Lilie – ihren Schneeglanz hatte
ich bewundert in des ersten Tages Licht –
neigt zur Erde nachts die silbermatte
Krone und das welke Angesicht.
Nach euch such ich, Menschen meiner Träume,
finde Larven ohne Herz; so seid
Träume ihr, nur längstvergangne Träume,
rasch zerstört vom Hauch der Wirklichkeit.

Schmachtend, Paradies, nach deinem Glücke,
hab gebreitet meine Arme ich.
Aber an die Brust, die heiße, drücke
einzig ich, lieblose Erde, dich.

Uwe Grüning

KAREL JAROMÍR ERBEN

Weihnachten

Grabdunkel; Frost weht ins Fenster hinein,
warm atmet der Ofen drinnen;
gelb leuchtet im Kamin ein Feuerschein,
die Alte döst, und die Mädchen spinnen.

»Schnurre, mein Spinnrad, und dreh dich behende!
Seht, der Advent geht schon zu Ende,
bald wird es Weihnachten sein!

Lieblich ists für das Mädchen zu spinnen,
ist an traurigen Winterabenden schön;
nicht vergebens, sie weiß es, ist ihr Beginnen,
nicht vergebens wird ihr Spinnrad sich drehn.

Und es kommt ein Jüngling zum fleißigen Mädchen,
sagt: Ein treuer Mann will ich sein,
sei mein Weiblein, herzliebstes Mädchen,
heirate mich und sei mein!

Sei mein Weiblein, so werd ich dein Mann,
gib mir die Hand, und wir werden getraut! –
Und das Mädchen, das dünne Flachsfäden spann,
näht jetzt die Hemden der Braut.

Schnurre, mein Spinnrad, und dreh dich behende!
Seht, der Advent geht schon zu Ende,
bald wird es Weihnachten sein.«
...

Uwe Grüning

Das Täubchen

Hohlweg hinterm Kirchhof,
bist so tief, so tief,
wo die junge, schöne
Witwe weinend lief.

Ihres Gatten Tod hat
ihr dies Leid bereitet:
Hierher hat zum letzten
Weg sie ihn geleitet.

Über grüne Wiesen
von dem weißen Gut
reitet aus ein Jüngling,
Federn auf dem Hut.

»Junge, schöne Witwe,
klag und weine nicht!
Schad ists um die Augen,
um dein Angesicht.

Witwe, schöne Rose,
klag nicht, hör mich an,
wenn dein Gatte tot ist,
so nimm mich zum Mann.« –

Weinend kam der erste,
still der zweite ging,
schon am dritten Tage
war ihr Leid gering.

Trug nur eine Woche
um den Toten Leid,
nähte noch im gleichen
Mond ihr Hochzeitskleid.

Hohlweg unterm Kirchhof,
bist so fröhlich laut;
denn dort fahren, fahren
Bräutigam und Braut.

Auf der Hochzeit ging es
hoch und lustig her,
und aus seinem Arm wand
sie sich nimmermehr.

Auf der Hochzeit spielte
die Musik so schön.
Oh, könnt die Braut ihr dort
mit ihm lachen sehn.

Lache, Braut, nur, lache,
oh, es steht dir gut!
Der hat taube Ohren,
wer im Grabe ruht.

Kose den Geliebten,
werd vor Furcht nicht stumm!
Eng, so eng der Sarg ist,
und er stürzt nicht um.

Deinem Liebsten kannst du
tausend Küsse geben;
der das Gift trank, wird sich
nimmermehr erheben. –

Eilends fliehn die Zeiten,
wandeln jedes Ding.
Was nicht war, wird kommen,
was einst war, verging.

Eilends fliehn die Zeiten,
Jahr wie Stunde geht;
eines bleibt bestehen,
ja, die Schuld besteht.

Und drei Jahre gingen,
seit sie ihn vergaß;
auf dem Totenhügel
wächst schon frisches Gras.

Ihm zu Häupten aber
wächst ein Eichenreis;
auf die Eiche setzt sich
oft ein Täubchen, weiß.

Sitzt so oft, so oft dort,
gurrt und klagt voll Schmerz:
Jedem, der es hörn muß,
bricht davon das Herz.

Nicht sowohl den andern,
einer Frau es bricht:
Sich das Haar zerraufend,
ruft sie: »Gurre nicht!

Tose in die Ohren
mir dein Klaglied nicht,
da es, ach, die Seele
grausam mir durchsticht!

Heul nicht, deine Klage
in den Kopf mir dringt,
oder heule lauter,
bis er mir zerspringt!« –

Wellen gehn, das Wasser
fließt so weit, so weit,
aber in den Wellen
blinkt ein weißes Kleid.

Treiben bleiche Hände,
treibt ein Leib stromab;
Unglückselge, suchtest
du für dich ein Grab?

Die man fand, begrub man
still und fern der Welt,
wo sich Wege kreuzen
tief im Roggenfeld.

Nicht einmal ein Grab kann
ihr zu eigen sein:
Auf dem Körper lastet
nur ein großer Stein.

Doch so schwer auf Erden
selbst kein Felsen wiegt,
wie auf ihrem Namen
die Verdammnis liegt!

Uwe Grüning

Der Fluch der Tochter

Sag mir, was betrübt dich so,
meine Tochter?
Sag mir, was betrübt dich so?
Warst doch früher allzeit froh,
lachtest hell und klar!

»Tötete ein Täubchen klein,
meine Mutter!
Tötete ein Täubchen klein,
saß in seinem Nest allein,
weiß wie Schnee es war.«

Ach, ein Täubchen war es nicht,
meine Tochter!
war ein weißes Täubchen nicht,
rissig ist dein Angesicht,
deine Wange bleich.

»Tötete mein Kindlein klein,
meine Mutter!
Tötete mein Kindlein klein,
oh, mein armes Kindelein!
Sterb vor Herzleid gleich.«

Sag, was willst du fürder tun,
meine Tochter?
Sag, was willst du fürder tun,
wie stillst Gottes Zorn du nun,
machst die Schuld du gut?

»Such die Blüte allezeit,
meine Mutter,
such die Blüte allezeit,
die von aller Schuld befreit,
und sie kühlt das Blut.«

Weißt du, wo die Blüte steht,
meine Tochter?
Wo sie, ach, auf Erden steht,
wo, auf welchem Gartenbeet
wirst du je sie finden?

»Auf dem Hügel vor dem Tor,
meine Mutter
auf dem Hügel vor dem Tor,
wo die Säule ragt empor,
werd den Strang ich winden.«

Was vermachst dem Burschen du,
meine Tochter?
Was vermachst dem Burschen du,
der ins Haus kam immerzu,
hat gespielt mit dir?

»Sollst ihm meinen Segen sprechen,
meine Mutter!
Sollst ihm meinen Segen sprechen,
soll ein Wurm zu Tod ihn stechen,
treulos sprach er mir.«

Was läßt du der Mutter, sag,
meine Tochter?
Was läßt du der Mutter, sag,
die dich liebte? Tag um Tag
sorgte sie um dich.

»Einen Fluch nur laß ich dir,
meine Mutter!
Einen Fluch nur laß ich dir,
Friedlos seist du, weil du hier
ließt gewähren mich.«

Uwe Grüning

Weder Spinifiks noch Don Spagat

Bänkellieder

Hört nur, Leute

Neues Lied von Amerika. In Olmütz, 1856. Gedruckt und zu bekommen bei Antonín Halouzka

1. Hört nur, Leute, dies komische Lied,
wie's den Herrn Amerikanern geht,
in eitel Freud die Schelme leben,
was sie begehrn, vom Himmel fällts ein' jedem.

2. Viele, die zaudern, vor Ungeduld grolln,
daß sie so schlecht hier leben solln,
haben Mordslust heuer auf Amerika,
wo Knödel just auf Bäumen man wachsen sah.

3. Teiche voll Butter unter den Bäumen
zum Knödeleinweichen, wenn sie einem
im Hals steckenbleiben, Hunderte Schilder,
aus Lebkuchen glaub ich, köstliche Bilder.

4. Schweine wachsen gebraten da drüben,
ins Maul gebratene Vögel fliegen,
Buchteln, Kolatschen backen sich von allein,
Kaffee rinnt aus Rinnen ins Maul hinein.

5. Kaum macht das Maul der Amerikaner auf,
gleich hat er gebratene Tauben zuhauf,
es solln sich die Herrn Amerikaner bedienen
nämlich zum Schlucken geschaffner Maschinen.

6. Alles machen sie mit der Maschine,
was Arbeit ist, kommt nicht in ihre Sinne,
so leben sie dort besser als im Paradies,
fast wie am Rand des Himmels haben sie's.

7. Aus lauter Bratwürsten Zäune sie bauen,
Quargeln, die schützen vor Elend und Grauen,
's ist lauter Spaß in am'rikanischen Landen,
auf Leberwürsten spieln die Musikanten.

8. Amerika, als Heimat wohlbekannt,
nur allzu fern ist das gepriesne Land,
lägs wenigstens in Prag, per Eisenbahn
es zu besichtgen käm nicht teuer dann.

9. So könnten wir dorthin zur Kirmes gehn,
ich glaub, das wäre gar zu schön,
es ist bloß ein Einfall, müßig und albern,
nur so zum Lachen und spaßeshalber.

10. Der Amerikaner darf kein Faulenzer sein,
dort wie hier lebt man von Arbeit allein,
wers auch sei, der Lust zur Arbeit nicht hat,
umsonst wird der selbst in Amerika nicht satt.

11. Amerika als ideale Heimat gilt,
nur ists vom Volk nicht grade überfüllt,
wie viele andre Länder heutzutag,
wer diese Wüste dort erobern mag.

12. So viel er will, kann er da kaufen Land,
wird spucken, sackweis, Sakrament, verdammt,
in Amerika, wenn er die Hacke schwingt
und ihm ein Schmerz durch Kreuz und Hände dringt.

Ende

Walther Petri

Nowá píseň

o

přehrozné wraždě.

Sepsáním a nákladem Antonie Tynclové.

Tiskem Jos. Bergrowé w Litomyšli. — 1231.

Umschlagseite einer Moritat; zweite Hälfte des 19. Jahrhunderts

In schwarzen Wäldern

Herzergreifendes Liedchen von einem sehr grausamen Räuberhauptmann Don Spagat, wie wegen der Prinzessin Amalia und wegen unglücklichen Trinkens von Rum, Kaffee und Englischbitter viel menschliches Leben getötet und nach dem Tod ermordet und erdrosselt worden. Für alle Jünglinge und Jungfern beiderlei Geschlechts verfaßt und nach der Finsternis aufs Licht gebracht.

1. In schwarzen Wäldern liegt versteckt
Räuberhauptmann Don Spagat,
neben ihm da stund auf Posten
Spinifiks, sein Hauptkam'rad.
Einst sprach Don Spagat zu ihm:
»Du mein allertreuster Freund,
heut will Felsenburg ich plündern,
dorten, wo Amalia weilt.«

2. Don Spagat rief gleich die Bande,
teilt Gewehr und Waffe aus,
und als Mitternacht geschlagen,
kam er bei dem Schloß heraus.
Spinifiks am Tore läutet,
daß er ein arm Wandrer sei,
als ihm drum der Schließer öffnet,
drang ins Schloß die Bande ein.

3. Großer Gott, welch schröcklich Anblick,
wie dort hauste Don Spagat,
ohn Pardon ein jeder Seele
schnitt er Nas und Ohren ab.
In das Schlafgemach sie drangen,
alles fiel beim Todesstoß,
leben ließ die Mörderbande
Amalia, die schöne, bloß.

4. Drauf zu Tisch setzt sich die Bande,
zu dem Mahl in wilder Lust,
Englischbitter sowie Rum
Amalia ihnen bringen mußt.
»Koch sofort uns schwarzen Kaffee!«

teufelswild Spagat dies schrie,
»dann nimm Abschied von der Welt,
kommst lebendig hieraus nie.«

5. In der Küche kocht Amalia
Kaffee gleich, wie es sich schickt,
schüttete in die Maschine
aber heimlich Arsenik;
jedem schenkte sie dann ein,
Don Spagat als erster trank,
Spinifiks, o weh und ach,
jammerte, vor Bauchweh krank.

6. »Ha, du tücksche Weibsperson«,
Don Spagat, von Zorn entbrannt,
zückte seinen scharfen Pallasch,
stieß ins Herz ihr kurzerhand.
Dann hub an ein großes Sterben
in der Bande, Schlag auf Schlag,
keiner blieb lebendig, weder
Spinifiks noch Don Spagat.

7. Itzo kamen zwölf Gendarmen,
abzuhalten ein Verhör,
aber alles lag gemordet,
so erfuhrn sie gar nichts mehr.
Drum begannen sie zu schmausen,
fieln her über den Kaffee,
sagten dann mit Wehgeschrei
schnell der Welt ade.

8. Drum beherziget zum Schluß, wie
Don Spagat wurd hingemacht,
daß den Kaffee die Gendarmen
hätten besser nicht beacht.
Trinkt nicht Rum noch Englischbitter,
hütet euch vor Ärger, Leut,
alsodann ihr könnt auf Erden
freun euch der Zufriedenheit.

Ende

Walther Petri

Anstatt meiner reist dies Blättchen

Satire

KAREL HAVLÍČEK BOROVSKÝ

Tiroler Elegien

I

Durch die dichte Wolke sende,
liebster Mond, dein Licht,
magst du Brixen? Nun, dann zieh gefälligst
nicht so ein Gesicht!

Eile nicht, bleib lieber stehen,
Schlafen wär nicht gut:
besser schon, wir führen für ein Weilchen
einen Nacht-Disput.

Nein, ich bin nicht hier gebürtig,
Liebster, hörst du's jetzt?
Bin nicht *treu und bieder*, zur Belehrung
nur hierher versetzt.

II

Aus dem Land der Musikanten
stamm ich und blies gern
die Posaune, die aus ihren Träumen
riß die Wiener Herrn.

sie besser schlafen können,
wenn erschöpft sie waren,
ließen Polizei sie in der Kutsche
nachts vors Haus mir fahren.

Kurz vor drei in Herrgottsfrühe –
vor dem Glockenschlag
wünscht mir ein Gendarm an meinem Bette
schönen guten Tag.

Hinter ihm in Gala-Fräcken
das geschätzte Amt,
Degen um jedweden Wanst gegürtet,
goldbetreßt der Samt.

»Stehn Sie auf, Herr Redakteur, Sie
müssen nicht erschrecken,
denn kein Dieb, nur eine Kommission
kommt, um Sie zu wecken.

Grüße allerseits aus Wien und
von Herrn Bach gar Küsse,
hier sein Brief, und ob gesund Sie seien,
er zu gerne wisse.« –

Selbst auf nüchtern leeren Magen
ziert mich Höflichkeit:
»Hohe Kommission, daß ich im Nachthemd,
mir, bittschön, verzeiht!«

Džok, mein schwarzer Bulldogg aber,
grob von Art und Sitte,
doch vertraut mit allen Haftbefehlen –
ist ein stolzer Brite.

Fast hätt einen Paragraphen
dieser Kerl verletzt,
weil haf! haf! er unter meinem Bette
amts-erregend hetzt.

Ja, das Reichsgesetzbuch warf ich
ihm sehr schwungvoll zu,
gut, daß ich solch klugen Einfall hatte,
denn so gab er Ruh. –

III

Als ein ordentlicher Bürger –
und Dezember war –
zog ich Strümpfe an, vom hohen Amte
assistiert sogar.

Dann erst las ich jenes Schreiben –
ach, wo hab ichs nur –
lies es selber, solltest du verstehen
Amtsdeutsch in Fraktur.

Bach, der Doktor, schreibt, daß Böhmen
der Gesundheit schade,
und fährt fort, daß einen Klimawechsel
er mir dringend rate.

Asthma herrsche jetzt in Böhmen,
übel heiße Fürze,
und es stinkt nach dieser März-Verfassung,
heißts in aller Kürze.

Daß er mir die Kutsche also
in der Absicht sandte,
daß ich eilig und auf Staates Kosten
reise aus dem Lande.

Den Gendarmen sei befohlen,
mich gar sehr zu zwingen,
falls Bescheidenheit mich hindre, in die
Kutsche rasch zu springen.

IV

Eine dumme Angewohnheit
läßt mich wider Willen
jeden Wunsch bewaffneter Gendarmen
allzu prompt erfüllen.

Überdies zwang Dedera mich,
abzureisen schnelle,
eh die Broder Bürgerschar erwache,
zu uns sich geselle.

Und er bat mich, mitzunehmen
keinerlei Gewehre,
denn befohlen sei, daß seine Leute
schützen meine Ehre.

Fahrt inkognito durch Böhmen,
riet er mir damals,
Kommissionen, aufgehetzt von Leuten
hätt ich sonst am Hals.

Noch so manchen klugen Ratschlag
ließ der Herr mich wissen,
wonach sich des Doktor Bachs Patienten
tunlichst richten müssen.

Sein Sirenenton, der lockte
mich in meine Schuh,
in den Rock, den Pelz, doch vorher knöpft ich
mir die Hosen zu.

Pferde und Gendarmen standen
längst vor meiner Tür:
»Meine Lieben, habt Geduld ein wenig,
gleich verreisen wir!«

V

Mond, du kennst gewiß die Weiber
und vor allen Dingen,
welche liebe Not sie uns auf Erden
gar zu oft doch bringen!

Manchem Abschied sahst du heimlich
und von ferne zu,
jene bittren Augenblicke kennest
wie kein Dichter du.

Mutter, Schwester, Weib und Tochter
Zdenčinka, so klein,
standen um mich, und sie weinten leise,
mir zu bittrer Pein!

Ein Kosak, ein abgebrühter,
bin ich, wie mir deucht,
da jedoch ward mir die Brust zu enge
und das Auge feucht.

Und ich zog den Pelz der Mütze
tief in mein Gesicht,
daß kein Tränenglitzern den Gendarmen,
ach, ins Auge sticht.

Denn die Wache war vorm Hause
sonderlich postiert,
daß die trübe Szene majestätisch
sei durch sie staffiert!

VI

Hin nach Iglau rolln die Räder,
gellt Trompetenschrei,
hinter uns, damit wir nichts verlieren,
reitet Polizei.

Ach, das Kirchlein von Borová
auf dem Hügel dort,
durch die Wipfel sah michs an so traurig:
»Kind, was treibt dich fort?

Weiß den Tag noch deiner Taufe,
wo die Wiege stand,
dem Vikar, dem alten, halfst du fleißig,
kleiner Ministrant.

Durch die Welt ziehn, mit der Fackel
einst dann kehren heim,
jungen Leutchen auf den Weg zu leuchten
mit der Flamme Schein.

Wie die Zeit vergeht, ich kenn dich
schon seit dreißig Jahren,
aber, Kind, welch finstre Ungeheuer
seh ich mit dir fahren?« –

VII

Über Iglau ging die Reise,
links blieb Spielberg liegen,
fern von Linz drohn Kufsteins Eisengitter
mir die Luft zu sieben.

Erst als jene Feste endlich
hinter uns wir ließen,
da begannen mir die Alpentäler
lieblicher zu sprießen.

Eine dumme Fahrt, mein Lieber,
wer nicht kennt das Ziel:
oh, die heitren Postillion-Trompeten,
Lug und Trug ihr Spiel.

Überall nur Pferdewechsel,
ekle Wagenschmiere:
Hättet ihr in Wien doch umgespannt und
angeschmiert die Tiere!

Ach, wie reizend die Erfindung
der Telegraphie!
Alle Orte, lang bevor wir kamen,
wußten es durch sie.

Daß die arg besorgte Mutter,
unsre Polizei,
überall, mein Freund, bevor wir kommen,
wärme schon den Brei.

Budweis darf ich nicht vergessen,
fällt mir eben ein,
denn dort kaufte Dedera vier Flaschen
vom Mělníker Wein.

Patriotische Gedanken
scheint der Herr zu hegen,
schenkt mir Lethe, oh, zum Wohle Böhmens
trank ich seinetwegen.

Den Mĕlníker bis zur Neige
hab ich längst geleert;
doch mir deucht, daß auch im Welscher Weine
es unruhig gärt.

VIII

Lassen wir die Elegie, mein Mondchen,
recht heroisch sei nun jeder Satz;
denn du hörest gleich aus meinem Munde
eine Teufelshatz.

Kennst den Weg von Reichenhall nach Waidring,
der just über Stock und Steine führt,
und mich dünkt, daß keiner Ordonnanz er
folgsam je pariert.

Felsgebirge, höher als die Dummheit,
die ich zwischen den Nationen seh,
unersättlich gähnt der Abgrund – gleich dem
Maule der Armee.

Nacht, stockdunkel wie die heilge Kirche,
wir – den Berg hinunter wie der Blitz,
»Pferde! Halt!« schrie Dedera vergeblich –
leer des Kutschers Sitz.

Oh, die Kutsche kracht, der Teufel reitet
holterdipolter unser Gespann,
hinterm Berg wohl zündet sich sein Pfeifchen
grad der Kutscher an.

Wie ein Pfeil vom Turm, der Weg recht schlüpfrig,
fliegt der Wagen, holpert, rutscht, hü hott,
möcht er uns im Abgrund deponieren?
Das allein weiß Gott.

Köstlich sind doch solche Augenblicke!
Und so recht nach Havlíčeks Geschmack,
wenn der hohen Polizei des Staates
saust vor Angst der Frack!

Fiel mir doch, ich kenne meine Bibel,
Jonas ein, den man vom Schifflein stieß,
daß den wütenden Orkan er stille,
wie die Schrift verhieß.

»Losen wir!« sagt ich, »ein großer Sünder
reiset wohl mit uns als Passagier,
um den Himmel zu versöhnen, soll er
springen aus der Tür.«

Kaum gesagt, sieh da, die Polizisten
prüften ihr Gewissen nicht einmal,
rissen auf das Türchen voller Reue,
stürzten sich zu Tal. –

Welt, ach du verkehrte Welt! Kopfüber
liegt die Wache, welch Blamage!
Ganz allein mit dem Herrn Delinquenten
trabt die Equipage!

O Regierung, meine umgestürzte!
Willst am Schnürlein Völker führen,
nicht vier Pferde an der langen Leine
kannst du dirigieren! – –

Ohne Kutscher, ohne Longe, im Finstern,
rechts die Schlucht, ach, wie der Alpenwind
galoppiert ich mutterseelnalleine
durch die Nacht geschwind.

Ach, das Schicksal einmal anvertrauen
den verrücktgewordnen Pferden,
schreckt es mich, den Austrianer? Gibt es
Schlimmres noch auf Erden?

Resignierte Kühle tief im Kopfe,
doch im Maul glüht die Zigarre heiß,
flinker als der Zar traf ich zur Post ein,
heiter, wie man weiß.

Dort einstweilen schluckt ich brav mein Nachtmahl,
ohne Schutz – ich Musterdelinquent! –
eh hierher die angeschlagne Wache
viel mehr hinkt als rennt.

Eine gute Nacht hatt ich in Waidring,
nur die Polizei rieb voll Verdruß
sich mit Arnika die Nase und das
Kreuz mit Spiritus.

Dies nun ist das End der Epopöe,
keinen Deut hab ich erfunden,
Dahlrupp, der Herr Postmeister von Waidring,
wird es dir bekunden.

IX

Ohne Trubel sind in Brixen
wir heil angekommen,
gegen Quittung hat mich die Behörde
in Empfang genommen.

Anstatt meiner reist dies Blättchen
nun nach Böhmen bald,
mich indes hat hier der schwarze Adler
ziemlich fest gekrallt.

Landes- und Bezirkshauptmänner
und viel Polizei
stehn mir stets in diesem Klein-Sibirien
als Schutzengel bei.

Walther Petri

Das Jahr 1848

JOSEF VÁCLAV FRIČ

Im Gefängnis

Meines bangen Leides Lied erklinge;
es mag sein, daß auf der übermütgen Schwinge
manchmal aus dem Abgrund Schmerz die Seele steigt
in der mutgen Träume eitles Reich:
Weiter schreiten unsre Tage tot und bleich
und der Freiheit Stimme, als wenn sie für immer schweigt.

Windest vor der Mörder Grausamkeit
ewig du im Staub dich, teures Vaterland?
Kann denn keine Wunde und kein Leid,
zugefügt dir von des alten Mörders Hand,
aus dem hundertjährgen Traum dich reißen?
Morgenstern des Ruhms, sankst du für alle Zeit?
Klirrn die Waffen niemals mehr der Taboriten* –
schalln die Lieder niemals mehr der Orebiten?**

Volk, du schläfst – und mein Fluch ists: *zu leben!* –
Vaterland, du stirbst – doch meine Seele spürt mit Beben,
daß die Stunde des Gerichts anbricht! –

*Slawia!*** Die Zeit verzögert nicht ihr Kreißen,*
und das Volk, erkennend seine Stärke nicht,
ist nicht wert, Nation zu heißen!

(In der Einzelhaft auf dem Hradschin im Jahre 1849)

Uwe Grüning

* Mitglieder der hussitischen Bruderschaft in der südböhmischen Stadt Tábor.
** Mitglieder der hussitischen Bruderschaft aus Ostböhmen, nach dem Berg Oreb benannt.
*** fiktive Göttin aller Slawen.

Ecce homo! – Ecce homines!

JAN NERUDA

Es erlosch die Liebe, eine Kerze

Es erlosch die Liebe, eine Kerze,
deren Flamme sich im Wind bewegte,
als ich sagte, daß ich nicht mehr scherze,
und sie weinte sich fast dumm deswegen.

Und sie schluchzte, was ja alle denken,
daß ich immer schon ein Lump gewesen,
und sie sprach, sie werde sich ertränken,
denn ihr Leben könne sie vergessen.

Sie fing an zu laufen, und ich Esel
hinterher – doch nichts mehr vom Ertränken!
Warum blieb ich nicht in meinem Sessel,
das konnt ich mir schließlich vorher denken!

Heinz Czechowski

Narrenhaus stand auf dem Hügel

Narrenhaus stand auf dem Hügel –
Jungfrau hier herumspaziert,
und man fing sie, daß den Narren
sie zulieb etwas gebiert.

Auf den Tisch ward sie gehoben,
unter Glas ward sie getan,
und damit sie auch schön zunimmt,
heizten unter ihr sie an.

Jungfrau wurde jedoch kränklich,
Jungfrau schließlich gar verschied,
doch die Narren waren fröhlich,
weil sie für sie Jungfrau blieb.

Brav, ihr Herren Literaten,
hütet alle Weiber gut:
Soll Dichtung nur verrecken,
wenn sie's nur als Jungfrau tut!

Heinz Czechowski

Heb deinen Kopf schon hoch, Nation

Heb deinen Kopf schon hoch, Nation,
wirst schon den Himmel sehen!
Siehe, es sind dort auch Sterne klein,
um die sich große drehen.
  Das ist ganz einfach: Diese sind
  klein, doch aus harten Fladern,
  aber die großen, gehorsamen
  sind nur aus gasigen Hadern.

Dieser Gedanke, hoffe ich,
wird dir das Herz erhöhen –
seien wir also die Kleinen, um die
sich die Größeren drehen!
  Es geht! Ach, es geht! Man sehe nur
  gut auf die eigenen Adern:
  Wird erst jeder aus Kiesel sein,
  dann ist das Volk aus Quadern!

Heinz Czechowski

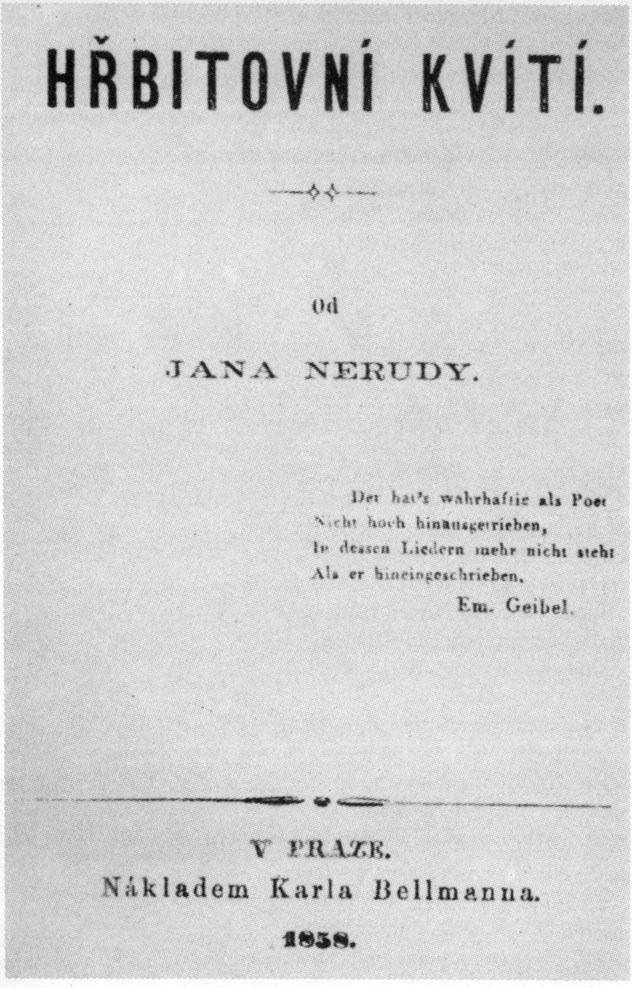

HŘBITOVNÍ KVÍTÍ.

Od

JANA NERUDY.

Der hat's wahrhaftig als Poet
Nicht hoch hinausgetrieben,
In dessen Liedern mehr nicht steht
Als er hineingeschrieben.
Em. Geibel.

V PRAZE.
Nákladem Karla Bellmanna.
1858.

Titelblatt der ersten Ausgabe von Nerudas Gedichtzyklus »Friedhofsblumen«; 1858

Zu all meinen Sünden bekenn' ich mich

Zu all meinen Sünden bekenn' ich mich,
daß ich nach den Mädchen laufe,
und wenn ich fürs Leben gern auch lieb,
daß ich noch viel lieber raufe.

Ich weiß: Sehr schön ist das Zölibat,
verehr auch die Humanisten,
die arbeiten sehr gedankenvoll
am Frieden der guten Christen.

Die Mutter Sonne hat jedoch
das Schicksal geregelt, das werte,
und zwischen Mars und Venus gestellt
ins Zentrum unsere Erde.

Und unnütz ist jedes Gerede und
vergeblich das Rennen und Laufen,
die Sterne, sie haben uns ermahnt
zum Lieben und auch zum Raufen.

Heinz Czechowski

Romanze vom Frühling 1848

Zerrissen der Vorhang – es geht nicht zurück!
Wohin ist das Alte gefallen?
Wohin er auch fliegt, der einst fragende Blick –
so jugendlich frisch ist jetzt allen!
Es pflügt eine seltsame Sage die Luft,
es singt sie das Tal, und der Berg, er ruft,
der Obstgarten singt sie, der astreiche Hain,
man hörte es weit in das Land hinein:
Wir singen jetzt: Freiheit! Freiheit!

Es glänzen die Stirnen, die Lippen, sie blühn,
so leuchtend der Blick, der einst müde!
So schön ist der Mensch! Es verjüngt zu Rubin
sein Blut sich, der Muskel zur Blüte!

Es flossen zusammen die Nacht, das Licht,
wir zitterten, aber wir klagten nicht,
der Tag war voll Sehnsucht, voll Schimmer der Traum –
wir lachten, doch wußten wir davon kaum:
Ach, Zeichen der ersten Liebe!

Als ging es zur Hochzeit, so kamen daher
Hand in Hand die Gefährten,
und jubelnd entgegen ging dieses Heer
dem Schicksal, das grollend sich wehrte.
Wo Flanke, dort Waffe; dort Feder, wo Hut –
jetzt flüchte, Tyrann, und bewahre dich gut,
verloren ist, wer unsrer Tapferkeit höhnt,
und muß einer fallen, dann fällt er versöhnt
fürs Volk und die ganze Menschheit!

Und auch die Natur glänzte wieder so hold,
die Tage, sie waren zu loben,
sie trugen ein sattblaues Wams, wie mit Gold
war jeder von ihnen umwoben.
Die Landschaft, sie prangt wie ein bunter Saal,
es tanzte, wer ging, und Musik überall,
der Herrgott selbst lud zum Tanze uns ein
und lächelte selig noch obendrein:
Na endlich, jetzt seid ihr Menschen!

Heinz Czechowski

Ballade – uralte

Seufzend ging sie am Ufer allein,
gebar eine Tochter auf einem Stein.

»Willst du, blasses Mütterlein,
daß ich dich mit Fischlein letze?«
– Wie willst du denn werfen Netze,
bist ja noch so klein? –

»Darf ich, blasses Mütterlein,
dir die Windeln bleichen?«
– Laß die Windeln, laß sie sein,
mußt dein Ziel erreichen! –

»Welle schwatzt auf Welle ein,
soll stromab ich treiben?«
– Schwimmen werden wir zu zwein,
Mühlenrad soll stehenbleiben,
dann erfährt der Müllerssohn,
wer ihn ruft vor Gottes Thron! –

Heinz Czechowski

Zwicker vor Augen

Zwicker vor Augen und Stock in der Hand,
schreit ich durch blumige Weiten,
gehe voll Ernst, so als sähe ich nicht
wieder des Frühlings Treiben.

Alles ist wieder genauso wie
damals vor vierzig Jahren –
blühende Bäume, und in der Luft
singen die Vogelscharen.

Wieder um Mädchen springen herum
Bürschchen mit unreifen Seelen;
Lieder, in diesem Jahr erst gedruckt,
klingen aus Mädchenkehlen.

Ach, keinen Fortschritt erkenn ich darin,
alles, so scheints, bleibt beim alten –
nein, ich befürchte: vernünftig sind nur
wir, die gezeichnet mit Falten.

Das wird so sein bis zum Weltuntergang,
alles, so fürcht ich, kehrt wieder:
Frühling wird ewig mit Blüten geschmückt,
Jugend, sie braucht ihre Lieder!

Taub vom Gezwitscher und taub vom Gesang,
  neben mir Mädchen und Knaben,
Zwicker vor Augen und Stock in der Hand,
  schreite ich steinern-erhaben.

Heinz Czechowski

Die Wiese ist schon abgemäht

  Die Wiese ist schon abgemäht,
  ach, was für ein Duften! Sehet:
Die Ähren und die Seufzer bleichen,
der Duft der Wolke ohnesgleichen
aus sagenhafter Tiefe wehet.

  Ach, Sänger, so zu sterben, wie
  hier dieser Wiesenstreifen!
Erbleiche, Lippe, prophezeie
dir deinen Untergang: Gedeihe
dein Lied dir, um noch süß zu reifen!

Heinz Czechowski

So langsam, so traurig alleine

So langsam, so traurig alleine,
so schiebt sich mein Schifflein durchs Leben –
warum will denn keine der Seelen
zu mir in den Kahn sich begeben?

Verzeihe mir, Gott, diese Frage
und laß meiner Sünden mich schämen:
Heb ich übers Wasser die Ruder,
so tropfen dort jemandes Tränen.

Und immer zuck scheu ich zusammen,
erblick ich das Steuer am Ende:
Dort hinten die Streifen, dort ringen
verzweifelt zwei totblasse Hände.

Heinz Czechowski

Ecce homo

Vor einem Schaufenster – fast unbewußt –
sinkt mir der Kopf mit Schmerzen auf die Brust.
Zwei Bilder halten meinen Blick hernieder:
Hier »Ecce homo«, dort das andre wieder
»Als übers Tschechenvolk Verfolgung fiel«.
Zwei Bilder, so verschieden auch ihr Stil,
doch keimend aus der Menschheit gleicher Saat!
Hier Gott in seinem Ruhm, dort Volkes Not,
hier Held und Sieger, dort Verzweiflungstat,
hier Gottes Opfer, dort der Opfertod.
Der Prediger da nimmt den Mund sehr voll,
daß auf der Welt die Freiheit herrschen soll,
in seinem Namen morden dort wie toll
die einen jene, die in Unschuld sterben!

Die Sonnenstrahlen spielen um die Bilder –
die Brust verkrampft, im Kopfe klirren Scherben,
der Mund erbebt, flüstert voll Angst, voll wilder:
Wird das, o Menschenfreund, so immer sein?

Bald fünf Jahrzehnte sind Vergangenheit.
Mein Denken fliegt zurück zur Jugendzeit,
der Baum der Ideale blühte weiß; –
ich träumt, daß jedem Volk die Freiheit winkt
und daß, wer laut, auch heimlich von ihr singt,
und daß zu einem Ziel strebt Kind und Greis
und brüderlich die Menschheit einigt sich.
Ich fühl noch heute in der Brust den Stich
und spüre noch des Schmerzes schwere Last,
als einst der Eiswind dieser Wirklichkeit
die Jammerstrophen pfiff und weit und breit
wie Tränen Blüten fieln von jedem Ast.

Doch bald erhob den Kopf ich wieder steil:
Nur falscher Zufall hatte seinen Teil.
Doch kurz nur träumt ich, wie man friedlich lebt:
Denn wieder plötzlich wehten Stürme rauh,
die Erde kämpfte mit dem Himmel grau,
die Blüte fort, die Äste abgeschlagen,
im Wirbel der Verzweiflung weggefegt – – –

Und dennoch: Die Erinnerung zerschmolz,
ich sah die grünen Äste wieder ragen,
und auch der Kopf erhob sich wieder stolz,
bis daß der Tag anbrach, der zu mir kam!
Blitz folgt auf Blitz, der Himmel offen, bis
der Donner schlug in den verjüngten Stamm,
daß er von oben bis zur Wurzel riß.
Des Baumes Seele dorrte und ging ein –
der Kopf sank auf die Brust, schwer wie ein Stein.

Ach, niemand sprach ein Wort, ein bittreres,
als »Ecce homo! – Ecce homines!«

Heinz Czechowski

Ringsum ist Stille

Liedhafte Töne

VINCENC FURCH

Silberfäden wirft aus der Mond

Silberfäden wirft aus der Mond im Streben,
irdener Nacht ein Netz aus Glanz zu weben.

An Myriaden Sternen hält und unten
im süßen Duft an Blumen ihr Erbeben.

Der hohe Himmel und die Frühlingserde
und der schlafende Teich im Leuchten schweben.

Liebherze mein, ich sehe, von des Himmels
Glanzgeweb dein Auge auch strahlt umgeben.

Wie es mich zieht zu dir, wie seine Fäden
binden mein Herz an dich in einem Leben!

Elke Erb

Bodenlos, bodenlos

Bodenlos, bodenlos
starrst du, Schacht, von unten,
bodenlos blicke ich
in dein Abgrunddunkel.

So als hätt Flügel ich
und ich wär ein Vogel,
mißt mein Blick furchtlos dich,
Tiefe ohne Boden.

Breite die Arme aus,
daß zum Kreuz ich werde,
so am Rand warte ich,
bis mich fällt die Schwere.

Breite die Arme aus,
so als wärn sie Schwingen,
wartend, daß des Geschicks
Stundenglas zerspringe.

Elke Erb

VÍTĚZSLAV HÁLEK

Abendlieder LXVI

Statt Daunen bettet mich die Trauer,
statt Schlaf beehrt die Träne mich,
schweig still, mein Herz, ganz leise,
ich büße schon für dich.

Der Mondschein fällt ins Fensterlein,
der Mond erscheint im Totenhemd,
mein Herz, was flatterst du so wirr
und wirst dabei ein Vöglein fremd.

Oh, Mondschein, laß die Sterne ein,
die Blumen schmücke flink mit Tau,
und weck mir auf Frau Nachtigall,
laß schlafen die Leute, sei schlau.

Sie sollen begraben die prächtige Liebe,
den Leichnam, den so begehrten,
ach, fluch ich in drei Teufels Namen,
ich bin nur ein Armer auf Erden.

Brigitte Struzyk

Abendlieder LXVIII

Der Mond schwimmt himmlisch in Wolken
so ruhig und so frei –
im Strauch klagt lieblich Nachtigall
so sanft und ach so weh.

Licht steht dein Bild mir vor Augen
so ruhig und so frei –
die Sehnsucht klopft im Herzen mir
so sanft und ach so weh.

Viel Lieder bestürmen die Sinne
so ruhig und so frei –
die Augen fülln sich mit Tränen
so sanft und ach so weh.

Der Traum macht auf die Türe
so ruhig und so frei –
ich muß nun an dich denken
so sanft und ach so weh.

Brigitte Struzyk

ADOLF HEYDUK

Ringsum ist Stille

Ich geh im Wald für mich allein,
die Blätter schweigen,
kein Laut in den Zweigen,
ich hör es singen,

von weit her sich neigen
auf leisen Schwingen –
ich höre mich ein,
wer singt da für mich?

Die Ferne meint mich,
ich höre mich ein.
Ringsum ist Stille, wer wird sich zeigen?
Es lacht wie Geigen!

Das Herz pocht sehr,
es klopft so wild,
der Kopf wird schwer,
die Seele singt ungestillt.

Brigitte Struzyk

SVATOPLUK ČECH

Unser genug

Schwach sind wir, klein – schlagt es euch aus den Hirnen!
Nur der ist schwach und klein, der sich verliert.
Was zählten Hellas, Rom, wenn ihre Stirnen
in ewigem Glanz die Sterne nie berührt?

Der Welt der Feinde, wider sie gedungen,
haben der Ahnen Flegel heimgegeigt,
der blinde Führer hat die Welt bezwungen,
das ew'ge Rom vor Tábor sich geneigt.

Das Herz vom Ruhm der Heldenschar entzündet,
sind wir ein Heer, von Riesenkraft belebt.
Schwach ist nur der, dem Mut und Glauben schwindet,
und klein nur, wer nach kleinem Ziele strebt.

Louis Fürnberg

Lieder eines Sklaven XVII

Wenn dunkle Wolken überm Land sich ballen,
wie Teufelsregimenter zum Gerauf
mit Schilden donnern, Feuerschwerter hallen,
dann werf, die Hand gefesselt, ich mich auf:

Sturm, brülle los, sei fürchterlich mit Macht,
weck auf der Elemente grenzenlose Wut!
Die Erde bebe wild in feuersbrünstiger Nacht,
das Meer erheb sich, Flüsse: Flut!

Was unserm Herrn gehört, mit allem rechne ab,
die Wellen sollen Krume schwemmen, Wüste schaffen,
von Palmen jede Frucht, von jedem Zweig die Blüte ab,
die Wurzeln selbst zerstöre, kämpf mit allen Waffen!

Die goldne Kuppel und den Zierat – runter!
Das Herrenhaus, in Asche! brenn es aus,
im Schutt der Marmordecken geh er unter,
er, der Tyrann, sein ganzes Herrscherhaus!

Der Feind selbst darf sich mischen in die Elemente,
mit Fackel und mit Stahl dazwischenhaun,
wer's immer sei, ich segne seine Waffenhände,
wer Herren mordet, dem kann man vertraun!

Brigitte Struzyk

JAROSLAV VRCHLICKÝ

Die Hähne

Nicht lieb ich den Gesang der Hähne,
zu früh tönt er, glaub mir,
und aus der Wärme in die Kälte
treibt er mich fort von dir.

Dein Kissen ist, ganz wie im Märchen,
an Träumen reich, so reich.
Oh, ich bin wohlig ausgeschlafen!
Ich schlief so süß und weich!

An deinem Haar die Schläfe, schliefe
ich gern noch, glaub es mir;
ein Pilger auf der Wallfahrt, liefe
ich meilenweit zu dir.

Ich schlief' bis fünf, den ganzen Tag
verschliefe ich gewiß,
wenn nicht der böse Hahnenschrei
mich aus dem Schlafe riß.

Uwe Grüning

Ich liefe für ein wenig Liebe weit

Ich liefe für ein wenig Liebe weit
mit bloßem Fuß bis an den Rand der Erde,
durch Eis – mich trüge Maies Seligkeit,
im Sturm ich noch das Lied der Amsel hörte,
die Wüste ich, im Herzen Tau, durchquerte.
Gleich dem, der fleht, vor Türen singt sein Leid,
so liefe ich bis an den Rand der Erde.

Walther Petri

Porträt

Kein Glanz, kein Leuchten ... Nur das leise Schimmern
des milden Herbsttags war es und sein Licht,
wenn hinter Nebeln ferne Felder glimmern.
Und so bewegte mich ihr Angesicht.

Kein Wort, kein Lachen ... Flüstern, fast vergehend
war es, wie wenn du reglos einen Wald
am Horizont sähst und Wind, heftig wehend,
ihn wühlte zum Gespräch auf mit Gewalt.

Kein Tod, kein Leben ... Aber ewig gleich
ein Zittern, dem sich beide beugen müssen,
geschrieben stand es auf der Stirn ihr bleich
und spielte auf den Lippen, müd von Küssen.

Und ihre Seele – gleich verträumten Auen
im Herbst, wenn sich zerzaust im Tau versteckt
ein Gänseblümchen – mehr kannst du nicht schauen –
an seinen Rändern seltsam blutbefleckt.

Uwe Grüning

Weihnachten

Über die weißen Wehen gleiten
die Glocken – fern stirbt ihr Geläut,
im Herzen schwingen alle Saiten,
denn sie berührt die Kindheit heut.

Kristalle falln als weiße Streifen,
wenn nur der Baum die Zweige regt,
Eiszapfen, groß wie Orgelpfeifen,
am Dachrand jede Traufe trägt.

Gleich Lilien will die Erde blühen;
wo Schnee fiel, dort zertaut er nicht;
Gott läßt am Himmel Sterne glühen,
Lächeln auf Lippen, in den Fenstern Licht.

Die Seele tönt von alten Liedern,
mit ihnen Krippenträume gehen
mir durch den Kopf, wie Schlittenglocken
verhallend hinter weißen Wehen.

Mein Herz seufzt, und mein Geist will sinken
in dieses Meer voll Seligkeit,
und Glocken läuten, Lichter blinken ...
O Weihnachten, o Weihnachtszeit!

Uwe Grüning

Löwenzahn

Überall liegt goldner Schein
vom erblühten Löwenzahn,
hüllt das ganze Dörfchen ein,
Hütte, Kirche, Pfarre dran!
Löwenzahn in Wald und Hain.

Und das Blühen, welch ein Fest!
Bienen tragen unterm Pelz
mehr, als sich ertragen läßt –
lauter Gold.

Falter, Käfer bunter Reih'n.
Wespen trinken sich wie toll
ihre goldnen Bäuchlein voll,
Flötenton im Wald stimmt ein,
Seele sinkt in Träumerein – – –
lauter Gold.

Louis Fürnberg

Wölfe

Wölfe heuln in dunkler Stille.
  Seele, hörst du sie?
Du sei trunken, dich erfülle
  nur die Poesie!

Wenn sie heulen, Zähne wetzen,
dich zu jagen drohn,
rettet dann vor dem Entsetzen
einer Laute Ton?

Nichts bedeutet er den Rudeln.
Würger sinds, du weißt.
Stets mit Galle nur besudeln
sie den Ruhm, den Geist.

Laß sie heulen, dein Begehren
sei der Rausch der Poesie,
heulten sie des Nachts nicht, wären
keine Wölfe sie.

Durch den Nebel dringt, als glühe
ihrer Augen Schein.
Laß, sie finden ohne Mühe
Knochen und Gebein.

Solln sie heulen, bis das helle
Licht sie fliehen heißt.
Du sei trunken, meine Seele
von der Dichtung Geist!

Walther Petri

Erwirken wir etwas?

Erwirken wir etwas? – Nicht viel, im Grunde!
Und koste Blut es, Schweiß uns, manche Wunde,
sehn wir doch eine Wand jäh vor uns ragen.
Brich dir den Schädel, was kannst du bezwingen,
der du um Brot raufst, willst sie niederringen,
hättst du auch Bisonkräfte und des Stieres Nacken!

Etwas erwirken, ach, das hieße leben! –
Du willst und willst, doch bleiern tritt entgegen
das Schicksal wie ein Blinder deinem Sehnen.

Begehre auf, du wankst zurück, wirst leiden,
was soll Titanentrotz, dein kindlich Streiten,
eh' du, im Krampf erstarrt, verstummst in Tränen.

Zuletzt sind schwach wir, mit geschlagnen Sinnen,
wir wollen Frühling, Jugend – – und verrinnen.
Kraft, warum fliehst du, wenn wir handeln müssen?
Wir gehn, Trappisten gleich, die sich verschließen,
die nur den Bruder, flüsternd kaum, begrüßen,
in neuen Schicksalsstreit, ohn' es zu wissen.

Des Nichts furchtbare Wand läßt uns zerbrechen.
Das Nichts – der Täuschung Maske, hinter der wir sprechen.
Das Nichts ragt vor uns, endet alle Dinge.
Du tropfst ins Nichts, das niemals zu verstehen,
wozu nur brachst du auf, wozu dein Gehen,
das Nichts streift über uns mit schwarzer Schwinge ...

Walther Petri

Finale

Alles hat sein Ende. Laß, es macht das Klagen
müde wie der monotone Regen jetzt;
wozu hadern mit dem Unrecht stets, den Plagen,
wenn ein wirrer Traum doch alles ist zuletzt,
Wahngespinst der Seele, die der Wahnsinn hetzt.

Aller Szenen Ende: muß dein Hirn ertragen,
alles spricht dein Herz aus, stöhnend und verletzt,
und der Regisseur, die mächtge Zeit, wird sagen
wenn der Ruhm verhallt –
Finale.

Und was bleibt? Ein trübes Häuflein schaumbenetzt,
Blätter, Zettel, welk der Kranz aus Ruhmes Tagen,
längst, wie Hundeheulen fern, hat ausgesetzt
der Applaus. Ein neuer Tag steht dämmernd jetzt
über dem Theater deiner Seele ...
Das Finale?

Walther Petri

Nichts wünscht ich mehr

JOSEF VÁCLAV SLÁDEK

Gar nichts mehr

Ein bißchen verträumen, ein Weilchen im Glück sein,
ein bißchen uns lieben, ein Weilchen sich haben,
ein bißchen so reißen wir selbst unser Glück ein,
und dann leb wohl, vergessen, begraben –
und gar nichts mehr.

Ein Lidschlag genügt – und Jahrzehnte uns narrten,
wer darob erbost, mag in Hoffnung sich wiegen.
Die Toten, die haben viel Zeit zu verwarten,
sie werden's erleben, daß wir erliegen –
und gar nichts mehr.

Kito Lorenc

Wie tausend Lerchen ist mir

Wie tausend Lerchen ist mir, die
  vom Junifeld zum Himmel ziehen,
wenn Kornblume und Klatschmohn und
  der Klee hier unten blühen.

Wie tausend Knospen ist mir, die
  ihr Bett ins Weite aufgeschlagen,
und wie mir ist – weiß Gott, ihr müßt
  den schönen Morgen fragen.

Ich hab ja früher nicht geahnt,
  wie solche Wunder uns und Wonne
an einem Morgen zaubern kann
  ein Augenpaar voll Sonne!

Wie tausend Lerchen ist mir, die
vom Junifeld zum Himmel ziehen,
und Lied und Lust, und Lieb und Blust
sind *einem* Licht entliehen.

Kito Lorenc

Im Herbst

Mein Frühling eilte,
mein Sommer hin,
dem Herbste zu
weht schon der Wind.

Weht aus der Tiefe
um Haus und Hang
mit frostigem Atem
wie Trauersang.

Doch in die Seele
dringt er mir nicht,
ein Zaubergarten
steht darin licht.

Blumen verblühten
mir alle Zeit,
ich hab sie gesammelt
wie Lust, wie Leid.

Die liebesfrühen,
und Blumen vom Grab –
nie konnt ich vergessen,
daß es sie gab. –

Und wenn der Wind weht
um Haus und Hang,
erblüht mir der Blumen
jede zum Dank.

František Bílek: Porträt des Dichters Josef Václav Sládek; 1912

In Tau und Düfte
  sind sie getaucht,
Erinnerung atmend
  aus Maienhauch.

Und keinem schenkte
  sein Frühling mehr,
mein Herbst hat Blumen,
  soviel ich begehr.

Kito Lorenc

Nichts wünscht ich mehr

Nur Seelenruh – wünscht nichts so sehr,
braucht nicht mehr Glück zu eigen
als jeder kleine Vogel, der
sich wiegt in Blütenzweigen.

Wenn vom Gezelt die Sonne wärmt
und bunt die Wiesen werden
und tiefenher der Wind auflärmt
und Frieden ist auf Erden.

Und auch die Zweifel sind zerstreut,
die Zwist im Innern weben,
– nur fühlen, wie es schön ist heut,
und atmen nur und leben.

Louis Fürnberg

So standen wir beide

So standen wir beide,
und Herbst begann,
die Blätter fielen
vom feuchtkalten Stamm.

Wind kam vom Berge,
Frost aus dem Tal,
das Wollgras im Brachland
zitterte fahl.

Zu den dunkelnden Wäldern
ein Krähenschwarm bog
über Wintersaat-Weiten,
die Röte beflog.

Und darüber von Westen
das Abendlicht,
blutfarben zeichnend
dein Schneegesicht.

So standen wir beide,
da Herbst begann:
Du Blatt im Fallen,
ich einsamer Stamm.

Kito Lorenc

Märchen

»Die Birke, Mutter, zittert wohl vor Weh?«
– »Sie hört, wie sich die Vögel unterhalten.«
»Wovon nur mögen die sich unterhalten?«
– »Am späten Abend schreckte sie die Fee.«

»Und wie erschreckte sie die böse Fee?«
– »Das weiße Täubchen jagte sie am Walde.«
»Was jagte sie das Täubchen denn am Walde?«
– »Es wär ihr sonst ertrunken in dem See.«

»Und wie wär's denn ertrunken in dem See?«
– »Ein Stern fiel rein vom Himmel, den wollt's picken.«
»Sag, Mutter, hat's den Stern gepickt vom See?«
– »Ich weiß nicht, Kind, doch als die gute Fee
das weiße Täubchen wiederhatte an dem See,
da konnte sie's, so wie ich dich jetzt, drücken!«

Kito Lorenc

Der Waldbrunnen

Ein Brunnen ist mir, ein Kristall
tief, tief im Wald vertraut,
dort wächst der dunkle Adlerfarn,
blüht rot das Heidekraut.

Die Vögel, Rehe trinken dort,
vom Ahorn überdacht,
die Vögel am hellichten Tag,
die Rehe nur bei Nacht.

Und schläft der tiefe, tiefe Wald,
in Stille eingehüllt:
Am Himmel wie im Brunnen schwebt
golden der Sterne Bild.

Kito Lorenc

Wie duftet der blaue Garten der Ferne!

Wege zur Moderne

IRMA GEISSLOVÁ

Das Girrn der Turteltauben

Das Girrn der Turteltauben – für mich Schakalsgeheul
und Ruhe wie Gewitterswut;
und in den weißen Morgennebeln seh ich
den Dampf von frischem Blut.

Den Abendwolken schau ich sinnend nach, als ob's
des Todes Trugbild sei;
das Vogelzwitschern klingt eintönig mir wie eine
Begräbnislitanei.

Barbara Grüning

Abkehr

Über die Felder herbstlich und matt
ziehn Winde im Reigen,
jagen ein letztes einsames Blatt;
weithin nur Schweigen.

Dämmerlicht fällt ins Land, gleicht der Trauer,
wenn von uns zieht
der, den wir schätzen, taulos und trocken
raschelt das Ried.

Ohn eine Träne irrt in die Ferne
starrend der Blick;
jemand entschwand im Zwielicht des Herbstes,
Schmerz bleibt zurück.

Wolkengebirge türmen sich auf,
Sturm fegt vorbei;
starr wird das Herz, das sehnsüchtig wartet,
reißt gleichsam entzwei.

Barbara Grüning

JULIUS ZEYER

Wanderung

Den Wanderstab lehnt ich ins Zimmereck,
und mit der Zärtlichkeit des Wiedersehns
blick ich auf Wiese, Wald und Wasser hin,
ins zeitlose Gesicht der Heimat, die
ich in der Fremde stets ersehnt. Wahrhaft,
es feuchtet sich mein Blick, denn Ahnung, daß
die Zeit nicht fern mehr, wo ich Abschied nehm
für immer von dem mir so teuren Land,
dringt auf mich ein wie ferner Glockenton,
der bang im Abendnebel schwingt. Ich geh
den weiten Weg, den noch ein jeder ging,
die Wälder aber werden träumend stehn,
im weißen Sternenglanz die Wasser ruhn ...

Louis Fürnberg

An das weiße Haus im alten Garten

Auf seinem Wege blieb der Pilger stehn
und stützte müde sich auf seinen Stab,
sein Blick durchirrte jenes weite Land,
wobei er seufzend leise flüsterte:

»Du weißes Haus im alten Garten, fern,
weit hinter jener steilen Berge Wall,
vom Süden kehren jetzt die Schwalben heim

und suchen ihre alten Nester auf
an deinen Zinnen, und du grüßest sie.
Ich aber kehre nimmermehr zurück,
die liebe Schwelle überschreit ich nie,
an welcher sie, die mir das Leben gab,
des Abends stets ein Weilchen stehenblieb,
um sternenwärts zu blicken durchs Geäst.
Tot an der Sterne Schwelle steht sie jetzt,
wo jenseits das Geheimnis Gottes liegt;
dort füllt die Blicke derer, die dahin,
ein Glanz, unnennbar, dessen Schatten, ach,
schwer auf die Herzen aller jener fällt,
die da noch warten müssen auf den Tod.
Du weißes Haus im alten Garten, sag,
ob aller Dinge Seele ähnlich wohl
der unseren, der Menschenseele, ist,
die das Vergessen niemals lernen kann?
Du weißes Haus im alten Garten, sag,
ob es dir bange ist, wenn fremder Schritt
durch deine Räume tönt? Und wartest du,
daß ich, wie Schwalben, kehr zurück zu dir,
zu träumen unter deinem alten Dach
den schönen alten Traum? Das Segenswort
der Sterbenden neu zu vernehmen, das
in jenen lieben Räumen haftenblieb
und nachts in all der fremden Leute Schlaf
sich mit der Bäume Rauschen süß vermischt?«

So sprach der Pilger. Eine Träne sank
in jener endlos langen Straße Staub,
die sich zur Ferne zog. Wie weit? Wohin?

Otto F. Babler

ANTONÍN SOVA

Die Erlen

Euch, den Erlen, war ich gut
früh im Abend, nach der Glut,
euer Schatten, hingeneigt
übers Wasser, bebte leicht.

Durch die tiefe Nacht sich grub
fernher dumpf der Fischer Ruf,
ernster Mühlräder Geknarr
weckte auf den alten Mahr.

Bleßhuhn, schwarzer Punkt im Rohr,
kräuselte das Wasser nur,
wie in meiner Seele Zaum
irrt' ein Vogel, goldner Traum ...

Uwe Kolbe

Tragische Strophen

Dort unten an den Küsten sammeln sich die Schatten,
und Geier steigen auf von der besonnten Alm.
Warum droht ihr Gekrächz über den stillen Matten,
warum schallt aus den Hütten trüb ein Psalm?

Nach Menschenblut riechts fernher ... Ätzend stinkt es, weil
es Sklavenblut nur war und nicht Rebellenblut,
und aus dem Dunkel stiegen Rächerstirnen steil,
und unter düstren Brauen glomm Cäsarenwut

im Aug, drin Bosheit flammt und späte Tränen glänzen.
Ihr Jungen, Schönen, auf, ihr müßt euch schlagen!
Die Staaten nur sind schuld an all den Trauerkränzen,
die wir jahrhundertlang an offne Gräber tragen!

Franz Fühmann

Das Ende des glorreichen Feldzugs

Die Seele, krank an einem, das stetig und bange greint,
sprach mich an zur Frühlingsnacht – gerad Festzeit der
Blumen und Bäume:
»Den Gegnern bitt ich ab. Geh mich mit allen versöhnen.
Anders
nimmer gelingt der Hymnus des Lebens harmonisch und
siegreich.«

So sank die spröde Lanze, Rost von hundert Jahren Blutes,
auf meine Schulter. Zu Kindheitsgebeten kehrte ich heim.
Dunkler Glockenton, erfüllt das Omen silbriger Epochen,
das Schritterascheln melancholisch gar im roten Heidekraut.

Dürr mein Pferd, sein Wiehern ahnte in Dünste bläulicher
Nacht,
wohl dort, wo Licht aus Föhrenwipfeln spielt, dorthin. –
Ich schritt, begierig forsch, aus zur Versöhnung auf immer,
zu größten Opfern bereit, ganz Selbstverleugnung des
Propheten.

Still ersonnen wars, die so gehaßten Paläste zu meiden,
zu meiden der Frauen hängende Gärten, giftigen Odem daher,
fast schrie ich die Sonne an, auf äußerster Klippe der Stille,
als, fremd und schwarz, vom Wegrand her, ein Schatten sich
in meinen Hals verbiß.

Und brach die Lanze mir und schwang sich auf mein Roß,
stieß barbarischen Gebrülls mich weg, entblößte meine magre
Brust
und stahl mein Zauberamulett, bargs in seinem Unleib.

So brach ich mit allem und weinte in blutige Finger.

Uwe Kolbe

Wer durfte Ihren dunkeln Schopf so zausen?

Da sie in meinen Garten trat, verging das Blühen eben.
Die Sonne, grauer Lump, am Weltrand schlafergeben.

Warum erst jetzt? sprach ich zu ihr. Das Rohr die letzte Sonne flieht,
verstummt im Dunst die Glocken mir, die Vögel tief geduckt ins Ried,

die Wiesen preßt ein schwerer Duft, und Wasser dämmert, als wärs Kluft,
und über Furten Düstres ruft, und rings bloß Leere, Spiel der Luft –

daß auszufahren mir nur bleibt zu fernen Inseln, weit, nur weit,
zu flaggen, weiße Segel aufzuziehn und Seilwerk, sturmbereit.

Im Frühjahr hoffte ich auf Sie ... Am Horizont schwang blauer Ton.
Ich spannte Strahlensaiten auf, daß Ihrer Stimme Klang mein Lohn.

Ich bitt, was hielt Sie da verborgen? Und welches ferne Draußen?
Ich bitt, wie hieß Ihr Frühlingsmorgen? Wer durfte Ihren dunkeln Schopf so zausen?

Wo fand der Singsang schwüler Nächte wohl Ihr Fenster offen?
Vor solchen Schweigens Frost erstarrte meiner Seele Hoffen.

Doch da! wer ohnehin vergaß, soll sehn, daß auch vom Rest er laß,
auf große Fahrt geh, letzten Spaß – da kommen Sie, als welkes Gras?

Für uns glüht keine Sonne hier, kein Bergwald tiriliert,
uns duften nirgend Wiesen mehr, kein Lied, das unsre Küsten ziert,

allein die Anker lichten will ich, Herbstes Märchensäuseln
trauen –

das Neue Königreich anlaufen.
Wer durfte Ihren Schopf so zausen?

Uwe Kolbe

Noch einmal kehren wir zurück

Noch einmal kehren, in Gedanken, zurück wir, dorthin, wo
so stark der Blüten Duften war, daß wir den Weg verloren,
als, ein Silberdämmern,
der Abend über Bäche hinfloß, und noch einmal kehren
zurück wir,
dorthin, wo das Lied herklang aus den Fenstern, blickend in
den verstummten Garten.
Und finden noch einen Steig und einen Hain noch in den
Bergen
voll Klarheit des Herbstes, so voller schwelgender Farben,
gehen des Echos versprengten Akkorden nach,
geheimen Spuren, verbliebnen, des stillen und schlanken
Schrittes.

In den Rasen ergießt die Seele, gekerbt von Erinnerung,
so viel strömende Lyrik in harzigen Tropfen,
badet ihre hohen, dunklen Zweige in herbstlicher Sonne,
hebt ihren schlanken Stamm in die hingleitenden Nebel: –
all' dessen einziger Augenblick, auf hinblassendem Steige
und in der Stunde der Dämmerung, die das schwere Herz so
bedrängt.

Louis Fürnberg

OTOKAR BŘEZINA

Erinnerung

In ihres Schrittes Rhythmus und in der Stimme Erregung
(in ihr schlummern vergessene Worte) flackert, zu Glut
werdend immer,
jenes Tages verglimmender Sonnenuntergang, treibt seine
Bewegung
Wolken von Düften und betäubender Wärme zu mir in
grünlichem Schimmer.

Jahrelang reiften die Düfte. Heut, wo sie sich in mir erheben,
raucht eine tote Frage aus jener Verwesung wie von
Olivenbäumen,
die schon verblüht sind, brennendes Öl; zerschmolzen vom
Leben
allzuspät, ist des Gedankens Süße. In den Furchen von
Träumen

fahre ich nachts mit dem Lied der Wellen, im Metrum der
Ruder geschlagen,
spür ins Gesicht mir atmen von verlassenen Inseln ohne
Ermatten
– unter der ausgespannten, der Sternenkarte, in entlegene
Fernen getragen –
Friede blüh'nder Zypressen, flammender Lenze und
wärmedurchwobener Schatten.

Uwe Grüning

Der Wein der Starken

Reichen wir, Brüder, von Hand zu Hand den Wein der
Starken in unserem Becher;
wie der Qualm von Feuern zu nächtiger Stunde haben
Jahrtausende ihn vor Frost auf dem Weinberg bewahrt.
Trauer und Einsamkeit hießen die Winzer.

Und wir werden, eh wir es ahnen, den rhythmischen Atem
des mystischen Liedes neben uns hören,
werden, von seinen Lippen durchwärmt, spüren am Mund
seinen Becher.
Ein geheimnisträchtiger Strom wird seinen Kreis schließen
um unsere Tafel,
uns enthebend der Erde Gesetze, und Leben und Tod werden
geformt sein nach dem Bild unserer Träume.
Das Rauschen unsichtbarer Flüsse, die durch Jahrhunderte
strömen, werden wir hören,
die Wolke des Ewigen, die zu den Wassern sich beugt,
werden wir, als seis eine Sonne, leuchten sehn aus der Tiefe.

Unsere Seele wird durch die Trunkenheit hell wie die Seele
künftiger Menschen,
und wir werden, vergiftet vom Traum, sterben vor unserem
Tod und leben nach unserem Hingehn.

In deinem Buche, o Ewiger, werden gehorsam wir lesen, und
seiner Bilder Namen werden wir finden.
In einem Zauberkreis, groß wie der Bogen des Himmels,
schirmen wir uns vor den Ängsten der Nacht.
Unser Haus, das die Schmerzensflammen von allen Seiten
umzingeln, löscht deine Flut,
in deinem Sauerteig gärt der Keim neuen Brotes.
Unsere Lampen werden zu Quellen leuchtenden Öls,
bewegungslos inmitten der Winde.
Zu Gärten werden die Gräber; einwiegen werden wir durch
ein Schlummerlied unseren Tod.
Schweigend werden wir reden, und ein Kuß wird der
Sehnsucht unsichtbare Begegnung sein.
Unsere Antwort wird ein Aufleuchten der Augen bei der
Gedanken ferner Umarmung.
Durchsichtig wird in den Strahlen unseres unverwandt
starrenden Blicks das Undurchschaubare werden.
Nicht durch Tränennebel werden wir aus der Landschaft der
Träume in die Marken des Lebens gehn – denn beide sind
eins,
und Tränen, wie der Tau auf der Saat der Jahrhunderte von
der Sonne getrunken, glitzern über uns im Purpur des
Morgens.

Die von himmlischen Gewittern gereinigten Farben werden
wach in unseren Fenstern,
und das Gift in den Säften der Blüten verbrennt in heilenden
Düften.
Schatten falten sich vor uns zusammen wie die Federn von
Flügeln, sternbesät und spottend der Fernen.
Träume, die – den Seelen verborgen – Jahrtausende schliefen,
erwecken wir unter der Hülle von Farben und Formen,
also erheben sie sich aus den Gletschern der Pole, aus dem
Urwald der Meere, aus den geheimnisvollen Werkstätten
des Urstoffs,
und sie lassen sich nieder aus unsichtbaren Konstellationen.

Schauen werden wir durch die Flucht von künftigen Tagen
wie durch die Flucht von Glastüren aneinandergrenzender
Säle,
durch die uns, bekränzt mit dem Grün von Gärten, die Sonne
entgegenkommt.
Wie der Betthimmel über dem duftenden Lager der
Liebenden verfinstern über uns sich die Nächte.
In der Ferne verliert die Vergangenheit sich wie der Rauch
aus den Schloten einer Stadt, die längst hinter uns liegt.
Unsre Gedanken werden die Weite der Räume besitzen, vom
Äther, den die Welten atmen, erfüllt. – –

Müde des Lichts werden die Hand der Freundin wir reichen,
damit sie uns fortführe,
und unser Tod wird wie der Tod geläuterter Menschen sein.
Gleichend dem Gang aus übersättigten Zimmern in den Dom
am Palmsonntag.
Gleichend dem Schiff, das in See sticht, vom Wehn der
Fahnen und von der Musik der Orchester geleitet.
Gleichend dem in eroberte Länder aufbrechenden Heer; und
aus den Fenstern wirft man Blumensträuße herab.
Gleichend der freudigen Antwort des Chors nach den
geheimnisumwobenen Worten des Priesters.
Gleichend dem Kuß, der länger Bestand hat als alle Systeme
der Welten,
gleichend jeglicher Lieder Aufschrei, die verborgen sind in
allen vergangnen und künftigen Äonen und Seelen,

und wie die Vereinigung aller vergangenen und künftigen
Tage und Nächte zu einem einzigen Tag, in dem keine
Nacht herrscht.

Reichen wir, Brüder, von Hand zu Hand den Wein der
Starken in unserem Becher;
in unsere Augen mag er die Sterne werfen, die in ihn zur
Blütenzeit fielen.
Die Strafe der Schwachen wird sein, daß sie, sobald sie
erwachen, ihren Namen vergessen,
doch der Starken Lohn, daß sie gedenken in der leuchtenden
Finsternis der Inseln ihrer Gefangenschaft.

Uwe Grüning

Sommersonnenwende

Der Blüten Hochzeitsfröhlichkeit harrt der Mitternachtssterne
in der Tanzmusik Tausender Jahre. Wie duftet der blaue
Garten der Ferne!

Neig dich über die Rosen! Mag ein Lächeln, der Falter
reifenden Frühlings, von ihnen fliegen,
von der Berührung des Lichts deiner Augen verjagt, auf
deinen Lippen sich wiegen!

Der Blüten Hochzeitsfröhlichkeit harrt der Mitternachtssterne
in der Tanzmusik Tausender Jahre. Wie duftet der blaue
Garten der Ferne!

Matte Gefangenenhände, von Freude bewegt, zerrten am
Gitter von innen,
Wind hob die Hoffnung, bald werden Feste der Erde und
Geister beginnen.

Neig dich über die Rosen! Mag ein Lächeln, der Falter
reifenden Frühlings, von ihnen fliegen,
von der Berührung des Lichts deiner Augen verjagt, auf
deinen Lippen sich wiegen!

Sieh, im Beben der Landschaft den Weg, verhüllt von
Getreide,
nimmt ungesehen der Schnitter, doch es spielt auf den Ähren
der Glanz seiner Schneide …

Uwe Grüning

JOSEF SVATOPLUK MACHAR

Dorfwinter

Es hockt die Herde kleiner Hütten
geduckt im weißen Winterpelz
und atmet blaue Räucherketten
wie Greise ernst und stumm wie Fels.

Von Schnee umwoben liegt die Erde
Garten und Feld: ein Grabgewand.
Dunkle Bänder, schnüren Wege
ihr Spurenmuster übers Land.

Im Reifkleid steht das letzte Bäumchen
ein fehl-, ein tadelloses Kind.
Es regt sich nicht, wie angstgebeutelt
daß der Glanz zu Boden rinnt.

Stille rings. Allein das Hoftor
knarrt, und ein vermummter Tropf
stapft heraus, kälteschlotternd
schirmt vorm Licht den Maulwurfskopf

Auf dem Giebel sitzt ein Sperling
plustert sich zum Ball und tschilpt;
mit Trauer wie ein Bettlerbarmen
hat sein Brustton dich erfüllt.

Ein Krähenschwarm beflaggt die Szene
und krächzend, nach und nach
fällt nieder er auf Pappel, Zäune
Birnenbäume, Felder brach.

Umgoldet prangt das schöne Bild
lichterhellt, in Traum getaucht –
Äcker, Zweige, Silberstreifen
Fenster, blühend angehaucht.

Und doch, welch Trauer hier, zum Tode.
Beklommen liegt, was du erschaust.
Frosterstarrt knirscht die Erde
daß du dich nicht zu sagen traust

daß jemals hier schon Sommer summte
mit Blütenkranz und Wuchergrün
daß in der Felder weiten Runde
geliebt wurde, im Dunkel kühn

daß Seidenmoos die Dächer deckte
daß nachmittags, wenn die Sonne brennt
Knirpse diesen Staubweg tappten
auf nacktem Leib ein kurzes Hemd …

Richard Pietraß

Unterwegs

Wie liebe ich die alten Pappeln
die mit allen Blättern zappeln
und von der kaiserlichen Straße
ins Tal mit tausend Augen klappen.

Im Frühjahr liebe ich sie rasend
wenn der Wind mit Bläseratem
in ihren langen Ästen plappert
wie schneuzende Trompetennasen

Wenn auf den Ästen, weit zu sehen
zusammenfliegt das Knäuel der Krähen
sich schaukeln läßt mit leichtem Sinn –

während unten, vor staubiger Fahne
ein Fuhrwerk mit ergrauter Plane
vorüberkriecht, Gott weiß, wohin …

Richard Pietraß

Sonett von der Definition moderner Poesie

Brevier der Tränen, Herrscher, Scherwenzen
Histörchen, neu in Strophen verwahrt
und Großmauls ausgedroschne Sentenzen
im Bühnenschritt auf Kothurnenart

auch Satane, verkommene Teufelsschwänze
seit eh und je uns aufgepackt
polierte Worte auf Reimkredenzen
schwindelnde Bilder und Verskatarakt

bestimmen sie nicht. Was ist Poesie?
Wüßte mans, es hätten schon lange
die Praktiker ihr Fabriken gemauert.

Wir ahnen sie, in uns, um uns im Schwange
wenn groß sie atmet und dauert
Herz und Kopf berauscht sind durch sie …

Richard Pietraß

3. TEIL:

Da alles Maske ist

1900–1945

KAREL TOMAN

Sluneční hodiny

Dům v rozvalinách. Po děravých zdech
se rozlez žravý mech
a lišejníků cizopasná cháska.

Na dvoře bují kokotice
a prales kopřiv. Studna otrávená
je napajedlo krys.

A chorá jabloň, bleskem rozražená,
neví, zda kvetla kdys.

V dnech jasných padnou hvízdajíce
stehlíci v rumy. V zářných slunných dnech
ožije oblouk hodin v průčelí,
a po něm rozmarný a veselý
stín času tančí
a recituje vážně nebesům:
Sine sole nihil sum.

Neb vše je maska.

KAREL TOMAN

Die Sonnenuhr

Haus in Trümmern. Aus Löchern bricht
das Parasitenpack und flicht
Vergessen ums Gebälk, das Moos zerfrißt.

Im Hofe Nesseln, reifend
Vogelkorn. Im Brunnen Schlamm,
zu dem's die Ratten zieht.

Der Apfelbaum, den Blitz im Stamm,
vergaß, ob er geblüht.

An klaren Tagen stürzen pfeifend
die Finken ins Geröll. Im Sonnenlicht
lebt auf der Uhrenbogen an der Vorderfront,
und drüber hin tanzt, wie der Stab sich sonnt,
der Schattenstrich der Zeit
und rezitiert den Himmel stumm:
Sine sole nihil sum.

Da alles Maske ist.

Reiner Kunze

Mit dem Heranrücken des 20. Jahrhunderts nähert sich die tschechische Poesie viel deutlicher als im 19. Jahrhundert gewissermaßen der geschichtlichen Entwicklung an, den bedeutenden »Knotenpunkten« in der Historie von Nation und Staat, den sozial umwälzenden Ereignissen und Wellen. Täuscht da nicht die Perspektive? Verhindert das naheliegende Geschehen nicht den Abstand der Sicht, während die entfernteren Zusammenhänge zerfließen? Anscheinend nicht. Auf dem »Situationsplan« mit den Leuchtpunkten oder -flächen der geschichtlichen Ereignisse und zeitlichen Wendungen bildet diese Schicht gewissermaßen den ersten Grundriß. Den ersten und deutlichsten. Ergänzt wird er durch den zweiten Grundriß der künstlerischen Bewegungen, der europäischen Strömungen, Richtungen und auch Gruppierungen. Und diese wiederum wachsen über die ausgeprägten Individualitäten hinaus.

Nach den Ereignissen der neunziger Jahre ist die Situation um die Jahrhundertwende nicht als geometrisch reiner Schnittpunkt von Einflüssen und Tendenzen darstellbar, sie bildet vielmehr ein verfitztes Knäuel, einen stachligen Kern, von dem die verschiedensten Impulse ausgehen. Mit dem Abstand der Jahre hält sich dort hartnäckig der »erratische Block« Petr Bezruč, der leidenschaftliche und eigenwillige Kämpfer gegen nationale und soziale Ungerechtigkeit. Neben ihm steht der Träumer, aber auch Pamphletist Antonín Sova, Seher, aber auch Gestalter intimer Dramen, der die tschechische Abart des Symbolismus verkörpert, neben ihm der philosophische und ekstatische Otokar Březina, der der Poesie buchstäblich das ganze Weltall erschließt, neben ihm Karel Hlaváček, der vor seinem frühen Tod dem tschechischen Fin de siècle Gestalt zu geben vermochte, neben ihm der ironische Josef Svatopluk Machar, der den Geruch des Großstadt-Trottoirs in die allzu erhabene Welt der sogenannten hohen Poesie aufsteigen läßt (seine wertvollsten Gedichte freilich gehören noch ins 19. Jahrhundert) ... Diese Tendenzen sind jedoch auf dem quantitativ viel reicheren Hintergrund des tschechischen, sagen wir, Parnassismus zu sehen, der in der Gestalt Vrchlickýs zwar formal manieristisch war, gedanklich jedoch »den Weg der tschechischen Poesie in Landschaften eröffnete, die er selbst nicht zu betreten vermochte«.

Als einzige geschlossene Gruppe wirkt jedoch auch jetzt

noch eine Reihe von Dichtern mit unterschiedlichem Temperament und vielseitiger Begabung, die sich mit der destruktiven Losung »Nach uns die Sintflut« dekorierten, aber zugleich einen gesunden Antimilitarismus vertraten. Die Mehrzahl dieser Autoren wurden später die Klassiker der tschechischen Poesie im 20. Jahrhundert. Ihre Verquickung mit dem tschechischen und europäischen Anarchismus zu Beginn des Jahrhunderts ist eindeutig. Hierher gehören Erscheinungen wie Toman, Šrámek, S.K. Neumann, Gellner, Mahen, Mach, doch auch Dyk, zu dieser Bewegung sind auch Autoren zu rechnen, die später in der Prosa dominierten, insbesondere Hašek und Majerová. Charakteristisch sind einige Titel von Gedichtbänden jener Zeit: »Satans Ruhm unter uns«, »O Elend des Lebens, dennoch lieb ich dich«, »Blau und rot«, »Torso des Lebens«, »Eitelkeiten«. In andere Richtung zielen: »Ich bin der Apostel des neuen Seins«, »Die Freuden des Lebens« (gewiß ironisch) und »Abenteuer des Mutes«. Allerdings wurde allen diesen individuellen Revolten das Jahr 1905, das Jahr der ersten revolutionären Erhebung im zaristischen Rußland, sozusagen zu einem Markstein. Einige Dichter verstummten auf Jahre (Březina für immer), und alle verloren den ursprünglichen Elan, als hätten sie angesichts der scheinbaren Ausweglosigkeit für die Gesellschaft und die Zeit, für die Gesellschaft in der Zeit, »Vernunft angenommen«, wenn nicht gar resigniert. Ein Jahrzehnt begann, gefühlsmäßig und vieldeutig gekennzeichnet von der Agonie der alten Monarchie, ein Jahrzehnt, in dem von Ebbe gesprochen werden kann ... Auf dem Hintergrund des ständigen Hinundherpendelns zwischen Müdigkeit und Entschlossenheit, Melancholie und Sarkasmus, zwischen Ängsten und Hoffnungen findet ein Kampf um die neue Poetik statt, ein mit der weltanschaulichen Kristallisierung verbundener Kampf, was in dieser Etappe ein Schwanken zwischen dem Pol eines ausgesprochen antimonarchistischen Nationalismus und einer zur sozialen Revolte strebenden Welt bedeutet, einer Revolte, die übrigens in der vorangegangenen wie in dieser Zeit das ständige Leitmotiv der bescheiden, aber hartnäckig sich entwickelnden Poesie und des Liedguts der autodidaktischen Arbeiterautoren ist. Der Kampf der »Ismen« spielt damals eigentlich nur die zweite Rolle: Wir finden Anklänge des Impressionismus (Mahen), des sogenannten Naturismus, der die Liebe, die Arbeit, das gesunde Alltagsleben und die Natur bejaht (Neumann), des sogenannten Sensualismus, der im Leben und in der Dichtung einseitig sinnliche Genüsse betont (Šrámek), und der sogenannten Zivilisationspoesie (wiederum Neumann), in der sich der Fortschrittsglaube des sich entfaltenden technischen Zeitalters äußert.

Wenn mit dem Ausbruch des ersten Weltkrieges bei vielen Dichtern in den beteiligten Ländern kreischend militaristische und zuweilen sogar von Inhumanität durchdrungene Töne laut werden, so gilt das nicht für die tschechische Lyrik dieser Zeit. Das hängt mit der andersartigen Situation der Tschechen zusammen, die im österreichischen Vielvölkerstaat vor allen Dingen gegen die Monarchie eingestellt waren und für die der Krieg, insbesondere gegen Rußland, von Anfang an nicht ihr Krieg war. Der Widerstand gegen die Sinnlosigkeit des Massenmordens kam demzufolge in den Versen der tschechischen Dichter, die an mehrere Fronten des Krieges verschlagen wurden, von Anbeginn mit erschütternder aufwühlender Kraft zum Ausdruck, vergleichbar denen, die zu jener Zeit Georg Trakl oder Johannes R. Becher schrieben. Inmitten des Blutvergießens begann sich die Hoffnung abzuzeichnen und dann die Gewißheit, daß die Niederlage Österreichs und Deutschlands unbedingt zum Zerfall der österreichisch-ungarischen Monarchie und zur Selbständigkeit der tschechischen Länder und vielleicht auch der Slowakei führen müsse. So entstand eine Poesie, wie es sie bei den meisten Nationen dieser Zeit nicht gab, eine Poesie, von wirklichen Dichtern geschrieben, deren Lauterkeit allgemeine Wirksamkeit erlangte.

Der Widerstand gegen Österreich brachte so manchen tschechischen Dichter ins Gefängnis, wenn nicht gar in die Gefahrenbereiche höchster Strafen: In Machars und Dyks Poesie schwangen unter dieser Bedrohung Töne mit, in denen die historische Hoffnung die subjektiven, selbst die äußersten Befürchtungen überwand. Man darf die Tatsache nicht verschweigen, daß die ausgesprochen nationale Zielsetzung der tschechischen Kriegspoesie zwischen 1914 und 1918 die Züge des Internationalismus nicht überdeckte. Einige Dichter der mittleren Generation arbeiteten eng mit dem politisch linken und seit Kriegsausbruch gegen den Krieg wirkenden Flügel der deutschen expressionistischen Bewegung zusammen, die insbesondere von der Zeitschrift »Die Aktion«, geleitet von Franz Pfemfert und begleitet von einer Buchedition, repräsentiert wurde. In dieser Reihe erscheint dann mitten im Krieg – im Oktober 1916! – die Anthologie »Jüngste tschechische Lyrik«, in der wir unter anderem folgende Namen lesen: Bezruč, Březina, Dyk, Fischer, Hlaváček, Křička, Machar, Neumann, Sova, Šrámek, Theer, Toman, Weiner …

Man kann sicherlich nicht behaupten, daß alle diese Autoren eine Poesie mit expressionistischen Zügen schrieben, die Berührung mit dieser kraftvollen Bewegung kennzeichnet ihr Werk aber zweifellos, allein die Kriegskulisse – und mehr als die »Kulisse«! – veranlaßte motivisch wie formal ein expressionistisches Gepräge. Den Herausgebern ging es aber nicht um die Präsentation irgendeines tschechischen Ausläufers des Expressionismus, sie betrachten die Anthologie vielmehr als »einen politischen, völkerverbindenden Akt«, und das »in einem Augenblick, wo Sprechen und Schreiben fast immer nur geschieht, um zu trennen …«. Noch während des Zusammenbruchs des österreichischen Vielvölkerstaates veröffentlicht die in Brünn erscheinende, expressionistisch geprägte Zeitschrift »Der Mensch« nebeneinander die Arbeiten deutscher und tschechischer Dichter.

Ein in seiner Breite und Durchschlagskraft einmaliges Ereignis (einmalig in der Geschichte der Nationen überhaupt!) ist das Manifest der tschechischen Schriftsteller aus der Mitte des letzten Kriegsjahres: Es trägt die Unterschrift von 222 Schriftstellern aller Generationen und fordert ganz unverhüllt das Recht des tschechischen Volkes auf Selbstbestimmung. Der 28. Oktober 1918 ist dann der Tag, an dem durch Ausrufung der Republik ein selbständiger tschechoslowakischer Staat entsteht. Es ist allerdings ein »bürgerlich-demokratischer« Staat, kein »sozialistischer«, von dem einige Gemüter träumten.

Das soziale Chaos der ersten Nachkriegsjahre führte in den tschechischen Ländern wie in Deutschland und anderswo zu einer sehr starken Bewegung, die man global als proletarische Kunst bezeichnet: Politische Katastrophen und unverwirklichte Träume bedeuten noch nicht die Niederlagen der entstehenden Kunstwerke. Im Gegenteil – sie können sie stimulieren. Fast jeder der künftigen Dichter durchlief diese Etappe. Diese Zeit und diese Bewegung haben ihren jung verstorbenen Initiator in der Gestalt des Dichters Jiří Wolker. Sein Werk, das früh das Echo der Masse erfuhr, ein gesellschaftlich aufrührerisches und erneuerndes und dabei jungenhaft offenes und spontanes Werk, bewies auch in formaler Hinsicht seine Neuheit, seine emotionale Lebenskraft und die Fähigkeit, in so mancher Polemik alternativ aufgenommen zu werden.

Die proletarische Poesie als ein Produkt des Traumas gescheiterter Hoffnungen auf einen revolutionären Sprung von der Monarchie zum Sozialismus mußte mit fortschreitender Zeit eine andere konkrete Gestalt annehmen. Die Zeit der sogenannten politischen und wirtschaftlichen Stabilisierung nahm zwar der Poesie die ursprüngliche Schärfe – »die Zeit zerriß den Vorhang«! –, rief aber neue Bewegungen ins Leben.

Es ist festzustellen, daß die tschechische Poesie infolge ihrer geschichtlichen Entwicklung den »Dadaismus« fast übersprungen hat, der in anderen Literaturen, besonders in Deutschland und Frankreich, die Rolle eines Reinigungsbades konsequenten Durchdenkens spielte. Bedřich Václavek, der, zusammen mit František Halas, nicht nur die Äußerungen der bekannten Dada-Zentralen, sondern auch die Arbeiten weniger bekannter Autoren (z. B. die von Walter Serner) mit Interesse verfolgte, hat dies sehr genau formuliert: »Um eines können wir das Deutschland der Nachkriegszeit beneiden, um den Dadaismus. Uns fehlte nach dem Kriege eine tüchtige Dosis Dada. Wir sind sogleich zur Revolution für den Menschen übergegangen, wir waren ethisch, pädagogisch und wollen jetzt konstruktiv sein, aber Auflösung und wirkliche Reinigung hat es nicht gegeben. Darum schnappen wir heute nach einem bißchen Dada hier und dort ...«

Der Poetismus nahm zwar »gewissermaßen nebenbei« einige Elemente der Dada-Bewegung auf, sein Wesen war jedoch anders: kein »schöpferischer Nihilismus« mit seinem »Skeptizismus und Relativismus, aber auch mit Zweifeln an der Möglichkeit irgendeines Sinnes und irgendeiner Wahrheit«, sondern ein spontaner Optimismus des oft zitierten »modernen Menschen«, ein Optimismus, der trotz der Kataklysmen im eigenen Land und bei den Nachbarn mit einem festen sozialen Glauben erfüllt ist. Der Poetismus erwuchs unter dem gemeinsamen Dach der avantgardistischen Künstlervereinigung Devětsil aus der proletarischen Dichtung, und der Motor ist die unmittelbare Verknüpfung der politischen mit der künstlerischen Avantgarde.

Diese Polarität wird nach dem Scheitern der kommunistischen Staaten, seit 1989 also, allmählich angezweifelt, ja man sucht den Ursprung des Bösen bereits im Schaffen der avantgardistischen Künstler der zwanziger Jahre, wo der Traum von der »Großen Ordnung« noch relativ rein war. Dieser verflüchtigte sich dann besonders im Zusammenhang mit den Moskauer Prozessen und Hinrichtungen. Selbst das Wort »Avantgarde« erscheint häufig in Anführungsstrichen – was in Anbetracht der gut bekannten Anmaßung und Allwissenheit der Linken realer ist ...

Der Poetismus ist die spezifisch tschechische avantgardistische Richtung des 20. Jahrhunderts – so wie der Futurismus russisch und italienisch ist, der Expressionismus deutsch, der Surrealismus französisch, der Ultimismus spanisch. Die Bewegung des Poetismus ist nur in den tschechischen Geschichtszusammenhängen restlos verständlich, von denen bereits die Rede war, und trotz der programmatischen Verachtung der Traditionen war sie mit den tschechischen Quellen verbunden, zum Beispiel mit dem tschechischen Volkslied und seiner »Spielfreude«, seinem Witz und seinem Zauber, aber auch mit der Haltung und den Methoden Jaroslav Hašeks und anderer. Karel Teige, der Haupttheoretiker dieser Richtung, definierte sie folgendermaßen: »Die Kunst des Poetismus ist leger, spielerisch, phantasievoll, mutwillig, unheroisch und der Liebe zugewandt. Ihr fehlt jede Romantik. Sie entstand in einer Atmosphäre heiterer Geselligkeit, in einer Welt, die lacht, wenn auch ihre Augen weinen. Das humorvolle Temperament überwiegt, auf Pessimismus wurde aufrichtig verzichtet.« Šaldas Charakteristik des poetistischen Verses als »leicht und dicht zugleich« gilt für die gesamte überschäumende und vielfältige Aktivität dieser Gruppe, von deren Poetik eine ganze Reihe von Dichtern erster Größe durchdrungen wurde: Nezval, Seifert, Biebl, Halas, Závada, aber auch Hora, Mikulášek, Holan oder der slowakische Dichter Novomeský. Die Bedeutung des Poetismus geht jedoch weit über den Bereich der Poesie hinaus: In ihm keimen die Anfänge der Prosaiker Vančura, Schulz und Konrád, aus ihm gingen bekannte Maler, Theaterleute, Musiker, Wissenschaftler und Architekten hervor. Unter den Kritikern waren es nicht nur Teige und Václavek, die sich zum Poetismus bekannten, unter den älteren Autoren waren ihm offenkundig Šalda und Mahen zugeneigt.

Der Poetismus kulminiert und endet »offiziell« um das Jahr 1928. Doch das Bewußtsein seiner Einmaligkeit bleibt im Denken der Teilnehmer dieser Bewegung erhalten: Nezval zum Beispiel entwirft noch 1930 ein sogenanntes drittes Manifest des Poetismus (erst lange nach seinem Tode veröffentlicht). Das geschieht nicht aus Nostalgie nach den Jahren jugendlichen Übermuts, sondern aus dem Wunsch nach tieferer Verankerung in einer Zeit, die allzu chaotisch zu werden begann. Das Echo des »Schwarzen Freitags« an der New Yorker Börse 1929 wurde sicherlich nicht so schnell in Mitteleuropa vernommen, doch die Seismographen der Dichter registrierten ihn und kündigten ihn an. Empfindliche Auswirkungen hatten jedoch die Gefahren, die in der Tschechoslowakei besonders von dem Faschismus im Nachbarland drohten. So oder so: Die jugendliche Unbekümmertheit des Poetismus, seine ausgelassene Fröhlichkeit beginnt zu schwinden. Schatten fallen auf die Gedichte, in denen Scheinwerfer, »allen Schönheiten dieser Welt« zugewandt, bisher in voller Helligkeit erstrahlten. Noch ehe die Massen der Arbeitslosen durch die Straßen zogen, noch ehe die ersten Schüsse auf Demonstranten abgefeuert wurden, erklangen in den Versen der tschechischen Dichter Töne der Trauer, der Wehmut, des Leides und des Todes. Man glaubte damals und später, sich nur unter Vorbehalt dieser eigenartigen und einzigartigen Periode der tschechischen Dichtung nähern zu können. Es fehlte auch nicht an heftigen Gegnern, die sie pauschal verurteilten. Aber heute wissen wir, daß die Gesänge einer scheinbar subjektiven Trauer eigentlich ein sehr objektives Signal waren. František Halas sprach es im Namen seiner Gefährten aus: »Der Tod ist kein Programm, nur der Horizont der Frösche ist auf dem Friedhof zu Ende. Die Dichtung über den Tod ist keine Verneinung des Lebens, sondern ein Stachel, der die Liebe zum Leben steigert ... Die lebenspendende Angst vor dem Vergehen ist der Kitt des ewigen Rebellentums, das sich niemals mit der Zerstörung allein zufriedengibt.«

Töne, die an irgendeine »neue Sachlichkeit« erinnern können, sind nicht vorhanden. Eher spielen spätexpressionistische Anklänge eine, wenn auch nicht maßgebende Rolle: bei Závada, bei Zahradníček, bei Weiner ... (Im Werk von František Halas kam es zu einer einzigartigen Berührung mit der Poesie Georg Trakls, dessen Verse in zwei tschechischen Buchausgaben, 1917 und 1924, in Übertragungen von Bohuslav Reynek erschienen waren.) Der Schlußpunkt hinter dieser Periode ist das Jahr 1933. In unmittelbarer Nachbarschaft der Tschechoslowakei melden Trommeln und Pfeifen und brennende Bücherhaufen akute Gefahr. Konnte bisher noch jemand von einem Idyll sprechen – jetzt war es zerstört. Das bedeutete allerdings nicht, daß die gesamte »nichtengagierte« Poesie über Nacht antifaschistisch wurde, daß alle Dichter der »Stille und Meditation« sich sofort in feurige Kämpfer verwandelten. Die Wege der Poesie sind komplizierter. Jeder Dichter ist unaufhörlich mit sich in Streit, verstrickt in den Widerspruch zwischen dem Streben, die Dichtung zum Werkzeug des Kampfes zu machen, und der Verlockung der Einsamkeit, der Kontemplation, der entfesselten Phantasie und anderer Ablenkungen. Aber gerade dieser Widerstreit, diese Zweipoligkeit ist eine Quelle der Spannung und Intensität, ohne die es keine echte Dichtung gibt. Die Tatsache, daß alle Versuche einer Definition der Poesie, ihrer Prinzipien und ihrer Sendung am Ende unvollkommen sind, weil immer noch etwas Undefinierbares bleibt, macht eben das Wesen der Poesie aus, einer Welt, die durch unzählige Fäden mit der äußeren und inneren Wirklichkeit verbunden ist, einer Welt jedoch mit eigener Ordnung.

Ein weiterer »Knotenpunkt« für die tschechische Poesie ist das Jahr 1936. In dieses Jahr fiel der 100. Todestag Karel Hynek Máchas, des Dichters, der am Beginn der neueren tschechischen Dichtung steht. Dieses Jubiläum war für die modernistische Generation des Devětsil der erste bewußte Schritt zu den Quellen, ein Anlaß zum Nachdenken über das Wesen der Poesie, über die Beziehungen zwischen Dichtung und Gesellschaft, über die Stellung des Dichters in der Gesellschaft, und es stellte die bewußten Verbindungen zur Tradition der revolutionären Romantik her. Im Jahr 1936 brach jedoch auch der Bürgerkrieg in Spanien aus, jenes große Memento der Zeit vor der Katastrophe. Er war wiederum für viele tschechische Dichter ein Anlaß, zu den Quellen zu gehen – zu den Quellen der Entwicklung zwischen den beiden Kriegen – und daraus Schlüsse zu ziehen. Diese beiden Impulse, der von Mácha ausgehende und der die akute Revolutionssituation in Spanien signalisierende, verschmolzen und gaben der tschechischen Lyrik dieser Zeit ein Gepräge, das einzigartig in der Geschichte der Literaturen und kaum in eine andere

Sprache übertragbar ist. Parallel zu dieser stark zeitbezogenen Lyrik entsteht eine stillere, aber stets intensive Poesie spiritueller und religiöser Prägung (z. B. Zahradníček, Reynek, Renč, Kostohryz) und Verse vom ländlichen Leben (z. B. Čarek). – Enorm wirksam sind Songs des Clown-Paares Voskovec und Werich (Musik: Jaroslav Ježek).

Diese spezifisch tschechische Dichtung steht in enger Beziehung zum tschechischen Surrealismus, zu dem der Kern der einstigen Poetisten mit Nezval und Teige an der Spitze übergewechselt war und der weder in dieser noch in späterer Zeit eine Analogie in der deutschen Poesie hat, dessen bessere Vertreter damals in der Emigration alle ihre Kraft für den antifaschistischen Kampf einsetzten. Der Surrealismus regte zur Suche in abgelegenen, bewußt oder unbewußt verschwiegenen Bereichen der Kunst an, zur Sondierung in bislang unentdeckten Schichten des Bewußtseins und Unterbewußtseins, zur Erforschung der Traumwirkung, zum nichtverebbenden Sprachexperiment – und wirkte dadurch systematischer, als es in Böhmen üblich war. Man kann ihm von vornherein kein »eng formales Interesse« vorwerfen, politisch war er von Anbeginn, und die Politik wurde ihm schließlich zum Verhängnis. Das Gewicht des dichterischen Beitrags des tschechischen Surrealismus liegt allerdings fast nur auf den Schultern eines Mannes, und zwar auf Nezval (Biebl schrieb damals wenig, Štyrský war hauptsächlich Maler); dank der schöpferischen Vehemenz und der unausschöpflichen Invention dieses Dichters eröffnete sich der tschechischen Poesie eine grenzenlose Weite. Zur Zeit seines Höhepunktes (1936/37) findet der tschechische Surrealismus in Europa – außer im allseitig und stetig produktiven französischen Zentrum – hinsichtlich des poetischen Gewichts vielleicht nur im serbischen dichterischen Surrealismus eine Entsprechung. Die Experimentierfreude in der mehr oder weniger surrealistischen Richtung wirkte allerdings auch außerhalb der eigenen Gruppe ansteckend (der sich wie im Poetismus auch bedeutende Wissenschaftler, Theaterschaffende und bildende Künstler anschlossen), und gerade František Halas zum Beispiel, der nicht ihr Mitglied war, fand später warme Worte für den Surrealismus als »eine der Methoden künstlerischer Erkenntnis«, deren »Bilderstürmerei und Kampflust in die Kunst mit Ergebnissen eingriffen, die sich nicht bestreiten lassen. Soweit an ihm Snobismus, Modehascherei schmarotzen, hat das mit seinem Wesen nichts gemein. Er führte die Kunst in vernachlässigte Bereiche und fand dort Möglichkeiten, die noch längst nicht ausgeschöpft sind.« Halas sah aber auch, daß sich der Surrealismus »durch seinen Dogmatismus selber bedroht«.

1938, das Jahr des unrühmlichen Münchener Abkommens, und 1939, das erste Jahr der Nazi-Okkupation, sind düstere Zeiten der tchechischen Geschichte, aber reiche Zeiten der tschechischen Poesie. Alles Persönliche und Unpersönliche ging damals ins Überpersönliche ein. Die Musen schwiegen nicht zwischen den Waffen, und es entstanden Verse und Gedichtbände, die zutiefst ergreifend und von bleibendem Wert sind, »Gedenkbücher des tschechischen Geistes über den Wendekreis der Geschichte hinweg«, wie Josef Hora sagte, Bücher, in denen der zukünftige Leser »alle übermenschliche Anspannung der Gemüter, alle Schwere der Prüfung, aber auch alle moralische Tapferkeit findet, die wir aufbrachten, um Hoffnungslosigkeit und Verzweiflung von uns fernzuhalten«. Die damals entstandenen Verse aller Dichtergenerationen beweisen in einer erstaunlichen Vielfalt der poetischen Mittel, daß die Tschechoslowakei damals nicht nur in einem Schnittpunkt der Geschichte, sondern auch in einem Schnittpunkt der europäischen Dichtung stand.

In den Jahren der ersten Okkupation, der nazistischen, war die tschechische Poesie vor eine völlig neue Aufgabe gestellt: Man mußte so schreiben, daß die Leser verstanden und daß zugleich die Wächter, die Zensoren, getäuscht wurden. Scheinbar formalistische Aufrufe wie »Spieln wir weiter« bekamen konkreten Inhalt (statt »spieln« verstand man eher »handeln«, »agieren«), und es fehlten auch nicht raffinierte »Anweisungen«, wie man diese Verse lesen soll: »Statt Nomina gebrauchen wir Pronomina.« Oder: »Statt Worte gebrauchen wir Fürworte.« (Alles Beispiele aus František Halas) Es entstand eine »chiffrierte« Poesie, die aus den Tiefen der Sprache bislang verborgene Bedeutungen hervorholte, eine Poesie, die eine Schwester der berühmten französischen Résistancedichtung ist. Je mehr die tschechische Sprache von den nazistischen Okkupanten unterdrückt und geschmäht wurde, desto mehr Sorge und Invention verwandten die tschechischen Dichter auf die Reinheit ihrer Muttersprache.

Vision
Neue Strömungen

PETR BEZRUČ

Die rote Blüte

Aschgrau der Topf, drin im dunkelen Fenster
düster ein hoher und wehrhafter Kaktus.
Einmal des Morgens
stieg aus dem Stamme ein roter Kelch auf,
Rot einer Blüte.

Mit uns ein Dichter, mit anderen Augen,
liebte die duftenden, prächtigen Rosen.
Distichen singend,
lobt' er die Rose, verdammte voll Stolz die
Blüte, die rote.

Rauh wurden Seelen, im Leben so einsam,
reich war ihr Außen an Spitzen und Stacheln.
Was barg ihr Herz wohl?
Blühten sie einmal und blühten zur Nacht, ward
rot ihre Blüte …

Uwe Kolbe

Wer an meiner Stelle

So wenig Blut ich auch habe, noch rinnt es
mir aus dem Munde,
bis zu der Stunde,
wo Erde es stillt.
Wer an meiner Stelle
hebt meinen Schild?

Inmitten des Rauches von Witkowitz stand ich,
die Nacht in den Augen, den Nüstern entwand sich
die Flamme, ob Tag oder Abend: Ich maß
durch Schlitze der Lider das Mörderpack, das:
die Juden, die reichen Grafen, ach ich,
ich garstiger Bergmann, dem Schacht ich entwich.
Und leucht' von der Stirn ihnen das Diadem –
ein jeglicher spür' meinen Blick und zudem
die Faust, die geballte, um Trotz euch zu bieten,
den Haß des Bergmanns aus den Beskiden.

So wenig Blut ich auch habe, noch rinnt es
mir aus dem Munde,
bis zu der Stunde,
wo Erde es stillt.
Wer an meiner Stelle
hebt meinen Schild?

Heinz Czechowski

JOSEF SVATOPLUK MACHAR

Vision

Befremdend traurig war, was ich heut träumte.

Zwar war es Tageslicht, das mich umschäumte
des Spätseptembers gelbes, banges Licht
doch ohne Sonne.
Vor meinem staunensweiten
Blick begann der Mohn sich auszubreiten
ein Feld von Trauermohn, blaßviolett
und ohne Regung.
Der Landschaft breites Bett
im ebnen Kreis um mich war mohnbedeckt:
Blüte an Blüte, auch übereinandergereckt
ein dichtes Blütenfeld.
Doch sonst kein Treiben.

Nichts zappelte.
Die Luft schien stehnzubleiben
und hatte einen matten, schweren Duft
wie lebenslang noch keinen ich gekannt
und ich ihn nie vergesse.
Da übermannte
mich ein Alp: das Blut hielt ein zu pochen
mein Leben floh aus den Poren, wich aus den Knochen
schwarz wards im Kopf, vor den Augen, ich sah
dies Feld nur, diesen Trauermohn
und fiel, fiel hinein –
in wilder Vision
durchmaß die müde Seele mein Leben
den Strom des Versunknen, aufbrausend eben
noch einmal: Taten, Worte, Gefühle, Phasen
die einst ich lebte, hoffte, träumte, litt –
ja, jedes bißchen.
Und in die Seele schnitt
mir tiefe Reue: nicht fing ich an zu leiden
um Ruhe, Glück – nein, jene dunklen Zeiten
des Schmerzes mochte ich jetzt nicht verlassen …
Deshalb würgte Wehmut mir die Kehle.
Das war das Ende. –
Daß sie mich nicht verfehle
griff frostig mich die Hand. Ich fiel ins Feld.
Dort sah ich liegend mich umstellt
von aberhundert Toten. Kopf auf Kopf.
Die einen Knochen, die andern noch beleibt.
Meine Sinne schwanden … mir blieb nicht Zeit
zu sehn, ob Freunde hier, Bekannte …

Richard Pietraß

ANTONÍN SOVA

Und aufständische, starke Winde wehten

Die Föhrenwipfel rupfte rauher Wind,
da wir uns gut vesorgt des Wegs begaben.
Erschreckt, die Möwe sah: der Sturm beginnt
im frühen aufständischen Schrei des Hahnes.
Noch schlief das Land. Von Schwere, dem Magnet,
der Menschen Schlaf noch ganz und gar durchzogen.
Darauf, elender Trost, das Kreuz erhöht –
so log es Wohlstand, so verlogen.

An weiter Meere Küsten schlief die Welt
der kleinen Ziele, in verseuchten Städten.
Der Straßendirnen dunkles Lachen stellt
uns wie der Hintersinn der schmierigen Gesten.
Ins Plattidyll zu Fuß die Bürger ziehn,
die Brücken eines Tags zum andern querend.
Und auch die Enkel lernten, ganz Verstehn,
die Tage totzuschlagen mit den Lehrern.

Entsetzten sich, als unsrer Seelen Grund
in revolutionärem Feuer lohte.
Der ferne Brand wurd ihren Sinnen kund,
und die zur Wehr erhobnen Hände drohten,
um ihre Höhlenbauten Sturmwind blies,
und sieh, der Funkenflug traf ihre Seelen.
Die Welt erwachte, die bislang nur schlief ...
Und aufständische, starke Winde wehten.

Uwe Kolbe

Drama

Müde stand er, aller Hoffnung bar.
Wie so nutzlos unser Lästern war.
Wie die Sonn aufging, die bleiche Frau
schien dahingewelkt im Morgentau.

Wieviel Worte heiß, voll Leidenschaft,
wieviel Strophen fremder Dichterkraft
sprach er ihren eis'gen Augen hin.
Wieviel Schimpf hat er auf sie gespien!

Du, ich haß dich. Immer dein Gesicht.
Du, ich will dich. Ich gehör dir nicht.
Du betrügst mich, wart, ich weiß es bald,
dann schmeiß ich dich hin und mach dich kalt ...

Spröd und bang, ans schmutz'ge Fensterglas
des Cafés gedrängt, in dem sie saß,
trank sie Kaffee. Die Hutfeder hackte
wild nach vorn, da sie die Zugluft packte.

Müd, und Hoffnung nur ein leerer Wisch,
hocken sie auf dem blutroten Plüsch,
Proletarier, das Herz gestorben schon.
Fad und falsch plärrt ein Orchestrion.

Franz Fühmann

OTOKAR BŘEZINA

Sie sang

Die Kühle duftet bitter, und der Safranblüten Licht verging,
als Bruder jenes Abends, der uns sanft umwehte, neigt der Abend sich.
Damals als mein Herzliebster in die Gärten ging,
und süße, unvergeßne Worte hatte er für mich.
Gerufen mit mir unvertrautem Namen, hatte er in jener Zeit
sich zur geheimnisvollsten aller Reisen aufgemacht.
Und unsres Hauses Tür klafft weit
seit damals in verschwiegner Sterne Nacht.

Still ists um unser Haus und still in meiner Fernen Raum,
und aus der Blütentiefe tönt verwirrter Bienen Klagen;
das unterbrochne Selbstgespräch der Bäume ist ein Flüstern wie im Traum:

Nachtfalter jähen Flugs an die erhellten Scheiben schlagen.
Die Schläge meines Herzens sind ein Widerhall verlorner Schritte,
die Hiebe einer Fällaxt, wenn sie fiebrig niedergehn,
im angsterfüllten Flügelwispern, in verstummter Vögel Mitte:
der Nachhall ferner Schüsse über unbewegten Seen.

Mein Liebster ging dorthin, wo alle sind aus meinem Haus,
Tau strömt herab auf den von schwarzem Lieschgras überwachsnen Pfad.
Und neue Rosen duften in der Finsternis, die Safranblüten glommen aus.
Süß ist das Mädchenlachen, doch das müde Herz sehnt, daß der Schlaf sich naht.
Begegnungen erträum ich, rätselhaft, bis hell der neue Morgen scheint,
in neuer Sonnen Küsse, höhrer Frühlinge magischer Blütenzeit ...
Und die mitfühlenden Entgegnungen der Schüler, um des Meisters Fuß geeint,
fanden kein Wort doch für mein Leid.

Uwe Grüning

KAREL HLAVÁČEK

Gestimmt hab auf den tiefsten Ton ich meine Geige

Gestimmt hab auf den tiefsten Ton ich meine Geige,
und leise singe ich dazu bis an des Abends Neige.

Ich spiele voller Leidenschaft die dunklen Schwermutsklänge,
will Meister sein im Zauber alter spöttischer Gesänge.

Auf der ererbten Geige spiel für die, nur die ich gerne,
die früh nach ungewissen Nächten lauschen in die Ferne ...

Es wollen meine Weisen verströmen jene Trauer,
von dem, was wuchs erblühte reifte, fremd und ohne Dauer.

Und wollen jenes Hoffen finden und die zärtliche Gebärde,
von dem, was keimen will in fremder Ufer schwerer Erde,

und wolln den Ton, der schüchtern dennoch fein
den Sinn betört,
wie man das Schwingen starker Drähte schwach
durch die Sordinen hört,

wolln die Vertrautheit der Staccati in den tiefsten Lagen,
wenn leise sie sich rüsten, durch die Finsternis zu klagen …

Den Bogen führt auf der ererbten Geige meine Hand,
nur eh der Mond aufgeht und finster liegt das Land,

und die Vigil fällt streng herab weit hinter Wald und Ried,
und durch die Lande das Geheimnis *heilger Feste* zieht.

Erregt stets zittern meine schmalen Finger auf den Saiten,
wenn sie am Abend spät mein Singen still begleiten …

Gestimmt hab auf den tiefsten Ton ich meine Geige.

Barbara Grüning

Zwei Stimmen

Selbst nach dem Läuten schob man heute nicht die Riegel
vor –
hinter Gewässern fern im roten Fackelschein
zwei Stimmen uneins streiten sich dort hinterm Tor –
verfallende Gehöfte traurig und allein.

Die dunkle erste Stimme forderte ein Ja,
auf ihrem Nein jedoch die zweite scheu bestand,
und jäh verstummten beide, denn der Tag war nah,
hinter Gewässern fern, fiel Mond aufs Land.

Selbst nach dem Läuten schob man heute nicht die Riegel
vor –
verfallende Gehöfte traurig und allein …
zwei Stimmen stritten lange sich dort hinterm Tor,
jäh stöhnte auf die scheue Stimme und hielt ein,

die andere, die drängte, seufzte tief.

Barbara und Uwe Grüning

Rachegesang

Schöne Manon, Ihr schüchterner Abbé ist das nicht mehr,
der zu Euch kam: Ihr kränkeltet und langweiltet Euch sehr,

war er bei Euch, so hofftet Ihr, daß er den Mut nun finde,
Euch zu erzähln – wie er versprach – von gelber Rosen
Sünde …

Meine Manon, zu hart ist meine Stimme heut, Ihr müßts
ertragen!
Und wie ein Geuse stolz sein kann ich nur auf meinen
leeren Magen.

Freunde verließ ich und das heimatliche Feld, aus freien
Stücken,
um Sie mit einer Cantilene con viola zu beglücken;

mit diesem Rachelied zeigt Euch mein schwacher Mund:
Der Hunger, nicht der Überdruß ist Eurer Schwachheit
Grund;

und meine Augen bleiben mannhaft kalt bei jener Sage
vom Mond, der blind geworden ist durch seiner Tränen
Klage …

Manon, ich weiß, das macht nervös Sie, meine Liebe;
Sie lögen sich gern vor, daß Sie die alte Sehnsucht triebe

zu einem, und verlegne Stille regt dabei sich wieder
und fällt *dem anderen* zum Gruß schlaftrunken auf die
Gärten nieder.

Barbara Grüning

OTAKAR THEER

Süß ist's zu leben

Drunten, unter dem Hohlweg, liegt das Krankenhaus.
Morgens bleibt manchmal
eins von den Fenstern offen.
Und dahinter:
ein Bett, dunkel sein Kopfbrett, weißes Linnen
und (als Umriß) das wächserne Antlitz dessen,
mit dem es soeben zu Ende ging.

Du ahnst
die fiebrig irren Stunden,
den flackernden Blick, die schweißdurchnäßten Kissen,
die angsterstarrten Hände, wenn man fortgeht
in die schwarze Nacht.

Rings, in des Frühlings Morgenfrische, atmen Bäume
so ganz nah an ihm, für den es keinen Morgen mehr gibt.
Der Rasen, unlängst noch verschneit, dehnt sich glücklich
so ganz nah an ihn, für den es keine Farben mehr gibt.
Am Dach – Delphine des Luftozeans – spielen Wölkchen,
so ganz nah an ihm, der mit der Hand nicht mehr winkt.

O Tod, der Romantik entkleidet, grimmig, grausam, roh!

Du begreifst,
wie süß ist's zu leben.

Otto F. Babler

»Freuden des Lebens«

Anarchistische Versuchung

VIKTOR DYK

Von den Feldern dampft es dunkel

Von den Feldern dampft es dunkel,
an den Bäumen hängt der Nebel.
Unbegangen sind die Wege
durch das wehe flache Land.

Und wir singen und wir pfeifen.
Und wir lachen, rufen lärmend.
Wird wohl jenes alte Grauen
für ein Weilchen doch verscheucht? …

Stürzt der Himmel auf uns nieder.
Ängstigt uns mit seiner Drohung.
Droht uns auch das wehe Flachland,
Gott weiß wie und weiß warum.

Und wir singen und wir pfeifen.
Und wir lachen, rufen lärmend.
Wie es ging, mag's weitergehen,
sei betäubt das Schuldgefühl.

Otto F. Babler

STANISLAV KOSTKA NEUMANN

Lied

Gut amüsierten wir uns zwar
  die ganze Nacht,
aber ein Bett für uns beide
  ward nicht gemacht.

Ich und du spaßten mit ihr nur
  mit allem Witz,
blieb noch ein einziger Heller
  uns zum Besitz.

Aßest zu jener Nacht, glaub ich,
  wohl kaum etwas,
hättest dafür ihre Händchen
  verschlungen fast.

Küßten wir sie ja gemeinsam,
  die Ringe auch,
schade, daß doch dieser Tag uns
  verging wie Rauch.

Ach, denn ein Bett für uns beide
  ward nicht gemacht,
sitzen wir morgen wohl nicht mehr
  die ganze Nacht.

Stefan Döring

FRÁŇA ŠRÁMEK

Lied

Fast zweihundert Zigarettchen
dieses Leid verbrauchte,
langsam floß das rote Fädchen,
bis der Schmerz verrauchte.

Balladesker Mist nicht minder
trieb auf allen Wegen,
auf uns lächerlichen Kindern
lag des Schicksals Segen.

Sträubten sich uns wohl die Haare
bei dem Kuß der Muse? –
Alter, zogst durch all die Jahre
mit durchschoßner Bluse.

Heinz Czechowski

Eine Geschichte

Daß sie weinte, wär gelogen.
Schluchzte schwach nur wie zum Scheine.
Hab vor Lachen mich gebogen –
ach du Kleine, meine Kleine!

Schwach nur bebten ihre Lider.
Katholikin, weiße, kleine.
Züchtig sah ich auf sie nieder,
achtend das Gebot, das eine.

Sagte ihr, ich werde Priester.
Hinterm Flieder, unterm Flieder,
alle seine Sünden büßt er,
kriechen wir zusammen wieder.

Ach, wie wir da beide lachten.
Lau und nächtlich war die Stunde.
In den Ziegeleien wachten,
uns verachtend, böse Hunde.

Weil so spät in dieser Gegend,
und so jung wir ernsthaft spielen
Sachen, die so sehr erregend –
mußten Zorn die Hunde fühlen.

Heinz Czechowski

Curriculum vitae

Mußt studiern, solltst Doktor sein! –
Papa tat's befehlen,
die Idee des Kaisers war,
er könnt auf mich zählen.
Und du, meine Liebste, willst,
ach, ich soll mich quälen.

Aber, ach, die Wissenschaft
ließ mich ungeschoren,
auch zum General war ich
leider nicht geboren,
und nun habe ich auch noch
meinen Kopf verloren.

Meine lieben Professorn,
lassen Sie sich grüßen,
auch für Sie, Herr Hauptmann, würd
einen Fluch ich wissen.
Sterben aber, Liebste, werd
ich an deinen Küssen.

Heinz Czechowski

Kam ein Brief

Kam ein Brief daher,
kam vom Militär,
darin schrieben sie,
daß am zwölften früh
ich mich melden muß,
ach, melden muß.

Was macht ein Soldat,
der zu kämpfen hat?
Zielt mit dem Gewehre,
zielt niemals ins Leere,
beispielsweise auf sein Herz,
aufs eigne Herz.

Ich empfehl mich gut,
hab ja rotes Blut:
bin ein Reservist,
Dichter, Anarchist,
hab ein Lied und einen Fluch,
ja, einen Fluch!

Ich marschiere mit,
sing auf Schritt und Tritt:
blauer Reservist,
roter Anarchist,
fern im Blau die Blume rot,
ja, Blume rot!

Heinz Czechowski

FRANTIŠEK GELLNER

Perspektive

Weine nicht, Schatz, und sei nicht so trist!
Leben, Geliebte, ist halt wie's ist.

Komm, die Lust macht alles wett
heut auf unserm weißen Bett!

Morgen, wer weiß, obs dem Heute gleicht,
legen wir uns in den Sarg vielleicht.

Walther Petri

Lied

Ich weiß, daß ich zu skeptisch denke,
daß ich vor Stolz mein Haupt nie senke,
selbst die Ekstase noch, weiß Gott,
vergifte ich mit meinem Spott.

Nachts lebe ich und schlaf am Tage,
o paradoxe Seelenlage –
Ich mach mich jeder Frau verhaßt,
kein Freund, der länger zu mir paßt.

František Gellner: Zeichnung auf dem Buchumschlag seiner eigenen Sammlung »Neue Verse« (erschienen 1919)

Mir ist egal, ob, die mich kennen,
verächtlich meinen Namen nennen.
Ich mähe selbst mein Feld, ihr Herrn,
und pfeife aufs Begräbnis gern.

Walther Petri

Freuden des Lebens XX

Sicher ist, daß, solang wir sind,
wir uns nie aufgeben dürfen.
Morgen geh ich nach Afrika,
um rotes Gold zu schürfen.

Doch wächst kein Gold in Afrika,
soll mich kein Traum mehr belästigen.
Dann streif ich, ein Strolch, durch den Dschungelwald,
zur Seit den jagenden Bestien.

Und zieh mit meiner Gorillafrau
im Schein des grünenden Monds los.
Sie hat ein Herz, wie mein Herz wild,
und ist auch konfessionslos.

Peter Hacks

JOSEF MACH

Frankreich

In Prag hielt es mich niemals lange Zeit,
wie lockt das Ausland mich dagegen.
Und eine Sehnsucht spüre ich erneut,
wenn sich der Ferne Stimmen regen.

Vom Leben hier in Prag erschlagen,
von Ekel, Dreck – die Muse, mein Elan.
Verjagt von dem Milieu, den miesen Tagen,
zieht Frankreich mich am meisten an.

Verrückt solls sein in dem berühmten Land,
wo Treue halten nur die Narren.
Zerrissen ist, was Staat und Kirche band,
die Pfaffen jagt man aus den Pfarren.

Ein ruinöser Weg, da ein Vampir
die Kirche allerorts befällt.
Der Herrgott straft des Kirchenfeindes Gier,
und Frankreich stirbt. Kein Kind kommt auf die Welt.

Wohin das führen muß, man sieht es jetzt,
da der Nation die Pfaffen fehlen.
Es sinkt geschwind, hat man sie fortgehetzt,
die Zahl der neugebornen Seelen.

Walther Petri

KAREL TOMAN

Porträt

Zwei Klatschmohnblüten hatte sie im Haar,
des Katzenleibs Geschmeidigkeit erfüllte
den braunen Leib; und eine Funkenschar
Aug, Gesten und des Wesens Kern umhüllte.

Sie schwand. Wild hör ich im Gedächtnis schwingen
für Augenblicke ihrer Saiten Ton.
Verdammung, Schmerz und Trotz sinds, die dort singen:
Rot unsre Fahnen über Thronen lohn.

Uwe Grüning

Herbst

Ihr Abende voll Zauber! Schnee zerrinnt
im Mondstrahl, der aus Nebeln Silber spinnt,
und Mühlen spielen an den Hängen.

Der Räder träumerische Tätigkeit
im Dämmer singt. Muß Wehmut denn und Leid
dich, meine Seele, so bedrängen?

Die Ähren knirrten auch auf meinem Feld,
und Sonnenlicht wob mittags auf dem Spelt
und tanzte auf dem goldnen See.

Kein Mühlstein malt mein Korn. Voll Hohn
pfeift übers Stoppelfeld der Illusion
einzig der Wind … und das tut weh.

Uwe Grüning

JIŘÍ MAHEN

Zu Ende

Und logen die versteckten Riffe auch,
Durchlaß zu geben nur zur Gnadenzeit,
mein Herz erfaßt nun keines Grauens Hauch.
Auf Graten hiß ich meiner Fahne Bauschen,
aus der trübschwarzen Farbe ward ein Rot.
Bin trunken wieder von des Seewinds Rauschen
nach all der Kriegeszeit Gebot.

Die Seele sehnt sich, wieder loszugehn,
nach eignem Ziel zu streben fern und weit.
Des Kampfes Zeit, o Seele, fühl ich wehn.
Auf ersten Zinnen meiner Fahne Bauschen,
die Möwe lacht des einstgen Wehs vom Riff.
Verlockend wieder ruft des Seesturms Rauschen!
Wohin treibt fort der Wind mein Schiff?

Das Steuer in der Faust, blick fern ich fort.
Wen ich auch traf, wär er mit mir entzweit,
zuletzt half jeder bei der Fahrt an Bord.
Im Winde rauscht die Fahne auf dem Maste.
Die Ruder hoch! Und immer fortgesetzt!
Der schweren Ohnmacht, die mich einst erfaßte,
denk liebend ich – zu allerletzt …

Otto F. Babler

Gesänge der Drähte

Natur und Zivilisation

STANISLAV KOSTKA NEUMANN

Märzenschnee

Der Märzenschnee ist justament
ein Fürst, kaum mehr zu stürzen,
aus Frost und Nässe ist sein Hemd,
zerfällt in Matsch und Pfützen.

Wenn er uns nur was stehlen kann,
ein bißchen Zukunftshelle,
legt flugs er uns noch Fesseln an,
der lausige Geselle.

Jagt seine weiße Garde er
uns auch noch auf den Nacken,
kommt ihm der Lenz doch in die Quer
mit seinen roten Backen.

Und wandelt er in blinder Wut
zur Hochflut das Geträufel,
dann schwemmt die tolle Wasserflut
zuerst sein Aas zum Teufel.

Louis Fürnberg

Im April

Dunkel die Schatten über die Hügel
langsam die weißen Wolken ziehn,
wo noch viel Äcker erdfarben liegen,
graugefleckt steht der Wälder Grün.

Aber die Sonne hüpft durch die Wolken,
sammelt schon neu den alten Ruhm.
Gold wirft sie hin dem sprießenden Volke,
Löwenzahn, Primel, Gänseblum.

Über den Glanz der Birken verwundert
und den erblühten Wiesenhang,
blick ich, umflirrt von Sonne, hinunter
auf dieses Landmeers Wogengang.

Wie dem Matrosen ist mir, der, lugend,
endlich die Küste froh erkennt.
Land in Sicht! hallo! – möchte ich rufen,
Land, Kameraden! Und es brennt!

Elke Erb

JAKUB DEML

Meine Freunde
(Fragment)

Schwer wiegt dein Kelch, GLOCKENBLUME, allzusehr hast du ihn mit der Bläue des Stahls vollgegossen, du Gerechte.

Ich heiße dich willkommen, Schwester KORNBLUME! Die Menschen, die meinen Schmerz nicht begreifen, glauben, daß ich nicht einzig zu dir rede, in diesem Augenblick. Die Ähren recken sich über dich empor, aber ohne uns gäbe es keinen tröstlichen Blick in die Halme. Hübsch sehen wir auf den Häuptern der Schnitter aus und wohl fühlen wir uns an den Feldkreuzen über dem Betschemel.

Ich danke dir für deinen Gruß, Schwester MARGERITE, dein Herz ist aus purem Gold und sonst bist du wie der Leib der allerkleinsten Engelchen – gedenke mein!

Es ist nicht wahr, KORNRADE, daß du mir verhaßt warst! Deine Wunde ist ausgeblutet, ausgeeitert, und dein Mund klingt wie ein zahnloser Mund. Ich liebe dich, Alterchen, allzurasch hast du gelitten – ich liebe dich um deines schweigsamen Mitleids willen.

KUCKUCKSBLUME, dein Leib ist kräftig, und dein Stengel knarrt wie der Stiefel eines Kürassiers, du bist heldenhaft, purpurrot, wenn man dich aber ausreißt, bist du unten ungewöhnlich blaß, und die Stimme deines Duftes ist wie Sehnsucht nach Flußbinsen. Ich liebe dich um deines Mutes und deiner besonderen Neigung Kindern gegenüber willen: Nur diese ahnen die unendliche Trauer, welche in die Kehle eines Kuckucks gelegt ist; wir aber sehnen uns nach uneigennütziger, unschuldiger und ewiger Liebe …

WEGWARTE, wir wußten nichts von der Welt auf unseren gabeligen und kahlen Stengeln, und unsere Augen waren allzu zart dem Schicksal gegenüber …

RUHRKRAUT, nur derjenige, dessen Leben unwiederbringlich dahin ist, hält auf der Waldlichtung inne, auf den rasenbewachsenen, kaum noch erkennbaren Stufen, wo einst Schafe zur Tränke hinabtrotteten.

WEGERICH, ist dir nicht bange um die Mittagsstunde dort oben in deinem Minarett?

SCHAFGARBE, die Truthennen, diese Töchter des Herrenhofes, lieben dich, solange du zart und geschmeidig bist und ganz niedrig am Boden wächst; du aber bist mehr den Gänslein, den Kindern der kleinen Hütte zugetan, und die blassen Jungen, wenn sie im Juli aus den fernen, gelehrten Städten heimkehren, lauschen begierig deiner schlichten Weisheit von den alten Zeiten, da man noch Leinwandhosen trug und der Gerstenbrei als Leckerbissen galt.

DOTTERBLUME, du Freundin der Bienen, der Dienerinnen des Altars, ohne dich begriffe ich nicht die Prophezeiung, die da spricht: Butter und Honig wird er speisen, auf daß er das Böse zu verwerfen und das Gute zu erwählen verstünde. An den Orten, die auch dann nicht vertrocknen, wenn alle deine Brüder und Schwestern vor Durst verschmachteten, glitzert dein

Kelch mit seinem tiefen Goldglanz wie der Meßkelch zu Fronleichnam, und der Mensch erbebt, deine Knospen könnten jeden Augenblick aufspringen und es käme dabei zu einer großen Offenbarung der Schönheit.

KÖNIGSKERZE, Fürstin, dein Volk ist dir dankbar, daß du wieder deinen Landsitz bezogen hast.

WERMUT, dir trinke ich Bruderschaft zu. Du bist unscheinbar wie eine alte Kräutersammlerin und gleichst den greisen Vorbetern, deren Gebaren so altväterisch war, jenen Dorfmystikern, deren Stimme aus uralten Zeiten heraufklang, wenn sie inmitten der Freunde eines Verstorbenen, in verstummtem Haus, in einer ungewohnt beleuchteten Stube nächtliche Andacht verrichteten, wo wir, sooft die Türe aufging, meinten, ein Urahn unseres Geschlechts käme zu Gast. Anders kennen uns die Kinder, wenn ihr Ball zu uns kollert, und anders kennt uns die Freundin der Wickelkinder, die Kamile.

BILSENKRAUT, Sodoms verstummter Sänger, deine Augen sind ausgebrannt und dein Haupt umkreist schleichender Wahnsinn, Fesseln von Ohnmacht und Rausch ohne Ende – du bist das traurigste aller Kräuter, weil der Mensch dich nicht zu trösten vermag ...

MAIGLÖCKCHEN, du spröder Traum der Eichenwurzeln von Burgfräulein im dreizehnten Jahrhundert, auch wir verspürten Sehnsucht, uns in Eichenwäldern zu verlieren und niedliche weiße Dinge aus Alabaster zwischen die Finger zu nehmen.

SONNENBLUME, dein Antlitz saugt vor Neugier meine Seele auf. O Schwester, nimm dich vor Spatzen in acht! Schweige, schweige – sieh, der Henker aus der »Ballade vom Zuchthaus zu Reading« ...

VERGISSMEINNICHT, deine Einfalt ist beneidenswert: Selbst auf dem Tellerchen tänzelst du am Sarge des Wickelkindes, Kranzjüngferlein – Fischlein.

DISTEL, du, Prahlhänsin, sei mir gegrüßt! Was soll denn eine verschmähte Liebe beginnen?

ZENTIFOLIE, du weißt und weißt auch wieder nicht um deine Liebreize. Wenn der arme Mensch seine Augen schließt, träumt er von einer süßen Schraube, die sich zum Gehirn emporwindet, und von einem Wasserwirbel in die Tiefen.

NELKE, gibt es einen Mann oder ein Weib, die eine Schönheit ohne Gegenstück zu schätzen wüßten? Und sinnen sie unserem Schicksal nach, wenn sie uns wem immer an die Brust legen? Und was hat unsere Inspiration mit öffentlichen Anliegen gemein?

GÄNSEBLÜMLEIN, wie schade, daß man jene Strohtäschchen, auf denen rote Vierecke mit goldfarbenen abwechselten, nicht mehr trägt. Weißt du nicht, gibt es auf Erden Wellen, Schwefelwellen mit einer Karminoberfläche?

STIEFMÜTTERCHEN, du fügtest dich mir niemals ins Sträußchen; doch wenn der Totenfalter kein Wesen hätte, das ihn liebt, lebte er nicht mehr. Wer kennt alle Geheimnisse der Nacht?

NATTERNKOPF, was meinst du: Hat der Igel auch recht? Und kann man etwas Schönes erfinden oder sagen, zum Beispiel einen unsterblichen Vers, ohne auszusehen wie ein Rebell? Es lebe der Azur! Es lebe der Azur!
[...]

Otto F. Babler

FRÁŇA ŠRÁMEK

Goldregenbaum

Sag ichs doch, sag ichs:
Solln sie dich auslachen, Dichter!

Wenn du ihn nicht gesehen hast, den Dichter,
an einem Maitag,
und wenn du ihn sahst,

sagst du: eine Schlacht ist der Frühling,
sagst du: der Dichter
muß mit dabeisein in erster Reihe,
Wunden und Lieder wirds geben,
Gott begleite den Dichter,
uns in die Schlacht.

Gemacht.
Doch meine Herrschaften, hundertmal Wehe,
etwas viel Kleineres, etwas so Kleines,
daß man sichs leicht in Windeln vorstellen kann,
etwas so Kleines
kann der Dichter sein
an einem Maitag.

O weh, an einem Maitag,
und das war kein Traum,
unter den blühenden Goldregenbaum
folgte ich gestern dem Dichter:
Seliger Pausback, vollgestopft war sein Mäulchen,
ein Nimmersatt er,
fähig, die eigene Mutter zu fressen,
so schlemmte dort unser Dichter, der Heros,
an einem Maitag.
Bei Gott, wie ein Säugling so sang
er brummend vielleicht etwas, das
ganz bestimmt kein Gedicht wird:

– Goldregenbaum, Goldregenbaum,
du bist eine wunderschöne, blutjunge Mutter,
hast vierhundert Brüste und eine,
alle sind golden
und aus allen rinnt es.

Heinz Czechowski

FRANTIŠEK GELLNER

Elegie

Maulbeern liehen, reif und südgeboren,
deinem Atem Duft,
und dein Haar, darin ich mich verloren,
sprühte Wiesenluft.

Wie Opale glommen deine grauen
Augen in der Nacht,
deine Lippen waren anzuschauen
wie der Rose Pracht.

Aus dem Buche meines Lebens, Dame,
riß ich Blatt um Blatt,
und zu Asche wurd, wo je der Name
dein gestanden hat.

Aber wer kennt seines Herzens Wildnis?
Ewig mir gesellt,
trage ich dein blechgerahmtes Bildnis
durch die Welt.

Und vergesse, ach, so weit ich wandre,
nimmer dein Gesicht.
Keine andre sei es. Keine andre.
Und auch du bists nicht.

Peter Hacks

VIKTOR DYK

Das Konjunkturhaus II

Ich tret nicht ein ins Haus, wo so viel Lichter glühen.
Ich tret nicht ein ins Haus, wo Schlaue alles schwenken.
Ich weiß, der heutge Tag, nur er lohnt eure Mühen.
Doch die auch braucht man, die ans Übermorgen denken.

Vollend ich meinen Gang? Ich geh, nicht zu verderben,
auf Pfad und Irrweg fort, zum Ziele muß ich hasten.
Nicht fragen werd ich mehr und werde auch nicht rasten.
Gut, wenn ich komme an. Wenn nicht, dann muß ich sterben.

An hellen Fenstern das Geschwirr der Falter,
dunkel die Nacht und stärker wehn die Winde.
Es gibt noch mehr als pure Gegenwart!

Ich weiß, bis ich den Weg zum Ziele finde,
begrüßt mit einem Lächeln seiner Art
mich dort höchstselbst der Konjunkturgestalter.

Otto F. Babler

KAREL TOMAN

Alte Allegorie des Herbstes

Aus Bronze, Gold und Kupfer trieb, dem nebelblinden,
der Goldschmied launisch Blätter, Stiel um Stiel,
streut' sie ins Gras, gab sie den Kindern und den Winden
und schaut verträumt ihr Spiel.

Er spielt, ein alter Musikant, bei Mondenschein,
bald freut die Geige, bald die Flöte ihn,
spielt den Geliebten, fängt der Vögel Schluchzen ein,
wenn sie nach Süden ziehn.

Der Dichter, mitleidsvoll, verschmolz die Fall-
sucht von Verrat und Leid, Enttäuschung, Not –
das Herzgift mit dem Rhythmentau, des Worts Kristall,
und träumt Versöhnung durch den Tod.

Uwe Grüning

STANISLAV KOSTKA NEUMANN

Gesänge der Drähte V

Wir, Telegrafendrähte, ungesättigt immer,
wie wir auf Happen elektrischen Zuckens lauern,
die Sklaven durch uns jagen mit Automatenfingern,
gleich Strömen Fieberblutes, die durch Adern schauern,
darin ist Müdigkeit wie Raserei gelöst,
so dreht die Börse durch, schlägt Feuer von MGs.
Im Geiste lauschen wir den Apparaten, ihrem Klappen,
zahllos rennt es herbei von allen Seiten,
den Wirbel der Geschäftigkeit zu schnappen,
zu einem Sturm gefaßt, so heult es durch die Breiten und rast.

Durch Wände der Büros, Kanzleien bricht dies Klappern, Klicken,
mit Klängen, Katarakten ist die Erde wild umrauscht,
von zierlichen Fingern zwar gesendet, Vogelpicken,
doch hört, wer diesen weiten Symphonien lauscht,
noch jeden Blitz des Menschen, Blitz der Welt,
wo Knöpfe klickend sich in Glocken wandeln, jede schellt Alarm.

Wir hören Schreie der Geburt, des Todes Geröchel,
wir hören sehnsuchtsvolles Rufen fortgerißner Lieben,
eine Frage, heiser, gepreßt von des Schreckens Knöchel,
Geschrei fährt hoch, im Siegeswirbel zu zerstieben.

Wir hören Intrigen der Ministerien, Befehle aus Kontoren,
Alarm der Börsen, Straßenkampf, Parteienschlacht,
Krache, Kalküle, Demissionen, Pleiten – hier geboren,
Aufschwünge, Stürze poltern durch uns Tag und Nacht.

Wir hören Märsche der Armeen, die Kämpfe, Heroismen,
den schwebenden Schritt der Pest, Verhandlungen um Frieden,
wir hören Streik, Erpressung, Sabotage, Anarchismen,
Verrat und Treue, großes Hassen, großes Lieben.

Wir hören Werke und Taten aus Hirnen und Händen entstehen,
wir hören Applaus, den des Fliegers Vogeltanz rührt,
das Knistern des Friedens, wie durch Dickicht Hirschkühe gehen,
wir hören Choräle des Grauens, von Panik dirigiert.

Wir hören Explosionen, Brände, zerschellende Züge und Schiffe,
Dammbrüche, Hochwasser, Hurrikane und Beben,
doch auch die Geburten der Erde, die Ernteziffern,
die den Tod überrollenden Fluten von Leben.

Wir hören, wissen alles, alles ist bekannt,
Ort, Zeit und Ziel, nichts bleibt uns unbenannt,
des Bürgers Sphäre, Staatsaffäre, Weltgericht,
und alles, was geschieht, geschehen soll, geschehen wird,
glüh es, wie Weltenbrand, wie Splitterglas im Licht,
tön es, als wenn der Globus birst, wie ein Vogel girrt,
die Nachricht kennen wir, eh sie zum Ziele findet,
wir schlucken das Gebräu, uns packt kein Schwindel, und sind ruhig.

Stefan Döring

Wintergesang

Diese Zäune, die Handvoll Gehöfte, die laublosen dünnen Bäumchen
und die Kronen derselben Kahlheit hinten am Hang aufgereiht
vor einem Grund, der grau ist bei Schneewetter, blau, ist es klar,
diese Luft zwischen all dem, die kräftige Luft, und beim Häuschen
die Spatzen, Goldammern, Amseln – besorgte Geschäftigkeit,
S. K. Neumanns Sippschaft sind sie, seiner Bücher Verwandtenschar.

Sie, mit der Arbeit und Freude, Ängste und Träume wir
teilen,
ziehn wir die blauen Gardinen und ihre Sträuße zurück,
und wie Lappe und Hund im Zelt auch des eisernen
Winters Natur,
wenn uns nicht trennt von ihr, daß mit Frau und Kind wir
verweilen
oder der Bahnhof in Brünn in die Rudolfgasse uns schickt,
die fremd und bekannt ist, Pariser Boulevard,
Karawanenspur –

Aber wir dürfen auch nicht die elektrischen Drähte
vergessen,
die von irgendwo herkommend, irgendwohin gehen fort,
unsere neunfache Linie, treu über Himmel und Erde
gestrafft,
die von menschlicher Brüderlichkeit auch uns hier kündet
gemessen,
die frohlockt über ihre schöne Lage an unserem Ort
und sich freut, oh, sich freut so sehr auf den ersten
Frühlingsschaft.

Und empfinden wir uns manchmal auch als Insel in weltferner
Fremde,
weil ja inmitten unseres Dorfs alles anders aussieht:
von der Wahrheit ists nur ein Stück; auch mit ihr sind wir
fest im Bund
wie das Dorf Land von Mährens Land ist, und sich Mähren
verliert untrennbar
in der Welt und stürmischer noch in der Menschheitsfamilie
Lied,
das zum Himmel ganz sicher wie ein Choral steigt vom
Erdenrund.

Die Chaussee dort unten, der Bahnhof, die Post, die
elektrischen Drähte,
Hunger, Sehnsucht und Liebe, Wiesenblumen und Wind,
welche starken Dinge mit allem vereinen uns, welche Fülle
mit Verhaeren, Dostojewski, Rabindranath Tagore,
F. T. Marinetti,

mit allem, allen, gegenüber die spähende Alte, sie sind
alle mit uns, wir mit ihnen, den Stürmen der Welt, ihrer
Stille.

Elke Erb

JOSEF SVATOPLUK MACHAR

Ausgebrannt, ausgebrannt

Ausgebrannt, ausgebrannt ...
Von der Glut blieb weißer Staub
meine Hände sind schon klamm
tief im Herzen heult die Windsbraut.

Kalt ists, kalt ... Ich durchstochre
funkensuchend tote Brände ...
mir die Hände nur zu wärmen
wenigstens die armen Hände!

Richard Pietraß

OTAKAR THEER

Meine Poetik
(Auszug)

Dichter, du,
lebe, hör zu!
Lebe mit brennendem Herzen, höre mit klarem Gedanken:
Wie das Pulsen des Baumsafts sei jeglicher Vers
und wie der kämpfende Schritt lebensvoll jede Strophe.
Einzig und unteilbar sei dir die Flut des Geschehens,
tausendfach auch die Pause des Atems, die Schwermut der
Kraft, die dir eigen.
Dies sind deine Zäsuren: Atmen und Sehen!
Vor dir die Welt – ein Paradies maßloser Bilder:

Schick deinen Raubtierblick aus, nimm,
was du benötigst.
Gebier und schaff das Gedicht,
rhythmische Blume der Adern,
so,
von der Wurzel bis in die Krone,
lauf durch dein Ich.
Grüne,
doch nicht als mathematische Gleichung, sondern
geheimnisvoll tätig,
reife
einzig zur Schönheit des Baumes
herüber.

Ach, wie ich euch hasse,
ihr kalten, rechnenden Finger,
Silben addierende und subtrahierende! –
Lächerlich bist du,
du lockengewickelte Strophe
mit der Gitarre im Arm,
ihr vierzehnzeiligen Spielereien
mit kunstvoll geschmiedeten Reimen,
ihr Stanzen, Rondos und Rondelle,
und du, Alexandriner –
gotische Fenster der Burgen
sahen euch in die Wiegen,
und jetzt
der dolce stil nuovo,
greisenhaft elende Fratze,
Wortperücke, gepudert,
hüstelnd,
wenn kräftig der Salzwind heranströmt
von den Küsten der Zukunft.

Heinz Czechowski

JOSEF SVATOPLUK MACHAR

Bauernaufstand

Aus brennenden Dörfern steigt der Rauch
und Glocken dröhnen Alarm ...
Landsknechte drücken den Bauernhauf
zum grünen Wasserarm.

Die Menge der Leiber: flegelgepeitscht
die Sense, sie mäht im Kreis –
Piken zerfetzen den Unterleib
und Schwerter falln regengleich.

Der Landsknecht brüllt auf. Der Bauer ringt stumm.
Das Blut fließt zum Wasserarm.
Rauch hüllt den Himmel in ein Tuch.
Draus dröhnen die Glocken Alarm.

Richard Pietraß

OTOKAR FISCHER

Herbst 1914

Wie Blätter auf verwaisten Boden fallen,
so fallt, ihr Brüder, tot zum Schollengrund;
aus allen Kehlen stumme Schreie hallen,
mit einem Fluch schließt sich so mancher Mund.

Laub sinkt zur Witwenerde müd und müder,
und in die wehe Brust fällt Trän auf Trän
um euch, die in der Ferne ihr, o Brüder,
irgendwo sterben müßt – wofür? für wen?

Durch welke Blätter höhnt ein Windgerassel.
Zu ihm, für den jung euer Leben schloß,
ersticken wir in einem stummen Hasse.
In Liebe doch zu dem, der auf euch schoß.

Otto F. Babler

FRÁŇA ŠRÁMEK

30. August 1914

Das war ein Sonntag, und als er begann,
klapperte mit den Zähnen Mann für Mann.
Ein halbes Hundert Mehlwürmer kroch aus den Löchern,
auf allen viern, vom Feinde unerkannt.

Zum Waschen fand an diesem Tage keiner Zeit,
dafür daß wir noch leben, Herr, seist du gepriesen!
Heiß wird der Tag. Der Mittag sei vergessen.
Erst abends werden wir uns zählen.

Das war ein Sonntag: Hinter uns begann
im Kiefernwald ein Pferd zu wiehern. Und mein Nebenmann
biß seine Pfeife durch und spuckte Tabaksaft und Galle.
Dann ging die Sonne auf. Und dieser Tag

war schlimm. Ein Sonntag. Und wir zählten
die Stunden nicht. Am Abend viele von uns fehlten.
Auf einer Waldwiese sah ich an diesem Tag zwei Reizker
und hört' auch eine Lerche.

Heinz Chechowski

PETR KŘIČKA

Medynia Głogowska

Über den Kopf die erste, die zweite pfiffen,
fliegen viel dichter schon.
Tiefer geduckt, im ängstlichen Spott noch begriffen,
bieten die Burschen Willkomm.

Fünferhaubitzen, da sind sie herangaloppiert.
Herrgott, dein Wille geschehe!
Mach ihre Seelen stark, wie das Schicksal regiert:
Mütterchen, armes, flehe;

sieh, als ein Stern steh ich dann über dem Walde,
brennender Talglichtstumpf,
und in der Ferne, gehn und entschwinden die Jahre,
verblasse, erlösche ich dumpf.

Vater, den Brief küß ich im Geiste, und deine Locken,
Mädchen, so fern von hier.
Und eine Springflut, die furchtbaren Liebeswogen
sprengen die Herzfestung mir;

Liebe zu allen, die leiden. Das düstre Erzittern
des Herzens lösen die Welln,
und die Angst, Angst vor dem allzu bittren
Kelch, meines Volkes Kelch.

Lakášek, Vávra, rechtschaffene Burschen, ihr edlen
von dem mährischen Grund,
Gott wird einst richten. Wir, die wir ehrlich lebten,
sterben auch ohne Schuld.

›Vorwärts!‹ Sie laufen, sie laufen nach meinen Befehlen,
schon in gelichteten Reihn …
Jesus, demütiger, stiller, den sie quälen,
du wollest bei uns sein! …

8. 10. 1914

Roland Erb

FRÁŇA ŠRÁMEK

Fahrt vom Schlachtfeld

Singender Pole, zwei Tage, zwei Nächte
war ich deines elenden Wägelchens Gast.
Im Stroh liegend sagt ich
zu einer bildschönen Dame:

Frau, ich stand an der schwierigsten Stelle,
als mich der Tod küßte, aber ich lachte,
Frau, es fiel nur mein Körper, im Herzen da stand ich,
geben Sie mir eine Rose!

Rot war die Nacht, es brannte das Dorf,
das Wägelchen hüpfte, hör, kleiner Pole:
Sterb ich schon morgen oder vielleicht in zehn Jahren –
vors Jüngste Gericht trittst du an meiner Seite!

Ich werde bekennen: Rot war die Nacht, es brannte das Dorf,
er aber sang und sah in den Himmel, o Herr,
sang vor sich hin, war sangeslustig und treu,
damals küßte er mich auf das Herz.

Auch für sein Pferdchen, o Herr, laß mich bitten!
Klein wars und mager, mit zärtlichem Blick
umarmte es mich und hat schmachtend gewiehert:
Laß es, Herr, weiden auf himmlischer Flur!

Heinz Czechowski

JOSEF SVATOPLUK MACHAR

In Böhmen 1915

Lerche, wo bist du? Steig zum Azur
steh droben, sing die Prophetien
daß die Sonne den Rauch durchbohrt
und wiedergibt dem Blutschlamm sein Grün.

Singe, Lerche! Die Dichter sind stumm
Prophetenfluch bedrückt ihre Scheitel –
nach alter Sitte sing uns darum
daß Frühling nahe der Totenweite!

Richard Pietraß

ANTONÍN MACEK

Die Trauer meiner Tage

Ich lese im Caféhaus irgendein
Hetzblatt und werd nicht gewahr, daß draußen schon, fern,
sich Frühlingsstürme erheben –
ich weiß bloß, ich möchte weiß und rein
eine neue Zukunft erleben!

Moral des Geldes, Raubtier- und Schmutz-Moral
wird über mich ausgeleert;
bin *ich* das, ists ein andrer, Unbekannter: in maßloser Qual
Blut vergießend irgendwo, aufbegehrt,
Blut unschuldiger Opfer, Blut Gejagter, die in den derben
Ketten ihre Seele tragen und sterben,
bin *ich* es, der schweigt, oder ein anderer, der befiehlt, hart
mit unbeugsamem Sinn,
wer trägt diese Schuld, wodurch entstand sie und wie?
Ich weiß nur, zu deuten ist all das nie
und daß ich der Sohn armer Zeiten bin.

Es klirren nicht Ketten, es sind andere Fesseln, grausam und
fest –
ich bin von Polypen umschlungen,
Hauch der Gräber, Hauch der höllischen Pest,
Stimme tief aus der Lunge:
Das Leben laß ich dir, dein Vegetieren, dein Recht sogar,
dich auf dieser Erde hinzuschleppen, wo alles tödlich ruht,
du darfst nur nicht wissen, was das bedeutet, schön und wahr
zu leben, du darfst nur nicht sehen, wie deine Brüder
vergießen ihr Blut;

dein Leben laß ich dir, ich fordre dein Herz allein,
das singt und empfindet,
wenn du auch nur dahinvegetierst: du wirst es zufrieden
sein –
du bist nicht der einzige, Tausende sind, die dieses Schicksal
verbindet.

Ich lese im Caféhaus irgendein
Hetzblatt, und mein Herz empört sich in salziger Tränenspur –
einmal nur weiß sein und rein
und vogelfrei fliegen empor zum Azur,
über die Furchen, die nach der nächsten Ernte duften,
wo Mohnflammen brennen, Kornblumen blauen und Lerchen
flöten,
wo von künftigem Ruhm träumt das goldne Getreide
und wo das Lied klingt, das glücklichere Menschen dort
säten,
denen niemand befahl: Stirb und schweige und leide!

1916

Ludvík Kundera

PETR BEZRUČ

Die Ernte

Am schwarzen Kiefernwald, dem Rand des Dorfes,
der Grund der Černý, wo seit je sie lebten
– stets beieinander –, in den Wald geschnitten.
Zu jedem Frühjahr streuten sie das Korn aus,
im Juli kam die Ernte in die Scheuer.

Ganz nahe rauscht' ihr Lied am Berg die Mühle,
stets ruhevoll, stets voll der gleichen Süße,
und abends spiegelte sich in dem Bache
des Müllers Chylka wunderschöne Tochter,
Zigeunerinnen gleich, graziösen Wuchses.
Und hinterm Grenzstein lag das Feld der Herrschaft.
So wie man sagt: Der König stand mit links auf,
Verstopfung quälte ihn – die Trommeln riefen.

Die Jugend zog zur Schlacht, auch Černýs Josef.
(Dem Kaiser gib, was auch des Kaisers ist –
sprach der Prophet der Juden – und so gossen
Kantoren, Priester dies in junge Seelen.)

Der Boden heiß, die Ähren sich verneigten,
der Sohn im Feld, zu schaffen wenig Hände,
da kam des Müllers Tochter mit Vergnügen
den Černy helfen, weil gewiß ja später ...
Die Eltern mähten. Garben banden, huckten
die Černýmädchen mit der Müllerstochter.

Fern hinterm Grenzstein, in dem weiten Felde,
da pfiffen Kugeln, stieß man aufeinander.
In jenem Felde dort fiel Černýs Josef
am Tage, als daheim die Arbeit ruhte,
die Ähren abgelegt, als seiner dachten
die Eltern und die Schwestern, als ihr Kopftuch
vom dunklen Schopfe nahm und bang ins Weite
die wunderschöne Müllerstochter schaute
und ihre Brust erbebt' von süßer Sehnsucht.

Uwe Kolbe

FRÁŇA ŠRÁMEK

Das Dorf

Höher und höher steigt die Sonne des Hahns,
und unten
schnurrt eine Scheune, der Bienenstock hallt,
es bangt sich die Färse, schrill schlägt der Schmied,
an fliegen die Stare die Wipfel
der Äpfel und Birnen:
Das ist das Dorf.

Der Weg ist aus feinen und weichen
Tapfen der Tiere,
Enten- und Gänsegaleeren
dümpeln im Kraut.

Und dann ist da auch noch ein Däumchen im Munde,
im anderen Händchen hängt eine Rute,
das ganze Dorf bewacht vielleicht diese einzige Wache,
nur dieser einzige Hosenmatz:
Das ist der Frieden.

Doch vier Chronistinnen,
vier Lindenblatt-Schreiberinnen –
das ist auch eine Wache!
In guten und bösen
Tagen waren sie mit uns.
Und unweit das Glockentürmchen, umwachsen
von Sauerampfer und Kletten –
auch das ist ein wachsames Auge
und eine ängstliche Stimme:
Schütze uns, Gott, vor Feuer
und auch vor Hagel!

Heinz Czechowski

Erika

Die Heide blüht, und trunken
erkennen wir: ein Funken,
ein letzter, noch im Becher glüht.
Trinkt! – Über unsre Schulter sieht
der Schatten.

Dann wird der Wald am Abend blau,
kalt steigt der Nebel, aschegrau:
Sorgsam ironisch aber hüllt
sein Cape um unsre Schultern mild
der Schatten.

Heinz Czechowski

KAREL TOMAN

Alltagsballade

Kurzer Tag und langes Leid
schaun herein im Judaskleid.
Tausend Lügen hat die Nacht,
hundertfache Niedertracht –
wir schweigen und verachten.

Bleiche Stille, die uns droht.
Heute atmend, morgen tot.
Sieh die Hände, diese fahlen,
stumm gefaltet, stumm vor Qualen!
Wir schweigen und verachten.

In den Kinderaugen blühen
auf der Toten Leben, glühen
neuer Wille, neuer Tag,
junger Liebe Zauberschlag.
Wir glauben und verachten.

Reiner Kunze

JINDŘICH HOŘEJŠÍ

Postkarte eines Verwundeten

Als es mich erwischt hat,
bin ich umgekippt wie ein Klotz.
Hab das Bewußtsein verloren.
Hätte womöglich das dufte
Gefühl verpennt,
daß ich gern auf der Welt bin.

Der Sani hat mich wieder zurechtgestaucht.

Irgendwie bekam ich mit der Zeit die Augen auf.
Ich rätselte rum, was eigentlich los war.
Ich hatte das Gefühl,

als ob ich mitten auf der Straße liege.
Der Rasenplatz,
wie Kopfsteinpflaster kam er mir vor.
Wußte nicht mal, daß ich eins mit dem Gewehrkolben
abgekriegt.

Den Soldaten, den Sani,
mußte ich von irgendwo kennen,
sah aus wie ein Schupo aus dem Viertel.
Sicher nimmt er mich mit. Die haben Vorschriften.
In eine Schlägerei verwickelt.
Ich hab mir die Stirn befühlt.

Überschriften schwirrten mir im Kopf rum,
aus der Gerichtsspalte in der Zeitung:
Störung der Ruhe und Sicherheit,
Schwere Körperverletzung,
Hungernder wird zum Mörder.

P. S. Vater,
der Sani, das Gold weggenommen hat er.
Als ich auf die Uhr sehen wollte, die neue,
nichts mehr da!
Sogar der Ring von der Aninka ist zum Teufel.
Hat ihm wohl den Ring geschickt. Hätt sie nur was gesagt!

Roland Erb

Musik auf dem Marktplatz

Nachkrieg

JIŘÍ WOLKER

Svatý Kopeček

(Schluß des Gedichts)

Die Geige ist ein Vogel mit vier Flügeln, der singt am
liebsten in der Dämmerung.
Bohuš und Josef legten sie mir am Ende dieses Abends in
die Hände,
wir allein auf dieser ganzen Welt sind auf dem verstummten
Dorfanger geblieben.
Die Geige ist ein Vogel mit vier Flügeln, ich laß ihn los, er
schwingt sich auf, nun kann er fliegen

allegro agitato:
– Kinder und Wälder spielen Soldaten und bluten aus
grünen Wunden –
capriccioso pizzicato:
– heimlich rauchen wir im Dickicht Zigaretten und lassen
uns gestohlne Birnen munden –
andante amoroso:
– ein Liebespaar, das auf der Lichtung im brennenden Tau
ertrinkt –
di marcia funebre:
– ein Septimaner, aufgeputzt mit dekadenten Lastern, wie
ein Neger mit dem Nasenring –
ad libitum:
– das bin ich selber, der hier von sich spielt, mir lauscht
die Welt,
wie aus jeder Saite ein Viertel meines Lebens fällt.

Im ersten Stock baumelt die Stube wie eine Glocke am blauen
Turm der Nacht,
bereitet ist das weiße Bett, das Brot und die Petroleumlampe
mit der Zauberkraft,

drei Fenster sitzen in den Lindenzweigen wie drei
Märchenblüten,
ausgesät sind am Himmel die himmlischen Sterne, die auf
der Erde die menschlichen hüten,
ein Herz in der Glocke, schlag ich an ihre Wände,
damit es jeder Gläubige hört und ich ihm Freude spende,
doch kein einzelner Mensch kann diese Schönheit tragen,
meine Freunde folgen der Stimme der Glocke, um dieses
ganze Glück mit mir zu wagen,
aber auch für uns ist dieses Glück zu groß und schwer,
geb's Gott, daß alle Menschen unsre Freunde sind und
hilfreiche Glücksträger,
damit es nicht herabstürzt, zerbricht und dieses schlafende
Dorf verletzt,
der Mensch stürbe daran, bliebe er allein zurück auf dieser
Welt zuletzt.

An unsre Liebste denken wir, ehe wir einschlafen,
und tragen ihr Bild in den Augen bis in den Traumhafen,
denn sie weiß, was es ist, Liebe und Schmerz, von ihr haben
wir es erfahren,
Schmerz ist die Hälfte der Lebensjahre, und Liebe ist Leben
aus allen Jahren,
für sie und für uns und für alle werden wir einander
versprechen,
für sie und für uns und für alle eine einzige Welt zu
errichten.

Svatý Kopeček, Kirche, die auf grünem Hügel steht,
als Banner dieser still geweihten Landschaft weht,
feurige Zungen gib uns allen, gerechte Kraft und
Kinderaugen,
damit wir auch morgen tun, was wir heute glauben!

Odwin Quast

JAROSLAV SEIFERT

Das demütigste Gedicht

Auf einem hohen Berg, wo er zur Stadt sich neigt
mit ausgebreiteten Armen
steh ich, ein Prophet, der den Weg zeigt
und den Ärmsten ihr glorreiches Morgen
ich bin ein Weiser, der Rat weiß in Sorgen
in der Hand die Blume, die nie verwelkt
ich bin, der im Umsturz als erster schießt
der erste auch, der sein Blut vergießt
und niederkniet vor allen, die Verwundeten zu verbinden
wundertätig wie Gott
mächtig wie Gott
ich bin mehr
noch viel mehr
und doch, bitte sehr
nur der um die Gunst der Menge demütig winselnde
Dichter
Jaroslav Seifert.

Richard Pietraß

ANTONÍN MATĚJ PÍŠA

Musik in den Gärten

Damit die Toten nichts versäumen
Wurde ihnen geöffnet am siebenten Tag laut Sitte
Die Erde fiel herunter von ihren hohen Gebeten und
Träumen

Der unverständliche Heilige in der Stadtplatzmitte
Um auch nicht tot zu enden
Im Feuer über all den Freuden versteinert steht
Tagsüber auf dem Pflaster verwelkte der Gläubigen Gebet

Der Sonntag hat das Städtchen umstellt
In eine Lebzeltbude setzte er zusammen die ganze Welt
Die Toten mit kalten Händen
Griffen lustig nach den Süßigkeiten im Blut
Winter war in der Sommerglut

Die Gasse zur Sonne haben sie mit den Augen erhoben
Die Zimmer rannten zu der Feuerhelle
Die Häuser rasselten mit den Knochenschellen
Am Tag des Jüngsten Gerichts zuletzt

Die Engel posaunten Erdenoden im Himmel oben
Den Gefangenen öffneten sie die Zellen
Die grüne Stille um den Heiligen am Ringplatz haben sie gefällt
Bräute ohne Liebe und Kaufleute und Diebe mit den Köpfen unter dem Arm jetzt
Die Gräber verließen den Friedhof singend und gebenedeit
Die Witwe überbrachte das letzte Geld
Dem Sohn blieb keine Liebe übrig fürs Hochzeitskleid

Musik in den Gärten
Alle Wege eilen zu ihr im schnellen Lauf
Die einsamen Pilger ermordet sie schlicht
Im schwarzen Fenster hat sie abgerissen ein bleiches Gesicht
Und zu Tode foltern es hohe Gartengitter fürwahr
Mit Nägeln aus Metall
Hefteten die Engel farbige Plakate an den Himmeln überall
Himmelblauausverkauf
Besiedlung der Sterne
Für dies bißchen Obst erschienen zu viele Pflücker dies Jahr

Der Weg im Blut- und Benzinbad
Steine erhoben ihre Spitzen und ihre Unschuld zur hohen Ferne
Der Horizont mit Wolken bedruckt wie Partezettel gewitterlich kracht

Zum Weinen hat den einsamen Heiligen gebracht
All die riesige Zutraulichkeit der Freude in den Gärten

Ludvík Kundera

JINDŘICH HOŘEJŠÍ

Musik auf dem Marktplatz

Wie alle Wege heute hierher führn,
verführen!

Der graue Marktplatz, Müllberg all der Hast und der
Geräusche,
Stadtplatz der Mißgunst, der Plackerei
und abgehetzter Bräuche
von Zeit und Schritten und von Wagen abgebrauchte
Stadtglatze,
büßt wie im Märchen ein das Tageseinerlei.
Jetzt ist er nichts als eine Lichtung, die lacht.
Was du vergebens suchtest, Herz,
bebt in den Lüften.
Die Menschenmenge, wie von Sonnenflut erfaßt,
strebt selbst herbei.
Ein Kreis schlingt um den andern sich,
menschlicher Wald.

In diesen Wald lockt das Orchester mit Musik.

Doch leise tönt das Echo aus dem Wald.

Wo ist das gestrige Getümmel nur geblieben,
wo
der alltäglichen Tage Lüge,
wo nahmen nur all diese Töne
die Macht einer Beschwörungsformel her,
daß die brutale Gegenwart von den Gesichtern, eine Maske
abfiel
und aus Furcht nicht zurückkehrn will,
daß alle hier stehn,
ein Bund der Deserteure aus dem Wirklichen?

Nur leise, leise jetzt ertönt als Echo
das lustige Lied ringsum,
immer um den Tisch herum.

Das steinerne Herz der Stadt, es ist entflammt:
O Elend des Lebens, Elend des Lebens,
du bist nicht zu vererben!

Roland Erb

JOSEF FRIČ

Auferstehung des Lazarus

In Karlín traf ich einen Soldaten,
dem schoß man die Hände ab,
und er sagte mir,
mein Lieber,
schon den ganzen Tag warte ich hier,
bis mich jemand erschießt.
Und ich sagte ihm,
Gottseidank
bin ich kein Jesus Christ,
ich bin Schlosser
und mache dir Hände aus Eisen,
anstatt der Seele
geb ich dir Glaszylinder
als eine Prothese.
Vergiß nur niemals,
daß einzig Jesus Christ
einen Menschen machen kann.
Er hat mich aber nicht gesehen
in Karlín, wieso, wieso?
Er sucht wohl sein Glück
und schlendert und schlendert
in Frankreich irgendwo
oder in Italien auch,
und wenn er ein Flugzeug sieht,
erhebt er zum Himmel die Hände.

Ludvík Kundera

BOHUSLAV REYNEK

Der Reif

Herbstgräser müde geworden jetzt sinken
und Falter Dämmerungstropfen trinken
erstarrt,

heben die Flügel, fliegen können sie nicht,
auf toten Blüten als Perlmutterlicht
funkelnd.

Auch ich geh müd, einen Weidling, der auf mich schaut
neben dem Weg, sprödeweiß wie das Kleid der Braut,
nehm ich

und schäl ihn: die Hand duftet mir, das Herz
ist schwerer als voriges Jahr im Liebesschmerz-
kummer.

Den Weidling schäl ich, er duftet scharf und fein,
Herden seh ich dann seelentief. So gütigrein,
blutjung,

steht die weidende Herbstfrau im Winde,
eisiges, hartes Tuch nun bindend
um ihren Kopf.

Ludvík Kundera

ANTONÍN SOVA

Das leuchtende Dorf

Ich leuchte, greife dich. Ich leuchte, leuchte,
so singt für sich von fern mein altes Dorf.
Es leuchtet ganz von Herbstesblumen Feuchte
in andre Zeiten auf.

Ich leuchte, singt die Kneipe an der Straße,
und über ihr der hohe Nußbaum knarrt.
Die Winde üben herbstlich hohles Blasen,
und Bäche jammern fort.

Ich leuchte, wiederholen kleine Fenster,
herab schlägt Nüsse der Oktoberwind.
Vorm Krug der Straßenstreif wird naß, ein Schläfer.
Ein schwerer Regen rinnt.

Gedenkst du unverhofft des Wirtes Tochter,
der übermütigen Freunde jener Zeit –
so strahlt umarmend Liebe aus dem Dorfe,
das letzte Halsen bald.

Und wenn du ihres Weinens dich erinnerst,
alltäglich um die Jugend, um ein Nichts,
des Sturms, wie edle Apfelbäume er geplündert,
so bringts Gebell ans Licht.

Wie waren zierlich, bleich und zahm die Hände,
und engelgleich ihr Blick.
Und, wie in Evas Hand, der Duft der Äpfel,
bedrängend und entrückt.

Uwe Kolbe

SVATOPLUK KADLEC

Männer

Wenn müde Männer von der Arbeit gehn,
verschieben sie angriffslustig die Mützen
um jedem,
der ihnen den Weg verstellt,
mit dem Messer den Bauch aufzuschlitzen.

Doch zu Haus
schlitzen die mit Blicken auf die Frauen,
legen ab die Hände

treten in sie wie in ein Zimmer hinein
Samstagabend: in dir,
Weib,
ist alles aufgeräumt und rein.
Wann trägt einen Sohn dein Leib?

Ludvík Kundera

JINDŘICH HOŘEJŠÍ

Lied

Gestern hat er meine Hände geküßt, ihr Mädchen.

Meine Finger sind noch von den Küssen erfüllt,
als hätte er sie mit schönen Ringen umhüllt;
und immer wieder lächelt sie mich an
wie eine Gemme aus roter Koralle,
die kleine Wunde, die ich vom Tippen habe;
als er den Mund darauflegte,
ätzte er sie mit seinem lebendigen Herzen.

Gestern hat er meine Hände geküßt, ihr Mädchen.

Meine Finger haben gezittert,
meine Finger waren verwirrt,
wer ihnen wohl die süßen Küsse zurückgab,
mit denen sie stets die Schreibmaschine liebkosen,
ihre tagtägliche Arbeit,
um den Hunger von Mutter und Schwestern zu stillen.

Mädchen, ihr Mädchen,
nehmt Geliebte,
die eure Hände küssen, Hände, nicht weiße, gezähmte.
Das sind Geliebte mit goldenem Herzen.

Roland Erb

Josef Čapek: Buchumschlag zu Jindřich Hořejší; 1921

ANTONÍN MACEK

Liebe kostet nichts

antonín macek sitzt auf dem trocknen
albert einstein pasteurisiert
den vorjährigen schnee
der masarykbahnhof entfacht einen liebesbrand
in den herzen der liebespaare
und unsere taschen, ohgott!, brüllen um erbarmen!

pourquoi nous aimons les poètes?
weil sie sich mit einem niedrigen honorar begnügen
und weil tageszeitungen füllung brauchen
weil die liebe nichts kostet …

weil ich im café edison
aus- und eingehe und
weil herr cafetier turnovský
der einzige mensch in prag ist
der mich liebt

Ludvík Kundera

JIŘÍ WOLKER

Ernte

Ein großer Dichter ist die Sonne,
und mit goldener Feder
schrieb sie ihr schönes Gedicht
auf unsere Erde.

Männer ohne Rock,
Frauen mit roten Kopftüchern,
Kinder an den Schößen der Mütter
lesen und lesen und lesen
den
ganzen langen Tag.

Auf dem Hügelchen über dem Feld
will auch ich das Gedicht aufsagen,
rufen,
damit die Greise im Dorf über die Schwelle träten
und hörten, was die Sonne schrieb,
aber die Worte sind so groß,
daß sie nicht über meine Lippen können,
und ich fühle nur, ich bin:
eine Ähre im Rain,
ein Buchstabe,
ein Ausrufzeichen!

Louis Fürnberg

Herbst

Es fällt, es fällt, es fällt
Blut und Gold
auf alle Wege; und im Nu
streut es die ganze Erde zu.

Über die Felder geh ich und heb erschreckt meinen Blick.
Gold ist freilich so schwer und Blut fließt aus Wunden,
jedem, jedem erzähl ich's;
hörst du nicht – Erde stöhnt von der Last bedrückt,
möglich, daß sie bis morgen erstickt.

Aber da ist keiner, der mir glaubt,
in den Garten, ins Feld eilte mit raschen Schritten,
die Winde, die Birken und Pappeln zu bitten.
Wenn sie die Menschen küßten – sicher, daß sie sie rühren
müßten,

und plötzlich
fielen sie wieder nur auf die Erde nieder,
leichte, modernde Blätter.

Louis Fürnberg

Pfingsten

Alle Jungens sind heimgefahren,
nur ich blieb in der fremden Stadt.
Zu Pfingsten kommt immer der Augenblick,
da will das Herz zur Mutter zurück,
damit sie's gut und lieb ohn' End'
aus dem rosa Kännlein begießen könnt'
wie die Blume am Fenster.

Zwei Tage schon sind die Jungens zu Haus,
ich aber bleib noch lang allein.
Nachts öffne ich mich wie ein Fenster in die Welt hianus
und red mir zu: »Herz, halt dennoch aus
und ängste dich nicht vor dem kalten Stein.«

Tagsüber rollen und rollen
die goldnen und Erste-Klasse-Waggons
der Feiertagszüge.
Im Feld der Junge hoffte, sie nähmen ihn um ein Sträußchen Mohns,
eine Träne oder ein Lächeln mit –
sie aber fahren hinaus ins Land,
ohne ihn,
schwiegen
und ließen im Weiterziehn
zurück nur die Welt, gefesselt ins eiserne Schienenband.

Louis Fürnberg

Zum Namenstag der Liebsten

Still wie ein Kripplein tief im Hag
ist Frau Mariens Namenstag.
Und ich bin nicht Gottvater und nicht Josef
und hab Sie, Liebste, doch so gern.
Ich gratulier erst mit dem Abendstern,
weil Abendstunden Kämmerchen mit Engeln sind,
ein Stall mit einem neugebornen Kind.

Die Arbeiter verließen schon die Schicht.
Zum Himmel flog des ersten Sternes Licht.
Ich bringe Ihnen: Blume, Kuß, Gedicht,
Liebesdreifaltigkeit.

Franz Fühmann

Zum Nikolausfest

Heut ist der Tag des heiligen Nikolaus,
und ich fahr im Schnellzug nach Haus,
schneide von dem Grießbrei Erde mit den Augen Stück für Stück,
bestreut mit Zucker und Zimt,
vergesse Zeitung, Gassen und Straßenbahn
im grauen Kupee,
mit Menschen, die ihrem Herzen entgegenfahrn
oder es davonfahren lassen.
Dieser wunderbare Abend
verwandelte unseren Zug in einen Strumpf hinterm Fenster.
Herr Nikolaus, komm auch hierher,
besuch diese unruhigen Kinder auf ihrer Fahrt.
Sie wollen das Land umarmen durch ihre Reisen,
mit ihren Plänen den Himmel einreißen.
Sag ihnen Worte des Glaubens und tröstlicher Hoffnung, gieße
gütig rote Äpfel und goldene Nüsse
in diesen Zug Prag-Bohumín
und in die Züge der ganzen Welt.

Odwin Quast

Der Briefkasten

Der Briefkasten an der Straßenecke
ist nicht einfach irgendein Ding.
Er blüht blau,
und alle Leute sind ihm zugetan,

vertrauen sich ihm gänzlich an,
werfen Briefe hinein von zwei Seiten,
von der einen die traurigen, von der andern die heitren.

Die Briefe sind weiß wie Blütenstaub
und warten auf Züge, auf Schiffe und auf einen Menschen,
daß er sie in die Fernen ausstreut wie Hummel und Wind,
dorthin, wo Herzen sind,
rote Blütennarben,
versteckt in rosiger Hülle.

Und ist ein Brief am Ziele,
wachsen Früchte drauf,
süße oder herbe.

Odwin Quast

Der Honigmond in Agonie

Der Poetismus

VÍTĚZSLAV NEZVAL

Wundersamer Zauberer

Vor-Gesang

Träumst du von neuer Kultur sing ich neu dir in
Metamorphosen
Tigerin-Brunnen du wurdest verlorenem Kinde zum Grabmal
Postillion stieß in sein Horn und der Pferde Galopp in das
Offne
Weinen zu lassen die Sterne Mein Regenbogen-Lied mit ihm
schreite

Roland Erb

J. A. Rimbaud
Ich erfand die Farbe der Vokale! –
A schwarz, E weiß, I rot, O blau, U grün! –
(*Alchemie des Wortes*)

Das ABC

A
nenn ein Hüttchen ich mit Stroh gedeckt
O Palmen tragt euren Äquator moldauzu
Die Schnecke hat ihr Haus draus sie die Hörner reckt
und nur der Mensch hat keinen Ort zur Ruh

B
Lampion mit Orangeschein milchige Frucht
mit der die Mutter den Sohn in der Wiege berauscht
B
in der Fibel an zweiter Stelle verbucht
und Brust die das Kleid der Geliebten bauscht

C
wirft wie der Mond übers Meer seinen Schimmer
Nimm ab großer Mond Erlisch und sei nicht mehr da
Der Gondoliere Romanzen sind tot für immer
und auf gehts Kapitän nach Amerika

D
Bogen der sich vom Westen spannt
Der Indianer erblickt den Feind
Der letzte Gefährte liegt längst schon verscharrt im Sand
und der Mond nimmt zu Die Prärie versteint

E
ich weiß nicht wem ich Dich vergleichen soll
Drei Linien ein langgezogner Ton
Log der Telegrafistin jemand Liebe vor?
Drei Linien und keine falsch davon

F
Buchstabe einst der die dir am meisten lieb
Nun spitzen sich zum Kusse andre Lippen
Kühle Gleichgültigkeit und nichts sonst blieb
F Buchstabe nun der die mir am meisten lieb

G
Fairbanks eingerolltes Lasso werde
ich jetzt es sei erlaubt im g erblicken
Am Boden brunstet eine Büffelherde
und ich eß Argentinia-Steaks aus ihrem Rücken

H
noch ein Atemhauch Ein Leben haucht sein Ende
Der Clown sprang vom Trapez. Die Bande schweigt Drumm!
Der dumme August nur klatscht in die Hände
– Bravo auch ich bin Publikum

I
Schlanke Tänzrin Überm Kopf flammt
rot der Fächer Olala
Rot des Dirigenten Schopf flammt
Höchste Töne! Indianola!

JQ
über Deutschland nach Frankreich schwimmt
der Dudelsackpfeifer mit seinem Balg durch den Wind
dudelt langsam fürs Gemüt
sein langsames Chodenlied

K
sah ich in des Optikmeisters Schrein
Der Strahl fliegt hin und her doch nicht auf gleichem Gleis
Spiegel mein Ebenbild? Ein Dichter sein
ist wie die Sonne sein und sein wie Eis

L
Horizontaler und vertikaler Strich
Winkelmaß fälschlich dich die Schüler nennen
Der Ingenieur verehrt als auserlesne Lyra dich
Dem Arbeiter strahlst du wie Lämpchen auf Geleisen brennen

M
Heller Stern der Chiromantie
da die Erfolgs- die Hauptlinie traf
Leben und Herz zwei mächtige Linien Sie
schließen im Tod deine Hände für immer zum Schlaf

N
vom Kopf zum Fuß
zieht Liebe zur Geliebten den Liebenden
Die Liebe aber ist wankelmütig
wie die schräge Linie im Laut N

O
Astronomen berechnen die Bahn Der Komet fliegt einher
Ellipse die man auch Unendlichkeit nannte
Unendlichkeit wieder Nach Einstein? Das Geheimnis des Ahasver
O ja jede Gleichung hat ihre Unbekannte

P
wie am Scheideweg ein Schild
Im Volksmund jeder Tugend Bild
und Bild draus alles Menschenleid klagt
☛ Bettlern Zutritt streng untersagt ☚

RRr
Trommelchen taten zum Marsch ausrücken
über neun Wasser und sieben Brücken
RRr
die Komödianten des Devětsil
schlugen ihr Zelt auf am göttlichen Nil

S
in den Ebenen von Schwarzindien
lebte ein Schlangenbeschwörer John
Er liebte die Schlangentänzerin Elis
Die biß ihn Er starb an Syphilis

T
Galgen mit doppeltem Schragen
vorm Tod ein Todeslied
Tausende drunter starben
auch Josef Kolínský

U
und am Ufer der Kindheit gelandet
Hinter der Schwemme das Muhen von Kühn
Hirtenmessiasse leinengewandet
und des Obsts smaragdenes Grün

V
Pyramide im Glutsand gespiegelt
V
Konstruktivvers vom Geist des DISK beflügelt

W
Kassiopeia kreist perfekt wie ein Flieger
über dem Haupt des Pharao-Sieger

X
Kreuzotternkopf mit dem Kainsmal beschriftet
X Ewigkeit X das dich ständig vergiftet

Y
heut Spielzeug Die Märchen sind groß schon Verwundert
denken wir in der Zeit voll MG-Getack
daß totschlug in einem fernen Jahrhundert
David den Goliath mit dem Prack

Z
denn zum Abschied Adieu sag ich noch
Nicht vergißt du die zehnte Muse
des Gigerls Zahnfletschen Den rauchenden Lauf
Ach jeder Abschied hat Zähne Das weißt du doch
Zahnradbahn am Eiffelturm hinauf

Franz Fühmann

JAROSLAV SEIFERT

Hochzeitsreise

Verfielen wir nicht törichten Küssen
auf Hochzeitsreisen führen wir nie
entführten uns keine Hochzeitsreisen
wozu wären wagons-lits?

Der Bahnhofsglocken ewige Furcht
ach, Hochzeitswagen, wagons-lits.
Das Eheglück, dünn wie Glas
der Honigmond in Agonie.

Mein Schatz, so sieh die Alpengipfel
durchs Fenster laß den Frühling ein
sieh Schneeglöckchenzucker, Lilienschnee
den Speisewagen hinterdrein.

Ach, wagons-restaurants und wagons-lits
euch Gast zu bleiben, das Leben zu würzen
besteckchenklappernd im Traum vom Glück
Vorsicht Glas! Bitte nicht stürzen!

Und noch ein Tag und noch eine Nacht
zwei schöne Nächte, zwei schöne Tage.
Wo ist mein Fahrplan, dies Dichterbuch
wie schön sind meine beiden Wagen!

O Wagen süßen Schlafs, Wagen süßer Speise
o Hochzeitsreise!

Richard Pietraß

Zirkus

Heute umarmte der berühmte Feuerschlucker John
erstmals die kleine Tänzerin Chloë

UND DIE KLEINE CHLOË WAR NOCH JUNGFRAU

Clown Pom ließ an diesem Abend
zur Begrüßung des Publikums vorm Zeltbau

EINEN GROSSEN LUFTBALLON steigen

Richard Pietraß

Weisheit

All die Liebschaften mit blutenden Herzen
waren töricht

Am Ende lieben wir unsere lange Pfeife

den schwarzen Schwan

Richard Pietraß

Glühbirne

Ums kühle Licht der Glühbirne
haspelt zarter Flügel rastloser Ton.

Und Herr Edison
die Augen vom gelesnen Buche hebend
lächelt.
Welch Legion vom Nachtfaltern hielt er am Leben!

Richard Pietraß

Rechenbrett

Deine Brust
                ein australischer Apfel.
Deine Brüste
                zwei australische Äpfel.

Wie mag ich dieses Rechenbrett der Liebe!

Richard Pietraß

Der Dichter

sang und sang vom trüben Sinn
von toten Jugendtagen
drüberhin rann übers Kinn
die Milchstraße

Richard Pietraß

KONSTANTIN BIEBL

Skala

Fünkchen in lichtstillen linnenen Lilien
schmelzender Helle gesellter Grelle Schmelz
Lollo Lollo
ahn aber smaragden atmen flammender Farben Harfe
unterm Dunkel Purpurflut

schreitet weideweit

Akkord

Myrten mit friedlichen Mienen nickend wippen
alten Garten plan traf Platanen Schlaf
Filippine liebt bienenwilde Lippen

das Gras an Schanzen tagwach ragt

Varieté

O gong o gong dort vorn
deinen weiten Schleier preis geigelnde Leier
Faun Clown

Drohnen um Throne Drommetenton korbvoll
Farbkaskaden Krawattenzar Arara

Leichte Eichhörnchenzweige Eichenhain ein
Nymphen Finsternisse entrümpfen
im Birkenzirpengeflimmer

Roland Erb

Orient

Immer schon hab ich die Köchinnen
Um Muskat Vanille Zimt beneidet

Auch liebe ich Weihnachten so sehr
Diese mohammedanischen Feiertage

Abends zur Weihnachtsstunde teilte
Mutter langsam die Goldorange
In zwölf krumme türkische Säbel

Und bescherte jeden von uns

Franz Fühmann

Mit dem Transporter für Kaffee und Tee

Mit dem Transporter für Kaffe und Tee
stechen wir morgen nach Java in See

Fahren vier Wochen durchs Meerglitzern dann
legen an einer grünen Insel wir an

Lassen zu zwein von der Brise uns fächeln
Nimm nur dein Köfferchen mit und dein Lächeln

Siehe Es teilt sich das Rote Meer
Moses vor seinem Volk zieht einher

Grau die Sandalen vom Wüstenstaub
geht er durch Meergras und Seerosenlaub

Aufschnelln Makrelen vom Meergrund wie Vögel
fliegen der Flut nach und blinken wie Segel

Franz Fühmann

Die Gegenfüßler

Dieses ewige Müdesein dieser Greuel unter den Palmen

Als ob's nicht einmal mehr Weihnachten würde
Von den Bäumen hängt grünes Laub herunter
und massenweis Obst

und ewig ewig singen die Käfer

Dieses gräßliche Müdesein dieser Greuel unter den Palmen
mit schwarzen Schattenfächern hat der Urwald die weißen
Paradiesvögel aus dem Schlummer gescheucht

Ich denke an die Heimat drum schaue ich gegen die Erde
wenn die gute Kugel jetzt durchsichtig wäre
könnte ich allen Frauen Europas unter den Rock sehn

Die Füßchen flattern flink in der weißen Wäsche
wie wenn Ballettmädchen in Paris
auf geschliffenen Spiegeln tanzen

Ich muß immer an ihre Arme denken
an ihre Augen Lippen Haare
und Brüste vor allem an ihre Brüste

Ach weiße Frauen wieviel hab ich geliebt
Vom Kopf bis zur Zeh
regnet es in mir rote Rosen

Ihr schwarzen Frauen eine hab ich umarmt
O diese süße Müdigkeit dieser Greuel unter den Palmen
Ich gehe wie auf einem Plafond
mit dem Kopf nach unten

Tief unter mir leuchtet die Himmelsschlucht
ich gehe wie Jesus Christus auf den Schultern das Kreuz des Südens

Auf der anderen Seite der Erde hingegen
gehn die Menschen mit den Füßen nach unten

Ich muß immerfort an ihre löchrigen Schuhe denken
an ihre winzigen Schritte die Schrittchen
in den Obstgärten den sonderbaren
die ihre Farben wandeln
und blutrotes Laub zu Boden streun

Auf der anderen Seite der Welt liegt Böhmen
ein schönes und exotisches Land
voll tiefer und geheimnisvoller Flüsse
die du in Jesu Namen
trocknen Schuhs überqueren kannst

Bei uns ist Frühling Sommer Herbst Winter

Bei uns trägt man Pelze
Krawatten und Stöcke

Vielleicht fällt schon Schnee
oder blühn schon die Kirschen

Bei uns wachsen Erdbeeren

Bei uns ist das Trinkwasser kalt

Franz Fühmann

VÍTĚZSLAV NEZVAL

Motto

Ich gab meinen Stimmzettel ab im Zeichen der Revolution
denn ich bin jener der fühlt daß nun Glück kommen muß
all denen zum Trotz die mit ihren tauben Hirnen mehr raffen
als jemals ein Leben ausschöpfen kann
Ihre Macht enteignen
und Heere aufstelln daß sie auf der Hut sei'n
über jedem der taubhirnig raffen will
denn ich bin jener der fühlt daß nun Glück kommen muß

und da ich des Lebens einfachen Sinn erfahren
will ich das Recht es ganz zu leben
Drum gab ich den Stimmzettel ab im Zeichen der
Revolution
Ich habe das Recht es ganz zu leben

Franz Fühmann

Mähren

Mähren die Ausflugsgaststätte
Zum Grünen Baum
Trommeln Trompete Klarinette
Fahrende Ritter kommen nach Haus

Der Impressionist weiche Farben mischt
Am Baum hält ein Hemd sein Schläfchen
Unter des Apfelbaums Blütengischt
Mähren das stille Schäfchen

Franz Fühmann

Böhmen

Auf der Wiese ein uralter Bienenkorb
In den Lüften zwei Drachen brüten
Ein Wandrer stochert im Blumentopf
Mit grießbreibekleckerten Blüten

Auf dem Baum ein zarter Käfig drauf sieht
Ein Fähnlein man wehn und vernehmen
Läßt unter ihm ein Hirt sein Lied
Das bist du grünes Böhmen

Franz Fühmann

Sepienfischer

Ein großer Zuckerwürfel liegt im See. Der Schornsteinfeger, der einzige Neger unseres Breitengrades, setzte sich oben hin und sieht hinab in die große Zuckerbäckerei, wo die ertrunkenen Mädchen Vanillebrezeln verzehren, singend, singend: O Lamm Gottes.

Franz Fühmann

Übergänge

Als der späte Nachmittag kam, da fuhr wie jeden Tag aus dem alten, jüdischen leeren Haus ein altertümlicher, schwarzer Landauer mit einer Schwänin auf samtenen Kissen, und an der Kirche vorbei bis zum Friedhofstor gingen die Hengste, doch als sie die Schwelle überschritten, kam die Nacht, mit der sie verschmolzen, wir wissen nicht wohin, die Schwänin nur leuchtete, doch da ging der Mond auf, mit dem sie verschmolz, wir wissen nicht wie, nur, als die Leute einschliefen, war Singen zu hören, aber wir wissen nicht von wem.

Franz Fühmann

JOSEF HORA

Helouan

Wonach duftest du? Der Papagei
singt nach den Saiten grüner Wellen,
es prallt in ihnen Baum an Baum,
der Sterne warme Augen gehen sacht
gen Süden schlafen, nach Arabien,
gute Nacht!

Der Feuervogel wandert
über dem Meer im Licht.
Der Feuervogel ist es nicht.

Ein Schiff ists, ein haltbarer Tisch,
darüber ein Zelt,
Matrosenaugen, im Zentrum die Affen,
der Käpten.

Wonach duftest du? Als Katzenrücken
krümmte und streckte sich das Meer,
übers Wasser rief das Minarett
aus großer Ferne,
Tränen sind diese Sterne
in meiner Hand.

Der Feuervogel wandert
im Lichte über dem Meer.
Es ist mein warmer Blick,
meine Hände sind Flügel,
und Wunder ziehn über Wunder
ihm durch das Haupt;
Palme, Welt,
Meteor.

Wonach duftest du? 's ist eine Blüte voller Wunden,
ein rotes Frauenbad,
der Unrast Windgezelt, die Bahn
des Schiffes, das mich fortnimmt,
Helouan ist sein silberner Name:
Helouan.

Uwe Grüning

FRANTIŠEK HALAS

Arara

Häschen wird im März verrückt
Liebe dieses alte Übel
wenn man wie der Teufel lügt
im Frühling

Erstes Mal
wissen Sie
als ob sichs Kind am Dornbusch stach
bluten die

Werden süß im Herzen
Wein und Amphora
alles wiederholt sich
Arara

Roland Erb

Trost

Es ist doch gar nicht schwer
das Ei wie einst Kolumbus hinzustellen
hundertfach macht das der Dichter
mit den Worten allen

Bleibt ihm der Vorrang einzig
daß er Bekanntem forschte nach
und die Trübsal einer Polarreise
die er auf hoher See abbrach

Roland Erb

VILÉM ZÁVADA

Einschlummernde Frau

Die Nacht rauscht auf,
schwärzliche Flurensaat schießt in die Ähren.
Ob im spinnenden Dunkel eine Marmorruine verwittert?
Nein, in den silbernen Dotterblumen am Bach entschlummert
eine Frau.

Die Zöpfe auseinandergeflochten, ihr Haar
im Gras aufgelöst
modert hier in schwarzer Erde zwischen Wurzeln und Laub.
Der Hauch naßkalten Lehms steigt herauf.

Und in der Schlaflinie des Körpers lautlos verschwindet nur
für sich selbst
die Purpurgertrude,
von geheimer Flamme wild verwüstet.
Lautlos verschwindet sie, während der Schlummer sie noch
süß durchzittert.

Ludvík Kundera

JIŘÍ VOSKOVEC UND JAN WERICH

Dunkelblaue Welt

Wär es auch Tag und nicht Nacht,
würde doch nicht sehn.
Weiß, es ist Nacht, dunkle Nacht.
Kann die Nacht nicht sehn.
Daß ich nicht sehe,
ist, was ich sehe,
in mir zerbricht alles Licht,
muß im Dämmer gehn.
Kopf, Rumpf und Bein nenn ich mein,
kann sie doch nicht sehn.

Tau
liegt auf meinen beiden Augen. Niemals wieder schau
ich durch diese Wolke, dicht und dunkelblau,
dicht und dunkelblau.
Schon
halb vergaß das Bild des Orts ich, wo ich wohn.
Sicher auch dies weite Feld mit dunkelblauem Mohn
ist nur Illusion.
Ich bin satt, gut, ich mag kein Blatt, braucht es denn mehr?
Doch ist satt, der voll den Bauch hat und das Herz leer?
Fällt
je der Schleier ab, der mein Gesicht gefangenhält?
Voll Melancholie betrachte ich die Welt.
Dunkelblaue Welt.

Peter Hacks

JAROSLAV SEIFERT

Schließlich

Die Tage, die ich geliebt habe
und die, sie mit den Sporen der Sterne stechend,
mir fortflogen auf dem Rücken der Himmelsröte,
die Tage möcht ich zurückrufen
liegend im Schatten fließender Zeit.

Und die ersten Küsse vor allem,
ihren Geschmack spür ich noch auf meinen Lippen,
Tränen so bitter wie Enttäuschung und Beifuß
und süße Versuchungen,
von denen wir erst dann wissen,
wenn sie schon lange nicht mehr die unseren sind.

Doch das ist zu intim
und wenig interessant fürs breitere Publikum,
es ist besser sein Leid hinter dem Fächer der Gleichgültigkeit
zu verbergen,
wie es die weißen Pierrots,
heute schon dem Aussterben nahe, uns lehrten.

Mein liebes Gretchen, ich schwärme Sie an,
selbstgepflückte Blumen hab ich für Sie gebracht
– mit diesem Spiel täuschen wir jeden,
auch uns selbst schließlich.

Und der Frühling tanzt wie toll auf den Gräbern,
ich werde lächeln, braune Herbstschatten erwartend
und den neuen Frühling,
ein ruhiges Glas Wein, ein Begräbnislied.

Das ist alles, was ich euch sagen wollte,
ach, nichts als sagen.

Ludvík Kundera

Karel Teige: Buchumschlag zu Jaroslav Seifert; 1925

Park für Heilge und Vagabunden

Ende der zwanziger Jahre

VIKTOR DYK

Prolog

Sohn einer finstren Generation
war ich, die mit sich und der Welt entzweit.
Irgendein Vers berichtet noch davon:
»Nur einen Tag des Glücks kennt meine Jugendzeit!«

Ich litt ob dieses Dunkels. Nun schluchzt laut
nach Jahren auf das überhörte Weinen.
Eh wir uns umgesehn und aufgeschaut,
mocht größer uns die Erde wohl erscheinen.

Ach, nimmermehr zurück ins Leben leitet,
was man versäumt und was verflog wie Spreu.
– Wenn auf dem Hang der Tod die Gräser schneidet,
sei wenigstens das eine: Duft von Heu. –

Franz Fühmann

JAKUB DEML

Der Blinde geht durch die Welt

Vielleicht erweckt es den Anschein, als könnte ich sehen,
denn im Grunde genommen geh ich wie andre Leute
umher,
nur mehr Ärgernis erreg ich, weil ich wirklich nicht sehe,
und jeder, den ich anrempele, glaubt, es geschehe
absichtlich,
aber diese Richtung meines Weges wird durch das Gesetz
meiner Schwere bestimmt,
nicht aber durch das Gesetz meiner Person, welche blind ist,

so daß es in Gegenwart von Kindern, ja von Erwachsenen
oft geschieht,
daß ich Dinge rede, welche zum Lachen sind und an denen
meine Seele überhaupt nicht festhält, denn ohne Sehkraft
geh ich noch dorthin, wo niemand mehr steht, ja, mein Gott,
dort öffne ich mein Herz, wo alles ganz leer ist!
Nichts andres bleibt mir übrig, weil ich wirklich nicht sehe,
nur die Bäume betaste ich und gute Leute frag ich,
ob sie einem Menschen begegnet sind, der nicht aus dieser
Gegend war,
denn ich hab Angst zu sagen, daß es kein Mann ist –
und ob er sich nicht nach mir erkundigte ...! Wahre
Verrücktheit,
denn ein Verstorbener erkundigt sich nach nichts mehr!
Aber so geh ich durch die Welt, mit den Kindern
plaudere ich
und mit Freunden Hunden, streichle ihren Rücken,
lehre sie beten, ganz vergebens,
beneide die Vögel, mir einredend,
daß sie verzaubert sind und daß ich in ihnen erkenne,
was ich geliebt habe, o Gott, mein Gott!

Ludvík Kundera

OTOKAR FISCHER

Unterwegs

Eh dich Atlantis spült von der Erden,
eh dich die Sintflut in Abgründe stieß,
eh zu Polypen die Völker dir werden,
genieß noch die Sonne, Europa, genieß!

Bade in Gold deine Trümmer und Stützen,
neidische Götter, Götzen und Gnom,
Gräber und Liebe, die nicht zu schützen,
Stiegen der Frommen, den leuchtenden Dom,

Brückenheilige, Villen, Zypressen,
Blumenkorsos, der Sturmfluten Drang,
Mittagsküsse, frech und vermessen,
Zartheit der Torsi, der Fuhrleute Zank,

Park für Heilge und Vagabunden,
Marmorbad, irriges Spiegelgesicht.
Du alte Welt, dir sind wir verbunden,
du alte Sünde, wer liebte dich nicht?

Otto F. Babler

FRANTIŠEK XAVER ŠALDA

Mich streifte ein Flämmchen

Mich streifte ein Flämmchen der Sonnenrosen-Empore …
Wo hab ich's geträumt? Ob unter Zypressen? Bei Föhren?
Blieb ich stehen mitten im Friedhofstore?
Sei still! Es möge niemand was sehen noch hören …

Irrsinn befiel mich. Was andre nicht sehen, ich sah's,
hörte, was andre nicht hören. Wie Dinge nach vorne spähten
und gärten von innen! Meß ich mein Leben, ist Zoll mein Maß.
Stehn ist Verrat! Nicht wolle, o Seele, dich verspäten!

Otto F. Babler

KAREL TOMAN

Verse

Wohin seid ihr gelangt? Im Sternenschein
irren gemeinsam unter fremdem Himmel wir,
Träumer aus andern Zeiten.

Ja, ich erinnre mich. Mein Dach ist mir
so wert wie meiner Heimat Weiten,
die ich zum Rhythmus meines Herzens hab.

Und aller Wege Ziel wird sein,
Spital, Gefängnis, Heimat oder
ein Grab.

Uwe Grüning

JOSEF HORA

Dort unten

Hoch überm Grab des Schattens Flucht,
er trommelt leere Luft.
Auch Tote treibt noch Eifersucht.
Die steile Trauerweide bricht
die Stimme stumm. Dort unten

bös leumdend man über uns spricht.

Uwe Grüning

JAROSLAV SEIFERT

Hundertmal nichts

Vielleicht macht mich noch einmal verrückt
ihr Mund,
  und plötzlich zu Gaste gekommen
sind Mütterchen Leid und Schwesterlein Lust,
haben Platz auf meinem Lager genommen.

Vielleicht macht mich noch einmal verrückt
ein metallenes Schallen,
dann riecht nach Pulver mein Haar, und ich geh
wie wer, der vom Mond gefallen.

Vielleicht macht mich noch einmal verrückt
ein Kuß,
  und wie in der blakenden Lampe das Licht,
wenn er mich anrührt,
erschaure ich.

Doch dann wird nur Wind meine Lippen umwehn,
und es wird meine Hand
dieses eine Mal nicht zu greifen verstehn
sein ungreifbares Gewand.

Franz Fühmann

JINDŘICH HOŘEJŠÍ

Der Müllwagen

Vor unserem Haus bleibt jeden Morgen
der Müllwagen stehen.
Jeden Morgen
rufen beharrliche Totenglocken
neun Aschenputtel aus dem Märchen herbei,
neun degradierte Musen.

Wie ein Gefäß mit dem Opfer für den beginnenden Tag
heben die Hausmädchen Abfall und Asche empor.

Dichter, werde nicht sentimental!
Hast sie doch eben gehört! Wie eine kalte Dusche
ist ihr Gelächter in die Schwüle geprasselt:
›Die Alte, das Aas, das verfluchte!‹

Nichtssagende Vergleiche, laß sie!

Ist es nicht eher so, als hätten kräftige Hände
rasch sich ans Werk gemacht?
Ist es nicht so, als wär sie zerschellt an dem Wagen,
die abscheuliche Urne, aus der die Asche rieselt all dessen,
was Leid und Haß stets verbrennen,
die nun durch den Spott eine Weile ledig der Ketten?

Klingen die Glocken jetzt nicht wie jauchzende Glorien?

Wenn du dein Blatt schon mit Grau willst beschreiben:
Am Werk sahst du die geheimnisumwobenen Arbeitsleute
der Städte: der Krematorien.

Roland Erb

RICHARD WEINER

Viele Nächte

Viele Nächte umdrängen die Wege der Hochzeitspaare,
und viele Nächte galoppieren als Eskorte neben den
Kutschen
verbannter Mätressen.
Viele Nächte, eine die andre nicht kennend, umhocken die
Marktbrunnen,
und die Ellbogen am Schutzgitter, in der Tiefe, wo Phosphor-
funken sprühen, unverwandt forschen sie, ohne zu reden,
nach ihren Vaterländern.
Viele Nächte. –
Viele Nächte, schlüpfrig wie Nattern, die
sich aus dem Schlammbad schlängelnd
über die Hände der Schlafenden in ihre Nester kriechen.
Und viele Nächte, in denen das elektrische Haar
aus den Sündern Heilige macht.
Viele Nächte, die den Städten ein hartes Schicksal
diktieren, wo Armeen von Lichtern den Sturm verschliefen,
und viele Nächte, welche, erbleichend, hastig zurückweichen
vor dem unversehens erhobenen Finger des schlafenden
Kindes.
Viele, viele Nächte auf den Wegen der Hochzeitspaare,
und auch an den Pritschen der Verbannten.
Viele Nächte. –
Viele von ihnen kampieren auf den nieder-
getrampelten Lagerplätzen der Kapitäne,
und unzählige flackern als staubiger Gurt
über den Sonnenrevolutionen.
Viele Nächte ducken sich in den Schlupfwinkeln der
Strahlen.
Viele Nächte in einer einzigen
tiefen Nacht. –

Ludvík Kundera

Josef Šíma: Illustration zu Richard Weiner; 1928

Im Luftzug der Finsternis

Trübes Intermezzo

VILÉM ZÁVADA

Angst

Auf der endlosen nackten Erde
im explosiven Bergwerk
funkelt im Finstern das Grauen

Knapp nur über den Köpfen
fast unter den Füßen
knackt es unheilvoll

als wenn die untergrabne Welt
von Elendshalden überfüllt
zusammenstürzen soll

als wenn die ausgeraubte Erde
sich selbst befreien werde
in einer Schreckensexplosion

Armes entsetztes Herz
– brüchiges Tränenbecken –
welche Festung soll dich verstecken?

Richard Pietraß

Elendsfrauen

Tief
in die Nacht
fährt aus dem Schacht des Dunkels ein Zug.

Wege, zickzack
durch die Finsternis, sprühend
Funken von Blitzen.

Wege, mit Bettlern besät,
Brüchen, Vorfällen,
aus dem Leib des Lebens.

In elenden Katen
Fraun, blaugekniffen
auf dem Streckbett der Liebe.

Wehrlos, in Krämpfen
empfangend wie Erz,
das unterm Blitzschlag umschmilzt.

Steif wie Holz
von der Hucke, der Hacke,
gebären sie blutend vor ihrer Zeit

mit Messern der Qual,
vergessen in ihrem
ausgeplünderten leeren Schoß.

Franz Fühmann

FRANTIŠEK HALAS

Vom Grund

Für Štyrský

Mit brennender Falschheit liebe ich diese Welt
entzündet von Gott vom Teufel besudelt
mit zorniger Inbrunst liebe ich diese Welt

Von Ungeziefer wimmelt des Hungerturms Grund
und was du im Traum zu schauen schauderst
tut dir von hier aus der Tag noch kund

Im Luftzug der Finsternis zwischen Geburt und Tod
erkaltend unterm Mondkalk des Friedhofs zerreißt du
das würgende Goldband des Morgenrots

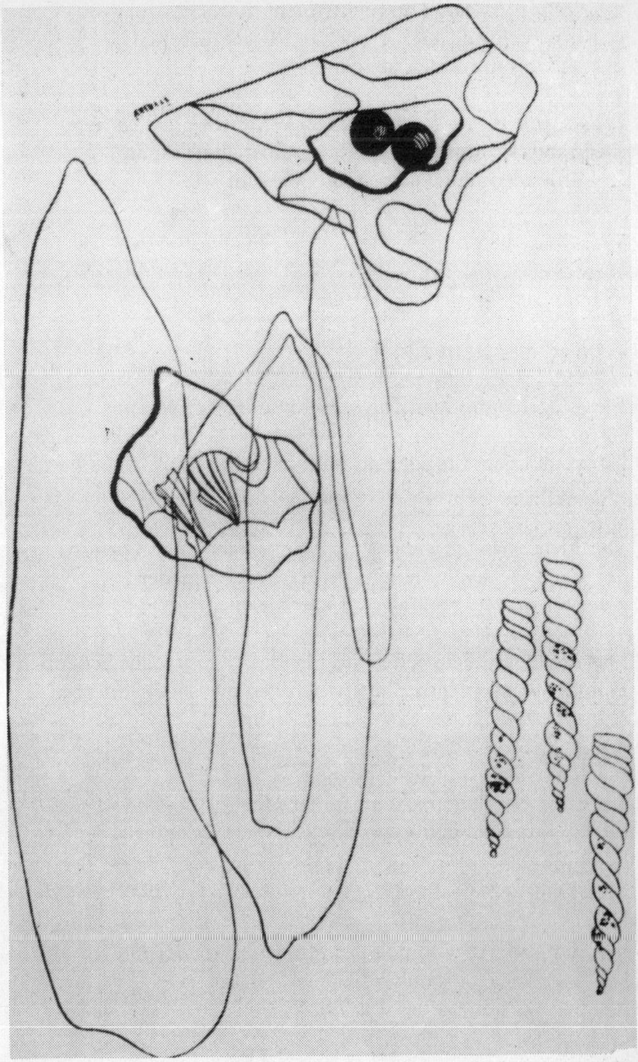

Jindřich Štyrský: Illustration zu František Halas; 1930

Die Reue hier haftet an nichts mehr an nichts
es rührt dich nur noch das letzte Plejadenkücken
das seienlos unter den Seinen piepst

Was zürnst du mein Herz und beschwichtigst dich nicht
Der Sand der Sterne trocknet dereinst alle Tränen
In kühlen Rosen fallen wir aufs Gesicht

Franz Fühmann

Abend auf dem Dorf

Der Vögel anmutiger Zug verschwindet hinter den
Hafertürmen
barfuß auf dem Stoppelfeld sehnt sich das Kind in die Ferne
der Himmel fällt in seiner Augen schmucke Särglein

Der kleine Sänger wendet das Haupt nach dem Abendstern
der steigt auf seine Brauen gestützt leis hernieder
geleitet von blutbebänderten Lämmern

Das Mädchen flieht scheu aus der Pforte hinter die Scheunen
Dämmrungsgespenster beschwichtgen die Glockenherzen
stumpf schweigt der Säufer beim Wein

Nach alledem ist Stille geblieben
das Ende der Zeit erscheint in der Uhr
die Fäulnis stört behutsam der Schläfer Gesichter

Franz Fühmann

VÍTĚZSLAV NEZVAL

Nächte

Die Nacht ein goldner Bienenschwarm schwirrt über die Allee
Hoch übern Kathedralenturm und übers Atelier
Und über Dämme von Porphyr gigantische Kanonen
Hallen in Höfen wider die im Mondlicht steinern thronen
Geknall der Fenster und Gebraus heraldischer Paläste
Zersplittert an den Gittern der toten Sonne Reste
Aus hundertfachen Erkern tönt die Schwärze von Klavieren
Die Nonnen eine Prozession zwischen Lianen führen

Ein Glöckchen schläfrig bimmelte und hämmerte geschwind
All diese Schönheit sah ich nicht und ahnte sie nur blind
So wie ein Somnambule der die Weltmeere beklagt
Wenn er auf Dächern wandelt wo der Blitzableiter ragt
Wo dann zuweilen explodiert die Rose wie ein Gas
Über Venedigs Gondeln und den Pelzen Granadas
Im Regenschauer wo das Glas verstumpft in dichten Ölen
Im Regen der Reseden und der trüben Asphodelen
Ganz ohne Harfenklang und frei von jedem Glockentone
Die Augen voll Reflexe wie Splitter der Chalzedone

Auch ich ging aus in dieser Nacht und wollt vagabundieren
Und ließ mich von dem Sternensand verschütten und verführen
In dieser Tropennacht wo laut die Grabgeläute mahnen
O Nacht wo ohne Trommel ziehn der Särge Karawanen

Wer in den Gärten löscht das Licht den Schein über den Städten
Und wer entzündet den Rubin über der Bräute Betten
Und wer verursacht daß der Hund heult überm Weg wie toll
Und wer ist an dem Chaos schuld untreu und schreckensvoll
Wer schichtet Garben und wer träumt so ungeheuer tragisch
Und wer goß Öl dort auf den Mond daß aufspritzt es so magisch
Wer nimmt die Blaulaterne sich das Grubenlicht das leere
Wer hinterm schwarzen Vorhang singt versteckt sein Miserere

Ach du bist es du meine Nacht du ohne Treu und Glauben
Du bists Geliebte balsamiert vom Duft der reifen Trauben
Du blutiger Alp du Himmelsrot du Schatten der zum Sprung ansetzt
Du Aas das sich im Mondenschein die wehe Hüfte hat zerfetzt
Mein Schlaf rast über Dächer hin hysterisch wie ein Weib
Wie ein Motiv von Beethoven erklingt der Glocken Leid
Mein stilles Wachen fällt in Trance wie eine Frau beim Lieben
Ach es entschläft dann rennt es fort von Unmut angetrieben
Ins Land der Lotophagen und in die Karminprärien
Ins Haus der Magier und dorthin wo die Korallen blühn

Die Nacht ein goldner Bienenschwarm schwirrt über die Allee
Hoch übern Kathedralenturm und übers Atelier
O Nacht die tropisch läutete wie Totenglocken mahnen
O Nacht der Särge Prozession zielloser Karawanen.

Heinz Czechowski

JAN ČAREK

Goldwäscherei

Ich wasche im Flußbett,
in dem die Muttersprache strömt,
in Läufen und Schnellen wasch ich Goldsand.

Wo seid ihr, o Reime,
trabender Daktylen Hufschläge –
wo, ihr Jambenwogen?

Silben setz ich mit Liebe,
wie Sonnenstrahlen Lichter und Schatten setzen,
den rauhen Wein der Worte
wälze ich schwer auf der Zunge.

Von Liebe flüstert nicht das Moos,
zur Liebe ruft nicht des Täubchens Stimme,
– Worte gibt es, die tropfen wie Blut,
selbst schon ein Gedicht.

Otto F. Babler

JAN ZAHRADNÍČEK

Hundstage

Als träumten sie von eines Regens Kühle,
rasen die Apfelbäume in der Mittagsschwüle.
Das Blattwerk bebt wie vom Heuschreckenbiß,
doch nie erfährt der Himmel Haß noch Ärgernis;
vom Leuchthelm nur von oben überspannt,
wankt stumpf umher das Land.

Die Ähre, stolz emporgereckt ins heiße Licht,
läßt in der Feuerstampfe sich zermahlen nicht …
Im Gras die Blumen aller Regenbogenfarben
leben ihr zartes, zähes Dasein auch im Darben,
am Zaune Kletten, Nesseln auch zu dieser Zeit
hauchen aus allen Poren ihre Bitterkeit.

Selbst ich steh da, wie nackt und voll Begehren –
mein Herz, es beugt sich vor den wackren Ähren.
Auch sie erkennen erst im Schmerz den Wert des Taus,
da tausend Münder tausend Dürste machen aus;
der Peitschenknall des weißen Lichtes gellt,
wo er auf die zermalmten Körner fällt.

Dem Regenhimmel bleibt noch Zeit fürwahr,
daß er am Horizont ausbreit sein langes Haar,
mildre die Glut, eh sie im Schlingelleib der Schlange
die Fülle ihrer Giftigkeit erlange,
und daß ein lauer Guß im Grase insgeheim
den Sonnenvers beschließe wie mit einem Reim.

Otto F. Babler

KONSTANTIN BIEBL

Modell 1930

Das Telefon klingelt
Irgendwo auf einem entfernten Bahnhof
Und das Wasser fließt so unsicher aus dem Hahn

Wo ist denn das Handtuch wieder
Sich baden sich anziehen alles dauert eine Ewigkeit
Die Liebe am längsten
So wie diese Dauerwellen

Die Autos kommen zur Börse gefahren
Das Holz steigt der Hopfendraht geht in die Höhe
Währenddessen Kautschuk Zucker und Liebe
Ach warum lieb ich Sie so

Meine Teuerste
Um Sie bemüht sich die Firma Mühlstein u. Sohn
Mit Ihnen rechnet jeder Rechtsanwalt und jede
Kalkbrennerei
Und ein berühmter Geschäftsmann äußerte sich zu seinem
Bekannten
Der als Geschäftsmann ebenfalls einen Ruf besaß
Bitteschön das alles war ihr zuwenig
Sie wollte wohl dieses Hündchen haben
Das ins Grammophonrohr hineinglotzt

Sie könnten den Kanonen Wiegenlieder singen
Sie könnten abessinische Schokoladenkönigin werden
Oder sich ans Lenkrad dieser neuen Rennautos setzen
Mit der siegreichen Marke Ihres Monogramms

Sie haben doch Ihre Liebe nicht verraten
Modell 1930
Das die Eifersucht vieler Ingenieure erweckte
Hinter Ihnen stand der Sektionschef
Hinter Ihnen standen die Pumpen
Hinter Ihnen klirrten die Pflüge
Hinter Ihnen stand der Tenor

Hinter Ihnen rauschten die Wälder
Hinter Ihnen stand der Bariton
Hinter Ihnen stand Ihre eigene Schwester
Mutter läßt sagen Komm sofort nach Haus

Vergebens erklärt der Baumeister seine Pläne
Ein bedeutender Internist untersuchte Sie
Modell 1930 woran alle Maschinen meines Gehirns drei
Jahre lang schufteten
Alle meine Erfinder die darin ihre Seele zurückließen
Alle Monteure Ihrer ohnehin so empfindsamen Nerven
Für Sie pochten tags und nachts alle Hämmer
Meines Herzens ohne zu rasten

Modell 1930
Meine Liebe mein gesamter Stolz
An ihm zerbrachen meine besten Piloten ihre Flügel
Im Zeitalter der Fordwerke
Während des immerfort steigenden Arbeitstempos
Im Zeitalter der großen Profite und der blutigen Verluste
Im Zeitalter der Weltkonkurrenz

Ludvík Kundera

JIŘÍ VOSKOVEC UND JAN WERICH

Hut im Strauch

Wind weht übern Wüstensand
Jagt nach einem Hut
Irgendwo im Strauch verschwand

Der alte schwarze Hut

Wo denn aber ist der Kopf
Der den Hut bedeckte
Schwarzer oder blonder Schopf

Der darunter steckte?

Wer verschwand in dieser Öde
Wie woher wohin?
Was nur waren seine Nöte

Daß er in die Wüste ging?

Spuren aber die verwehn
Hut im Strauch was ist das schon
Nichts ist jemals zu verstehn

Nichts erfährt wer je davon

Walther Petri

FRANTIŠEK HRUBÍN

Neige der Liebe

Du gingst, nach deinen Schritten bleibt
die Stille ohnegleichen.
Und wie ein Krankes glänzt und treibt
der Mond auf allen Teichen.

Und meine Nacht verschweigt sich hart,
du weißt es, bis ein Klopfen
der Stille dich im Wort bewahrt,
Biene im Bernsteintropfen.

Jürgen Rennert

FRANTIŠEK HALAS

Nirgends

Nirgends sein o Nirgends du mein Land
nachtverwachsen unter allen ungekannt
Nirgends böse Mitgift Nirgends Bangenstor
Nirgends sternbestickt kein Laut bricht draus hervor
Nirgends Nirgends Tiefe singt

allerorten Nirgends grausam wild
Heimat ist im Nirgends nur
Nirgends im All flüchtge Spur

Nirgends den Perlmutterschmelz verzehrend
Nirgends Totengift wütend versehrend
die von Friedhofssüße satte Ruh der Fluren
Nirgends Brunst der Neugiern Messer des Auguren
reines Schild der Strolche ewig umgetrieben
Nirgends zwischen Fingern Rasender zerrieben
Nirgends Modermannheit Nirgends Aaspoeme
Nirgends trunkner Wein Nirgends untere Lehme

Nirgends Poesie Nirgends du meines Zornes
Nirgends Drachensaat des Wortes des Mutterkornes
Nirgends in Tragödien würgend stets das Irgends
Nirgends vor der Kunst in dir lebe ich Nirgends
Nirgends Hochmutsfrucht im Eden abgerissen
Nirgends Wildbach wo Tränen nur rieselnd fließen
Nirgends Wimpernlast genaues Lidgewicht
Nirgends Levana Schwarm der ins Flugloch bricht

Nirgends treuer Krater meiner Sputerei
Nirgends Waldkauzspuk und Nirgends Hahnenschrei
Nirgends flammenwimprig Nirgends Kieselschiefer
Nirgends in dein Schwarz geritzt der Schreie Chiffre
Nirgends Hungerarmbrust Nirgends Form des Innen
Nirgends Mitra der Verstoßnen die beginnen
Nirgends Doppelhäusiges der Höhn Willkür
Nirgends herzzerhackend Geier von Daïr

Nirgends voller Jähzorn knet ich dich zunicht
schöne Null der Rechnung ach unendlich nicht
Nirgends Blutrache verstockt ohne Verjährung
Nirgends erste Liebe und Sekundenwährung
Nirgends Nirgends Nirgends Name Wind verbürgend
du im Nichts durch Nichts Raum werdend ihn ernirgend
Nirgends Worfelsack du meines Glaubens bald zerschlissen
Abendsternduett vor Doppeldämmernissen

Nirgends blanke Waffen reifen
Nirgends keuchender Ewigkeiten
Nirgends im Blut aufgegangen
Kosmoseinspruch ins Empfangen
Nirgends Nirgends Nirgends Liebe
Nirgends Larve Zwietrachtshiebe
Satanswittib Henkersort
Nirgends All und Nirgends Wort

Stunden Nirgends o Äonen
Nirgends wer wird dich bewohnen
Nirgends schöpferisches Siegel
Nirgends Wolln hinter den Spiegel
Nirgends bist nur Gottes Odem
Nirgends Bank vorm Höllenbrodem
Weh mein Wahnsinn schuf dies alles
Nirgends du Verrat der Pallas

Nirgends taubstumm liegst du da
meines Troja Helena
in der Welt durchs erste Klagen
von der Weisel unterschlagen
ich war du du Schoß uns beiden
Nirgends Ende dran wir leiden
hinreißend uns stets aufs neue
Nirgends Mahdschnitt Nirgends Reue

Wissend bin bestraft ich stet
Nirgends geb ihm nie Valet
Nirgends mein Vers sei sein Kranz
Hochmütger im Mummenschanz
Nirgends meines Schlafs Albscharen
erst beim Biß ins Gras erfahren
jäh gereift vom Wurm da unten
Knochenbett zur Jüngsten Stunden

Hollar aller Teints Verführung siebenfach
Nirgends Wortgeknirsch da jäh der Satz zerbrach
Nirgends Schoß und Grab ätzende Zwienachtszone
Nirgends Frauenweinen Nirgends Robinsone
Nirgends du im Sprung zur Glocke uns erdrosselnd

Nirgends schwarze Hand Maulwurf das Hirn zerbosselnd
Nirgends du des Hauses Usher Untergehen
Nirgends du des Goethelichts Verwehen

Nirgends Pylon des hungrigen Selbstgewinnen
Nirgends Abkratzdistel Grinsen im Gerinnen
Nirgends du uraltes tief verborgnes Buch
Nirgends des letzten Aufbäumens Leilachtuch
Nirgends lästerlich und Nirgends Hand voll Erden
Nirgends des Gewesenen des Sein des Werden
Nirgends Holzwurmwirken ewiger Zerreib
Nirgends großes nacktes offnes Weib

Franz Fühmann

Es ist Zeit

Verschließt jetzt eure Lippen still und streng
beinah schon aufgebraucht ist unser Glaube
der Schönheit Spuk ruft fern der Welt Gedräng

Wie süß entkräftet alle Worte enden
in dieser Zeit die sich zu nichts entschließt
mußten ihr Leben stets aufs neue wir verschwenden

So denn mit Donnerdröhnen niederbrich
du Leid der Menge angehäuft bis zu den Sternen
verschüttend dies mein Gramgeschlecht wie mich

Franz Fühmann

VÍTĚZSLAV NEZVAL

Dieses Beamtensäkulum

Dieses Beamtensäkulum
ist Gottseidank schon bald gestorben
durch sichres Faulsein ganz verdorben
baut sich der Mensch zum Nilpferd um

Wie sind die Arbeiter da schön
mit Wochenkündigungsterminen
die Zukunft ist nicht hart zu ihnen
schon höre ich ihr Marschgedröhn

und all dies faule Amtsgelichter
unkündbarer Schmarotzertrosse
verläßt voll Zorn den Kelch der Rose
Dann aber kommt die Zeit der Dichter

Franz Fühmann

JAROSLAV SEIFERT

Windstille

In der Flaute alter Schwären
im Zierat unbefleckten Kotes
unterm Flügel träger Krähen
die ins Flachland abgeflogen

leb ich meine bangen Träume:
Aus dem Lehmgrab schaut der Tote
die noch leben unter Bäumen
und den Schattentanz der Boten

in den Gassen Ninives.

Richard Pietraß

Das Jahr 1934

Schön ists, der rauschenden
Jugend sich zu entsinnen.
Der Bach nur wird nicht alt.
Die Mühle, die der Wind trieb, liegt in Trümmern,
und sorglos pfeift
Luft launenhaft und kalt.

Auch ein Kränzlein, ein rührendes, ist geblieben.
Auf seinen Schultern trägt Jesus Christ
ein Kornblumenkränzchen, ein Nest ohne Vöglein,
und die Kröte lästert drunten im Schilf.

Erbarm dich, o Christ,
eine bittere Zeit
ist die süßen Flüsse hinabgetrieben.
Zwei Jahre stehn die Fabriken schon leer,
und das Wort Hunger lernen die Kinder
schon an der Mutter Brust.

Und ihr Lachen klingt noch unter der Weide,
die beklommen in ihrem
Silber schweigt.

Mögen sie uns das Alter einst froher bereiten,
als wir ihnen die Kindheit bereitet haben.

Franz Fühmann

Wo ist dein Pinsel, Botticelli?

Das Jahr 1936

JAROSLAV SEIFERT

Frühling 1936

Wo ist dein Pinsel, Botticelli?
Kam Venus' Liebreiz muschelher
hebt sich das Land ins Lichte, schwer
aus Arbeitshänden, ölgepeinigt
des finstren Hammer-Amboß-Heers.

Das Schlupfloch, allzuschlecht verborgen
das Nest, gespießt am Felsensaum
des Elends Hütten, Kirchenraum
mit Jahreszahlen, bleich geworden –
geliebtes Land bis in den Traum.

's ist Frühlingsnacht, ein feiner Regen
fällt in den lockren Blütenschnee
Scheinwerfer tun dem Himmel weh
den schweifend sie und stumm durchfegen
kometengleich im Himmelssee.

Das Fürstenschwert hat nicht umwoben
die Spinne, die am Faden lebt
und ihre trüben Wappen webt.
Nicht lange, wird das Schwert erhoben
vom Roste frei, der es verklebt.

Das Kreuzesschwert fährt in die Träume
der Kinder, welche blindlings schliefen
weckt jene, die nicht trunken riefen
wie schön das Land, die Flur, die Bäume.
Wo ist dein Pinsel, Botticelli?

Richard Pietraß

FRANTIŠEK HALAS

K. H. M.

Ich habe das Licht des erloschenen Sternes getrunken
im mißgünstigen Land meinem vernagelten Land
das Wappen mit dem Namen NICHTS hab ich nur anders
umschlungen
mit dem Faden den mir die Parze gab in die Hand

Mit dem Eisen WO und WAS meiner Opanken beschlagen
irrt ich dich toten Flügling suchend umher
jetzt in den ganzen Wahnwitz zwischen die Sterne die
schwanken
einen Glitzerkranz von stockenden Danke sehr

In deiner endlosen Nachtzeit Trauerwache
in dem vernagelten Land meinem Mißgunst-Land
träumst Fürst du der eifersüchtigen Muttersprache
einen Leid-unter-Rosen-Tand

Durch Jarmilas Schatten sind hundert Schatten gezogen
und neue Geliebte spielen deine Knochen-Schalmein
wir gehn erst zugrund nach dem anderen Flammen-Wogen
und anders ziehn wir in die Ewigkeit ein

Ohne Hundeangst unterm Geknatter der Karabiner
werden die Nachgebornen in deiner alten Sehnsucht
erglühn
O könnte zu ihnen des Bilsenkrauts Odem immer
bis unter die schöne Erde die geliebte Erde ziehn

Roland Erb

JOSEF HORA

Mácha-Variationen
(Ausschnitt)

VIII

In Fliederdunkel, Mondenschimmer
taucht neu die nackte Liebe ein,
die auf dem Feld der Schlacht noch immer
das Herz erreicht mit ihrem Schein.

Um hundert Jahre ältrer Dichter,
um hundert Jahre Licht und Not,
um hundert Jahre der Vernichter,
um Tücke, Siechtum, Kerker, Tod.

Der Mai trotz Schmach und Trümmerland
blüht auf, ein Wurm dringt in ihn ein;
neu schenkt dem matten Traum den Wein
der Phantasie des Blutes Hand.

Allgegenwärtig, wahnumdroht
schlägt sie uns mit des Taumels Stab.
Zu Asche wiederum verloht,
stürzt sie in der Verzweiflung Grab.

Uwe Grüning

VÍTĚZSLAV NEZVAL

Zwölf Neujahrsschüsse

Rundfunkmeldung vom 1. Januar 1937, Nachrichten der Tschechoslowakischen Presseagentur:
»Die spanischen Aufständischen bereiteten der Madrider Bevölkerung, die auf den Straßen den Beginn des neuen Jahres feierte, eine besondere Überraschung. Genau um Mitternacht feuerten die Batterien der Aufständischen zwölf Kanonenschüsse auf Madrid ab.«

Gesehnt hast du dich immer Herz zu reisen nach dem Süden
Und immer sehntest du dich Herz nach grüner Haine Frieden
Nach Frauen die im kühlen Gang auf spanisch dich bedienen
Nach ihren Namen sonderbar den engelhaften Mienen
Nach der geheimnisvollen Nacht in der die Sterne schwellen
Nach den behexten Festen und den schwülen Tarantellen
Nach Promenaden mit Lampions in Lilien dargebracht
Und nach Valencias und Madrids geheimnisvoller Nacht
Wo aus dem Hofe des Palasts zurückklingt jeder Ton
Wo hochmütig die Kirche grinst auf die Inquisition
Wo nach dem Taumel auch das Volk erklingen läßt sein Lied
Die Mörder aber schossen heut zwölf Schüsse auf Madrid
Zwölf freche Schüsse die wie nie erschütterten die Erde
Wenn einst die Greisinnen davon einmal erzählen werden
So wollen die Enkel sicher auch dort fern im Süden sein
Um glücklich wieder zu entfliehn aus dem smaragdnen Hain
Beim Klang der Kastagnetten und der lieblichen Schalmein

Heinz Czechowski

FRANTIŠEK HRUBÍN

Spanisches Land

Süß stöhnen die Felder unter den Schritten der Sonne,
in den Weiten schießt Staub leerer Städte empor
hinter dröhnenden Märschen der Menschenkolonne,
schroff bricht aus Hügeln das Kantige vor.

In welche Tiefen des feurig wabernden Landes
stürzest du, durstige Erde? Süß war das Blut,
das du im Spiel trankst. Der Fächer des Sandes
deckte den Zorn dir, der länger nicht ruht.

Deinen Kindern und Müttern zuliebe, auf Sohlen,
die leichtesten Schneefall nicht heil überstehen,
will Liebe erneut und versengt über Kohlen,
die glühenden deiner Herzen, hingehen.

Jürgen Rennert

VÍTĚZSLAV NEZVAL

Wenn du Prag in Gefahr bist

Tanks fassen Öl und eine Hummel brummt leise
In einem der Wölkchen Prags das sich zum Abendbrot
vorbereitet
Verlorn jeder Laut in dem Lärm dieser Orgel und der
schwatzenden Baumkrone schmatzender Zungen
Nur Herz der Liebenden sehn und Wachtposten
im Sternbild Orion die Nessel

Wie eine blitzverbrannte Hand
Rüttelt sich jener betrunkne Gigant der ein Vögelchen
nachahmt
Wie ein apokalyptischer Schnabel der auffuhr um
auszuhacken
Aber auch wie ein Senkblei das irgendwohin zielt und
jählings herabstürzt
Wegzureißen den First eines Dachs und zu blenden die
teuersten Augenachate

Wenn du Prag in Gefahr bist daß ein Taifun
Ausreißt deine nachtdunklen Fenster und daß Meteore
Falln dich mit Feuer zu krönen und zu stören den Schlaf
deiner Kirchen
Und sich zu vermähln mit den ausgestreuten Rosenkranz-
perlen deiner Granatäpfel Prag

Dann mögen sich deine Türme in Lafetten verwandeln
und mit goldenen Säbeln sich wehren
Doch daß dies geschehe dürftest du Prag nicht sein
Das reiche Weib das seinen Ring in die Moldau wirft
Das herzlose Weib verflucht vom Prophetenauge des Bettlers
Denn dann würde der Fisch dich durch sein Orakel
erschrecken und du müßtest betteln gehn alle Ewigkeit
Meine schöne Untreue du meine Liebe

Franz Fühmann

JIŘÍ VOSKOVEC UND JAN WERICH

Gegen den Wind

Schimmeln in Grabesluft
werden und wolln wir nicht,
eigener Nase nach
müssen wir gehn.
Fügsam vorm Winde her
taumeln und rolln wir nicht,
würd uns gerad auf den
Müllhaufen wehn.
Plunder, wer mit dem Wind
haltlos sich treiben läßt,
flutend im Strom auch der
Schlamm sich bewegt.
Wohl dem, der nein sagt, und
nieder, wer's bleibenläßt.
Wo ist der Sturm, der zur
Seite uns fegt?

Wenn wir zu Millionen gehen
Seit an Seit gegen den Wind,
geht ein jeder seinen Schritt, bis
es Millionen Schritte sind.
Ob der Wind uns ins Gesicht bläst,
ob der Strom auch rückwärts rinnt,
viele Meilen gehn wir weiter
gegen den Strom und gegen den Wind.

Peter Hacks

SIMONETTA BUONACCINI

Porträt

Der Schwarze da im Trauerkleid sieh nur wird sehr beleibt
Im Aufruhr der Gefühle ein sonderlicher Lord
Des Vaters Geist bedrängt dich daß nur Ekel bleibt
Tagtäglich Hamlet mahnt der Tote dich zum Mord

Der schönen Mutter Handeln verdient den Tadel nicht
Ihr Neider sollt euch schämen! Da fehlt es an Verstand
Dem Engel nachzufolgen wär längst des Toten Pflicht
Als nachzustelln der falschen Schönen die deine Gunst
einst fand

Die junge Ophelia schluchzt unter der Weide
Doch zu ertrinken ist sie nicht gewillt
Die blonde Natter ach mit Augen trüb vom Leide
Die ihr Gemüt als seis ein Taschentuch zerknüllt

Der Herr am linken Ufer schwelgt in Monologen
Und auf dem rechten irr das Mädchen singt
Als guter Sohn und Däne wohlerzogen
Das letzte Hamlet tu wozu des Narren Wesen zwingt

Das wäre schön wenn eines Nachts die Leichen
Träfen im Flußbett sich und trieben brüderlich
Er schwarz sie weiß ihr Wahn er mußte weichen
Jetzt rede und liebkose nur nach Herzenslust denk ich

Im Fluß schweigt der Schlangen Zischeln
Im Fluß bist du frei aller Zwänge
Im Fluß starb das kalte Sticheln
Im Fluß lebtest auf du wenn's dir gelänge

Barbara Grüning

FRANTIŠEK HALAS

Herbst

Ein Geldstück das man still beschert dem Blinden
mein Herbst so bist du da
ein Geldstück das man still beschert dem Blinden
ihr Tage mein seid nah

Du schönes reines Windsgebrause
zum Kind macht wieder mich Qualm des Kartoffelkrauts
begehrend wieder find ich meinen Weg nach Hause
sag meine Liebe aus

Der Armut dein dem Menschenelend
fühl ich mich brüderlich
mit deiner Bangigkeit mich quälend
o Herbst bedränge mich

Und zahl mit deiner Blätter Gold den Tagen
der Not mein Lösegeld
befreie mich von Gram und Zagen
laß atmen mich die Welt

Ein Geldstück das man still beschert dem Blinden
mein Herbst so bist du da
ein Geldstück das man still beschert dem Blinden
ihr Tage mein seid nah

Otto F. Babler

JIŘÍ MAHEN

Danksagung

Für Vítězslav Nezval

Wolf gegen Schaf, Mensch gegen Wolf im Kampf,
Wolf gegen Mensch – welch Spielen, Widerspielen!
Euch, Verse, schrieb ich oft, doch welch ein Krampf,

welch Wut blickt hin aus euch zu fernen Zielen,
ins Land, wo Kälte an den Nebelküsten
uns trieb von unsres ewgen Ursprungs Brüsten?

Gott eilt der Menschheit nach, der Mensch dem Gott
und Gott dem Menschen – bis sie sich getroffen.
Dies Fest trübt Dämon mir mit seinem Spott,
wenn er nur ewge Unrast uns läßt hoffen,
zur Rache drängt, dem dunkelsten Verbrechen.
Ich aber muß nun Dankesworte sprechen:

Könnt ich mein Herz entreißen seinem Schlund,
ich würf es allen hin als Liebeszeichen.
Hier ist es! Niemals wär ich wie der Hund,
der feige trachtet, sich davonzuschleichen,
wenn seines Herren Karte sich gewendet.
Auf alles stolz, was ich an mir vollendet.

Stolz bin ich auch auf meiner Wirrnis Plage,
Verrat würgt mich im Dunkel an der Kehle.
Ich weiß, wer *mich* jagt, weiß, wen *ich* selbst jage.
Zur Jagd komm wieder, halt dich, meine Seele!
Die Welt steht täglich auf aus ihrem Grabe,
stolz, überbietend selbst die Gottesgabe!

Otto F. Babler

VILÉM ZÁVADA

Anrufung der Poesie

Du Ozonbrennstoff,
schmelzend das Metall der Verzweiflung
im Kellergewölbe der Herzen,

Brandbombe der Schönheit,
geschleudert auf die verkrustete Erde,
schußweit von des Dichters Liebe,

isländischer Geysir,
der du Feuer mit Lave speist
aus Eisbergkratern,

grünhaariger Komet,
der du am Himmel erscheinst
zu erdbebennaher Zeit,

durchrausche das Gewölbe der Nacht!
Die unterirdischen Baumsäfte schluchzen schon
vor dem furchtbaren Aufschrei des Frühlings.

Otto F. Babler

VLADIMÍR HOLAN

Die vierte Strophe nur

Die vierte Strophe dieses Lieds nur flüstre
deinem Erinnern ein,
laß nah an deinem Herz mein Lied, das düstre,
ein wenig süßer sein.

Die vierte Strophe dieses Lieds, gezupft
grad noch am Außenrand
des Mitleids, kaum vom Finger angetupft
der linken Hand.

Die vierte Strophe nur – doch nein, vergeben
sei meine Hast. Verzeih.
Versuch die Schrift der bebenden Hand (soeben
ein Wagen fuhr vorbei) …

....
....
....
....

Franz Fühmann

Der Sturm saust

Surreales

VÍTĚZSLAV NEZVAL

Frau in der Mehrzahl

Die Windmühle all ihre Arme winkt mir Guten Morgen
Kaffeemühle oder Spinnrad ihrer vielen Gerede wiegen
mich ein
Sie sind alles und nichts wie ein Orakel zerknüllter
Tischtücher
Der Körper der Teuersten ist aus äußerst gestärktem
Leinen
Sie gehen gehen durch die Schachtelhalme ihrer hübschesten
Hüpfer
Parfümiert mit lauter Mitternacht von Buchenlandweilern
Über die Bärenhaut der Straßen begossen vom
Spülicht des Abends
Zum Weinen bringt mich ihr Blick
verschmierter Regen oder die Kühle der Schränke
Sie gehen zerlegen sich und legen sich wieder zusammen
in meinem Traum der eine Kartei ist
von Herz- Pique- Kreuz-Assen
Überall an Kreuzungen wo ihr Aufschrei wie eine schwarze
Königskerze die Augen der Maschinen erschreckt
Bremsen diese lachhaften Teestubenpuppen den Verkehr
Und stecken die langen Lunten zerschmerzter Anarchisten
in Brand
Eine ist klein ganz Fragezeichen und Hahnenkamm sie geht
weich und hat in der Hand eine Peitsche
Als kommandiere sie rote Pantalons in der Reitbahn
Sie ist hinter einem schachspielenden Floh her
Ein einziges Wunder aus Weidenruten mit Bast umflochten
Eine zweite dunklere Spulen Grobzwirn drauf schwarze
Korallen
Setzt ihren Willen durch mit dem Schuhabsatz verborgenen
Dynamits
Telegrafistin stets chiffrierter Berichte

Verliert auf jeder Stufe eine Nelke eine Honigwabe oder
eine Bürste
Ich vergöttere ihren Hals aus Lavendelseife
Den sie im Pferdestall zufälliger Hausflure lüftet
Ihre Sandelholzhand rupft schaumige Löwenzahnblüten
den Strauß ihres Nackens
Den letzten brennendsten Funken des Tags auszulöschen
Ihre Brüste schnurren wie eine Katze
In dieser Kühle da der Wasserfall der Marmortreppe
zu ihr emporschoß
Sie spürt sie nur mit dem Bauch der keusch ist
wie ein weißer Kampferverband
Oder mit den Lidern darunter sich die Eiswaffel
ihres Schokoladenblicks legt
Die dritte ist wie ein Salamandernest rotblond
Mit Schenkeln aus Grieß der vom Kuß aufgerauht wird
Sie hebt den Arm damit sie die Haubenlerche hereinlegt
Mit zwei Saphiren zugeknöpft ihr Kopf
in das Kästchen für meine zwei kostbaren Medaillone
Durch welch ein Depot von Ausgrabungen dring ich zu der
in den Lehnstuhl Verwandelten
Nicht nackt nicht mit einem Netz angezogen
noch sich sonstwie anders zum Leben bekennend
Stets gierig wie Schlaf von Wiederkäuern
und konvulsiv wie die Diwanfeder
Ergeben dem wechselnden Fall der Dame- und
Dominosteine wie in der Nähmaschine das Schiffchen
Nie wieder begegne ich einer Frau aus Schwamm
Schweiß trieft von ihrer Brennesselperücke
sie wartet nicht bis man sie anspricht
In einer Mondnacht sinkt langsam ihr Schatten in den
gelöschten Kalk auf dem Ziegeleihof
Ihr Mund läßt sich kaun wie Gelatine
Hohe Lampe oder rostiges Werg
Kleine Mädchen schwüler Tage auf hohen Böschungen
von ihren Schultern des Sommers Fliegensprenkel spülend
Kleine birnenförmige Mütter und die Mitternachtsohnmacht
verwitweter Kammuscheln
Meine Sehnsucht sie aus einem brennenden Haus zu tragen
verbrennt mich wie das Stroh ihrer Locken

Franz Fühmann

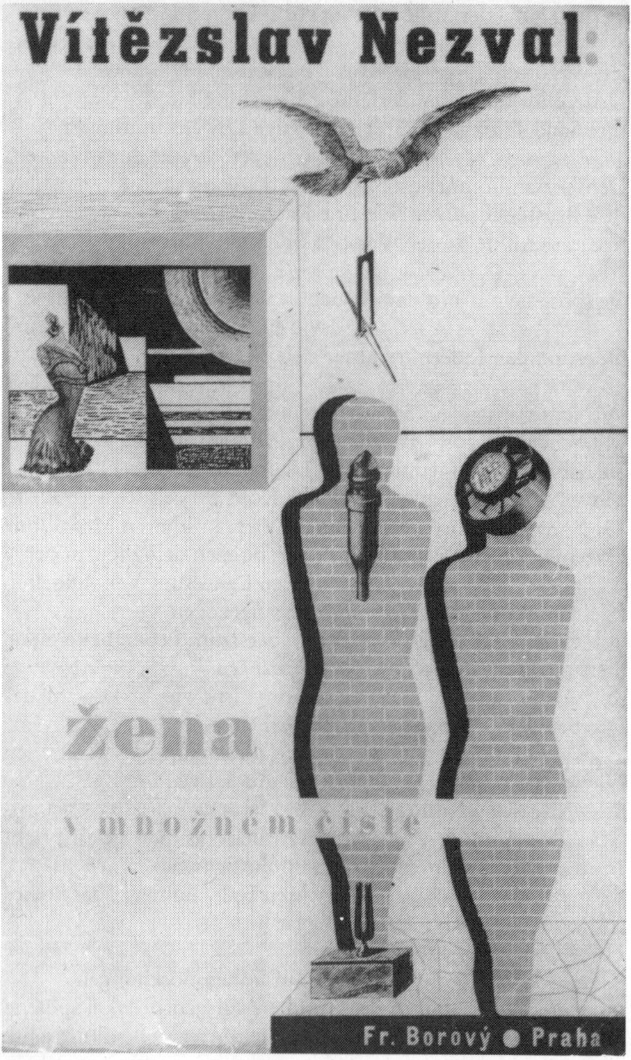

Karel Teige: Buchumschlag zu Vítězslav Nezval; 1936

Die Schnitter

Die Schnitter
Schleppen sich auf den Knien übers Feld
Das abnimmt
Hungrig kaun sie ihre Schnitte
Tun nicht einmal mehr Salz darauf
Schwanken wie Ertrunkene
Heuschrecken stürzen sich in Milch und Bier
Bevor sie hinter dem Horizont verschwinden
Wo ein Hase Männchen macht
Das Feld verliert sich
Verwandelt sich in Stachelbürsten
Es flimmern auf ihm Granit Gneis Glimmerschiefer
Wohin sind die Vögel geflogen
Alle möchten weinen
Große Wagen führen Dutzende Strohsäcke weg
Der Hahn kräht
Und die Räder knirschen
Die Landschaft verändert sich
Braune Krüge gucken unter Gladiolen hervor
Und die Pferde befällt Verwirrung
Die Mühlen klappern
Aus der Ferne
Wie zum Zeichen
Es scheint eine Kriegserklärung zu drohen
Und alles ist plötzlich öd wie wenn Feiertag wär

Franz Fühmann

Weinlese

Am Ende der Tage
Ziehen im Herbst von den Weinbergen herunter
Männer und Frauen bunte Leute
Die auf den Köpfen breite Strohschüsseln mit Trauben tragen
Die Frauen mit Weinreben im Haar sind geheimnisvoll und munter

Wie ihre Laternen
Sie haben die Haare schlangenartig zusammengeflochten
Niemand ist müde heute
Es blitzt
Und irgendwo in der Nähe
Sind Zisternen
Es ist hier auch eine Dame im roten Kleid
Die Winzer welche die Ernte erfreute
Heben Flaschen von den Gürteln in die Höhe
Männer und Frauen im sehnsuchtsvollen Chor
Der Mädchenschoß schwillt vom Winzergesang
Lampions erlöschen langsam
Es fällt ein Meteor
Und hinter den Weinbergen liegen Städte in der Ferne
Im Schatten versunken
Es leuchten auf die Irrlichter der Pfützen
Verfaulte Baumstöcke auf verlorenen Pfaden
Hör die weite Musik
Küsse ahmen das Uhrenticken nach
Nach Hause kehrt heute nur einer von hundert zurück
Die Sternennacht krönt die nimmerruhende Weinlese in der Ferne

Ludvík Kundera

Der Dachdecker

Der Dachdecker ist ein Mann von Blitzen zerrissen
Schon bald in der Früh
Schreitet er
Auf seinen Fetzenfüßen
Hin und her
Karg ist seine Sprache
Meistens ein kurzes Ja ganz exakt
Er kämmt sich nie
Man würde sagen Sieh
Da geht ein Bäcker der Dachziegel backt
Er ahmt mit den Händen einen Seiltänzer nach
Und den Libellenflug

Die Sonne ist sein alltäglicher Arzt
Er geht
Er schwebt über dem Dach
Wie eine fuchsrote Hornisse
Seine Ziele sind nahe immer
Der Schweiß bezieht ihn leicht
Mit rötlichem Flimmer
Es ist der Tau
Er überreicht
Den ganzen Tag den Himmel orangefarbene Briefe

Ludvík Kundera

JINDŘICH ŠTYRSKÝ

Fünf Blätter der Welt schlage ich vor euch auf

In der Finsternis rief nur ihr weißes Kleid um Hilfe
Aber auch das verschwand

Porzellanhimmel

Zuerst schritten vier Elefanten
Ein weißer Schneesturm
Die drei Könige gingen Gesichten nach
Abdrücke von Kamelhufen

Dann kamen Landschaften des Schnees und der weißen Türme
Steinerne Bücher
Gärten der Metallrosen
Und die kleine teefarbene Klara

Ludvík Kundera

FRANTIŠEK HALAS

Frau

Frau blutüberströmt
bis zu den Augenlidern erstarrt von Hoffnung
durch die Marmorurne ihres Rumpfes
fällt die Asche des Verlöschens

Frau herzergreifend geigenschluchzend
Dunkelschöne der Glut
hundertmalrunde überreife Traube
saugend das flackernde Sprühen der Finsternis

Frau beflügelt vom tausendschönen Amarant
Wellenspitze eilend in den Sand des Mannes
vor dem Wunder dieses beendeten Spieles
stockt der brodelnde Atem

Frau Scharlachleibrock des Kindes
Achat der Eingeweide mit leuchtenden Häuten
wie das Brautkleid der Schleierfische
Weib zum erstenmal selbander

Frau die Milchseide weich webend
im betörten Gewebe der Brüste
versteinert wie Lots Weib steht sie hier
und wartet bis sich der Ankömmling rührt

Frau jetzt Schleier eitler Hübschheit
mit der sie sich nicht schmücken will
sie erblaßt da sie sich bereitmachen soll
zur Nacktheit des ungetauften Kindes

Frau Bienenstock ausgehobener Honigtracht
liegt hier entblößt Kerze ohne Flamme
und träumt vor sich hin träumt vom dunklen Honig
der vergangenen Nacht

Ludvík Kundera

JOSEF FRIČ

Ich erlaube mir euch mitzuteilen

Ich erlaube mir euch mitzuteilen, daß ich im Jahre 1874 an der Küste eines nördlichen Meeres umherging, unweit eines kleineren Kurortes, wo die Saison noch nicht begonnen hatte, in den Villen waren nur die Jalousien herabgezogen und überhaupt keine Menschen, so daß man nicht wußte, was geschehen wird. Zirka fünf Schritte vor mir legte sich plötzlich auf die Erde ein Leichnam. Dem Anzug nach war es ein Taglöhner, weil man in dieser Zeit zur Umgestaltung der Küste auch jenseits dieser Meere Dämme zu bauen pflegte, und man konnte doch nicht wissen, wieviel Leute dort angestellt waren, in den Pontons schauten sie wie Ameisen aus, oder wie Hunde. Mein Gott, er liegt hier, das Gesicht im Sand, und morgens wußte er noch nicht, daß er sterben wird. Und als das ein unweit stehender bärtiger Matrose bemerkte, ging er zum Glokkenturm und läutete dort, um das dem ganzen Dorf kundzutun. Dann brachten sie leise Stränge, banden den Toten an und zogen ihn vorsichtig hinterher, damit er durch die groben Stöße keinen Schaden erleide.

Ludvík Kundera

VÍT OBRTEL

Melancolia

Das Tor schloß sich wie die Zehn Gebote, als Luna – dreiviertelnackt – wachsnieselig tropfte ins schwermütige Schleichen der Zimtmäntel, geflohen von den Pergamenthäutchen der Zaubererlaternchen. Das Haus, ein zusammengerolltes Blatt, wurde vom Schuhabsatz des Schlafes niedergetreten. Nur zwei Pupillen drückten sich mit kaltem und mattem Leuchten an die Seite des offenen Himmels. – Die Pupillen, sprießend vom Schauer des verlassenen Waldes, wurden vom Dorn bedrükkender Leidenschaft durchstochen. – Durch ihre Unbeweglichkeit floß die Gosse der Tage, unter deren Last die in den Ritzen verkrochenen Deckflügel der Insekten zersplitterten.

Zwischen sieben Stockwerken schlich Luna umher.

Die Zimtmäntel hatten die erloschnen Kerzen verlassen und hingen auf tausend Nägeln, eingeschlagen in den zwei trostlose Seen nährenden Körper. Eine blau- und rosafarbene Frau versuchte aus ihnen ihr Antlitz zu fischen. Vergeblich. Sekunde nach Sekunde, ein Jahr ums andere verwandelte sich die Sehnsuchtsquelle in einen flimmernden Ameisenhaufen – lauter Runzeln, die im Einklang mit dem ununterbrochenen Kräuseln des Ertrunkenenspiegels die erträumten Spuren nie erblickter Anmut zerfraßen. Die Welt unter dem leeren Himmel war leer.

Der große Hoffnungslosigkeitsaugenblick fand nichts zum Zerstören. Die trunkene Seele am Verzweiflungstisch stellte – weit entfernt von den Flügeln eifersüchtiger Geier – ihr Zelt auf.

Über dem Haus, das dem Vogelmist ähnlich war, verschwand Luna mit den beiden Pupillen.

In den Trümmern der Gnade schmauste die Seele auf ihrem eigenen Schindanger.

Ludvík Kundera

KONSTANTIN BIEBL

Der Sturm saust

Deckenstuck
Ein Löwe brach durch
Sieh seiner Pranken Blutabdruck

Der Sturm saust

Aus dem Korb schaut
Statt Kehrricht Papier
Ein Hase heraus

Statt der Liebe
Paris
Wieder eine malaiische Gegend

Das ist nicht alles das kommt erst in Bewegung

Franz Fühmann

Torso der Hoffnung

Das Jahr 1938

JOSEF HORA

In Gefahr

Langsam tu ich das Fenster auf und schau,
ob sich der Himmel durchs Gewölk schon reckt,
und seh: Ein Kindlein klimmt hangauf ins Blau,
die Ärmchen wie ein Kreuz weit ausgestreckt.

So wächst ein Mensch, da die Boulevards empor
der Schritt der Massen dröhnt ins Morgenkühl.
Ihr Frühlingsregen! Durch den Wimpernflor
wie viele Maien sah ich taun, wieviel!

Der Trommler trommelt, die Trommeln plärrn,
ein Seufzen hält die Hände fest der Fraun.
Komm, Totengräber, komm! Zwar ist dein Heer noch fern,
doch trägt uns schon zu Grab des Traumbilds Graun.

Die Schaufel zögert mit den bröckelnden Schollen,
und über ihren ungleichmäß'gen Takt
falln Rosen, und die letzten Lichter rollen
aus der Laterne, die erlöschend blakt.

Nein! Leben, nicht den Tod schau ich in meinem
Erinnern! Da, als es vor Angst noch schrie,
das leidbekränzte Elend fand an seinen
Lippen den Schlüssel einer Melodie.

Mag die Trompete gelln dort auf dem Hügel,
schlief, fortgeworfen, auch das Püppchen ein,
der Flieger flieht, schon tragen ihn die Flügel
über die Elbe, jetzt schon übern Rhein.

Grüß mir, Pilot, die Städte stolz am Meere!
In meinem wirren Schlaf Traumbilder glühn,
wie du Pfingstrosen schüttest auf die Heere,
die durch die Boulevards in den Morgen ziehn.

Franz Fühmann

STANISLAV KOSTKA NEUMANN

Jeder fürchtet für seine Haut

Jeder fürchtet für seine Haut,
doch wessen Herz da rein ist,
vergißt, von heiligem Zorn geschwellt,
daß ihn ein Untier überfällt –
zwingts! ob er auch allein ist!

Jeder fürchtet für seine Haut,
doch wessen Herz da rein ist,
für den hat der Feind keinen Schrecken mehr,
er kennt gegen Arg und Trug die Wehr
und übersteht, weil die Wahrheit sein ist!

Jeder fürchtet für seine Haut,
doch wessen Herz da rein ist,
stellt sich dem Tag, der die Angst versagt,
und fordert, daß man das Leben wagt,
und wagts, wofürs zu weihn ist!

Louis Fürnberg

KONSTANTIN BIEBL

Zwischen den Wolken

Schleift mit Flügeln Weinstock-Fluren
Will in Wolken sich verlieren
Wirft jäh um die Schachfiguren
Er der fliegt zu bombardieren

František Bidlo: Karikatur von Stanislav Kostka Neumann; 1936

Wer kann aus den Flügeln eines Aeroplans
All der Völker ungewisse Zukunft lesen

Wer errät Europas Anlitz
Nicht nur aus der Sternbewegung sondern aus den glatten
Gesten der Politiker nach jener Rauchspur
Die sich übers Land hinzieht
Das mit schwarzem Flor bedeckt ist

Roland Erb

JAROSLAV SEIFERT

Macht das Licht aus

Ganz leise, nicht den Tau herabzuschütteln
der zitterte am Wimpernrand
ganz leise, leise, ohne Pathosblitze
sag, Nacht, ich hinterm Schirm der Hand:

Du warst so schlimm nicht. In die Schwingen
deines Dunkels hüllte uns der Engel
der mit uns war, als wir am Faden hingen
in ernster Nacht nach sorglosem Geplänkel.

Und das Geschrei in deinen Plüschrevieren
des Grauens Zipfel in der Hand
die Schreckensrufe, heute noch zu hören
sie klingen nun wie süßer Tand.

Das Licht macht aus! Den Tau nicht abzuschütteln
der zitterte am Wimpernrand
ganz leise, leise, ohne Pathosblitze
frag ich mich: welches Licht entstand

in dieser Nacht, als alles finster wurde
und jeder war ein Schatten, klamm am Stamm!
Ich weiß, ich weiß, wir trügen leichtre Bürde
flog der Pulk schon damals an.

Richard Pietraß

FRANTIŠEK HALAS

An Prag

Kleingläubige Die Knochenfraßzeit
konnte ihr nur Schönheit verleihen
und von den stöhnenden Feldern das Schreien
illuminierte der Türme und Tore Texte aus Stein
so wird es immer sein
Kleingläubige
Immer wird das so sein

Hinter den Toren unsrer Flüsse
stampfen Hufe hart
hinter den Toren unserer Flüsse
von den Hufen zerscharrt
das Land
und die Reiter der Apokalypse
schwenken die Fahne mit eiserner Hand

Leicht wiegt des Lorbeers Reis
schwer der Gefallenen Schatten

Ich weiß Ich weiß

Nur keine Furcht keine Ängste ach
solch eine Fuge spielte nicht einmal Sebastian Bach
die zu spieln unser Los
wenn es an der Zeit

Das bronzene Roß Wenzels bronzenes Roß
klirrte gestern nacht auf dem Piedestal
und der Fürst wog die Lanze kampfbereit
Denkt an den Choral
die ihr kleingläubig seid
Denkt an den Choral

Franz Fühmann

Gesang des Bangens

Wie oft mein Lied
hast du gewankt
in meinem Schmerz meiner Lieb meinem Leid
ureignem Leid
wie oft mein Lied
hast du getanzt

Doch jetzt im Waffenschritt
mein Lied
marschiere mit

Im Tritt der Infantrie erklingt jetzt Worte
von Bangigkeit in Reih und Glied gestellt
von Zwölfuhrbangigkeit

Gellt Verrat die Glocke gellt Verräterton
Wessen Hand ihr Schwungkraft gibt
Holdes Frankreich stolzes Albion
und wir haben sie geliebt

Auf Frauenwangen von Salz eine Spur
sah ich und Fäuste geballt
Wartet ein bißchen ein bißchen nur
unsre Stunde kommt bald

Allmächtge du Meeresbeherrscherin
das Meer der Tränen ist unser Meer
die Frucht des Zorns wird unser Gewinn
die Fracht der Hoffnung wiegt schwer

Gellt Verrat die Glocke gellt Verräterton
Wessen Hand ihr Schwungkraft gibt
Holdes Frankreich stolzes Albion
und wir haben sie geliebt

Du Frankreich süß du Frankreich mild
wo ist Marianne deine Mütze
Geborsten ist dein Sonnenschild
dein Ja schwimmt in der Jauchepfütze

Nacht und durch Deckungsgräben gellt
des Landes Puls Verrat Verrat
Für dich Europa für dich Welt
schämt sich der schäbigste Soldat

Gellt Verrat die Glocke gellt Verräterton
Wessen Hand ihr Schwungkraft gibt
Holdes Frankreich stolzes Albion
und wir haben sie geliebt

Unsre Felder schrein Verrat
Unsre Wälder rauschen Schande
Unsre Flüsse brülln Verrat
Unsre Berge donnern Schande

Stille jetzt Stille Steigend Die Stimme
O Seele des Volkes wie hast voll Grimm du gestottert
Ge Gen Genius unsres Landes
dei deine Schwingen
sind von Trä Tränen versehrt

Geni Genius unsres Landes
laß bald erklingen
in dieser Schwerzeit dein Schwert

Franz Fühmann

VLADIMÍR HOLAN

September 1938

VII. Erniedrigte und Beleidigte

Der erste Zahn, der Unschuld Zeichen.
War keiner, der die Zukunft kennt?
Nicht müßt ihr Knochengeigen streichen,
spielt Flöte, sprach der Okzident.

Er bläst die Hemden wie Posaunen.
Doch welch Verrat! – Es tauscht das Leid
in uns mein Lied und wiederholt nur:
Die ihr geschmäht, erniedrigt seid.

Möge in Frankreich der Verrat
von Türmen gellen durch die Gassen:
Es ist die letzte Willenstat,
wenn sie den Willen fahrenlassen.

Doch hier bei uns in diesem Schwelen
des Hungerstreiks von Scham und Streit
tönt dir ein Schweigen aus den Seelen:
Die ihr geschmäht, erniedrigt seid.

Ohnmächtig ist das Blut mit Fenstern
zum Hof der Hoffnungslosigkeit
– voll Spukgestalten, dies zu hören:
Die ihr geschmäht, erniedrigt seid.

Kein Zufall ists: Des Schlafs Pleinair
ist nicht vor diesem Blick gefeit,
er singt, als säh' Phantome er:
Die ihr geschmäht, erniedrigt seid.

Die Ohnmacht singt – sie gibt zur Speise
tägliche Fristen schwarzer Zeit,
gleich bitter sie in beider Weise:
Die ihr geschmäht, erniedrigt seid.

Uwe Grüning

Das Land liegt still

1939–1945

VLADIMÍR HOLAN

Parkspaziergang 1939

Es gibt Parks. Es gibt Schwarzes. Das Schwarze bläht sich.
Es gibt Schilder: Verboten ist –
Macht nichts. Die Erde dreht sich.
Die Nacht verfließt.

Es gibt Worte. Geschrei. Und Schweigen.
Es gibt den Bomber. Es gibt den Tank.
Der gerupften Vögel Sang klingt nicht wie Geigen.
Egal. Er klingt. Dreifedernklang.

Es gibt Berge. Und Helle. Die Helle bebt.
Es gibt der zerstörten Arenen Steinmal.
Es gibt im Zwang ein Geheimnis, das lebt
Und darum: Einmal, einmal …

Franz Fühmann

VÍTĚZSLAV NEZVAL

Die Heuschrecken

Das Land drin Brünnlein fließen
Ein Heer Heuschrecken füllt
Sie tragen grün wie Wiesen
Im Nacken einen Schild

Es tat ein Sturm sie schleudern
Über das Roggenfeld
Wo sich zu den Freibeutern
Der Schnitter Tod gesellt

Da sie zusammenfanden
Und rauh und roh sich mühn
Wird aus den sanften Landen
Eben noch wiesengrün

Schon bald ein öder Hügel
Ein Karst der trotzig ragt
Gib unserm Haß Herr Flügel
Daß er die Pest verjagt

Mög heiß ein Samum blasen
(Befehlt auch eure Seel')
Und diese Brut erfassen
Und werfen in die Höll

Franz Fühmann

KAMIL BEDNÁŘ

Geburt des Zarathustra

In Sils Maria
der kranke Nietzsche stieß,
in der Wegbiegung steil steigend,
mit dem Engel zusammen.

(– Purpurflügel wie Rosenblüten hatte
der Engel, der aus dem Himmel flüchtete anderswohin,
aber den Gott in den Flügeln bewahrte,
die Arme ausbreitend jetzt spürt er ihn –)

Das war erselbst,
verwundert hörte er,
wie jemand stimmt
das Lied vom Engadin.

Musik sich vorlügend,
welche Freude ausströmt
so stark, daß der Mensch sich sehnt
verletzt zu werden,

war der kranke Nietzsche
glücklich diesen Abend.
Der Ort Sils Maria
hallte von Gottesglocken.

Ludvík Kundera

JIŘÍ ORTEN

Ein Gedicht der Hoffnung

Und Krähen ziehen, ziehen eine Schar von Vipern an.
Ein Lied zieht, das dem Dämon höchstwillkommen ist.
Und du läufst ihnen nach den Schädelberg hinan.
Die Endzeit naht. Sie speit Verrat und Hinterlist.

Auf ausgebrochnen Meilensteinen hockt ein Teufelskorps.
Die Hufe lärmen, traurig dumpf ist ihr Gebaren.
Wo sind die Winter denn, da uns so wohlig fror,
als alle Gläser längst schon ausgetrunken waren!

Mein Golgatha, wann wird das Holz des Kreuzes sprossen?
Ich werde seine Frucht sein, werd sein Schild gewiß,
werd seine Frau sein, werde als sein Blut vergossen,
werd Sonnenstrahl, den fangen darf die Finsternis.

O mein Kalvarienberg, Berg meinem Wesen nah!
Zu tragen ihn – wie schwer; wie schön – ihn zu geleiten!
Indes das weh'nde Tüchlein der Veronika
mir einen Platz im Schmerz verheißt für alle Zeiten.

Und tilgte wütend meine letzte Spur auf Erden
der Regen, kämmten auch das Land Gewitter wild,
daß Berge kleiner noch als in der Sintflut werden:
Liebe lebt in uns selbst vor diesem Schreckensbild.

Uwe Grüning

JOSEF PALIVEC

Die Finsternis trägt Frucht

Die Finsternis trägt Frucht, du mußt ihr Dank bekunden.
Was in sich ist versperrt, wird, Gärtner, bald entbunden!

Wenn Schläge zornig dringen in diese zarten Rinden,
die grauenvolle Norm sie deinem Mark aufzwingen,
so daß die strengen Engel ihr Einverständnis weigern,
wenn in der Qual du zögerst, ins Schöne dich zu steigern.

Roland Erb

JOSEF HORA

Nach Jahren

Lang wird das schmerzliche Geschick,
der Jahre, des Gedenkens Meilen.
Erst jetzt begreifen wir das Glück,
da seine Gaben uns enteilen,

spüren erst jetzt den Druck der Hand,
längst hat sie uns der Tod entzogen,
stehn jetzt vorm Spiegel wie gebannt,
wie eine Welle in den Wogen.

Ist es so spät? Aus Melodien
fällt Schnee und Blätter wehn,
der Abendstunden Lied ist bitter schön,
nun, wo sie von uns ziehn.

Uwe Grüning

FRANTIŠEK HALAS

Bildnis unserer Frau Božena Němcová

Welcher Vers tut ihre Schönheit kund
Quellen der Nächte ihrem Haar entsprangen
und die hexerischen Augen
ach die hexerischen Augen
zwei Kristalle grün vom Meer umfangen

Lächeln drin ein wenig Sehnsuchtswehmut schwingt
Liedchen das noch keiner das schon jeder singt

Welcher Vers tut ihre Schönheit kund
da die Königskerze sie als Schwester pries
und die Sonne ihrer Stirne
ach die Sonne ihrer Stirne
Traumabdruck im Paradies

Lächeln drin ein wenig Sehnsuchtswehmut schwingt
Liedchen das noch keiner das schon jeder singt

Welcher Vers tut ihre Schönheit kund
Nest der Nester ist ihr Mund
Türchen in das Schloß der Nacktheit
ach dies Türchen Nacktheit

Welcher Vers tut ihre Schönheit kund

Franz Fühmann

Regen im November

So ein Wasser
Qualenwassen Wasser Gram
so ein Wasser
das Pilatus zum Handwaschen nahm

So ein Wasser fällt

Und was willst du dir wünschen
verstört bis ins Innre des Leibs

wenn so ein Wasser fällt

Dies will ich mir wünschen
ein linderndes bißchen nackten Weibs
das noch zu mir hält

Franz Fühmann

Spieln wir weiter

Was zum Gedicht die Instrumente stimmte
und tastete am Saitenhalter aller Sinne
wenn das mißtönend heute klingt
Was einst die Waage kaum ließ sinken
und dem Geliebten mußt Verdammnis bringen
dann ist es nicht von Übel unbedingt

Spieln wir weiter

Du Vers bieg dich nicht ohne Not
Laß sie nur sagen Musiker vor leerem Saal seid ihr
Laß sie nur sagen Wolke Rauchs wenn längst der Brand
verloht

Spieln wir weiter

Wenn in den Nächten hinter Türn man hört die Schleicher
dann sinds uralte Verse allzumal
Die reiben sich im irren Widerhall

Doch geht das Werk der Sonne ewig heiter
und auch die Reise des Gedichtes kennt kein Ende
und bis der Morgen die verschlafnen Rosen dreht zur Seite
fangen wir neu an schnell und sehr behende

Es tönt Nur weiter

Und wenn du im Gehörten dich verirrst
entflechte nur das Kettgarn des Gesehenen
und wenn du im Empfinden schwankend wirst
greif zu wenn des Geahnten Fittiche vorüberwehen

Unvorbereitet

schlägt das Gedicht von selbst hart Funken
in des Wortes Zunder Dort verhehlen
sich alte Weisheiten deren strenge Stirn sich unterm
Helm der Blitze birgt von Pallas Athene

Spieln wir weiter

Roland Erb

VILÉM ZÁVADA

Der Engel des Jüngsten Gerichts

Traurig wie ein wildes Pferd
im Mund den messerscharfen Zügel
kaust du dieses Wort

an der harten Schale des Aufruhrs

Dies Wort hält der Mund im Zaum
Mensch sagt es dem Menschen kaum

Dies Wort zerbirst von selbst

Von Mund zu Mund wird es nicht finden

Donnern wirds in den Posaunen des Windes
Wiehern in der Sprache des Bebens

Wälzen wirds vom Grab den Stein

Richard Pietraß

JOSEF ČAPEK

Sei hier auch Schmutz nur

Sei hier auch Schmutz nur, Elend, Pein und Qual,
sei auch der Tag beschwert vom Dunkel hier,
sei Tod hier Herr, sei Leben Strafe nur,
strahlt dennoch ständig dieser Stern vor mir,

und sei die freie Welt nur Vision,
sei auch mein Heim nur wie ein ferner Traum
und sei verloren all mein Glücksgefühl,
strahlt doch der Stern hoch über mir im Raum,

strahlt über mir stets noch der Hoffnung Stern,
über dem schweren Los der Unfreiheit,
über dem Kerker, dem begrabnen Sein,
über dem Sinn, der trüb und mordbereit,

über den Freuden, die wie Rauch dahin,
wie blasser Rauch, den jäh der Wind weht fern,
strahlt dennoch immer dieser Stern vor mir,
strahlt über mir stets noch der Hoffnung Stern.

Otto F. Babler

HANUŠ BONN

Mythologie

Ihr Hügelzüge,
wo die Jugend unserer Schicksale in der Sonne
herumpatschte.
Ihr Vorzeichen,
von den Geschlechtern wiederholt verraten!

In den Lüften donnert noch die Explosion deines
Unterganges
o hundertmal verschmähte Stadt, und vom Schluchzen
der Eurydike beben die Kehlen der Felsen ...

Wir aber,
von der Taubheit gebrandmarkt, stottern
nur deine Umrisse, du uferloses Echo, und fällen
die letzte Zypresse in deinem Herzen ...

21. XII. 1940

Ludvík Kundera

JAROSLAV SEIFERT

Das Land liegt still

Ach, wo sind die Vögel, daß erklingen
die Spitzen, welche hier der Schnee vermummte
ach, wo sind der weißen Blüten Bienen
daß ihr blendend Licht von ihnen summte.

Das Land liegt still, starr und steif
dröhnt die Stille zwiefach in den Ohren.
Ach, wo sind die Menschen, die im Rauhreif
finden jene Spur, die wir verloren

die uns zum Herzen führt mit seinen Schauern
das träumt und schluchzt und fern ein Wunder sieht
wissend, daß es gilt, den Frost zu überdauern
ohne der Bienen und Vögel zartes Lied.

Richard Pietraß

JAN ZAHRADNÍČEK

An die Toten

Wie sie so liegen,
aus dem Knochengehäuse ihrer Leiber hervorgekehrt,
klägliche Aschenreste von Schwefelbränden,
und Gras der Stille um sie wächst,
die Majestät ruhmreicher Vollendung
von unserem unfertigen Getümmel trennend,
vom Klirren der Leere!

Dein Finger der Zärtlichkeit dringt nicht bis an ihren Grund,
deine Stecknadel der Reue gräbt sich nicht durch zu ihnen,
und doch sind sie dir nahe Nachbarn auf verwüsteter Welt,
und mit einem kleinen Scherbchen
wie mit großen Trümmern verkünden sie dir:
»Suchet, was still ist,
suchet, was gerecht ist!«

Sie wissen wie niemand, was es heißt,
wenn Gottes Feuereifer die Erde zernagt.
Der Mauerstein schreit,
das Gebälk des Dachstuhls antwortet ihm,
sie aber fielen wie schwerster Samen durchs Qualensieb
auf den Grund des Ackers, wo Mythen keimen,
und durch steile Stiele der Stämme steigt Gesang.

Otto F. Babler

FRANTIŠEK HALAS

So starben sie

Klacken und Stampfen Schon wills grauen
Aus blauen Zudecken klettert die Früh
Ich kann sie bleich unterm Türrahmen schauen
fingernd am schweißnassen Hemd stehen sie

trocken schlucken sie lecken die Lippen
spähen den Leib entlang und ihr Ohr
preßt die Angst ans Gitter der Rippen
jäh schießt hochmütige Stille empor

Platschend gehn sie mit bloßen Füßen
Platsch und platsch Es fragt sich der Reim
könnt' das der Erde in hastigen Küssen
wiedergegebene Liebe sein

Am Ende war das Wort dann gesprochen
drin unsre Welt gegründet seit je
Ein Vermächtniswort eingebrochen
in den Männerglauben das Frauenweh

Hallend du mein Bittpsalm erschalle
Pendelnde Körper messen die Zeit
Hängendes kreist mich ein Euch alle
bitte ich daß ihr wachsam seid

Franz Fühmann

FRANTIŠEK HRUBÍN

Hundenocturno

Finstre Nacht, Nacht, finstrer als das Grab,
tote Hunde heulten auf im Herzen,
heuln, der Tod erst bricht ihr Heulen ab.

Finstre Nacht, Nacht, finstrer als das Grab.

Hunde heuln, ihr Horizont ein Gitter,
gliedweis fault das Leben uns vom Leib,
Leben, hündisch und wie Galle bitter.

Hunde heuln, ihr Horizont ein Gitter.

Wenn der Mond heraufschwimmt, heulen sie,
heults in mir mit fürchterlichem Heulen
eines Menschtums elender als Vieh.

Wenn der Mond heraufschwimmt, heulen sie.

Nichts erstickt das Heuln der Städte mehr,
nichts das Mäusepiepsen mehr der Kinder,
über die sich warf der Mörder Heer.

Nichts erstickt das Heuln der Städte mehr.

Städte heuln, am Grund der Nacht vereist,
in uns heuln und winseln alle Leben,
die der Ängste Geißel ewig beißt.

Städte heuln, am Grund der Nacht vereist.

In den Kellern, unterm Sturm von Stahl,
halten wir mit totem Brot und Asche,
die noch aufheult, unser Abendmahl.

In den Kellern, unterm Sturm von Stahl.

Franz Fühmann

VILÉM ZÁVADA

Am Ende des Krieges

Ich sehe – wie taub,
ich höre – wie blind,
ich spüre – wie krank …

Prinzessin du auf der Erbse,
immerfort drückt etwas die Seele.

Immerfort phantasiert etwas
und stöhnt
im Menschen verschüttet.
Und Blut
und Tränen,
daß nur noch das Licht
in den Kot tritt
und seine Schuhchen bleiben rein.

Kalt und empfindsam
wie eine Schneeflocke
schwebe ich zur Erde,

zu läutern
die miasmatische Luft.

Doch schon geht die Sonne im Menschen auf,
und wir, nichts als Wunden, wir werden
von den ultravioletten
menschlichen Strahlen
in der Kristalluft geheilt.

Ludvík Kundera

4. TEIL:

Plankton gewesener Dichter

1945–1992

FRANTIŠEK HALAS

Až bomba praskne

Poleze dál
rýhujíc bahno
Otevře se

Škeble

Bledé pohlaví vod

Všecko začne znova
za netečnosti prvních ryb
a hvězdy
plankton bývalých básníků
otřesou se nudou
v chámu mlhovin

FRANTIŠEK HALAS

Da die Bombe platzt

Weiter kriecht
schlammschrammend
Öffnet sich

Die Muschel

Blasses Geschlecht der Wasser

Alles beginnt von neuem
bei der Gleichgültigkeit erster Fische
und die Sterne
Plankton gewesener Dichter
werden von Langweile erschüttert
im Milchstraßenejakulat

Franz Fühmann

Nach dem Mai 1945 entfaltet sich die tschechische Dichtung wieder in alle Richtungen. Dithyrambisch und in unvergeßlichen Rhythmen, gefühlvoll und sachlich, liedhaft und »formzerstörend« wird die Befreiung begrüßt und der Aufbruch zum Wiederaufbau des verwüsteten Landes verkündet, aber zugleich werden »Erbschaften« und erschütternde Zeugnisse Licht gebracht, Worte des Grauens laut. Denn es wird vieles gedruckt, das in den Okkupationsjahren unveröffentlicht bleiben mußte – wegen antinazistischer Tendenzen, aber auch, weil es als »entartet« nicht zugelassen worden wäre. Dennoch überwog die Freude, ein mitreißender Elan, für den es in der tschechischen Geschichte kaum eine Analogie gibt. Das beinahe überstürzte Tempo dieser Zeit war nicht imstande, die überempfindlichen Seismographen in den Dichtern abzustumpfen, ohne die sie des Namens Dichter unwürdig wären. Im Kontext der europäischen Dichtung wurde sehr bald die Drohung, die für die Menschheit aus der Explosion über Hiroshima erwuchs, erfaßt und sofort auch dichterisch ausgedrückt: bei Halas (der schon 1946 in elf kurzen Versen einprägsamer Imagination seine Vision der Welt »nach dem Platzen der Bombe« skizzierte), bei Hrubín (1948: das Hiroshima-Moment im Kontrapunkt mit der »schlichten Sehnsucht in uns«, der Sehnsucht zu leben), bei Nezval (der sinnbildlich das alte Motiv der »batavischen Träne« neu weiterführte) und bei etlichen anderen. Das Gewissen der Menschheit äußert sich hier in verschiedener Form und Art, stets aber wirkungsvoll.

Nach sechsjähriger Isolation war im Mai 1945 die tschechische Kultur wieder einmal im Stadium des »Nachholens von Europa«. Es entstanden sechs Dichtergruppen (zwei von ihnen mit bildenden Künstlern), die den Zivilismus, Surrealismus, »präsozialistischen« Realismus, Dynamoarchismus (schwer zu schildern), Existentialismus und »Neokatholizismus« repräsentierten. In Umlauf kamen die Bücher der Emigranten (z.B. Egon Hostovský) oder der jüdischen Autoren, die das ganze sogenannte Protektorat im Versteck (»im Badezimmer«) verbracht hatten (Weil, Heisler). Bald starben die Klassiker der Jahrhundertwende (Toman, Šrámek, Neumann – ehemals Anarchisten), es lebten und wirkten aber die um 1900 geborenen Klassiker der Moderne: Nezval, Halas, Seifert, Zahradníček, Biebl, Holan ... Bevor sich diese verschiedenen Tendenzen entfalten konnten, kam der Februar 1948, die Gruppen wurden einfach verboten, das Feld beherrschte der Dogmatismus, die Uniformität.

Die fünfziger Jahre waren grau und brutal. Die Bestrebungen, mit allen (allen!) Mitteln die tschechische Literatur zu unifizieren, zu verflachen – gleichzuschalten! –, waren vehement. Mindestens fünf Jahre durften die maßgebenden Dichter (Halas, Seifert, Zahradníček, Holan, Hrubín) nicht publiziert werden. Am Anfang dieser Periode stand der Tod von František Halas (1949), der kurz danach offiziell in persona et in opere verflucht wurde; Konstantin Biebl beging 1951 Selbstmord. Aufgrund vollkommen konstruierter Vorwürfe wurden der slowakische Dichter und Politiker Laco Novomeský und der katholische Dichter Jan Zahradníček für etliche Jahre eingekerkert. Auf dem Schriftstellerkongreß 1956 traten Hrubín und Seifert mutig hervor, wurden jedoch vom »Schriftstellerpräsidenten« Zápotocký streng getadelt.

Die sechziger Jahre: Man kann allmählich von einer Liberalisierung des kulturellen Lebens sprechen. Die Attacke gegen den Parteidogmatismus, gegen die Unmenschlichkeit führen Schriftsteller (Vaculík, Milan Kundera, Kohout, Klíma ...). Ende 1967 kann man schon öffentlich sagen, der König sei nackt. – Die sowjetische Okkupation im August 1968 macht brutal Schluß mit all dem.

Am Anfang dieser Periode kann man, abstrahiert, von einer Polarität zwischen der Nezvalschen und Halasschen dichterischen Auffassung sprechen: spontaner und vitaler Optimismus gegen »die Größe der Befürchtungen«, die traditionelle und betont orale Poetik (allerdings geschult an Experimenten) gegen eine »rauhe« Poetik der Knappheit und des »Fragmentarischen«, sprühende Emotionalität gegen das sich auf neuen Wegen durchsetzende Gedankliche.

Die siebziger Jahre sind in der tschechischen Geschichte vielleicht die finstersten überhaupt. Stalinismus-Breshnewismus! Der reformierte tschechische Schriftstellerverband mit Jaroslav Seifert als Vorsitzendem wurde aufgelöst. Der neugegründete »Auswahl«-Verband hat drei Viertel der tschechischen Schriftsteller nicht akzeptiert. Hier fängt eine große Existenzmisere an, viele wurden Nachtwächter, Arbeiter, Portiers, Heizer usw., einige gingen außer Landes. Viele, die »durften«, deckten mit ihrem Namen die Handschriften verbotener Kollegen (»Dachdecker« nannte man sie). Die Mafia der Ultrakommunisten und Karrieristen beherrschte Verlage, Ämter. Die Polizei bewacht Mitte der siebziger Jahre alle und alles, besonders nach der Gründung der Charta 77 – und doch gab es unendlich viele sogenannte Samisdat-Unternehmen. Im Ausland entstanden Emigrantenverlage: niedrige Auflagen, bescheidene Aufmachung – die Kontinuität wurde aber nicht gänzlich unterbrochen ...

Die achtziger Jahre stehen unter dem Zeichen des Zerbrökkelns. Nach zehnjährigem Schweigen durften, wenn auch zögernd, Gedichte von Mikulášek, Holub, Skácel erscheinen. Auch der Prosaiker Hrabal darf wieder gedruckt werden, wenn auch oft mit beträchtlichen Streichungen. Im Ausland setzen sich besonders die Dramatiker Václav Havel und Milan Uhde durch. Die Schikanen »zu Hause« dauern allerdings an: der monströse Polizeiapparat muß seine Unersetzlichkeit beweisen.

Man kann vereinfacht von drei Strömungen sprechen:

1. Die offizielle und offiziöse Literatur – das, was die großen Verlage herausbringen. Viel mittelmäßiges Gewerbe und Schund, aber zunehmend auch Qualität. Und lichte Ausnahmen! (Oft schwierig durchgesetzt und dann als Irrtum bezeichnet ...)

2. Die Emigrantenliteratur und das, was ins Ausland geschmuggelt wurde. Oft sind das Bücher, die zuerst im Samisdat in der Tschechoslowakei erschienen waren.

3. Die Dissidenten- oder die sogenannte Samisdat-Literatur – handschriftlich oder auf der Schreibmaschine in wenigen Exemplaren vervielfältigt sowie auf verschiedenen, allerdings streng bewachten Maschinen (à la Reprint, Xerox etc.). Hie und da wurde etwas, meist Bibliophiles, mit Graphik, auch »normal gedruckt«. Bekanntschaften, Geld, Zufälle spielten eine große Rolle. Man suchte – und fand! – Möglichkeiten, Texte in kleineren Orten unterzubringen, z. B. als Gesellenstücke der Druckerlehrlinge. Diese Leidenschaft, stets etwas herauszugeben, gehört, glaube ich, zu den positivsten tschechischen Eigenschaften. Die enorme Produktion dieser Art wird nun – und das ist schwierig – gesammelt, auf Ausstellungen präsentiert und wissenschaftlich registriert.

Die Situation nach dem 17. November 1989 ist unübersichtlich, maximal chaotisch. Private Verlage überfluten den Markt. Alte große Verlage, die vom Staat finanziell unterstützt wurden, haben unter den neuen Verhältnissen kein Geld und zerfallen langsam. Das Chaos wird dadurch vergrößert, daß jetzt fast vier Schriftstellergenerationen parallel auftreten. Die alte, ältere und mittlere Generation (die Zuhausegebliebenen und die Emigranten) kehren zurück, debütieren zum zweiten Mal, die Jüngeren und Allerjüngsten (Zwanzigjährigen) wollen sich selbstverständlich auch durchsetzen …

Ein Extra-Kapitel müßte die Rolle der Lieder und ihrer Sänger in den letzten zwanzig Jahren analysieren. Es ist zu betonen, daß in Böhmen eine immerfort feste Tradition der Lieder existiert, von Liedern, die das Niveau einer druckreifen Dichtung haben. Immer noch leben – fast schon als Volkslieder – die Songs des clownesken Paares Voskovec und Werich, immer noch werden die Songs des Jiří Suchý und Jiří Šlitr aus den fünfziger und sechziger Jahren gesungen. Nach der Sowjetokkupation 1968 entstanden Protestsongs und wurden massenweise – obzwar heimlich – verbreitet: sogenannte Autorenlieder, ernste, oft ein wenig pathetische Minikompositionen; aber neben ihnen auch witzige Texte, lyrisch humorvoll, die Sprache spielerisch meisternd. Die Sänger waren die ersten, die auf den Meetings schon im November und Dezember 1989 auftraten – vor Hunderttausenden. Nun erscheinen Schallplatten, Kassetten und Bücher, in denen die gesungenen Texte als Poesie präsentiert werden. Zu nennen sind hier Vodňanský, Burian, Dědeček, Nohavica. Dazu kommen die aus der Emigration Zurückgekehrten, z. B. Kryl, Hutka.

Die Dichter des sogenannten Undergrounds können wir als eine Splittergruppe der einheimischen dissidentischen Samisdat-Literatur betrachten. Diese Dichter schreiben in einem naivistischen Stil, mit einem Anklang an Gassenhauer, an die Porno-Literatur, an Bänkellieder, an primitive Spaßmacher und an einen einzigen »Klassiker«: an František Gellner, der zur anarchistischen Generation der Jahrhundertwende gehört. (Als Vorläufer könnte auch R. T. Field gelten.) Sie beherrschen Töne des beißenden Sarkasmus, ja des schwarzen Humors. Die Literaturkritiker haben dieses Prinzip meist noch nicht begriffen, sie wissen nicht, »ob das eigentlich zur Kunst gehört«. Sie stehen vor der Notwendigkeit, eine neue Kategorie – sagen wir: die des raffinierten Naivismus – zu errichten. Namen? Krchovský, Egon Bondy, Stankovič, Olič, Vodseďálek …

Warum, wieso ist aber die lyrische Reaktion auf die Revolution 1989/1990 ärmlich? Ich versuche zu antworten.

1. Viele Dichter haben die unvergeßlichen Meetings des November/Dezember 1989 miterlebt, standen auf den Theaterbühnen, aber auch auf Stadt- oder Dorfplätzen vor Hunderten und Tausenden Zuhörern und sprachen. Und hatten keine freie Minute für eine stille, konzentrierte Versarbeit.

2. Viele begannen publizistisch zu arbeiten, schrieben und schreiben Feuilletons, ja Leitartikel, sprachen und sprechen in Rundfunk und Fernsehen.

3. Offen ist die Frage, ob die mit dem Umsturz konfrontierte Lyrik nicht »als Kategorie« verstummte. Das Ende politischer Lyrik? Dies hört man von etlichen Seiten. Denn »politische Lyrik« war der Terminus technicus für sozusagen linksstehende Gedichte. Nach *diesem* Bankrott aber ...? Ist sie überhaupt noch möglich? Immer häufiger entstehen auch Gedichte, die keine Beziehung zum Zeitgeschehen haben und doch politisch wirken ...

4. In den ersten Revolutionswochen entstanden unendlich viele plakative Texte aller Art – Prag, Brünn, alle tschechischen Städte waren dicht beklebt –, und nicht nur mit kurzen witzigen oder pathetischen Losungen, sondern auch mit Gedichten der Klassiker (Shakespeare, Brecht, Halas ...) und mit anonymen, also studentischen, meist »scharf gereimten« dichterischen Texten. Das war die neuerstandene authentische Kreativität des Volkes. Die tschechische Sprache besitzt sieben Fälle; die anonymen Dichter der Novemberplakate benutzten mit erstaunlicher Invention diese Möglichkeiten der tschechischen Deklination. Und der Fragen, welche das Substantivum hervorrufen: wer, was? wessen? wem? wen? mit wem, womit? ... Die sozusagen professionellen Dichter standen vor diesen Plakaten in stummem Neid.

5. Ich variiere schon Gesagtes: Nach zwanzig, dreißig, ja vierzig Jahren kehren drei, ja fast vier Generationen in die tschechische Literatur zurück oder betreten sie zum ersten Mal. Plötzlich, mit einem Schlage. In dieser völlig unübersichtlichen Situation dominieren begreiflicherweise Autoren, die jahrelang, jahrzehntelang nicht publizieren durften. Generationen, Stile, Richtungen und Arten, Vergangenheit, Zukunft – alles klärt sich. Langsam, viel langsamer als das revolutionäre Geschehen.

Ungeduldig sind wir alle, unzufrieden mit der Explosion der negativen Eigenschaften, der Streit- und Gewinnsucht, der blinden Kleinlichkeiten. Aber der Blick in die Geschichte – auch in die Geschichte der Poesie! – erlaubt vieles zu begreifen und nicht der Lethargie zu verfallen.

Die Einleitung zum 4. Teil gründet sich auf einen Vortrag, den Ludvík Kundera am 2. 6. 1991 in Münster gehalten hat.

Kurzes Aufatmen

1945 – 1948

FRANTIŠEK HALAS

Und auf einmal

Auf einmal werden sie dort sein
und alle

Ein Rund von Augen wird schauen
doch ihr werdet es nicht sehen
Unruhig im Rücken spürt ihr nur den Blick

Sie werden still sein
lauern
ein jedes Wort von euch wägen
und darum eure Sprache
sei
des Morgens Braut

Schneidend wie Diamant
klingt der Satz aus dem Brief vor der Hinrichtung auf
und vielleicht beginnt an den Wänden das Blut zu steigen

Habt ewig Hunger
hungert mit allem
nach der Gerechtigkeit
daß unsre Gefallenen sich nicht grämen

Eure Größe
Nicht an sich zu denken
Euer Adel
Das Opfer

Die Zeit hob an
wie wenn die Welt erst erstehen wollte
Entscheidungszeit

Franz Fühmann

IVAN BLATNÝ

Kriegsendegedicht

Am Dienstag Anfang Mai noch in der Frühe
Aus dem nassen Gebüsch kriechen Deserteure heraus
Es tröpfelt und nieselt ein dünnes Zellophan
Und der Dunst steigt aus dem zottigen Nadelholzreisig
Alarmmuhen antwortet einzelnen Schüssen
Pferde und Kühe unter den Zweigen wenden die Köpfe
Mit bereifter Kältetraube an den Mäulern
Und Exkremente der Überläufer verstreut im Wald
Funkeln mit Fliegen und Mistkäfern bestickt
Und mit der lustigen Morgensonne: Das Ende naht

Irgendein Jüngling weckt die Dorfleute in den Bunkern
Und ruft sie alle auf eine Wiese zusammen
Ich sehe wie er den Mund öffnet: a-i-u ...
Und erkenne das Wort Kapitulation
Da fliegt jemandes Mütze hinauf
Hoch zum Himmel wie ein Flugzeug
Bleibt oben und kreist über dem Tal
Leise und leicht ohne die Bombenlast
Leise und leicht ohne die Bombenlast
Sinkt sie herab zwischen Löwenzahn

Am Dienstag Anfang Mai noch in der Frühe
Aus dem nassen Gebüsch kriechen Deserteure heraus
Deutsche Deserteure aus verschiedenen Divisionen
Die Tanne entschlüpft langsam dem dichten Dunst
Wirft den Partisanenpelzrock weg
Irgendein Jüngling läuft wieder zum Wald
Ruft die Dorfleute aus den Bunkern zusammen
Ich weiß nicht was er sagt aber verstehe ihn:
Heute nach Mitternacht – kommt – der Frieden.

Sv. Kateřina 8. 5. 1945

Ludvík Kundera

JAROSLAV SEIFERT

Barrikade aus blühenden Kastanien

Überall war es anders. Bei uns begann man im
Morgengrauen
eine Barrikade aus blühenden Kastanienbäumen zu bauen.

Die Bäume fielen wie brennende Kronleuchter zusammen
und die Leute legten sich stumm in die Flammen.

Es wurde ein schöner Tag, Geschütze ließen sich hörn
und die Leute wischten sich den Schweiß von der Stirn.

Dann kam die Schwester, sie trug in ihrem Tuch
Brot, Zigaretten und Wasser im Krug.

In dieser Hitze freilich verwelkten die Blütenbrände
und die Schwester eilte herbei, legte Verbände.

Hilflos und wortlos stand sie mit ihren Binden
für nur zwei Hände war nicht Anfang noch Ende zu finden.

Hier lag der erste, der zweite, vier warens später;
verwandelten sich doch die Blätter in Sanitäter.

Drei lagen im Sterben; mit ihnen die Bäume und Blüten
niemand konnte länger ihr wundes Leben behüten.

Mitten aus dem Kampf trug man sie knapp in ein Zimmer
aber die Bäume, sie liegen dort noch immer.

Richard Pietraß

FRÁŇA ŠRÁMEK

Glückliches Aufatmen

Setz dich nicht mehr aufs Gesimse hin,
hör auf zu schrein,
Käuzchen, da hast viel zuviel schon geschrien
beim Mondenschein.

Tauben, sie trampeln im Traufenblech. Schau
ruhig nach oben.
Umgewandt hat wer des Himmels Grau
und frisch bezogen.

All dieses Zeugs, die Sirenen, sie
sind ausgerissen.
Ohne sie werden wir jung wieder wie
auf Morgentauwiesen.

1945

Franz Fühmann

IVAN BLATNÝ

Höfe

Er läutete nicht, klopfte nicht. Sie ließ die Schlüssel stecken.
Schicksale, Leben. Mach Licht auf der Treppe!
Dicht an denen vorbei. Dann noch einsäumen.
Was ist das? Ein Bär. Er gibt ihr nichts.
Zwei Meter fünfzig. Fast dreißig breit.
Auf der Hofgasse. Helle. Von dieser Näherin.
Aschfahles altes Haus. Hinter dem flimmernden Fenster.
Sie – in Trauerkleidung. Und ein leises Zwick-Zwick-Zwick.
Wer ist gestorben? Einäschern. Den Großvater. Schwager.
Oheim.
Gott der Allmächtige. Schneuzt. Hat abberufen.

Schneegestöber. An den Laternen der alten Höfe vorüber.
Am Laden des Trödlers. Was gibts dort zu kaufen?
Domino, Uhren, er hüstelte. Halsketten.
Berittene Trompeter, er schlug die Tür zu Saiten Vögel.
Sie stolperte Pokale in dieser Kälte Schriftmaler.
Ein Bügeleisen wohl Leck mir Grüne Gelbe.
In der Badewanne womöglich Zinnober Karmin Scharlach.
Für Aktenstöße Telefongerät ich komme schon beschwipst.
Operngläser Regenschirme Hats ausgefressen Zwicker Du
Schweinekerl!

Und Schneege ... Ringe Was gibts dort zu kaufen?

So fällt abends Schnee über die Laternen alter Höfe.
Beim Vogelhändler. Was für Zeisige.
Sie hats nicht aufgegessen. Weil sie kein Zeisig ist.
Kännchen! Allein. Schade für den Winter.
Danke, bitte. Schon bin ich eingehüllt.
Die Modistin angenommen. Aufheben für den Sommer.
Vielleicht samstags. Da wär ich wirklich gern.
Kalt. Allein. Gute, gute Nacht.
Sind fortgegangen. Stille. Stille. Die Schlüssel stecken.
Schicksale, Leben, Schlüssel, Schicksale.

1942

Ludvík Kundera und Uwe Grüning

LADISLAV FIKAR

Die Stadt wo die Schauspieler übernachteten und der Herbst

Sie löschten das Licht in den Zimmern
in den Spaziergängern in den verlassenen Butiken am
Stadtrand
Die Luft duftete bronzefarben
Lärchen Linden Lindenhain

Als spielten unhörbar bange Orchester im Laub auf den
Anhöhen

Die Alleen flohen zu einem anderen Ziel
nackt glichen sie gedämpften Instrumenten Leserinnen von
Versen nackten Laternen

Der Wind
ein ausgezogenes Trauerkleid
und stilles Blau
begleiteten sie weit hinter die Stadt

Herbst war
den Frauen tat er sich auf und besaß sie in der zaudernden
Nacht
diese schwermütigen Augenbrauen rätselhafte Augenbrauen
Und vergeblich mischte der Maler Antonín Slavíček dort ein
Rot
Oh, Dichterfarben
Skizzierte die Stadt ein Herbstgemälde

Wie war doch alles bezaubernd unter dem Schleier!
Der Mond stand angezündet und der Garten ging unter
Ach, nur nicht allein sein
wenn Liebende vorbeigingen und Türme schlank waren und
Türme flüsterten
als flöge ein Vogel auf
als neige der Gärtner zum Wind und zum Flachfeld sein Ohr
oder der Oktober der lange abendliche Oktober
und Rainer Maria mein Rilke unter der Lampe

Läuten
So blau zitterten vor Musik die Gewässer und bedrängten nur
von fern die Hügel
Mein Freund liest einen Brief
Das Schreiben der Kamin mein Freund sie alle werden zärtlich
wenn sie den Regen hören
ihr Name
Regen
Laub

Damals (wie mein Kamin der zärtlich wird wenn er den Regen
hört)
verließ ich bald das Haus dem Regen und der Stadt zu lauschen
Eine fremde unbekannte Frau

weinte im langen verlassenen Baumgang schwarz und
verlassen
Die Allee die sie durchschritten
glich gedämpften Instrumenten einer Leserin von Versen einer
nackten Laterne
Ich ging vorbei an einer alten Frau und einem Kind
Sie kam mir entgegen! So schien es mir
Und daß der Regen rauschte
der Wind wehte drei Rosenblätter
(wem brachte sie nur die letzte Rose?)
vor meine Füße

In demütigen Feldern dort wo die Allee endet
sprach ich sie leise an

Sie war es! Und alle mädchenhaften Wanderzonen der Erde
Antonín Slavíček mischte dort im Finstern ein Rot
Oh, Dichterfarben
Skizzierte ein Eva-Aquarell

Ihr wehten die Haare
als spräche sie Rilke aus
als spräche Rilke: Haare Mädchen Haare

Jetzt weiß ich daß ich allein war
Der Duft ihres Mundes verwirrte mich bloß und der Duft der
Rose
und das Ringlein des Mondes

Ihre schwarzen zärtlichen Locken lispelte um mich der Wind.

Ludvík Kundera und Vilém Reichmann

JAN ZAHRADNÍČEK

Bäume in der Stadt

So viele Tage schon
haben die Bäume ihr Fest.
Berauscht stehn sie im entzündeten Grase,
nur bis an die Knöchel in lauer Erde,
in dieser schwarzen Furt aller Wandlung,
als strebten sie nach jenseits,
zu heftigen Gebilden,
die wie Flötenton aufsteigen
zur Biene,
zur Stimme Verstorbener ...

Doch da erkennen sie blätterhaft,
daß ihnen wohl ist noch eine Weile,
noch tausend Jahre und eine Weile
an der Gartenmauer, mit Kronen in Fenstern,
aufgerichtet wie Wachtposten der Neugier
mitten in Schicksale, mit denen sie gemeinsam
die alljährliche Blüte und das Welken haben
und die Erde, die Erhalterin
verwirrenden Trödelkrams ...

Das Schauern des Windhauchs umflattert sie
von morgens bis abends.
Sie fürchten, die Hände der Äste zu regen,
damit ihnen nicht der zermalmende Panzer der Schönheit
sinke,
obwohl sie so gerne einander
in die Arme fielen.

Und wenn doch – die Amsel, die Einschläferin der Schlangen,
verlängert die Erstarrung,
Geräusche entfernen sich auf Zehenspitzen
und legen den Finger der Stille auf den gähnenden Mund
der Gassen.
Die Weile vor Sonnenuntergang reicht bis an Edens Vorstadt,
wo nicht mehr geflucht wird,
wo nicht mehr verleumdet wird ...

Und die Bäume, zurückgelehnt ins Blaue, trinken
den bezaubernden Trank
des lauen Gesangs, darin die Ästchen vernehmen
ihr Lob, daß sie noch einmal
und von neuem,
wie nie zuvor
blühen.

Otto F. Babler

FRANTIŠEK HRUBÍN

Hiroshima

Variation

(Ausschnitt)

Für Ludvík Kundera

Atomare Sprengstoffe
potenzieren in
erstaunlichem Maße die
auf jeden zirkulierenden Dollar,
jede Arbeitsstunde entfallende,
auf Vernichtung berechnete Energie.

Sie beheben
die fatale Differenz
zwischen den gigantischen Aufwendungen für
die Vernichtung und dem Ausmaß derselben.

O Erde,
nachts warst du ein duftender,
vom Fruchtblatt des Mondes umhüllter,
mit Sternstaubgefäßen bestandener Kelch.

Es ist früh,
der Morgen warm,
ruhig und schön.

Er trat zu mir
und flüsterte mit hörbarem Entsetzen:
Hier ist es!

Ich entschloß mich, bis
ans Ende der Angst zu gehen.

Das, was ich erlebte,
währte möglicherweise
nur einen Augenblick
oder aber eine
ganze
eintönige
Ewigkeit.

Alles war wie ein nächtlicher Alp,
meine Wunden,
die Finsternis,
vor mir der Weg,
die unendliche Langsamkeit meiner Bewegungen.

Nur meine Gedanken überstürzten sich!

(*Collagiert aus Zitaten von*
J. R. Oppenheimer, A. Bertrand,
Mitshihiko Matshija, Bram Stoker
und M. Gorki)

Jürgen Rennert

FRANTIŠEK HALAS

Ich kehre dorthin zurück

Wenn dereinst auf dem großen Vogeltag in der Zeit zwischen Lerche und Eule einstimmig der Frühling herbeigezwitschert wird, kehre ich dorthin zurück. Unterdessen lock ich und fang ich mit der Worte Leimrute alle Schönheit dort bei uns ein, mag hängenbleiben, was da will. Du mein Land, du mein Sichersein, du meine Hartnäckigkeit, du meine Ewigkeit. Dein Lehm, zwischen den Fingern zerrieben, duftet nach den vermoderten Haaren meiner Webergroßväter und Webergroßmütter und ist in meinem Blut daheim. Du mein Land! Dort bist du, wo Mährens Hochland Atem schöpft und die Felder das Gelübde der Armut ablegen. Der Vagabund Frühling schlägt durch Regen und Schnee Haken auf dem längst aufgebetteten Acker, und die verschlafenen Farben recken und strecken sich erwartungsvoll. Die Erde stottert und räuspert sich, aber eines Tages wird der auslugende Kuckuck doch feststellen, daß alles bereit und gesichert ist, und da werden auch schon alle Vögel mit ihrem Maß Melodien in den Schnäbeln auffliegen und die Nestränder zu heften beginnen. Des Zwistes der Wurzeln und der Zerliebtheit des Geästs wird kein Ende sein! Aus den Sprossen guckt ein Geweih und aus der Nadelspreu ein erster Pilz, das Knie der einschlafenden Schneekönigin. Vergißmeinnicht wird die Fische bezaubern und schämig sagen: Wir sind Froschkorällchen, und kleine mausgraue Schollen wedeln mit den Schwänzchen und fliegen davon. Die Früh tritt auf die Pedale der Hänge, die Wälder rauschen friedvoll und erhaben auf, und dann wird noch der letzte Krepierling das Morgenständchen singen. Das Zwinkern der Kinder in die gezahnte Sonne bringt die von der Last des Lichts aufgeregten Schüsselchen der Lider zum Schwingen, die Jungen entlocken dem abgeklopften Schößling ein Lied, und die Wilden Frauen stecken mit Brombeer- und Himbeerranken das Märzelend der Gänseblümchen am Boden fest. Der Stahl der Frühlingsblumen schlägt Feuertau. »Ich bin das Abendschön!« – »Angenehm!« – »Gestatten Sie, mein Name ist Distelbrot!« – »Ich heiße Zittergras!« Wo sind denn nur die Taufbecken dieser Namen? Einen fürs Herz und den anderen für die Welt. Habt ihr das vernommen? Ich schon. Still! Noch eins! Das Picken der Hühner ist bis hierher zu hören, bis hierher in diesen Haufen Stein. Das Gras weint, irgendwo bei uns weint das Gras, wenn der Morgen erhoben wird. Ich kehre, ich kehre dorthin zurück!

[...]

Franz Fühmann und Ludvík Kundera

František Bidlo: »Der Dichter František Halas«; 1941

OLDŘICH WENZL

Der Abend

An alles habe ich vergessen
Ans Feuer habe ich vergessen
An Rosen habe ich vergessen
Ich liebe nicht mehr
Jeden Tag
Und jede Nacht
Ich öffne die verschlossenen Fenster
Hinter den verschlossenen Fenstern

Felix Philipp Ingold

JOSEF KAINAR

1947

Erst jetzt fangen die Leute an sich zu fürchten
Im Keller haben sie Freundschaft mit der Kiste geschlossen
Mit dem breitbeinigen Sägebock
Mit der Glühbirne im Drahtmaulkorb
Und hinter der Verschalung schlief Kohlenstaub

Sie zählten für sich
»Kommen Sie mit« oder nicht
Ich ja oder nein
Ewig am Leben oder
Vergessen

Die Liebespaare liebten sich nackt
Schuhbänder Schlitze Manschetten
Gab es nicht Was früher
Auf dem Kleiderbügel hing Lag nun zerstreut herum
So starb langsam der riesige Schwan
Imitten verwüsteter Wellen

Die Angst hieß Helm
Die Angst hieß grüne Schuhfetzen
Die Angst war ein Mann
Mit einem spitzigen Bleistift hinter dem Tisch
Es war so einfach wie ein Fußtritt

Erst jetzt fangen die Leute an sich zu fürchten

Sonntags gehen sie Blumen pflücken
Sonntags gehen sie in die Kirche um Gott zu erblicken
Sie lesen die Zeitung und suchen sich ihr Gasthaus aus
Sie zucken schnell zusammen Summen für sich
Und ermutigen sich zu üblichen Schweinereien

Ich kannte einen jüdischen Arzt
Auf einmal war er abgemagert Die Haut hing ihm
Als leerer Lappen vom Bauch
Von Wangen von Lidern

Soviel Freiheit Lockerung
Und wie locker ist uns plötzlich unsere Haut

Gast im Hause bei freundlichen Leuten
Als sie ihm das Bett machten
Drei Polster unter den Kopf
So wie er's wünschte –
Der Gastgeber mit der Lampe verschwand auf der Treppe –

Er blickt in den Mond auf dem Nachbardach –
Traumdärme schwimmen im Schulspiritus –
Dieser gefährliche Schimmer –
Man könnte die Treppe heruntersteigen –
In ihr Schlafzimmer eintreten –
Sich über sie bücken –
Für alles was ich nirgends finden kann

Erst jetzt fangen die Leute an sich zu fürchten

Ludvík Kundera

JIŘÍ KOLÁŘ

Tage im Jahr
23. Februar

Wiederum die ganze Nacht nicht geschlafen.

Wenn ich sagen könnte wegen eines Wortes,
wegen eines Verses, aber ...

Regen und Rauch, Geräusche,
Türenschlagen, Stöhnen. Nichts,
so redet die Stadt alle Tage,
etwas Großes
ist in dieser Sprache,
stärker als Liebe,
härter als Leid
und das Herz schlägt so schwer,
fast wie Alarm,
zum letzten Gericht
oder zur Geburt der Sterne,
wenn du sie nicht sinken sähest.

Augen wie Kinderfäuste,
stehen wir am Kai,
Herbstblätter treibt der Strom,
unfern hämmern Arbeiter
an einem grünen Girlandentor.

Vilém Reichmann

JAN ZAHRADNÍČEK

Zum Jahresende

[...]

Nur zusehen können wir noch
mit gefesselten Händen,
wie der Gefolterte weiterfoltert,
wenn nicht die Tränen wären,

deren barmherziges Fallen
aus froststarrem Schlaf erweckt
das verwunschene Haus des Dornröschens der Vergangenheit,
während sich auftun die verschlossenen Pforten der Heimkehr.

Nur schweigen können wir noch,
wenn nicht die Tränen wären,
deren lotrechter Nachdruck
am allgegenwärtigen Kalvarienberg
den Kalkstein der Schuld zernagt,
wenn nicht die Hoffnung wäre,
die sich mit ihrem Würzlein festklammert
im seichten Acker der Sekunden.

Ich weiß nicht, wer für mich betet,
ich weiß nicht, wer für mich stirbt
in diesem Augenblick, da das Jahr zur Neige geht,
aber wenn nicht die Tränen wären,
gäbe es keine Hoffnung,
gäbe es keine Zukunft.

Weinet mit uns,
ihr Dezemberwolken.

1948

Otto F. Babler

IVAN BLATNÝ

Weihnachten

Ein Pferd atmet weißes Gesträuch aus still und mild,
echter Kiesel, milchig, äderig.
Lang hängt Torknarren in der reinen Luft,
in den Wäldern schläft das Wild.

Ein Rabe zieht den unendlichen Kreis,
Berge, Meere, Städte im Gefieder.
Für immer dann verschwindet er im Dunkel,
man hört nur Knirschen: Schnee und Eis.

Ludvík Kundera

JAN HANČ

Die Ereignisse

Wie Orkane tobten an den schönsten Tagen
die Ereignisse über mich hinweg
während ich mich entsetzt an einen Baum preßte
denn kein Heldentum wohnt in mir
als Brüder mit offenem Hemd
die Arme ausgebreitet auf dem Feld im Sturme standen
und man sie Starke Burschen! nannte
mit jenem Feuer in den Augen
das man Männern schenkt die den Tod verachten
und die auch Männer der Ereignisse heißen
ich war immer nur ein Stein im Staub des Wegs
den niemand aufhebt
der übergangen und nicht geworfen wird
dennoch nahm ich Anteil an den Ereignissen
als Zuschauer mit dem keiner rechnete
durchlief ich die Minuten meiner Jahre
unerwartet ungeliebt nicht einmal gehaßt
offenbar aus Versehen im Jahrhundert der Ereignisse
inkognitio lebend
niemals
gab ich meine Stimme den Männern der Ereignisse

1948

Susanna Roth

Das Zeichen der Macht

Fünfziger Jahre

BOHUSLAV REYNEK

Hunger

Nacht – und Schritte um das Haus.
Oder stöhnt's im leeren Tische,
oder flüstert's aus der Nische,
oder ist's schlafloser Graus?

Seufzt die Bettstatt? Knarren Planken?
Zehrt am Fenstergriff der Rost?
Essensgier in hohlen Flanken,
lockt ins Freie uns der Frost?

Hunger klopft mit Hundepranken
seine Todespost.

Otto F. Babler

JAN ZAHRADNÍČEK

Das Zeichen der Macht

(Ausschnitte)

III
Fort lief ich und kehrte wieder zurück
und begegnete überall Trümmern, aus denen die Musik qualmte,
dringlich und dennoch unbegreiflich allen, die nicht wußten,
daß Gott orchestral denkt.

Und es wurde verkündet:

Wenn sie nicht zulassen wollen, daß ich der Herr
  bin ihrer Häuser, die stehen,

daß ich eintrete in ihren warmen Leib voll des Blutes,
werde ich ihrer Trümmerfelder Herr sein,
Herr ihrer Knochen

Die Hyäne und der Geier sind auch meine Tiere,
und das Feuer zählt zu meinen hurtigsten Boten.

Und diese Worte, qualmend mit der Musik
aus den allgegenwärtigen Trümmern,
waren schrecklich
nicht nur den Dichtern, die vergessen hatten,
daß Gott orchestral denkt
und daß auch die grausige Trommel der Leere
  ihren Grund hat,
sondern schrecklich für alle
Einschläfernden und Eingeschläferten
durch die Einflüsterungen der Beschöniger.

Schrecklich waren die Worte,
da kein Gehör sie fanden
und keine Hoffnung bestand, sie würden begriffen,
bevor der Stein und der Knochen,
die letzten Hinterbliebenen,
klagen werden den Sternen ...

[...]

IV
Es ging zur Neige
wie in Ninive, wie in Hiroshima.

Als ob keine Hand sie mehr hielte,
die demütig wäre und mild
erschrak, daß alles zerbrechlich war wie Porzellan.

Es schmolz der Schnee,
es schmolzen die Steine,
und bei diesem Tauwetter
zappelte am Abend die Stadt im Kot
wie eine Herde von Seehunden
mit ihrem gedehnten klagenden Pfeifen,
der Unzufriedenheit Zeichen und Angst.

Und dann,
als es dunkelte,
stiegen giftige Farben an die Oberfläche der
Dämmerung wie tote Fische,
verkündigend die jähe Vergiftung der Tiefen
des Lebens, welches verfällt.

Es gab keine Gewähr.
So weit reichte die Unsicherheit wie weit der Mensch
reichte.
Hie und da wurde etwas gebaut, doch mehr wurde
niedergerissen.
Hie und da wurde etwas gefunden, doch drohend wuchs
die Zahl der Verluste,
und täglich zerrann eine Macht, ein Schrecken
kündender Stern,
mit ein wenig Geschrei und ein klein wenig Blut,
als ob gar nichts geschähe
und bloß begradigt wurden die Wege
für das, was da kommt.

[...]

Nikolaus Lobkowicz, revidiert

ZDENĚK ROTREKL

Eskorte

Eskorte von Bäumen am Straßenrand
in westlichen Tabak eingeweicht
rührte sich wie in Ohnmacht.
Der Wald – ein Leberfleck
auf der schweren Stunde der Erde –
schwamm weg von den Wolken zerdrückt.
Fesseln aus Nebel schnitten sich
in die Handwurzeln der Lindenbäume.
Der Frost fuhr mit dem Kamm
durch schwarzen Ackerboden.

Eskorte von Bäumen am Straßenrand
in westlichen Tabak eingeweicht
huschte in der Schlucht zwischen den Hügeln.

Der Winter zündete Licht
in einigen Stockwerken an
und der schweigsame Wächter namens Kälte
schloß das Tor.

Ota Filip

VÍTĚZSLAV NEZVAL

Sekunde

Liebste du hast eine reife Kirsche im Munde
Wie schmeckt sie dir?
Wie heute solch eine Nachmittagsstunde
kommt nie mehr zu mir

Liebste du hast eine Menge Erdbeeren im Munde
und Heide im Blick
Und ich der sein Leben fristet durch Zufallsfunde
bin heut voll Glück

Franz Fühmann

OLDŘICH MIKULÁŠEK

Liebe

Mit Fingern zeigen sie auf ihn:
seht her – ein Leichentuchmensch!
Und dabei grämt er sich
um ein Geschöpfchen.

Beklagt hat er sich bei ihr – kann man Abschied geben
einfach nur so, wie man dem Zug nachwinkt,
oder wie mit ihren Schwingen winken
Störche im Herbst?

Das sagt sich so, geh hin zu ihm,
das sagt sich leicht, geh hin zu ihr,
aber der Zipfel der Zieche,
die du geglättest hast,
für immer bleibt er zerknittert in mir,
und jede deiner Bewegungen
schlummert in mir,
ein jeder deiner Schritte gibt mir Grabgeleit,
und wenn ich mich erinnere,
preßt etwas mir das Herz zusammen,
mein Herz, das immer jemand in der Hand hat
und so tut, als ob's ein Stockgriff wäre
oder ein Halter in der Tram.

Auch ich halte eines umklammert,
auch ich hänge an einem,
und alle umklammern wir
und alle hängen wir
an diesem Haar.

Vilém Reichmann

VLADIMÍR HOLAN

Brief an eine Frau

Ich habe sagen hören: Schwänen
kappt man, daß sie nicht fortfliegen können,
das erste Glied eines Flügels:
die Ungleichmäßigkeit der Schwingen
verunmögliche den Aufflug. Zum Glück
sind Sie kein Schwan; und wenn ich auch nicht ahne,
was man Ihnen getan haben mag: es gibt Sie,
Sie leben auf dieser Welt, ich habe Sie gesehn,
Sie sind schön, Sie lachen, Sie lieben die Kunst,
sogar auf eigene Faust, Sie haben mir geschrieben
und Ihr Blatt ist knapp wie ein päpstliches Breve,
Sie sind von eigener Art, doch was Schlangen betrifft,
sind Sie im Irrtum: ein Gedicht ist kein
den Leuten angepaßtes Ungewohntsein.

Ich würde noch aus einem Sterbeglöckchen trinken ...
Aber wenn Sie Schankmädchen wären, würd' ich Sie bitten
um drei Liter Wein mit schwarzer Kreide in den Schornstein –
und wären Sie Herrin von Festung und Meierhof,
ich bäte Sie um ein Seidl Wacholderschnaps
und würde in einer nur so zusammengeklaubten Stille
Ihnen gestehn, weshalb ich mich
am Aschermittwoch immer schäme,
da wir von der Zeit nur die Kehrseite sehn ... Nein,
ein Gedicht ist kein den Leuten angepaßtes Ungewohntsein.

Pfropfreiser, in Nebentriebe gezwängt, ergeben nur
Brennholz.
Erst der abgeästete Baum hat ein Haupt,
aber der Apfelbaum hat eine Krone.
Die Blüte bereitet den Grund, und wenn der Apfelbaum
aufs neu' geboren ist, gebiert *er* ...
Fast ists noch früh ... Wie schön
der Abend heute ist, da ich Ihnen antworte
und der Nacht, die heraufzieht, alle die weißen,
die Leerstellen überlasse
bei heimlich geöffneten Briefen.
[...]

Franz Wurm

VÍT OBRTEL

Sinnspruch von der Treue

13 Spatzen singen den Gänseblümchen, 13 Spatzen, ausstaffiert zu Wind und Kot, recht weit weg von Nachtigallentrillern, nahe am Leben, fern vom Tod.

13 Spatzen schaudern bis an die Knochen, die Gänseblümchen, ermattet von Liebe, schlummern unter Schneefederbetten. 13 Spatzen zwitschern vor Hunger hinter dem Schornstein, es ist nahe zum Leben, näher zum Tod.

Niemals verrieten sie die armseligen Aschengruben, wie ihre Schwestern, die Fledermäuse, die ans Scheunentor genagelt.

Otto F. Babler

JIŘÍ KOLÁŘ

Gebrauchsanweisung

Nimm ein Apollofigürchen
eine Schlange geflochten aus Kornblumen Dampferrauch
Klatschmohn und Riesengebirgssteigen
einen Apfel gefüllt mit Propellern
deren Zahl deinem Alter entspricht
Tränen von Brot und Salz geweint beim Begräbnis
einer Frau
vermenge alles mit dem Raunen von Wind und Wogen
mit dem Gespräch von Fischen und Wolken
mit den Ausmalheften der Pflanzenträume
mit den Fibeln der Tierphantasie
mit dem Geschrei umsonst vergossenen Blutes
mit der Litanei vom Unglück erschlagener Liebe
mit dem zerrupften Schleier auf den das Gesicht des Mondes
oder einer Sonnenblume abgedruckt ist
mit den Gedanken eines alten Mannes der umsonst
gelebt hat
mit dem Lied eines Kindes das dem Galgen versprochen ist
mit dem beim Zerschlagen der dem Krieg geopferten Glocken
übriggebliebenen Staub
mit den abgewetzten Klingen der Hinrichtungsbeile
mit den Alkoholtropfen die von den Lippen des Opfers eines
Justizmordes abgewischt wurden
mit der Einsamkeit eines Gefangenen und der Freude eines
vom Siege berauschten Tyrannen
gib dazu das Dreifache einer Mischung aus Dornen Knoten
Knuten Essig und Silbermünzen die von Splittern
gefrorenen Weines benetzt sind
alles balle zu einer Kugel zusammen
und lese Mauern mitternächtlich unter Sternen eine Seite aus
dem Daniel in ihren Schlaf

Dann geh und steche dreimal in jedes Haus an dem du
vorübergehst
reiß aus dem Gehsteig einen bespienen Pflasterstein
nimm eine Handvoll verdreckten Asphalt von einer
Autobahn

was hinter einen Nagel geht kratze von der Haut eines
Kandelabers aus dem Innern der Kamine Kanäle Rolläden
und Bänke
wickle es mit allen andern in Plakate und wirf es geschlossenen
Auges von einer Brücke hinab in den Fluß
bei Sonnenaufgang

Fliegt dir kein Schwan aus dem Mund mach weiter wie folgt:
leg deine rechte Hand in jenes Feuer
in dem das Bild dessen verbrennt den du am meisten liebst
ist sie genügend verkohlt tauche sie in frisch aufgeworfene
Erde
und warte bis sie wieder gesund ist
nimm jetzt ohne vorher etwas zu berühren eine Feder
tunke sie in Milch Honig und Gift
und notiere die ersten vernommenen Worte

Hörst du das Lied eines Vogels
wölbt sich dein Gedicht wie ein Regenbogen
jedweder Schurke der es liest erblindet
spürst du die Stimme eines Tieres
wirst du ein Lied erfinden das der Schönheit der Stimme der
Leier der Liebe der Nacht zu Grabe läuten wird
und die Trommelschläge der Metropole werden für immer
nur den Regenwürmern Angst einflößen
Gehässige verlieren Sprache und Gehör bei ihrem Dröhnen
triffst du ein menschliches Wort
wird alles was du schreibst mit Höllensteinen beschwert und
mit Fegfeuerrosen besät sein
jedes kleinste Korn und Blatt wird Schlüssel sein zum
Geheimnis des Lebens und Zeit Schicksal und Tod legen
sich dicht an deine Beine

Konrad Balder Schäuffelen und Tamara Kafková

Tauwetter

Sechziger Jahre

JAN SKÁCEL

Was vom Engel übrigblieb

Frühmorgens,
alle Bäume sind noch eingebunden
und die Dinge unberührt,
erhebt sich zwischen zwei Pappeln der Engel,
schläft im Fluge aus.

In den Rissen des Schlafes singt er.

Wer als erster die Gasse betritt,
verwundet wird von diesem Gesang,
vielleicht ahnt er etwas,
aber sieht es nicht.

Es ist grün,
und das ist alles, was vom Engel übrigblieb.

Reiner Kunze

MILOŠ MACOUREK

Wie macht das der Clown

Wie macht das der clown
so zu balancieren
mit der pyramide ...?
so den stuhl zu halten
auf dem die Anna sitzt
und den tisch und die kredenz
die vier kinder
und den käfig mit der drossel

und die kuckucksuhr?
Es ist nur ein trick ein gewöhnlicher
nicht schwieriges …
Es genügt sich vorzustellen
sich angestrengt vorzustellen
daß Anna
himbeeren ißt
daß sie lacht
daß sie einen roten mund hat
und wie ein federchen leicht ist
in ihrem geblumten kleid
daß das gras weich ist
wie kinderhaar
und daß die drossel nicht im käfig sitzt
sondern auf dem baum
und singt
und daß die uhr stehenblieb
oder daß es sie einfach nicht gibt
daß es überhaupt nicht diesen abend gibt
diese nacht
Und das ist eigentlich alles
das ist der ganze trick
für einen augenblick
genügt das völlig
genügt das euch völlig
um bei alledem
auch noch
lächeln zu können

Reiner Kunze

JOSEF HANZLÍK

Variation XXIII
(Psalm für die Verstorbenen)

Die Sonne schläft auf den Mohnfeldern
In kalten Öfen blühen Spinnen
Das Abendgespenst niest den Kindern in den Mund

Ihr werdet schlafen wollen

Schlaft wie gegen einen Strom gestemmt
Neckt nicht die anderen Toten
beachtet nicht die Kinder der Lebenden

Kommt auch in der Dunkelheit nicht zurück
hier wird euch niemand mehr versengen
im Pferdestall hängen ein Beil und ein Strick

die Nägel in der Asche stecken bis über den Kopf in ihren Sorgen
der Seifenschmutz hat an seinem Haß genug
dem rohen Fisch reicht seine Gleichgültigkeit

Auf dem Dorfplatz hängen Hähne
an der Glocke ein Neugetaufter
Das Klosett geht zu Fuß zum Kaiser

Ihr werdet schlafen wollen

Nichts geschieht hier
Ihr solltet etwas träumen
Ein Schrecken hackt dem andern die Augen aus

Kümmert euch um nichts
allen geht es hier ohne euch
um einen Deut besser

Rolf Ulbrich

VLADIMÍR HOLAN

Im Wermutsgesträuch

Im Fortschieben von Mauern, Wegstreichen
von Zweigen, Eintagsfliegen und Wolken
hast du heute den Spielplatz der toten Kinder gefunden …
Verwüstet lag er bereits und verwachsen
und einer letzten Einsicht geöffnet und deshalb

kleiner und wie in die Enge getrieben.
Doch in den Taubnesseln und im Wermutsgesträuch
hing noch der fortgekullerte Ball ...
Und daneben ein Perlmuttknopf ...
Und es bedurfte des ganzen Monds,
ihn zu beleuchten ... Wein nicht ...

Uwe Grüning

IVAN JELÍNEK

Sovielmal

Gesagt schon oftmals, noch und noch!
Dieses Wort hielt ein Engel fest!
So oft so oft ward ich gemahnt.
Unwillentlich jedoch.

Wozu denn hören, sehen, verstehn die Züge
der Worte, der Erläuterungen Satzgefüge?

Statt aufrecht zu gehn
muß gebeugt ich stehn.

Und statt in Wasser tauch' in Gram ich ein
und statt der Mitte hält der Umkreis mich,
hoch gestaut statt Gewitter zu sein,
auf den Zufall wartend, verriet die Gewißheit ich.

Dieses Schlüsselwort trägt nun ein anderer davon.
Vielleicht ein Engel? Teufel? Die Versuchung allein?
Daß es donnert, begreif ich nicht im Stein.
In meinen Schlangen. An meinen Flüssen von Babylon.

Uwe Grüning

VÁCLAV HAVEL

Aus dem Zyklus »Antikódy«

Za všestranný a harmonický rozvoj osobnosti!
Za všestranný a harmonický rozvoj osobnosti!
Za všestranný a harmonický rozvoj osobnosti!
Za všestranný a harmonický rozvoj osobnosti!
Za všestranný a harmonický rozvoj osobnosti!
Za všestranný a harmonický rozvoj osobnosti!
Za všestranný a harmonický rozvoj osobnosti!
Za všestranný a harmonický rozvoj osobnosti!
Za všestranný a harmonický rozvoj osobnosti!
Za všestranný a harmonický rozvoj osobnosti!
Za všestranný a harmonický rozvoj osobnosti!
Za všestranný a harmonický rozvoj osobnosti!
Za všestranný a harmonický rozvoj osobnosti!
Za všestranný a harmonický rozvoj osobnosti!
Za všestranný a harmonický rozvoj osobnosti!
Za všestranný a harmonický rozvoj osobnosti!
Za všestranný a harmonický rozvoj osobnosti!
Za všestranný a harmonický rozvoj osobnosti!
Za všestranný a harmonický rozvoj osobnosti!
Za všestranný a harmonický rozvoj osobnosti!
Za všestranný a harmonický rozvoj osobnosti!
Za všestranný a harmonický rozvoj osobnosti!
Za všestranný a harmonický rozvoj osobnosti!
Za všestranný a harmonický rozvoj osobnosti!
Za všestranný a harmonický rozvoj osobnosti!
Za všestranný a harmonický rozvoj osobnosti!
Za všestranný a harmonický rozvoj osobnosti!
Za všestranný a harmonický rozvoj osobnosti!
Za všestranný a harmonický rozvoj osobnosti!
Za všestranný a harmonický rozvoj osobnosti!
Za všestranný a harmonický rozvoj osobnosti!
Za všestranný a harmonický rozvoj osobnosti!
Za všestranný a harmonický rozvoj osobnosti!
Za všestranný a harmonický rozvoj osobnosti!

(»Für die vielseitige und harmonische Entwicklung
der Persönlichkeit«)

JOSEF HIRŠAL – BOHUMILA GRÖGEROVÁ

wind

víítr

sok
oko
kol
sokol

punčochy
och
och
chy
chy
punč
och
och
čoch
čoch
čoch
čoch
och
ochy
ochy
punčochy

kou le le le le le le le le le le le le le le le le le le le le bum

s t
u d n a

vítr=Wind, sok=Gegner, oko=Auge, kol=umher, sokol=Falke, punčochy=Strümpfe, punč=Punch, čoch=Kneipe, koule=Kugel, studna=Brunnen

MIROSLAV HOLUB

die tür

Geh und öffne die tür.
Vielleicht ist draußen
ein baum, oder ein wald,
oder ein garten,
oder die magische stadt.

Geh und öffne die tür.
Vielleicht kratzt ein hund da.
Vielleicht ist da auch ein gesicht,
oder ein auge,
oder das bild
eines bildes.

Geh und öffne die tür.
Wenn da nebel ist,
wird er fallen.

Geh und öffne die tür.
Und wenn da nur
tickende finsternis wäre,
und wenn da nur
ein hohler hauch wäre,
und wenn da
gar nichts
wäre,

geh und öffne die tür.

Zumindest
ein luftzug
wird sein.

Reiner Kunze

VÁCLAV HRABĚ

Müßte ich ausschlafen

Müßte ich meine gesamten Unausgeschlafenheiten
ausschlafen, erwachte ich nie   Aber die Vorstellung
des hinter deinem Kopf versinkenden Lombardischen Palastes
lohnt sich   Also
wiederum eine Telefonnummer auswendig lernen
wiederum sechzig Zigaretten pro Tag
wiederum zweimal täglich Rum für den Herrgott
damit es gut ausfällt und tagtäglich
Angst daß er sich den Abstinenten zuwendet
und tagtäglich bei Tagesanbruch derselbe Schreck:
»Bitte Herr Wachtmeister
könnten die Vögel für eine Weile
aufhören zu lärmen? Mein Liebling
hat seine Stimme verloren
und ich verstehe nicht einmal
das eigene Wort ...«

Ludvík Kundera

JIŘÍ KOLÁŘ

Destruiertes Gedicht

Frühling und Herbst
1968

JIŘINA HAUKOVÁ

Baum, der für niemanden blüht

Eingegittert vom Schatten des Hags
am halbzerfallenen Haus
zeugt er vom Leben.
Das Weiß verstärkt sich
zu tieferem Leuchten
zu blühendem Licht,
zur Quelle allen Beginnens;
strahlender Aufbruch, diamantener Glanz
vergehen zu Melodien ohne Ende,
aus der Helle erstehen sie, begegnen sich,
blenden Erinnerung und Blick.

Unser Gedächtnis wird Wurzelboden der Zweige,
durch Kette und Schuß der Zellen gewoben
zu unbeschreiblichem Weiß,
Friede ist es
aus Erkenntnis erglüht
am Rand des Vergessens
geschmückt mit Blütenblättern
und unserem Blut.

Als ob der Baum für niemanden blüht
an unser aller Stelle.

Peter Lotar

IVAN DIVIŠ

Sekunde vor dem Fall

Sie stiegen auf den Aussichtsturm. Zählten die Burgen.
Er aber band ein Tuch an den Zweig
und sprang kopfüber in die Brombeerranken.
Irgendwo fand sich Wein. Sie begannen zu singen.
Er aber bohrte das Tischbein an
und stopfte ins Loch den Kassiber.
Sie versammelten sich. Er bepißte die Straßenecken.
Sie gingen auseinander. Er suchte nach Hufspuren.
Eine Sekunde vor dem Fall, obgleich es ihm alle wiederholten,
Arzt und Schwester, es sei Sünde und Leichtsinn,
aber obgleich es ihm auch alle widerrieten,
als ob, schwer zu sagen, alles so leicht wär' –
da wußt' er's endlich: das Werk braucht Ruhe.

Peter Lotar

ZDENĚK KRIEBEL

Analyse

Das ist die Welt, wo keine Sicherheit
uns blieb außer dem Tod;
und wem die Ewigkeit zu klein,
dem bleibt am Schluß ein Augenblick
als Trumpf, der sticht,
was einzig nicht im Staube liegt:
das Menschliche, im Menschen selbst zu Tod gebracht,
dort hängt es noch am Fleischerhaken.
Am Schluß in Fetzen statt der Harmonie
seh'n wir den Zufall überall in allem,
der Herde Trauer sind wir, Sehnsucht in Kolonnen,
Schicksal, das man ins Wasser schrieb.

Peter Lotar

OLDŘICH WENZL

Lento

Nächte ohne Nacht
Und Tage ohne Tag
Aber noch bin ich es
Unbesiegbar
Unausrottbar
Ich überwinde das Fieber
Schwer noch
Aber ich gehe
Zum Staunen aller
Frisch
Und lachend dahin

Ich sehe eine Frau
Hübsch und entblößt
Die ins Meer
Ihre Kleider warf
Und ihre Wäsche
Es war ein dummer Witz
Aber ich bin nicht bös'
Man muß was aushalten

Da bin ich wieder
Unbesiegbar
Unausrottbar
Und da kann man gar nichts machen

Peter Lotar

ANTONÍN BROUSEK

21. August 1968

Da seid ihr also ... willkommen!
Willkommen, ihr Sommergäste
aus den Tiefen des Frostes,
seid uns willkommen

nach altem Brauch
mit einem Panzer Brot,
mit diesem Salz aus Tränen,
das alles zerfrißt,
was vom Himmel fällt.
Willkommen in liebreicher Umarmung,
welche die Knochen bricht,
das Blut sickern läßt
aus den Früchten
am Ende des Sommers.
Und wiederum
Taubstumme mit Taubstummen
Und wiederum Espen,
Espen, die erzittern
beim bloßen Gedanken an Judas.
Bei Morgengrauen krähte der Hahn.
Ich leugne,
daß ich euch jemals kannte,
ich leugne zum zweiten,
zum dritten.

Peter Lotar

MIROSLAV HOLUB

Prag – Stadt Jan Palachs

Und hier stampfen die Stiere Picassos.
Und hier marschieren auf Spinnenbeinen die Elefanten Dalís.
Und hier dröhnen die Trommeln Schönbergs.
Und hier reitet der Herr de la Mancha.
Und hier wird Hamlet von den Brüdern Karamasow getragen.
Und hier ist der Kern des Atoms.
Und hier ist der Luna Kosmodrom.
Und hier steht ein Standbild ohne Fackel.
Und hier wandelt die Fackel ohne Standbild.
Und es ist einfach. Wo der Mensch
Endet, beginnt die Flamme.
Und dann in der Stille hört man
Der Aschenwürmer Gezisch.

Denn all die Milliarden Menschen
Halten im Grunde
Das Maul.

Peter Lotar

MILOŠ HORANSKÝ (JAN DAVID)

Die Hände Goliaths

(...)
Sie fahren durch die Straßen Verwirrt Verirrt Das erste tschechische Blut auf den Ketten
Pfeifen Züge Unsere einzige Waffe
Alleszerstampfend Schrecklich Absichtlich Verfehlt
21. August 68
Euer monströsester Tag Geschichte des Sozialismus
Manche glaubten in Westdeutschland zu sein
Manche glaubten die Manöver fortzusetzen
Viele sind schon den sechsten Monat in den Tanks
Viele wußten nicht daß sie die Grenze der Republik überschritten
Viele stinken vom schweren Alkohol
Einige sehr Junge weinen Mißbraucht
Viele zucken die Achseln Zeigen auf ihre Offiziere
Viele schießen kopflos
Viele führen die Panzer gegen die Blume Gegen die Flagge In die Körper
Viele haben keine Augen Nur schreiende Waffen
Viele haben keinen menschlichen Ausdruck
Alle sind aus dem Unbekannten
Alle sind aus einem Panoptikum Aus Josef Stalins Mausoleum
Armee
  im Metall der Vernichtung
  während der Mondsuchttage
Armee
  unter Befehl der TASS und der PRAWDA
Hexenherbst
rinnt über die Körper der Ermordeten
Vettelhexenherbst

umzingelt das Land
aus der Flugbahn stößt er
Übungsflüge der Schwalben
Armee
  röter um unser Blut

(...)

Aus voller Sonne
aus blonder Luft
  in die Verfinsterung
  in die Unterwelt
Breshnews Soldateska
vereist selbst die Sonne
zum Schindanger zieht sie die Wahrheit

  Von Osten verfault die Morgenröte
  verleugnet vom Hahn

  Josef Dshugaschwili
  Nach der Kälte und Roheit des Stahls
  Stalin genannt
Massenmörder
der größte bisher in der Geschichte des vermenschlichten
Affen
  Nach Art der Halbgötter
  mariniert im Mausoleum
Dann umgesiedelt zur Kremlwand
wie die Dialektik
der postmortalen Kaderarbeit es gebietet
  das fünfzehnte Jahr nach seinem Tod
  und das zehnte Jahr nach seiner Entbalsamierung
erhob er sich
ausderhölleauferstanden
  und im Rücken seiner Heere
  hat er Prag betreten
Breitbeinig
schreckensvoller
als einst in Stein
verdunkelt er den Horizont

Elftes Gebot
  Es sind Augenblicke
  es sind Stunden zwischen dem Entsetzen
  und dem letzten Fünkchen von Wahrheit
  in denen du hassen mußt deinen Nächsten
ja ihn sogar töten

Lernen
  Das Herz wie einen schreienden Vogel halten
  damit es nicht schluchzt
Lernen
  Taub reden Blind blicken
  Nackte Dirnen des Todes hören
Lernen
  Knoten am geschlossenen Kreis
  Davids Schleudern

Ludvík Kundera

PAVEL ŠRUT

Stein im September

XI.
Jetzt und hier und abermals
unter dem entblößten Himmel,
in der Landschaft Moores
die Plastik der Frau
es schmerzt der Mund
vom gläsernen Flaum des Pfirsichs.
Und niemals aber gerade jetzt
und nirgends aber gerade hier.
Im Kreis.

Der Weg nach oben ist ein Weg nach unten
und ich bei der Rückkehr
wieder mit einem Bein auf der Flucht.
Die langsame Scherbe kreist
im Blut der Skulptur Moores.
Der Stein der Jahre fällt.
Der Stein des Fluges.

Die Worte verändern sich, die Sprache bleibt.
Wir finden nur das vor, mit dem wir uns verfehlen.
In der Nähe, aber unerreichbar.
Wir können nur sprechen, wenn wir schweigen.
Ich bin ausgemergelt und werfe einen üppigen Schatten.
Fern, aber nicht unerreichbar.
Ich kann mich nur mit der eigenen Selbstbezichtigung
verteidigen.
Der Stein des Tages fällt.
Der Stein auf dem Grund.

Alena Fürnberg

Dunkles Jahrzehnt

Siebziger Jahre

FRANTIŠEK HRUBÍN

Die Weihnachtskrippe von Lešany

(Ausschnitt)

Josef Padevět geht mit Marie, seinem Weibe,
und Marie will vom Arm nicht das Bündelchen lassen,
nicht aus dem Deckbett, umhüllt vom Wolltuch, darin
pulst so leise das Blut durch des Körperchens Dunkel;
und der Augenblick naht mit jeglichem Herzschlag,
da sich das Kind des eigenen Daseins bewußt wird
und sich hinreißen läßt vom maßlosen, schönen
Leben, erfüllt von Kriegsungeheuern, Träumen und Liebe;
durch das Schneetreiben gehn sie und steigen hinunter
schwer zum Georgsberg und hangab zum Flusse Sázava.
»Schau«, so flüstert Marie. Durch die Schneewehen schleppt sich
mühsam ein Schatten, und Klumpen unmenschlicher Töne
und Geräusche wie scharrendes Blech lösen sich aus ihm,
fliegen den beiden nach: »Was für ein Kauderwelsch
spricht er? Es hört sich an wie: Geht ihr denn nicht
nach Ägypten?« Da drehte Josef sich um, und er lief
wuchtig gegen den Schatten und stieß mit der Brust
hart an den buckligen Felsen. Er kehrte zurück:
»Sag, was spukst du? Es ist doch Dalibábas Fels,
auf ihm rappelt der Wind!« Und er faßte die Frau
an den Armen, am Hang auf dem Steg tief unterm
Schnee ertastet er mit dem Fuß gefrorene Schollen.

Weiter schleppt sich der Schatten, der ihnen so nachrief;
Tand aus Metall schellert an ihm, mit den Händen
zieht er Schleier gewesener Landschaften fort,
die dieser Senke Anblick inmitten von Böhmen
seltsam trüben, er weicht Kamelkarawanen
aus, verbannt aus der Zeit, und sobald er den Mund
öffnet, atmet er heißen Wüstensand ein und

unvermittelt darauf die hiesige Frostluft:
»Ja, sie sind es, die dort vor mir fliehen, ja, Josef
ist's und Maria samt ihrem Kinde, sie sind es,
doch im verzerrten Bilde, es zeigt mir gar viele
Zeitalter übereinander, wohin ich auch gehe.
He, ihr dort, wartet! Mir könnt ihr doch nicht entkommen!«

Aber Marie mit dem Kind und Josef hat er zuvor
aus den Augen verloren am Hang, und sie öffnen
eben die Stubentür: bald knistert Reisig im Herd –
mag auch das Wasser gefrieren, mag heute auch nirgends
eine Wachtel sich zeigen im winternden Schneesturm,
käm auf sechs Leiden kaum eine einzige Freude,
schwankte des Unheils Felsblock auch über der Erde:
Duft eines Balsamgartens strömt durch die Stube,
und eine große Helle geht aus von dem Kinde.

Uwe Grüning

JAN M. TOMEŠ

Stonehenge

Im Süden eines alten Landes
mit undeutlichen Ebenen
verwandeln sich exakte Kreise aus Monolithen
im umgekehrten Verhältnis wie Kreise im Wasser:
vielfältig werdend nach innen.
In Raum und Zeit ein seltsamer Ort,
beide doppelt gespalten vom Zurückdenken der Menschen
bis dorthin, wo das schreckliche Gewicht durchsichtig wird.

Längst verlassene Opferstätte, fern gewordener Altar der Zeit,
vielleicht von einer andren Bedeutung als jener,
die wir mühsam erraten.

Noch in den Lücken herausgerissener Steine
zwischen verlorengegangenen Götzen und uns
läßt sie einige Fragen bestehn.

Fragen niemals beantwortet,
stets wiederkehrend
in verwandeltem Bild.
Keineswegs überstürzt, im Gegenteil, äußerst langsam,
gerade so,
daß, ehe sie ein neues Kleid anlegen,
vergehen Jahrhunderte, zerbrechen Dynastien,
lange Epochen verschwinden
sich mehr und mehr neigend,
und ihre Propheten versprechen der Menschheit immer
wieder die Zukunft,
so lächerlich bis ins Detail, ähnelnd der Rückkehr
ins verlorene Paradies.

Es sind, erstaunlich, immer dieselben Fragen,
welche wir der Vergangenheit,
doch auch der Zukunft stellen
den funkelnden Konstellationen,
den so nah strömenden Milchstraßen,
so nah, daß der laue durch sie hervorgerufene Luftzug über die
Thymianraine zieht
in meiner Heimat.

Fragen sich selbst gestellt
(Waghalsige richten sie sogar an Gott)
oder zumindest den Nächsten, die kein Ende mehr nehmen
und in denen Berechnungen,
Leonardos Zeichnungen und manchmal auch Verse uns von
den Tischen zufallen,
während unersättliche Kriegsbrände und das eisige Feuer
mannigfachen Hasses
prasselnd ganze berühmte Bibliotheken verschlingen, in denen
alle unwiederholbaren Metaphern für immer ersticken.

Heute noch Städte und Völker, morgen so manche kaum noch
bewußte und vermutlich erfundne Atlantis –
von Zeit zu Zeit entdecken auch wir von Lianen erdrosselte,
in der Urwälder Tiefe von Schlangen eifersüchtig bewachte
Dynastien mit ihren Wappen, Jahreszahlen, Bastarden,
mit ihren Künstlern, ihren Historikern endlich
auf den tiefsten Grund der Geschichte gesunken,

und – um Hamlet abzuwandeln – mit den Schädeln
junger Männer in den Händen alter trauriger Narren.

Uralte Musikinstrumente schlummern mumifiziert
in den Museumsvitrinen.
Diesmal sind wir es noch, die sie anfassen und an einen anderen Ort legen –
niemand kann sie mehr spielen.

Wer staunte über den Hohn, den all das hervorruft
bei tiefen Geistern wie bei oberflächlichen Seelen,
wer schmunzelte nicht über Moralismen, unendliche Erwägungen,
gewisse Träume und undeutliche Bilder,
sie wollen

und vielleicht können sies auch
dies alles einschließen in sich wie ein fernfernes Arom.

Der Duft verbrannten Grases
in undeutlichen Ebenen im Süden eines alten Landes.

Ludvík Kundera und Uwe Grüning

JIŘÍ KAREN

Quijote legt seine Prüfung als Maler ab

»Male den Tag«
sagten die Meister
»Sodann eine Frau
schön soll sie sein«

Man wartete –
wird er wohl Schneeflocken malen
Eiszapfen unter der Traufe,
Fröstelnden Frühling
Nächtliches Huschen
sanftmütige Hasen

Jedoch der Törichte
zeichnete die Zeit der päpstlichen
Bullen und Ketzerverbrennungen
dahinwankende Aussätzige Moderndes Laub
Franz Müller
Seine achtmalige Bange
Er fragte auch Warum warum warum
verbrannte das Dorf
                    anderen Glaubens
Er malte die garstigen
abgerackerten Hinterteile der Untertanen
und andere traurige Dinge
Er vergaß daß Seine Gnaden
                    der Strauß
Kommissionsmitglied war
sowie der Herr Pater Kugel
Unisono donnerten sie
»Anstreicher wird er«

Karol Reif

JIŘÍ ŽÁČEK

Sentimentale Reportage aus der Landschaft meiner Kindheit

Wohin kehr ich zurück, wenn nicht hierher,
mein umgestürztes Land von Hügeln,
mein Heim, mein süßes Heim
mit abgebrannten Flügeln.

Du meine schöne Landschaft,
schon nicht mehr schön
und nicht mehr mein

(wie immer auch: Der Vers ist krumm.)

Geblieben ist nur Land im Koma,
gebärend ausgedörrte Erde
Steine
Ruß
Asche
Zunder dann,
Schlacke, wo man nicht ruhen kann.

Als hätte hier die Pest gewütet,
als hätten Heuschrecken gehaust,
der dürren Vögel Schrei aus heisrer Kehle,
modernd im Sumpf der Sturm verbraust.

Annemarie Bostroem

VLADIMÍR HOLAN

Orpheus

Er verstand nicht zu lesen, zu schreiben, zu rechnen,
aber er sang. Und als er starb, wuschen Frauen
mit einem Schwamm seinen Leib.
Und als sie
sein Geschlecht berührten,
begann er zu singen ... Bestürzt
liefen sie fort
und taten kund diese Nachricht ...
Unbestattet verstarb er ...

Uwe Grüning

LADISLAV NOVÁK

Mit dem nahenden Herbst 1972

Erste Anregung:	Am 8. 10. bei prachtvoller Herbstsonne ein Spaziergang durch den farbensatten Fasanengarten und dann über die Hochflächen bei Nehradov (diese Orte sind auch Schauplatz des zweiten Teiles meines »Zámostí«).
Zweite Anregung:	Der Gedanke, daß ich allzulange nichts geschrieben habe.
Dritte Anregung:	Ein schwerer Allergieanfall am Morgen des 9. 10., verbunden mit den üblichen Angstzuständen.
Vierte Anregung:	Flüchtige Erinnerung an das Gedicht von Halas »Der Dichter überwintert«.
Fünfte Anregung:	Bleibt auch für den Autor Geheimnis.

– Mit dem nahenden Herbst färbe ich mich gelb, falle vom Baume, der Wind verweht mich, die Vögel fliegen mir fort, die Bienen verkriechen sich in die Tiefen des Bienenstocks, von scharfen Pflugscharen werde ich um- und umgekehrt, verdorre, rage zuletzt nur knochenstarr empor und warte, wann mich barmherzige Nebel verhüllen (absichtlich benutze ich hier den etwas literarischen Ausdruck »verhüllen«, weil er wesentlich weicher, verschwommener und somit geeigneter ist als das geläufig angewendete »verdecken«).

– Vorerst aber habe ich einige Samenkörnchen dem verschwebenden Altweibersommer anvertraut, andere den Kletten, die unbemerkt an euren Kleidern hängenblieben, weitere in kleinen Beerenfrüchten den Vögeln, die sie verschlucken und mit ihren Exkrementen verbreiten (auch diesen Wegen weiche ich nicht aus), die teuersten, seltensten Samen schließlich verwahrte ich an besonders versteckten, mit zartem Flaum ausgepolsterten und durchwärmten Orten,
um den Winter zu überdauern,
um doch zu überleben.

Aufgaben: 1. Nenne die bedeutendsten Arten von Herbstfrüchten.
2. In einer verlassenen Allee heb eine Kastanie

vom Boden auf und halte sie lange fest in der Hand.

3. Schreib kurz und bündig deine Lebensbotschaft nieder und übersende sie ohne Unterschrift einer zufällig ausgewählten Person.
4. Antworte auf die Frage, warum der Dichter überwintern muß. Und muß er es wirklich?
5. Was hast du getan, was wirst du tun, damit er nicht muß?!

Vilém Reichmann

ANTONÍN BARTUŠEK

Diese paar Jahre

Du willst nicht aufgeben.
Noch hoffst du.
Bewahrst die fingerabdrücke auf
aller katastrophen.
Sehnst dich, sie bei der tat zu ertappen.
Der schnee fällt doppelt.
Mit einemmal haben wir graues haar,
beide.

Reiner Kunze

JIŘÍ TAUFER

Von den unendlichen Gegenden der Kindheit

Im SAUMwortschatz MURUGURAUN
Tackt Erbsenregen trakatak
Des Waldes Terpentin tränkt braun
Das Wiesenbuntegrasschnickschnack.

Ein Kümmelduft von hinterm Zaun
Im Erdgelb stolzt mit rotem Frack
Okarinarrisch ein Kapaun
Zinnglanz des Himmels drüber lag.

Wie sonntäglich war es allein
In den verlaßnen Ziegelein
Wo Wespenkuppel Otternest

Wo ich geklettert um zu schaun
Vom Schornstein nach Muruguraun
O wunderwirres Kindheitsfest.

Walther Petri

ANTONÍN BROUSEK

Vogelhaus

In memoriam Jan Palach

Irgendwo muß hier Frühling sein,
die Feuer treiben schon Knospen,
der Rauch blüht auf,
und Stichflammen schießen herab auf die Schultern
eines friedlichen Mannes, vom Feuer besessen.

Der Buddha kratzt sich am Nabel,
und unterdessen
greift der Brand
auf immer tiefere Stockwerke
der Haut über,
auf die angebrannten Innereien,
auf die Hölle –
zum Teufel
mit den schönen Bildern!

Das Feuer wird uns nie aus der Hand fressen.
Ein blutiger Schnabel reißt das Fleisch,
es glüht die Lunte,

in der Asche
atmet der Aufruhr
ruhig im tiefen Winterschlaf.

Autor und Rudolf Hartung

JAN SKÁCEL

Verbotener Mensch

Alles was ich besitze hab ich nach innen gewendet
und es ist von der anderen seite der tür wie die krawatten
an der rückwand innen im kleiderschrank

Allmählich gewöhne ich mich an die stille und die gerüche

Mir gelingt's eine kleine feder aufzulesen aus dem schlamm
und sie nicht wieder wegzuwerfen

Und nicht grundlos sage ich dem donner du

Manchmal erzähl ich mir eine geschichte
und ein andermal singe ich für mich ein liedchen
Davon daß wir beine haben nur damit sie schmerzen
und eine seele damit sie durchhält

Und wieder bin ich unhörbar unhörbar wie das licht

So bis ins einzelne befasse ich mich mit der stille
daß ich dem tastsinn folgend die angst durchschneide

Die fremde und die eigene

Und deshalb scheint's ich gehöre zu ihnen
wenn blinde sich umdrehn

Gemeinsam ziehen wir im finstern uns durchs nadelöhr

Reiner Kunze

MILOSLAV TOPINKA

Wort-Messer

Manchmal ist es nicht zum Aushalten, so ohne Krücken. Das Risiko ist für den, der die Messer wirft (um nicht zu verletzen), wie für den, den die Messer umhauen. Besonders wenn das ein und derselbe ist.

Und Wort-Messer sind scharf, selten beschwichtigend.
So stark ist manchmal
mein Wunsch nach Zartheit, vielleicht nur für eine Weile
sich auf Kissenworte zu stützen (in der japanischen Dichtung
sagt man »makura-kotoba«;
auf so ein Wort
stützt sich das nächste wie auf ein Polster).

Ludvík Kundera

JAROMÍR HOŘEC

Die Sprache haben sie in Haft genommen

Die Sprache haben sie in Haft genommen
Sie haben sie gezwungen nackt zu stehen
vor den Wächtern schmutziger Sprachen
auf dem Grund besudelter Betonfußböden

Die Zeitwörter
das Blut ihres
Sauerstoffes
und den ununterbrochenen Trotz
bedrohen sie arg

Sie jagen zu Verhören Umstandswörter
unweit zu hörende

Auch die Vorwörter sind verdächtig
der Umstürzlerei Und Unrecht geschieht allen
die frühmorgens den Kopf heben
um Licht zu schnappen

Den verborgenen Sinn der Fürwörter
umringen Späher
mit freundlicher Arglist versuchen sie
aus ihnen die Quelle herauszuziehen
wo der Raum weht
unzugänglich den Lügnern
unsichtbar den Triefäugigen
und doch flatternd mit Gemeinschaftsbotschaften
an allen Wänden

Sie verspotten
bespuckte Empfindungsworte
zerstampfen ihren Schmerz
den der Zorn mit seinen Schlagadern durchwob

Beiwörter
werden abgehört
und jede ihre Zustimmung
von der anderen Seite
wird notiert

Bindewörter treue Schwestern der Helle
die Hände reichend den im Dunkeln
schweigenden
die nicht mehr hofften den Weg zu sich zu finden
stehen im Verzeichnis

Sie sprechen Vokale aus
wie von Nebel bedeckt
In ihren Konsonanten
spürt man die Zugluft Sibiriens

Wann immer sie aufspüren
Hauptwörter
verlautbaren sie Bereitschaft
und machen einen Streifzug
gegen ihren lauten Luftzug
und gegen die Gleichheit der Ulmen
und gegen die Unwiderlegbarkeit der Gewässer
denn sie benannten
das Wesen alles Bösen

Ludvík Kundera

ZDENA ZÁBRANSKÁ

Vorbedingung

Die Frauen laufen uns davon,
beklagte sich ein Mann.
Zurück bleiben Häuser voll Widerhall,
beinstellend überflüssige Stühle,
Plüschteppiche, weich und geschmeidig.
Surren der Maschinen,
wie sie die Nebelschwaden umwenden,
feuchtkaltes Leinen.
Bald kommt der Winter und die junge Frau
schlüpft nackt in ihren groben Wollpullover,
zieht Überschuhe an aus weichem Leder.
Vom Schnee der Bangigkeit verweht, duckt sie sich nieder
mit dem Entschluß zu überleben.
Nur wenn es schneit, kann man sie sehen
durch's umgekehrte Opernglas.

Vilém Reichmann

JAN VLADISLAV

Sätze

(Ausschnitt)

Empedokles aus Akragas behauptete,
die Welt bestehe aus den
vier Urelementen
Erde, Wasser
Luft und Feuer.
Recht aber hatte eher ein alter chinesischer Dichter,
als er schrieb, der Frühling zerfalle
in drei Teile:
der erste werde zu Erde,
der zweite zu Staub
und der dritte zu fließendem
Wasser.

Du siehst das Wasser
die rote Erde seines Landes fortwälzen,
du siehst das Wasser
den weißlichen Sand der Meere wegspülen,
du siehst das Wasser
die heimatlichen Kiesel schleifen,

durch die Jahrhunderte
pulsen, strömen.

Dieses fließende Wasser
erinnert sich an alles:
an die Tränen, das Blut und den Harn
deiner Väter und Mütter,
an die Milch,
die sie getrunken,
die du getrunken,
an sie,
wie sie sich nackt vor dem Spiegel wusch,
an jedes ihrer zarten Glieder,

an dich
und deinen kommenden Tod.

Mit jedem Schluck
trinkst du es durstig,
mit jedem Atemzug
versinkst du durstig darin,

und es trägt dich
im Gedächtnis
wie ein sonniger Fluß
seinen Ertrunkenen.

Empedokles aus Akragas behauptet –
recht hat aber eher Su Tung-p'o,
daß der Frühling nur Erde sei,
Erde, Staub und fließendes
Wasser.

(Das Gedächtnis der Dinge)

Susanna Roth

LUDVÍK KUNDERA*

Variationen auf Stein

für Jaroslav Seifert

Den Kiesel zum Kosen
Den Stein zum Stoßen
Nicht zu bewegen der Klotz
Und Fels: stummer Trotz

Mit Schotter – aufzuschütten
Mit Lehm – zuzuschütten
Sand verrinnen lassen
Am Staub ersticken

Den Marmor für die Ewigkeit
Den Schiefer für die kurze Weile
Granit bloß als Boden
Sandstein für Statuen

Eine Statue für die Geste
Eine Geste für den Stein
Ein Stein bis zum Klotz
Ein Klotz bis zum Felsen

Fels zu Felsenriffen
Riffe zum Wolkenrand
Durch Bewölkung zu den Kieseln
Und alles noch einmal

Felix Philipp Ingold

IVAN BLATNÝ

Auf der Veranda

Auf der Veranda beim Rascheln trockener
Bohnenschoten und Samenkataloge
liest der junge Everar alte Krimis

*Auswahl dieses Gedichts vom Verlag.

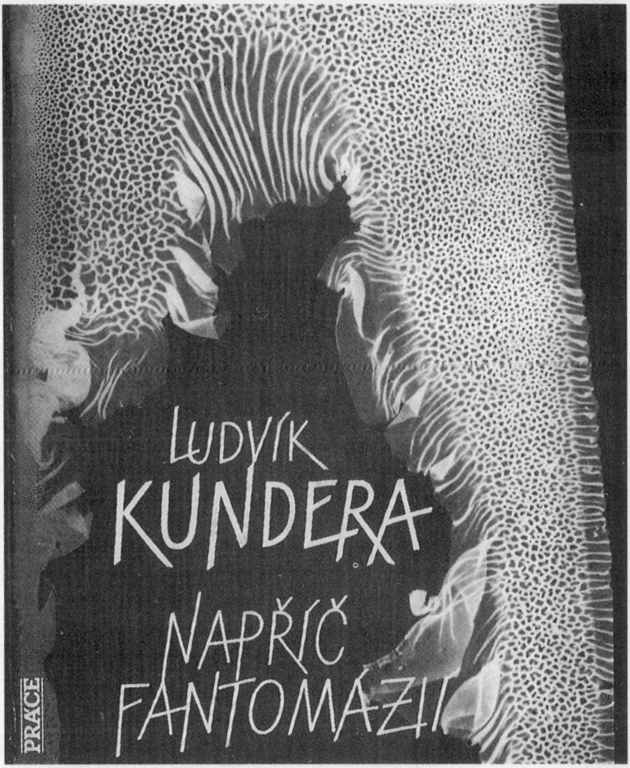

Václav Bláha: Buchumschlag zu Ludvík Kundera, mit einem Fokalk von Miloš Koreček; 1991

Edgar Wallace Agatha Christie Simenon
Zwanzigtausend Meilen unterm Meer
Die Veranda schwimmt davon wie der Sommer
                                        der letzte Sommer
Kapitän Nemo ist tot im Sand unterm Meer

Wäre es doch nur nicht der letzte Sommer
wären wir doch für immer
glücklich im Mutterschoß geblieben
beim Rascheln der Samenkataloge

Susanna Roth

VILÉM ZÁVADA

Dreiherrlichkeit

Mit den Dichtern war es immer ein Kreuz
Immer mißraten sie zu einer Bürde
Sie sind verurteilt sich zu entzweien
und halten nicht den Gleichschritt der Reihe
Nur das höhere Treppchen gibt ihnen Würde

Aber ob Dichter oder Ringer
ob Teufelsbraten ob Abtrünniger
jeder anerkennt bereit-
willig die Dreiherrlichkeit

die Sonne als ihr Strahl und Schatten

die Erdmutter die dem Sohn einst gestattet
sich schlafen zu legen in ihrem Schoß

zuletzt das arbeitsgeadelte Volk
auf seinen Schultern die Last der Welt

In ihm gehe und leb ich noch verborgen
ein Vogel unter Vögeln waldumstellt

Richard Pietraß

Zermürbung

Achtziger Jahre

JAROSLAV SEIFERT

Und adieu

Den Millionen von Versen auf der ganzen Welt
hab ich nur ein paar Strophen hinzugefügt.
Sie waren nicht viel klüger als das Lied der Grillen.
Das weiß ich. Entschuldigt mich.
Ich ende schon.
Es waren nicht einmal die ersten Fußstapfen
im Mondstaub.
Erstrahlten sie manchmal dennoch,
so war das nicht ihr Licht.
Ich liebe diese Sprache.
Und da sie die schweigenden Lippen
zum Beben zwingt,
bewegt sie mühelos auch die Liebenden zu Küssen,
wenn sie durchs Himmelsrötenland schlendern,
wo die Sonne langsamer untergeht
als in den Tropen.
Die Dichtung geht mit uns von Anbeginn.
Wie die Liebe,
wie der Hunger, die Pest, wie der Krieg.
Manchmal waren meine Verse töricht,
verdammt töricht.
Aber dafür entschuldige ich mich nicht.
Ich glaube, schöne Worte zu suchen
ist besser
als zu töten oder zu morden.

Ludvík Kundera

OLDŘICH MIKULÁŠEK

Nachlässe

Was eigentlich ist dir von mir geblieben?

Ein paar seichte Worte,
leicht wirst du sie durchwaten
auf einem anderen Gaul;
vom Umriß jeder Letter eingeschlossen
wie in Gefängnishaft
mein keuchender Atem.

Das Übrige vergiß!

Denn alles, was je war,
ist dunkel;
bald scheint es so, als wär' es nie geschehen
und letztlich ist es nicht,
wie der grundlose Mord
im vorvorigen Jahr –
von ihm gibt die Geschichte niemandem Bericht.

Nur etwas weit Entferntes
scheint grausam nahegerückt
wie nach der langen Reise durch den Leib
wieder herznahes Blut, und darin treibt
dies schwärzliche Gerinnsel, grober Hohn,
der vielleicht Zärtlicheres trifft –
als Worte wie Köpfe auf dem Richtplatz fielen.

Dies wiederum ist mir geblieben.
Und unterirdisch das verborgene Rinnsal
einer Silberstimme – trotz alledem.
Und dir auch noch von mir?

Mag sein, das Federchen allein,
das ich dir schenkte irgendwann einmal
und welches seine Taube längst vergaß –

mag sein, nur diese winzige Kastanie,
die längst wohl ihren Zweig vergaß –
und beide ihren Flug und Fall.

Mag sein …

Vilém Reichmann

JINDŘICH HILČR

Stilleben mit Himmel und Fischen

Zu den Bildern Vilém Ploceks

Ich komme aus dem nahen Paläozoikum
ein müder Feldweg läßt sich hören
bedeckt mit Flügeln der Eintagsfliegen

Aus dem Wasser taucht empor der Wald
moosiges Halbdunkel spröde Kapillaren
verkohlten Bärlapps und künftiger Schachtelhalme

In euch ist meine Quelle – lächelt
der eiskalte nächtliche Himmel
fröstelnde Tränen durchsichtig und klar

Wärmer sind meine Muffe
bietet der Lehm von jeher an
Kleidung den Haselnüssen

Gestützt auf das Rückgrat des Grases schreitet
der Trümmerturm Zukunft nicht nur die eure
am Ufer Feilschen mit den Pfeilkräutern

Auf dem Grund des kosmischen Flusses
erdichtete Fische kommen zur Welt
folgend dem Beispiel fallender Sterne

Und lernen lieber fliegen

Ludvík Kundera

ZDENA BRATRŠOVSKÁ

Die Brüder

Nein, Abel, Neid ist es nicht.
Dem einen beschert das Geschick
Lammwolle, dem andern Brachland mit Steinen.
(Ich hatte Kreuzschmerzen zu erleiden,
während du auf der Hirtenschalmei bliest.)

Wo wir leben, ist nicht mehr das Paradies.
(Gab es das überhaupt? Die friedfertige Meute,
Gott, der es Schwefel regnen läßt immer und heute,
sobald man seinen Zepter berührt ...)
Die Menschlichkeit, die von ihm sprüht,
sie rodet die Wälder und spielt uns auf herrlich leicht.
Sie setzt sich zusammen aus scharfen Säften und Fleisch,
du reinigst sie nicht mit Zartgefühl, nicht mit Opfern.
Auf Ammenmärchen hast du gesetzt dein Hoffen.
(Nein, Mutter Eva kannst du die Schuld nicht geben.)

Komm, färb den Mund dir rot mit den Himbeeren,
die mir aus den Furchen gewuchert sind.
Liebkose dein Bild,
in der Pfütze, die auf dem Wege liegt.

(Ja, alles trennt uns, der Stolz nur nicht.)
Du bist einer, gewohnt, von den Gärten zu kosten.
Ich aber besetz einen anderen Posten,
jenen des Paria, der streunt über Wüste und Felseinöde.

Daher verzeih, mein Bruder, daß ich dich töte.
Könnt ich ertragen doch nicht, daß die Welt deinen Nacken beugt.
(So bin ich den Leidensweg anzutreten bereit.)

Roland Erb

IVAN WERNISCH

Ohne Titel

Truppen marschieren bei Nacht,
tous les visages sont semblables

Soldiers by night on the march,
alle Gesichter sind gleich

Les troupes, de nuit, vont au pas,
every face is the same

Himmel

Unter dem abgespülten Putz
der abgelösten Hülse
lustige Farbe
der neuen Mauer
unter der abgeschundenen Rinde
der abgerissenen Hülse
rosa Haut

Die Mauern stürzen ein und hinter ihnen
lustige Farbe
des Himmels

Ludvík Kundera

FRANTIŠEK LISTOPAD

Tod Böhmen Musik

In dem alten Notizbuch hab ich Worte gefunden
in der Reihenfolge
Tod Böhmen Musik
Herbst
die Sünde liegt auf der Schwelle
Ich konnte es nicht verstehn

Ich müßte Rat suchen bei irgend jemand
doch wo sind die abgezehrten Windhunde hin
die von Gedichten und vom Krieg zermürbt sind
wo ist das Streichquartett
und die letzten neuen Freunde

Aber lassen wir das.

Roland Erb

MIROSLAV HUPTYCH

Das Ei

Er stand im Geruch
ein toleranter Mensch zu sein
daher überraschte es niemand
als er eines Tages
ein Ei legte

Zwar blieb dies
geheimnisumschleiert
doch ist verbürgt
daß man anfing
ihn vereint mit dem Ei zu sehen
das auf seinem kahlen
Kopf thronte

Sein tastender Gang
wurde noch leichter
Beobachter behaupteten sogar
er schwebe

Auch fanden sich jene
die in diesem Akt
ein Gelöbnis erfolgsträchtiger Metamorphosen
aus dem Flügelreich erblickten

Aufgrund dieser Aussicht
verordnete man ihm
zwei Cherubime mit Flammenschwertern
ihn nicht nur vor Wieselei zu bewahren
sondern dem Ei
vor allem die nötige Wärme
zu sichern

Es war töricht die Stimmen zu verschweigen
die zeitübergreifend mahnten:
        man werde sehen was draus ...
        wir zogen beileibe nicht seinen Fettnapf
        in Erwägung
        aber er beantwortete noch nicht die Grundfrage
        von welcher die Gewährung des Status
        größter Bevorzugung abhängt

Ihn behutsam umarmend nahmen sie ihn
beiseite
und brüllten in sein rosiges Ohr: Was war eher?
                                    Das Ei?
                                    Oder – – –
                                    oder – – –
                                    oder ...?
Daß er sagte: Hans Arp,
war unklug

Richard Pietraß

IVAN SLAVÍK

MAUERN HOHE MAUERN

Der Pyramiden. Graue Tage die nicht zu sehen sind.
Schreckliche Berge so aufgetürmt
Daß man nicht umkehren kann. Immaterielle
Wälle des unsichtbaren Ninive.
                                    Wand

Hörst du mich hinter dieser Wand?
Ich sehe deinen Mund aber
Deine Stimme höre ich nicht.

All die vergeudete Zeit.

Ludvík Kundera

JIŘINA SALAQUARDOVÁ

Alte Briefe

Nacht
Schnell lese ich zu Ende
was für ein Wetter
wird nach den Berechnungen der Sonnenaktivität
in den nächsten
fünfhundert
Jahren sein
der kälteste Winter
2001 2004
der wärmste Sommer
2227 2138 2218 2308

Endlich
was Sicheres

Den zweiten Juni 2227
am Bisamfluß
an der Wachtelwiese
am Forellentümpel
am Falkenfelsen
am Enzianhang
am Erlenpfad
am Auerbruch
an der Bisonheide
werde ich auf dich warten

Komm

Ludvík Kundera

JOSEF SUCHÝ

Der Wackelstein

Vom Unmenschlichen zum Menschlichen
ein langer, schroffer,
übermenschlich mühseliger Weg.

Und auf dem Gipfel –
vom Menschlichen,
mit übermenschlichem Ringen Erreichten,
ein kleiner Schritt zum Unmenschlichen.

Und an der Grenze zwichen Menschlich und Unmenschlich
nicht mehr
als ein Wackelstein.
Ein kleiner Fehltritt schon
würde genügen.

Was dann?

Nicht weniger und nicht mehr
als schallend von Gebirge zu Gebirge
Felsbrockentosen alles Menschlichen.

Vilém Reichmann

PETR KABEŠ

Elemente prüfte ich von ihnen geprüft

Elemente prüfte ich von ihnen geprüft
im Steinturm auf kühlem Felsen von Lava
ein Schorf auf dem Kahlkopf des Toten
prüfte ich Urkraft geprüft von ihr
im Buchungsort des Luftzugs
verdarb ich mir die Augen
die Sprache und spannte vier Sinne breit
damit der fünfte versinkt Störsender unten

die so rar kommen in diese böhmischen Berge
ich wußte Bescheid über den Zustand
diverser Dinge in so vielen Händen
ich der eigenhändige Klima-Dolmetscher
seines Entstehens und Vorgangs
ich der Prag-Seher der fernen
winziggewordenen Stadt
im Anprall des Lichts an Wolken
wahrsagend
wieder das Windlose
vertieft in den Morgen
die Augen verblendet durch Dunkles
durch Dunkles beim Prüfen der Urkraft
je nach drei Stunden verwandelt in:
KQW 1
je nach drei Stunden mir Antwort
424
so schnitt ich durch Pausen
das Mono der Sprache rückübersetzbar
durch Kabbala-Zahlen
in eines Sinnes Sinn
wo dankbar die Erde schluckt ihr Gekotztes
der Wind mich an die Turmwand nagelt
wo das Erzgebirge zur Schmerzgrube wird
eines schwefligen Quintärs
hinter dem grün-roten Auge des Funkers
hat es geprasselt und meinem Nichtgesagten
fauchte die Antwort entgegen:
Verstanden-Erhalten-Ende
kein anderes Wort zurück
über das Lieben
so verstummt
über die Texte abhanden gekommen
über die Freunde im Knast
über die hungernden Sippen
über das Lavagestein kalt
wo ich die Arme leer schließe
wie Gott der die Welten leer laufen läßt
und wahllos die Tage entkettet
kein Wort darüber daß ich wie er
den Irr-Lauf der Tempi bewohne

Buchumschlag zu Jan Skácel mit einem graphischen Blatt von Bohdan Kopecký; 1988

in dem dies alles Dauer und Platz hat
das Wetter die Pausen der Kerker der Durst
der Schorf auf dem Schädel
eine nie brennende
eine nie schließende Narbe
ja ich verstehe:
habe erhalten
Ende
geblendet vertieft
schauend
durchs Dunkle

Georg Birno

MIROSLAV HOLUB

Syndrom des Wenzelsplatzes

Dezember.
Die elfte Abendstunde
vergoldet vom Natriumlicht, Smog der Stille
am Boden. Der reitende Fürst verfolgt mit seinem Bronzeauge
die Wache am Fuß. Da und dort die Silhouette eines Fußgängers,
eher unwirklich.

Aber aus der Krone einer Linde, die vergessen hat,
ihr Laub abzuwerfen, singt mächtig eine Amsel,
das Lied steigt hoch und sinkt herab in die U-Bahn,
das Lied einer einzigen schizophrenen
Dezemberamsel,
das mächtige, anhaltende Lied einer einzigen
schizophrenen Amsel,

ja, freilich,
ein Lied.

Franz Peter Künzel

VÍT SLÍVA

17. November

Die Nacht versinkt in Nacht,
Metaphern leuchten.

Über die Tiefe sehen wir in die Höhe,
dort geht man mit beschleunigtem Puls
auf den Bahnen der Riesengestirne.

Die Nacht versinkt in Nacht.
Zieht die Dochte heraus!

Eine Lampe kann man zertreten,
das Licht nicht.

1989

Ludvík Kundera

JAN SKÁCEL

Worte

Die erst zuletzt erflehten
die zuletzt noch bleibenden
sie müssen uns genügen

Sag mir
wieviele braucht's für einen Vers
damit er nicht zu schwer wird

Und wieviele Kiesel finden Platz in einer Kinderhand
und wieviele in einem wunden Mund

Du warfst den ganzen Tag nur Worte fort
damit sie dir am Abend reichten für ein Gedicht

Jemand folgt uns nach und sammelt sie auf

Felix Philipp Ingold

Spiel um Bedeutung
1989–1992

JANA ŠTROBLOVÁ

Das Ende

Alles ging verloren;
nur verbrannte Gegenden,
über die der böse Geist strich.
Vielleicht – ein Zweig …?
            Aber, woher denn;
Ende. Das der Öde
        nach einer Trennung glich.

Und doch – kennt sogar
                ein entwurzelter Wildling
die Erinnerung an den Traum?
                        Daß irgendwann …
Er krallte sich mit einer Wurzel,
                            blindlings,
und noch am Boden, schon hebt er
                        den Wipfel himmelan.

Bohumil Šplíchal

MILOŠ VACÍK

Vier Sperber
(Ausschnitt)*

[…]

Sei geöffnet
            uraltes Buch Und komm
ins Licht der Welt …
            Wie schön du bist sehen wir

* Der Ausschnitt bezieht sich auf Jan Amos Komenský: »Das Labyrinth der Welt und das Paradies des Herzens«.

Welt hör! Du Welt bist Satans
Große Lasterhöhle Des stolzen Luzifers
feste Burg Des aufgeblasenen Beelzebubs
Dom voll von Götzendienst ...
Des Pluton, des Mammons ungesättigtes Weideland
Des tausendgewerblichen Betrügers der List und Lüge
volle Schule
Der hemmungslosen Begierden Reizmittel
Der Menschenseelen in schändlicher Eitelkeit Marktplatz
Kleister des Körpers Angel der Seele Der Verzweiflung
Hinterhalt Der Verdammnis Lockmittel
Strom alles ergreifend
Wind alles in sich hineinsaugend
See des Schmutzes
Meer der Unruhen
und Schlucht des Verreckens

Oder regiert in dir allein
Heuchelei Stolz Unrecht
Mord Wut Zorn Neid
und Haß
Unzucht Sodomie
Unflat Mutwille
Raub Diebstahl Unbill
List Betrug Schwindel
Lügen lauter Seltsamkeit
Unbarmherzigkeit Untreue Grausamkeit
Verleumdung Klatsch und Feindschaft

Es ist weder Recht noch Gerechtigkeit
weder Rat noch Vernunft noch Liebe
weder Wohlwollen noch Scham noch Angst
weder Sitte noch Ehrsamkeit
Jeder in seinen Gewohnheiten
spornstreichs läuft
wie das Pferd im Galopp
Ach Elend ach Kummer!

- -

Schließ dich Buch
meines uralten Wanderers
[...]

Ludvík Kundera

KAREL ŠIKTANC

Der Tod des Jan Skácel

Alles

wie es war

Nur dort das ordentliche Gesindel der Äcker
        und dort die kahle Unordnung des Waldes

Jahre sich fremd
Jahre sich stumm schielend
nach Glück

bewegten sich plötzlich im Gras zerschnitten aufs Blut
und fielen aufeinander mit aller Schwere
einer monströsen Scham
        die Köpfe eingesunken
        in Dornen

und heulten wie ein Tier

Was anfangen einer ohne den anderen?
Was anfangen einer mit dem anderen?

Über die Dorfkathedrale ergoß sich eisiger Schweiß

»Hebt ihr mich hoch?«
        sagte der schwarze Glöckner zurückgebeugt
        zum Turm
        und hob die Hände zum Himmel

Nebel fiel   lauter große Stücke

Ich nahm ihn bei den Lenden

        und dann weiter unten
        und noch weiter unten
bis er sich mit den Knien an meiner Brust einhielt

und im Finstern den Strang ertastete

In der Tür hinter mir klemmte der Schein
Der Herbst trug den Kerzenleuchter zum Weinberg

Und der Mann brachte sich in Schwung
ein Wunder daß er mich nicht vom Boden riß
        zweimal ruckte es
        dreimal zum Himmel ins Leere

»Stehenbleiben!«
        er legte die Beine zusammen …
        und dann nichts   gar nichts mehr

nur Dunkelheit   und Taubheit   und Schläge gegen die Brust

die Glocke zog mich aus den Ärmeln
die Glocke jagte mich in der Hocke
        nach allen steinernen Seiten

und   gottalleinweiß

vielleicht läutete sie

Konrad Balder Schäuffelen

Kummerich

Kummerich hat nichts mehr
                zum Ausweinen nichts.

Nur Nonnenkraut auf Gottes Acker
plappert mir in den Traum.
»Werde alt. Schnell! Mach nicht halt!
Tut's weh? Kaum …«

Und Schnee, viel Schnee wie lauter Zuckerhüte
für eine antike Konditorei.

Einst »Schrei doch, schrei« –
und heut nur »Kusch«.

Schönen Schaden möcht ich begehen.
Das Wetter möcht ich erdrosseln leise.
Und Feuer verbrennen haufenweise.
Wasser ersäufen.

Grundlose Verse möcht ich – ich flehe um sie von je.
Für eine Liebe einen Herbst. Für zwei, ja drei.

Man sagt bloß: Schnee.
Ist nicht recht bei Verstand.

Drängt sich zu Gräbern, an die Wand
wie fürchtend, daß sie wegschwimmen.
Und was, wenn das,
was mir erstarb –

und was vielleicht belastet mein Gewissen –
sich nur sehnt nach höherem Kissen?

Ludvík Kundera

IVAN DIVIŠ

Meine Augen mußten sehen
(Ausschnitt)

[...]

Meine Augen mußten sehen die Fäuste meines Erstgeborenen,
wie sie mich ins Gesicht schlagen wie damals in Pankrác,
meine Augen mußten sehen Dekade-Freundschaften,
genietet mit legiertem Stahl, wie sie in Staub zerfallen
unter dem ersten Ansturm von Grau,
meine Augen mußten sehen ihre Fäuste vor meinem Gesicht
und wie sie mich im Wahnsinnsanfall anschreit anschreit
mit total verrückten Augen:

du bist schon tot! schon längst bist du verreckt!
verreckt bist du!
Und auch meine Augen mußten sehen, daß die absolut
unzerstörbare Poesie existiert und wie sie das alles
mit dem Mantel bedeckt
und einen Tuchballen auseinanderrollt,
aus dem herrliche Fahnen und Flaggen
und Hochzeitsgewänder zugeschnitten werden –
meine inneren Augen mußten sehen
sich selbst im Erwachen,
in dem ich deutlich die Worte höre:
den Tag mit dem Gebrüll der Löwen anfangen!

Ján Raum

PETR KRÁL

Freuden des Exils oder Das Denkmal des Objekts

für Christian

Verstockter Muskel aus Ebenholz siecht in der Parasitennacht,
nichts als Leere zwischen zwei blutigen Striemen
auf der vergilbten Briefmarke –
und die Wüste reißt die Kinnlade sperrangelweit auf:
kümmerlich holpern über das weiße Papier,
vor Machtlosigkeit gerodeten Wurzeln nachforschen
und sich die Schößlinge abstoßen beim mühsamen Aufheben
der Sonnenscheibe aus dem todkranken Blatt.

Endloser Sommer der hohlen Bäume.

Mir ist der Kopf, meine gläserne Kugel
– mittags, im großen ganzen symmetrisch –,
entzweigesprungen vom Fall des Löffels auf den eiskalten Boden
der Küche, des großen Mausoleums.

Ludvík Kundera und Roland Erb

ANTONÍN PŘIDAL

Film

Anfang der siebziger Jahre
träumte ich von meiner Hinrichtung
Ich will euch nicht belästigen aber
blutig unblutig
Ich bitte sich zu erinnern
was das bedeutet

Als sich die Russen hier breitmachten
und der Mann namens Husák
einst von ihnen gewürgt
sie schmierig mit unserem Leben bewirtete
angeblich um niemanden hinrichten zu müssen
zogen lederne Wachen durch meinen Kopf
und schoben mich zum Augenblick meines Todes

Jeden hab ich überlebt
das stimmt
Aber vor jedem war ich verpflichtet
von meiner Frau Abschied zu nehmen von meinem kleinen Sohn
und zu warten daß jetzt jetzt jetzt
die Verkürzung
deines verkürzten Lebens projiziert wird

Der ganze Film
bestand darin daß ich an mich
ein geducktes Kind drückte Seinen feuchten Kopf
Das Beste (sagte ich mir)
was ich je ausdachte
Schnitt Ende Schluß

Das Erwachen
war immer ambivalent
Aus einem Strick in den anderen
Aus einem Tod in den anderen

Ludvík Kundera

MIROSLAV HOLUB

Das Meisterwerk

Das einzige Meisterwerk,
das ich jemals geschaffen habe,
ist das Bild des Nachtfalters Thysania agrippina,
ein Pastell auf grauem Papier.

Und dies, weil ich die Malerei
niemals sehr gut beherrscht hab. Das Wesen der Kunst liegt darin,
daß wir sie nicht sehr gut beherrschen.

Der Nachtfalter Thysania agrippina,
er hob sich ab vom grauen, steifen Papier
mit ausgestreckten Fühlern,

mit seinem plüschigen Hintern ähnlich
dem Zwerg des Hieronymus Bosch,
mit schmalen Füßchen an der eingefallenen Brust,
wie die Gespenster sie auf Pieter Brueghels
Dulle Griet haben, er verwandelte sich in Dulle Griet
mit Ranzen und Geschirr in der knochigen Hand,

verwandelte sich in Bodhidharma
mit langen Ärmeln,

war Jin oder Schatten
und Jang oder Licht, Chuej oder Finsternis
und Ming oder Helle, er war
von der schwarzen Farbe des Wassers, dem Ocker der Erde,
der Bläue des Holzes,

ich war stolz auf das Bild wie der Rat von Antwerpen
und der Zehnte Patriarch vom Gelben Fluß,

ich bespritzte ihn tüchtig mit Schellack, was
den Eid des Malers auf Goethes Farbenlehre darstellt,

und dann hat ihn mein Zeichenlehrer fortgeschafft ins Kabinett
und ich hab ihn vergessen,

wie meine Großmutter mehr als einmal
ihr Gebiß im Wasserglas vergaß.

Roland Erb

VLADIMÍR VOKOLEK

W

Das Lob der Sterne ist auch Lob der Nacht
ein oft gerissener oft neugeknüpfter Faden
ist auch ein Lob der Nadel
und das Gestichel in dem weißen Linnen
das auf den Stickrahmen der Sonne ist gespannt
vereint die ausgestochnen Augen in erneuerter Vision
auf dem Damast des Hochzeitstischs der STICKERIN
und wir entdecken an den Himmelsrichtungszipfeln
ihr Monogramm aus Freud und Leid geknüpft

Was wir als M gelesen auf der Nacht-Kehrseite
mit dem die Todesgöttin Morana Besitz ergreift
von jedem Einzelstück der irdischen Aussteuer
kehrt an der Stirnseite sich um zum Doppel-V vita et vita
des Doppellebens strahlend Zeichen

Roland Erb

JOSEF HIRŠAL

Der Flügelhornist

Und goldene Töne sind von den Toten auferstanden, goldene Melodien, das goldene Blech eines Flügelhorns, das er mit beiden Händen festhält, an die Lippen preßt er das Mundstück, an die roten Lippen unterm schwarzen Schnauz, an die Lippen, auf denen ein kostbarer, durch Trompeten und die Jahre geprägter Aufdruck liegt, breitbeinig zwischen dem Ehebett auf der einen und dem Flügel auf der anderen Seite, den Bauch ein bißchen vorgestreckt, unten über den Hosen noch die

Klammern so, wie er am Nachmittag auf dem Rad zu den Musikanten gefahren war, in den Augen Rührung, ja fast schon Ergriffenheit, dank der schönen Melodie wie auch der eigenen Kunst. Fern der Heimat träum ich von dir. Das Flügelhorn im Wald versteckt. Und dann Arien, Soli, die er am vergangenen Sonntag beim Promenadenkonzert in Bažantnice sang. Kein Engel, der durch sein Posaunen die Mauern von Jericho einstürzen ließ, verfügte über eine solche Macht, ja nicht einmal Gabriel, der zum Letzten Gericht rief. Was hinter den geschlossenen Fenstern erklingt und aus der großen Kammer zum Himmel steigt, ist weder für die Ohren der Gerechten noch für die der Sünder bestimmt. Es sind nur die Ohren der Mutter, der Frau und der beiden Söhne, die jetzt, gerade jetzt von der harmonischen Samtmelodie des Hat mir ein Mädel geschenkt getäuscht, gestreichelt und liebkost werden. Glückliche Vorbeigehende! die Abendsonne, vorerst noch golden wie die Klänge der Melodie und das Blech des Instruments, färbt sich langsam orange und schließlich ganz rot. Die Zierbänder der Arien jedoch scheinen immer stärker zu strahlen, sie werden golden und flattern in der zartblauen Dämmerung zitternd zu den herumspringenden Sternen hinauf. Doch in den blauen Kinderaugen brennt neben der Lampe der Bewunderung auch die Lichtmeßkerze der Angst. Was ist, wenn es nicht nur ein Konzert für niemanden ist, nicht vergängliche Schönheit fürs Ohr, vorabendliche Musik? Was ist, wenn der Flügel dieses Flügelhorns, wie schon so oft, einen weißen Sarg leichter macht, diesmal aber meinen eigenen Sarg auf dem Weg zum Grab?

Susanna Roth

ZDENĚK LORENC

Urgedichte:
Wie du willst

es kam der November
er warf die Dinge auf dem Tisch durcheinander
verschob den Ofen – der scheint jetzt schlechter zu brennen
das Bett demoliert hart geworden der Sessel

wir sind allzulang hier er erregte der Wände Mund
machte die Ecken rund schrumpfte den Raum
der ununterbrochenen Flitterwochen der Erinnerung
er rüttelte die Löcher hinter den Nägeln
wo Bilder hingen
er kam die Waffe in der Hand
und forderte ein paar Wortgegenstände
die verhängnisvolle Ehre
das ehrenvolle Verhängnis

Ludvík Kundera und Uwe Grüning

EMIL JULIŠ

Spiel um Bedeutung

und dann erkannte er, daß diese
unglückliche Landschaft; die Schrammen sind tief
und die Dürre der Waldskelette
schlägt in die Augen; Wolf und Lamm
haben hier weder Jagdgrund noch Weide; Herrscher sind
Staub, Rauch, und die Fremdheit; irgendein irrer Phönix
hat hier sein Nest, seine übelberüchtigte
Brandstatt

Und doch erinnern tausend Rosen an
Schwingen der Engel. Sind das vielleicht
gefallene Engel? Törichter Flitter? Der Smog
öffnet den Weg in Paradiese der Zukunft, auch
die künstlichen: alle Wolken sind
von ihnen gesäumt: wie mit Tressen und Baldachinen –
wir können der Hoffnung nicht entraten, auch nicht der
verzweifelnden,
auch nicht der rasenden, sonst

verlieren wir alles, aber auch alles, das Staunen
geht verloren, die Wahrheit, die uns,
und sei's für einen Augenblick, zu Salzsäulen wandeln –
– Mein reines Lieb, komm –

Peter Demetz

OLGA NEVERŠILOVÁ

Steinerne Ammen

(Ausschnitte)

1

man schickte sie
sich selbst entgegen die birken
haben regenstimmen wie damals
und das ist jetzt

ob sie wohl erkennt
das verarmte herrenkind
welches zur strafe beschlossen hat
die ganze bibel zu ende zu lesen
aber der vater wird nicht gesund

zwei ungleich tiefe
spuren auf den moorwiesen

wie gierig
mußten die sich zu ihr
niederbeugen was flüsterte
ihr atem welche blüte war es
die steine bricht

ob sie die auch manchmal
verfluchte
welches wort
haben die ihr jetzt aus dem mund genommen
dessen tiefe
zum grunde zieht

denk nicht mehr dran

noch stolpert sie über die unhörbaren
kieselsteine auf der zunge
und schon fällt sie
durch den brunnen hinauf

und der wald herum
zum schwur aufgerichtet
und es nehmen sie in den schoß

die steinernen ammen

2

geheimes heimweh in dem sie wohnt

sie geht
durchs allzuweite haus
im allzuengen kleid

das jenseits der gefühle

und die dinge
entschlafen ihr
in den armen
direkt auf der haut

3

blauäugig naiv
septembertrauer
im wald

die bäume
erzählen sich geschichten
der zeitberührten menschen:

die kastanien
rosten
der ahorn
strahlt

Von der Autorin übertragen

Biobibliographischer Anhang

1. Teil

BRIDEL, Bedřich (1619 Vysoké Mýto – 15. 10. 1680 Kutná Hora). Jesuit, Missionar. – Hauptwerk: »Co Bůh? Člověk?« (Was Gott? Mensch?), 1658.

KOMENSKÝ (auch Comenius), Jan Amos (1592 Nivnice – 1670 Amsterdam). Enzyklopädische Persönlichkeit: Pädagoge, Theologe, Philosoph, Dichter. Letzter Bischof der sogenannten Brüdergemeinde. – Das Gesamtwerk erscheint neu ab 1969: Opera omnia. Das bekannteste Werk: »Labyrinth der Welt und Paradies des Herzens«.

MICHNA VON OTRADOVICE, Adam (etwa 1600 Jindřichův Hradec – etwa 1676). Organist, Komponist.

VAVÁK, František Jan (26. 10. 1741 Milčice bei Poděbrady – 15. 11. 1816 ebd.). Aufgeklärter Bauer, Schultheiß.

ZÁVIŠ (nach 1350 – nach 1411). Der einzige Autor der alttschechischen Liebeslyrik, dessen Name überliefert wurde. War wahrscheinlich Professor der Artistischen Fakultät in Prag. Über sein Leben ist wenig berichtet worden.

2. Teil

BŘEZINA, Otokar (Pseudonym für Václav Jebavý, 13. 9. 1868 Počátky – 25. 3. 1929 Jaroměřice nad Rokytnou). Lehrer. – Um die Jahrhundertwende fünf maßgebende Sammlungen.

ČECH, Svatopluk (21. 2. 1846 Ostředek bei Benešov – 23. 2. 1908 Prag). Angestellter in einem Rechtsanwaltsbüro, Redakteur, Mitbegründer der Zeitschrift Květy. – Gesamtschriften in 30 Bänden. »Lieder des Sklaven«, 1895 – unzählige Auflagen.

ČELAKOVSKÝ, František Ladislav (7. 3. 1799 Strakonice – 5. 8. 1852 Prag). Erzieher, Übersetzer, Bibliothekar, Professor für slawische Philologie an den Universitäten Breslau und Prag; Volksliedersammler.

ERBEN, Karel Jaromír (7. 11. 1811 Miletín – 21. 11. 1870 Prag). Gerichtsbeamter, Museumssekretär, Redakteur, Archivar der Stadt Prag; einer der bedeutendsten Volksliedersammler. – Am bekanntesten: »Der Blumenstrauß«, 1853.

FRIČ, Josef Václav (5. 9. 1829 Prag – 14. 10. 1890 ebd.). Journalist, radikal-demokratischer Politiker. Beteiligte sich an allen Kämpfen des Jahres 1848 in Prag. Gefängnis, jahrelange Emigration.

FURCH, Vincenc (8. 8. 1817 Krasonice bei Telč – 5. 1. 1864 Wien). Beamter in verschiedenen staatlichen Rechnungskanzleien. – Wiederentdeckt erst 1974.

GEISSLOVÁ, Irma (6. 7. 1855 Budapest – 27. 5. 1914 Jičín). Arbeitete das ganze Leben im Haushalt ihrer Eltern und ihrer Schwester. – Wiederentdeckt erst 1978.

HÁLEK, Vítězslav (5. 4. 1835 Dolínek – 8. 10. 1874 Prag). Journalist, Redakteur verschiedener literarischer Zeitschriften (Lumír, Květy). – Sehr berühmt seine »Abendlieder«, 1874.

HANKA, Václav (10. 6. 1791 Hořiněves – 12. 1. 1861 Prag). Philologe, Museumsbibliothekar, Volksliedersammler, wahrscheinlicher Autor der gefälschten Königinhofer und Grünberger Handschriften (neben J. Linda und V.A. Svoboda).

HAVLÍČEK Borovský, Karel (31. 10. 1821 Borová – 29. 7. 1856 Prag). Nach abgebrochenem Theologiestudium Erzieher in Moskau, Privatstudium, Redakteur, Herausgeber; 1851 bis 1855 Zwangsinternierung in Brixen (Südtirol). – Drei satirische Meisterwerke: Dt. »Die Taufe des Zaren Wladimir«, »Tiroler Elegien«, »König Lawra«.

HEYDUK, Adolf (7. 6. 1835 Předhradí [früher Rychmburk] – 6. 2. 1923 Písek). Technikstudium, Technischer Zeichner, Realschullehrer. – Gesammelte Werke (62 Bände), 1897–1926.

MÁCHA, Karel Hynek (16. 11. 1810 Prag – 6. 1. 1836 Litoměřice). Jurastudium, kurz vor dem Tode Praktikant in einem Rechtsanwaltsbüro. – Das Hauptwerk »Máj« (Der Mai), 1836, in mehr als 200 Ausgaben, achtmal auch deutsch.

MACHAR, Josef Svatopluk (29. 2. 1864 Kolín – 17. 3. 1942 Prag). Drei Jahre Militär, dann fast dreißig Jahre Beamter der Bodenkreditanstalt in Wien; im ersten Weltkrieg Verfolgung und Gefängnis, nach 1918 fünf Jahre Generalinspekteur der tschechoslowakischen Armee. – Gesammelte Werke in 52 Bänden.

NERUDA, Jan (9. 7. 1834 Prag – 22. 8. 1891 ebd.). Nach Beamten- und Lehrerepisode Journalist, zuerst bei Prager deutschen Zeitungen, dann bei Čas, Hlas, Národní listy als Feuilletonist und Kritiker. – Gesammelte Schriften in 40 Bänden, 1950–1965.

POLÁK, Matěj Milota Zdirad (14. 2. 1788 Zásmuky – 31. 3. 1856 Wiener Neustadt). Offizier, Professor an der Militärakademie in Wiener Neustadt, zuletzt Generalmajor.

SLÁDEK, Josef Václav (27. 10. 1845 Zbiroh – 28. 6. 1912 ebd.). Ab 1868 zwei Jahre in Amerika, dann Professor an der Handelsakademie und Englischlehrer an der Hochschule, Übersetzer (Shakespeare u. a.), Redakteur der literarischen Zeitschrift Lumír. Im letzten Jahrzehnt freischaffend. – Gesammelte Gedichte in 5 Bänden.

SOVA, Antonín (26. 2. 1864 Pacov – 16. 8. 1928 ebd.). Nach abgebrochenem Jurastudium Beamter, ab 1898 Direktor der Prager Städtischen Bibliothek. Auch als Prosaiker von Rang. Mehrmals Ausgewählte Werke.

VACEK KAMENICKÝ, František Jaroslav (24. 1. 1806 Kamenice nad Lipou – 23. 3. 1869 Blovice bei Pilsen). Katholischer Geistlicher, zuletzt Dekan.

VRCHLICKÝ, Jaroslav (Pseudonym für Emil Frída, 17. 2. 1853 Louny – 9. 9. 1912 Domažlice). Erzieher in einer adligen Familie in Italien, dann kurze Zeit Lehrer, ab 1877 Sekretär der tschechischen Technischen Hochschule, ab 1890 Sekretär der Tschechischen Akademie der Wissenschaften und Künste, Hochschulprofessor für vergleichende Literaturwissenschaft, Ehrenmitglied einiger ausländischer Akademien, Mitglied des Reichstages in Wien. Umfangreiche schriftstellerische und übersetzerische Tätigkeit.

ZEYER, Julius (26. 4. 1841 Prag – 29. 1. 1901 ebd.). Abgebrochenes Technikstudium, gelernter Zimmermann, dann meistens freischaffend, viele Reisen. Zeitweilig Erzieher in adligen Familien in Rußland. – Gesammelte Schriften in 34 Bänden, 1901–1907.

3. Teil

BEDNÁŘ, Kamil (4. 7. 1912 Prag – 23. 5. 1972 Mělník). Vielseitiger Autor (Gedichte, Dramen, Kinderbücher, Übersetzungen), im zweiten Weltkrieg auch Theoretiker: Programm des »nackten Menschen« ohne gesellschaftliche Bindungen. Nach 1945 gründete er die Gruppe »Ohnice«, Anklänge an den Existentialismus, Bekenntnis zu Jiří Orten.

BEZRUČ, Petr (Pseudonym für Vladimír Vašek, 15. 9. 1867 Opava – 17. 2. 1958 Olomouc). Fast vierzig Jahre Postbeamter. Im ersten Weltkrieg verhaftet. – Hauptwerk: »Slezské písně« (Schlesische Lieder), 1909.

BIEBL, Konstantin (26. 2. 1898 Slavětín bei Louny – 12. 11. 1951 Prag; Selbstmord). 1917 an der Balkanfront, Verwundung, Gefangenschaft, Flucht. Nach dem Krieg Medizinstudium, Mitglied des »Devětsil«, zweijähriger Aufenthalt auf Java, Sumatra, Ceylon; freischaffend. Ab 1934 Mitglied der tschechischen Surrealistischen Gruppe. Nach 1945 Arbeit für den Film. – Gesamtwerk in 5 Bänden, 1951–1954.

BONN, Hanuš (5.7.1913 Teplice – 20.10.1941 Konzentrationslager Mauthausen). Jurastudium, Arbeit in der Jüdischen Gemeinde. – Gesamtwerk 1947.

BUONACCINI, Simonetta (Pseudonym für Ludmila Šebestová-Bučanová, 21.3.1893 Pelhřimov – 30.5.1935 Prag). – Hauptwerk: »Odi et amo«, 1934.P

BŘEZINA s. 2. Teil

ČAPEK, Josef (23.3.1887 Hronov – April 1945 Konzentrationslager Bergen-Belsen). Maler und Publizist, Bruder des Prosaikers und Dramatikers Karel Čapek.

ČAREK, Jan (29.12.1898 Heřmaň bei Písek – 27.3.1966 Prag). Am Ende des ersten Weltkrieges in Ungarn. Dann siebenundzwanzig Jahre Eisenbahnbeamter. Kinderbücher.

DEML, Jakub (20.8.1878 Tasov bei Třebíč – 10.2.1961 Třebíč). Katholischer Geistlicher, aber schon 1908 suspendiert. Seitdem freischaffender Schriftsteller und meistens auch Privatherausgeber seiner Bücher. Umfangreiche Tätigkeit.

DYK, Viktor (31.12.1877 Pšovka bei Mělník – ertrunken 14.5.1931 Lopud/Jugoslawien). Journalist, Politiker; 1916/17 im Gefängnis. Später Abgeordneter und dann Senator der rechtsgerichteten Nationaldemokratischen Partei. – Gesammelte Schriften, dreimal unvollendet.

FISCHER, Otokar (20.5.1883 Kolín – 12.3.1938 Prag, nach der Nachricht über den »Anschluß« Österreichs). Nach dem Studium in Prag und Berlin Angestellter der Universitätsbibliothek, dann Dozent und später Professor für deutsche Literatur an der Karlsuniversität, 1911/12 auch Dramaturg und 1935 bis 1938 Direktor des Schauspielhauses am Prager Nationaltheater. Dramatiker, Kritiker, Übersetzer (Goethe, Heine, Villon, Kipling u.a.). – Gesammelte Gedichte in 6 Bänden, 1925/26.

FRIČ, Josef (8.1.1900 Prag – 11.1.1973 ebd.). Gelernter Mechaniker, Arbeit in der Fabrik seines Vaters. Mitglied des »Devětsil«. – Gesammelte Gedichte: »Umělé květiny« (Künstliche Blumen), 1965.

GELLNER, František (19.6.1881 Mladá Boleslav – September 1914, an der galizischen Front verschollen). Studierte kürzere Zeit Technik und Montanindustrie; gehörte zur anarchistischen Gruppe um S. K. Neumann, studierte Malerei in München, Paris und Dresden, lebte zweimal längere Zeit in Paris, die letzten vier Jahre als Journalist und satirischer Zeichner in Brünn. – Gesammelte Schriften in 3 Bänden, 1926–1928.

HALAS, František (3.10.1901 Brünn – 27.10.1949 Prag). Gelernter Buchhändler, Mitglied des »Brněnský Devětsil«, Mitherausgeber der

Revue Pásmo, 1925 ein halbes Jahr in Paris, ab 1926 Verlagslektor in Prag, 1936 kurz im kämpfenden Spanien, in der Okkupationszeit illegal tätig, ab 1945 Sektionschef im Informationsministerium (Publikationsabteilung). Übersetzer (z. B. Mickiewicz, Słowacki, Ady). – Gesamtwerk in 5 Bänden, 1968–1983.

HLAVÁČEK, Karel (24. 8. 1874 Prag – 15. 6. 1898 ebd.). Abgebrochenes Philosophiestudium, Zeichner. – Gesammelte Schriften in 3 Bänden, 1930.

HOLAN, Vladimír (16. 9. 1905 Prag – 31. 3. 1980 ebd.). Beamter der Pensionsanstalt, dann Redakteur, ab 1940 freischaffend. Übersetzer (Rilke, Baudelaire, Ronsard, Vildrac, Supervielle u. a.). – Gesammelte Schriften in 12 Bänden, 1965–1988.

HORA, Josef (8. 7. 1891 Dobřín bei Roudnice – 21. 6. 1945 Prag). Nach dem Jurastudium fünfundzwanzig Jahre Journalist, Übersetzer (Puschkin, Lermontow, Goethe, Lenau, Pasternak u. a.). – Gesammelte Schriften in 16 Bänden, 1946–1961.

HOŘEJŠÍ, Jindřich (25. 4. 1886 Prag – 30. 5. 1941 ebd.). Nach abgebrochenem Technikstudium zehn Jahre in Paris; nach verschiedenen Beschäftigungen absolvierte er die Philosophische Fakultät der Sorbonne. Im ersten Weltkrieg an der russischen Front schwer verwundet. Nach dem Krieg Beamter im Statistischen Zentralamt. Übersetzer aus dem Französischen (Rictus, Corbière, Verhaeren, Gide u. a.), aber auch ins Französische (z. B. Hašeks »Schwejk«). – Gesammelte Gedichte, 1956.

HRUBÍN, František (17. 9. 1910 Prag – 1. 3. 1971 České Budějovice). Nach abgebrochenem Jura- und Philosophiestudium Bibliothekar. Ab 1946 mit einer kurzen Unterbrechung freischaffend. Bedeutender Kinderbuchautor, Dramatiker, Übersetzer (Verlaine, Rimbaud, Mallarmé, Baudelaire, Ponchon, Heine u. a.). – Gesammelte Gedichte in 6 Bänden, 1967–1977.

KADLEC, Svatopluk (19. 10. 1898 Libochovice – 18. 5. 1971 Dobříš). Im ersten Weltkrieg an der Ostfront und in Albanien. Nach abgebrochenem Technikstudium Wanderschauspieler, seit 1928 freischaffend. Übersetzer aus dem Französischen (Jacob, Verlaine, Baudelaire, Jammes; Prosa; Stücke), Adaptionen.

KŘIČKA, Petr (4. 12. 1884 Kelč – 25. 7. 1949 Okarec). Chemiestudium, verschiedene Tätigkeiten, auch im Pasteur-Institut in Paris; als Lehrer in Moskau. Im ersten Weltkrieg an der russischen Front schwer verwundet, 1919 bis 1937 Beamter im Unterrichtsministerium, Übersetzer (Puschkin, Lermontow, Gogol, Rolland, Hesse u. a.).

MACEK, Antonín (17. 6. 1872 Mladá Boleslav – 22. 5. 1923 Prag). Gelernter Schnitzer, etliche Berufe, private Studien. Seit 1897 Journalist in der sozialdemokratischen Presse.

MAHEN, Jiří (Pseudonym für Antonín Vančura, 12. 12. 1882 Čáslav bis 22. 5. 1939 Brünn; Selbstmord). Gehörte zu der anarchistischen Gruppe um S. K. Neumann. Lehrer, Redakteur, Dramaturg, Bibliothekar. Vielseitige literarische und kulturpolitische Tätigkeit. – Ausgewählte Schriften in 8 Bänden, 1953–1959.

MACH, Josef (5. 2. 1883 Loučeň bei Nymburk – 8. 11. 1951 Prag). Philosophiestudium. Befreundet besonders mit Gellner und Hašek. Seit 1912 Redakteur tschechischer Zeitschriften in Chicago und New York. Nach 1918 Pressedienst in Washington und Rom. Seit 1927 am Außenministerium in Prag.

MACHAR s. 2. Teil

NEUMANN, Stanislav Kostka (5. 6. 1875 Prag – 28. 6. 1947 ebd.). Oberschule vorzeitig verlassen, von da ab fast das ganze Leben freischaffend, Mitarbeiter und Herausgeber vieler Zeitschriften (Nový kult, Červen, Kmen, Proletkult, Levá fronta, Lidová kultura, Tvorba). In den neunziger Jahren als Mitglied der Arbeiter- und Studentenbewegung Omladina eingekerkert; ab 1900 scharte sich um ihn eine anarchistische Gruppe junger Künstler, aus der bedeutende Persönlichkeiten heranwuchsen (Šrámek, Toman, Gellner, Majerová, Mahen u. a.). Im Krieg in Albanien, nach dem Krieg schnelle Entwicklung vom Anarchisten zum Kommunisten, Verfechter der proletarischen Kunst. Bis 1939 intensive künstlerische und politische Tätigkeit, auch populärwissenschaftliche Bücher. – Gesammelte Schriften in 22 Bänden erscheinen seit 1962.

NEZVAL, Vítězslav (26. 5. 1900 Biskoupky bei Třebíč – 6. 4. 1958 Prag). Nach Jura- und Philosophiestudium war er mit kurzen Zwischenzeiten freischaffend. Sehr intensive Tätigkeit auf allen literarischen Gebieten. Mitglied des »Devětsil«, Gründer der tschechischen Surrealistischen Gruppe, die er 1938 aus politischen Gründen auflöste. Nach 1945 Sektionschef im Informationsministerium (Abteilung Film). Übersetzer (Poe, Rimbaud, Mallarmé, Breton, Eluard, Heine u. a.). – Gesammelte Schriften in 38 Bänden seit 1950.

OBRTEL, Vít (22. 3. 1901 Olomouc – 12. 6. 1988 Prag). Architekt (Spezialist für Krankenhäuser), auch Bühnenbildner, Umschlaggestalter. Mitglied des »Devětsil«. Gründer und Redakteur der Revue Kvart. – Ausgewählte Schriften: »Vlaštovka, která má geometrické hnízdo« (Schwalbe, die ein geometrisches Nest hat), 1985.

ORTEN, Jiří (Pseudonym für Jiří Ohrenstein, 30. 8. 1919 Kutná Hora – 1. 9. 1941 Prag, getötet von einem deutschen Militärauto). Mußte 1939 als Jude das Dramaturgiestudium am Konservatorium unterbrechen. Verschiedene Berufe. Unterzeichnete seine Gedichte mit Karel Jílek und Jiří Jakub. – Fast sämtliche Gedichte erschienen 1947.

PALIVEC, Josef (7. 10. 1886 Zbiroh – 30. 1. 1975 Prag). War Sekretär bei Jaroslav Vrchlický. Im ersten Weltkrieg an der serbischen Front schwer verwundet, nach dem Krieg in Genf und als Legationsrat in Paris. Seit 1930 im Außenministerium, dort auch erneut nach 1945. In der Okkupationszeit tätig in der antifaschistischen Bewegung. Übersetzte tschechische Poesie ins Französische, außerdem Valéry und Coleridge ins Tschechische.

PÍŠA, Antonín Matěj (10. 5. 1902 Volyně – 26. 2. 1966 Prag). Nach dem Philosophiestudium (Bohemistik, Germanistik) Redakteur, später Verlagslektor, kurz auch Dramaturg. Kritiker, Herausgeber.

REYNEK, Bohuslav (31. 5. 1892 Petrkov bei Havlíčkův Brod – 28. 9. 1971 ebd.). Graphiker, Übersetzer (Trakl, Corbière, Jacob, Péguy, Jammes, Scheerbart, Claudel, Bloy u. v. a.).

SEIFERT, Jaroslav (23. 9. 1901 Prag – 10. 1. 1986 ebd.). Noch vor dem Abitur verließ er das Gymnasium und wurde Mitarbeiter und bald Redakteur linksgerichteter Zeitschriften. Mitbegründer des »Devětsil«. Seit 1929 wechselte er mehrmals die Redaktionen, nach 1945 redigierte er u. a. die literarische Zeitschrift Kytice. Übersetzungen, besonders Blok und Apollinaire. Nobelpreisträger 1984. – Gesammelte Gedichte in 7 Bänden, 1956 – 1970.

SOVA s. 2. Teil

ŠALDA, František Xaver (22. 12. 1867 Liberec – 4. 4. 1937 Prag). Brach das Jurastudium ab und wurde freischaffender Kritiker. Erst seit 1918 Professor für romanische Literaturen an der Karlsuniversität. Seit 1928 bis zum Tode Herausgeber und einziger Autor der Zeitschrift Šaldův zápisník (Šaldas Notizbuch). – Gesammelte Schriften in 22 Bänden, 1947 – 1963.

ŠRÁMEK, Fráňa (19. 1. 1877 Sobotka – 1. 7. 1952 Prag). Gehörte zur anarchistischen Gruppe um S. K. Neumann. Nach abgebrochenem Jurastudium seit 1903 freischaffend. 1905 zweimal inhaftiert: wegen Demonstration und wegen eines antimilitaristischen Gedichtes. Im ersten Weltkrieg an der russischen, italienischen und rumänischen Front. Nach 1918 lebte er zurückgezogen, in der Okkupationszeit verließ er aus Protest sein Haus nicht. – Gesammelte Schriften in 10 Bänden, 1951 – 1960.

ŠTYRSKÝ, Jindřich (11. 8. 1899 Čermná bei Kyšperk – 21. 3. 1942 Prag). Maler des tschechischen Poetismus und Surrealismus, Bühnenbildner, Editor. Mit der Malerin Toyen mehrere Jahre in Paris.

THEER, Otakar (16. 2. 1880 Czernowitz, Bukowina – 20. 12. 1917 Prag). Jura- und Philosophiestudium. Beamter der Universitätsbibliothek. Aufenthalt in Paris. Übersetzte aus dem Französischen. – Gesammelte Schriften in 3 Bänden, 1930/31.

TOMAN, Karel (Pseudonym für Antonín Bernášek, 25.2.1877 Kokovice bei Slaný – 12.6.1946 Prag). Abgebrochenes Jurastudium, dann schneller Wechsel kleiner Beamtenstellen. Gehörte zur anarchistischen Gruppe um S. K. Neumann. Seit 1903/04 fast zehn Jahre armseliges Herumvagabundieren in ganz Europa (Wien, mehrmals Paris, Berlin, Holland, England). Am Ende des ersten Weltkrieges kurz Journalist, dann Bibliothekar in der Nationalversammlung. Baldige Pensionierung. – Gesammelte Gedichte in 2 Bänden, 1956/57.

VOSKOVEC, Jiří (Pseudonym für Jiří Wachsmann, 19.6.1905 Sázava-Budy – 1.7.1981 Pear Blassom, Kalifornien). Studium in Frankreich, dann in Prag (Jura und Philosophie, abgebrochen). Ab 1927 mit Jan Werich intensive dramatische und schauspielerische Tätigkeit, besonders im »Osvobozené divadlo« (Befreites Theater). Emigration in die USA. Blieb dort und wurde amerikanischer Schauspieler.

WEINER, Richard (6.11.1884 Písek – 3.1.1937 Prag). Chemieingenieur. Nach mehreren Berufen ab 1912 Korrespondent tschechischer Zeitschriften in Paris. Im Krieg an der serbischen Front, Nervenzusammenbruch. Seit 1919 wieder Pariser Korrespondent. Übersetzungen aus dem Französischen.

WERICH, Jan (6.2.1905 Prag – 31.10.1980 ebd.). Abgebrochenes Jurastudium. Ab 1927 mit Jiří Voskovec intensive dramatische und schauspielerische Tätigkeit, besonders im »Osvobozené divadlo« (Befreites Theater). Emigration in die USA. Nach Rückkehr mehrere Filmrollen, Arbeit fürs Fernsehen, Prosa. In den siebziger Jahren Arbeitsverbot.

WOLKER, Jiří (29.3.1900 Prostějov – 3.1.1924 ebd.). Jurastudium. Mitglied des »Devětsil«. Das letzte halbe Jahr wegen Tuberkulose in einem Sanatorium in der Tatra. – Gesammelte Schriften in 4 Bänden, 1953/54.

ZAHRADNÍČEK, Jan (17.1.1905 Mastník bei Třebíč – 7.10.1960 Uhřínov bei Velké Meziříčí). Nach abgebrochenem Philosophiestudium freischaffend, ab 1940 Redakteur der katholischen literarischen Zeitschrift Akord, nach 1945 auch Verlagslektor. In den fünfziger Jahren im Gefängnis. Übersetzungen (Hölderlin, Rilke, Wassermann, Th. Mann u.a.). – Letzter Gedichtband: »Čtyři léta« (Vier Jahre), 1969. Gesammelte Schriften erschienen im Samizdat, nun legal.

ZÁVADA, Vilém (22.5.1905 Ostrava-Hrabová – 30.11.1982 Prag). Philosophiestudium, dann Redaktuer. 1937 bis 1958 in der Prager Universitätsbibliothek, zuletzt als Direktor. Tätigkeit im Schriftstellerverband. 1965 in den Ruhestand. Übersetzungen (Nerval, Petőfi, József, Eminescu, Kosovel, Teodorescu. – Gesammelte Gedichte in 5 Bänden, 1972/73.

BARTUŠEK, Antonín (11. 1. 1921 Želetava bei Třebíč – 22. 4. 1974 Prag). Tätig als Kunsthistoriker und als Rundfunkredakteur, stand nach 1945 der Gruppe »Ohnice« (Hederich) um Kamil Bednář nahe. Übersetzungen aus dem amerikanischen Englisch.

BLATNÝ, Ivan (21. 12. 1919 Brno – 5. 8. 1990 Colchester, England). Sohn des frühzeitig verstorbenen Dramatikers Lev Blatný. Im zweiten Weltkrieg Mitglied der Gruppe 42. Arbeitete im Familiengeschäft als Optiker. Seit März 1948 in England, auch in Frankreich, bald ständig in psychiatrischen Heilanstalten, wo er mit seinen Gedichten Hunderte Hefte beschrieb. Die späten Hefte wurden dank einer Krankenschwester gerettet. Erste Auswahl erst 1979.

BRATRŠOVSKÁ, Zdena (13. 5. 1951 Prag). Nach 5 Gedichtbänden dramatische und prosaische Versuche (auch gemeinsam mit František Hrdlička).

BROUSEK, Antonín (25. 9. 1941). Verschiedene Berufe meist literarischer Art, 1969 Emigration in die Bundesrepublik Deutschland, Beschäftigung mit Hölderlin, Hochschulvorlesungen.

DIVIŠ, Ivan (20. 8. 1924 Prag). Verschiedene Berufe, in den sechziger Jahren Verlagslektor. Gehörte zur Gruppe »Ohnice«, (Hederich), Debüt 1947. Ab 1969 Exil, Arbeit in der Rundfunkstation Freies Europa; lebt in München.

FIKAR, Ladislav (29. 6. 1920 Samotín – 12. 7. 1975 Prag). »Ein-Buch-Autor«. Anklänge an Rilke. Gehörte nach 1945 zur Gruppe um die Zeitung Mladá fronta. Führende Stellungen in Verlagen und in der Filmdramaturgie. Viele Übertragungen.

GRÖGEROVÁ, Bohumila (7. 8. 1921 Prag). Übersetzerin, Mitarbeiterin von Josef Hiršal.

HALAS s. 3. Teil

HANČ, Jan (30. 5. 1916 Plzeň – 19. 7. 1963 Prag). »Ein-Buch-Autor«. Leichtathlet; Beamter. Mitglied der Gruppe 42. Altenberg-Übersetzungen.

HANZLÍK, Josef (19. 2. 1938 Neratovice). Etliche Sammlungen, Film- und Fernseharbeit, Kinderbücher.

HAUKOVÁ, Jiřina (27. 1. 1919 Přerov). Gehörte zur Gruppe 42. Übersetzungen – besonders englischer und amerikanischer Poesie.

HAVEL, Václav (5. 10. 1936 Prag). Schwierige Anfänge in den Theatern, endlich Dramaturg des Theaters am Geländе. Autor von Stükken über die absurde Wirklichkeit des Totalitarismus. Mitbegründer der Charta 77. In den siebziger und achtziger Jahren mehrmals eingekerkert. Ab Ende 1989 Präsident der Tschechoslowakischen Föderativen Republik, ab 1992 Präsident der Tschechischen Republik.

HILČR, Jindřich (10. 5. 1921 Čelákovice bei Prag). Nach 1945 Mitglied der Gruppe des sogenannten Neuen Realismus. Kinderbuchautor. Halas-Verfechter.

HIRŠAL, Josef (24. 7. 1920 Chomutičky). Ursprünglich Lehrer, dann verschiedene Berufe, Mitglied der Gruppe »Ohnice« (Hederich). Autor experimenteller Poesie, Kinderbücher (oft gemeinsam mit Bohumila Grögerová), Übersetzer aus etlichen Sprachen, z. B. aus dem Deutschen (Heine, Morgenstern, Kästner, Jandl u. a.).

HOLAN s. 3. Teil

HOLUB, Miroslav (13. 9. 1923 Plzeň). Studierte Medizin, heute als Dichter und als Wissenschaftler (Immunologe) gleichermaßen bekannt. Viele Reisen. Seine Gedichte sind in etliche Sprachen übertragen. Holub ist der heute meistübersetzte tschechische Dichter. Selbst auch Übersetzer, aus dem Polnischen und Englischen (z. B. Poe).

HORANSKÝ, Miloš (14. 6. 1932 Bytča). Regisseur. 5 Sammlungen. Sein Gedicht »Die Hände Goliaths« wurde nach 1968 unter dem Pseudonym Jan David verbreitet.

HOŘEC, Jaromír (18. 12. 1921 Chust, Karpato-Rußland). In den Jahren der Naziokkupation illegal tätig, nach 1945 gehörte er zur Gruppe um die Zeitung Mladá fronta, deren Chefredakteur er auch war. Publizist und Redakteur. Ab 1970 Schreibverbot.

HRABĚ, Václav (13. 6. 1940 Příbram – 5. 3. 1965 Prag). Gehörte zur tschechischen beat-generation. Jazz. Baldige Popularität. Eine Gashavarie verursachte seinen Tod.

HRUBÍN s. 3. Teil

HUPTYCH, Miroslav (21. 10. 1952 Varnsdorf). Erlernter Beruf: Mechaniker, dann Krankenpfleger. Tätig besonders an psychiatrischen Kliniken. Ausstellungen seiner Collagen.

JELÍNEK, Ivan (6. 6. 1909 Kyjov). Nestor der tschechischen Poesie, sprachlichen Experimenten stets zugetan. Bewegtes Schicksal. In den dreißiger Jahren in Brno Journalist, 1939 Flucht nach Frankreich und England, Ostfront, im Mai 1945 Prag. Aber schon 1947 Rückkehr nach England, später Kanada, USA, Rom und wiederum England, Redakteur der tschechischen Sendung der BBC. Lebt heute in London. Circa 20 Sammlungen, Prosa englisch und tschechisch.

JULIŠ, Emil (21. 10. 1920 Prag). Etliche Arbeiter- und Beamtenberufe. Autor experimenteller Poesie. 1988 – 1990 in rascher Folge drei wichtige Sammlungen. Übersetzte Hertha Kräftner. Auch Bilder, Collagen und bemalte Steine.

KABEŠ, Petr (21. 6. 1941 Pardubice). Anfangs in technischen Berufen, später Redakteur. Ab 1971 eine Folge teils »exotischer« Berufe. Samizdat-Sammlungen, auch Publizistik.

KAINAR, Josef (29. 6. 1917 Přerov – 16. 11. 1971 Dobříš). Etliche kurze Beschäftigungen, seit 1947 freischaffend. Mitglied der Gruppe 42. Tätig auch als satirischer Zeichner, Liederkomponist, Dramatiker. Nach 1968 Vorsitzender des offiziösen Schriftstellerverbandes.

KAREN, Jiří (11. 6. 1920 Litomyšl). Gelernter Buchhändler, ab 1942 Totaleinsatz in Deutschland, später Studium, Mittelschulprofessor, Arbeit in pädagogischem Institut. Spätes Debüt: 1972. Schreibt auch in Esperanto.

KOLÁŘ, Jiří (24. 9. 1914 Protivín). Gelernter Tischler. Mitglied der Gruppe 42. Im Laufe der sechziger und siebziger Jahre wurde aus dem Dichter ein bildender Künstler von Weltformat, Erfinder vieler experimenteller Techniken.

KRÁL, Petr (4. 9. 1941 Prag). Gehörte zur dritten tschechischen Surrealistengeneration. Ab 1968 in Paris, verschiedene Aktivitäten, Übersetzungen ins Französische, Herausgabe von Anthologien. Die Bücher des Exils erscheinen allmählich »zu Hause«. April 1993 Rückkehr nach Prag.

KRIEBEL, Zdeněk (29. 4. 1911 Brno – 28. 12. 1989 Prag). Bis 1956 juristische Berufe, dann Verlags- und Rundfunk-Redakteur. Kinderbuchautor, Andersen-Preis.

KUNDERA, Ludvík (22. 3. 1920 Brno). Nach Schließung der Hochschulen Lehrling in einer Drogerie, Zeichner, Beamter, 1943 Totaleinsatz in Berlin-Spandau. Nach 1945 Redakteur. Mitglied der postsurrealistischen Gruppe Ra. Bald freischaffend. Dramaturg, Dramatiker, Editor, Übersetzer (z. B. Arp, Benn, Brecht, Celan, Trakl, Expressionisten, Dadaisten, zeitgenössische Dichter). In den siebziger Jahren Schreibverbot.

LISTOPAD, František (Pseudonym für Jiří Synek, 26. 11. 1921 Prag). Im Krieg illegal. 1945 Mitglied der Gruppe um die Zeitung Mladá fronta. Ab 1947 im Ausland. Zuerst Paris, dann Portugal. Professor, Theater- und Fernsehregisseur. Lebt in Lissabon.

LORENC, Zdeněk (12. 2. 1919 Prag). Mitglied der Gruppe Ra. Im Krieg sogenannte schwarze Drucke, besondes mit dem Maler Josef Istler. Anfang der fünfziger Jahre inhaftiert – »wegen des Surrealismus«. Prosaiker, Übersetzer (z. B. García Lorca, Tzara).

MACOUREK, Miloš (2. 12. 1926 Kroměříž). Bekennt sich zu Jacques Prévert. Filmszenarist.

MIKULÁŠEK, Oldřich (26. 5. 1910 Přerov – 13. 7. 1985 Brno). Nach verschiedenen Berufen von 1933 bis 1964 Redakteur.

NEVERŠILOVÁ, Olga (26. 6. 1934 Prag). Studium der Slawistik. 1968 Emigration in die Schweiz. Bibliothekarin am Slawischen Seminar der Universität Bern.

NOVÁK, Ladislav (4. 8. 1925 Turnov). Jahrzehntelang Lehrer. Experimentelle poetische und bildnerische Arbeit, Erfinden neuer Techniken, Beteiligung an vielen Ausstellungen. Auch Übersetzungen (Césaire, Arnim u. a.).

OBRTEL s. 3. Teil

PŘIDAL, Antonín (13. 10. 1953 Prostějov). Anglist und Hispanist. Gedichtsammlungen mit Zeichnungen von Bohumír Matal. Viele Übertragungen, in den siebziger und achtziger Jahren unter anderen Namen. Ab 1989 intensive publizistische Tätigkeit, Professor an der Brnoer Akademie der schönen Künste, schneller Aufstieg als Fernsehmoderator.

REYNEK s. 3. Teil

ROTREKL, Zdeněk (1. 10. 1920 Brno). Studierte Philosophie, 1948 als katholischer Dichter und Publizist verhaftet, Verurteilung zu lebenslänglicher Haft. 1968 rehabilitiert. In den siebziger Jahren wieder Schreibverbot. Nach 1989 erscheinen seine früheren Samizdat-Bücher, publizistische Tätigkeit, Redakteur.

SALAQUARDOVÁ, Jiřina (9. 7. 1955 Brno). Philosophiestudium. Bisher zwei Sammlungen.

SEIFERT s. 3. Teil

SKÁCEL, Jan (7. 2. 1922 Vnorovy – 7. 11. 1989 Brno). Im Krieg Totaleinsatz in den österreichischen Alpen. Dann ein Philosophiestudium begonnen. Redakteur der Brnoer Zeitung Rovnost, Anfang der fünfziger Jahre Arbeiter. Später Arbeit im Rundfunk, dann Redakteur und Chefredakteur der Zeitschrift Host do domu. Langjährige publizistische Tätigkeit. Kinderbücher. In den siebziger Jahren Schreibverbot. Übersetzungen seiner Gedichte ins Deutsche besorgten Reiner Kunze und Felix Philipp Ingold.

SLAVÍK, Ivan (23. 1. 1920 Prag). Gehörte nach 1945 zur Generation der »verstreuten« katholischen Dichter. Nach seinem Erstling (1947) publizierte er erst in den sechziger Jahren wieder und nach einer weiteren Pause ab 1988. Kenner vorkolumbianischer Zivilisationen, Übersetzer, u. a. aus dem Deutschen: Novalis, Eichendorff. Edierte vergessene Dichter.

SLÍVA, Vít (11. 1. 1951 Hradec bei Opava). Professor an einem Brnoer Gymnasium. Bisher vier lyrische Hefte.

SUCHÝ, Josef (1. 3. 1923 Lesní Jakubov bei Náměšť). Christlicher Dichter des ländlichen Lebens. Kurze Zeit Professor, in den fünfziger Jahren Arbeiter, dann Verlagslektor in Brno. Kenner und Übersetzer der sorbischen Literatur. Übertragungen auch aus dem Deutschen (z. B. Rilke, Loerke). Schreibt auch Prosa.

ŠIKTANC, Karel (10. 7. 1928 Hřebeč). Redakteur im Rundfunk und im Verlag Mladá fronta. Ab 1971 freischaffend – und verboten. Erst nach 1989 Veröffentlichungen.

ŠRÁMEK s. 3. Teil

ŠRUT, Pavel (3. 4. 1940 Prag). Viele Berufe, ab 1972 freischaffend. Arbeit für Rundfunk und Fernsehen, Liedertexte, Verse für Kinder. Übersetzungen.

ŠTROBLOVÁ, Jana (1. 7. 1936 Prag). Schloß 1959 ein Philosophiestudium ab. Verlagslektorin im Kinderbuchverlag. Ab 1972 freischaffend. Übersetzungen, Kinderbücher.

TAUFER, Jiří (5. 7. 1911 Boskovice – 3. 12. 1986 Prag). Debüt 1928. Schon Ende der dreißiger Jahre Vorkämpfer des »sozialistischen Realismus«. 1939 – 1945 in der UdSSR. 1945 – 1956 in hohen Ämtern. Gehörte nach 1968 zur offiziösen Partei- und Schriftstellerprominenz. Übersetzte das Gesamtwerk Majakowskis, auch Chlebnikow, Pasternak, W. Mehring u. a.

TOMEŠ, Jan M. (20. 9. 1913 Olomouc). Lyrisches Debüt 1942 – in der seltenen Linie Mallarmé – Valéry. Kunsthistoriker, Autor vieler Monographien über bildende Künstler des 19. und 20. Jahrhunderts. Übersetzer, Essayist.

TOPINKA, Miloslav (4. 7. 1945 Prag). Debüt 1969. Die Auflage des zweiten Buches 1971 vernichtet – Experimente! Afrika-Reise.

VACÍK, Miloš (21. 6. 1922 Kožlany). Wegen illegaler Tätigkeit 1944 verhaftet, bis Mai 1945 in vielen Gefängnissen. Nach Philosophiestudium Redakteur. Ab 1970 freischaffend. Samizdatveröffentlichungen.

VOKOLEK, Vladimír (1. 1. 1913 Pardubice – 23. 7. 1988 Ustí nad Labem). Bibliothekar und Lehrer. Prosa und Essays.

WENZL, Oldřich (3. 10. 1921 Mělník – 7. 8. 1969 ebd.). Jurist. Mitläufer der postsurrealistischen Gruppe Ra. Debüt erst 1964. Verbrachte seine zehn letzten Jahre im Krankenhaus. Sämtliche Gedichte erschienen 1982.

WERNISCH, Ivan (18. 6. 1942 Prag). Neun verschiedene Berufe. Debüt 1961. Viele Übesetzungen und Paraphrasen.

ZÁBRANSKÁ, Zdena (1. 9. 1940 Uherské Hradiště). Beendete 1963 ein Philosophiestudium. Verlagslektorin in Brno. Übersetzungen aus dem Französischen.

ZÁVADA s. 3. Teil

ZAČEK, Jiří (6. 11. 1945 Chomutov). Ingenieur, seit 1974 Verlagslektor. Gedichte dominieren in seinem Schaffen. Verse für Kinder, Übersetzungen.

Rechts- und Quellennachweis

Dem *Reclam Verlag Leipzig* gehören die Rechte an der Auswahl, der Vorbemerkung, den Kapiteleinleitungen und an den Nachdichtungen von Otto F. Babler, Heinz Czechowski, Stefan Döring, Elke Erb, Roland Erb, Barbara Grüning, Uwe Grüning, Uwe Kolbe, Ludvík Kundera, Kito Lorenc, Walther Petri, Richard Pietraß, Odwin Quast, Vilém Reichmann, Brigitte Struzyk sowie an den im folgenden *nicht* genannten Nachdichtungen von Franz Fühmann.

Die Rechte an den folgenden Nachdichtungen gehören:
dem *Aufbau-Verlag Berlin und Weimar:* S. Čech, Unser Genug; J. Vrchlický, Löwenzahn; J. V. Sládek, Nichts wünscht ich mehr; J. Zeyer, Wanderung; A. Sova, Noch einmal kehren wir zurück (Text nach: Aus Böhmens Hain und Flur, Artia-Verlag, Praha 1954)/ Rotrotes Tüchelein; J. Wolker, Herbst / Ernte (aus: Louis Fürnberg, Gedichte 1946–1957, 1965),

dem *Böhlau Verlag GmbH & CIE, Köln:* Ausschnitt aus: Mai (aus: Karel Hynek Mácha, Maj. Zweisprachige Ausgabe),

dem *Verlag Volk und Welt Berlin:* A. Sova, Drama / Tragische Strophen; F. Gellner, Freuden des Lebens XX / Elegie; K. Toman, Die Sonnenuhr / Alltagsballade; S. K. Neumann, Märzenschnee / Jeder fürchtet für seine Haut; V. Dyk, Prolog; J. Hora, In Gefahr; J. Wolker, Pfingsten / Zum Namenstag der Liebsten; J. Voskovec und J. Werich, Dunkelblaue Welt / Gegen den Wind; K. Biebl, Die Gegenfüßler / Mit dem Transporter für Kaffee und Tee; V. Nezval, Motto; J. Seifert, Hundertmal nichts / Das Jahr 1934; V. Závada, Elendsfrauen; V. Holan, Die vierte Strophe nur / Parkspaziergang 1939; F. Hrubín, Hundenocturno; F. Šrámek, Glückliches Aufatmen (aus: Die Glasträne. Tschechische Gedichte des 20. Jahrhunderts, 1966); F. Halas, Vom Grund / Abend auf dem Dorf / Nirgends / Es ist Zeit / Herbst / An Prag / Gesang des Bangens / Bildnis unserer Frau Božena Němcová / Regen im November / So starben sie / Und auf einmal / Da die Bombe platzt / Ich kehre dorthin zurück [Ausschnitt] (aus: František Halas, Der Hahn verscheucht die Finsternis, 1970); F. Hrubín, Neige der Liebe / Spanisches Land / Hiroshima [Ausschnitt] (aus: František Hrubín, Romanze für ein Flügelhorn, 1978),

dem *Hinstorff-Verlag Rostock:* F. Halas, Nirgends (aus: Franz Fühmann, Essays. Gespräche. Aufsätze 1964–1981, 1983),

dem *Verlag Neues Leben, Berlin:* K. Biebl, Der Sturm saust / Orient (aus: Konstantin Biebl, Poesiealbum 117, 1977), dem *Suhrkamp Verlag, Frankfurt am Main:* J. Hanč, Die Ereignisse; J. Vladislav, Sätze [Ausschnitt]; I. Blatný, Auf der Veranda (aus: Die Prager Moderne.

Erzählungen, Gedichte, Manifeste, 1991),

dem *S. Fischer Verlag, Frankfurt am Main:* A. Bartušek, Diese paar Jahre (aus: Reiner Kunze, Die wunderbaren Jahre, 1976), J. Kolář, Gebrauchsanweisung / Destruiertes Gedicht (aus: Das sprechende Bild, 1971),

dem *Kandelaber Verlag, Bern:* J. Hauková, Baum, der für niemanden blüht; I. Diviš, Sekunde vor dem Fall; Z. Kriebel, Analyse; O. Wenzl, Lento; A. Brousek, 21. August 1968; Miroslav Holub, Prag – Stadt Jan Palachs (aus: Prager Frühling und Herbst im Zeugnis der Dichter, 1969),

dem *Verlag Johann Wilhelm Naumann, Würzburg:* J. Zahradníček, Das Zeichen der Macht [Auszug aus Teil III und IV] (aus: Jan Zahradníček, Der Häftling Gottes. Gedichte 1945/1960, 1984),

dem *Hohwachtverlag, Bad Godesberg:* M. Holub, Die Tür; M. Macourek, Wie macht das der Clown (aus: Die Tür, 1964),

dem *Merlin Verlag, Hamburg:* J. Skácel, Was vom Engel übrigblieb (aus: Fährgeld für Charon, 1967).

Folgenden Zeitschriften entnahmen wir Nachdichtungen:
Akzente: V. Holan, Brief an eine Frau [Ausschnitt] (1987/Heft 3); K. Šiktanc, Der Tod des Jan Skácel (1991/Heft 3).
alternative: V. Havel, Aus dem Zyklus »Antikódy«: Für die vielseitige und harmoniche Entwicklung der Persönlichkeit (Juni 1965).
Litfaß: J. Skácel, Verbotener Mensch / Worte (1990/Heft 48).
Neue Rundschau A. Brousek, Vogelhaus (1974/Heft 1).
Die Rechte an den deutschen Fassungen gehören den Nachdichtern.

M. Huptych, Das Ei ist aus: Zerstreuung des Alphabets – Hommage à Arp. Edition Die Horen, Bremerhaven 1986.
Frau Olga Neveršilová, Bern, stellte uns freundlicherweise ihre deutsche Fassung des Gedichts Kamenné chůvy (Steinerne Ammen) zur Verfügung.

Alle Gedichte, deren Quellen hier nicht genannt wurden, entstammen privaten, z. T. bibliophilen Drucken oder lagen dem Herausgeber als Manuskript vor.

Der Herausgeber dankt

dem verstorbenen Freund Franz Fühmann als Initiator und für temperamentvolle Unterstützung dieses Projektes, das Hans Marquardt, der langjährige Leiter des Reclam-Verlages, zur Realisierung annahm und sorgsam weiterführte (die ersten praktischen Schritte leitete – 1974! – Marga Erb ein). Dank gebührt ferner dem verstorbenen Otto F. Babler für seine Impulse zur Konzeption der Anthologie und seine Bereitschaft nachzudichten; dem Freund Miloš Koreček, der sämtliche Fotoarbeiten perfekt besorgte; den Freunden Jindřich Hilčr, Zdeněk Pešat und Rudolf Vápeník für vielerlei Anregungen, vor allem die Kommentare und den biobibliographischen Anhang betreffend; Uwe Grüning für freundschaftchen Rat und konkrete Hilfe; Dank sage ich dem gesamten Reclam-Verlag, besonders Elvira Pradel, Dr. Gisela Zeißig und Monika Heinker, für verständnisvolle, geduldige Förderung dieser langjährigen Arbeit, und nicht zuletzt allen Nachdichtern, die mit Begeisterung, Sachlichkeit und Ausdauer das langwierige Hin und Her der Texte in allen Phasen überdauert und ihre Arbeit zu Ende geführt haben.
»Sláva azuru!« (Es lebe der Azur!) würde Franz Fühmann rufen.

Kunštát na Moravě, Sommer 1985 / Frühjahr 1993

Ludvík Kundera

Inhalt

Ich liefe für ein wenig Liebe weit
Jaroslav Vrchlický

Nichts wünscht ich mehr
Josef Václav Sládek

Wie duftet der blaue Garten der Ferne!
Wege zur Moderne

3. TEIL:
Da alles Maske ist

Vision
Neue Strömungen

»Freuden des Lebens«
Anarchistische Versuchung

Gesänge der Drähte
Natur und Zivilisation

Wo ist dein Pinsel, Botticelli?
Das Jahr 1936

Der Sturm saust
Surreales

Torso der Hoffnung
Das Jahr 1938

Das Land liegt still
1939–1945